Provence · Côte d'Azur

Richtig Reisen

Dirk Althoff / Klaus Simon

Unter Mitarbeit von Veronika Richter,
Hans-Albert Stechl und Susanne Völler

DUMONT

Inhalt

Provence

Côte d'Azur

Die blaue Küste

Reisen an der Côte d'Azur

Serviceteil

Routenkarten

Stadtpläne

Vorwort

Unter dem Schattendach der Platanen windet sich eine Straße den Berg hinauf, folgt den Erhebungen, krümmt sich um Kalksteinverwerfungen und stößt am Horizont in das Flimmern der Abenddämmerung. Auf den Kammlinien ragen Zypressen wie zugeklappte Sonnenschirme in den Himmel. Darunter gleiten sorgsam gescheitelte Weinreben die Hänge hinab zu Tal. Hier und dort ducken sich Steinruinen und Gehöfte unbestimmter Zeiten hinter Schirmpinien und Feigenbäume. In halber Ferne machen sich kantige Karstkuppen in der Landschaft breit. Die Hügel tragen schwer an ihren Dörfern, deren Gassen sich zur Ebene hin in Olivenhainen und Klatschmohnwiesen verlieren. Wenn es dunkel wird, steigen duftende Dunstschleier von den Lavendelfeldern auf und senken sich auf Dächer und Marktgevierte. Sie verwischen die Silhouetten zu einem Aquarell und rücken die Wirklichkeit in die Ferne.

Eine solche Provence gibt es nicht. Diese idealisierte Landschaft ist eine Erfindung von Malern und Schriftstellern, deren Werke eine makellos schöne Provence konservieren, wie sie vermutlich nie existiert hat. Und weil dieses Fleckchen Erde vielfach verklärt wird und so sehr zum Klischee wurde, schieben sich Seh- und Leseerfahrungen über tatsächliche Wahrnehmungen. Man ist ständig versucht, scheinbar Bekanntes wiederzuentdecken und die wirkliche, mit sozialpolitischen, wirtschaftlichen und städtebaulichen Veränderungen konfrontierte Provence zu übersehen. Aber eine Landschaft und Bevölkerung, die so voller Vitalität und Gelassenheit stecken, können das verkraften, so daß jeder ›seine‹ Provence findet, obwohl auch versteckte Wanderwege tausendfach begangen, jedes Geheimtip-Restaurant längst von Testessern ›entdeckt‹ und jedes Kraut von Hunderten von Fingern an neugierige Nasen gehalten wurde. Was macht das schon! Auch in diese Provence führen zum Glück nur selten gerade Wege, sondern verwegene Straßen, auf denen so manches verwöhnte Auto das Klappern kriegt. Und es gibt so viel zu sehen, daß man ständig versucht ist, die Straßenseite zu wechseln.

In Roussillon ▷

Provence –
Licht und
Schatten im
Sonnenland

Dirk Althoff

Wasser, Wind und Wärme – Wohl und Wehe der Provence

Das Wasser

»Mistral, Parlement et Durance sont les trois fléaux de la Provence«: Das Sprichwort aus der Zeit, als man den Mistral, das Diktat des Parlaments in Aix-en-Provence und den Fluß Durance als die drei Geißeln der Provence empfand, ist längst Geschichte. Der Mistral hat viel von seinem Schrecken verloren, da auch die abgelegensten Bauernhäuser inzwischen mit Heizungen ausgestattet sind. Das Parlament wurde nach der Französischen Revolution aufgelöst, und die Wassermassen der Durance hatte man mit Staudämmen und Begradigungen scheinbar gebändigt. Doch die Angst vor dem Wasser ist in die Provence zurückgekehrt, seit schwere Wolkenbrüche erstmals wieder so wie früher viele Menschenleben gekostet haben. Im Technologiezeitalter hatten die Menschen schon fast vergessen, daß die Provence von jeher darunter gelitten hat, daß es in diesem Landstrich nach Gewittern meistens zu viel, das Jahr über aber immer zu wenig Wasser gibt.

Kaum etwas beweist das besser als die frühe Bau- und Siedlungsgeschichte. Fast alle römischen Niederlassungen wurden auf dem Boden zerstörter Keltensiedlungen gegründet, die durch ihre erhöhte Lage vor Überschwemmungen geschützt waren. Zugleich ersparte dies eine aufwendige Wassersuche, denn die *oppida* befanden sich stets in der Nähe von Quellen oder Flüssen. Eine der schönsten provenzalischen Städte verdankt ihren Namen dieser vom Wasserbedarf geleiteten Kolonialisierungsstra-

tegie. »Aquae« nannte der Prokonsul Calvinus die Keltensiedlung Entremont nach seiner Eroberung und fügte dem lateinischen Namen für Gewässer und Heilquellen seinen Vornamen »Sextiae« hinzu. Daraus entstand der Name Aix (-en-Provence).

Wo Wasser fehlte, schafften es die genialen römischen Ingenieure über komplizierte Versorgungskanäle und Aquädukte herbei. Städte wie Nîmes wären ohne eine ausgeklügelte Wasserzufuhr nicht lebensfähig gewesen. Olivenbaum und Wein wurden in regenarmen Gebieten in wassersparender Terrassenbauweise kultiviert. Von den Römern stammt vermutlich auch der schöne Brauch, vor einem Anwesen drei Zypressen zu pflanzen. Von weitem sichtbar, signalisierten sie früher dem Fremden, daß Dreierlei für eine Nacht kostenlos sei: Wasser, Essen und eine Schlafstatt.

Frisches Wasser war den frühgeschichtlichen Kulturen so wertvoll, daß Brunnen als Quellheiligtümer verehrt und Kultstätten errichtet wurden, wie der römische Diana-Tempel in Nîmes. Brunnen spielten auch für das mittelalterliche und frühneuzeitliche Kommunalleben eine große Rolle. Wenn man weiß, wie wichtig eine ausreichende Wasserversorgung war, ist verständlich, daß selbst in bitterarmen Gegenden Brunnen und Wasserspeier häufig mit viel Phantasie und liebevollen Details geschmückt wurden und das Wasser aus den Mäulern ehrfurchtgebietender Löwen oder Fabeltiere sprudelt.

Einen baugeschichtlichen Hinweis, daß die Provence seit jeher neben Trok-

Garrigue und Macchia –
Die Kräutergärten der Provence

anchmal, wenn ein lauer Wind weht, mischen sich abends würzige Kräuterdüfte unter den Abgasgestank in Aix und Nîmes. Garrigue und Macchia sind der ›Grüngürtel‹ vieler Dörfer und Städte, oder besser das, was Holzfäller und Waldbrände nach 5000 Jahren provenzalischer Zivilisationsgeschichte davon übrigließen. Der ursprünglich dichte Laub- und Nadelwald existiert nicht mehr. Statt dessen saugen Sträucherwerk und niedrige Nadelgehölze mit zähen Wurzeln die verbliebene Feuchtigkeit aus der dünnen Krume und schützen ihr Geäst mit Dornen.

Im karstigen Gelände, wo kaum Erde vorhanden ist, können immerhin noch Kräuter und niedrige Sträucher gedeihen, wie die 1,50 m hohe, provenzalisch *garoulio* genannte Kermeseiche. Sie gab der Garrigue den Namen. Wo immer die Humusschicht etwas dicker ist und noch kein nackter Felsen hervortritt, ist die Vegetation dichter und höher, gedeiht ein bis zu 4 m hoher Buschwald, die sogenannte Macchia, französisch *maquis,* deren Name sich auf das korsische Wort *mucchio* für Zistrose bezieht. Die rosenähnliche Pflanze mit weißen, rosafarbenen und roten Blüten wächst in enger Lebens-

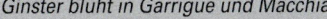

Ginster blüht in Garrigue und Macchia

gemeinschaft mit Hartlaubgewächsen, sowohl in der Garrigue als auch in der Macchia. Darüber hinaus finden sich Korkeichen, Ginster, Lorbeer, Pistazien, Oleander und Wacholder unterschiedlicher Arten in beiden Vegetationsgebieten. Der Leitbaum des provenzalischen Maquis, die widerstandsfähige Steineiche – zu erkennen an der pelzigweißen Blattunterseite – braucht allerdings eine geschlossene Humusschicht, wie sie der Garrigue fehlt. Die Natur reagierte auf die Wasserknappheit mit anpassungsfähigen Pflanzen und schuf ein komplexes Vegetationssystem zum Erhalt eines geschlossenen Kreislaufs in einer lebensfeindlichen Umwelt.

Nach dem Ende der letzten Eiszeit vor etwa 10 000 Jahren wurde es an den europäischen Mittelmeerküsten so warm, daß einmal gerodete Wälder nicht mehr ohne menschliches Zutun nachwachsen konnten. Die freigelegte Humusschicht verdorrte in der glühenden Sommerhitze und wurde von den heftigen Frühjahrs- und Herbstregen vom Kalkstein gespült. Überleben können seither nur kleinwüchsige Pflanzen und Gehölze mit trickreichen Fähigkeiten. Gewächse wie Lichtnelken, Levkojen, Wicken, Lupinen und Platterbsen haben einjährige, hitzeresistente Unterarten gebildet, die erst im Winter zum Leben erwachen. Sie produzieren wärmebeständige und wasserdichte Samenkapseln, die den Sommer überdauern und nach dem ersten Herbstregen zu keimen anfangen. Mit Ende der Frühlingsblüte sterben sie ab und hinterlassen eine neue Generation von Samen, die zu Herbstbeginn aus ihrem Sommerschlaf erwacht und den Lebenskreislauf erneut in Gang setzt. Andere einjährige Pflanzen wie Orchideen, Narzissen und

Alpenveilchen speichern in ihren Wurzeln Kraftstoffreserven, mit denen sie bei Einsetzen der ersten Herbstregen zunächst neue Blätter und anschließend für das Frühjahr Samen und Blüten produzieren. Diverse Narzissen- und Veilchenarten wiederum erblühen erst, ehe sie Blätter bilden. Alle einjährigen Pflanzen sterben jedoch spätestens im Mai ab. Übrig bleiben die landschaftsprägenden, immergrünen Hartlaubgewächse, die keine Energie darauf verschwenden, Jahr für Jahr neue Blätter zu produzieren. Vor drohendem Wasserverlust durch Verdunstung schützen sich die meisten Bäume mit dicken, pelzigen, teilweise von einer Wachsschicht überzogenen Blättern, die manchmal auch silbern schimmern, um einen Teil der auszehrenden Sonnenstrahlen zu reflektieren. Andere Blätter dämpfen durch feine Härchen die Geschwindigkeit der Luftströmung und reduzieren auf diese Weise die Verdunstung. Wiederum andere mindern den Wasserverlust, indem sie ihre Blattfläche durch Einrollen verringern.

Zwischen all den Überlebenskünstlern gedeihen schließlich auch jene vier Kräuter, die in getrockneter Form als die eigentlichen *Herbes de Provence* gelten: Thymian, Rosmarin, Basilikum und Majoran. Während man auf der Suche nach den beiden letzteren die Augen aufmachen muß, wachsen Thymian und Rosmarin überall in der Garrigue. Sie gehören zu einer Gruppe von Sträuchern, die in ihren Blättern ätherische Öle speichern, deren Verdunstungsduft gefräßige Tiere vertreibt und andere nährstoffverbrauchende Pflanzen auf Abstand hält, weil diese im Dunstkreis der Öle weniger gut gedeihen. Gegen soviel Überlebenswillen ist bislang kein anderes Kraut gewachsen.

kenheit auch von Hochwasser bedroht war, liefern ebenfalls die Römer mit ihren stabilen Brückenbauten. Der antike Steinbogen über den Ouvèze-Fluß in Vaison-la-Romaine ist derart solide und statisch perfekt gebaut worden, daß er als einziges Bauwerk in unmittelbarer Flußnähe den Fluten der jüngsten Hochwasserkatastrophe nahezu unbeschädigt standhielt. Die ökonomisch denkenden Römer hätten keine Kraft mit aufwendigen Brückenkonstruktionen vergeudet, wenn nicht Hochwassergefahren durch anschwellende Flüsse gedroht hätten.

Im Mittelalter haben Hochwasser immer wieder Fluchtbewegungen der Bevölkerung ausgelöst, weil seuchenübertragende Insekten in Überschwemmungsgebieten einen besonders guten Nährboden finden. Die frühen Versuche, Durance und Rhône durch Dämme zu kanalisieren, hatten das vornehmliche Ziel, flußnahe Siedlungsgebiete vor dem Wasser zu schützen und Feuchtgebiete trockenzulegen, um die Brutplätze der gefürchteten Stechmücken zu vernichten. Die Gewinnung von Ackerland war eine angenehme Folge dieser Aktivitäten, denen sich im Mittelalter vor allem aufgeklärte Mönche verschrieben (s. S. 48).

Der Wind

32 Winde halten die Provence in Bewegung. Sie sind ihre Wettermacher, bringen Kälte und Wärme und schaffen, bis auf wenige Ausnahmen, die Wolken weg, damit 250 bis 300 Tage im Jahr die Sonne scheint. Weht es aus Süden, was sehr selten geschieht, dann ist es der heiße afrikanische Wüstenwind **Scirocco.** Erst bläst er nordafrikanischen Wüstensand nach Norden, saugt sich dann über dem Mittelmeer mit Wasser voll und schüttet schließlich seinen warmen Regen auf eingestaubte Autos und

Brunnen in Manosque

Das Durance-Tal bei Sisteron

Städte. Die Provenzalen holen Schrubber und Besen raus.

Beliebter ist der ganzjährig wehende **Tramontane,** ein Landschaftsmaler, der die Sonnenblumen wiegt, Kornfelder kräuselt und Olivenbaumblätter auf ihre blaßgrüne Seite dreht. Sein Name verrät, daß er über (lat. *trans*) den Bergen (lat. *mons,* frz. *montagne*) des Zentralmassivs Anlauf nimmt. Nach häufig mißlingenden Versuchen, die Wolkendecke über dem Berg- und Hügelland aufzureißen, reicht seine Puste zumeist doch aus, die niedrige Küstenbewölkung aufs Meer zu jagen und die eingeölten Strandurlauber mit einer feinen Sandschicht zu überziehen. Die anderen Winde treiben sich fast alle im Hinterland herum, fallen die Berghänge hinab oder zerren als lokale Windwirbel am Gebälk verlassener Berggehöfte.

Bis auf einen, den Meister aller Provence-Winde: Den **Mistral!** So weit er weht, reicht die Provence, sagen die Alten. Im Westen ist der eisige Mistral bis hinter Nîmes am Werke, das bereits zur Region Languedoc-Roussillon gehört. Im Osten erreicht er häufig mit letzter Kraft die Westausläufer der Seealpen. Überall greift er in das Alltagsleben der Menschen ein, redet bei Aussaat und Ernte ein Wörtchen mit und prägt die ländliche Architektur (s. S. 44f.). Einer Bauernregel zufolge weht der Mistral entweder drei, sechs oder neun Tage. Jeder betet die erste Möglichkeit herbei, und manchmal ist der Spuk tatsächlich schon nach drei Tagen vorüber. Meistens aber dauert er sechs. Und wenn es besonders schlimm kommt, hält der Mistral die Menschen neun Tage lang in ihren Mauern fest. Sein Pfeifen, Heulen und Singen zerrt an ihren Nerven. Keine Familie, die nicht von Vorfahren weiß, die der Mistral in den Wahnsinn trieb. Kein Dörfchen, in dem nicht gemunkelt wird, daß in Windnächten gezeugte Kinder an Schwindsucht starben. Die Provence ist voll windiger Geschichten. Wahr ist, daß die Mord- und Suizidrate auch heute noch steigt, wenn der Mistral tobt. Er sorgt für Depressionen und steigert die Aggressivität.

Wie und wo entsteht der Mistral? Vermutlich ist es ein Tiefdruckgebiet über dem Mittelmeer, das nördliche Festlandluft in Fahrt bringt und durch das enge Rhône-Tal preßt, in dem der Wind auf Sturmstärke beschleunigt wird. Beim Austritt im Rhône-Delta bekommt er es mit Gegenwinden vom Meer zu tun, die ihn verwirbeln und beiderseits der Rhône aufs Land zurücktreiben. Der Mistral entsteht nur bei instabilen Wetterlagen, deren Ende abzusehen ist, sobald er sein Werk beginnt. Ein praktischer Wind, der den Himmel klärt und die Surfsegel bläht, wäre er nicht auch ein Totengräber der Natur. Besonders im Sommer, wenn der Boden ausgedörrt ist, reicht ein Funke und er wird zum Blasebalg, der die Flammen durch die Wälder treibt und die Macchia in Asche legt.

Die Wärme

Tournesol heißt die Sonnenblume im Französischen, weil ihre Blüte dem Lauf der Sonne folgt (*tourner* = drehen und *soleil* = Sonne). Sie ist die Symbolblume der Provence geworden, seit van Gogh sie gemalt hat. Die Sonne wärmt den Boden, auf dem eine Vegetation gedeiht, die bis auf wenige Ausnahmen ihren Weg von weit her in die Provence gefunden hat. Am Nordrand des Mittelmeers sind die Sommer warm genug, aber nicht zu heiß, die Winter ausreichend kühl, jedoch nicht zu frostig, daß Saaten und Setzlinge aller Erdteile aufgehen und im wechselnden Klimarhythmus gedeihen können.

Über Spanien brachten die Araber Mandarinen, Orangen und Zitronen ins

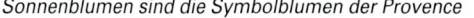

Sonnenblumen sind die Symbolblumen der Provence

Wälder,
die für Spekulanten durchs Feuer gehen

Jahr für Jahr stirbt mit grausamer Regelmäßigkeit ein Stück Provence. Jährlich fallen rund 30 000 ha Wald den Flammen zum Opfer. Etwa 80 % werden wieder aufgeforstet, der Rest, geschätzte 6000 ha, verwandeln sich in gewinnbringendes Bauland.

Das einst durch Land- und Forstwirtschaft garantierte ökologische Gleichgewicht, behaupten Politiker, sei durch Massentourismus und Verstädterung aus dem Gleichgewicht geraten, die Veränderung der Mittelmeerregion begünstige Waldbrände. Doch die Technokraten sind Teil einer Allianz aus Politik und Geschäft und verwechseln Ursache und Wirkung. Die meisten Wälder Südfrankreichs sind Privatbesitz. Mangelnde Holzqualität macht sie unrentabel, die Säuberung des Waldbodens verursacht zusätzliche Ausgaben. Wer den Franc mehr liebt als den Forst, spart die Kosten und erntet als Lohn für seinen Geiz viel Geld, wenn sich ein Brand durch sein leichtentzündliches Unterholz frißt. Ein Schelm, der Böses dabei denkt. Denn wie, so fragen viele Waldbrandgewinner scheinheilig, solle man sich vor Selbstentzündung und weggeworfenen Zigarettenstummeln schützen, auf deren Konto 90 % der Waldbrände gingen? Die Statistik ist auf ihrer Seite, aber sie verschweigt, daß die restlichen 10 % vorsätzlich gelegter Brände 90 % der abgebrannten Flächen verursachen.

Ein gutes Geschäft für Brandstifter, obwohl ein Gesetz die rasche Bebauung von Brandflächen verbietet und zur Wiederaufforstung zwingt. Dann braucht es halt einen zweiten Brand, der dem Boden endgültig den Rest gibt und – eine Gesetzeslücke nutzend – ihn zum forstwirtschaftlich wertlosen und nunmehr für den Wohnbau nutzbaren Grund macht.

Die Politiker kümmert's wenig. Die meisten Waldbewohner – Hirten, Holzfäller und Köhler – haben ihre Heimat ohnehin verlassen, um mehr Geld in den Städten zu verdienen. Die wenigen verbliebenen Mandel- und Maronenpflücker werden als Wähler nicht gebraucht. Wahlerfolge lassen sich mit gefüllten Kommunalkassen aus Baulandverkäufen und Zweitwohnsitzsteuern erzielen, nicht mit Ausgaben für Unterholzbeseitigung und Mischwaldaufforstung. Der Wald dient nur noch als Kulisse für Ferienhäuser und Urlaubsorte, seine Bedeutung für Umwelt und Klima wird ignoriert.

Zum Glück gibt's ja noch die unbestechlichen Feuerwehrleute. Sie machen keinen Profit mit Waldbränden, so meint man, aber leider leben sie davon. Vom Grundgehalt kann keiner existieren: mehr Flammen, mehr Geld. Kein Wunder, daß sich unter den überführten Brandstiftern auch Feuerwehrleute befinden, die Arbeitsplatzerhaltung mit dem Streichholz betrieben hatten.

Zypressen, Wein und Oliven (bei Puyloubier nahe der Montagne Ste-Victoire)

Land. Pfirsiche stammen aus China, Auberginen aus Indien. Feigenbäume sind ebenfalls in Asien beheimatet, und die allgegenwärtigen Platanen kamen aus Nordamerika zuerst nach Südfrankreich, bevor sie als schattenspendende Alleen Verbreitung im ganzen Land fanden. Die Griechen hatten Oliven und Wein an Bord, als sie vor etwa 2600 Jahren vor der provenzalischen Küste vor Anker gingen. Auch Schirmpinien und Zypressen stammen ursprünglich von der anderen Seite des Mittelmeers. Besonders die Zypresse ist aus der provenzalischen Landschaft nicht mehr wegzudenken. Ihrem dichten, schlanken Wuchs verdankt sie – in Reihen gepflanzt – die Verwendung als Windbrecher in den südlichen Provence-Lagen. Gen Himmel strebende Gradlinigkeit und lange Lebensdauer machten sie zum Todes- bzw. Lebensbaum, je nach Betrachtungsweise ihres häufigen Standorts neben Grabstellen. Provenzalische Friedhöfe sind übrigens selten in abgelegene Schattenwinkel verbannt. Wie könnte man besser der Toten gedenken, als ihre Gräber von der Sonne bescheinen zu lassen, der die Hinterbliebenen ihr schönstes Lebenselixier verdanken: die provenzalische Küche. Kaum etwas müssen die Provenzalen für ihren reichhaltigen Speisezettel importieren. Selbst das Salz gewinnt man vor der Haustür, in den Salinen der Camargue, wo die Sonne auf der Oberfläche des verdunstenden Meerwassers eine Salzkruste wachsen läßt.

Nur die Tierwelt macht sich in der Hitze rar. Außer Eidechsen, Hasen und Füchsen wird man im Sommer wenig freilebende Vierbeiner zu Gesicht bekommen. Schnecken dichten ihr Haus mit einem Schleimpfropfen ab und warten in dichtgedrängten Gruppen auf den Herbstregen, der ihren Gehäuseverschluß wieder aufweicht. Nur die 6,5 cm lange Singzikade macht selbst in der allergrößten Hitze lauthals auf sich aufmerksam. Mit ihrem Zirpen lockt sie bis

Das provenzalische Licht wirkt wie ein Weichzeichner

tief in die Nacht Geschlechtspartner an und versammelt weniger musikalische Insekten um sich, die alle von ihrem Werben profitieren. Denn während die Zikade ihre Liebeslieder durch raschen Flügelschlag intoniert, zapft sie mit dem messerscharfen Saugrüssel Bäume und Sträucher an, um den Energieverbrauch auszugleichen. Zieht sie den Rüssel wieder aus der Rinde, hinterläßt sie dort eine tropfende Wunde, aus der sich Ameisen, Fliegen und Wespen am Leben erhalten. Eine perfekte Lebensgemeinschaft hitzebedrohter Insekten.

Der Wärme verdankt die Provence auch ihr Licht, das ein ganz besonderes ist und nicht erst seit van Gogh Maler in Scharen hierher zog. Die aufsteigende Warmluft wirkt wie ein Weichzeichner, dämpft das harte Licht der klaren Luft und zerlegt es in den frühen Morgen- und Abendstunden in unverwechselbar sanfte Pastelltöne. In den Stunden dazwischen wird es im Sommer so heiß, daß die Mittagspausen länger werden, je kürzer die Schatten vor der Haustüre sind. Die Sonne zwang die Provenzalen seit Menschengedenken zur Ruhe und Gelassenheit, um das teilweise harte und entbehrungsreiche Leben zu meistern, das ihnen Wasser, Wind und Wärme, vor allem aber die wenig zimperliche Geschichte im Laufe der Jahrhunderte diktiert hatte.

Landeskunde Provence im Schnelldurchgang

Verwaltung: 6 Departements bilden seit der französischen Regionalreform 1974 das 31 430 km² große Verwaltungskonstrukt Provence-Alpes-Côte d'Azur. In alphabetischer Reihenfolge: **Alpes-de-Haute-Provence** (692 522 ha, 131 000 Einw., Departementssitz Digne, 18 000 Einw.), **Alpes-Maritimes** (429 858 ha, 975 000 Einw., Departementssitz Nizza, 400 000 Einw.), **Bouches-du-Rhône** (508 749 ha, 1 761 000 Einw., Departementssitz Marseille, 800 000 Einw.); **Hautes-Alpes** (554 868 ha, 112 100 Einw., Departementssitz Gap, 37 000 Einw.); **Var** (597 254 ha, 813 300 Einw., Departementssitz Toulon, 170 000 Einw.); **Vaucluse** (356 713 ha, 466 900 Einw., Departementssitz Avignon, 90 000 Einw.).

Staatsform: Frankreich ist eine Präsidialdemokratie, dessen Staatsoberhaupt in allgemeiner Wahl auf 7 Jahre gewählt wird. Das Parlament setzt sich aus der Nationalversammlung (490 Abgeordnete, auf 5 Jahre in Direktwahl) und dem Senat (306 Senatoren von Abgeordneten, Regional- und Stadträten auf 9 Jahre gewählt) zusammen. Hauptstadt ist Paris mit über 10 Mio. Einw. im Großraum. Frankreich hat insgesamt 57,5 Mio. Einw. und ist mit 551 695 km² das größte Land der EU. Die Provence ist in demographischer Hinsicht Frankreichs drittgrößte Region.

Nord und Süd: Die Provence vereint so unterschiedliche Landschaften wie das alpine Bergpanorama des Queyras, antike Kulturlandschaften wie bei Vaison-la-Romaine, flache Reisfelder in der Camargue und spektakuläre Cañons wie die Gorges du Verdon. Die Topographie zeigt ein sich von Nordost nach Südwest abflachendes Bild, beginnend mit über 3000 m hohen Gipfeln wie dem Mont Pelat. Immerhin 25 % der Region liegen in Höhen zwischen 500 und 1000 m.

Wirtschaft: Das Nord-Süd-Gefälle gilt ebenfalls bei der Verteilung der Arbeitsplätze – im Süden sind 95 % aller Arbeitsplätze der Region zu finden. 8 % der Provence werden landwirtschaftlich genutzt, auf die 3,7 % der Arbeitsplätze entfallen, die jedoch 20 % des französischen Obsts und Gemüses erzeugen. Klassische Industrien wie die Ölraffinerien und Stahlwerke an der Rhône-Mündung liegen darnieder und treiben die Arbeitslosenrate im Departement Bouches-du-Rhône auf knapp 13 %. Der tertiäre Sektor, allem voran der Fremdenverkehr, bürgt mit 1 Mio. Beschäftigten für die weitaus meisten Arbeitsplätze in der Provence.

Bevölkerung: Landflucht läßt die Gebirgsregionen im Norden veröden, während in den südlichen Hügellandschaften und Städten die Bevölkerung zunimmt (Bevölkerungsdichte der Alpes-de-Haute-Provence 18,9 pro km², der Bouches-du-Rhône 345,8 Menschen). 7,5 % der französischen Gesamtbevölkerung leben in der gesamten Region. Seit der Antike ist die Provence eine Region mit ausgeprägter Stadtkultur, und bis heute liegt der Anteil der Stadtbevölkerung mit knapp 90 % deutlich über dem französischen Landesdurchschnitt.

Von der ›provincia‹ zur Provinz –
Die Geschichte der Provence

Die provenzalische Geschichte beginnt mit einem Notruf. Marseille brauchte Hilfe, und Rom kam. Das war im Jahre 125 v. Chr., als der Moloch noch Massalia hieß und den ionischen Griechen aus Phokäa als Handelsniederlassung diente. Ihre Kolonialisierung der nördlichen Mittelmeerküste hatte 600 v. Chr. mit der Gründung der Hafenstadt begonnen und war bis dato ohne Blutvergießen verlaufen. Die Griechen hatten sich mit den heimischen Kelten und Ligurern arrangiert. Doch das konnte nicht ewig gutgehen in einer Zeit, als Machtinteressen nahezu ausschließlich mit Waffengewalt durchgesetzt wurden. Das galt für die keltoligurischen Salier, die nach langen Friedenszeiten nun Massalia bedrohten, ebenso wie für die Römer, wie sich bald zeigen sollte. Die Griechen hatten bei ihnen noch etwas gut, weil sie Rom im Zweiten Punischen Krieg über Hannibals Vormarsch informiert und 217 v. Chr. geholfen hatten, ein Seegefecht gegen die Karthager zu gewinnen.

Rom schickte Truppen, um unter dem Vorwand der Hilfeleistung eine sichere Landverbindung nach Spanien zu schaffen. Die Römer schlugen die Kelten und Ligurer, gründeten Aix, wo sich streitlustige Kimbern und Teutonen zum endgültig letzten Mal blutige Nasen holten, und sie schufen die Kolonie »Provincia Gallia Narbonensis«, deren Name als Provence bis heute überlebt hat. Von den Griechen sprach bald keiner mehr, denn im Schutz der kolonialen Gesetzgebung *pax romana* wurde die *provincia* auf den Kopf gestellt. Neben befestigten Straßen und imposanten Bauten

wie in Orange, Nîmes und Arles, Vaison-la-Romaine und St-Rémy-en-Provence hinterließen die römischen Kolonialisten architektonische Grundideen für die spätere romanische Baukunst am Mittelmeer und eine im heutigen Sinne liberale Rechtsauffassung. Die Latinität hat im besonderen Maße auch das französische Kulturverständnis geprägt, das jegliche zivilisatorisch-technische Fortentwicklung auf eine kulturelle Stufe mit schöpferischem Kunstschaffen stellt. Deshalb verdienen in Frankreich Mode und Menüs dasselbe Ansehen wie Atomwissenschaft und Aktionskunst.

Wer weiß, was ihr Denken im späteren Frankreich noch so alles bewirkt hätte, wenn die Römer sich nicht an ihrem Imperium überhoben hätten und im 5. Jh. von der Weltbühne verschwunden wären. So aber entstand in der westlichen Mittelmeerwelt ein Machtvakuum, das in der *provincia* Westgoten, Burgunder, muslimische Sarazenen, Karolinger und schließlich Franken bis weit nach der Jahrtausendwende mit wechselndem Erfolg zu füllen versuchten. Hätte das Frankenreich noch über ein ähnlich gutes Straßennetz verfügt wie zu Römerzeiten, wäre das Herrschen leichter gewesen. So aber glitt auch den deutschen Kaisern nicht zuletzt wegen schwer überbrückbarer Distanzen die Macht über ihr entlegenes Mittelmeerterritorium aus den Händen. Sie überließen das Feld dem Landschacher provenzalischer und katalanischer Regionalgrafen und vermachten dem neuen kapetingischen Königshaus in Paris ihre Diözese Uzès, was zur Ausdehnung des französischen Kronlandes

Via Domitia

bis ans westliche Rhône-Ufer führte. Wenn auch ungeplant, trugen die Franken so zum Aufbau des kapetingischen Zentralreichs bei, das in ferner Zukunft einmal den Namen der germanischen Gönner tragen sollte.

Damit dieses spätere Frankreich in seinen heutigen Grenzen entstehen konnte, mußten aber noch einige Schlachten geschlagen werden. Den blutigen Anfang machten König und Kirche gemeinsam mit der restlosen Ausrottung der Katharer, einer Sekte, die während des 10. Jh. vermutlich im byzantinischen Balkanraum entstanden war und im Gebiet der heutigen Region Languedoc-Roussillon wie in der benachbarten Provence besonders viele Anhänger gefunden hatte. Was sie so gefährlich machte, war nicht allein ihr asketisches Lebensideal, das die päpstliche Prunksucht als irdische Kleingeistigkeit bloßstellte, ungemütlich wurde es vor allem für die Krone, weil die sogenannten ›Ketzer‹ (von griech. *katharoi*, ›die Reinen‹) unter einigen Grafen Sympathisanten fanden, die den Glaubensbrüdern Schutz gewährten und sich

damit neue Hausmachten schufen. Einer von ihnen war der katalanische Graf Raymond VI. von Toulouse, dessen Herrschaftsgebiet durch eine geschickte Heiratspolitik bis ans rechte Rhône-Ufer und die westliche Mittelmeerküste reichte. Und auf die hatte das französische Königshaus schon lange ein Auge geworfen. 1209 starteten Welt- und Kirchenmacht ihren Kreuzzug gegen die Andersdenkenden. Auf die Frage der Soldaten, wie die Katharer von Katholiken zu unterscheiden seien, soll man ihnen befohlen haben, einfach alle zu töten, der Herr werde die Seinen schon erkennen.

Etwa 50 000 Menschen fielen dieser ersten systematischen Vernichtung einer Glaubensminderheit im christlichen Abendland zum Opfer. Zu den Verlierern gehörte auch der ›Ketzergraf‹ von Toulouse. Sein Mittelmeerreich kassierte der französische König Ludwig VIII. Auch die Päpste gingen nicht leer aus; als Lohn für ihre geistige Mittäterschaft bei der Menschenhatz erhielten sie das Comtat Venaissin im Kernland der Provence. Daß die Päpste 1309 auch ihren Dienstsitz vorübergehend vom unruhigen Rom nach Avignon verlegten, kam der Krone durchaus gelegen. Mit einem kurzen Blick über den Grenzfluß Rhône ließ sich diese lästige und schwer berechenbare Konkurrenzmacht im Auge behalten.

Bei den weitgehend unabhängig gebliebenen Regenten der Provence war das schon schwieriger. Erst 1481 gelang es der französischen Krone, die Provence zu schlucken. Ein schwer verdaulicher Happen, denn den Provenzalen war es unter den Blaublütern des Herrscherhauses Anjou, besonders unter dem ›guten‹ König René, manchmal sogar ganz gut ergangen. Zu gut, wie das Parlament von Aix-en-Provence ein paar Jahrzehnte später befand. Die königstreu besetzte Institution zog die Steuerschraube an, verschärfte die Gesetze und setzte 1545 die zweite große Vernichtungsaktion von Andersgläubigen in Südfrankreich in Gang. Dieses Mal traf es die ›Waldenser‹, eine im 12. Jh. von einem Herrn Waldes in Lyon gegründete Laienpredigerbewegung, die ähnlich wie die Katharer mit Armut und Buße die Kirche zu reformieren suchten und als Ketzer exkommuniziert wurden. Von der Inquisition verfolgt, hatten sie sich in die versteckten Dörfer des Lubéron geflüchtet. Dort spürte man sie nun auf und haute sie zu Tausenden in Stücke.

Aus Gläubigen wurden Märtyrer, deren Kampfgeist sich protestantische Hugenotten für die Verbreitung ihres ähnlich puritanischen Weltbildes in den Cevennen und in Nîmes zum Vorbild nahmen. Dabei gingen sie nicht gerade zimperlich mit den Katholiken um, bis sich eines Tages, von Kirche und Krone geschürt, Katholiken und Protestanten in einem Religionskrieg gegenüberstanden, der erst 1598 im ›Edikt von Nantes‹

ein (auch nur vorläufiges) Ende fand. Bis ins 18. Jh. hinein hinterließ die Bekämpfung der Protestanten blutige Spuren in der Provence. Les Baux und Beaucaire wurden teilweise gesprengt, weil sie Hugenotten beherbergten. Und in der Camargue diente das alte Kreuzfahrer-Depot Aigues-Mortes als Gefängnis für Christen, die von Christen verfolgt wurden. Erst 1768 wird der letzte hugenottische Sträfling begnadigt. Es ist eine Frau, Madame Durand, die 38 Jahre in dem fensterlosen Festungsturm ›Tour de Constance‹ überlebt hatte. Haß verspüre sie keinen, soll sie nach ihrer Entlassung gesagt haben.

Die unvergleichliche Landschaft und Lage haben die historische Provence nicht davor bewahrt, von der Politik zu einer Provinz wie jede andere gemacht zu werden. Eine nachrevolutionäre Gebietsreform machte die Region zu einem von Präfekten kontrollierten Verwaltungsbezirk, aufgeteilt in mehrere Departements ohne politische Bedeutung. Zwar faßte 1974 ein Gesetz zur Dezentralisierung die eigentlichen Provence-Departements Bouches-du-Rhône (Verwaltungszentrale Marseille), Vaucluse (Avignon) und Alpes-de-Haute-Provence (Digne) mit den Departements Var (Toulon), Alpes-Maritimes (Nizza) und Hautes-Alpes (Gap) zu einer Wirtschafts- und Kulturregion mit einem freigewählten Regionalparlament zusammen, geblieben ist jedoch die durchaus bezweckte Abhängigkeit aller Regionen von der Zentralregierung in Paris in grundlegenden politischen Fragen. Eins unterscheidet die Provence jedoch von ihren Nachbarregionen: Im Erholungswert für gestreßte Franzosen scheint sie unschlagbar zu sein. Rund 6 Mio. Landsleute reisen Jahr für Jahr durch die Provence oder machen Ferien in einer ihrer etwa 200 000 Zweitwohn-

Kernkraftwerke bei Verseau

sitze. Und das bringt immerhin einen kleinen Teil des Geldes zurück, das zuvor als Steuer nach Paris geflossen ist. Dennoch ist bei vielen der rund 4,5 Mio. Einwohner von Frankreichs Sonnenregion die Freude über so viel Sympathie für ihren Landstrich nicht ungetrübt. »*Je m'en fous des Parisiens*« – kein Satz sitzt den provenzalischen Dienstleistern nach dem allsommerlichen Ferienrummel so locker wie dieser, der den Hauptstädtern bedeutet, daß man auf sie pfeift. Könnte man doch nur auf das Geld der Pariser verzichten! Diese schlechten Manieren! Dieser Dünkel! Diese Arroganz!

Doch weit Bedenklicheres kommt aus der Kapitale. Denn vieles, was sich die Pariser vom Halse schaffen möchten, scheinen sie mit Vorliebe in die Provinz zu verfrachten. Die Rhône, so scheint es, mündet weit genug von der Metropole entfernt ins Meer, besitzt freie Uferflächen und führt ausreichend Wasser zum

Kühlen mit sich, so daß man in Marcoule bei Orange die größten Atomstrom- und Kernforschungsanlagen Frankreichs errichten konnte.

Bei Fos-sur-Mer, am Rande der naturgeschützten Camargue, fand sich Anfang der 70er Jahre noch genügend unbebautes Land, das vor den Toren der Hafenstadt Marseille lag und mit gigantischen Ölraffinerien und Werftanlagen in ein ›Ruhrgebiet am Mittelmeer‹ verwandelt werden konnte. Doch die internationale Konkurrenz drückte die Gewinne. Fos wurde ein Flop und bald nach Inbetriebnahme vom Staat an den Subventionstropf gehängt. Die fragile Etang-Landschaft ist verschandelt und ein Fall für Umweltsanierer.

In den Bergen des Vaucluse dagegen sieht man wenigstens nicht, welchen Zündstoff die einsame Weite birgt. Unter Schafweiden verbuddelt, lagern im Plâteau d'Albion Atomraketen für den Fall, der bekanntlich nie eintreten soll. Dergleichen Optimismus verbreiteten jüngst die Wissenschaftler des Atomforschungszentrums Cadarache bei Aix-en-Provence, als sie mit einer kontrollierten Kernschmelze den Super-GAU simulieren wollten. Das Experiment geriet außer Kontrolle und mußte abgebrochen werden, trotzdem sind für die kommenden Jahre weitere Testfälle geplant. Nicht französische Umweltschützer übrigens, sondern internationale Reiseveranstalter verhinderten, daß der atomare Crash-Test während der sommerlichen Hauptreisezeit stattfand.

Etwa 4 Mio. Ausländer reisen Jahr um Jahr in die Provence. Bis zum Jahr 2000 möchte man ihre Zahl verdoppeln. Trotz gesetzlicher Auflagen wuchern Zweitwohnsitze und Ferienanlagen. Zwischen Arles und Avignon wurden bereits so viele Traditionsrestaurants von amerikanischen Fastfood-Ketten verdrängt, daß sich ein Minister nach einem Aufenthalt in seinem provenzalischen Ferienhaus genötigt sah, seine Landsleute daran zu erinnern, daß die französische Küche ein nationales Kulturgut sei. Sein Appell blieb nicht ungehört. Der »Nationale Rat für kulinarische Kunst« (Conseil National d'Art Culinaire) entwickelte ein Unterrichtsprogramm, das Dreikäsehochs den Geschmack an Coke und Ketschup verleiden soll.

Zur nationalen Sache hat man auch den Hochgeschwindigkeitszug TGV (*Train à grande vitesse*) erklärt. Der allerdings ist auf dem besten Wege den Süden zu entzweien. Seine schnurgerade Trasse soll bis zur Jahrtausendwende durch die Departements Drôme, Bouches-du-Rhône und Var ans Mittelmeer führen. Fahrtzeit Paris–Marseille: drei Stunden. Ein Traum für Touristen – ein Alptraum für die meisten Provenzalen: Die landschaftsfressende Gleisschneise wird die Westprovence in zwei Hälften spalten.

Mehr und mehr Provenzalen jedoch machen mobil gegen die drohende Mobilität reicher Pariser und Europäer, für die die Provence schon jetzt das ›Einwanderungsland‹ schlechthin ist. Besonders die von Arbeitslosigkeit am härtesten getroffene Jugend der Provence hat Angst vor Überfremdung. Bei den Wahlen vergangener Jahre hat knapp die Hälfte der Erstwähler Le Pen, dem Parteiführer des rechtsextremen Front National, die Stimme gegeben. Beim Referendum um den Beitritt Frankreichs zur Europäischen Union votierte eine Mehrheit der Bewohner gegen ein vereinigtes Europa. Mehr aus Protest gegen Pariser Politiker und Makler als aus politischer Überzeugung. Denn überdies wandert das Geld, das mit der provenzalischen Sonne verdient wird, mehrheitlich in die Taschen von internationalen Reisekonzernen und Banken. Und die haben ihren Sitz fast ausnahmslos in der ungeliebten Hauptstadt.

Ein paar Kostproben, was passiert, wenn Klimaveränderungen und lokale Eingriffe von Zukunftsstrategen zusammentreffen, hat die Natur bereits geliefert. In der zubetonierten Landschaft versickern die zunehmend heftigeren Gewitterregen nicht mehr. Besonders hart bekam das die kleine Römerstadt Vaison-la-Romaine am Fuße des Mont Ventoux zu spüren. Nach ungewöhnlich schweren Unwettern wälzte sich eine Flutwelle durch die Stadt, schwemmte ganze Häuserzeilen fort und riß 32 Menschen in den Tod. Noch ein paar Hochwasserkatastrophen mehr wollen die Provenzalen nicht abwarten. Seit sich die Natur zu wehren scheint, wächst auch der politische Widerstand gegen die sorglose Baupolitik der vergangenen Jahre.

Sprachpolitik

Wie andere Regionalsprachen des Midi gehört das Provenzalische zur okzitanischen Sprache, der *langue d'oc,* die ausschließlich südlich der Loire gesprochen wurde. In Paris dagegen sprach man Nordfranzösisch, die *langue d'oil,* die sich vom Okzitanischen unter anderem durch das Wort *oil* für ›ja‹ unterschied, aus dem später *oui* wurde. 1539 hatte König Franz I. das Nordfranzösische zur Amtssprache erhoben und den aufmüpfigen Süden sprachlos gemacht. Der Erlaß nahm vorweg, was entsprechende Gesetze nach der Französischen Revolution endgültig besiegelten. Die bisherige relativ große regionale Eigenständigkeit der Provence und anderer Gebiete Frankreichs widersprach fortan dem zentralstaatlichen Einheits- und Gleichheitsgedanken. In den Schulen des Landes durfte bald nur noch auf Französisch unterrichtet werden. Die provenzalischen Kinder wurden zu Fremden im eigenen Land und eines wichtigen Teils ihrer regionalen Identität beraubt.

Zeittafel

Vorgeschichte

6000–5000 v. Chr.	Jungsteinzeitliche Funde bei Châteauneuf-les-Martigues liefern den ersten, relativ genau datierbaren Beweis für eine dauerhaft seßhafte Lebensweise mit Schafzucht und Benutzung von Keramikgeschirr im Gebiet der heutigen Provence
um 4000 v. Chr.	Dörfliche Lebensgemeinschaften bilden sich
um 1800 v. Chr.	Ligurer besiedeln während der Bronzezeit mittelmeernahe Gebiete
ab 800 v. Chr.	Grabungsfunde belegen eine starke Präsenz von Kelten (von den Römern Gallier genannt), die sich in den folgenden Jahrhunderten mit den Ligurern verbinden und sich als Keltoligurer teilweise auch mit den nachfolgenden Griechen mischen. Sie siedeln in *oppida,* befestigten Wehrsiedlungen, die später den Römern teilweise als Basis ihrer Städte dienen

Die römische ›provincia‹

600 v. Chr.	Gründung von Massalia (Marseille) durch griechische Seefahrer aus dem kleinasiatischen Phokäa
218 v. Chr.	Massalia informiert die Römer vom Durchzug des Karthageners Hannibal aus Spanien in Richtung Rom
125 v. Chr.	Die Römer, von Massalia um Hilfe gegen vordringende Keltoligurer gebeten, kommen, siegen und bleiben
125–122 v. Chr.	Die Römer erobern den südlichen Teil Galliens. Sextius Calvinus zerstört das von keltoligurischen Saluviern bewohnte »oppidum Entremont« und gründet ganz in der Nähe Aquae Sextiae, das spätere Aix-en-Provence
121–118 v. Chr.	Domitius Ahenobarbus vertreibt und versklavt diverse Keltenstämme entlang der Mittelmeerküste, beginnt den Bau der Via Domitia zwischen Rhône und Pyrenäen und gründet Narbo (Narbonne). Die Stadt wird Hauptstadt und Namengeberin von Roms erster Kolonie außerhalb Italiens: »Provincia Narbonensis«. Im später kurz *provincia* genannten Ostteil der Kolonie werden Apt, Arles, Avignon, Carpentras, Cavaillon, Nîmes, Orange und Vaison-la-Romaine gegründet
102 v. Chr.	Konsul Gaius Marius schlägt bei Aix vordringende Kimbern und Teutonen. Der Name des Hausbergs von Aix, Montagne Ste-Victoire, erinnert vermutlich an den Sieg über die Germanenstämme; Marius ist in der Provence ein besonders geläufiger Vorname geblieben
49 v. Chr.	Massalia setzt auf die falsche Karte und wird von Caesar wegen der Unterstützung seines Kontrahenten Pompeius während des römischen Bürgerkriegs zerstört und entmachtet. Arles nimmt Massalias Platz als wichtiger Handelsplatz ein
58–51 v. Chr.	Caesar unterwirft den restlichen Teil Galliens und verfaßt den Klassiker des späteren Lateinunterrichts »De bello gallico«
22 v. Chr.	Unter dem Organisationstalent Augustus entwickelt sich die zuvor umstrukturierte »Provincia Gallia Narbonensis« zum kolonialen Musterländle. In den folgenden zwei friedlichen Jahrhunderten entstehen unter anderem der Pont du Gard und die Amphitheater von Nîmes und Arles
2.–4. Jh. n. Chr.	In der *provincia* ist die Ruhe vorübergehend dahin. Der Beginn der Völkerwanderung kündigt sich durch erste Einfälle der von den Römern als Barbaren bezeichneten Germanenstämme an. Unter Konstantin (306–337) erlebt die Kolonie wieder ein paar friedlichere Jahre. Der Kaiser nimmt den christlichen Glauben an und gewährt im Mailänder Edikt 313 die Glaubensfreiheit. Das Christentum verdrängt gallo-

römische Götterkulte. Arles wird vorübergehend Sitz des
römischen Präfekten für Gallien, Britannien und Spanien
und erblüht noch einmal zu einer Metropole, während
Roms Großmachtsträume längst zu welken beginnen

Die Zeit der Völkerwanderung

471   Die Einnahme Arles' durch die Westgoten ist der Auftakt für
ein unruhiges halbes Jahrtausend, in dem sich keine festen
Herrschafts- und Gesellschaftsstrukturen herausbilden. Für
eine gewisse ›soziale‹ Kontinuität sorgt die vorwiegend von
Klöstern aus betriebene Christianisierung

843   Der Vertrag von Verdun spricht Lothar, dem Enkel Karls des
Großen, die Provence zu, die ihre einstige Ausdehnung verliert und nunmehr im Westen von der Rhône begrenzt wird

Die Provence der Grafen

972   Der Graf von Arles, Wilhelm, begründet das erste provenzalische Grafenhaus

1032   Die deutschen Kaiser erben von Rudolf II. die Provence, be-
lassen den provenzalischen Grafen aber weitgehend ihre
Unabhängigkeit im nunmehr bis ans Mittelmeer reichenden Heiligen Römischen Reich Deutscher Nation

1125   Männermangel in den provenzalischen Grafenhäusern und
Brautschauen jenseits der Pyrenäen bringen katalanische
Grafen in den Besitz der Westprovence. Das Gebiet östlich
der Rhône erhält das Toulouser Grafenhaus

1178   Kaiser Friedrich I. (Barbarossa) zeigt noch einmal, wer Herr
im provenzalischen Hause ist und läßt sich in der Kathedrale St-Trophime in Arles zum König von ›Arelate‹ krönen

1246   Karl I. von Anjou, ein Bruder des französischen Königs Ludwig IX. (des Heiligen), fällt durch Heirat mit Beatrix, der
Tochter und Erbin des Grafen von Barcelona, die Provence
zu. Es folgen relativ stabile politische sowie klimatisch und
deshalb wirtschaftlich recht gute Zeiten

1248   Ludwig IX. bricht von Aigues-Mortes zum Siebten Kreuzzug
nach Jerusalem auf

1247   Die Päpste erhalten als Dank für ihre inquisitorische Mit-
hilfe bei der Vernichtung der religiösen Reformbewegung
der Katharer das Comtat Venaissin. 1348 verkauft die bank-
rotte Johanna I. von Anjou Papst Clemens VI. die Stadt
Avignon. Die päpstlichen Besitztümer werden erst 1791,
nach der Revolution, französisches Staatsgebiet

König René der Gute (linker Flügel des Triptychons »Der brennende Dornbusch« von Nicolas Fromentin, 1476, in St-Sauveur in Aix-en-Provence)

1309–1376	In Avignon residieren sieben Exilpäpste
1378–1403	Zwei französische Gegenpäpste in Avignon machen den Oberhirten in Rom Konkurrenz
1434–1480	Der Kunstfreund und Feinschmecker Graf René von Anjou regiert die Provence und wird wegen seines liberalen Regierungsstils von seinen Untertanen der ›gute König‹ getauft
1481	Der letzte Sproß des Hauses Anjou, Karl III. von Maine, stirbt und Frankreich schluckt die Provence

Die Provence als französische Provinz

1539	Die nördlich der Loire gesprochene Regionalsprache, die sog. *langue d'oil,* wird zur Verwaltungssprache erklärt
1545	Unter König Franz I. kommt es im Lubéron zur Ermordung von 2000 Waldensern, Angehörigen einer Laienpredigerbewegung
1555	Nostradamus publiziert in Salon-de-Provence seine Weissagungen
1598	Der 1560 ausgebrochene Religionskrieg zwischen Protestanten und Katholiken findet durch das Edikt von Nantes ein vorläufiges Ende
1660	Ludwig XIV. entmündigt die Provence weitgehend, erhöht die Steuern wegen seiner enormen Militärausgaben und unterstützt die Katholiken im wiederaufgeflammten Religionskrieg. 50 000 Hugenotten fliehen außer Landes
1713	Das niederländische Haus Nassau tritt sein Fürstentum Orange an Frankreich ab
1720	Eine Pestepidemie fordert allein in Marseille 40 000 Tote
1787	Das ›Toleranzedikt‹ beendet die Religionskriege
1789	Mit dem Sturm auf die Bastille beginnt die Französische Revolution
1790	Die Provence wird in diverse, nach geographischen Gesichtspunkten geschaffene und von Paris aus verwaltete Departements aufgeteilt, vergleichbar mit deutschen Landkreisen
1792	Ein Freiwilligenbataillon aus Marseille intoniert bei seiner Ankunft in Paris das später »Marseillaise« getaufte, ursprünglich von Rouget de Lisle in Straßburg komponierte ›Kriegslied der Rheinarmee‹. 1795 wird es Nationalhymne
1815	Der wegen seiner repressiven Politik in der Provence äußerst ungeliebte Napoleon entgeht in Avignon nur knapp der Lynchjustiz aufgebrachter Bürger
1848	Die Eisenbahnlinie Avignon–Marseille ist fertiggestellt. Die sog. ›Industrielle Revolution‹ fällt in der Provence recht bescheiden aus -----------

1870–1914	Die Einwohnerzahl von Marseille verdoppelt sich auf 600 000 Menschen
1942	Die deutsche Wehrmacht besetzt das südliche, bislang ›freie‹, von Marschall Pétain regierte ›Vichy-Frankreich‹
1944	Die Alliierten landen in Südfrankreich und treffen bei ihren Befreiungskämpfen Avignon und Marseille mit Bomben. Deutsche Soldaten sprengen auf ihrem Rückzug Rhône-Brücken und zerstören unter anderem die Papstburg Châteauneuf-du-Pape
1974	Ein Dezentralisierungsgesetz zur Förderung föderaler Strukturen im Zentralstaat faßt die sechs Departements Hautes-Alpes, Alpes-de-Haute-Provence, Alpes-Maritimes, Bouches-du-Rhône, Var und Vaucluse zu einer Region (Région) mit einem frei gewählten Regionalrat (Conseil Régional) zusammen. Dieser teilt sich die geringe Autonomie in politischen Fragen mit dem Generalrat (Conseil Général), der ebenfalls frei gewählten Vertretung der Departements. Über die Region wacht wie seit Napoleons Zeiten das zentralstaatliche Auge des Präfekten, dem unter anderem die Polizeihoheit obliegt
Bis heute	befindet sich die Provence in einem schwierigen Umstrukturierungsprozeß vom reinen Agrarland zu einer modernen Feinindustrie- und Dienstleistungsregion. Von Le Pen geschürte Angst vor Überfremdung und eine traditionelle Protesthaltung gegenüber Paris sorgen derzeit für einen Anteil rechtsextremer Wählerstimmen von etwa 15 %

Nur die Alten bleiben in den Dörfern, die Jungen wandern in die Städte ab

Kunst und Kultur

Liebesdiener und Dichterfürsten – Literaten im Land des Lichts

Wie schön für die Damen! Endlich zeigten die Rauhbeine Manieren bei der Minne. Vorbei die Zeiten allzu stürmischer Eroberungen. Im 12. Jh. lernten die Ritter, Frauen von Festungen zu unterscheiden. In Vers- und Liedtexten streckten sie die Waffen und umwarben ihre Auserwählten mit schmachtenden Worten. Ritter wurden zu **Troubadouren,** stammelndes Begehren zu feinsinniger Liebeslyrik. Was hat aus provenzalischen Kriegern Kavaliere gemacht?

Ende des 12. Jh. ging es dem Süden wirtschaftlich einigermaßen gut, und die provenzalischen Gebietsgrafen saßen politisch fest im Sattel, allen voran die Grafen von Les Baux. Was ihnen fehlte, waren gute Umgangsformen, um sich von ungehobelten, niederen Ritters- und Adelsständen abzugrenzen und vom Königshaus ernst genommen zu werden. So bildete sich auf den Burgen von Beaucaire und Les Baux, Arles und Aix vermutlich erstmals ein ›höfischer‹ Ehrenkodex heraus, der die provenzalischen Grafenhäuser miteinander verband und später auf die Lebensart in ganz Europa Einfluß nahm. Mit der ständischen Entwicklung ging eine sprachliche einher. Wachsende Mobilität und verwandtschaftliche Bindungen zwischen den Grafenhäusern hatten nicht unerheblich zur Herausbildung der provenzalischen Regionalsprache aus zahllosen Dialekten beigetragen.

Allein in der Provence kennt man bisher rund 500 Troubadoure (von provenz. *trobar* = finden), darunter etwa 20 Frauen, sogenannte *trobairitz*. Raimbaut de Vaqueiras und Peire Vidal sind die bekanntesten der südfranzösischen Troubadoure, die sich alle der ›neuen‹ *langue d'oc* bedienten und mehrheitlich der Minnelyrik verschrieben. Stets wiederkehrende Motive und Inhalte dieser populärsten dichterischen Ausdrucksform der Troubadoure, die überwiegend dem einfachen, von Lehnsherren gegängelten Rittertum entstammten, geben Auskunft über die Absichten ihrer Urheber: Sie probten den sozialen Aufstieg. Warum aber machten die Ritter bei ihren höfischen Stilübungen ausgerechnet verheiratete, letztlich unerreichbare Damen höherer Adelskreise zum Objekt der (dichterischen) Begierde? Durch Entsagung und platonische Liebesbeweise übten sich die ritterlichen Sänger in den subtilen Lebens- und Ausdrucksformen ihrer adeligen Dienstherren. Denn wer es verstand, seine Gefühle wie ein Edelmann zu zügeln und sich auf dem schwierigen Terrain oberschichtkonformen Liebeswerbens als einfühlsamer Verehrer zu erweisen, ohne die Gefühle der ranghöheren Frauen zu verletzen, handelte ›höfisch‹ wie sie. Damit war eine wichtige Hürde auf dem langen Weg die Ständepyramide hinauf genommen. Wie vielen Minnesängern auf diese Weise der Aufstieg in gehobene Adelskreise gelang, ist allerdings unbekannt, denn dieser Aspekt der Troubadourdichtung hat die Literaturwissenschaft erst in jüngerer Zeit interessiert.

Weitaus intensiver ist die kulturpolitische und zivilisatorische Leistung der dichtenden Rittersleute gewürdigt worden, denn in den Jahrzehnten nach der

Französischen Revolution stellten republikanisch gesonnene Politiker die Troubadour-Dichtung gerne als einen emanzipatorischen Befreiungsakt kleiner Regionalgrafen von der Unterdrückung durch den Pariser Hochadel dar. Zum ersten Mal wurde der Minnesang während der Regierungszeit des ›Bürgerkönigs‹ Louis-Philippe (1830–48) politisch funktionalisiert. Auch nach der Revolution, die zur völligen Abschaffung der Ständeordnung führen sollte, waren die Interessengegensätze zwischen Hochadel und Bürgertum nicht völlig aufgehoben. Da suchte man gerne im Geschichtsbuch nach plakativen Beispielen für geglückte Auflehnungsversuche niederer Stände gegen königliche Allmacht. So projizierte man die nachrevolutionäre Gleichheitsideologie auf das provenzalische Mittelalter, wo es den Troubadouren und kleinen provenzalischen Grafen angeblich gelungen war, mit den Mitteln der Dichtung und Volkssprache die gottgegebene Ständeordnung zu durchbrechen.

Frédéric Mistral

Eine andere Mystifizierung der provenzalischen Geschichte betrieb ein Literatenkreis, der sich nach dem provenzalischen Wort für Dichter **»Félibrige«** nannte und 1854 von **Frédéric Mistral** (1830–1914) ins Leben gerufen worden war. Der für sein Werk »Mirèio«, eine gereimte Landsaga in provenzalischer Sprache, 1904 mit dem Literaturnobelpreis ausgezeichnete Dichter hatte sich mit seinem intellektuellen Dichterzirkel das vorrangige Ziel gesetzt, der provenzalischen Sprache durch Herausgabe einer Grammatik im Lande Geltung zu verschaffen. Mit der Veröffentlichung des provenzalisch-französischen Wörterbuchs »Trésor dóu Félibrige« war der erste Schritt getan. Später gründete Mistral das »Muséon Arlaten«, ein bis heute vielbesuchtes Volkskundemuseum, dessen Exponate provenzalischen Brauchtums das Interesse der Bevölkerung für ihre kulturelle Eigenständigkeit wecken sollten. Daß dies von Mistral aber keinesfalls politisch gemeint war, zeigen spätere Inszenierungen folkloristischer Trachtenumzüge und volkstümlicher Schauspiele in Arles sowie Texte, in denen ausnahmslos die schönen alten Zeiten besungen werden, als die Bauern noch ein bodenständiges, naturverbundenes Leben frei von sozialen Spannungen führten. Kriege, Religionsverbote, Steuerlasten, Wirtschaftskrisen, politische Entmündigungen, Reblaus- und Seidenraupenkrankheiten, Klimakatastrophen und napoleonische Truppeneinsätze gegen separatistische Bewegungen kamen in dem idealisierenden Provence-Bild des »Félibrige« nicht vor. Wohl gerade deshalb hat das von ihnen propagierte Bild einer makellos schönen Landschaft des sanften Lichtes und zutiefst heimatverbundener Menschen sämtliche geopolitischen

›Daudets Mühle‹ bei Fontvieille

und sozialen Umwälzungen in der Provence überdauert. Auch die Bevölkerung hat mittlerweile die verklärende Sichtweise ihrer Heimat übernommen. Frédéric Mistral avancierte zum Dichterfürsten der Provence und wurde mit unzähligen Denkmälern und Straßennamen geehrt. Zu seinen Lebzeiten war das noch anders gewesen. Die Bauern und Hirten konnten nichts mit der gekünstelten Dichtung des »Félibrige« anfangen. Ihre Kleidung war schmutzig von der harten Arbeit und selten so bunt wie die idealtypischen Bekleidungsstücke und Trachten im Museum von Arles. Die provenzalische Sprache blieb auch weiterhin aus den Klassenzimmern ihrer Kinder verbannt. Und ihre Alltagsängste vor schwankenden Ernten, allzu üppigem Kindersegen und drückenden Pachtzinsen kamen in den Werken des intellektuellen Dichtervereins nicht vor. Sie fühlten sich zu Recht nicht ernst genommen.

Ähnlich erging es den Provenzalen zunächst mit **Alphonse Daudet** (1840–1897), einem weiteren berühmt gewordenen »Félibrige«. Sie empfanden die vielgerühmten Abenteuer des angeblich typisch südfranzösischen Aufschneiders »Tartarin von Tarascon« und die landschaftsschildernden »Briefe aus meiner Mühle« weder ›heiter-ironisch‹ noch ›liebenswürdig-humorvoll‹ wie die Pariser Literaturkritik. Für sie war der in Nîmes geborene Landsmann nichts als ein Schwindler, weil er niemals die Mühle bei Fontvieille bewohnt hatte, in der seine Provence-Betrachtungen angeblich entstanden seien. Auch mit Daudet hat man sich versöhnt und die Mühle in Fontvieille heißt heute offiziell »Moulin de Daudet«.

Die zwei herausragenden provenzalischen Schriftsteller des 20. Jh. leben nicht mehr: Marcel Pagnol (1895–1974) aus Aubagne und Jean Giono (1895–1974) aus Manosque, die ihr ganzes Werk der Provence gewidmet haben, besitzen über ihre nahezu identischen Lebensdaten hinaus allerdings keine weiteren Gemeinsamkeiten. Das größere Talent war wohl **Marcel Pagnol**, der sich als erfolgreicher Filmemacher und Schreiber einen Platz im erlauchten Mitgliederkreis der Académie Française erarbeitete. Seine Filme sind heute weniger bekannt als seine Romane, die um provenzalische Lebenswege, geprägt vom kleinbürgerlichen Milieu oder der Auseinandersetzung mit den harten klimatischen Bedingungen der Provence, kreisen. Auch Pagnols Provence ist eine Landschaft volkstümlicher, heimatverbundener Menschen. Aber anders als die Félibristen blendet er die großen und kleinen Dramen, zu denen das enge Zusammenleben in abgelegenen Höfen und kleinen Dörfern führen konnte, nicht aus, sondern machte sie zum Inhalt seiner Werke: Mal sentimental, klischeehaft und eher verharmlosend wie in der Romantrilogie »Marius – Fanny – César«, die er im Hafenviertel von Marseille ansiedelte, mal bedrückend realistisch wie in den Bergepen »Jean de Florette« und »Manon des Sources«. Als Claude Berri die Drehorte für seine Verfilmung der beiden melodramatischen Rachegeschichten mit Daniel Auteuil, Gérard Dépardieu und Yves Montand suchte, war er lange unterwegs, bis er Dörfer fand, die so aussahen, wie Pagnol sie beschrieben hatte, da die Gegend bei Aubagne, in der Pagnol die Romane angesiedelt hatte, längst von Strommasten, Zweitwohnsitzen und Supermärkten verbaut ist. Gedreht wurde schließlich unter anderem in Sommières bei Nîmes und Grambois im Lubéron.

Auch die Provence **Jean Gionos** hat sich verändert. Ihr fehlt heute die dramatische Schwere, die den meisten Werken dieses verschlossenen Einzelgängers anhaftet. Das liegt wohl daran, daß der Schriftsteller seine Romane und Erzählungen rund um seinen Heimatort in den kargen Landschaften und abweisenden Dörfern der Hochprovence ansiedelte, die heute viel von ihrem klimatischen Schrecken verloren haben. Hinzu kommt, daß man die entrückten Gegenden meist mit Ferienaugen betrachtet. Giono hingegen übertrug auf die unwirtlichen Gegenden wohl die

Marcel Pagnol

Jean Giono

seelischen Zerstörungen, die er während des Ersten Weltkrieges als junger Soldat davongetragen hatte. Giono brauchte lange, bis er durch das Schreiben seine Sprache wiederfand. Nach und nach gelang es ihm, seine Kriegserlebnisse zu verarbeiten, indem er sein Leiden auf Romanfiguren übertrug, die ihre Lebenskraft aus der ländlichen Scholle bezogen.

Diese erdverbundene Weltanschauung und seine unbeirrbare pazifistische Haltung, die er auch nach dem Einmarsch der Wehrmacht in Frankreich nicht aufgab, nährten den Verdacht, Giono sympathisiere mit den Faschisten. In den Jahren 1944–47 erhielt er Veröffentlichungsverbot, wurde später aber rehabilitiert. Er blieb sich politisch treu und versuchte bis zu seinem Tode die Einlagerung von Atomsprengkörpern im Plateau d'Albion zu verhindern. Zu Gionos zentralen Werken zählen »Ernte«, »Der Husar auf dem Dach«, »Das Lied der Welt« und »Der Berg der Stummen«.

Der berühmteste aller provenzalischen Schriftsteller hat die meisten seiner Werke als Häftling im Bastille-Kerker in Paris verfaßt. Nur wenige haben sie gelesen, aber jeder kennt den Autor. Er ist dabei, wenn es um Lust und Laster geht, ein Mord aus Vergnügen geschieht und Leidenschaft zur Folter führt. Selbst wer einer Fliege ein Bein ausreißt, muß sich sagen lassen: Du Sadist! Der gebürtige Pariser, **Donatien Alphonse François Marquis de Sade** (1740–1814), steht der Perversion Pate, seit seine Hauptwerke »Die hundertzwanzig Tage von Sodom« und »Justine oder das Unglück der Tugend« Bibliotheken und Nachttische eroberten. ›Bluthuster der europäischen Literatur‹, ›sexuelles Raubtier‹, ›Evangelist des Bösen‹, beschimpften ihn seine frühen

Kritiker, ›Vergewaltiger‹ und ›Hardcore-Pornograph ohne schreiberische Begabung‹ urteilen Rezensentinnen über den Lüstling, dessen Rehabilitierung durch zeitgenössische Literaturwissenschaftler und Sexpsychologen alarmiere. Diese können sich allerdings auf berühmte Gesinnungsgenossen berufen. Für Apollinaire war er der genialste Freigeist aller Zeiten, der Surrealist André Breton verehrte ihn als Vordenker von Sigmund Freud und der modernen Psycho-Pathologie, der Existenzialist Camus machte ihn schlicht zu »unserem Zeitgenossen« und selbst Simone de Beauvoir schätzte »seine Ehrlichkeit, beschrieben zu haben, was jeder Mensch sich sonst nur verschämt eingestehe«.

Wer in de Sade keinen Zeitkritiker, sondern einen obszönen Lüstling sieht, mag sich wundern, daß der Marquis nicht in Gruselkabinetten hauste, sondern das schöne Lacoste-Schloß seiner adeligen Vorfahren im ›Kleinen‹ Lubéron bewohnte, seine treu ergebene Ehefrau auf Händen trug, mit ihr drei Kinder zeugte und hingebungsvoll seine Rabatten und Obstplantagen pflegte. Allerdings genoß der Marquis nur wenige Jahre die wunderbare Aussicht und Mittelgebirgsluft im Lubéron. Nach einer »bestialischen Folterorgie von größter Anstößigkeit mit einem unfreiwillig zu Diensten stehenden Mädchen niederen Standes in Marseille«, so das Polizeiprotokoll, wurde über ihn unter anderem wegen Sodomie das Todesurteil gesprochen, das man nach Jahren seiner Flucht und Intervention von Freunden in lebenslange Haft umwandelte. De Sade war 38 Jahre alt, als er für insgesamt 29 Jahre hinter Gittern verschwand. Die letzten drei Lebensjahre verbrachte er in geistiger Umnachtung in einer Heilanstalt.

Scheue Lichtgestalten – Van Gogh und Cézanne in der Provence

Es ist der 21. Februar 1888. Über die Camargue fegt ein eisiger Wind. Ein Fremder kommt in die Stadt, ein merkwürdiger Kauz. Er nimmt eine billige Absteige im Viertel der Handwerker und Huren und vermeidet jegliches Aufsehen. Früh am nächsten Morgen lädt der Niederländer seine Staffelei auf die Schulter, wandert frierend aus der Stadt, packt Palette und Pinsel aus. Später wird er seinem Bruder Theo einen Brief schreiben: »Du weißt, daß ich mich aus tausend Gründen in den Süden begeben habe. Ich wollte ein anderes Licht sehen, glauben, daß der Blick auf die Natur unter einem klaren Himmel uns eine genauere Idee davon geben kann, wie die Japaner fühlen und zeichnen. Ich wollte mehr Sonne…«. Fünfzehn Monate bleibt van Gogh in Arles und hinterläßt aus dieser Zeit rund 200 Gemälde und etwa genausoviele Zeichnungen und Briefe.

Was hat ihn gerade nach Arles gezogen? In den Pariser Künstlerkreisen, die seiner Arbeit wenig Aufmerksamkeit schenkten, war die Provence in Mode gekommen. Viele Maler machten sich das idealisierte Bild dieser Landschaft zu eigen, das der provenzalische Dichterbund der Félibristen wirksam propagiert hatte, um den starken Einfluß regionaler Traditionen auf die französische Kultur in das Bewußtsein der Franzosen zu rücken (s. S. 35f.). In Paris sprach man von den schönen Landschaften, vom intensiven Licht, von Stierkämpfen und Trachtenfesten. Die Künstler schwärmten von der schöpferischen Kraft, die ein kreativer Mensch aus dem einfachen Landleben, fern der überdrehten Haupt-

stadt, gewinnen könne. Als Zentrum der von Schriftstellern weitgehend verklärten Provence galt Arles, das vom Kopf der Félibristen, Frédéric Mistral, zur idealtypischen Provence-Stadt mystifiziert worden war. Van Gogh wird von all dem gehört haben, zudem hatte er Daudet gelesen und war wohl neugierig, die Heimat seines provenzalischen Romanhelden »Tartarin«, rund um Arles, kennenzulernen (s. S. 36).

Die Stadt sieht für ihn ganz anders aus als in den Werken der Dichter. Weder interessieren den Maler die antiken Stätten noch die Stierkämpfe. Auf seinem Bild »Les Arènes« fehlt der Stier, van Gogh malt nur die bunte Menschenmenge beim Verlassen der Kampfstätte. Aber Arles ist ein guter Standort für seine Arbeit. Hier gibt es billige Quartiere, Nachtcafés, wie das von ihm gemalte »Café de Nuit« an der Place du Forum, und ein paar wenige Menschen, die dem wortkargen Rotschopf zugetan sind. Zum Beispiel die Wirtsleute Ginoux, die eine Kneipe bei der Place Lamartine betreiben, wo sich van Gogh in dem – kriegszerstörten – »Gelben Haus« für monatlich 15 Francs einmietet.

In einem Caféhaus schließt der Maler vermutlich Bekanntschaft mit dem Postboten Joseph Roulin, der für ihn den Provenzalen schlechthin verkörpert und dessen ganze Familie er nach und nach porträtiert. Roulin selbst verwandelt van Gogh auf der Leinwand in eine Landschaft. Er malt den Briefträger in seiner kornblumenblauen Uniform vor einer grünen Blumentapete und umgibt sein kraftvolles, selbstbewußtes Gesicht mit einem mächtigen Bart, der sich kräuselt wie die Kornfelder und Zypressen vor den Toren von Arles. Dort fühlt sich van Gogh ohnehin viel wohler als in der Camargue-Stadt, die er auf seinen Bildern in Stadtlandschaften verwandelt. Men-

Vincent van Gogh, Terrasse des Cafés an der Place du Forum in Arles (1888)

schen malt der scheue Maler lieber aus der Ferne und setzt sie in Beziehung zu den Landschaften, die er bei Fontvieille, Montmajour und am Fuße der Alpilles findet. Stück für Stück wird die Provence in sonnensatten Bildern eingefangen. Ein paar Farbtuben verändern während jener Sommermonate die Sicht der Welt auf Kornfelder und Sonnenblumen.

Am 23. Dezember 1888 schneidet van Gogh sich im Suff oder Wahn ein halbes Ohr ab. Im Krankenhaus von Arles vernarbt der Schnitt, doch seine Depressionen, deren er sich voll bewußt ist, kann dort niemand heilen. Der Maler willigt ein, sich am 3. Mai 1889 in die Heilanstalt St-Paul-de-Mausole im Süden von St-Rémy einweisen zu lassen. Sein Bruder Theo finanziert ihm ein Zimmer und ein Atelier, hinter dessen vergitterten Fenstern einige der intensivsten Bilder entstehen.

Ab und zu darf der »Patient der dritten Klasse« die Anstalt verlassen. Wieder ist es die Landschaft, die den Maler anzieht.

Van Gogh hat kein Auge für die berühmten Ausgrabungsstätten von Glanum, an denen er jedes Mal vorbeikommt, wenn er, getrieben von ungeheurem Schaffensdrang, neue Standorte für seine Staffelei sucht, als gelte es, um sein Leben zu malen. In der Umgebung von St-Rémy findet er Landschaften, die seinen wechselnden Gemütsverfassungen entsprechen. Mal verlieren sie sich in unbestimmten Weiten der Crau-Ebene, mal sind sie eng begrenzt von den schroffen Felsen der Alpilles. Mehr und mehr verlieren die Bilder die frühere Lebendigkeit, und die Horizonte verschieben sich an den oberen Bildrand.

Ein Jahr hält es van Gogh in der Enge der Anstalt aus. Durch fieberhaftes Malen seinen inneren Schrecken zu überwinden, ist ihm nicht gelungen. Als er St-Rémy am 18. Mai 1890 verläßt, hat er sein Lebenswerk um weitere 150 Gemälde und 100 Zeichnungen vergrößert. Am 30. Juli 1890 stirbt van Gogh im Alter von 37 Jahren in Auvers bei Paris an den Folgen einer Schußverletzung, die er sich selbst beigebracht hat. Weder St-Rémy noch Arles besitzen ein einziges Original von ihrem berühmtesten Gast, der für beide Städte ein Fremder geblieben war.

Sechs Jahre vor van Gogh entsteigt schon einmal ein Landschaftsmaler dem Rumpelzug aus Paris; auch er ein schweigsamer Einzelgänger, der dem Licht der Provence folgt. Aber er kennt es schon. Er hat Heimweh, denn er ist kein Fremder wie van Gogh. Der Bahnhof steht in Aix-en-Provence, seiner Geburtsstadt. Der Reisende trägt ordentliche Kleider. Seinen wohlgefälligen Blick auf ein Paar blankgeputzter Schuhe behindert ein Bauch, der Wohlstand verheißt. Der Mann mit dem dunkelbraunen Vollbart ist Paul Cézanne.

Als der Künstler sich 1882 nach langen, unruhigen Jahren in Paris, L'Estaque bei Marseille und Auvers entschließt, für immer hierzubleiben, ist er bereits 43 Jahre alt und ein gestandener Maler. In Paris ist er zum Impressionisten geworden. Sein Lehrer war Camille Pissarro, ein eng befreundeter Malerkollege, den Cézanne in regelmäßigen Briefen aus der Provence über seine rastlose Suche nach neuen Sehweisen unterrichten wird. Er ist nicht der große Schreiber wie sein Jugendfreund Emile Zola, der ihn nach einem Semester Jura in Aix-en-Provence, gegen den Widerstand seines Vaters, einem Bankier, zum Künstlerdasein in Paris ermutigt hatte. Aber die Briefe geben Auskunft darüber, daß sein Verhältnis zum Licht der Provence ein anderes ist, als das von van Gogh. Cézanne tut sich schwerer mit der

glasklaren Luft. Ihn verbindet eine Haßliebe mit seiner Umgebung, »die das Licht zurückwirft, daß man davon blinzeln muß«, und deren Sonne, wie er in einem anderen Schreiben behauptet, so fürchterlich sei, daß ihm scheine, »als ob alle Gegenstände sich als Silhouetten abhöben«. Da spricht der verunsicherte Impressionist, der Weichzeichner, der die fließende Linienführung mit zartem Pinselstrich erlernt hat, nicht aber den malerischen Umgang mit kontrastreich und hart abgesetzten Farbflächen, so wie er seine Heimat mehr und mehr wahrnimmt.

Ein paar Jahre später stirbt Cézannes Vater. Der Sohn steckt das Erbe in den Kauf eines Grundstücks am Nordrand von Aix, baut sich darauf ein Atelier und leistet sich einen Kutscher. Und der fährt ihn, so oft er will, aufs Land. Vorbei an

Paul Cézanne, Montagne Ste-Victoire (1902/1906)

Unterwegs mit van Gogh und Cézanne

Die Fremdenverkehrsämter von Arles (s. S. 327), Aix-en-Provence (s. S. 322) und St-Rémy (s. S. 380) geben bebilderte Pläne heraus, mit denen man auf den Spuren der beiden Maler durch Stadt und Land wandeln und die Originalmotive mit den Ergebnissen ihrer künstlerischen Verfremdung vergleichen kann. Während des Sommerhalbjahres werden auch geführte Künstlertouren (mehrsprachig) angeboten.

Le Tholonet und weiter Richtung Osten, wo kein Blick mehr vorbeiführt an der Montagne Ste-Victoire. Bis zum Tode wird er diesen Berg der Berge wieder und wieder malen, getrieben von der Vision, durch die Auseinandersetzung mit dem lichtumschmeichelten Kalksteinbrocken eines Tages die Natur ›realisieren‹ zu können. Cézanne ist sicher, eine Maltechnik zu finden, die es möglich macht, die Wirklichkeit mit den Mitteln der Malerei abbilden zu können, ohne daß die Bilder eine weltanschauliche, historische oder sonstwie beeinflußte Sehweise erkennen lassen. Natur pur, zeitlos und frei von ideologischer Beeinflussung. Das ist ihm gelungen. Anstatt ein Bild wie bisher üblich, aus eindeutigen, wiedererkennbaren Elementen zusammenzusetzen, von denen jedes für sich genommen eine Bildaussage hat, fügt Cézanne einzelne, isoliert betrachtet inhaltslose Farbflächen aneinander, die erst in der Zusammenschau ein Motiv ergeben. Die hart aneinanderstoßenden Farbflächen sind jeglicher Bedeutung entkleidet. Es gibt keinen Bildausschnitt, der einen konkreten Gegenstand erkennen läßt. Die Grundlagen der abstrakten Malerei sind gelegt. Es wird nicht lange dauern, und so unterschiedliche Maler wie Matisse, Picasso, Léger, Braque und Mondrian werden sich auf Cézanne berufen und ihn zum Vater der Moderne küren.

Nur einsvon Cézannes Bildern der Montagne Ste-Victoire ist in Frankreich geblieben, aber nicht etwa in Aix-en-Provence. Dort brauchte das Musée Granet nach seinem Tod im Jahre 1906 noch weitere 20 Jahre, um sich zum Ankauf eines Bildes zu entschließen. Mittlerweile gibt es dort eine Sammlung von Gemälden und Zeichnungen, die zu den weniger bekannten Werken zählen, aber einen pointierten Überblick über die stilistische Entwicklung des ›Denkers mit dem Pinsel‹ geben.

Für die Ewigkeit gebaut – 2000 Jahre provenzalischer Baugeschichte

Die Architektur ist das Gedächtnis der Provence, sie veranschaulicht die Anpassung ländlicher und urbaner Lebensräume an wechselnde politische und soziale Gegebenheiten. In keiner anderen Region außerhalb Italiens sind mehr Bauten erhalten, die eine vergleichbar lückenlose Dokumentation der architektonischen Entwicklung seit der Römerzeit ermöglichen und belegen, daß römisches Know-how den provenzalischen Architekten aller Epochen als Vorbild gedient hat.

Nach der Gründung der »Provincia Gallia Narbonensis« galt es, um den Lückenschluß zwischen Italien und Spanien wirtschaftlich und militärisch zu festigen, möglichst schnell eine funktionierende Infrastruktur aufzubauen. Den Soldaten folgten Städte- und Straßenbauer, die den nördlichen Mittelmeerraum binnen kurzem in eine Großbaustelle verwandelten, denn bei der Standortsuche für Siedlungen hatten ihnen die versklavten Keltoligurer und die Griechen die Arbeit bereits abgenommen. Auf den Trümmern ihrer *oppida*

und meernaher Handelsniederlassungen, die strategisch gut gelegen waren und meistens über Quellwasser verfügten, errichteten die Römer die heutigen Städte Apt, Arles, Avignon, Carpentras, Cavaillon, Nîmes, Orange, Vaison-la-Romaine, wenige Jahrzehnte später Aix-en-Provence und schließlich Marseille.

Als mit wachsenden Einwohnerzahlen auch der Wasserkonsum stieg, zapften sie entlegenere Quellen an und leiteten das Naß über Aquädukte wie den Pont du Gard in die Städte. Knapp zwei Jahrtausende später besann sich ein Bauingenieur auf diesen Bautypus und errichtete 1842–47 bei Ventabren den Aqueduc de Roquefavour, eine funktionstüchtige, aber ästhetisch völlig mißlungene Kopie der genialen römischen Wasserbrückenarchitektur.

Auf dem Land wurden Gutshöfe, sog. *villae*, errichtet. Reste solch' weitläufiger Anlagen auf den Ausgrabungsgeländen Puymin und La Villasse in Vaison-la-Ro-

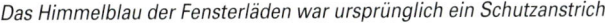

Das Himmelblau der Fensterläden war ursprünglich ein Schutzanstrich

Bei Bonnieux

maine belegen, daß dieses luxuriöse Bauprinzip zum Teil auch in städtischen Siedlungen üblich war. Die *villa*-Konstruktion der quadratisch um ein Atrium gruppierten Rechteckbauten findet sich im Grundriß romanischer Kreuzgänge wieder; die antike Zwei-Etagen-Bauweise und die Verwendung von Spitzgiebeldächern, halbrunden Dachpfannen sowie mörtellos zusammengefügtem Mauerwerk machte sich neben der Sakralkunst auch die provenzalische Bauernhaus-Architektur zu eigen, bei der aus Geldmangel zumeist auf Innenhöfe verzichtet wurde. Nur der provenzalische Name *mas* für ein Landhaus dieses Bautyps ist noch älter. Er stammt von den Griechen, die ihre erste Siedlung im späteren Frankreich Massalia nannten (vermutlich die Zusammensetzung der ligurischen Wörter *mas* = Haus und *salia* = Salier, die hier siedelten), woraus später Marseille wurde.

Zum Hausbau benutzte man den Stein der Landschaft, in der Südprovence Kalkstein, in der Hochprovence Granit oder Kalkstein. Die Breite des Hauses richtete sich nach der Länge der verwendeten Dachbalken. Lange Baumstämme waren in der waldarmen Pro-

vence rar und teuer. Breite Häuser zeugen deshalb von einem gewissen Wohlstand. Wer es sich leisten konnte, verzierte das vorspringende Dachgesims, je nach Anzahl der Stockwerke, mit ein oder zwei gestaffelten Schmuckreihen halbkreisförmig gebogener Ziegelsteine, ein Brauch, der aus Genua stammt, wie der Name *génoise* für die kunstvollen Regenabweiser verrät.

Auch das noch heute vielerorts verwendete Himmelblau zum Anstrich von Fensterläden und Außentüren hatte ursprünglich eine Schutzfunktion, als man statt Ölfarbe das *bleu charrette* be-

nutzte, eine bläuliche Kupfersulfatlösung zur Schädlingsbekämpfung in der Landwirtschaft. Was der Bauer davon auf seinem Karren *(= charrette)* vom Acker und Weinberg nach Hause zurückbrachte, diente als Holzschutzlasur, die zugleich Mücken und Fliegen vertrieb.

Die Ausrichtung des *mas* verrät die Windrichtung des Mistral, dem man mit einer möglichst fensterlosen Schmalseite die Schulter zeigte. Vor wechselnden Witterungen schützen überdies an der Südseite gepflanzte Laubbäume, zumeist Platanen, die im Winterhalbjahr die wärmenden Sonnenstrahlen durchs kahle Geäst lassen und im Sommer Schatten spenden (s. S. 142f.). Häufig benutzte man für den Temperaturausgleich auch Linden, deren getrocknete Blüten zu Tee verarbeitet wurden.

Dem römischen Warenverkehr verdankt die Provence die Trassenführungen ihrer wichtigsten Autobahnen und Nationalstraßen, denn sie orientieren sich weitgehend am Verlauf der alten Handelsroute und ihrer Nebenstraßen durch die *provincia*. Via Aurelia hieß die Teilstrecke zwischen Italien und Rhône über Sisteron, Apt, Cavaillon, Glanum und Tarascon; als Via Domitia wurde sie nach 118 v. Chr. von Beaucaire über Béziers, Narbonne und die Pyrenäen nach Spanien verlängert. Die Straße war durchgängig gepflastert, im Abstand von ca. 45 km mit Raststätten bestückt und mit Hilfe von Aufschüttungen, Schneisen und zahllosen Brücken – wie sie bei Ambrussum, Apt und St-Chamas erhalten sind – möglichst gradlinig und eben durch die Provence geführt worden. Mit Auflösung des römischen Imperiums verfiel auch ihr Fernstraßennetz. Im Frühmittelalter, als nur noch Schlamm- und Staubpisten die verkommenen Römerstädte verbanden, klaubte man für ein Dach über dem Kopf die überwucherten Pflastersteine aus der Fahrbahndecke und tat das ehemalige Glanzstück römischer Straßenbaukunst ansonsten als Teufelswerk ab, weil es unvorstellbar schien, daß Menschen zu derartigen Leistungen fähig gewesen sein sollten. Erst im zaghaft prosperierenden 12. und 13. Jh. wagte man sich an den systematischen Wiederaufbau von Straßen und Brücken, guckte sich die Bautechnik bei den erhaltenen Römerbrücken wie der von Vaison-la-Romaine ab und baute auf göttlichen Beistand, wann immer Zweifel am Gelingen einer komplizierten

Uferverbindung bestand, wie etwa beim Pont St-Bénézet von Avignon.

Die lange Zeit fälschlich für Triumphbögen zur Kriegsheldenverehrung gehaltenen Stadtgründungsbögen, wie sie in Carpentras, Orange und St-Rémy zu sehen sind, haben Profan- und Sakralarchitekturen bis heute variantenreich Pate gestanden. Bewußt hat die romanische Kirchenbaukunst Anleihen an Form und Dekorgestaltung der römischen Ehrenbögen genommen. Das gänzlich auf die Huldigung irdischer Macht gerichtete Bauprinzip eignete sich ebenso gut zur Demonstration kirchlicher Stärke. Ersetzt wurden im wesentlichen nur die Schmuckreliefs mit kriegerischen Szenen durch Heiligenskulpturen, Darstellungen des Weltgerichts und der heilsgeschichtlichen Lehre. Das skulpturale Bildprogramm vermittelte den leseunkundigen Gläubigen in leicht verständlicher Form die christlichen Glaubensinhalte. Zudem erfüllten die von Kirche zu Kirche nur geringfügig variierenden Ikonographien (vgl. St-Gilles und St-Trophime in Arles) die Funktion heutiger Ladenschilder oder Firmenlogos. Sie zielten auf Wiedererkennung, wirkten vertrauensbildend und festigten die Bindung der Gläubigen an ›ihre‹ Kirche.

Mit dem Verfall des Römerreiches verschwanden seine Stadtkultur und das Publikum für Gladiatorenkämpfe und Schauspiele. In den unruhigen Zeiten der Völkerwanderung hatte die verarmte Landbevölkerung wenig Sinn für derartige Lustbarkeiten, selbst wenn die zunehmend repressiver werdende Kirchenmoral es zugelassen hätte. So dienten die Amphitheater von Arles und Nîmes – wie das Aquädukt eine römische Erfindung – als Steinbruch und Stadtmauer für kleinere Ansiedlungen, die sich in dem monströsen Steinoval

Roussillon

vor Angriffen schützten. Ähnliches widerfuhr den zwei bei griechischen Architekten abgeguckten Theatern in Arles.

Bis zur Eingliederung der Provence in das französische Königreich, 1481, führte die Provence ein relativ eigenständiges Dasein fern der großen Politik, obwohl sie als Teil des Königreiches Burgund (Arelate) de facto zum Deutschen Reich gehörte. Doch die deutschen Kaiser ließen sich bis auf kurze Stippvisiten – wie Friedrich Barbarossa anläßlich seiner Königskrönung in Arles im Jahr 1178 (s. S. 102) –, selten in der Provence blicken, so daß zahllose Grafen das Machtvakuum ausfüllten, ein feudales Regierungssystem aufbauten und die Bevölkerung zu steuerpflichtigen Leibeigenen machten. In den Jahrhunderten bis zum 13. Jh. entstanden rund um ihre Burgen, abseits der Überschwemmungsgebiete im geschützten Hinterland, die meisten der provenzalischen Dörfer, deren Bewohner zumeist von den Grafen zur Ansiedlung nahe ihrer Domizile zwangs-

verpflichtet wurden. Der markanteste Dorftypus ist das *village perché* (frz. *percher* = hochlegen). Wie bei keltischen *oppida* waren hohe, freistehende Felskuppen wegen der guten strategischen Lage und der reichen Gesteinsvorkommen zum kräftesparenden Burg- und Hausbau für eine Besiedlung prädestiniert (z. B. Les Baux, Gordes und Saignon). Das Problem der Wasserversorgung löste man mit dem Bau von Zisternen, ein Aufwand, der dem ›Steilwand-Dorf‹ erspart blieb, da es sich zu Füßen burgbekrönter Bergsporne und steiler Felswände ansiedelte, aus deren Spalten genügend Wasser austrat, um es in Brunnen und Dorfteichen aufzufangen (z. B. Cotignac, Les Mées, Oppède-le-Vieux). Weil Hügelland den größten Teil der Provence ausmacht, ist die ›Kuppensiedlung‹ der variantenreichste Dorftypus (vgl. Bonnieux, Ménerbes). Sie ist eine Mischform der beiden beschriebenen Dorfarten und der ›Flachlanddörfer‹ (z. B. auf dem Plateau de Valensole, im

Tricastin in den Ebenen südlich des ›Großen Lubéron‹ und westlich der Dentelles de Montmirail), deren Gründungsjahre häufig in die Zeit fallen, als das Grafenhaus Anjou das Land beherrschte (1246–1481) und die kleineren Feudalgrafen zuviel Macht eingebüßt hatten, um die gesamte Bevölkerung ihrer Grafschaft eng an ihre Burgen zu binden. Entscheidende Voraussetzung für die Besiedlung der bislang gemiedenen Ebenen war die Trockenlegung und Urbarmachung der weitläufigen Sumpfgebiete im Rhône-Delta sowie entlang der Durance- und Verdon-Ufer durch Benediktinermönche, etwa des Klosters Montmajour.

Das Wirtschaftswachstum als Folge der Ackerlandgewinnung und guter Klimaverhältnisse im Dreieck Valence, Sisteron und Arles mag nun auch in diesem Teil der Provence den Kirchenbau in Gang gesetzt haben, nachdem die Romanik im Westen der ehemaligen »Provincia Gallia Narbonensis« schon 150 Jahre zuvor zu eigenen Stilmerkmalen gefunden hatte. Mit der ›provenzalischen Romanik‹ – sie umfaßt im wesentlichen die Sakralkunst der Jahre 1125–1225 – kehren römische Baustrukturen in die Provence zurück, sichtbarer als anderswo im nördlichen Mittelmeerraum, weil in keinem anderen Gebiet der ehemaligen *provincia* so viele Anschauungsstücke der Antike erhalten geblieben waren. Die Wölbungstechnik des zumeist einschiffigen Kirchenschiffs schaute man sich vermutlich beim Diana-Tempel in Nîmes ab; die Triumphbögen dienten der formalen Portalgestaltung und dem Skulpturenschmuck, etwa der Kathedralen von St-Gilles und St-Trophime, als Vorbild; für das Mauerwerk aus exakt behauenen, fast nahtlos zusammengesetzten Quadersteinen waren wohl die Maison

Carrée in Nîmes oder die Bühnenwand in Orange beispielgebend. Auch die Kirchtürme – zunächst noch freistehend wie der lombardisch beeinflußte ›Campanile‹ der Kathedrale von Uzès erbaut, später als Vierungstürme über dem tragfähigen Quadrat der sich kreuzenden Lang- und Querhäuser errichtet – zeigen in ihrer Fassadengestaltung Anklänge an römische Säulen- und Bogengestaltungen. 818 hatte die Entdeckung des angeblichen Jakobsgrabes in Santiago de Compostela eine Pilgerbewegung in Gang gesetzt. Auf festen Pilgerrouten zogen unzählige Wallfahrer an zahlreichen, mit Reliquien und Heiligengräbern ausgestatteten Kirchen wie St-Gilles und St-Trophime vorbei. Um die Pilgermassen an Reliquienschreinen und Heiligengräbern vorbeidefilieren zu lassen, ohne den Gottesdienst zu stören, wurden die Chorräume erweitert und längs der Kirchensäle Seitenschiffe mit Kapellen angefügt.

Wie so oft bei der provenzalischen Architektur sprach der Mistral auch bei vielen Kirchenbauten ein Wörtchen mit. Rund 250 Kirchtürme in der Provence ziert ein kunstvoll geschmiedeter Glockenkäfig. In Zeiten, als statische Berechnungen noch durch Gottvertrauen ersetzt wurden, stürzten viele der kopflastigen Glockentürme bei Stürmen ein, so daß man sich vermehrt für winddurchlässige *barbarottes* entschied und schwergewichtiges Geläut durch leichte Glocken ersetzte.

Mit der Gotik kamen bautechnische Innovationen, etwa das Kreuzrippengewölbe, das die tragenden Wände entlastet und den Bau schlanker, gestreckter Außenmauern ermöglicht, wodurch Flächen für hohe Fenster entstehen, die zur sinnbildlichen Erleuchtung des bislang schummrigen Kirchenraums dienen. Als in der Provence noch roma-

nisch gebaut wurde, zog man in Nord-
frankreich schon allerorts Kathedralen
im neuen Baustil hoch, beflügelt durch
steigende Erträge aus Kirchenlände-
reien und den Einfluß der kapetingischen Monarchie, die politisch fest im
Sattel saß und ebenso bereitwillig wie
viele Bistümer Gelder für die repräsen-
tative Kirchenarchitektur in ihrem Frankenreich springen ließ, das zu jener Zeit
an der Rhône endete. Nur zögerlich hat
der neue Baustil die Grenze passiert. Der
Provence fehlte es an reichen Kirchen-
sprengeln und einem ähnlich starken
Königshaus zur flächendeckenden Durch-
setzung des neuen Baustils. Von den
wenigen gotischen Kathedralen stehen
deshalb nicht von ungefähr allein drei in
der früheren Provence-Hauptstadt Aix-
en-Provence und in den beiden ehemaligen Papstbesitzungen Avignon und
Carpentras.

Auch Renaissance- und Barockbauten
sind in der Provence weniger zahlreich
als im übrigen Frankreich vertreten. Ihre
Schloß- und Stadtpalais-Architekturen
gelangten über Italien und Paris nur ver-
einzelt in die Provinz und sind in den
einfachen Landschaften und kleinen
Städten häufig Fremdkörper geblieben
(vgl. Grignan, La Tour-d'Aigues, Lourmarin, Avignon und Aix-en-Provence).
Dasselbe gilt auch für die rationale Revolutionsarchitektur, etwa des Palais de
Justice in Aix-en-Provence, und den
protzigen Historismus des 19. Jh., der
sich ähnlich der heutigen Postmoderne
sämtlicher antiker und daraus hergelei-
teter Stilelemente bediente, ohne daraus eine eigenständige Formensprache
zu entwickeln, wie es etwa der Romanik
und Gotik gelungen ist (vgl. Notre-
Dame-de-la-Garde und La Major in
Marseille).

1974 trat das Dezentralisierungs-
gesetz in Kraft. Es wandelte auch die

Barbarotte in Sisteron

Wirtschaftsregion Provence-Alpes-Côte
d'Azur in eine autonome Gebietskörper-
schaft mit direkt wählbaren Regional-
und Departementsparlamenten um, die
seither mit hypermodernen Verwal-
tungsgebäuden und kommunalen Bauvorhaben internationaler Stararchitekten sich und der Region, aber auch den
Römern Denkmale setzen, weil die antiken Relikte und Stadtstrukturen, wie
etwa in Nîmes, eine gestalterische Rück-
sichtnahme auf vorhandene Römerbau-
ten erzwingen.

Provenzalische Küche und Wein

Der Inhalt provenzalischer Kochtöpfe ist fast immer bunt – fast so farbenfroh wie die Tischtücher, mit denen eine Festtafel hier traditionsgemäß eingedeckt wird. Die Zutaten jedoch variieren ganz erheblich, je nachdem, in welcher Gegend dieser auch unter kulinarischen Aspekten so vielfältigen Region wir uns zu Tisch setzen. Im provenzalischen Hinterland prägen zwei große Landschaften die Küche. Zum einen die weiten Ebenen um die Flußtäler der Rhône und der Durance, die Obst- und Gemüsegärten der Provence. Dann das Bergland. Von dort kommen Käse, Pilze, Wild, Geflügel und die berühmten Sisteron-Lämmer.

Nicht zu vergessen: die Gewürze. Sie sind die Seele der provenzalischen Küche, die *Herbes de Provence* geradezu ihr Erkennungszeichen. Thymian, Rosmarin, Majoran und Basilikum sind die unentbehrlichen Grundbestandteile einer echten *Herbes*-Mischung; Lorbeer, Lavendel, Pfeffer, Koriander, Nelken und Muskatnuß können hinzukommen. Entscheidend für die Qualität ist die Ausgewogenheit der Mischung. Kein Gewürz soll vorschmecken und das andere überdecken. Und so verführerisch es ist, mit einer ordentlichen Menge *Herbes* jedem Gericht den typisch provenzalischen Charakter zu verleihen: Der Könner setzt diese Kräuter eher zurückhaltend ein, denn sie sollen das Eigenaroma der anderen Zutaten unterstützen, nicht zurückdrängen. Wer an jedes Gericht einfach eine Handvoll *Herbes* schüttet, steckt noch in den Kinderschuhen provenzalischer Kochkunst.

Dasselbe gilt im übrigen auch für den Knoblauch. Zwar gehört die kleine, scharfe Knolle an viele Gerichte, bei manchen ist sie unentbehrliche Zutat. Aber auch hier zeigt sich der wahre Meister in der richtigen Dosierung. Ist diese jedoch geglückt, verleiht sie Salaten,

Gemüsen, Fleisch- und Fischgerichten eine unnachahmliche Würze. Einen kleinen Trick kann man bei guten Köchen abkupfern. Sie verwenden den Trüffelhobel nicht nur zur Trüffelzeit, sondern das ganze Jahr hindurch. Mit diesem Gerät kann man eine Knoblauchzehe nämlich so herrlich hauchdünn scheibeln, über einen Salat zum Beispiel, daß diese Methode der Knoblauchpresse in vielen Fällen vorzuziehen ist.

Ein weiteres Muß in der provenzalischen Küche ist das Olivenöl, das genaugenommen auch in der Rubrik ›Gewürze‹ gehört. Denn die feinsten und wertvollsten Sorten, die kaltgepreßten, naturtrüben, ungefilterten Öle, sind zum Erhitzen, also zum Schmoren und Braten, viel zu schade. Hierfür verwendet man die einfacheren, gefilterten und damit klaren Öle. Die naturtrüben Öle entfalten ihre ganze Aromenfülle, wenn sie kalt zum Aromatisieren eingesetzt werden, nicht nur in der Salatsoße. Ein bißchen auf gebratenes Fleisch geträufelt ist eine schöne Abwechslung zur immergleichen Kräuterbutter. Aus einem Stück frischen Ziegenkäse wird mit einem Schuß Olivenöl im Handumdrehen eine Delikatesse. Und ein paar Tropfen auf die Tomatensuppe verteilt – schon schmeckt sie feiner, runder, würziger.

Die Sisteron-Lämmer zählen – neben den *Présalés* aus der Bretagne – zu den besten in Frankreich. Und so ist ein Lammbraten fester Bestandteil provenzalischer Speisekarten. Eine mit Knoblauchzehen gespickte Lammkeule (hier dürfen es schon mal bis zu 20 Zehen sein), frisch aus dem Backofen, zählt zu den Inbegriffen provenzalischer Schlemmerei. Eine weit weniger bekannte Spezialität sind *Pieds et paquets*, geschmorte Lammfüßchen mit Lammkutteln. Das Besondere daran ist, daß die Kutteln nicht wie sonst üblich in mehr oder weniger feine Streifen geschnitten werden. Vielmehr werden aus Kuttelflecken und einer Füllung aus Kräutern, Speck und Knoblauch kleine Päckchen *(paquets)* zusammengebunden und mit

den Füßen mehrere Stunden in Wein geschmort. Auch wer auf den ersten Blick die Nase rümpft: Es schmeckt köstlich, und manch ein Lammliebhaber läßt sogar die Lammkeule liegen, wenn es Päckchen gibt. Wem das Päckchenschnüren zuviel Arbeit ist, kann sie bei einem soliden Metzger fix und fertig gebunden kaufen.

Ein provenzalisches Essen ohne Gemüse ist nicht vollständig. Kein Wunder, denn hier wachsen Tomaten, Paprika, Auberginen, Zucchini, Gurken, Kürbis und was die Felder sonst noch hergeben in solchen Mengen in einer solchen Qualität, daß sie nicht nur fester Bestandteil, sondern häufig die Grundlage provenzalischer Gerichte sind. Regionaltypische Leckereien sind zum Beispiel *Langues de tarasques*, blanchierte, in Streifen geschnittene Paprika, die mit Knoblauch in Olivenöl mariniert werden. Oder der *Caviar d'aubergines*, zu einer Paste verarbeite Auberginen, eine beliebte Beilage zum Aperitif. Bei den Zucchini achtet der Kenner auf kleine

Exemplare, die nicht viel größer als eine ausgewachsene Essiggurke sein sollten. Die kiloschweren Riesenexemplare sind schöne Blickfänge an Markständen, unter kulinarischen Aspekten aber allenfalls zweite Wahl. Und besonders delikat sind ihre orangefarbenen Blüten. Mit einer Farce gefüllt und im Ofen herausgebacken ist es ein Gericht für den schon etwas fortgeschrittenen Hobbykoch. Oliven eignen sich nicht nur zur Ölpressung und eingelegt als aromatische Begleitung zum Aperitif, zu Püree verarbeitet wird aus ihnen *Tapenade* – mit einem Stück Weißbrot ein leckeres *amuse gueule*.

Zur Nachspeise gibt es Früchte, Süßigkeiten und Käse. Die berühmteste aller provenzalischen Früchte allerdings eignet sich zusammen mit Schinken auch prächtig als Vorspeise: die unvergleichliche Cavaillon-Melone. An Aromareichtum und Geschmacksintensität kann es keine andere mit ihr aufnehmen. Unter einer Voraussetzung: reif muß sie sein. Um das festzustellen,

schaut der Kenner auf den Stiel. Wenn sich ringsherum kleine Risse gebildet haben, heißt es zugreifen. Dies ist ein untrüglicheres Erkennungsmerkmal als das noch so fachmännische Schnuppern an der Frucht. Wer es süßer mag, kann zu kandierten Früchten aus Apt greifen, zum weißen *Nougat* aus Montélimar oder zu den *Calissons d'Aix*, einem knusprigen, ovalen Gebäck mit Glasur, das aus der gleichnamigen Stadt kommt.

Schaf- und Ziegenmilch bilden die Grundlage für die meisten provenzalischen Käsesorten. Am verbreitetsten ist der *Picodon*, ein kleiner, nicht zu dicker Rundling aus Ziegenmilch, der in allen Reifezuständen angeboten wird, von ganz frisch bis zu deutlich gealtert. Er wird dann immer trockener und schärfer. Extra alte Exemplare werden als *Bouton de culotte* gehandelt, als Hosenknöpfe. Wer sich schon fast einmal einen Zahn an einem solchen Stück ausgebissen hat, kann den Spitznamen ohne weiteres nachvollziehen. Aus den

Alpes-de-Haute-Provence kommt der *Banon*. Es ist ein Picodon, der jedoch mit Marc de Provence benetzt und zum Ausreifen in ein Kastanienblatt gewikkelt wurde. Wenn der Käse so richtig reif ist, dann heißt es, »*il s'abandonne*«, er gibt sich hin – so weich und cremig ist er dann, daß er davonläuft, wenn man das Kastanienblatt entfernt.

Was wäre ein provenzalisches Essen ohne die Weine der Region? Seit die Winzer auch hier erkannt haben, daß nur noch mit Klasse, nicht mehr mit Masse die Zukunft zu meistern ist, findet sich Frankreichs Südosten auch beim Wein im Aufwind. Und solange sich das noch nicht überall herumgesprochen hat, ist die Chance groß, sich zu einem hervorragenden Preis-Leistungs-Verhältnis hier den Kofferraum beziehungsweise den Keller füllen zu können. Die Provence läßt sich in zwei große Anbaugebiete einteilen: die südliche Rhône mit der das gesamte Gebiet umfassenden Appellation Côtes-du-Rhône. Südöstlich davon dehnt sich die Weinbau-

Die wichtigsten Sehenswürdigkeiten der Provence

Arles (s. S. 99ff.), Nîmes (s. S. 122ff) und Orange (s. S. 84ff.) – dreimal römische Antike in Frankreich
Pont du Gard (s. S. 130) – berühmtester Teil der römischen Wasserleitung nach Nîmes
Avignon (s. S. 87ff.) – alter Papstpalast und neue Theaterhochburg
Marseille (s. S. 149ff.) – multikulturelle, turbulente Metropole am Mittelmeer
Aigues-Mortes (s. S. 120f.) – Kreuzfahrerromantik in der Camargue
Aix-en-Provence (s. S. 167ff.) – Frankreichs beliebteste Universitätsstadt
St-Rémy (s. S. 140f.), Les Baux (s. S. 135ff.) und die Alpilles (s. S. 134ff.) – wie von van Gogh gemalt
Roussillon (s. S. 183) – Dorf mit ockerfarbenen Häusern
Gordes (s. S. 183) – bestgepflegtes Zweitwohnsitzdorf des Vaucluse

Tricastin (s. S. 58ff.) – Trüffelland im nordwestlichen Teil der Provence
Mont Ventoux (s. S. 79f.) – der windumtoste, höchste Berg der Provence
Dentelles de Montmirail (s. S. 80) – bizarres Kalksteinmassiv mit hervorragenden Weinlagen und schönen Winzerdörfern
Der ›Kleine‹ Lubéron (s. S. 177ff.) – mythenbeladene Bilderbuchdörfer im Reich des Marquis de Sade
Gorges du Verdon (s. S. 207) – der ›Grand Cañon‹ Frankreichs, Europas gewaltigste Wasserklamm
Sisteron (s. S. 213) – das nördliche Tor im alten Grenzland der Haute Provence
Haut Var (s. S. 196ff.) – Schachteldörfer mit Weitblick und Geschichte in der Ost-Provence

region Coteaux-d'Aix-en-Provence und Côtes-de-Provence zwischen Arles und Nizza aus. Daneben gibt es zahlreiche Einzellagen mit berühmten Namen. Châteauneuf-du-Pape ist die wohl bekannteste Einzel-Appellation der südlichen Rhône. Reduzierte Erträge und eine besondere Bodenbeschaffenheit sorgen für schwere Weine. Dicke Kieselsteine, die einst die Rhône dort angeschwemmt hat, speichern tagsüber die Sonnenwärme und geben sie in der Nacht wieder an die Rebstöcke ab. Lirac und Tavel liegen gegenüber auf der anderen Rhône-Seite. Beide sind bekannt für kräftige Rosé. Côtes-du-Ventoux und Côtes-du-Lubéron sind die beiden großen Anbaugebiete östlich der Côtes-du-Rhône. Für sehr kräftige und vor allem alkoholreiche Weine bekannt ist das Anbaugebiet Gigondas, wo in guten Jahren Muskelprotze von bis zu 16 % Alkohol gekeltert werden.

Rund 60 % der provenzalischen Gesamtproduktion sind Roséweine, 35 % sind Rotweine, nur 5 % Weißweine. Die Vielfalt der Anbaugebiete und der Rebsorten und nicht zuletzt die Tatsache, daß sich die gesamte Region qualitativ im Aufschwung befindet, macht es spannender als je zuvor, sich Schluck für Schluck durchzuprobieren. Und wer zu guter Letzt noch ein Gläßchen Prickelndes braucht, wird auch nicht allein gelassen. Der *Clairette de Die*, ein *vin mousseux*, stammt aus der angeblich ältesten Schaumweinproduktion der Welt.

Puimoisson ▷

Reisen
in der
Provence

Am Rande der Provence – Das Departement Drôme Provençale

Plötzlich ist man in der Provence – und merkt es kaum. Ehe man sich versieht, schwemmt der Verkehrsstrom den Reisenden auf den Schnellstraßen und Zugtrassen weiter dem Mittelmeer entgegen – vorbei an Montélimar, den linkerhand aus dem Rhône-Tal aufragenden Hügeln des Tricastin und den sperrigen Alpenausläufern der Baronnies, die das Grenzland zwischen nördlicher Dauphiné und östlicher Hochprovence umschließen. Doch kaum hat man sich auf kleinen Straßen aus dem lärmenden Rhône-Tal herausgemogelt, findet man sich in provenzalisch anmutenden Landschaften wieder, umringt von grün-gewellten Höhenzügen und fernen, im Wärmedunst verschwimmenden Bergketten. Obwohl die eigentliche Provence erst weiter im Süden beginnt, leuchtet es auch in dieser nördlichen Gegend schon je nach Jahreszeit in allen mediterranen Farben, ducken sich mittelalterliche Dörfer im Schatten verwitterter Kirchengemäuer vor dem Mistral und geben Lavendelfelder, Weinreben und Olivenbäume eine Ahnung davon, was den Besucher jenseits des Mont Ventoux erwarten mag. Und weil der strenge Wind, die würzige Luft und das warme Licht in diesem Teil Frankreichs untrennbar mit der Provence verbunden sind, hängte man dem Departement Drôme kurzerhand die Provence an den Namen und nannte seinen südlichsten Landkreis etwas holprig, aber vielversprechend: »La Drôme Provençale«. Bekannt wie seine berühmte Nachbarin ist dieser Landstrich durch den Beinamen bis heute jedoch nicht geworden. So verläuft hier das ländliche Leben ohne große Sensationen, gemächlich wie einst in der Provence und zumeist noch ganz unbeeindruckt vom bislang recht spärlich fließenden Urlaubsverkehr. Das allerdings ist in diesem Teil Frankreichs schon eine kleine Sensation.

Durchs Trüffelland des Tricastin

Ca. 115 km, Dauer 1, besser 1 $\frac{1}{2}$ Tage, Karte S. 59.

Die Hauptattraktion von **Montélimar** 1 (S. 366) ist sehr süß und sehr vergänglich. In der eher schmucklosen, mittelständischen Stadt mit einer – wegen ihrer romanischen Arkadenfenster aus dem 12. Jh. allerdings recht ansehnlichen – Burgruine wird in den Läden der Altstadt (mit einer kleinen Fußgängerzone) bergeweise jenes berühmte weiße Nougat verkauft, das aus Honig, Eiweiß, Mandeln und Pistazien zusammengerührt, ausgerollt, getrocknet und schließlich in mundgerechte – manchmal von Schokolade umhüllte – Pralinenstückchen zerteilt wird. Leider taugt das delikate, dem türkischen Honig ähnelnde Zuckerzeug nicht als ergiebiger Reiseproviant, weil es sehr frisch und weich (wenn möglich, eine dezente Daumenprobe wie beim Camembert machen) zu Kaffee oder einem Glas erfrischenden »Clairette de Die« vertilgt sein will.

Fast ohne Staus ist man von Montélimar aus (D 540) rasch mitten im Tricastin, dem Schwellenland zur Provence, dessen Name auf das ehemalige

Siedlungsland des kriegerischen Kelten-stamms der Tricastini verweist. Ganz und gar friedlich dösen zwei verfallene, zum Teil schmuck restaurierte Dörfer mit Aussicht, **La Bégude-de-Mazenc** (S. 334) und **Le Poët-Laval** (S. 374)**,** längs der Straße vor sich hin. Die D 540 führt weiter in das der Namenslegende nach ›von Gott gemachte‹ **Dieulefit** ② (S. 344). Legendär ist auch der Ruf, den der beliebte Ferienort als Kunst-Stadt genießt. Seit Jahrhunderten schon drehen sich hier die Töpferscheiben, und

mehrere international bekannte Glasbläser und Keramiker ließen sich in der schöngelegenen Ortschaft nieder.

Grignan ③ (S. 353) erreicht man durch die Hintertür. Von Norden aus wirkt das Dorf unscheinbar und fast so, als ginge es in die Knie unter der Last des mächtigen Schlosses, das mit seinem makellosen Spätrenaissance-Stil überdies so gar nicht in die Ländlichkeit des Tricastin zu passen scheint. François de Grignan, ein späterer Nachkomme des Bauherrn Louis de Castellane-

Drôme Provençale

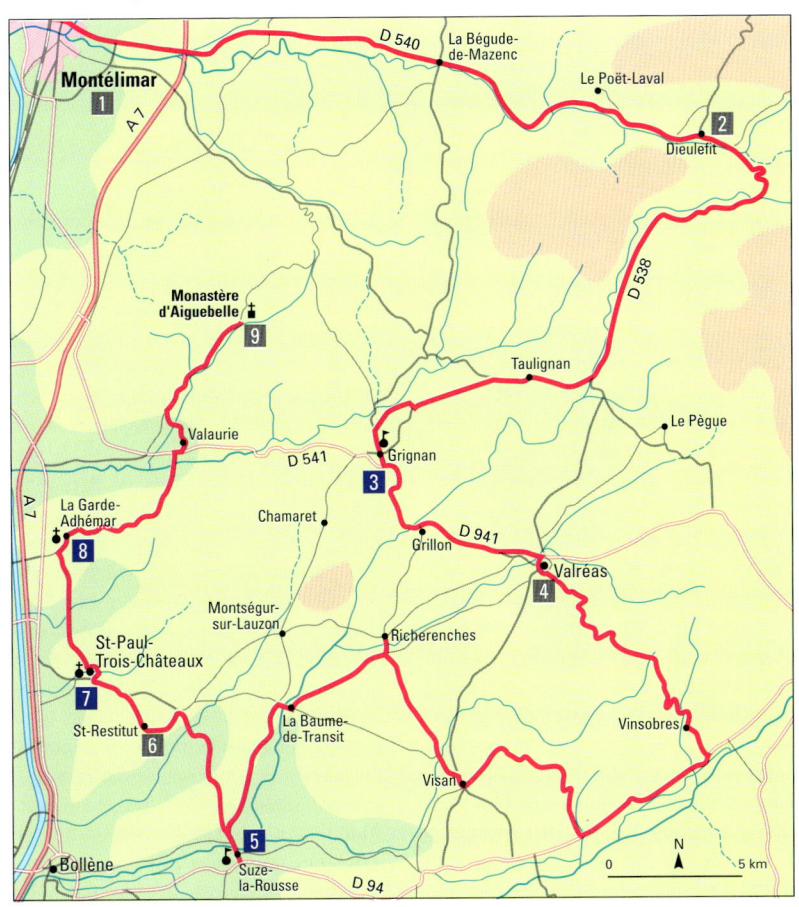

Grignan

Adhémar, der das Schloß 1545–58 errichten ließ, bezog es nach 1670 als
Sommerresidenz und Gouverneurssitz
mit seiner Angetrauten, Marguerite von
Sévigné. Deren Mutter, die damals in
Paris lebende Marquise von Sévigné, ist
jedem französischen Schüler aus Lese-
büchern für eine längst aus der Mode
gekommene Leidenschaft bekannt: das
unermüdliche Schreiben von Briefen,
und zwar an ihre einzige Tochter Marguerite in der fernen Provinz. Die Marquise tat das so ausgiebig und ihre Mit-
menschen trefflich beobachtend, daß
ihre mehr als 1500 erhaltenen Briefe als
authentisches und witziges Gesell-
schaftsbild der Zeit Ludwigs XIV. in die
französische Literaturgeschichte eingin-
gen.

Beobachtungsgabe und Fabulier-
kunst sind auch im Spiel, wenn im Winter die reifen Trüffel im Tricastiner
Boden aufgespürt und so teuer wie
möglich verkauft werden. Dann verwandelt sich – zumeist Mittwoch vormittags
– die Dorfschenke von Grignan, gleich
neben dem Denkmal für die fleißige Literatin, zu einem konspirativen Treffpunkt der trickreichen Trüffelhändler.
Sie verstehen es, sich so geschickt der
staatlichen Handelskontrolle zu entziehen, daß man die übertreuerten Knollen
schon wenig später nur noch als mit
Briefwaagen zu bemessende Portionen
auf den Restauranttellern der Umgebung wiederfindet. Dennoch ein unver-
gleichliches Eßvergnügen, das man sich
allerdings bald gönnen sollte. Das Trüf-
felgebiet des Tricastin, dessen nordöst-
lichsten Eckpunkt Grignan markiert, gilt
als eine der besten Trüffelregionen
überhaupt und wird von hiesigen Bauern und Händlern leider überaus werbe-
wirksam und preistreibend zum magi-
schen Trüffeldreieck Europas mystifiziert.

Bald nach Grillon erreicht man das
lebhafte und sympathische Einkaufs-

städchen **Valréas** 4 (S. 395). Der altertümliche Stadtkern wird von einem platanenbestandenen Straßenring umschlossen, der dem Verlauf einer im 19. Jh. abgerissenen Stadtmauer folgt. Durch Lavendelfelder und Grünland führt der Weg in die Dörfer Vinsobres und Visan und schließlich nach **Richerenches**, dem unauffälligen zweiten Eckpunkt des Trüffeldreiecks und wichtigsten Markt für die Edelpilze im Tricastin.

La Baume-de-Transit, auf dessen Friedhof eine sehenswerte romanische Kirche steht, erinnert mit seinem Namenszusatz daran, daß man da wohl gerade eine Grenze überschritten hat. Tatsächlich liegen bis auf Vinsobre alle nach Grignan durchquerten Orte in einer kleinen Enklave, die heute verwaltungsrechtlich zum Departement Vaucluse gehört. Wie so oft in dieser Avignon-nahen Region hatte die Kirche die Hand im Spiel: Papst Johannes XXII. er-

stand im 14. Jh. Valréas samt zugehöriger Ländereien äußerst günstig für den päpstlichen Exilstaat Avignon. Erst nach der 1789er Revolution mußte die Kirche das Stück Land an den französischen Staat herausrücken, der es vertraglich – Pech für die Drôme – dem Vaucluse übertrug.

In **Suze-la-Rousse** 5 (S. 389) ist es wieder einmal ein Schloß, das alle Blicke auf sich zieht. Aus einiger Entfernung zumindest, denn von nahem verschwindet es hinter Baumwipfeln, und rechts der Zufahrt weckt ein akademisch anmutender Weinacker die Neugier. Hier reifen unter natürlichen Bedingungen und den Augen von Wissenschaftlern fein säuberlich beschriftet so ziemlich alle Rebsorten, die die Erde zu bieten hat. Des Rätsels Lösung: Das mittelalterliche – nicht zu besichtigende – Schloß beherbergt hinter seinen klotzigen Wehrmauern eine feinsinnige Lehranstalt, die erste Weinuniversität der

Suze-la-Rousse

Der Champion der Champignons

Wenn sich Trüffel weiterhin so rar machen, werden die ›schwarzen Diamanten‹ demnächst in Karat aufgewogen. Die Liebhaber des unscheinbaren Millionendings vermehren sich schneller als die kostbaren Knollen. Vorbei deshalb die Zeiten, als man während der Wintermonate im Tricastin die Sau rausließ. Die Trüffel erschnüffeln dort längst genügsame Hundeweibchen. Denn Ringelschwänzchen sind Gourmets, die am liebsten auffressen, was sie für andere ausbuddeln sollen. Deshalb – so munkeln die Provenzalen – fiele die Trüffelausbeute beim berühmten Pilzkonkurrenten Périgord auch kontinuierlich geringer aus. Dort werde nämlich noch mit der vorsintflutlichen Rüsselmethode gearbeitet. Perlen vor die Säue seien das!

Nur stimmt die Geschichte so nicht. Im Périgord erklärt man den Rückgang der Edelpilze mit nachlassender Bodenqualität durch Überdüngung und Zivilisationsmüll. Gekontert wird mit Zukunftstechnik. Schon testet man genetisch manipulierte Trüffelsporen und durchfurcht den Südwesten Frankreichs erfolgreich mit biochemischen Elektronasen, erfunden in der kulinarischen Wüste Großbritannien. Ausgerechnet dort! Die Tricastiner *trufficulteurs* rümpfen über die schnöde Preisgabe französischer Trüffelehre ihre vom Geschäft geschulten Nasen. Noch, denn angeblich nimmt auch ihre Ausbeute ab. Aber vielleicht ist das nur ein weiteres geschickt gestreutes Gerücht um die Diva unter den Speisepilzen. Seltenes Auftreten erhöht den Marktwert!

Wahr ist, daß man in ganz Frankreich die genüßlich im Acker suhlenden Trüffelschweine in den Ruhestand schickt und wie im Tricastin durch kläffende, aber kostensenkende Trüffelköter ersetzt. Zu leicht brennt den grunzenden Detektoren die Sicherung durch, wenn ihnen der Trüffelduft zu Kopfe steigt. Dort sitzt auch beim Schwein das Hirn. Und das reagiert auf den Duft der Superknolle mit Aufhebung der natürlichen Freßsperre. Hier gleicht der Mensch dem Schwein. Wäre da nicht der Kilopreis von derzeit rund 3000 Francs im Fundgebiet, so mancher würde sich um Kopf und Kragen essen.

Trüffel werden gezielt angebaut. Ihre Sporen reifen – wenn man Glück hat – in Symbiose mit den Wurzeln von Steineichen und Haselnußbäumen in etwa 20 cm Tiefe zu kartoffelähnlichen Knollen heran. Für die Verbreitung der Pilzsporen sorgt die berühmte rote Trüffelfliege *Suillia tuberivoria*, durch den verführerischen Trüffelduft zum Eierlegen in Pilznähe animiert. Das Weitere ist ein Geben und Nehmen. Ihre Larven tun sich an den Knollen gütlich, sorgen aber mit ihren Ausscheidungen für eine Verbreitung der Sporen im Erdreich. Daß ein geübter *trufficulteur* die Trüffel durch den morgendlichen Fliegentanz über dem Eiergelege orten und so die

4000 DM für eine gute Trüffelhündin einsparen kann, ist allerdings reines Trüffellatein. Sicher ist nur, daß der Trüffel kalkhaltige, magere Böden bevorzugt, im Juni eine bestimmte Menge Regen und bis September einen mittelwarmen Boden für sein Wachstum braucht. Die Erntemenge schwankt von Jahr zu Jahr, weil selten alle Wachstumsanforderungen erfüllt sind. In Italien sind die verwöhnten Früchtchen braun und weiß, im Périgord eher schwarzbraun, im Tricastin nahezu schwarz. In dieser Reihenfolge erhöht sich angeblich auch die Geschmacksintensität der Edelfrüchte, weshalb der schwarze Trüffel aus dem Tricastin unter Kennern und Köchen die Hitliste der europäischen Trüffel anführt. Hier erntet man zwischen Ende November und Februar jährlich zwischen 25 und 35 t, etwa 50 % der französischen Gesamtproduktion. Genaue Angaben lassen sich nicht machen, da ein Großteil der Trüffel von gutorganisierten Zwischenhändlern – selten von den Erzeugern selbst – an der Steuer vorbei vertrieben werden. Als ausländischer Privatkunde hat man allerdings kaum eine Chance auf den direkten Erwerb eines Trüffels.

Der Trüffelhandel findet im Tricastin während der *cavage* genannten Erntezeit von November bis Februar nach der frühmorgendlichen Pilzsuche am Vormittag in den von Touristen weniger besuchten Dorfkneipen statt: unter anderem mittwochs in Grignan und St-Paul-Trois-Châteaux, donnerstags in Suze-la-Rousse und samstags in Richerenches, dem größten Trüffelmarkt der Region. Gewogen werden die Trüffel traditionell mit einer römischen Einhandwaage, gezahlt wird bar und geredet über den Handel nie. Über das, was sich mit Trüffel in der Küche alles an-

stellen läßt, um so mehr. Das einfachste und beste Rezept für weniger begabte Köche ist roher Trüffel beinahe pur: Den Pilz in millimeterdicke Scheiben schneiden – das geht, wenn er ganz frisch ist –, darüber sehr gutes Olivenöl träufeln und mit einem Hauch Salz verfeinern. In ein großes Stück Butter gedrückt, läßt sich Trüffel ohne Aromaverlust transportieren und etwa vier Wochen im Kühlschrank aufbewahren. Die Butter schmeckt nachher fast so intensiv nach Trüffel wie der Pilz selbst. Zwischen rohe Eier gelegt, nehmen diese nach 24 Stunden seinen Geschmack an und lassen sich zu einem schmackhaften Trüffelrührei verwenden, ohne dafür den Trüffel antasten zu müssen. Im Trüffelmuseum Maison de la Truffe, gleich neben dem Syndicat d'Initiatives von St-Paul-Trois-Châteaux, erfährt man mehr über die Geheimnisse der schwarzen Superknolle (s. S. 379).

Brouillade de truffes: Für Trüffelgerichte wie dieses Rührei läßt man die Trüffel kleingeschnitten 12 Stunden in der Eimasse ziehen

Welt. In der erstaunlich kleinen, hygienisch gekachelten Probierstube der Alma mater geht es eher nüchtern zu. Das meiste der edlen Tropfen, mit denen die Studienteilnehmer in Schmeck- und Schnupperkursen ihren Weinverstand schulen, haben sie wohlweislich in eins der fein säuberlich aneinandergereihten Becken zurückzuspucken – wohl auch, damit Bibliothek und Hörsäle nicht zur Fehlinvestition werden.

In den »Caves Cathédrales du Cellier des Dauphins« am Ende der kurz vor **St-Restitut** 6 (S. 382) nach links, Richtung Barry abzweigenden D 218 ist es genau umgekehrt. Hier stehen die weitläufigen kühlen Steinbruchgewölbe, die im Besitz einer der größten Weinvermarktungsgesellschaften Südfrankreich sind, jedermann für einen Besuch offen. Für etwa 20 FF Eintritt bekommt man eine etwas lächerliche Bimmelbahn-Weinkellerbesichtigungsfahrt nebst einer kleinen Probierschale und einer Massenverkostung diverser, allerdings wenig edler Weine geboten. Das, was man da vom Besucherparkplatz aus tief unten am säuberlich zur Energiegewinnung begradigten Rhône-Ufer erblickt, ist keine vom Weingenuß hervorgerufene Sinnestrübung. Es ist der stets umwölkte Kühlturm des gigantischen Atomkraftwerks und der nukleartechnologischen Militärforschungsstätte »Tricastin« und »Donzère-Mondragon«. Wohl bekomm's!

Von den drei in seinem Namen verewigten Schlössern hat **St-Paul-Trois-Châteaux** 7 (S. 379) nicht mal eins, denn der Beiname ist eine falsche, vom Wortklang her naheliegende französische Ableitung des Keltennamens Tricastini. Im hochgelegenen Ortszentrum, wo sich demnach weder ein sonst in dieser Gegend gewohntes Burg- noch

Schloßgemäuer breitmacht, fand im 12. Jh. die große Kathedrale St-Paul Platz. Um ihr Bedeutung zu verleihen, wurde sie überdies als freistehendes Bauwerk inmitten der eigentlich beengten dörflichen Verhältnisse errichtet und mit einer typischen, wenn auch bescheidenen provenzalischen Ornamentik versehen. Unweit der imposanten Kirche, gleich neben dem Syndicat d'Initiatives, erinnert das Trüffelmuseum Maison de la Truffe et du Tricastin daran, daß der Ort den westlichen Eckpunkt des Tricastiner Trüffeldreiecks markiert. Bekannt ist der Ort jedoch für seinen großen Dienstagsmarkt, auf dem Erzeuger der Drôme Provençale frisches Obst und Gemüse, Marmeladen- und Honigtöpfe, Backwaren, Olivenpasten, Öle und kleine runde *Picodons* – Ziegenkäse aller Reifestadien – noch zumeist direkt verkaufen, ohne die immer häufiger mitverdienenden Zwischenhändler.

Das von staatlicher Seite in den feinen Kreis der schönsten französischen Dörfer aufgenommene **La Garde-Adhémar** 8 (S. 349) wirkt bis auf wenige

Portal der Kirche in St-Paul-Trois-Châteaux

Aiguebelle

Sommermonate leblos wie viele andere herausgeputzte Zweitwohnsitzdörfer. Auch diesem etwas künstlich wirkenden Örtchen ist die lebhafte Alltäglichkeit mit dem allmählichen Ableben der Alteingesessenen verlorengegangen. Vielleicht ist es aber auch nur der ständig pustende, steife Wind, der die Bewohner hier oben, hoch über dem Rhône-Tal, in den Häusern hält. Sehenswert ist der Ort, den man am besten zu Fuß durchstreift, dennoch. Und auch wenn man nicht viel für romanische Kirchen übrig hat, sollte man wenigstens zum Kirchplatz schlendern. Denn von hier aus kann man schaurig-schön fernsehen, auf die bereits erwähnten im Sonnenlicht glitzernden Atomanlagen, vor allem aber auch das fruchtbare Rhône-Tal und hinüber auf das benachbarte Languedoc. Vielleicht hat man anschließend doch noch Augen für die Kirche St-Michel. Das eindrucksvoll schlicht und harmonisch ausgeführte Bauwerk ist nicht nur schön anzusehen, sondern zudem ein ganz besonders rares Exemplar romanischer Baukunst in Frankreich, weil es zwei nach Osten und Westen ausgerichtete Apsiden besitzt, wie man das, außer im Burgund, nur bei der frühmittelalterlichen Kirchenarchitektur Deutschlands findet. Ein bauhistorischer Zusammenhang zwischen beiden Ländern läßt sich für St-Michel jedoch nicht belegen.

Daß der Name des **Zisterzienserklosters Aiguebelle** 9 vom lateinischen *aqua bella*, d. h. ›gutes Wasser‹, herrührt, findet seine Bestätigung im Verkaufsraum des Klosters, von dem nur die Kirche zu besichtigen ist. In schlanken Flaschen abgefüllt steht hier neben Kruzifixen und Heiligenbildchen das Produkt im Regal, dessen Herstellung neben dem Beten wohl die Hauptbeschäftigung der Mönche ist: aus den Früchten der Drôme gebranntes *Eau de Vie*, ein göttlich schmeckendes ›Lebenswasser‹, das einem den Teufel mit reichlich Alkohol austreibt.

La Table de Nicole und Manoir La Roseraie

Himmlisch fühlt sich der Abt des Klosters Aiguebelle in seinem ganz und gar weltlichen Lieblingsrestaurant »La Table de Nicole« im nahegelegenen Valaurie, wenn er die Reste eines *Lapin aux olives de Nyons* (Kaninchen in Nyoner Olivensauce) oder gar *Chausson à la truffe* (Trüffel im Schlafrock) mit einem roten »Hermitage« die meßweinverwöhnte Kehle hinunterspült. Diese bodenständige Küche muß nicht um Michelin-Sterne buhlen. Die klaren Sommernächte des Tricastin servieren die Sterne gratis zum Essen. Beim Verdauungstrunk, vielleicht einem Mirabellenschnaps aus des Abtes Brennerei, erzählt man sich Flunkergeschichten, von Gott und der Welt – und vom Trüffel natürlich, dessen Genuß die Frauen zärtlich und die Männer leidenschaftlich mache. Die sechs gemütlichen Gästezimmer jedenfalls sind auch in der Wintersaison nicht selten von Restaurantbesuchern ausgebucht: Von November bis Februar ist Trüffelzeit.

La Table de Nicole, 26230 Valaurie (an der D 133 Richtung Grignan, Autobahnausfahrt Montélimar-Sud), ✆ 75 98 52 03, 10 DZ mit Bad ab 300 FF, Swimmingpool, Menüs ab 140 FF, alle gängigen Kreditkarten.

Um Kulinarisches geht es auch den Gästen des Manoir »La Roseraie« in Grignan, wohl mehr aber noch um Ambiente und Lage des ehrwürdigen Herrensitzes. Vom Rosengarten wandert der Blick hinauf zum Schloß der Marguerite von Sévigné, jener hübschen Empfängerin der berühmten 1500 Briefe aus der Feder ihrer Mutter (s. S. 60). Und so sitzen sie hier besonders gerne, zu Füßen der verblichenen Vielleserin, die bekannten Damen und Herren der französischen und deutschen Redakteurszunft: in schweren Fauteuils, auf Saunabänken und Pool-Liegen und an gediegen gedeckten Eßtischen, umsorgt vom weinkundigen deutschen Hotelinhaber. Und zwischen Dessert und Digestif vernehmen sie ganz nebenbei, daß Deutschlands meistgelesener Topfgucker, ein Herr S. der Wochenzeitung Z. aus HH gar nicht weit entfernt seine ganz private Zweitwohnsitz-Tüftelküche habe. Die mögliche Anwesenheit der Intellektuellen-Prominenz ist im gehobenen Preis für gute Kost, hervorragende Weine und komfortables Logis allerdings auch inbegriffen.

*La Roseraie***, 26230 Grignan, ✆ 75 46 58 15, Fax 75 46 91 55; 14 DZ, 1 Appartement, Swimmingpool, Tennis, Sauna, 2 ha großer Park, DZ ab 620 FF, Menüs ab 175 FF, alle gängigen Kreditkarten.*

La Table de Nicole

Burgen und Barone – Die Baronnies

Ca. 110 km, Dauer etwa 1 Tag, Karte S. 68.

Nyons **1** (S. 372) schlägt dem Klima ein Schnippchen. Ein paar Kurven sind es vom Tricastin in die benachbarte kleine Kapitale der Baronnies, und schon liegt der mediterrane Süden in der Luft. Das günstige Mikroklima dämpft den schneidenden Winterwind und mildert die Frühjahrskälte. Es schützt das Tal und die Ebene ringsum

wie ein Treibhausdach, unter dem Olivenbäume gedeihen, obwohl die Wachstumsgrenze des kälteempfindlichen Mittelmeerbaums eigentlich weiter im Süden verläuft. Die Oliven von Nyons sind berühmt und bringen Geld ein. Genug, um die Risse der mittelalterlichen Häuserfassaden zu kitten, zu wenig wohl, um die schönen Altersrunzeln mit Luxussanierungen bis zur Unkenntlichkeit zu liften. Was für ein Glück.

Mit zunehmendem Alter ist Nyons dem schmalen Tal entwachsen und in die Breite gegangen. In der Ebene

Die Baronnies

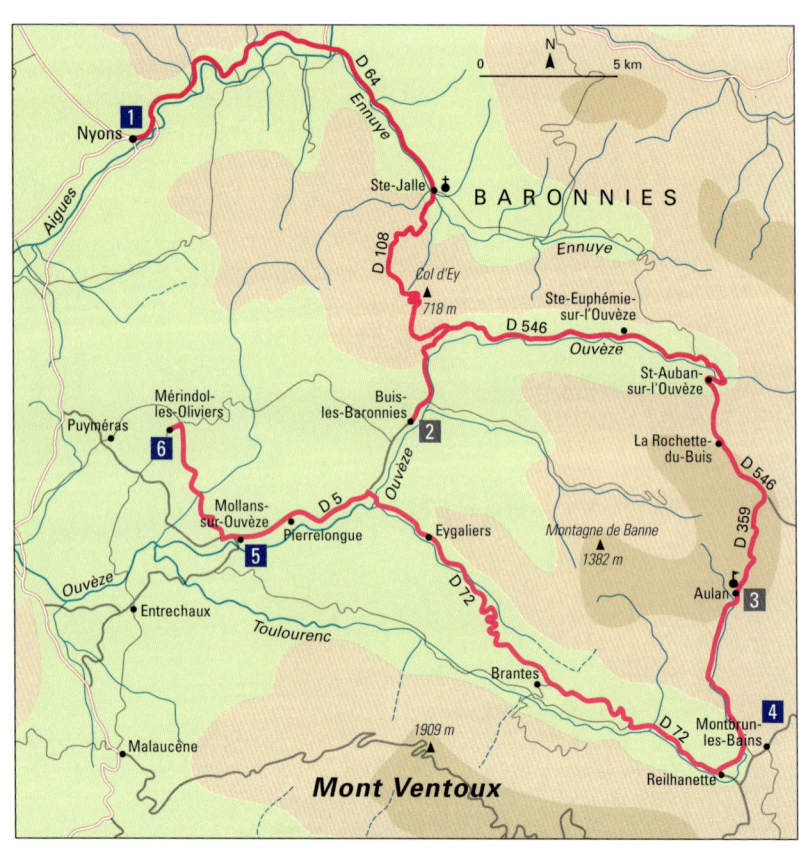

wurde das Dorf zur Stadt, mit geraden Straßen und einem zentralen Platz. Darauf parkt man am besten sein Auto, außer mittwochs, wenn Markttag ist. Der Rundweg durch die Altstadt *(Vieille Ville)* führt über die Place du Dr. Bourdongle und die Rue des Grands Forts zum nördlichen Quartier des Forts. Schwer zu übersehen und kunsthistorisch einzuordnen ist die grotesk-gotisierte, spitzbogen- und mariengekrönte Tour Randonne, in deren Innerem sich eine Kapelle befindet. Auf der Südseite des flachen Hügels, am Ende der Rue des Déportés, widersteht seit dem 14. Jh. Nyons Hauptattraktion dem Wasser des Aigues: die verwegen geschwungene Flußbrücke Vieux Pont. Von dort gleitet der Blick zurück über ein Meer gefächerter Dachziegel, die wie Fischschuppen in der Morgensonne glänzen.

Hinter Nyons ist es erst einmal vorbei mit Palmen, Zedern und Mimosen. Es geht tiefer in die Baronnies, ins Land der Barone von Montauban – daher der Landschaftsname –, die sich hier auf verstreuten Burgen im 11. Jh. festsetzten, als die königliche Zentralgewalt noch zu schwach war, um sich gegen den Aufbau regionaler Machtzentren zu wehren. Fürs erste übernehmen nun Alpenausläufer der Hochprovence die Regie und dirigieren die D 64 nach **Ste-Jalle** (S. 378), dessen schöne romanische Kirche aus dem 11./12. Jh. ein für diese Gegend seltenes figürlich gestaltetes Portal besitzt, und die D 108 über den 718 m hohen Col d'Ey hinweg ins nächste Tal.

Die Landschaft wirkt in den wasserarmen Sommer- und Wintermonaten zuweilen eintönig. Aber das bleibt nicht lange so. Kaum ein geschütztes Feld, wo nicht im Frühjahr Mandel-, später Aprikosen- und Pfirsichbäume blühen. Spä-

testens im Juli kommt es zum Duell der Farben, bei dem der Sieger immer schon feststeht. Die leuchtenden Sonnenblumen sind gegen den Lilaprotz der blühenden Lavendelfelder chancenlos (s. S. 204f.). Und wo zudem Olivenbäume gedeihen, kann es so kalt nicht sein. Die Berge ringsum haben auch hier eine Klimainsel geschaffen. Dort hat es sich **Buis-les-Baronnies** 2 (S. 336) häuslich gemacht, ein ähnlich schönes Örtchen wie Nyons, nur etwas kleiner, so wie die Oliven ringsum, von denen man hier auch weniger erntet. Der Qualität des Olivenöls scheint das nicht zu schaden. Dennoch sind die Tage der letzten privaten Ölmühle im Ort gezählt; es droht die Konkurrenz von Großraffinerien. In einer der fotogen von Glyzinien überwucherten Dorfschenken bei der Place des Arcades mit einem Mittwochs- und (!) Samstagsmarkt mag man entscheiden, ob einem der Sinn nach dem direkten Rückweg über Pierrelongue zurück nach Nyons steht oder ob man an die Rundtour noch einen schönen 3–4stündigen Schlenker hängt, der wieder in etwas rauhere Gefilde führt.

Für den Umweg verläßt man Buis-les-Baronnies auf dem Anfahrtsweg, folgt der D 546 Richtung Séderon und biegt 4,5 km hinter Ste-Euphémie-sur-l'Ouvèze rechts auf die D 359 ab. Unversehens wandelt sich die Landschaft. Mit dem Wechsel zu großflächigerem Weideland ändern sich auch Lebensweise und Wohnform. Die dörflichen Ansiedlungen liegen weiter auseinander und werden kleiner, während die Gehöfte größer sind als in den Wein- und Obstanbaugebieten. Weidetiere brauchen eben viel Land. Und jeder Vieh- oder Schafzüchter, der es sich leisten konnte, erbaute seit Menschengedenken die Wohnräume über den Stallungen, um sie

Oliven – Sanfte Anmacher

Ohne Oliven geht in der provenzalischen Küche gar nichts. Was wären *Aioli* und *Tapenade* ohne die schwarzen Schrumpeldinger? Die Welt wäre um zwei Delikatessen ärmer. Eine *Bouillabaisse* ohne Olivenöltunke? Nicht auszudenken! Frische Sommer-Salate ohne den goldgrünen Saft? Welch' freudlos-fade Schonkost! Und Tricastiner Trüffel? Der kommt erst so richtig in Fahrt, wenn man ihn mit einem Hauch zart-duftenden Olivenöls anmacht. Da trifft es sich gut, daß gleich nebenan, hier in Nyons, Oliven reifen, aus denen ein feines Öl gepreßt wird – eines der besten Frankreichs.

Neben der Weinrebe haben die Griechen auch den Ölbaum in der Provence eingeführt. Den gewinnträchtigen Export von Olivenöl brachten die Römer in Schwung. Sie ließen ihr Weltreich regelmäßig mit dem begehrten Fruchtextrakt aus der *provincia* beliefern. Erst im 19. Jh. lösten leichter zu kultivierende Obstbäume die Oliven als wichtigste Einkommensquelle der Provenzalen ab. Die Winter 1956 und 1984 machten den Bauern schmerzlich bewußt, daß auch moderne Agrartechniken nicht vor eisigen Kälteeinbrüchen schützen. Beide Male wurde der Olivenbaumbestand der Provence fast vollständig vernichtet. Mindestens fünf Jahre dauert es, bis ein Ölbaum erste Früchte trägt, etwa zehn, bis er Gewinn abwirft. Dann aber hat man – in frostarmen Gebieten – über Jahrhunderte einen regelmäßigen, genügsamen Öllieferanten. 300 Jahre alte Olivenbäume

sind auch in der relativ kalten Provence keine Seltenheit.

In Brüssel wurde fleißig gezählt. Deshalb weiß man, daß Frankreich mit rund 4 Mio. Olivenbäumen und 2500 t Ölproduktion im Jahr der kleinste europäische Produzent ist. Auch der Konsum von 0,5 l pro Jahr nimmt sich gegenüber Europas Haupterzeugerland Spanien recht bescheiden aus, wo 200 Mio. Olivenbäume wachsen, jährlich 600 000 t Olivenöl produziert und etwa 12 l pro Kopf und Jahr verbraucht werden. In Griechenland sind es sogar 20 l. Die EU bringt es auf etwa 80 % der Weltjahresproduktion und besitzt mit 500 Mio. Olivenbäumen derzeit 65 % des Weltbestandes.

Rund um Nyons wird die *Tanche*-Olive angebaut, die ein fruchtiges und deshalb sehr mild schmeckendes Öl liefert, das man aus den ›schwarzen‹, überreifen, erst im Dezember/Januar geernteten Früchten gewinnt. Ausgereifte Oliven enthalten grundsätzlich mehr Öl und weniger Bitterstoffe als unreife (an ihrer hell- bis dunkelgrünen Farbe zu erkennen), die bereits im August/September geerntet werden und nahezu ausschließlich für den Verzehr bestimmt sind.

Wie wird aus Oliven Öl? Nach der Ernte werden die Früchte maschinell entkernt, zu Brei zerquetscht und in 3–5 cm dicken Schichten auf runde Sisalmatten gestrichen, von denen man bis zu 50 in einer hydraulischen Presse aufeinandertürmt. Unter langsam erhöhtem Druck rieselt das kalt und scho-

Ausgereifte schwarze Oliven enthalten mehr Öl und weniger Bitterstoffe als unreife grüne

nend ausgepreßte Öl-Wasser-Gemisch in Behälter, in denen sich das Öl entweder in drei Monaten langsam absetzt oder ohne Zeitverlust maschinell vom Wasser getrennt wird. Fertig ist das hochwertige Öl der ersten Pressung. Nur dieses Öl darf sich ›jungfräulich‹ nennen, auf Französisch *huile d'olive vierge*, bzw. *vierge extra*, wenn es besonders guten Anbaulagen entstammt, wie sie auch Nyons zu bieten hat. Die schonende Ölgewinnung haben sich die Griechen ausgedacht. Zur Antiquität werden die alten Ölmühlen dieses Preßverfahrens erst, seit allein Großraffinerien die Gewähr bieten, den Konkurrenzkampf auf dem Olivenölmarkt zu bestehen. Schlechter muß das Öl aus blitzblanken Großtanks nicht sein, denn grundsätzlich wird Olivenöl auch hier ausschließlich durch Kaltpressung gewonnen. Nur so bleiben die wertvollen Inhaltsstoffe erhalten.

Damit der Verbraucher weiß, wie gesund das jeweilige Olivenöl ist, hat Brüssel 1993 ein neues Qualifizierungssystem in Kraft gesetzt. Die Einstufungen beziehen sich unter anderem auf die Geschmacksgüte und den Anteil an ungesättigten Fettsäuren. Die französischen Erzeuger drucken zusätzlich noch AOC-Qualifizierungen aufs Etikett, wenn die Öle – wie beim Wein – aus klar begrenzten Anbaugebieten stammen. Ein wenig verwirrend. Nach der neuen EU-Richtlinie darf ›Natives Olivenöl Extra‹ nur 1 % ungesättigter Fettsäuren enthalten und muß sehr gut und fruchtig schmecken. ›Natives Olivenöl‹ kann etwas weniger wohlschmeckend sein und enthält nicht mehr als 2 % ungesättigter Fettsäuren. Die beiden Schlußlichter wird man zumindest in der Provence wohl eher zum Ölen von Maschinen benutzen: Das einfache ›Olivenöl‹, ein Verschnitt aus nativem und raffiniertem Olivenöl, das auch Anteile von Olivenölen enthalten darf, die sich wegen Schimmel- oder Schädlingsbefall nicht für die ersten beiden Einstufungen qualifiziert haben, und schließlich ›Olivenöltrester‹, der chemisch aus dem bereits ausgepreßten Olivenbrei gewonnen wird und deshalb einen deutlichen Hinweis auf das chemische Herstellungsverfahren enthalten muß. ›Oliven zum Angucken‹ findet man im kleinen Olivenbaummuseum von Nyons (Musée de l'olivier, s. S. 372), ›Oliven zum Kaufen‹ (Öle, Olivenpasten, *Tapenades* etc.) gleich nebenan in der Coopérative du Nyonsais, Place Olivier-de-Serre, Zufahrt über die Avenue Paul-Laurent, Richtung D 94 nach Orange.

Brantes

vor Viehdieben zu schützen und im Winter die aufsteigende Wärme der Tiere zu nutzen. Schon bald nach dem Hügeldorf St-Auban-sur-l'Ouvèze (S. 377) zwängt sich die D 359 durch zerzaustes Mittelgebirgsland, das höher erscheint, als es ist, weil die Berge karstig-kahl wie Alpengipfel sind. Solange der ergraute Baron von Aulan seine Besucher höchstselbst durch die Gemächer und Gelasse seiner

ererbten Gemäuer aus dem 16. Jh. geleitet, um seine Pension aufzubessern, lohnt sich für sprachkundige Burgfans der Halt am rechts oberhalb der Straße gelegenen **Château d'Aulan** 3 auf dem Weg ins nächste Tal.

Montbrun-les-Bains 4 (S. 366) hat auch eine Burg. Sehenswerter ist allerdings der an den Felsen geklebte Thermalort selbst, der sich bereits als zwei-

tes Dorf der Drôme Provençale rühmen darf, eines der *plus beaux villages de France* zu sein. Die Kür zur ›Dorfschönheit Frankreichs‹ trägt Steuervorteile und Besucher ein. Kein Wunder, daß weitere 1200 Dörfer auf den Titel hoffen. Und die EU erschließt ganz neue Möglichkeiten ...

Auf der D 72 kommt man dem Mont Ventoux ganz nahe. Zumindest seiner schattigen Rückseite, was man am kühlen Fallwind spürt, der einem im Bergdorf **Brantes** an der Kleidung zerrt. ›Der Berg ruft!‹ Wer von hier aus hinauf will, muß allerdings die Wanderschuhe aus- und viel Proviant und warme Kleidung einpacken. Mit dem Auto jedenfalls kommt man von hier aus nicht auf die kahle Kuppe. Deshalb geht es auch im Sommer noch recht ruhig auf der D 40/

D 41 zu, die wieder zur D 72 wird, sobald man den kleinen Zipfel des Vaucluse-Departements durchquert hat. Ein Wunder, daß bei **Eygaliers**, nur ein Tal weiter vom windigen Bergsockel entfernt, die Aprikosen reifen. Was da plötzlich links der D 5 auftaucht, ist die Silhouette von **Pierrelongue**, einem sehr irdischen Kuriosum. Einem Priester aus der Auvergne – so erzählt man – sei der markante ›lange Stein‹ nicht hoch genug gewesen. Deshalb habe er mit seinen Schäfchen Ende des 19. Jh. noch eine Kirche oben draufgebaut, um dem Himmel etwas näher zu sein.

In **Mollans-sur-Ouvèze** 5 (S. 364) hatte man – auch das eine Geschichte – mit der großen Nähe zum christlichen Weltenlenker eher so seine Schwierigkeiten, zumindest zu dessen päpstlichen Stellvertretern im Kirchenstaat Avignon. Deshalb verpaßten die Steinmetze der Brunnenanlage vor dem alten Waschhaus demjenigen Wasserspeier zwei Eselsohren, der sein Wasser in Richtung Avignon spuckt. Glaubhafter scheint, daß diese im Mittelalter beliebte Verballhornung der Machteliten auf die ewigen Grenzstreitigkeiten zwischen der ehemaligen Grafschaft Dauphiné und dem Nachbarn Vaucluse zurückgeht.

Die Tour endet in der wohl schönsten Ecke der Baronnies, mitten in den Rebhügeln rund um **Mérindol-les-Oliviers** 6 (S. 364). Was man hier gesehen haben sollte? Für die Bewohner des Ortes keine Frage. Die kleine Kirche auf dem Hügel, nun ja, eher schon die Abendstimmung über den Weinbergen, am besten aber die Speisekarten der Restaurants ringsum. Und ganz zufällig liegt 800 m hinterm Ortseingang an der engen D 147 ein lauschiges Landgasthaus mit einem Bilderbuchblick. Aus dem Backofen der angeschlossenen Bäckerei holt der Wirt das beste Nuß- und Olivenbrot der Gegend.

Pierrelongue

Der große und der kleine Berg – Der Mont Ventoux und die Dentelles de Montmirail

Ein Hüne von Berg, dieser Mont Ventoux! 1909 m ist er hoch, 20 km lang und 10 km breit. Ein Koloß, dem Wind und Wetter eine Glatze verpaßt haben. Sie glänzt, als sei sie sommers wie winters schneebedeckt. ›Fudschijama der Provence‹ nennt man den Buckel deshalb mancherorts. Sehr schmeichelhaft für den Klotz, der viel zu grob geraten scheint für die gezirkelte Wein- und Obstlandschaft mit den geputzten Dörfern ringsum. Und was da in der Sonne blitzt, ist nichts als bröseliger Kalksteinschutt – das Werk der ewigen Klimastürze und Regengüsse. Und der windige Geselle reizt, es mit ihm aufzunehmen. Wer sich dabei überschätzt, wird scheitern. Das ist wohl die Botschaft des kuriosen Gedenksteins für den Engländer Tom Simpson. Statt Blumen schmücken Fahrradschläuche und Speichen das Mahnmal in Gipfelnähe. Der Tour de France-Teilnehmer wollte den Berg mit Doping bezwingen, auf der 13. Etappe, am Freitag, den 13. Juli 1967. Die Tour nahm nach seinem Herztod lange Zeit einen anderen Weg.

Francesco Petrarca (s. S. 185) dagegen bewies einen kühlen Kopf. Am 26. April 1336 gelang es ihm, den Gipfel zu stürmen und als sein Erstbesteiger in die provenzalischen Annalen einzugehen. Der feinsinnige Dichter aus dem italienischen Arezzo war schlau und ließ eine Schar von Dienern sein Gepäck schleppen, während er vorauseilte, seine Wandererlebnisse aufzuzeichnen, und so Geschichte schrieb. »Heute habe ich den höchsten Berg dieser Gegend bestiegen, den man nicht unverdientermaßen ›Ventosus‹, den ›Windigen‹,

nennt. Dabei trieb mich einzig die Begierde, die ungewöhnliche Höhe dieses Flecks Erde durch Augenschein kennenzulernen.«

Jean-Henri Fabre fehlte die Gier nach dem Gipfel. Den fleißigsten französischen Botaniker und Insektenforscher zogen Wegeriche und Krabbeltiere auf den Berg, fast dreißig Mal. Das macht

Mont Ventoux

ihm so schnell keiner nach (s. S. 83f.). Auch Frédéric Mistral (s. S. 35) und Marcel Pagnol (s. S. 37) nicht. Die beiden Schriftsteller waren natürlich auch hier oben und fluchten ganz und gar unpoetisch über unauffindbare Wege und ermüdende Geröllhalden. Die spart man sich, wenn man es den meisten Ventoux-›Bezwingern‹ gleichtut und den

Berg auf einer Fahrt mit dem Auto rund um die Dentelles de Montmirail auf einem 2–3stündigen Schlenker ›mitnimmt‹.

Das kleine Bergmassiv an der Westflanke des Mont Ventoux rückt die Dimensionen wieder zurecht. Und kein plötzlicher Schneesturm, kein unvermuteter Nebelschleier wie am Mont Ventoux stört die Meisterkomposition aus Weinbergen, Hügeldörfern und Schlängelstraßen. Doch auch die Dentelles de Montmirail sind erdgeschichtlich ein Teil vom großen Berg und nur durch eine breite Erosionsfuge – das Tal von Malaucène – von ihm getrennt. Und noch etwas verbindet beide Berge.

Jeder Bach, der im Norden vom Mont Ventoux herunterrinnt, fließt durch das Vallée du Toulourenc in die Ouvèze, deren Flußlauf einen Bogen um die zwei Massive macht und sich auf halbem Weg nach Süden durch Vaison-la-Romaine zwängt. Der Name Toulourenc stammt von *tout ou rien*, ›alles oder nichts‹. Am 22. September 1992 ging's ums Ganze. Wie üblich blieben die Wolken einer Gewitterfront am Berg hängen, rissen auf und entluden sich in heftigen Regengüssen. An diesem Vormittag waren die Wolken schwärzer und die Schauer kräftiger als sonst. In Sturzbächen ergoß sich das Wasser zu Tal, erst in den Toulourenc, dann in die Ouvèze.

Mont Ventoux und Dentelles de Montmirail

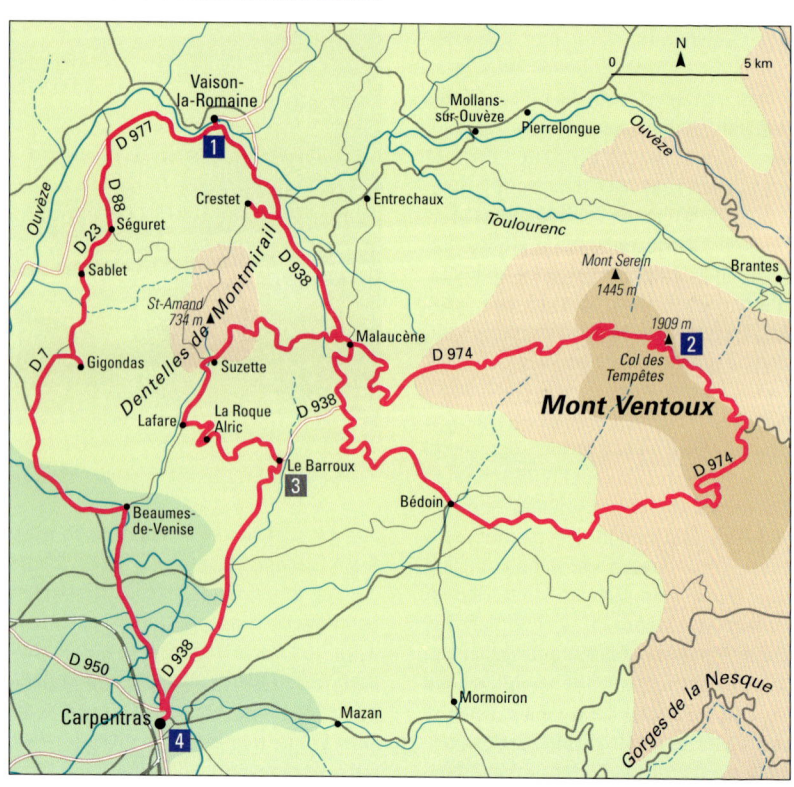

Vaison-la-Romaine

Und plötzlich war sie da, die Welle, 17 m hoch und 6 m pro Sekunde schnell, und nahm mit, was ihre Fluten zu fassen bekamen: Weinreben, Brücken, Häuser, Autos und Menschen. 32 Tote waren an jenem Vormittag im Vaisonet zu beklagen. Der Mont Ventoux hatte es wieder einmal allen gezeigt. Drei Stunden nach dem ersten Regentropfen strahlte die Sonne aus einem unschuldigen blauen Himmel, so wie fast immer im Herbst in der Provence.

Zum Mont Ventoux und rund um die Dentelles de Montmirail

Ohne Abstecher auf den Mont Ventoux etwa 80 km, Dauer 1 Tag; mit Abstecher etwa 55 km und $^1/_2$ Tag mehr, Karte S. 76.

Der mittelalterlichen Oberstadt von **Vaison-la-Romaine** 1 (S. 393) gehört die kleine Kalksteinkuppe am Südufer der Ouvèze. Das Dorf wuchs über die Jahrhunderte den schützenden Hügel hinunter und bezog mit breiteren Straßen und größeren Häusern das nördliche Flußufer. Auch die römischen Baumeister, denen das 6000-Einwohner-Städtchen zwei antike Grabungsfelder im Norden und Osten des Zentrums verdankt, hatten es vorgezogen, die Bewohner in sicherer Entfernung vom Fluß anzusiedeln. Vom Respekt vor dem Wasser zeugt besonders der Pont Romain, dessen wuchtiger Bogen seit 2000 Jahren die Ouvèze überbrückt und alle ihre Hochwasser überstanden hat; selbst die Jahrhundertflut von 1992, deren todbringende Riesenwelle über die Brücke schwappte und statt dessen die flußnahe Bebauung der jüngeren Unterstadt wegschwemmte.

Vaison-la-Romaine bietet mit seinen Siedlungsphasen das typisch provenzalische Architekturen-Dreierlei: antike, mittelalterliche und neuzeitliche Stadtbildveränderungen. Die jüngst restaurierte und wiederbelebte Oberstadt zu Füßen der einstigen Burg der Grafen von Toulouse läßt sich ebenso wie das überschaubare Stadtzentrum mit gerasterten und platanenbestückten Straßenzügen des 18. und 19. Jh. leicht erkunden. Für die beiden Grabungsstätten braucht man mehr Elan. Von der ligurisch-keltischen Ursprungssiedlung der Vocontier und der späteren, florierenden Römerstadt Vasio Vocontiorum sind nur Ruinen übriggeblieben, wovon ein großer Teil unter der modernen Stadtbebauung verborgen liegt. Inmitten des östlich vom zentralen Parkplatz, an der Avenue du Général-de-Gaulle, gelegenen Grabungsfeldes Quartier de Puymin befindet sich ein Museum. Es frischt Geschichtskenntnisse auf und

Mont Ventoux

Vaison-la-Romaine

läßt erahnen, in welchem Luxus das Römische Imperium seine Militärveteranen und Kolonialbeamten hier und im Quartier de la Villasse, an der Südseite des Parkplatzes, für treue Staatsdienste in der *provincia* belohnte. Östlich des Grabungsfeldes, am Ende der Avenue Jules-Ferry, verbinden sich heidnische Antike und christliches Mittelalter in der Kathedrale Notre-Dame-de-Nazareth aus dem 11./12. Jh. Das Fundament des Chors ruht auf römischen Fragmenten, vermutlich eines Tempelbaus, und die Außenmauern lassen Spuren römischer Säulen erkennen.

Das malerische Bergnest **Crestet** (S. 344) bietet Weitsicht und Entschei-

dungshilfe, ob die Luft rein ist für einen Abstecher auf den Mont Ventoux. Eine Garantie für gute Fernsicht ist auch ein blauer Himmel nicht, denn spätestens am Mittag dicken Diesigkeit und Wärmeflimmern die dünne Luft am Gipfel ein. Umgekehrt scheint im Winterhalbjahr dort oft die Sonne, wenn das Tal im Dunst versinkt. Also weiter nach Malaucène und hoch auf den Berg! Den Marktflecken durchfährt man ein zweites Mal auf dem Rückweg.

Den **Mont Ventoux** 2 kann man mit dem Auto in zwei Stunden ›machen‹. Wie das geht, bekommt man an Wochenenden und während der Schulferien gezeigt, wenn sich Autofahrer aller

europäischen Länder auf der Überholspur zum Gipfel vereinen. Doch auch im kleinen Gang mitsamt einer Aussichtspause am kleinen Zweitgipfel, dem 1445 m hohen Mont Serein, ist man in weniger als eine Stunde oben – und sucht den Berg, auf dem man steht. Es fehlt das Höhengefühl, weil ringsum nichts ist, an dem sich der 1909 m hohe Gipfel messen ließe. Kein anderes Bergmassiv, kein steiler Abgrund zum Schwindeliggucken, nur die eigene nackte Schotterkuppe, eine häßliche Radarstation und viele, viele Menschen mit allem, was mindestens zwei Räder hat. Der Ausblick von der südlich dem Parkplatz gelegenen Plattform am Col des

Dentelles de Montmirail

Tempêtes ist schön, doch selten so weit, wie es die Orientierungstafel verspricht. Die 300 km entfernten Pyrenäen sieht man nur im Winter, wenn der eisige Wind die Luft klärt.

Die D 974/976 nach unten war früher eine Autorennstrecke nach oben: Zwischen **Bédoin** (S. 334) und dem Gipfel fanden bis 1973 regelmäßig Bergrallyes statt. Seit Umweltschützer intervenierten, teilt man sich den Rennkurs nur noch ab und zu mit Testfahrzeugen europäischer Autohersteller. Auf der Rückfahrt entlang der Südflanke nimmt man den Duft von mediterranem Garrigue-Gehölz und Kräutern mit zurück nach Malaucène. Und wieder wird das Örtchen zur Durchgangsstation auf dem Weg zum nächsten Berg. Auch die Dentelles dulden keinen Aufschub, will man sie am Abend noch von ihrer westlichen Sonnenseite kennenlernen.

Was sich diesseits der entfernt an ›Häkelspitzen‹ erinnernden **Dentelles de Montmirail** so alles versammelt, kann sich auch schon sehen lassen. Überall wachsen vor der Kulisse des gezackten, am Mont St-Amand-Gipfel 734 m hohen Steinkamms Wacholderbüsche, Steineichen und Ginstersträucher aus dem kargen Untergrund. Und zwischen Macchia-Hügeln und guten Weinlagen windet sich die Straße wie im Bilderbuch hinauf nach Suzette, hinunter nach Lafare, hinauf nach **La Roque Alric,** wo ein Dorf den schmalen Felsen krönt und hinunter nach **Le Barroux** **3** (S. 332), wo dies ein Renaissanceschloß tut. Viele Schlösser der Provence hatten ein Vorleben als Burg. So auch dieses mächtige Gebäude aus dem 16. Jh., das einst den Grafen von Les Baux gehörte (s. S. 135).

Die D 938 nach Süden führt bereits recht nahe an das Plateau de Vaucluse heran (s. S. 177ff.). Die Ebene davor füllt **Carpentras** **4** (S. 339) samt seinem Spinnennetz von Zufahrtsstraßen. Schon einmal führten alle Wege in die

La Roque Alric

Provinzstadt. Das ist mehr als 550 Jahre her und fällt in die Zeit, als Clemens V. nach seiner Papstwahl in Frankreich Rom den Rücken kehrte und den Heiligen Stuhl in das gottverlassene Nest stellte. Der Platz war schlecht gewählt. In der Abgeschiedenheit ließ es sich nicht gut regieren und intrigieren. Den Papst zog es bald nach Avignon, an die Grenze des Kirchenstaates zu Frankreich. Zum Ausgleich machte er Carpentras 1320 zur Hauptstadt der Grafschaft Venaissin. Das blieb sie bis 1791, als das Comtat an Frankreich fiel.

Eine gewisse Gleichheit und Brüderlichkeit herrschte in Carpentras schon vor der Französischen Revolution. Seit dem 14. Jh. fanden Juden Schutz hinter den im 19. Jh. abgerissenen Mauern der Stadt, die bald darauf ein wichtiger Messeplatz wurde. Wenn auch nicht neben, so ließ man sie im 15. Jh. doch in der Nähe der gotischen Kathedrale St-Siffrein eine Synagoge errichten. Ein Privi-

leg, das sich die Kirche von der jüdischen Gemeinde mit barer Münze bezahlen ließ. Die Synagoge ist die älteste Frankreichs, obwohl nur noch der Rokoko-Nachfolgebau aus dem 18. Jh. zu sehen ist. Das christlich-jüdische Miteinander hat den Ort geprägt. Über die Jahrhunderte formierte sich in dem 30 000-Einwohner-Städtchen ein grundsolides Händler- und Handwerkertum mit einer entsprechenden Wohn- und Lebensform. So geben denn auch weniger provence-typische Gemüse- und Krämerläden als eher feine Süßwarenläden, pikfeine Boutiquen und die glasüberdachte Passage Boyer den Ton in der Einkaufsstadt an. Und die Sommerabende verbringen die bürgerlichen Alteingesessenen weniger draußen auf den Plätzen oder in lärmigen Bistros, sondern *chez soi, à la maison*, im trauten Heim.

Einmal in der Woche am Vormittag aber erobert das Land die Stadt. Dann ist großer Freitagsmarkt und kein Fortkommen mehr durch die Straßen des Zentrums. Carpentras ist übrigens neben Apt während der Saison von November bis Februar der größte Trüffelmarkt der Region (s. S. 62f.). Der Markt ist auch ohne Trüffel zu jeder Jahreszeit und jede Woche aufs neue die Hauptattraktion der Stadt. Als Ausgangspunkt für den zwei- bis dreistündigen Stadtrundgang bietet sich der südöstliche Parkplatz längs der Avenue Jean-Jaurès an.

Das Hôtel-Dieu, ein Barock-Krankenhaus aus dem 18. Jh. mit einem recht ansehnlichen Apothekenmuseum, ist der größte Bau der Stadt, gehört aber nicht unbedingt zum Pflichtprogramm eines Stadtrundgangs. Anders die ehemalige Machtzentrale im Herzen der Altstadt: der frühere Bischofspalast aus dem 17. Jh. (das heutige Palais de Justice) und die Kathedrale St-Siffrein. Die Bauzeit des raren Exemplars einer gotischen Kathedrale in der Provence zog sich von 1405 bis ins 17. Jh. hin – typisch für Kirchenbauten dieser Dimension, weil Bauzeiten und Kosten fast immer das Planungs- und Finanzvermögen kleiner Bistümer sprengten. Eingeklemmt zwischen Kirche und Justiz entdeckt man einen römischen Triumphbogen, der früher in den romanischen Vorgängerbau der Kathedrale integriert war. Die Porte Romaine aus dem 1. Jh. ist das einzige Relikt der römischen Stadtgeschichte und wie der Ehrenbogen in Orange (s. S. 84) dem Sieg der römischen Kolonialmacht über gallische Störenfriede gewidmet. Diese waren bekanntlich so frech, auch ein Stückchen von der schönen *provincia* abhaben zu wollen. Kunsthistoriker sind sich dessen unter anderem so sicher, weil das Relief der westlichen Bogenseite zwei Gefangene zeigt, von denen der rechte mit krausem Vollbart und grober Fellkleidung als typischer Germane auszumachen ist. Genauso hatte Caesar unsere Vorfahren rund 150 Jahre zuvor in »De bello Gallico« beschrieben.

Die nahegelegene Synagoge versteckt sich in der äußersten südöstlichen Ecke der Place de l'Hôtel de Ville. Kreuz und quer durch schöne Gassen gelangt man zum nördlichsten Zipfel des Zentrums, der Place du 8 Mai. Von der Terrasse aus ist der Panoramablick auf die Dentelles de Montmirail und den Mont Ventoux freier noch als von der westlich gelegenen Porte d'Orange. Das 1379 fertiggestellte Stadttor ist das einzige Überbleibsel der alten Befestigungsmauer.

Am Abend färbt die untergehende Sonne das Dentelles-Massiv rot. Die zerzausten Kuppen werfen lange Schatten, die sich wie Runzeln auf die Felswände legen. Der Berg verbirgt sein Alter nicht. Das macht ihn so anziehend. Zu Hunderten hängen Bergsteiger und Free-Climber im Sommer an den Kalksteinwänden; Wanderer umrunden die Zacken auf schönen Wegen und Weintrinker mögen den schweren Dentelles-Tropfen, der sein Bouquet den sonnenbeheizten Wärmespeichern der erodierten Westflanken verdankt. Allerdings machen die alkoholreichen Weine, die man in den *Dégustations* der Winzerorte probieren kann, einen müden Kopf. Zurück bis nach Vaison-la-Romaine oder Carpentras sind es noch etliche Kilometer, zum Hotel in einem der schmucken Dörfer oft nur einige Meter. Und ob man die Tour in Beaumes-de-Venise (S. 334), Gigondas (S. 350), Sablet (S. 377) oder Séguret (S. 387) unterbricht, der schöne Landstrich ist es wert, daß man sich viel Zeit nimmt.

Stadt, Land, Fluß – Der Unterlauf der Rhône

Bis 1481 hat die Rhône die Grenze zum französischen Königreich gebildet; davon zehrt die Provence kulturell bis in die Gegenwart. Auch heute zieht der zweitlängste Strom des Landes einen Trennstrich zum Westen: In Flußmitte endet die benachbarte Verwaltungsregion Languedoc-Roussillon. Aber das ist den Provenzalen egal, solange man auf beiden Flußseiten in Frieden Olivenkerne unter Bistrotische spucken kann.

Früher, als die mittelalterlichen Uferbewohner nie sicher sein konnten, von der gegenüberliegenden Flußseite bedroht zu werden, war das anders. Statt einladende Uferpromenaden zu bauen, igelten sie sich hinter Wehrmauern ein. Was die Uferstädte miteinander verband, war die Angst vor der Unberechenbarkeit des Flusses, denn Wohl und Wehe hing von Wind und Wasserstand im Rhône-Tal ab. Wehte der im Flußtal beschleunigte Mistral (s. S. 16 f.), erreichten die Handelssegler rascher ihr Ziel. Dafür war der Warentransport nach Norden um so schwerer. Mann und Maultier gelang es bei Gegenwind nur selten, die beladenen Schiffe auf Treidelpfaden am Flußufer hinaufzuziehen. Schlimmer noch waren die häufigen Überschwemmungen. Von der mittelalterlichen Messestadt Beaucaire ist überliefert, daß so manche Handelsveranstaltung buchstäblich ins Wasser fiel. Mittlerweile ist der Fluß eingedämmt und durch Entlastungskanäle gebändigt. Doch es droht neue Gefahr. Die Chemieindustrie am Oberlauf leitet jährlich tausende Tonnen krebserregender Schadstoffe, darunter Cadmium, Quecksilber, Arsen, DDT, Blei und Lindan in den Fluß. Bislang trugen die Hauptlast der Verschmutzung Camargue und Mittelmeer. Allmählich dringen die krebserregenden Stoffe auch in das Grundwasser des nördlichen Unterlaufs und gelangen über Bewässerungspumpen auf ufernahe Plantagen und Reben. Diesem Problem sind viele Provenzalen nicht mehr mit gleicher Gelassenheit zu begegnen gewillt wie bislang der ständigen Gefahr radioaktiver Verseuchung durch die Kühlwasserableitung der fünf Atomkraftwerke im Rhône-Tal. Am Fluß regt sich Widerstand.

Von Nord nach Süd durchs untere Rhône-Tal

Ca. 100 km, Dauer mindestens 3 Tage, Karte S. 84 und S. 97

Das unter einen schmucken Felsen gedrängte **Mornas** 1 entpuppt sich bei einer Besichtigung als stranguliertes – aber dennoch sehenswertes – Dorfensemble. Eisenbahngleise und Schnellstraßen haben die schiefen Häuserzeilen fest umgürtet, in der Nähe dröhnt die Autobahn, und von der idyllisch gelegenen, auf halbem Weg zur Schloßruine (12. Jh.) quer zu einem breiten Felsdurchlaß errichteten Kirche blickt man auf die dampfenden Kühltürme des AKWs von Marcoule.

Ein paar Hügel weiter (N 7, D 172) ist die monströse Technik nicht mehr zu sehen, und kleine Wunderwerke verbergen sich hinter einer hohen Mauer, mit der Frankreichs bedeutendster Insektenforscher Jean-Henri Fabre (1823–1915) sein Landhaus vor der Durchgangsstraße in **Sérignan-du-Comtat** 2 (S. 388) abschirmte. Er nannte es »Harmas«, abgeleitet von *hermes*, dem pro-

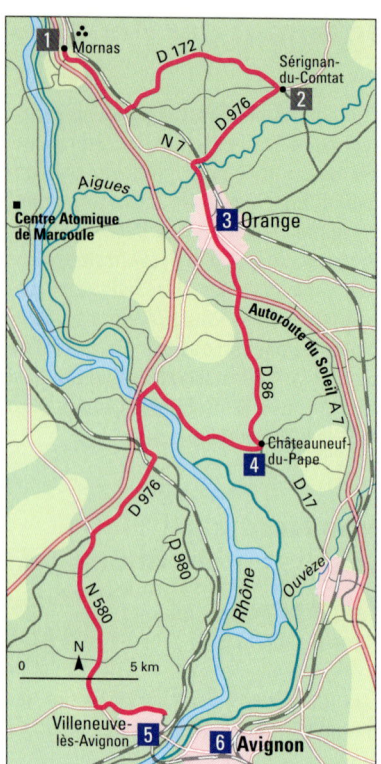

Das Rhône-Tal von Orange bis Avignon

Weiter südlich wird die Flußaue flach und weit, geglättet von regelmäßigen Überschwemmungen, vor denen die Römer Respekt hatten und ihr »Arausio« in sicherer Entfernung zum »Rhodanus« erbauten.

Orange

3 (S. 373) Viele Städte am Rande der Provence, zumal die schönen, nennt man deren Tore. Orange ist so eins und hat sogar eins. Es ist eine **römische Toranlage**, die leider inmitten eines Kreisverkehrs der nördlichen Stadtzufahrt (N 7) steht. Weil dem Kreisel ausreichend Parkplätze fehlen, bleibt so mancher Antikenfan im Auto sitzen und läßt sich bei einer Mehrfachumrundung des Tors die abgasgeschädigten Reliefs vom Beifahrer erläutern: Gut zu erkennen sind die Bildwerke der Nordseite (stadtauswärts). Die Doppelattika zeigt ganz oben Schlachtszenen römischer Legionäre gegen Gallier, beiderseits des Dreiecksgiebels sind Utensilien der ›Marine‹ und über den beiden Außenbögen Schmuckdekor mit Obst und Blumen zu sehen. Von den Schmalseiten ist die östliche besser erhalten. Zwischen ihren vier Halbsäulen sind Gefangene in Ketten und darüber erneut Kriegstrophäen auszumachen. Was macht dieser militärisches Selbstbewußtsein demonstrierende Monumentalbau ausgerechnet am Rande eines Schlachtfelds, auf dem die Römer 105 v. Chr. von Kimbern und Teutonen die schlimmsten Prügel seit erdenklichen Zeiten bezogen? Orange wurde erst 70 Jahre später als Ruhesitz verdienter Legionärsveteranen gegründet, die unterdessen unter anderem bei Aix-en-Provence die germanischen Horden besiegt und den lädierten Ruf der Römer wiederhergestellt hatten. Das Bogentor, so der letzte Stand archäolo-

venzalischen Wort für ein unbebautes, steiniges Stück Land. Fabre hat daraus ein wucherndes Biotop gezaubert, in dem es duftet und summt, als habe er die ganze Pflanzen- und Kleinsttierwelt der Provence, dieses »Universum der Seltsamkeiten«, wie er es nannte, in seinen Garten gepackt. Und in dem altrosafarbenen Haus mit hellgrünen Fensterläden, das heute ein kleines Museum ist, liegt seine Botanisiertrommel herum, schwimmen Raupen in Spiritusflaschen, stapeln sich Herbarien, Käfersammlungen und abgegriffene Folianten in Glasvitrinen, als wäre der besessen arbeitende Forscher gerade mit dem Köcher unterwegs auf Schmetterlingsjagd.

gischer Detektivarbeit, ist ein Stadtgründungsmonument, bewußt am Ort der schmählichen Niederlage errichtet, um zurückgewonnene Stärke zu demonstrieren und die Pensionäre an erfreuliche Siege, etwa über das griechische Massalia – daher die Schiffsutensilien – zu erinnern. Orange ist auch heute noch eine Legionärsstadt. Vor ihren Toren trainieren junge Fremdenlegionäre das Überleben und verbringen ausgediente Söldner in den wenig erfreulichen Verhältnissen des Bataillonsaltersheims ihren Lebensabend (s. S. 165).

Auf der Avenue de l'Arc de Triomphe gelangt man in die Stadt und wird über die Avenue Edouard links um die verkehrsberuhigte Altstadt herum auf den Parkplatz zu Füßen der Colline St-Eutrope geleitet. Ein paar Schritte entfernt haben die Römer in die stadtzugewandte Hügelseite ein 10 000 Besucher fassendes **Theater** gemeißelt, dessen 103 m breite und 36 m hohe Bühnenwand das kleine Orange zu erdrücken scheint. Sie ist so gut erhalten, daß sich das gesamte idealtypische Funktionsprinzip des Theaters rekonstruieren läßt. In den äußeren Räumen beider Stockwerke waren Requisitenlager und Garderoben untergebracht. Das mittlere Tor diente dem Kaiser als Zugang. Er war für jeden Besucher auch bei Abwesenheit allgegenwärtig durch die 3,55 m hohe, aus der Ferne lebensgroß wirkende (Augustus-)Statue über dem Kaisertor. Je nach Rang und sozialer Stellung fanden die Besucher Einlaß durch die beiden äußeren Fronttüren oder die vier Zugänge der beiden Seitenvorbauten, in denen Empfangsräume, Kulissenlager und Garderoben untergebracht waren. Die 61 m breite und 9 m tiefe Bühne lag 1,10 m erhöht über dem Orchestergraben und barg unter dem Holzboden Hebevorrichtungen für Kulissen. Das gesamte Theater konnte mit Stoffbahnen überdacht werden, aufgehängt an Holz-

Römische Toranlage in Orange

Römisches Theater in Orange

balken, die von den vorspringenden Steinen am oberen Mauerrand getragen wurden. Und wie ging's im Bühnenrund zu? Einem Open-Air-Theater fehlt die Distanz des dunklen Raums zwischen Zuschauern und Akteuren. Die Reaktionen waren direkt und laut, zumindest auf den oberen Rängen, wo die unteren Schichten zu sitzen hatten. Geboten wurde alles, was auf eine Bühne paßt: politische Kundgebungen, Komödien und Tragödien, Spielshows und akrobatische Vorstellungen. Höhepunkt der heutigen Theaternutzung ist das alljährlich ab Mitte Juli abgehaltene »Festival des Chorégies« mit teilweise hochkarätig besetzten Opern-, Theater-, Konzert- und Ballettaufführungen (dessen Finanzierung momentan aber leider in Frage gestellt ist).

Châteauneuf-du-Pape

4 (S. 342) Die alten Steine machen müde. Bei Weinkennern wird der Winzerort Châteauneuf-du-Pape neue Lebensgeister wecken. Vom päpstlichen Sommersitz, dem Château des Papes

(14. Jh.), ist seit der Sprengung durch deutsche Truppen wenig mehr als der Wohnturm erhalten geblieben, in dem sich der Bauherr, Papst Johannes XXII., samt Gefolge dereinst am Weitblick und Wein berauschte. Wer den wuchtigen ›Papstwein‹ schätzt, wird aus dem Schilderwald der *Dégustation*- und *Vente de Vin*-Hinweise (Weinprobe, Weinverkauf) nur schwer herausfinden. Der nüchternen Betrachtung der Weinbaukunst dient das **Musée des outils de vignerons** im Caveau du Père Anselm.

Villeneuve-lès-Avignon

5 (S. 397) Die D 17, D 976 und D 980 führen vom einstigen Kirchenland auf die andere Rhône-Seite ins ehemalige Königsland, zur ›Neuen Stadt Avignons‹. Nach dem ›Wie Du mir, so ich Dir‹-Prinzip hatten beide Seiten dafür gesorgt, daß beim Blick über die Rhône zuerst das respekteinflößende Bollwerk des Gegenübers ins Auge stach. Vom Parkplatz an der Rue de Verdun führt ein Weg hinauf zum **Fort St-André**, das Johann der Gute 1362, zehn Jahre nach

Châteauneuf-du-Pape

Fertigstellung des Papstpalastes, zum Schutz des französischen Kronlandes errichten ließ. Hinter der bulligen Doppelturmanlage verbergen sich Reste einer ehemaligen Benediktinerabtei und eine romanische Kirche.

Östlich des Forts, erreichbar über die Hauptachse des Ortes, die Rue de la République, gelangt man bergan zur **Chartreuse du Val de Bénédiction.** Innozenz VI., durch den freiwilligen Verzicht des Kartäuser-Oberhauptes Jean Birel überraschend als Ersatzmann auf den Papstthron gewählt, schenkte den Kartäusern 1356 seinen Kardinalswohnsitz als Dank für die Bescheidenheit ihres Ordensmannes. Das Eremitenkloster entwickelte sich zur einflußreichsten Kartause Frankreichs. In der restaurierten Klosteranlage arbeiten Künstler und finden im Juli/August die »Rencontres Internationales d'Eté« statt, ein Theater-, Tanz- und Musikfestival, das etwas im Schatten des Theaterfestivals von Avignon steht.

Prunkstück des **Musée Municipal** an der Rue de la République ist das Gemälde »Die Marienkrönung«, ein mei-

sterlich komponiertes, mittelalterliches Bildprogramm, 1453 von Enguerrand de Quarton für die Trinité-Kapelle der Kartause geschaffen.

Der **Turm Philippe le Bel** (erbaut 1293–1307) am südlichen Ortsausgang Richtung Avignon ist Teil einer Wehranlage, die nach dem Albigenserkrieg (s. S. 24) und der Annexion von Villeneuve-lès-Avignon durch die französische Krone zum Schutz der Rhône-Grenze errichtet wurde.

Avignon

6 (S. 329) Mitte Juli, wenn ganz Frankreich Ferien macht, geht auch die Kultur auf Reisen. Am liebsten in die Provence, wo die Nächte lang und lau sind. Konzertmusiker und Tänzer zieht es nach Orange, Aix und Arles, Schauspieler vor allem nach Avignon, zum turbulentesten, größten und mit Abstand bedeutendsten Theaterfestival Europas. 1947 vom renommierten Theatermacher Jean Vilar ins Leben gerufen, ist aus dem kleinen Schauspieltreffen für Spezialisten eine populäre Mammutschau in-

Avignon 1 Hôtel d'Europe 2 Stadtmauer 3 Pont St-Bénézet 4 Papstpalast
5 Kathedrale Notre-Dame-des-Doms 6 Rocher des Doms 7 Petit Palais

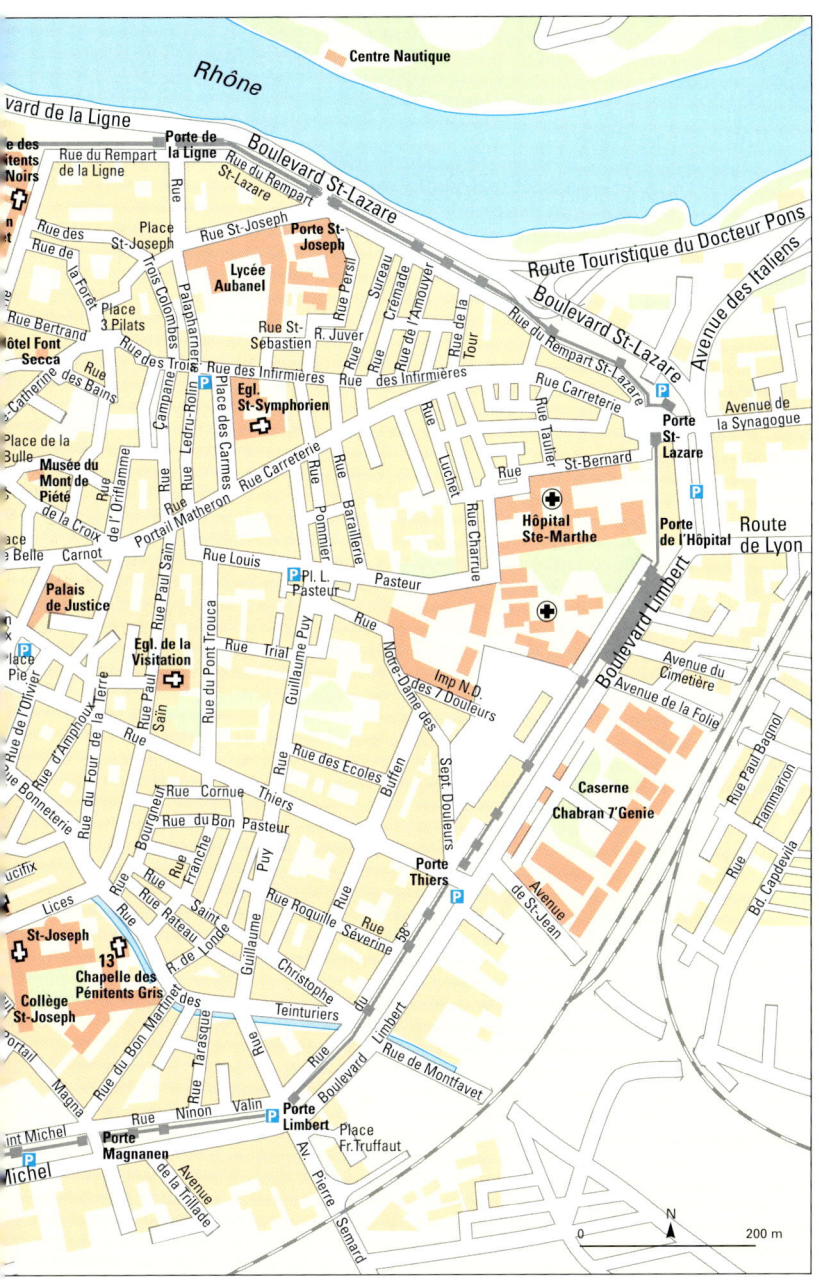

Rhône

Centre Nautique

Boulevard de la Ligne

Porte de la Ligne

Rue du Rempart de la Ligne

Boulevard St-Lazare

e des tents Noirs

Rue du Rempart St-Lazare

Rue St-Joseph

Place St-Joseph

Porte St-Joseph

Rue des

Rue de la Forêt

Rue de

Lycée Aubanel

Rue de l'Amouyer

Route Touristique du Docteur Pons

Avenue des Italiens

Rue Bertrand

Place 3 Pilats

Rue Persil

Cremade

Sureau

Rue de la Tour

Boulevard St-Lazare

Hôtel Font Secca

Rue des Trois Colombes

Rue St-Sébastien

R. Juver

Rue du Rempart St-Lazare

Rue Catherine des Bains

Palapharmen

Rue des Trois

Ledru-Rollin

Rue des Infirmières

Rue des Infirmières

Rue Carreterie

Porte St-Lazare

Avenue de la Synagogue

Place de la Bulle

Place des Carmes

Egl. St-Symphorien

Rue Taulier

Musée du Mont de Piété

Rue de l'Oriflamme

Rue Carreterie

Rue Carreterie

Rue Lichet

St-Bernard

Porte St-Lazare

de la Croix

Portail Matheron

Rue Pommier

Rue

Route de Lyon

ace Belle

Carnot

Rue Louis

Rue Bataillerie

Rue Charrue

Hôpital Ste-Marthe

Porte de l'Hôpital

Palais de Justice

Rue Paul Sain

Pl. L. Pasteur

Pasteur

x lace Pie

Egl. de la Visitation

Rue du Pont Trouca

Rue Trial

Rue Guillaume Puy

Rue

Boulevard Limbert

Avenue du Cimetière

Rue de l'Olivier

Rue Paul Sain

Notre-Dame des Sept Douleurs

Imp N.D. des 7 Douleurs

Avenue de la Folie

Rue d'Amphoux

Rue du Four de la Terre

Rue

Rue des Ecoles

Rue Buffon

Rue Bonneterie

Rue Cornue

Thiers

Caserne Chabran 7'Genie

Rue Paul Bagnol

ucifix

Bourgneuf

Rue du Bon Pasteur

Rue Flammarion

Rue Puy

Lices

Rue Franche

Rue Sainte

Rue Roquille

Rue Christophe

Rue des Sept Douleurs

Bd. Capdevila

St-Joseph

Rue Rateau

Guillaume

Rue Séverine

Porte Thiers

Avenue de St-Jean

13 Chapelle des Pénitents Gris

R. de Londe

Rue des

Teinturiers

Collège St-Joseph

Rue du Bon Martinet

Rue Tarasque

Christophe

Boulevard Limbert

Rue de Montfavet

ortail Magna

Rue Magna

int Michel

Porte Magnanen

Rue Ninon

Valin

Porte Limbert

Place Fr.Truffaut

Michel

Avenue de la Trillade

Avenue Pierre Semard

N

0   200 m

Avignon

89

8 Münze   9 Theater   10 Rathaus   11 Musée Calvet   12 Musée Lapidaire
13 Chapelle des Pénitents Gris   14 Maison Jean Vilar

Papstpalast in Avignon

ternationaler Spitzenproduktionen mit rund 400 Aufführungen anerkannter Bühnen sowie der Off- und Straßentheaterszene geworden. Vier Wochen lang ist in der einstigen Papststadt der Teufel los. Theaterfans erdulden beim Kartenkauf die Qual der Wahl. Schauspieler ergeben sich der notorischen Hitze, die ihnen die Schminke vom Gesicht schwemmt. Journalisten buhlen bei der Vergabe der knappen Presseplätze um das *ius primae noctis* für bissige Premierenkritiken. Am Morgen danach reichen Caféhaus-Leser mit leisem Murren die Zeitungen weiter, in denen die Journalistenmeinungen zu bemäkeln sind. Macht nichts, der Theatermarathon geht weiter. Und wenn *le festival* nichts Aufregendes zu bieten hat, dann gibt's ja noch *la fête*, die ›Rund-um-die-Uhr-Fete‹

an der Place de l'Horloge, wo bis zum Morgengrauen gefeiert und geflirtet wird und die Kellner bis zum Umfallen ihre Tabletts durch die Menge jonglieren, gekonnt wie die Musiker und Kleinkünstler ihre Hüte fürs Kleingeld. *»On y danse, on y danse ...«*

Das restliche Jahr über ist die 90 000-Einwohner-Hauptstadt des Vaucluse ein Provinznest mit freundlichen Kellnern, zivilen Preisen und Bettruhe vor 24 Uhr, nur stundenweise aus der Ruhe geschreckt von den Besuchermassen des Papstpalastes, in dem von 1342 bis 1376 die katholische Macht zu Hause war. Aus Rom von der Italienpolitik des letzten Stauferkaisers Friedrich II. verdrängt, wurde der päpstliche Regierungssitz zunächst unter der Obhut der französischen Krone nach Lyon verlegt. Nach der Wahl des Franzosen Clemens V. zum Papst verließ der Oberhirte sein Übergangsdomizil in Carpentras, im kircheneigenen Venaissin (s. S. 81), und zog 1309 nach Avignon, wo das Papsttum endgültig dem Machtbereich der deutschen Kaiser entzogen wurde und unter den Einfluß der Franzosen geriet. Clemens V. (1305–15) folgten sechs weitere Exilpäpste: Johannes XXII. (1316–34), Benedikt XII. (1334–42), der Erbauer des Alten Palais', Clemens VI. (1342–52), der die Stadt Avignon von Königin Jeanne von Neapel für den Kirchenstaat erwarb sowie den Neuen Palais errichtete, ferner Innozenz VII. (1352–62), Urban V. (1362–70), der zeitweilig wieder in Rom residierte, und schließlich Gregor XI. (1370–78), der 1376 die Avignon-Ära der Päpste beendete und die Residenz zurück nach Rom verlegte. Die Stellvertreter Gottes erfreuten sich im sonnigen Gastland bester Gesundheit, förderten Kultur und Wissenschaften und entsprachen ansonsten mit ihrem Lebensstil der biblischen Beschreibung Babylons. So das gängige Bild vom Avignoner Papstleben, für das vor allem der Gastautor im Kirchenland, Petrarca, verantwortlich ist (s. S. 185). Der Dichter hinterließ der Nachwelt seine über Jahrhunderte kolportierte Klage, daß auch im Kirchenstaat Politik im Schlafzimmer gemacht werde, verdiente Diener Gottes, getrieben von der Sehnsucht nach dem Weibe, unter ihre Bettfedern schlüpften und zwischen zwei Liebesakten den kostspieligen Wünschen ehrgeiziger Mätressen lauschten. »On y danse, on y danse ...«?

Weniger das päpstliche Liebesleben als die Ignoranz der Kirchenmänner gegenüber den sozialen Mißständen vor ihren Schlafzimmertüren ließ die Menschen den Glauben an die untätige Kirche verlieren. Mißernten und schlechte Klimaverhältnisse hatten die Landbevölkerung arbeitslos gemacht. Männer versuchten sich als Tagelöhner, Frauen als Huren durchzuschlagen, von denen in Avignon Tausende gearbeitet haben sollen. 1349 brach die Pest aus und forderte unter der hungernden Stadtbevölkerung mehr als 10 000 Menschenleben. Zu allem Übel hatten sich Frankreich und England auf den Hundertjährigen Krieg eingelassen, unterbrochen von Friedensperioden, in denen arbeitslose Söldner in militärisch organisierten Banden die Städte unsicher machten. Avignon wurde 1361 von einer dieser ›Grandes Compagnies‹ belagert und konnte sich nur durch Zahlung eines exorbitanten Geldbetrags der Bedrohung entledigen. Für die Menschen waren dies Fingerzeige Gottes. Und der Unmut einflußreicher Zeitgenossen mag Gregors XI. Entschluß bestärkt haben, die ›babylonische Gefangenschaft‹ gegen den Widerstand der Franzosen in Avignon zu beenden und den Papstsitz nach Rom zurückzuverlegen. Die französische Krone sah ihren Einfluß schwinden und präsentierte dem in Rom gewählten und von Deutschen wie Engländern favorisierten Nachfolger Urban VI. (1378–89) einen Gegenpapst, Clemens VII. (1378–94). Deren beider Nachfolger in Rom und Frankreich sahen sich bald darauf noch einem dritten, in Pisa gewählten Papst gegenüber. 1417 einigte sich das Konstanzer Konzil auf einen allseits anerkannten Kandidaten. Das ›Große Schisma‹, die Spaltung der westlichen Religionsgemeinschaft, war abgewendet, bis die Reformation zu einer dauerhaften Trennung führte. Avignon wurde samt Venaissin unter kirchliche Legatsverwaltung gestellt und blieb bis zur Französischen Revolution eine von Frankreich weitgehend unabhängige Enklave.

Aubertin

en schönsten Blick auf Avignon hat man von den Hügeln auf der anderen Seite der Rhône, von Villeneuve aus. Auch kulinarisch lohnt sich dieser Ausflug. Versteckt hinter den Spitzbögen eines alten Arkadenganges kocht Jean-Claude Aubertin in seinem kleinen, fast wie eine Galerie eingerichteten Restaurant. Gerade mal 30 Personen haben hier Platz, aber die werden von ihm meisterhaft verwöhnt. Im Sommer kommen ein paar Tische vor dem Lokal dazu.

Wer noch nie Rinderbacken *(joue de bœuf)* gegessen hat – hier muß man sie probieren. Das Fleisch kommt mit kleinen Zwiebeln, Karotten, Stangensellerie, Oliven, Knoblauch, Lorbeerblättern, Thymian, einem Stück Bitterorangenschale, Tomatenmark, Speck, etwas Gänseschmalz, Wein und Hühnerbrust in einen Bräter. Im Ofen schmort es dann bei kleiner Hitze volle drei Stunden. Heraus kommt ein derart butterzartes Stück Fleisch, daß man sich fragt, wer einem je das Filet als das angeblich beste Stück vom Rind aufgeschwatzt hat. Nicht weniger perfekt gelingen Aubertin die Fischgerichte, etwa die Lotte mit Rosmarin, oder Rotbarbenschnittchen mit Basilikum und Oliven oder Ravioli mit St-Jacques-Muscheln. Die Weinkarte mit einer schönen Auswahl regionaler Gewächse ist ausgesprochen kundenfreundlich kalkuliert.

Aubertin, 1, rue de l'Hôpital, 30400 Villeneuve-lès-Avignon, ☎ 90 25 94 84, Fax 90 26 30 71, Mo geschlossen, AmEx, Visa, Eurocard, Menüs: 160, 230, 350 FF

Nähert man sich der Stadt nicht über die Rhône-Brücke, die Villeneuve-lès-Avignon mit der ›Schokoladenseite‹ seines Gegenübers verbindet, ignoriert man die zahlreichen anderen Parkmöglichkeiten entlang der Stadtmauer und gelangt mit Hilfe der Wegweiser »Parking du Palais« dorthin. Alternativ zu der häufig überfüllten Tiefgarage unter dem Papstpalast bieten sich die unbewachten Parkplätze (Diebstahlgefahr!) auf den Freiflächen beiderseits der nahen Brückenauffahrt am Rhône-Ufer an.

Durch die Porte de l'Oulle betritt man die Place Crillon. Das auf der linken Seite gelegene **Hôtel d'Europe (1)**, ein elegantes Gebäude aus dem 17. Jh. mit einer wunderschönen Gartenanlage, gibt eine Ahnung vom Oberschichtleben im Schutz der päpstlichen Legaten. Die Rue du Rempart du Rhône führt in nördlicher Richtung an einem adretten Abschnitt der 4,3 km langen **Stadtmauer (2)** entlang. Sie ersetzte den vorhandenen Schutzwall nach 1353, um der wachsenden Bedrohung durch die ›Grandes Compagnies‹ Stand zu halten. Während der Restaurierung im 19. Jh. erhielt die Mauer ihr neogotisches Aussehen.

Frankreichs wohl berühmtester Fluß-
übergang, die ›Kinderlied-Brücke‹ **Pont
St-Bénézet (3)** ragt als malerischer
Vier-Pfeiler-Stumpf samt einer romanisch-gotischen Doppelkapelle aus der
Rhône. Die restlichen 18 Pfeiler der 1185
fertiggestellten Uferverbindung holte
sich im 17. Jh. der Fluß.

Avignons stärkster Magnet ist der **Palais des Papes (4)**, der die Besucher
anzieht und weitgehend aus entlegenen
Stadtteilen fernhält, weil Beine und
Augen nach seiner Besichtigung erlah-
men. Viele Monumente der Macht werden schön, wenn die Macht ausgezogen
ist. Nicht jedoch die päpstliche Glau-
bensburg, die bei jeder Jahreszeit so
kalt und abweisend wirkt, wie sie von
ihren ängstlichen Bauherrn erdacht war.
Die Stadt hat aus dem monumentalen
Palast ein Kongreß- und Kulturzentrum
gemacht; der Große Ehrenhof wurde zur
Hauptspielstätte des Theaterfestivals.
Doch es gelingt nicht, den Palast auf Ku-
lissenformat zu stutzen. Der Steinklotz
mischt sich ins Spielgeschehen ein und
drückt jeden Schauspieler erbarmungs-
los an die Wand, dem es mißlingt, die
Mauern zu überspielen. Das ist es wohl,
was das Theaterfestival zu einer der
größten schauspielerischen Herausfor-
derungen macht. Für eine komplette Besichtigung des Palastes, der Gebäude
rund um die Place du Palais und den
Park Rocher des Doms benötigt man
etwa vier Stunden. An der Kasse des
einzigen Zugangs unter den beiden Türmen des Palais Nouveau (Neuer Palast)
erhält man kostenlos einen bebilderten
und ausreichend kommentierten Plan in
deutscher Sprache, der durch die gutbe-
schilderten Säle und Gelasse des Palastes leitet. Der Rundgang führt sogleich
aus dem von Clemens VI. errichteten
Gebäudeteil heraus in die Grande Cour
(Großer Ehrenhof) und weiter in den
von Räumlichkeiten diverser Funktionen
samt einer Kapelle und dem Konsorti-

Pont St-Bénézet

»Sur le pont d'Avignon ...«

Der Herr hat's gegeben, der Herr hat's genommen. Anfang und Ende des Pont St-Bénézet sind als Legenden überliefert. »Auf der Brücke von Avignon trifft man immer zwei Mönche, zwei Esel und zwei Huren«, behauptet ein Sprichwort. Bettelei, Dummheit und Unmoral hätten die Brücke zum Einsturz gebracht, sagt die Legende. Die Wahrheit ist banaler. Eine Hochwasserkatastrophe führte 1665 zum Teileinsturz der Brücke. Interessanter ist der Entstehungsmythos, denn er läßt Rückschlüsse auf die Planung größerer Bauvorhaben im Mittelalter zu. Einst sei Gott dem Hirtenjungen Bénézet (= kleiner Benedikt) erschienen und habe ihn zum Bau der Rhône-Brücke aufgefordert. Hilfe sei ihm vom Bischof Avignons versprochen worden, der von der göttlichen Sendung des Jungen überzeugt gewesen sei, nachdem Bénézet zum Beweis seiner übernatürlichen Kräfte einen tonnenschweren Felsbrocken aufgehoben und als Fundament für den ersten Brückenpfeiler ans Flußufer gelegt habe.

Eine Legende entsteht nicht aus heiterem Himmel, sie hat eine Funktion. Diese hier bediente sich offensichtlich des mittelalterlichen, von der Kirche kräftig geschürten Aberglaubens und war vermutlich als Kernstück einer Werbekampagne gedacht, mit der auch die einfachen Leute als Geldgeber für ein Bauvorhaben gewonnen werden sollten, das bislang am fehlenden Know-

umssaal umgebenen Kreuzgang des benachbarten Gebäudekomplexes Palais Vieux (Alter Palast), den sein Vorgänger Benedikt XII. erbauen ließ. Über eine Treppe gelangt man in die Privatgemächer der ersten Etage mit einem gigantischen Bankettsaal (Grand Tinel), dem freskengeschmückten Schlafzimmer und der benachbarten Studierstube, wegen der Jagdszenen-Ausstattung der Wände auch Hirschzimmer genannt. Hier befindet man sich wieder im Gebäudeteil des Palais Nouveau. Nach einer Schleife durch die Große Kapelle und das Notarzimmer mit einer Videoshow zur Palast-Architektur erreicht man über die Große Ehrentreppe das Erdgeschoß, wo ein Blick in den Großen Audienzsaal die Besichtigung beschließt.

Vor der Zeit der Exilpäpste entstand die **Kathedrale Notre-Dame-des-Doms (5)**. Der Bau aus dem 12. Jh. schließt den Gebäudekomplex des Palastes nach Norden ab. Die Vorhalle zeigt Anklänge an römische Tempel- und Portalbauweisen. Auf dem benachbarten Park-Hügel des **Rocher des Doms (6)** steht man auf dem ältesten Siedlungsgelände Avignons. Grabungen haben Spuren ligurischer, römischer und arabischer Zivilisationen zutage gefördert. Archäologen der fernen Zukunft werden how gescheitert war. Nun, wo der Weltenlenker höchstpersönlich die Vorbereitungen für den Bau der Brücke getroffen hatte, mußten doch alle Zweifel und Investitionshemmnisse ausgeräumt sein. Im 11. bis 13. Jh. florierte der Brückenbau Westeuropas, und für viele Flußübergänge sind ähnliche Entstehungslegenden überliefert. Bei Brückenplanungen spielten neben dem kirchlichen Interesse, möglichst viele sichere Flußübergänge für die Pilgerströme ins spanische Santiago de Compostela zu schaffen, auch militärische und wirtschaftliche Gründe eine Rolle. Zu oft verschwanden Menschen, Güter und Kriegsgerät in den Fluten, weil die Fähren überladen waren oder von der Strömung fortgerissen wurden. Auch für die Rhône sind derartige Fährunglücke überliefert. Münzfunde belegen, daß es von der Antike bis zum Mittelalter deshalb Brauch war, während einer Flußüberquerung Geldstücke zur Besänftigung der Flußgötter und Wassergeister in die Fluten zu werfen. In Avignon war das schon bald nicht mehr nötig. Das Werben um Spenden für den Brückenbau hatte Erfolg.

In der mittelalterlichen Rekordbauzeit von elf Jahren wurde die Brücke um 1185 fertiggestellt. Anders als die Historiker nehmen die Archäologen jedoch an, daß der Pont St-Bénézet nur deshalb so schnell vollendet wurde, weil er auf vorhandenen Fundamenten einer ehemaligen Holzbrücke der Römer errichtet werden konnte. Der Brückenbauer Bénézet wurde nach Vollendung seines architektonischen Meisterwerks heiliggesprochen und vermutlich in der romanischen Brückenkapelle beigesetzt. Nur eins ist gänzlich unbestritten. A u f der Brücke hat man nicht getanzt, wie es das Lied »Sur le pont d'Avignon« behauptet, sondern allenfalls *sous le pont*, u n t e r den Brückenbögen, in den Spelunken auf der Flußinsel Ile de la Barthelasse. Die Brücke durfte nur gegen Entrichtung einer Mautgebühr benutzt werden und war ein streng bewachter Grenzübergang des Kirchenstaates zum französischen Kronland.

wohl herausfinden, daß die schattige Grünanlage Ende des 20. Jh. ein beliebter Ort für Mittagspausen und nächtliche Schäferstündchen der Einwohner Avignons war.

Hier oder vor den Toren des **Petit Palais (7)** läßt sich eine Pause einlegen, bevor man die 300 Exponate italienischer Malerei des 14. bis 16. Jh. aus der Privatsammlung des ehemaligen Finanzfachmanns im Vatikan, Gian Petro da Campana, bei einem Rundgang durch das 1317 vom Neffen Johannes' XII. finanzierte Stadtpalais an sich vorüberziehen läßt. Ein opulenter Augenschmaus!

Am südlichen Ausgang der Place du Palais, wo die Gebäude auf städtisches Normalformat schrumpfen, fällt die mit leichter italienischer Hand entworfene Fassade des **Hôtel des Monnaies (8)**, der ehemaligen Münze (1620), ins Auge. Ein paar Schritte weiter steht man unversehens auf dem quicklebendigen Lieblingsplatz der Avignoner, der Place de l'Horloge. Ihre Westseite wird vom **Theater (9)** und dem **Hôtel de Ville (10)** begrenzt, dem Rathaus, dessen Uhrturm dem Platz seinen Namen gab. Den südlichen Zu- und Abfluß der Passantenströme übernimmt die Einkaufsmeile Rue de la République. Sie wurde im

Markt in Avignon

sen. Sie stehen still, seit die Baumwollfärbereien im 19. Jh. die Arbeit einstellten. Geblieben sind in der Straße die ›Grauen Büßer‹, die letzte Laienbrüderschaft Avignons. Nirgendwo sonst scheint die **Chapelle des Pénitents Gris (13)** der schaurigen Kapuzenmänner besser hinzupassen als hierher, ins Schlummerlicht der grauverwitterten Hausfassaden. Im Mittelalter war die Kirchenstadt eine Hochburg der in Südfrankreich verbreiteten *fraternités*, die sich selbstlos und ohne öffentlichen Dank zu wünschen – daher die Körperverhüllung bei ihren Prozessionen – sozialen Aufgaben widmeten. Die Farbe ihrer Kapuzen unterschied sie von anderen Bußgemeinschaften und wies ihnen festgelegte Fürsorgebereiche zu. So errichteten etwa die ›Schwarzen Büßer‹ im 18. Jh. in der Rue Banasterie, gleich neben dem Gefängnis, ihre Chapelle des Pénitents Noirs, um die Häftlinge zu betreuen. Dafür wurde ihnen das Recht zugesprochen, einmal im Jahr, am Johannistag, einen Delinquenten zur Begnadigung vorzuschlagen. Nach der Französischen Revolution lösten sich die meisten Brüderschaften auf.

Zurück in die Zukunft Avignons führt der Bummel durch die Fußgängerzone zwischen der Place Plie und der Place de l'Horloge. Stück für Stück sollen die östlich davon gelegenen Viertel im selben Stil restauriert werden. Und in der **Maison Jean Vilar (14)**, dem Planungs- und Dokumentationszentrum der Festspiele, tüftelt man bereits am Showdown für das dritte Jahrtausend.

Über Barbentane nach Vallabrègues

Wie auf eine Schnur gezogen, von Auenlandschaften auf Abstand gehalten und mit Straßenknäueln am Flußbett ver

19. Jh. zu Amtszeiten des Pariser Präfekten Haussmann ganz im Sinne des Vaters städtebaulicher Monumentaleingriffe als axialer Boulevard zwischen die krummen Altstadtgassen geschlagen.

Ein Schlenker führt zunächst durch die vornehme Rue Joseph Vernet, in der nur der Autoverkehr und ein schmales Portemonnaie das Einkaufsvergnügen trüben, zum **Musée Calvet (11)** mit Werken europäischer Maler des 16. bis 19. Jh. Das **Musée lapidaire (12)** zeigt in der früheren jesuitischen Barockkapelle – leider ohne erkennbares Ausstellungskonzept – Plastiken frühgeschichtlicher Siedlungsphasen.

Die Leere der Gassen lockt ins Avignon der kleinen Leute. Mittendrin, vergessen von den Stadtsanierern, schlummert im Platanenschatten die Rue des Teinturiers, begleitet vom trägen Wasserlauf eines Sorgue-Seitenarms. Den modrigen Wasserrädern der ›Färberstraße‹ sind dichte Moosbärte gewach knotet, reiht sich eine Rhône-Stadt an die andere. Das schönste Zwischenglied der Kette ist die Montagnette, ein kleiner Höhenzug, an dessen Ausläufern sich die Ortschaft **Barbentane** 7 (S. 331) im Schutz einer heute teilzerstörten, bischöflichen Schutzburg angesiedelt hat. Im 17. Jh. entstand das gleichnamige Schloß eines pensionierten Italiengesandten Ludwigs XV.

Versteckt zwischen Garrigue-Hügeln haben Benediktiner aus Montmajour (s. S. 135) im 19. Jh. das **Kloster St-Michel-de-Frigolet** 8 errichtet (D 35e / D 81), dem eine Restaurierung im 19. Jh. eine etwas befremdliche Hülle verpaßt hat.

Die D 81 schlängelt im sicheren Abstand zur Rhône nach **Vallabrègues** 9, einem alten Korbflechterort. Die Rhône-Regulierung hat den häufig überschwemmten Dorfdeich überflüssig gemacht, dafür trocknen nun die Sümpfe aus, in denen Schilfgras für das Flechthandwerk wuchs. In ein paar Jahren werden die letzten Korbflechterhütten am Kanal verschwinden und die kleine Kirche, in die ein Postamt eingezogen ist, die einzige bescheidene Attraktion des Dorfes sein.

Tarascon

10 (S. 389) Tarascon wirkt so verschlossen wie sein Schloß. Schuld ist die attraktive Schwesterstadt Beaucaire, die zeitlebens seine Entwicklung behindert hat. Als sei das nicht Strafe genug, gab Daudet der Stadt noch eins drauf, indem er seine berühmten Prahlgeschichten eines südfranzösischen Aufschneiders »Tartarin von Tarascon« nannte und den belächelten Helden für alle Ewigkeit zum Bürger der Stadt machte (s. S. 36). Dem Dichter hat man zähneknirschend verziehen. Die Stadt stiftete der Roman-

figur das Museum **Maison de Tartarin** und läßt Tartarin zur Vergangenheitsbewältigung beim jährlichen Tarasque-Fest als clowneske Nebenfigur der Festumzüge wiederaufstehen. Mittelpunkt des viertägigen Festes Ende Juni ist die Nachbildung der Tarasque, ein Legenden-Drache der Rhône, an dem der ›gute‹ König René Gefallen fand und Tarascon 1471 das erste Tarasque-Fest stiftete.

René mochte auch sein **Schloß**, was kaum zu glauben ist, wenn man das steinerne Ungetüm nur von außen sieht. Auf den Grundmauern eines römischen

Das Rhône-Tal von Avignon bis Arles

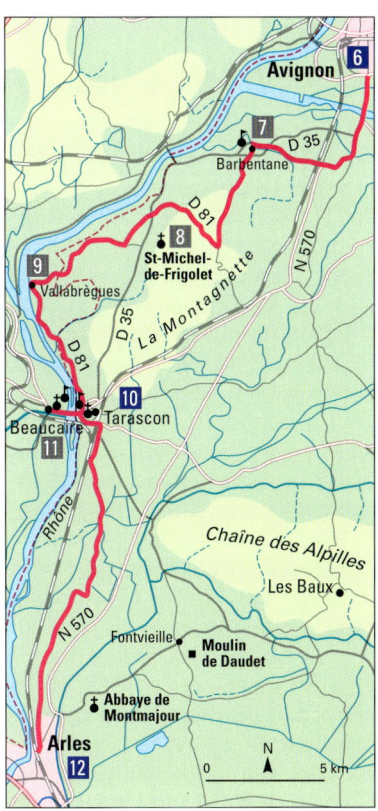

Beaucaire

castrum im 13. Jh. errichtet, wechselte das Grenzgemäuer mit seinen Eigentümern und Eroberern auch sein Aussehen. 1447–49 ließ der ›gute‹ König René das von seinem Vater in der heutigen Form umgebaute Schloß vollenden und (heute besichtigenswert) ausstatten. Nach der Annexion der Provence durch das benachbarte Frankreich diente das Schloß von 1481 bis 1926 fast ausnahmslos als Gefängnis. Zu den vielen Namenlosen, denen man die Haftzeit durch einen kleinen Schubs von den Zinnen verkürzte, gehörten auch Gesinnungsgenossen des 1794 in Paris guillotinierten Robespierre.

In der Rue Proudhon Nr. 39, im Gassengewirr zwischen Schloß und Marktplatz, etablierte im letzten Jh. der ›Tuchmacher von Tarascon‹, Charles Deméry, in einem verschachtelten Gemäuer die Firmenzentrale des **Textilimperiums »Souleiado«**. Der Stoff, aus dem die Träume von Ferienhausausstattern, Trachtenschneidern und Liebhabern ru-

stikaler Blümchenmuster sind, wird hier entworfen. Aus einer Sammlung von rund 40 000 alten Druckstöcken wählen Designer die Vorlagen aus und setzen sie zu neuen Kollektionen zusammen, die in firmeneigenen Boutiquen weltweit verkauft werden.

Beaucaire

11 (S. 333) Beaucaire hat alles, was eine richtige Kleinstadt im Midi braucht: Ein halbverfallenes *château* mit Blick auf verschachtelte Rundziegeldächer, ein verwittertes Platanengeviert, das sich etwas großspurig Place de la République nennt, sowie ein altes Kaufmanns- und Handwerkerviertel im Winkel zwischen Rhône und dem Canal-du-Rhône-à-Sète. Die größte mittelalterliche Messestadt des Rhône-Unterlaufs hat, was keine andere Midi-Stadt vorweisen kann – eine Stierkampfarena, in der gleich zwei Stiere so unvergleichlich ruhmreiche Siege erfochten, daß die *course-*

camarguaise-versessene Bevölkerung (s. S. 116f.) die gehörnten Helden in Stein meißeln und als Hüter der Stadt an den östlichen und westlichen Stadteingängen aufstellen ließ.

Arles

12 (S. 327) Kurz vor Arles teilt sich die Rhône und gibt ein Drittel ihres Wassers an die ›Kleine Rhône‹ ab. Mit gebremster Geschwindigkeit zwängt der Fluß sich durch eine scharfe Rechtskurve und dreht eine kurze Abschiedsrunde um seine schönste und letzte Uferstadt, bevor er im Mittelmeer verschwindet. Auch Arles verdankt seine Entstehung der Rhône. Keltoligurer errichteten eine Handelssiedlung auf einer kleinen Anhöhe in respektvollem Abstand zum Fluß und nannten sie Ar Laith. Unter den Römern wurde daraus Arelate, die ›Stadt im Sumpf‹. Die Seemacht war weniger wasserscheu, baute einen Kanal zum Mittelmeer und errichtete ein Vergnügungsviertel mit Theater, Arena und Rennbahn auf dem Karsthügel. Ihr Wohngebiet, das heutige Trinquetaille, entstand in der Flußgabelung. Was konnte den Römern der Strom schon anhaben? Seit Caesars Eroberung der griechischen Kolonie Massalia 49 v. Chr. (s. S. 23) kontrollierten sie den Schiffsverkehr auf Rhône und Mittelmeer, und gegen Hochwasser schützten aufwendige Uferbefestigungen und Hafenanlagen. 308 n. Chr. verlegte Konstantin der Große seinen Regierungssitz nach Arles. 395, als die beginnende Völkerwanderung den römischen Präfekten aus Trier vergraulte, wurde die Camargue-Stadt Verwaltungszentrale ganz Galliens, Spaniens und Britanniens.

Lange zuvor hatte in der Camargue das Christentum ›heidnische‹ Kulte verdrängt und auch in Arles Fuß gefaßt. Die Legende ersetzt fehlende historische Fakten und macht Trophime, den ersten Bischof der Rhône-Metropole, zum Bootsinsassen der missionierenden Marien, die im 2. Jh. beim heutigen Stes-Maries-de-la-Mer an Land gegangen sein sollen (s. S. 115). Sicher ist, daß Konstantin 314 das erste Konzil nach Arles berief und die Stadt bis zum 12. Jh. kontinuierlich Bischofssitz blieb. Sinnbild der Kirchenmacht ist die Kathedrale St-Trophime, deren architektonische Finesse und Harmonie spielend mit den baulichen Meisterwerken der Römer konkurrieren kann.

In der Zwischenzeit war das Römerreich zerfallen und Arles ein Tummelplatz von West- und Ostgoten, Normannen, nordafrikanischen Mauren (Sarazenen) und Franken geworden. 1178 stattete Friedrich Barbarossa höchstpersönlich der Stadt einen Besuch ab. Zu jener Zeit war Arles Hauptstadt des Königreichs Burgund, das dem Heiligen Römischen Reich angehörte. Nach einem Intermezzo der Grafen von Barcelona kassierte das Haus Anjou die Stadt. 1481 fällt die Provence an den französischen König, der Arles seinen Günstlingen überließ. Zwar entstanden prunkvolle Stadtpaläste und ein barockes Rathaus, doch Arles war politisch an den Rand des Königreichs gerückt und fiel in einen tiefen Provinzschlaf, aus dem es sich nur von einem dahergelaufenen Maler schrecken ließ.

»Sehr geehrter Herr Bürgermeister«, schrieben die Biedermänner der Stadt, »wir, die Unterzeichner, Bewohner von Arles, Lamartine-Platz, haben die Ehre, Sie darauf aufmerksam zu machen, daß ein gewisser Vood (Vincent), Landschaftsmaler holländischer Herkunft und wohnhaft am gleichen Platz, seit einiger Zeit und zu wiederholten Malen unter Beweis gestellt hat, daß er nicht

im Vollbesitz seiner geistigen Kräfte ist und daß er sich nach übermäßigem Alkoholgenuß in einem Zustand der Überregtheit befindet ...« Die Stadt brauchte und wollte van Gogh nicht. Kaiser, Könige und Kirche hatten die Bewohner und die imposanten Gemäuer in eine wohlige Hülle der Selbstzufriedenheit verpackt. Baudenkmäler aus zwei Jahrtausenden rangen um Platz und Portikareste wuchsen aus Häuserwänden einfacher Bürgerhäuser. Hatte die Stadt einen Maler nötig, der sich für all das nur wenig interessierte und lieber Post-

boten, Wirtsleute und Blumen malte? Die Bewohner waren sich einig. Bloß weg mit dem Kauz hinter Schloß und Riegel einer Heilanstalt (s. S. 141). Das ›Gelbe Haus‹ an der Place Lamartine, in dem sich van Gogh ein Zimmer mit sonnenfarbenen Möbeln eingerichtet hatte, wurde von deutschen Wehrmachtsoldaten in Trümmer gelegt und nicht wieder aufgebaut.

Längst hat sich Arles zu einer ausgeschlafenen 50 000-Einwohner-Stadt gemausert. Die flächenmäßig größte Gemeinde Frankreichs lebt ganz gut von

Markttag auf dem Boulevard Emile-Combes und Boulevard des Lices, am Samstagvormittag trifft sich *tout le monde* zum Einkaufsschwatz auf dem turbulentesten Wochenendmarkt der Provence, entlang des Boulevard Clémenceau und Boulevard des Lices. Es ist der schönste Tag für einen Arles-Besuch, wenn man miterleben möchte, was die antike Stadt am Leben hält und dafür eine mühsame Parkplatzsuche zu Seiten der marktfreien Boulevardabschnitte rund um die tunlichst zu meidende Altstadt in Kauf nimmt.

Während unter Platanen gewogen und gefeilscht wird, sitzen auf den Café-Terrassen des **Boulevard des Lices** Händler, Hausfrauen und Touristen vor *grands crèmes* und *petits noirs*. In den Brasserien nebenan hängen *gardians* (s. S. 117) und samstagsmüde Männer Machoträumen nach und bedeuten den vorbeiziehenden Bummlerinnen mit abschätzenden Blicken, daß der Titel ›Belle Arlésienne‹ erkämpft sein will. Doch zu lange schon eilt den Frauen Arles' der sprichwörtliche Ruf ihrer Schönheit voraus, als daß sie sich zu einer Reaktion herabließen.

Reisfeldern und Reisenden der Camargue. Das Krankenhaus, in das der Maler nach seiner Selbstzerstümmelung eingewiesen wurde, wurde zu einem schnieken Kulturzentrum. Auch andere Mauern wurden aufwendig restauriert und sehen nun aus, als seien sie niemals alt gewesen. Dazwischen aber schlingen sich verbeulte Dachrinnen um schlanke Säulen und wuchern Pflanzen aus antiken Mauerritzen wie zu van Goghs Zeiten.

Zweimal in der Woche lebt Arles draußen. Am Mittwochvormittag ist

Portal der Kathedrale St-Trophime in Arles

Vom Strom bepackter Einkäufer wird man durch die Rue Jean-Jaurès auf die Place de la République geschoben, wo die Marktschreier nach Meinung der Stadtväter nichts verloren haben. Der Platz gehört in Würde gealterten Kirchen und Museen, allen voran der romanischen **Kathedrale St-Trophime (1)** (1078–1152). Ihr Prunkstück ist das Por-

tal, hinter dem sich, von außen kaum zu erahnen, ein 20 m hohes Tonnengewölbe mit einem gotischen Chor des 15. Jh. verbirgt. Die Arbeiten am aufwendigen Bildprogramm des Portikus waren vermutlich noch nicht beendet, als Friedrich Barbarossa am 30. Juli 1180 durch das Portal schritt und die Kathedrale als gekrönter König von Arelate wieder verließ. Daß der Portikus den formalen Aufbau eines antiken Ehrenbogens übernimmt, ist nicht als standesgemäße Huldigung an königliche und bischöfliche Kirchgänger zu verstehen. Die romanische Kirchenbaukunst bediente sich der Triumphbogenarchitektur, weil sich das Bauprinzip zur Verherrlichung des christlichen Glaubens und für plastische Darstellungen der heilsgeschichtlichen Lehre und des Weltgerichts eignete (s. S. 46). Das St-Trophime-Portal zeigt im Halbkreis des Tympanons den gestrengen Weltenrichter Jesus, eingerahmt von den vier Evangelistensymbolen. Das Mittelstück des Frieses bilden die zwölf Apostel als Beisitzer des Weltengerichts, seitlich umrahmt von Verkündigungs-, Erlösungs- und Höllenmotiven. Der erste Bischof von Arles, St-Trophime, hat als Dritter von links einen Platz zwischen den zehn Säulenheiligen gefunden. Seine Reliquien werden im Innern aufbewahrt, was die Kirche zum wichtigen Etappenziel der Jakobspilger auf der Via Tolosana nach Santiago de Compostela machte. Zum **Kreuzgang (2)** der Kathedrale mit je zwei romanischen (12. Jh.) und gotischen (14. Jh.) Galerien gelangt man durch den ehemaligen Bischofspalast, rechts des Kirchenportals.

So manchen Baustein werden sich die Kirchenbauer vom benachbarten **Römischen Theater (3)** stibitzt haben, das zeitgleich mit dem weitaus besser erhaltenen Theater von Orange (s. S. 85) in augustäischer Zeit erbaut wurde und zeitweilig Wohnhäusern Platz bot, die zum Schutz von Sarazeneneinfällen hinter der soliden, nunmehr fast vollständig zerstörten Bühnenwand errichtet wurden. Die gleiche Zweckentfremdung widerfuhr dem zweigeschossigen **Amphitheater (4)**, dessen 26 000 Zuschauer fassendes Oval aus der zweiten

Hälfte des 1. Jh. einer kleinen mittelalterlichen ›Stadt in der Stadt‹ als Festungsring diente. Zu verlockend wohl war seine alles überblickende Lage auf dem höchsten Punkt der Stadt. Die drei mittelalterlichen Wachtürme ließ man bei der Freilegung der *Arènes* im 19. Jh. stehen. Heute haben wesentlich weniger Menschen auf den Steinrängen Platz als zur Zeit der Gladiatorenkämpfe. Dafür schreien sie umso lauter, wenn ihre selbstgefälligen Helden fremdes Blut verspritzen. Die Arena ist eine Hochburg des spanischen Stierkampfes. Arles eröffnet die südfranzösische Corrida-Saison mit einer mehrtägigen Oster-Feria, bei der sich die Toreros für ein Taschengeld warmstechen, um später, bei der großen Pfingst-Feria in Nîmes, mit treffsicheren Todesstößen das dicke Geld zu machen. Die Corrida-Fans halten es mit Tucholsky: »Das Ganze ist scheußlich, barbarisch, atavistisch, mörderisch, und das nächste Mal gehe ich bestimmt wieder hin.«

Ausgerechnet beim Amphitheater, um das van Gogh einen weiten Bogen machte, erinnert die **Fondation van Gogh (5)** im barocken Palais de Luppé mit einer Van Gogh-Hommage zeitgenössischer Künstler wie Christo, Hockney und Lichtenstein an den sensiblen Künstler. Der hatte nach seiner Ankunft in Arles an einem kalten Februartag 1888 in der Rue de la Cavalerie Nr. 30 ein vorläufiges Quartier bezogen, bevor er sich ein Zimmer an der Place Lamartine mietete.

Zum Kleinbürger-Viertel La Roquette führt ein Uferbummel entlang des Flusses, dem auch Arles, wie alle Rhône-Städte, den Rücken zukehrt. Auf halbem Wege lohnen drei dicht beieinander gelegene Gemäuer eine Unterbrechung. Das **Musée Réattu (6)** in der früheren Komturei des Malteserordens (15. Jh.)

zeigt Gemälde italienischer, holländischer und französischer Maler des 16. bis 18. Jh. sowie Werke zeitgenössischer Künstler und Picasso-Zeichnungen einer Stiftung. Vis à vis ist die Fotokunst zu Hause. Das **Musée de la Photographie (7)**, zugleich Organisationszentrum für das jährliche »Internationale Treffen der Fotografie« im Juli, dokumentiert mit hervorragenden Ausstellungen den hohen Standard der Kunst- und Gebrauchsfotografie. Vom ehemaligen Palast Konstantins (4. Jh.) sind nur die **Thermen (8)** erhalten geblieben. Deutlich erkennbar ist das halbrunde Schwimmbecken, in dem der große Staatslenker badete.

So weit die Füße tragen mag man den Uferbummel mit einem Schlenker durchs Roquette-Viertel rund um die 500 m entfernte Kirche St-Césaire beschließen oder direkt zur Place du Forum schlendern, dem schönsten Platz der Stadt, vollgestopft mit Sonnenschirmen, Cafés und Platanen, und zu jeder Tageszeit der beste Ort, um die müden Beine unter einen Bistrotisch zu strecken. Unversehens wandert der Blick das bunte Häuserquadrat entlang, streift die römischen Giebel- und Säulenreste eines ehemaligen Forum-Tempels in

der Fassade des **Hôtel Nord Pinus (9)**, verharrt vielleicht beim Dichter Mistral, der auf seinem Denkmalssockel der noblen Toreroabsteige schnöde den Rücken zukehrt und bleibt schließlich am »Café de Nuit« hängen. Ist das nicht van Goghs berühmtes »Café am Abend«? Nach ergebnislosem Expertendisput hat der Pinsel eines Anstreichers die Frage entschieden. Die ergraute Kaffeehausfassade wurde kurzerhand mit van Goghschem Ockergelb übertüncht.

Durch die Rue du Palais, über der van Gogh die Sterne mondgroß glitzern ließ, gelangt man nun, fit für weitere Museumsbesuche, zurück zur Place de la République. Rechts neben dem **Hôtel de Ville (10)** aus dem 17. Jh. mit einer meisterlich eingewölbten Eingangshalle, zeigt das **Musée d'Art paien (11)** in der ehemaligen Kirche Ste-Anne (17. Jh.) Skulpturen und Büsten, die bei Ausgrabungen römischer Bauten zutage kamen. Bestes Stück der bemerkenswerten Antikensammlung ist ein Abguß der berühmten »Venus von Arles«, die, armlos und in drei Teile zerfallen, im Theateruntergrund verborgen war. Die Dame wurde Ludwig XIV. zum Geschenk gemacht und wanderte in den Louvre, wo ihr Original in restauriertem

Zum Reisfest gehören Stierkämpfe und ein folkloristischer Straßenkorso

L'Olivier

Das Olivier ist ein schönes, helles, in zarten Pastelltönen gehaltenes Restaurant in einer kleinen Gasse mitten in der Altstadt. Provenzalischer Rustikal-Look wurde bei der Ausstattung weitestgehend vermieden. Und wie so häufig, so kann man auch hier schon vom Ambiente her auf die Handschrift des Patrons in der Küche schließen. Jean-Louis Vidal kocht eine klassische Regionalküche, aber diese mit exakt jenem Maß an Verfeinerung, die aus einem plumpen Sattmacher ein delikates Gericht werden läßt. Das schmeckt man beim Zwiebelsoufflée mit Muscheln und Safransauce, beim Zander, der in allerbestem Olivenöl schonend gebraten wird, beim geschmorten Kaninchenrücken und bei den Rotbarbenfilets mit Spargelspitzen. Eine kleine Sensation in Sachen Preis-Leistungs-Verhältnis ist das preiswerteste dreigängige Tagesmenü. Auch die gutsortierte und vernünftig kalkulierte Weinkarte sowie der freundliche und kompetente Service tragen dazu bei, daß man sich hier wohlfühlt.
L'Olivier, 1, rue Réattu, 13200 Arles, ☎ 90 49 64 88, kein Ruhetag, Visa, Eurocard, Menüs: 138, 188 und 320 FF.

Arles

105

Zustand zu bewundern ist. Der Obelisk in der Platzmitte stammt aus Ägypten und diente wohl als ›Zielfahne‹ für Wagenrennen im römischen Zirkus, von dem bislang keine weiteren Relikte gefunden wurden.

Um so reicher ist die Ausbeute frühchristlicher Sarkophage des **Musée d'Art chrétien (12)** in der einstigen Jesuitenkapelle (17. Jh.). Die Schmucksärge wurden während des 4./5. Jh. mehrheitlich in Byzanz und örtlichen Werkstätten hergestellt und stammen aus dem römischen Villenviertel Trinquetaille sowie der Nekropole Alyscamps. Nur der Vatikan verfügt über eine ähnlich große Sarkophagsammlung. Die Reliefs veranschaulichen mit ihrer szenarischen Mischung biblischer und mythologischer Motive die Verflechtung christlicher und ›heidnischer‹ Kultur im Frühstadium der kirchlichen Missionstätigkeit im Abendland. Eigentlich hätte die römische Unterwelt der Kirche den passenderen Rahmen für die frühchristlichen Totenkultrelikte geboten, doch leider bekäme die Feuchtigkeit der schummrigen Kryptoportiken unter dem ehemaligen Forum den Sarkophagen schlecht. Die Funktion des 90×60 m messenden ›Kellergewölbes‹ ist unbekannt.

Dem missionarischen Eifer des Verkünders einer heilen Provence-Welt, Frédéric Mistral, verdankt Arles das kunterbunte Volkskundemuseum **Muséon Arlaten (13)**. Der Literaturnobelpreisträger steckte das Preisgeld in einen Adelspalast (16. Jh.) und bastelte mit volkstümlichen Exponaten, die jedem

Fête des Gardians in Arles

historischen und sozialen Kontext entzogen sind, ein Folklorepotpourri zusammen, in dem sich die Provenzalen, für die das Museum eigentlich gedacht war, nur schwerlich wiedererkennen (s. S. 35). Ähnliches gilt leider auch für die Sammlung von kleinen bemalten Tonfiguren, den *santons*. Ohne Erläuterungen (die bislang fehlen) zur Entstehungsgeschichte und Funktion dieser populären Volkskunst christlichen Ursprungs wird man sie als das provenzalische Pendant zum deutschen Gartenzwerg abtun. Doch ursprünglich waren *santons* ausschließlich Krippenfiguren, deren Verbreitung die Kirche nach der Französischen Revolution von 1789 betrieb, um verlorenes Terrain zurückzugewinnen. Die leicht reproduzierbaren Figuren dienten Klerikern in ländlichen Gebieten mit hoher Analphabetenrate als plastisches Anschauungsmaterial zur Vermittlung biblischer Geschichten. Um die Volksnähe der Kirche zu demonstrie-

ren, benutzte man dazu Figuren, die den Menschen der ländlichen Alltagswelt entsprachen. Erst im späten 19. Jh. verloren die Santons für die Kirche an Bedeutung und mutierten, ihrer Funktion entkleidet, mehr und mehr zum Kitsch.

Das Hospital, in dem van Gogh nach seiner Selbstverstümmelung zusammengeflickt wurde, ist heute der **Espace van Gogh (14)**. In den Schaufenstern des Kulturzentrums hängen Postkarten und Poster der Originale, die man heute in Arles schmerzlich vermißt. Als die Stadt das Geld für den Erwerb eines Gemäldes zusammenzukratzen begann, waren gerade die »Schwertlilien« für 53,9 Mio. Dollar über Sotheby's' Tresen gegangen. Zuviel für den schmalen Stadtsäckel. So restaurierte man stattdessen für ein Zehntel der Summe das Hospital und verfügt nun wenigstens über das wiederhergestellte Original des van Goghschen Gemäldemotivs »Le Jardin de la Maison de Santé«.

Bevor man sich auf die Suche nach van Goghs berühmtem Zugbrückenmotiv vor den südwestlichen Toren der Stadt macht, sollte man sich noch einen kurzen Gang über die Reste der uralten Friedhofsmeile **Alyscamps (15)** gönnen. Wo heute nur noch Sarkophage den schattigen Weg zur alten Friedhofskirche St-Honorat säumen, standen ursprünglich einmal 17 Kirchen. In der Nekropole schwitzten Totengräber Blut und Wasser, um der Flut von Särgen Herr zu werden, die von der Zunft der Leichenfischer an guten Tagen aus der Rhône geangelt wurden. Ihr Lohn klemmte zwischen den Zähnen der Verstorbenen, die in pechversiegelten Holzsärgen von ihren Hinterbliebenen auf die Flußreise nach Arles geschickt worden waren. Wer reich oder einflußreich war, ließ seine sterblichen Überreste auf dem Landweg nach Alyscamps schaffen und in einem Steinsarkophag begraben. Warum ausgerechnet hier? Offensichtlich gab es für gläubige Christen jener Zeit keine bessere Ruhestätte als in unmittelbarer Nähe der heiligen Bischöfe von Arles.

Die mehrfach von van Gogh gemalte Zugbrücke **Pont de Langlois** existiert nicht mehr. Die Beschilderung nach etwa 3 km Wegstrecke auf der D 35 Richtung Port St-Louis leitet zu einem ähnlichen Exemplar dieser beschaulichen Brückenspezies, die an anderer Stelle abgebaut und hierher versetzt wurde.

Vincent van Gogh, Pont de Langlois, 1888

Am Ende der Rhône – Die Camargue

In der Camargue ist die Rhône am Ende. Zweigeteilt und von unzähligen Kanälen und Seen entwässert, sind ihre Seitenarme kraftlos geworden, wenn sie das Meer erreichen. Im weiten Mündungsdelta schafft der Schwemmsand, den der Strom unterwegs gesammelt hat, neues Land – und immense Umweltprobleme. Wasser und Schlamm der Rhône sind mit Schwermetallen und Chemikalien belastet, die der Fluß aus Lyon herbeiführt, Frankreichs Zentrum der chemischen Industrie. Zusätzlich trüben Insektizid- und Düngemittelrückstände des großflächigen Reis- und Weinanbaus im Rhône-Delta das Wasser der *étangs* (Seen) und führen zur schleichenden Vergiftung des Schwemmlandes. Die Brutstätten der Fische und Flamingos sind in Gefahr.

Eigenwillig und wild wie ihre weißen Pferde und Stiere, die von berittenen *Gardians* – den Cowboys der Camargue – seit Jahrhunderten durch Sümpfe und Steppen auf ihre Koppeln getrieben werden, bedient die Camargue die gängigen Klischees von Freiheit und Abenteuer. Millionen Besucher begeben sich Jahr für Jahr auf den großen Treck in den ›Wilden Westen der Provence‹, auf der Suche nach den Spuren der ersehnten Freiheit. Was Bleikugeln anbelangt, werden sie hier im Schlamm problemlos fündig. Jeden Herbst verballern Südfrankreichs Hobbyjäger im Rhône-Delta eine Million Patronen, gefüllt mit hunderten von Schrotkugeln. Die Jagd ist ein geheiligtes Kulturgut in Frankreich. Jede Regierung, die sie verbieten wollte, würde bei der nächsten Wahl der Jagdfreiheit geopfert werden. Viele Schnabeltiere, die dem Blei der Pirschgänger entgehen, verenden dennoch.

Die zahllosen Enten beispielsweise halten die verstreuten Kügelchen für Steine, die sie gewöhnlich mit der Nahrung aufnehmen, damit ihr Magen zum verdauungsfördernden Malwerk wird. Irgendwann wird es hier keine Enten und Jäger mehr geben.

Andere Probleme bleiben. Eins davon ist die Bodenverseuchung. Mit neuen Klärwerken und schadstoffsenkenden Umwelttechnologien rückt man der Rhône nun endlich zu Leibe. Die Angst der 8000 Camargue-Bewohner vor dem Fluß ist damit nicht vorbei. Wechselnde Wasserstände nagen an den Kanaldämmen, mit denen zu Napoleons Zeiten massiver noch als im Mittelalter in den Lebensraum von Wasser, Pflanzen und Tieren eingegriffen wurde, um neue Felder für die Landwirtschaft zu gewinnen. Kaninchen, Bisamratten und Biber haben die Erdwälle zudem mit Niststätten unterhöhlt. Das künstliche Korsett des überalterten Deichsystems ist brüchig geworden. Die Reparatur wäre teuer. Während Landbesitzer und Verwaltungen noch über die Kostenverteilung stritten, schwemmte 1993 das Flußhochwasser bei Figarès erstmalig einen ganzen Damm der Petite Rhône weg und setzte für Wochen weite Teile der Camargue unter Wasser. Zu allem Unglück waren die Rhône-Abflüsse verstopft, weil ein starker Südwind das Meer ansteigen ließ und stärker als üblich landeinwärts drückte. Von Jahrzehnt zu Jahrzehnt hat der Sturm ein leichteres Spiel, weil der Wasserspiegel des Mittelmeers in den letzten 100 Jahren vermutlich durch Erderwärmung um knapp 20 cm angestiegen ist. Hochwasser und Überflutungen haben das Camargue-Delta zwar überhaupt erst

Camargue

entstehen lassen und die Grenzen zwischen Land und Meer stets aufs Neue verwischt, zur Katastrophe kam es jedoch, weil dem eingedeichten Strom der Platz fehlte, um sich wie früher neue Wege ins Meer zu bahnen.

Gewinner der Überschwemmungen sind die Stechmücken, die man durch Trockenlegungen von Sümpfen weitgehend bekämpft zu haben glaubte. Mit dem Wasser ist eine der am meisten gefürchteten Plagen der Camargue zurückgekehrt: Die lästigen Mini-Vampire machen wieder Jagd auf Touristenblut und entvölkern von Mai bis September die schönsten Rast- und Zeltplätze. Für die Natur der Camargue dagegen sind die Plagegeister, von denen man hier 37 Arten zählt, eine Wohltat. Die Blutgier der Mückenweibchen – die Männchen sind Vegetarier – erfüllt nämlich eine wichtige ökologische Funktion. Die Eierproduktion würde ohne das Eiweiß des menschlichen Blutes kaum gelingen. Es gäbe keine gefräßigen Mückenlarven mehr, die sich mit Vorliebe über Wasserbakterien hermachten und Seen von Giftstoffen befreiten. Den Fischen wiederum fehlte das Gewürm auf dem Speisezettel, woraufhin die Fangnetze und letztlich die Mägen der Fischliebhaber leer blieben. Eine Nahrungskette der Camargue wäre unterbrochen.

Zwischen ›Großer‹ und ›Kleiner‹ Rhône – Im Naturreservat des Etang de Vaccarès

Ca. 135 km (mit Abstecher zur Plage Piémanson ca. 148 km); Dauer $^3/_4$ bis 1 Tag. Die Orientierung erleichtert die Karte »Parc Naturel Régional de Camargue« Nr. 303 von IGN im Maßstab von 1:50 000, Karte S. 110/111.

Camargue ▷

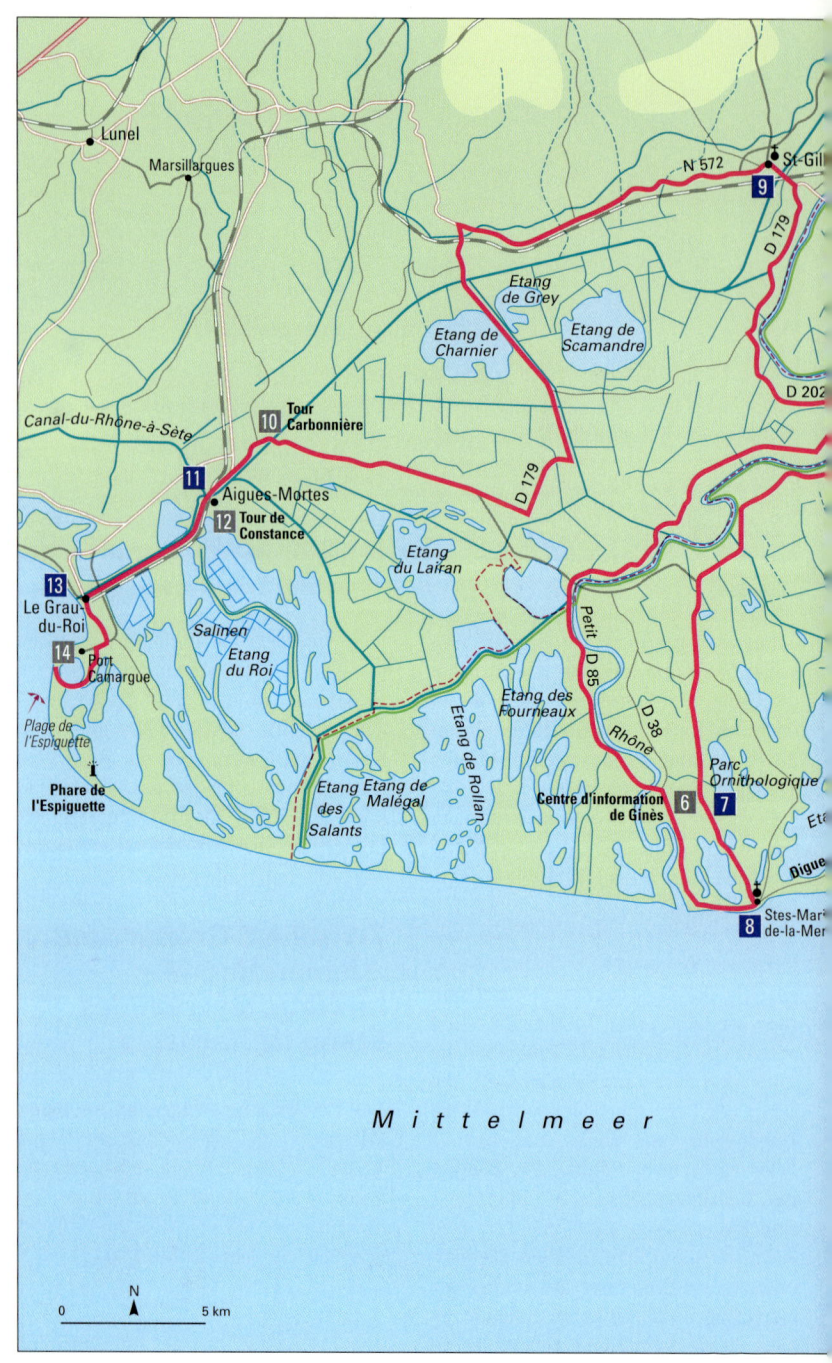

Petit Rhône

N 572

Arles

St-Martin-
de-Crau

N 113

D 35

D 570

D 36b

5 Mas du
Pont de Rousty

P a r c

N a t u r e l   R é g i o n a l

d e   C a m a r g u e

Grand Rhône

Etang de Vaccarès

4
La Capellière

lagroy

rial

*Etang du
Fournelet*

Salin-
de-Badon

*Etang
du Lion*

Mer

*Etang du
Fangassier*

Phare de
la Gacholle

*Etang de
Galabert*

D 36c

Salin-
de-Giraud

*Etang du
Grand
Rascaillan*

1

Belvédère **3**

Port St-Louis

D 36d

*Etang de
Beauduc*

*Etang du
Vaisseau*

*Etang de
Faraman*

Salinen

Phare
de Beauduc

Phare
de Faraman

2

Plage de Piémanson

■ (S. 337) Frühmorgens, bevor halb Arles zur Arbeit fährt, sollte man sich aus der Stadt in die Camargue aufmachen. Das geht am schnellsten auf der D 35, einem Nebensträßchen, das vom großen Süd-Boulevard Georges-Clémenceau Richtung Port St-Louis abzweigt und den schiffbaren Kanal nach Fos-sur-Mer an Reisfeldern vorbei ein weites Stück nach Süden folgt. Auf der rechten Straßenseite hält der östliche Rhône-Seitenarm Grand Rhône davon ab, in die Camargue abzubiegen.

Erst 6 km vor Port St-Louis ist nach einem Rechtsabzweig auf die D35b Gelegenheit dazu; übrigens die einzige zwischen Arles und der Flußmündung. Deshalb steht man oft Schlange an der kostenlosen Autofähre »Bac de Barcarin« nach **Salin-de-Giraud** 1. Der Ort verdient sein Brot mit Salz, das in den Salinen ringsum gewonnen wird. Der touristische Camargue-Verkehr rauscht meistens an den schmucklosen Arbeitersiedlungen vorbei. Zu sehr sieht es hier nach Arbeit aus, und zu nah ist der Hausstrand von Arles, die **Plage de Piémanson** 2, den man bequem auf

der D 36d mit dem Auto erreicht. Den Sandstreifen entlang reihen sich dicht an dicht provisorische Imbißbuden, Zelte und Campingwagen. Der Strand ist weitläufig genug, um dem Erholungsrummel zu entgehen. Auf der Rückfahrt nach Salin-de-Giraud – und ebenso bei Verzicht auf den Abstecher zum Strand – verdient der 1 km vor bzw. hinter dem südlichen Ortsrand gelegene **Belvédère** 3 einen kurzen Halt. In der flachen Camargue ist nur noch bei Le Grau-du-Roi Gelegenheit, so bequem auf die endlos aneinandergereihten Wasserbecken zu schauen, in denen die Sonne das Meer zu Salz verdampft (s. S. 121). Jährlich werden hier etwa 800 000 t Meersalz gewonnen, die Hälfte des französischen Bedarfs pro Jahr.

Etwa 1,5 km vom nördlichen Stadtausgang zweigt die schmale D 36c links von der D 36 ab und biegt bei dem Gehöft Le Paradis rechtwinklig nach Westen zum Etang du Fangassier. Nach wenigen Kilometern kreuzt die später in eine Piste übergehende Straße den Deich »Digue à la Mer«, auf dem man trockenen Fußes oder mit dem Fahrrad

bis nach Stes-Maries-de-la-Mer gelangen kann. Als Ausgangspunkt bietet sich entweder die kleine Pumpanlage oder der Parkplatz am Ende der Deichstraße, etwa 1 km vor dem Leuchtturm Phare de la Gacholle an, von wo es noch etwa 15 km in den westlich gelegenen Wallfahrtsort sind.

Für einen kleinen Rundweg von $1^3/_4$ Stunden nimmt man einen Weg, der – vom Parkplatz aus gesehen – vor der Brücke Pont de la Comtesse nach links abzweigt und nach etwa 250 Schritten linkerhand über einen spitzwinklig zur Deichstraße verlaufenden Damm zurück zur Pumpanlage führt. Über den Fahrweg gelangt man zurück zum Parkplatz.

Zurück in Le Paradis hält man sich bald nach dem Gehöft links und folgt der D 36b nach Norden. Kurz vor **La Capellière** 4 (S. 338), einem kleinen Informationszentrum mit informativen Naturbeobachtungspfaden, und wenige hundert Meter dahinter kommt die Straße dem Etang de Vaccarès und damit den durchs seichte Brackwasser staksenden Flamingos nahe. Die scheuen Vögel, die bis zu 50 Jahre alt werden,

mögen das trübe Wasser der *étangs*. Die Konsistenz gleicht den ostafrikanischen Seen, wo ihr Artgenosse, der Rosaflamingo *Phoenicopterus ruber roseus* zu Hause ist. Etwa 20 000 Flamingopaare – weit mehr als irgendwo sonst in Südeuropa – haben in den Sandseen und Salzgewinnungsbecken der Camargue eine Heimat gefunden. Dort produzieren die lärmempfindlichen Vögel ihren Nachwuchs, solange die Brutstätten vor neugierigen Blicken geschützt werden und die Luftwaffe das Tiefflugverbot über der Camargue einhält. Ebenso wichtig für ihr Wohlergehen ist ein gleichbleibender Wasserstand und Salzgehalt in den *étangs*. Der geringe Zufluß von Wasser sorgt für eine hohe Konzentration von Kochsalzen, Natron, Soda und Mineralstoffen in den Seen. Unter der brennenden Mittelmeersonne verdunstet das überwiegend stehende Gewässer, und die eingedickte Brühe reichert sich zusätzlich mit Kieselalgen und Bakterien an, von denen sich kleine Krebstiere und Mückenlarven ernähren, die den Hunger der Flamingos stillen. Dafür müssen sie im

Camargue-Strände

In der Camargue liegt das Meer in der Luft. Man kann es riechen, nur zu sehen ist es selten. Das Land ist flach und durch hohe Dünen vom Küstensaum getrennt. Dort haben Rhône und Meer den längsten und schönsten Sandstrand der französischen Mittelmeerküste geschaffen. Er geht im Osten, nur durch wenige *étang*-Abflüsse und den Rhône-Seitenarm Petit Rhône durchbrochen, in den fast ebenso langen, deutlich breiteren Sandstrand von Stes-Maries-de-la-Mer über. Beide Strände gehören zu Naturschutzgebieten und bleiben daher auch in Zukunft vor meernahen Hotelburgen verschont. Plage de l'Espiguette und Plage des Baronnets östlich von Le Grau-du-Roi und Port Camargue eignen sich besonders gut für einen längeren Strand- und Familienurlaub. In und rund um die beiden Badeorte stehen genügend Zeltplätze und Unterkünfte aller Preis- und Qualitätsgruppen zur Verfügung. Schönheit und Leere des Strandes korrelieren mit der Entfernung zu den beiden lebhaften Ortschaften. Wer einen großen Abstand zum Strandnachbarn sucht oder gerne nackt badet, muß sich deshalb ins Auto oder aufs eigene Fahrrad schwingen (der Fahrradverleih deckt nur außerhalb der Ferienmonate die Nachfrage). Die etwa 5 km lange Anfahrt führt von Le Grau-du-Roi auf der D 62b und D 255b an Port Camargue und endlosen Campingplätzen, Reitställen und Vergnügungsparks vorbei in Richtung Phare de l'Espiguette. Die Fahrstraße geht in eine breite Sandpiste über und mündet in einen weitläufigen, durch Dünen vom Strand getrennten, gebührenpflichtigen Sandparkplatz mit diversen Imbißbuden. Zugang zum markierten FKK-Strandabschnitt »Plage des Baronnets« findet man über Wege am Kopfende des Parkplatzes. Die Dünen stehen unter Naturschutz. Wildes Zelten ist nicht erlaubt. Zur Orientierung hilft auch hier die detailgenaue Camargue-Landkarte Nr. 303 vom Institut Géographique National (IGN), s. S. 412

Trüben fischen, um die spärliche Beute mühsam aus dem unbekömmlichen Salzwasser herauszufiltern. Die Trennung des Nahrhaften vom Ungenießbaren ist kompliziert. Zunächst wird das Wasser-Schlamm-Gemisch mit Hilfe der Zunge wie mit einem Kolben in den Schnabel gesogen und anschließend durch feine Lamellen gepreßt, in denen die Nährstoffe hängenbleiben. Die Zunge transportiert das Eßbare weiter in den Schlund und befördert beim nächsten Eintauchen in das Wasser die Schlammrückstände in den See zurück. Ihr farbiges Gefieder verdanken die Flamingos dem *étang*-Wasser. Es enthält

Karotinoide, die einer Gruppe von Farbpigmenten angehören, zu der auch das Karotin der Mohrrüben zählt. Und so wie deren Saft die Kinderhaut bräunt, nimmt das Flamingo-Gefieder bei regelmäßiger Brackwasseraufnahme seine typische Farbe an.

Die ›Domaine de Méjanes‹, ein Anwesen der Pastisfirma Ricard unweit der D 37, am Nordwestrand des Etang de Vaccarès gelegen, bietet mit diversen Bimmelbahnfahrten, Gemeinschaftsausritten, Andenkenkitsch en gros und Massenverköstigungen einen harmlosen Vorgeschmack auf den Camargue-Rummel, der das Rhône-Delta jenseits des großen *étangs* im Griff hat.

Ob die Camargue jemals zur Verwirklichung von Freiheits- und Abenteuerträumen taugte, beantwortet vielleicht das mit einem europäischen Museumspreis ausgezeichnete **Musée Camarguais** 5 (S. 338) in den Gemäuern der alten Schäferei »Mas du Pont de Rousty«, dessen lohnender Besuch ein kurzes Zurück auf der D 570 Richtung Arles bedeutet. In Gegenrichtung führt dieselbe Straße schnurstracks nach Süden, durch Felder und Stierkoppeln und schließlich vorbei an dem etwas nüchtern gestalteten **Centre d'Information de Ginès** 6 (S. 338) und dem sehenswerten **Parc Ornithologique du Pont de Gau** 7 (S. 338), einem Vogelpark gleich nebenan.

Stes-Maries-de-la-Mer

8 (S. 385) Und dann hat man zwischen sich und dem Meer nur noch Pferdeverleiher, Grillbuden und endlich Stes-Maries-de-la Mer, was sich allerdings als große Hürde erweist, wenn man in die Fänge der ›Heiligen Marien vom Meer‹ geraten ist. Denn wirklich heilig scheinen dem Städtchen nur die jährlichen Wallfahrten der Zigeuner und vor allem seine Gründungslegende zu sein. Danach soll das Boot mit den in Palästina als Sektiererinnen verfolgten drei zentralen Marien der christlichen Mythologie – Maria Jakobäa, die Schwester der Jungfrau Maria, Maria Salome, die Mutter der Apostel Jakobus der Ältere und Johannes der Täufer sowie Maria Magdalena, die Sünderin, der Jesus nach seiner Wiederauferstehung erschienen sein soll – dereinst an die Gestade des heutigen Wallfahrtsortes getrieben worden sein. Dorthin tragen die französischen und iberischen Zigeuner jedes Jahr am 24. und 25. Mai, dem Fest der Maria Jakobäa, und am Sonntag, der dem 22. Oktober, dem Festtag der Maria Salome, nächstgelegen ist, eine Reliquienfigur ihrer schwarzen Schutzheiligen Sara auf einer Prozession ins

Prozession mit der schwarzen Schutzheiligen Sara in Stes-Maries-de-la-Mer

Der große Spaß der kleinen Leute
Das provenzalische Stierkampfspiel

Die Sonne teilt die Arena in zwei Hälften. Im Schatten drängeln sich die Einheimischen, Familien mit Kindern und alte Männer, die Mützen tief in die Stirn gezogen. Abends wird man sie am Bouleplatz wiedersehen. Gegenüber gehen Sonnencremes von Hand zu Hand. Rotgesichtige Touristen grillen in der Sonne und verbrennen sich ihre Schenkel auf heißen Bänken. Ein Sommersonntag in der Arena.

Aus scheppernden Lautsprechern dröhnt eine Fanfare, dann läßt Bizet die Membranen erzittern: »Auf in den Kampf«, zuerst in Moll, dann in Dur. Es dauert eine Weile, bis die tausendfach gespielte Kassette auf Touren kommt. Die Musik wird lauter und das Publikum leiser. Weißgekleidete *razeteurs* betreten den Sandplatz, streichen sich die Haare glatt und nehmen Aufstellung. Die Musik wird leiser und die Menge lauter. Der schwarze Star erscheint, schnauft, scharrt und läßt bitten. Aus der Gruppe der *razeteurs* löst sich ein Mann, nähert sich dem bewegungslosen Tier und schlägt einen gekonnten Haken, als der Stier eine Harke macht. Ein halsbrecherischer Sprung über die Holzbande – gerettet!

Weiß hat die Partie eröffnet, nun ist Schwarz am Zuge. Der Platzherr zögert. Soll er sich an einen jungen Draufgänger verschwenden? Da müssen schon mehr kommen. Und wie sie kommen! In der Hand ein Reißeisen, stürmen sie los, mal von links, mal von rechts. Die Hatz beginnt. Nur ein abgelenkter Stier läßt sich täuschen und die *cocarde* von den Hörnern reißen. Zehn blaue Flecke und zwanzig Fehlversuche später ist der Bommel ergattert. Nun ist die Werbung am Zuge. 100 Francs stiftet der Dorfapotheker, 150 der Citroënhändler, 50 das Eckcafé für jedes weitere, vom Stierhorn gerissene Fadenstückchen. Aus den Lautsprechern tönen abwechselnd die Namen der Spender und Prämienjäger. Der Beifall ist mäßig. Die Sympathie gehört dem Stier. Wenige Minuten noch, dann wird er vielleicht als Sieger den Platz verlassen. Die Zeit läuft. 500 Francs Extraprämie vom Bürgermeister für den *coup frontal*. Viel Geld für den letzten zu erbeutenden Schnurfetzen. Aber bald ist Kommunalwahl.

Ein *razeteur* zeigt Mut. Ungerührt und scheinbar erschöpft erwartet ihn der Stier. Das ist sein Trick. Auge in Auge nehmen die ungleichen Kontrahenten Maß. Über Tier- und Menschenrücken rinnt der Schweiß. Sekunden verstreichen, dann setzt sich das tonnenschwere Fleisch in Bewegung. Leichtfüßig schnellt der schwarze Koloß nach vorne, bricht den Vorstoß ab und vollführt einen eleganten Ausfallschritt. Ausgetrickst! Der *razeteur* rennt, die Menge rast. Gelassen nimmt der Stier den Applaus entgegen und verläßt mit erhobenem Gehörn die Arena. Er weiß, was er einer gelungenen »Course Camarguaise« schuldig ist.

Das ›Camargue-Rennen‹ – so die wörtliche Übersetzung – ist die provenzalische, unblutige Variante der spanischen Corrida. Ob sich der Stierkampf aus dem antiken, ursprünglich im östlichen Mittelmeerraum beheimateten Mithras-Kult entwickelt hat, ist ungewiß. Belegt ist diese Form des Kampfspiels bereits für die Camargue des frühen 16. Jh. Auf den großen provenzalischen Gütern gehörten die Stierspiele zum Freizeitvergnügen der armen Landarbeiter und Hirten. Die zügellose Kraft und den Stolz des kulthaft verehrten Stiers für einen Augenblick beherrscht zu haben, macht den Reiz für seine Herausforderer aus. Und wie ehedem kehren die Stiere nach dem Kampf müde aber letztlich unbesiegt und unverletzt auf ihre Weiden zurück. Während der Stierkampfsaison von Ostern bis Mitte Oktober werden in der Camargue und den angrenzenden Regionen in mehr als 40 Arenen etwa 500 »Courses Camarguaises« veranstaltet.

Fachausdrücke des provenzalischen Stierkampfspiels

Abrivado: Anlieferung der Stiere; bei größeren Veranstaltungen in Begleitung von → Gardians zu Pferde

Bandido: Rückführung der Stiere zu ihren Weideplätzen und → Manades

Biou: Schwarze, seltener braune Stiere aus der Camargue, während des Kampfes auch → Cocardier genannt

Cocarde: An den Hörnern befestigter Bommel, den es zuerst abzureißen gilt, bevor die → Fiselles zu ergattern sind. Jede dieser Trophäen entspricht einer während des Kampfes vom Schiedsrichter oder von örtlichen Betrieben zu Werbezwecken ausgelobten und zum Anreiz fortwährend erhöhten Prämie

Cocardier: In der Camargue gezüchteter Kampfstier, schmächtiger und weniger aggressiv als sein spanischer Artgenosse, aber mit ausladendem, wesentlich gefährlicherem Gehörn. Erst nach dreijähriger Aufzucht entscheidet sich, ob der Stier gut genug für die Arena ist

Coup frontal: Sehr viel Mut erfordernder Frontalangriff, bei dem das letzte noch am Horn verbliebene Fadenstück erbeutet werden muß. Auf diese Trophäe steht die höchste Prämie.

Fiselles: Fest am Gehörn verschnürte und deshalb nicht ganz einfach abzureißende Bindfäden

Ferrade: Das von Dorffesten begleitete Einbrennen der Zuchtnummer, bevor die ausgewählten ›Dreijährigen‹ von der Herde getrennt werden

Gardian: Stierhüter und rechte Hand des Züchters

Manade: Stierzucht sowie auch eine in der Camargue beheimatete Stierherde

Razet: Metallkralle bzw. Reißeisen, mit dem versucht wird, am Gehörn befestigte Bänder und Bommel abzureißen

Razeté: Die spektakulärste Form des → Bandido, zumeist als Abschluß einer größeren Course Camarguaise. → Gardians zu Pferde treiben die zumeist verängstigten Stiere durch menschengesäumte Gassen zurück auf die Weiden

Razeteur: Weiß gekleideter Kämpfer, der Mut, Reaktionsfähigkeit und schnelle Beine haben sollte, um mit seinen bis zu zehn, in zwei konkurrierende Gruppen aufgeteilten Mitstreitern gegen den Stier anzutreten

Taureau: Stier

Tourneur: Zumeist älterer, erfahrener und nicht mehr so schneller Sekundant der → Razeteurs, der durch auffällige Hampelbewegungen versucht, die Reaktionsfähigkeit des Stiers zu testen. Wichtig ist auch herauszufinden, ob der Stier ein *droitier* oder *gaucher* ist, d. h. ob er auf dem rechten oder linken Auge besser sieht

Wasser. Das hat seinen Grund, denn Sara, so der Legende zweiter Teil, war eine Dienerin der drei heiligen Frauen. Und ausgerechnet diese Frau, als Dunkelhäutige einer Minderheit angehörig wie die Zigeuner selbst, verhalf dem Christentum zu seiner Verbreitung in Südeuropa, weil sie zumindest zwei der drei missionarisch tätigen Marien, Jakobäa und Salome, sicher an Land gebracht haben soll. Die beiden Marien werden von den Zigeunern ebenso verehrt und ihre Statuen während der *Pélerinage* im Mai nachmittags aus der »Chapelle haute«, der höchstgelegenen Kapelle von Notre-Dame-de-la-Mer, zunächst in den Chor der Kirche und am zweiten Tag mitsamt der Sara-Figur an den Strand getragen.

Wenn die Zigeuner ihre Heiligen feiern, reisen aus Anlaß der turbulenten Feste Besuchermassen an, und in ihrem Gefolge findet alles den Weg in das Örtchen, was die Welt an Kitsch und Klamotten ersonnen hat. Wen das nicht zum Geldausgeben verleitet, dem zieht man mit überteuerten Snacks und Getränken das Geld aus der Tasche. ›Augen zu und durch‹ wäre die Devise für das Dorf, gäbe es da nicht noch eine Zeit ohne Feste und Ferien, während der es sogar Spaß machen kann, durch den Ort zu bummeln. Wenn die Gassen leerer sind, findet man schnell zur **Wallfahrtskirche Notre-Dame-de-la-Mer**. Ihr Wehrcharakter erinnert daran, daß dem Dorf vom Meer her Gefahren drohten und die Kirche den Einwohnern Schutz bieten mußte. Der Wehrgang mit Ausblick stammt aus der Mitte des 14. Jh., Turm und Treppenturm wohl aus den Jahrzehnten danach. Die Krypta ist dort erbaut, wo nach Landung der Marien, vermutlich 42 n. Chr., eine Kapelle errichtet worden sein soll, die als Zentrum der ersten christlichen Missionierungs-

versuche in Südeuropa diente. Der Chor birgt die Mariengebeine.

Eine weite Aussicht auf Dächer und Deiche hat man auch vom ziemlich knapp bemessenen Turm des winzigen Heimatmuseums **Musée Broncelli** in der ehemaligen *Mairie* eine Gasse weiter nach Süden, in der Rue Victor-Hugo. Schöner als der Ort selbst ist dessen Lage am Rande eines schier endlosen Sandstrandes (s. S. 114). Als Ausgangspunkt für Ganztagswanderungen und Radtouren (eigenes Rad von Vorteil, da die örtlichen Verleiher in den Ferienzeiten zu wenige Räder bereithalten) über Deich oder Dünen zum Phare de la Gacholle und weiter nach **Salin-de-Giraud** bieten sich die Parkplätze jenseits der östlich gelegenen Zeltplätze an. Aber nur, wenn man sein Auto radikal leergeräumt hat, damit ähnliches nicht die fleißigen Langfinger tun. Gleich nach den Mücken sind Autoknacker die zweite große Plage der Camargue.

Große Tour durch die ›Kleine Camargue‹

Ausgangsort: Stes-Maries-de-la Mer, ca. 90 km, Dauer mindestens $1/2$ Tag, Karte S. 110/111.

Die D 38 macht noch einen Schlenker am Meer entlang, bevor sie nach Norden biegt und wenig später eine Entscheidung erfordert, ob man die ›Große Camargue‹ zu Lande oder zu Wasser verlassen möchte. Mehr Spaß, als der D 38 zu folgen, macht der schnelle Abschied aus der Provence mit einer kostenlosen Fahrt auf der »Bac du Sauvage« zum Westufer der Petit Rhône. Nach wenigen Minuten erreicht die kleine Autofähre über die ›Kleine Rhône‹ die ›Kleine Camargue‹, den Westteil des

St-Gilles, Detail vom Portalgewände

Rhône-Deltas in der benachbarten Verwaltungsregion Languedoc-Roussillon. Klein oder groß, auch jenseits des Flußarmes wimmelt es von Flamingos, Stieren und leider auch von Mücken und Souvenirläden. Was die ›Kleine Camargue‹ von der großen Nachbarin unterscheidet sind ihre Städtchen und Dörfer, die Provinzialität und latente Fremdenfeindlichkeit hinter einladenden Gemäuern zu verstecken verstehen.

St-Gilles 9 (S. 377) am Nordrand der ›Kleinen Camargue‹, eine Hochburg der rechtsextremen Le Pen-Partei Front National, besitzt mit dem unversehrten Skulpturenportal der 1096 oder 1116 erbauten und nach Kriegszerstörungen im 17. Jh. wiedererrichteten **Kathedrale** das berühmteste romanische Mauerwerk weit und breit. Die üppig gestaltete Portalanlage zeigt Anklänge an römische Triumphbögen und skulpturale Kunstwerke frühchristlicher Baukunst. Bildprogramm und Ausschmückung der Friese und Tympana gelten in ihrer Vielfalt und Detailgenauigkeit als einmalig in der romanischen Sakralbaukunst Südfrankreichs. Neben der von außen zu betretenden Krypta und Fragmenten des Chors ist noch eine meisterlich aus Stein gehauene Treppe, die berühmte »Vis de St-Gilles«, aus der frühen Bauzeit der Abtei erhalten. Ihre Gründungsgeschichte beruht auf einer variantenreich kolportierten Legende, deren Hauptrolle ein griechischer Handelsmann namens Ägidius (frz. Gilles) spielt. Nach seiner wundersamen Errettung vor den Waffen eines Westgotenkönigs soll Ägidius Eremit geworden sein und sein Kauf-

Vin de Sable

mannsvermögen in den Bau eines Klosters gesteckt haben. Im bitterarmen Mittelalter führte derlei Großzügigkeit fast zwangsläufig zur Heiligsprechung. Hier endet die Legende vom hl. Ägidius, und es beginnt die Geschichte von St-Gilles als Wallfahrtsort, der bald darauf auch noch eine berühmte Pilgerstation wurde, weil die Pilgerroute ›Via Tolosana‹ zum angeblichen Jakobsgrab im spanischen Santiago de Compostela an der Abtei vorbeiführte. Wenn Wallfahrer bei Festen zu Ehren des hl. Gilles zusammenströmten, sollen sich bis zu 20 000 Menschen täglich durch die Krypta der ehemals monumentalen Abteianlage gedrängt haben.

Im Zickzack führt die Tour zunächst zwischen dem Etang du Charnier und dem Etang de Grey hindurch, später an Weingütern und Stierweiden vorbei und schließlich, nach einem Rechtsabstecher auf der D 46 zur **Tour Carbonnière** 🔟, einem mittelalterlichen Wachturm mit schöner Rundumsicht, zurück nach Südwesten.

›Tote Wasser‹ heißt das mistralgeschüttelte Mauergeviert **Aigues-Mortes** 11 (S. 322) übersetzt, das an seiner Nordost-Seite fast unauffällig mit den Häusern verschmilzt, die keinen Platz mehr innerhalb des Steinrings gefunden haben. Erst wenn man der D 979 nach Westen folgt, weil die stets überfüllten Parkplätze vor dem doppeltürmigen Haupttor eine Umfahrung der Wehrmauer erfordern, erkennt man die gigantischen Ausmaße des Orts und was es mit dem Namen auf sich hat. Nicht Meerwasser, sondern verstepptes Ödland umgibt den Steinklotz, der als Hafendepot und Militärstützpunkt für die französischen Teilnehmer am ersten Eroberungsfeldzug der Christenheit erbaut worden war. Doch schon wenige Jahrzehnte, nachdem sich Ludwig IX. mit seinen bewaffneten Wallfahrern von hier aus 1248 und 1270 zum sechsten und siebten Kreuzzug zur Rückeroberung Jerusalems eingeschifft hatte, saß Aigues-Mortes auf dem Trockenen. Der Rhône-Schwemmsand hatte die Küstenlinie nach Süden verschoben. Heute stürmen Fremde aus aller Herren Länder die Mauern, vor deren Vorfahren sie einstmals schützen sollten. Doch die mittelalterliche Illusion verfliegt, wenn man sich von den Besuchermassen durch das touristisch hergerichtete Innenleben der Bastion zum Marktplatz unter der Statue Ludwigs IX. schieben läßt. Von der **Tour de Constance** 12 in Nähe des Haupteingangs und der von dort aus zur Hälfte begehbaren Mauerkrone guckt man auf das Dorf wie auf dessen Straßenplan. Und mit guten Augen macht man dort noch ruhige Winkel und kleine Restaurants aus, deren versteckte Lage Qualität und Preisen zu Gute kommt. Würze und Wein findet man gleich vor den Toren des Dorfes: Berge von Salz, die von den »Salins du Midi«, dem größten Salzerzeuger Frankreichs, aus den nahegelegenen Meerwasserteichen gewonnen werden, und endlos aufgereihte Weinstöcke, an denen die Trauben reifen, aus denen der bekannte, aber eher mittelmäßige *Vin de sable* gekeltert wird.

Was Aigues-Mortes nicht werden konnte, wurde **Le Grau-du-Roi** 13 (S. 353), ein schmuckes Hafenörtchen, das alles hat, was ein 5000-Seelen-Nest am Mittelmeer benötigt, um den allsommerlichen Zuwachs von rund 200 000 Feriengästen zu verkraften: Strände links und rechts der Hafenzufahrt, Fischrestaurants, Hafenkneipen, eine kleine Stierkampfarena, ein 600 000-l-Seeaquarium und eine Fußgängerzone; Und mehr noch – vor den östlichen Ufergestaden hat man zehn Jahre lang Beton ins Meer gegossen und einen künstlichen Yachthafen errichtet, der Europas größter sein soll: **Port Camargue** 14.

Port Camargue

Land ohne Wasser – Gard und Garrigue

Derselbe Dialekt, dieselbe Luft, dasselbe Licht und derselbe Fluß. Die Rhône trennt zwei Verwaltungsgebiete – nicht jedoch die Provence, die weit in die Region Languedoc-Roussillon hineinreicht, mindestens so weit, wie die *Herbes de Provence* den Duft angeben. Und das tun die Provence-Kräuter dort, wo der Mistral ihre Samen hinweht und der Kalkboden auch trocken und spröde genug ist, damit sie gedeihen können (s. S. 13).

Das Departement Gard erfüllt mit seinen kargen und struppigen Garrigue-Landschaften beide Voraussetzungen. Und während andere Gebiete der Provence erheblich unter der Wasserknappheit leiden, hat diese dem Landstrich hier den Ruf eines zuverlässigen Kräuterlieferanten beschert. Wichtiger aber noch, es hat die römischen Architekten vor 2000 Jahren gezwungen, eine Wasserleitung zu ersinnen, ohne die es weder den Pont du Gard noch das antike Nîmes gäbe. Denn ohne die künstliche Wasserversorgung hätten die Römer die heißen, regenarmen Sommer nicht überlebt, und die Provence wäre heute um eine ihrer spannendsten Provinzstädte ärmer.

Nîmes

■ (S. 368) Jede Stadt überlebt durch ihre Veränderungen. Besonders eine so alte wie Nîmes, der die Antike mit weltberühmten Bauten eine schwere Hypothek vererbte. Doch die meisten der rund 140 000 Einwohner sind froh, daß die Stadt nicht mehr nur als malerisch verwittertes ›Rom Südfrankreichs‹ gilt, seit internationale Stararchitekten und Designer wie Jean Nouvel, Norman Foster und Philippe Starck das Stadtbild aufpolierten und mit neuen Entwürfen im aufwendig restaurierten Rathaus Schlange stehen. Dort residiert seit langem der Eigentümer der Modefirma Cacharel als Bürgermeister. Der gelernte Couturier hat Nîmes aus seinem provinziellen Aschenputteldasein geholfen und ganz ohne Respekt vor der Antike vom Image eines römischen Freilichtmuseums befreit.

Ob die postmodernen Wohn-, Sport- und Museumsarchitekturen gegenüber den römischen Klassikern und Bauten aus dem 17. und 18. Jh. Bestand haben, wird die Zukunft zeigen. Immerhin ist es dem Rathaus gelungen, die Jugendlichen, von denen weniger als 10 % einen Ausbildungsplatz in Nîmes finden, wieder etwas mehr für ihre Stadt zu begeistern. Das Motto des Stadtoberhaupts: ›Kultur ist teuer, macht aber Spaß‹ kommt an, auch bei der älteren Bevölkerungsmehrheit, obwohl die protestantischen Nachfahren der Cevennen-Hugenotten als zugeknöpft gelten. Damit sich im Amphitheater bei (von der Stadt subventionierten) Sport- und Musikveranstaltungen die Ränge wie zur Römerzeit füllen, hat die Arena eine ausfaltbare Regenhaut bekommen. Für Spiele ist gesorgt, das Brot fehlt noch. Der Arbeitslosenanteil liegt seit Jahren bei 17 %, und die Hälfte der Haushalte in Nîmes verdient zu wenig, um auch nur einen Franc Steuern zahlen zu können. Wen wundert's, daß die ganze Stadt durchdreht, wenn zur Pfingst-Féria die Matadore kommen. Dann fließt zwei Wochen lang auf den Straßen der Sherry – und in der Arena das Blut.

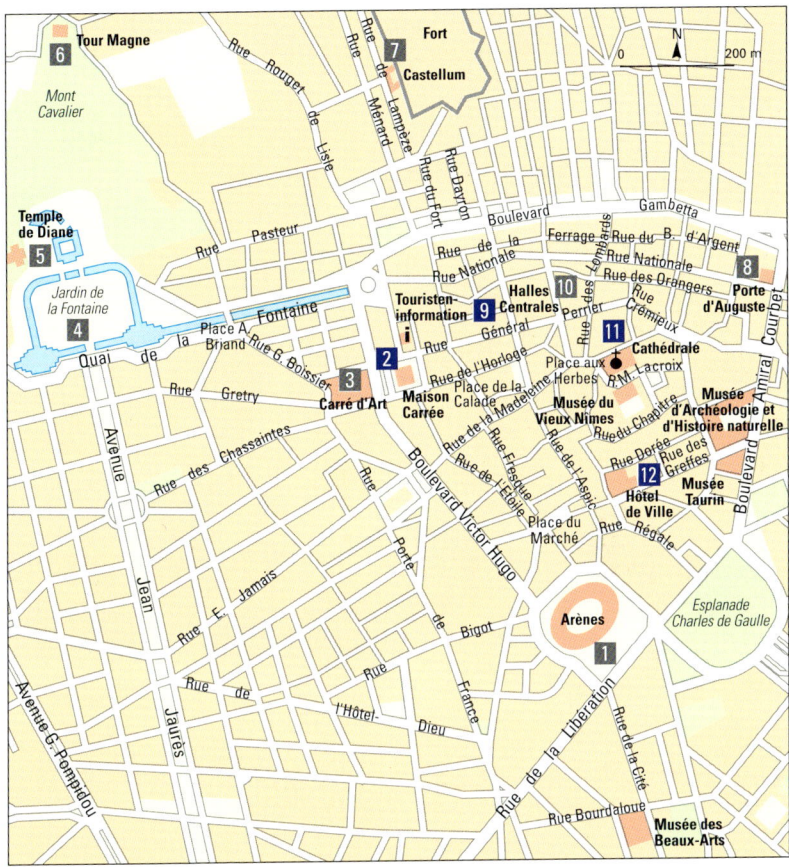

Nîmes 1 Amphitheater 2 Maison Carré 3 Musée d'Art moderne 4 Jardin de la Fontaine 5 Diana-Tempel 6 Tour Magne 7 Castellum Divisorium 8 Porte d'Auguste 9 Ilot Littré 10 Markthalle 11 Notre-Dame St-Castor 12 Rathaus

Das römische Nîmes

Von welcher Seite man auch das fußgängerfreundliche Zentrum von Nîmes betritt, an allen Ecken stößt man schnell auf römische Spuren. Kein Wunder, denn die keltische Siedlung Nemoz, in der vermutlich schon Caesar seine Kriegsveteranen ansiedelte und die Augustus später zur gehätschelten »Colonia Augusta Nemausus« machte, soll einmal die bevölkerungsreichste Stadt der *provincia* gewesen sein. Das für Laien anziehendste Bauwerk jener Zeit, das 70 n. Chr. entstandene Amphitheater mit damals 25 000 Sitzplätzen, ist für Kunsthistoriker eher zweitrangig. Der schlicht **Les Arènes** 1 genannte Monumentalbau für blutrünstige Volksbelustigungen ist zwar der größte seiner Art, aber eben nicht der einzige. Weitere römische Mehrzweckarenen sind be-

Vor der Arena in Nîmes

kanntlich in Arles, Verona und Rom erhalten geblieben. Und wie dort auch nutzte man die stabilen Steine im Mittelalter mal als Burgmauer und Dorfumfriedung, mal als Steinbruch für andere Bauten. Anfang des 19. Jh. wurden die verschütteten 60 Bögen ausgebuddelt und restauriert.

Das kunsthistorisch herausragendste Bauwerk von Nîmes, die **Maison Carrée** 2, ist der schöne Rest einer eher schlichten Tempelanlage. Kein anderer römischer Kultbau außerhalb Roms ist über die Jahrhunderte ähnlich dauerhaft bestaunt und genutzt worden. Es mag an der praktischen Gestaltung und handlichen Größe des heidnischen Tempels gelegen haben, daß er die kirchliche und weltliche Zerstörungswut der letzten 2000 Jahre fast unbeschadet

überstanden hat. Von einem westgotischen König über städtische Verwaltungsbeamte, Priester und Huren bis zu Brieftauben im Postdienst hat so ziemlich alles zwischen seinen filigranen Säulen gehaust, was sich selbst die visionär begabten Römer nie hätten träumen lassen, obwohl das ›Quadratische Haus‹ einmal den Mittelpunkt ihres lebhaften städtischen Lebens auf dem Forum genannten Marktplatz bildete. Eine Inschrift weist den Podiumtempel des ›Augustäischen Klassizismus‹ als Stiftung Agrippas im 1. Jh. aus, gewidmet Caius und Lucius, den Enkeln von Augustus. Das Innere der ehemaligen ›Cella‹ wurde mit leichter Hand von dem französischen Architekten Jean-Michel Wilmotte wiederhergestellt und, nach einer für das kunstbeflissene Nîmes

Maison Carré

konsequenten Jury-Entscheidung, mit drei Monumentalgemälden des amerikanischen Malers Julian Schnabel ausgestattet.

Auch vis à vis des Tempels mit seinem heimeligen Platzgeviert nimmt es die Moderne mit der Antike auf. Dort öffnete 1993 das **Carré d'Art** 3 seine Tore, eine lichte, gläserne Mediathek und Museumshalle des geadelten englischen Architekten Norman Foster (in Deutschland unter anderem als Wettbewerbssieger für den Umbau des Berliner Reichstags bekannt).

Den Gründerjahren von Nîmes kommt man in der barocken Parkanlage **Jardin de la Fontaine** 4 auf die Spur. Dort löschten einst die Kelten ihren Durst aus der kultisch verehrten Namausus-Quelle. Bei der notorischen Wasserknappheit war das kostbare Naß auch den römischen Stadtgründern heilig, so daß sie im 1. Jh. an derselben Stelle ein eigenes Quellheiligtum, ein sogenanntes Nymphäum, errichteten. Später änderte sich wahrscheinlich das Objekt der Verehrung. Anstelle des Wassers gedachte man nun des Waldes. Worauf gründet diese Vermutung? Im alten Rom war die für Jagd und Gehölze zuständige Gottheit eine Frau. Und sie hieß Diana, so wie der hiesige, nur noch rudimentär erhaltene **Diana-Tempel** 5, dessen Tonnenwölbung Vorbild für die ›provenzalische Romanik‹ wurde.

Die **Tour Magne** 6 auf dem Mont Cavalier hat eine weniger rätselhafte Baugeschichte. Das im Jahr 15 v. Chr. errichtete Steinmonument war Teil einer Stadtbefestigung und deshalb mit

Tod am Nachmittag
Die spanische Corrida

Der Stier stirbt einsam. Allein gegen alle. Für nichts auf der Welt, als getötet zu werden. Dafür hat der Torero trainiert und der Zuschauer gezahlt. Er will eine Schlacht sehen, keinen Schlächter. Zwischen den Serienmorden ist Zeit für 'ne Cola und andere Sponsorenprodukte. Dann geht die Meuchelei weiter. Für ein Ticket gibt's ein halbes Dutzend Kämpfe. Stiertod im Sechserpack. Nach zwei Stunden ist das Gemetzel vorbei. Das Blut wird untergeharkt, und der Wind lüftet die Arena. Am Abend tobt die Arena erneut. Die Gipsy Kings besingen das fröhliche Zigeunerleben. Ein ganz normaler Féria-Tag geht zu Ende. Draußen in den Altstadtgassen und Bodegas kippen die Zecher vom Stuhl. So billig ist der Alkohol das ganze Jahr nicht.

Wenn Nîmes den Tod feiert, klingeln in Frankreich die Kassen. Die Pfingst-Féria ist ein nationales Ereignis. Das Fernsehen sendet direkt, die Zeitungen berichten auf Seite 1. Und selbst die intellektuelle »Le Monde« nötigt ihre Leser mit pseudo-philosophischen Artikeln über Magie und Erotik des Tötens. Die Vermarkter des Massenspektakels reiben sich die Hände. Sie haben ihr Ziel erreicht und das Fließbandschlachten in Frankreich salonfähig gemacht. Wen kümmert es schon, daß es mehr und mehr Veranstalter gibt, die den Stieren vor dem Kampf die Hörner abfeilen, um ihnen das Gefühl für den Abstand zum Gegner zu nehmen? Wer regt sich noch auf, daß man den Tieren Beruhigungsmittel spritzt und ihre Sehkraft durch Augensalben trübt? Das Recht ist auf Seiten der Tierschinder. Nach einem französischen Gesetz wird Tierquälerei nicht geahndet, wenn sie Teil einer regionalen Tra-

dition ist. Keiner hat bislang gewußt, wie viele friedliche Städte plötzlich solch blutiges Brauchtum vorweisen können. In vierzig Städten Frankreichs beklatscht man schon den Stiertod. Aber nirgends so kräftig wie in Nîmes, der Kampfstadt der ersten Stunde. Ihre Pfingst-Féria gehört mittlerweile zu den ›Großen Drei‹ in der Welt, neben Madrid und Sevilla. Eine kleinere Corrida wird im September zur Weinlese abgehalten. Und für die kalte Jahreszeit ist schon eine Winter-Féria geplant.

Seit 1951 findet in Nîmes die Corrida statt, 102 Jahre, nachdem die spanische Gattin des späteren Napoleon III. ihrem Verehrten die Zulassung des Ver-gnügens in Frankreich abgeschwatzt hatte, das seitdem nicht mehr außer Mode kam – weder bei Männern noch bei Frauen: Selbst im Macholand Spanien gab es immer auch Toreras, die mit dem Stier in den Ring stiegen. Endlich hat nun Frankreich eigene Stierkämpferinnen. Sie sind jung, hübsch und geschäftstüchtig. Unterworfen haben sich die Toreras nur den Vermarktungsstrategien ihrer Stierkampfmanager. Wie ihre männlichen Kampfkollegen fürchten die Frauen weder Tier noch Tod, um so mehr aber die Brüsseler Tierschutzbürokraten, die der einträglichen Tierquälerei ein Ende bereiten könnten.

Tour Magne in Nîmes

ziemlicher Sicherheit – so wie heute noch – zum Gucken da.

Das **Castellum Divisorium** 7 unterhalb der Zitadelle, die 1687 errichtet wurde, um von dort das aufmüpfige, hugenottische Nîmes unter Kontrolle zu halten, war so etwas wie das zentrale Wasserversorgungswerk der antiken Stadt. In dem 5,50 m breiten Becken sammelte sich und wurde über zehn dicke Rohre auf die Stadt verteilt, was von Uzès über diverse Aquädukte wie den Pont du Gard bis hierher geflossen und auf dem 50 km langen Weg nicht verdunstet war. Die ursprünglich vorhandenen Abdeckungen gegen Wasser-

verunreinigungen hätte man sich sparen können. Weit gesundheitsschädlicher war die schleichende Verseuchung der Bevölkerung durch Blei, mit dem sämtliche Rohre aus der römischen Massenproduktion ausgekleidet waren. Wissenschaftler gehen sogar so weit, die im ganzen Imperium verwendeten Bleirohre für den Niedergang des Römischen Reiches verantwortlich zu machen.

Etwa dort, wo der Boulevard Gambetta und der Boulevard Amiral-Courbet zusammentreffen und wo anstatt der großen Ringstraßen die mittelalterliche Stadtmauer bis zu ihrem Abriß im

19. Jh. einen Knick machte, ist ein bescheidener Rest der antiken Stadtbefestigung erhalten geblieben, die schmucklose **Porte d'Auguste** 8. Durch die Bögen – breite für Wagen und schmale für Fußgänger – zwängte sich vor 2000 Jahren alles, was zwischen Beaucaire und den Pyrenäen auf der Via Domitia unterwegs war (s. S. 132). Für ein prunkvolles Stadttor hätte niemand in den eiligen Kohorten und unter den Sklaven Augen gehabt, auch nicht für eine Augustus-Statue, wie sie etwas abseits zu sehen ist. Die Plastik ist eine Kopie und wäre von antiken Stadtplanern an dieser Stelle wohl kaum aufgestellt worden.

Die Altstadt

Vom Augustus-Tor sind es nur wenige hundert Meter ins Gewusel der Altstadt, in das neuverputzte und geschmackvoll übertünchte Stadtviertel **Ilot Littré** 9 und die von Wilmotte, Nîmes' Spezialist für gediegene Architektur, instandgesetzten Markthallen **Les Halles** 10.

Dicht reihen sich die Place de l'Horloge, die Place de la Calade und die Place aux Herbes bis zur Kathedrale **Notre-Dame St-Castor** 11 aneinander. Der romanische Ursprungsbau wurde in den Religionskriegen von Katholiken niedergebrannt und erst im 19. Jh. wiedererrichtet. Die Kirche steht inmitten des alten hugenottischen Tuchmacherviertels, in dem findige Schneider im 19. Jh. jenen blauen Armeleutestoff erfanden, in den Levy Strauss die Rauhbeine des Wilden Westens steckte. *Bleu de Nîmes* nannte sich das reißfeste Tuch aus den Webereien der Stadt, das im Englischen zu *blue denim* und im Amerikanischen zu *blue jeans* mutierte. Da war die Hose aber bereits ein Kulturgut der Neuen Welt und das alte Nîmes keine Textilstadt mehr.

In das von Wilmotte einfühlsam erneuerte und von Mitterrands ehemaligem ›Hofdesigner‹ Philippe Starck ausgestattete **Hôtel de Ville** 12 sollte man noch einen Blick werfen, bevor man sich von den ins Pflaster eingelassenen Starckschen Stadtwappen-Medaillons zu des Designers Brunnen auf der Place du Marché leiten läßt. Hier sonnt sich auf antikem Gestein Nîmes' Wappentier. Wie kam das Krokodil nach Nîmes? Auf einer Münze aus dem 1. Jh. v. Chr., die auf der Vorderseite Augustus und Agrippa zeigt, die Besieger von Cleopatra und Antonius. Das an eine Palme gekettete Reptil auf der Rückseite symbolisiert den Sieg der Römer über Ägypten. Die Veteranen des Afrikafeldzugs sollen die Münze in ihrem Gepäck nach Nîmes gehabt haben, das von ein paar Tausend ägyptischen Sklaven geschleppt wurde. 1536 autorisierte Franz I. Nîmes, das Krokodil im Stadtwappen zu tragen. Nicht ohne Hintersinn hat Starck der Stadt wohl ein schwarzhäutiges Krokodil in den Brunnen gelegt. Den höchsten Anteil zuziehender Ausländer stellen seit Jahrzehnten Afrikaner aus den ehemaligen französischen Kolonien.

Das Stadtwappen von Nîmes

Museen in Nîmes

Musée d'Archéologie et d'Histoire naturelle
Natur- und volkskundliche Sammlung sowie prähistorische und antike Fundstücke

Musée d'Art contemporain
Ausstellungen zeitgenössischer Kunst im neuen Musentempel der Stadt, dem Carré d'Art

Musée des Beaux-Arts
Im ›Museum der Schönen Künste‹ wird vorwiegend italienische, flämische und französische Malerei der Renaissance und des Barock sowie das bekannte römische Bodenmosaik »Hochzeit des Admetes« gezeigt

Musée du Vieux Nîmes
Heimatmuseum mit Volkskunst und Handwerk der Region

Musée Taurin
Stierkampfmuseum, in dem fast ausschließlich Plakate und Kampfutensilien gezeigt werden. Die Geschichte kommt leider zu kurz.

Rund um Nîmes auf der »Route du Thym«

Ca. 120 km, Dauer mindestens 1 Tag, Karte S. 133

Pont du Gard

Wie aufwendig es war, das antike Nîmes an den Tropf zu legen, zeigt die Konstruktion des **Pont du Gard** , den man nach einer halbstündigen Fahrt auf der »Route du Thym« durchs Garrigue-Grün via Cabrières erreicht. Der brückenähnliche Aquädukt ist Teil einer 50 km langen Wasserleitung von der Eure-Quelle bei Uzès nach Nîmes, mit der die schnell wachsende Metropole ihren Durst löschte. Um täglich geschätzte 20 000 m³ in das Castellum Divisorium von Nîmes (s. S. 128) zu leiten, erteilte 19 v. Chr. vermutlich Augustus' Schwiegersohn Agrippa den Bauauftrag für die Wasserleitung. Die obere, wasserführende Arkadenreihe des Pont du Gard ruht auf zwei elfteiligen Bogenstellungen, die aus 6 t schweren Blöcken ohne Verwendung von Mörtel zusammengefügt sind und das Flußtal auf einer Länge von 275 m überspannen. Das Arkadenwerk ist dreigeteilt und beschreibt von Ufer zu Ufer einen leichten Bogen, um die Stabilität zu erhöhen und der Belastung größerer Wassermengen, etwa bei Unwettern, zu widerstehen. Daß eine Straße über den Aquädukt führt, war von den Römern nicht geplant. Die Verkehrsverbindung stammt von 1743 und soll im Rahmen eines aufwendigen Konservierungsvorhabens für den bedrohten Pont geschlossen werden. Das Gard-Ufer säumen schöne Stolperwege (gutes Schuhwerk!).

Uzès

Der Kleinstadt ❷ (S. 393) wird nach so viel staunenswerter Ingenieurskunst zu Unrecht meistens nur wenig Bewunderung zuteil. Von den Türmen, die wie Wegweiser aus dem schönen 8000-Seelen-Ort in den Himmel ragen, ist der kunsthistorisch wichtigste die nach italienischer Campanile-Art freistehend erbaute **Tour Fenestrelle** aus dem 12. Jh. Die **Kathedrale St-Théodorit** am östlichen Stadtrand ist ein Neubau der ehemals romanischen Kirche, deren Mauern während der Hugenottenkriege niedergebrannt wurden. Die Rue Rafin und Rue Boucairie führen zum **Duché**, dem wuchtigen Herzogsschloß in Privatbesitz, das mit seiner Renaissance-Fassade und der mittelalterlichen Tour Bermonde das nördliche Stadtbild prägt. Platzherren des arkadengesäumten Kräutermarkts westlich der zentralen Tour de l'Horloge sind auf dem Samstagsmarkt zur Winterzeit die Trüffelhändler und das Jahr über die Kräuterkrämer.

Viele der Gewürzpflanzen finden sie abseits der D 979, die auf dem **Pont St-Nicolas** ❸ (13. Jh.) den Gard kreuzt und die Schluchten der Gorges du Gard bzw. Gardon begleitet, wenn man ein paar Kilometer weiter Richtung Nîmes fährt. Die schönen Badestellen mit Parkplätzen – Vorsicht Langfinger! – lohnen den kleinen Schlenker, denn Wasser macht sich auf dem weiteren Weg nach Süden rar.

Pont du Gard – das berühmteste Teilstück der von den Römern erbauten Wasserleitung nach Nîmes

Uzès

Sommières

4 (S. 389) In Sommières duftet es fast
immer nach Sommer. Das gehört sich
auch so für das winzige Städtchen, das
sich etwas hochtrabend zur ›Kräuter-
hauptstadt der Provence‹ ernannt hat.
Das schön gealterte Örtchen hätte die
marktschreierische Eigenwerbung gar
nicht nötig. Ist erstmal der Autostau auf
der Vidourle-Brücke überstanden und
das Zentrum durch das alte Stadttor betreten, lassen den Besucher die schiefen
Gassen, der winkelige **Marché Bas** mit
seinen Läden und Cafés und der
Marché Haut, wo sich zur Marktzeit
Kräuter- und Käseduft mischen, so
schnell nicht wieder los. Schön ist
der Blick auf die Schachteldächer vom
Schloß Villevieille aus, von wo Ludwig der Heilige (IX.) einst den Bau der
Kreuzzugs-Hafenstadt   Aigues-Mortes
plante (s. S. 120f.).

Zurück Richtung Nîmes

Die antike Ausgrabungsstätte **Ambrussum 5** nahe des unauffälligen Städtchens Lunel (S. 359) ist nur mit dem Fin-
ger auf der Straßenkarte zu finden,
wenn man die Reste der antiken Via Domitia auf direktem Weg über Villetelle
ansteuert (die Wegweiser zum Parkplatz
der Grabungsstätte sind mit einem stili-
sierten römischen Streitwagen versehen). Vor 2000 Jahren führte an dem
früheren gallischen *oppidum*, das die
Römer zu einer Raststation ausbauten,
der gesamte Waren- und Militärverkehr
von und nach Spanien vorbei. Mit dem
Bau der ›Domitiusstraße‹, dem 250 km
langen Teilstück des insgesamt 5000 km
umfassenden Straßennetzes im Römischen Imperium, wurde 118 v. Chr. begonnen. Zu sehen sind guterhaltene, ge-
pflasterte Fahrbahnreste einer Zufahrt
mit deutlich sichtbaren Spurrillen, Sied-
lungsfunde und ein Brückenfragment.
Die heutige Autobahntrasse durch Languedoc und Roussillon verläuft fast parallel zur einstigen römischen Schnell-
straße, an der man alle 12 km die Pferde
wechseln und im Abstand von 45 km –
der Tagesleistung eines Fußkuriers – in
Rasthäusern übernachten konnte.

Vermutlich führte die Via Domitia früher direkt an der Mineralwasserquelle
von »Perrier« bei **Vergèze 6** (S. 396)

vorbei, aus der heute, laut Werbung, ›die Welt trinkt‹. Daß schon Hannibals Elefanten auf dem Weg nach Rom mit dem kostbaren Wässerchen ihren Durst löschten, mag noch hingehen, auch, daß die römischen Wagenlenker damit ihre geschundenen Pferde tränkten. Daß es aber ein Engländer war, der den Franzosen 1903 zum ersten Mal klares Wasser aus der Quelle einschenkte, stimmt so manchen gallischen Gourmet nachdenklich. Gut, daß es da noch einen gewissen Dr. Perrier gab, der mit seinem Namen die Erfindung seines angelsächsischen Trinkfreundes zu einer französischen Angelegenheit machte. Der findige Monsieur hatte dem pfiffigen Mister dabei geholfen, die natürliche Kohlensäure des unterirdischen Quellsees zu konservieren und mit einer Druckvorrichtung samt Wasser in die berühmte grüne Keulenflasche zu pressen. Die Anfahrt zur »Source-Perrier« erfolgt über die N 113, Abzweig bei Codognan bzw. Vergèze Richtung Candiac und Vauvert.

Rund um Nîmes über die Route du Thym

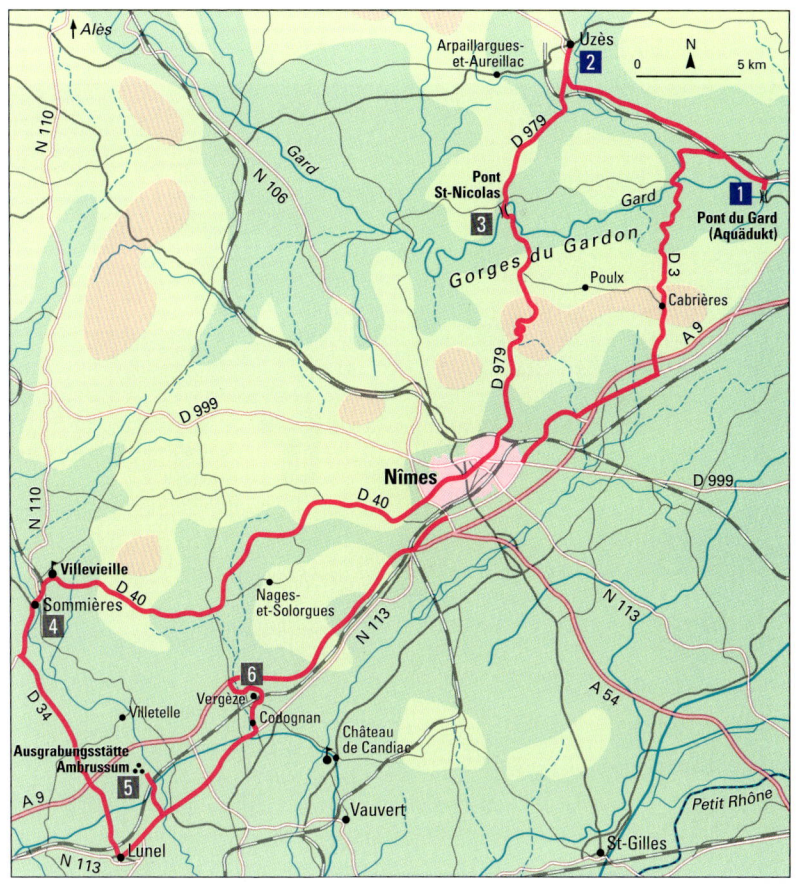

Provenzalisches Musterländle – Die Alpilles

In den Alpilles hat fast alles gewerkelt, was in der provenzalischen Geschichte und Kultur einen Namen hat: Schon die Kelto-Ligurer, Griechen und Römer lockte der Berg, nur knapp 400 m hoch, aber strategisch günstig gelegen und mit gutem Quellwasser gesegnet. Nacheinander verbargen sie im Felsen auf den Trümmern der Vorgängerbauten errichtete Siedlungen. Später zogen die Grafen von Les Baux mit einer Burg auf den Berg. Als im 12. Jh. kein Krieg den Frieden störte, verwandelten sie die Festung in einen Liebeshof für Troubadoure (s. S. 34). Im 19. Jh. nahm sich Frédéric Mistral seiner Heimat an. Der Literaturnobelpreisträger nannte die Alpilles-Region das »Heilige Dreieck der Provence« und machte die ›Kleinen Alpen‹ mit seiner Begeisterung für bäuerliche Folklore und naturverbundene Lebensart zu einer Projektionsfläche für die Sehnsüchte des Pariser Bürgertums nach dem einfachen Landleben.

Abtei Montmajour

Kreuz und quer durch die Alpilles

Ca. 70 km, Dauer 1–1$^1/_2$ Tage, Ausgangsort Arles, Karte S. 140

Von der Benediktinerabtei Montmajour zur Burgruine von Les Baux

Die ersten Mönchsgenerationen der in Teilen erhaltenen **Benediktinerabtei Montmajour** **1** (S. 367) verbrachten wohl mehr Zeit mit Buddeln als mit Beten, denn Landgewinnung war das Ziel der Klostergründung des 10. Jh. auf einer Insel im sumpfigen Rhône-Delta vor den Toren von Arles. Finanzieren konnte das Kloster die Mühen dank der Tausenden von Pilgern, die sich jährlich zu den Reliquien der Abtei in den langsam schwindenden Sümpfe aufgemacht haben sollen. Die Spendengelder flossen so reichlich, daß im 12. Jh. mit dem Bau der (unvollendeten) Kirche Notre-Dame, dem Kapitelsaal und einem Kreuzgang mit Anklängen an St-Trophime in Arles begonnen werden konnte. Sehenswert ist auch die 200 m nördlich, inmitten einer christlichen Nekropole erbaute Friedhofskapelle Ste-Croix (12. Jh.), deren Portalbauweise an römische Architektur erinnert.

Von der Tour de l'Abbé (14. Jh.) kann man in nordöstlicher Richtung **Fontvieille** **2** (S. 347) ausmachen. Die Attraktion des Dorfes, der **Moulin de Daudet** (s. Abb. S. 36), liegt rechts der D 17 auf einem Hügel an der D 33. Der Ausblick lohnt mehr als die schlichte Windmühle samt des kleinen Daudet-Museums, die ihre Berühmtheit der Legende verdankt, Alphonse Daudet habe seine erstmals 1866 in Paris veröffentlichten Bestseller »Briefe aus meiner Mühle« hier verfaßt (s. S. 36).

Nur rudimentär erhalten sind die römischen **Mühlen und Aquädukte von Barbegal** **3**, ein äußerst seltenes Beispiel industrieller Nutzung von Wasserkraft in der Antike, weil man Schwerstarbeit meistens von Sklaven verrichten ließ. Über einen Teil der Aquädukte leitete man das Mühlwasser von Eygalières bis nach Arles. Die Aquädukte sind über die links von der D 33 abzweigende D 78e zu erreichen, das Mühlenareal verbirgt sich hinter einem Hügel, links der D 33.

Frankreichs Meisterköche mögen **Maussane** **4**, weil rings um das ansehnliche Dorf Oliven reifen, aus denen man, etwa in der »Coopérative Oléicole de la Vallée des Baux« in der Rue Charloun-Rieu, gleich am Ortseingang, eines der besten Olivenöle der Provence preßt.

Über die D 27a erklimmt man auf dem schöneren der südlichen Anfahrtswege **Les Baux** **5** (S. 332). Die Hoffnung, das Hochplateau von Besuchermassen ungestört besichtigen zu können, erfüllt sich nur, wenn Dorf und Festungsruinen in einen kurzen Winterschlaf verfallen. Wer Les Baux jedoch besucht, wenn es fast alle tun, läuft wenigstens nicht Gefahr, bei nur sporadisch freier Sicht auf malerisch in den Felsen gefügte Gemäuer in eine weltentrückte Stimmung zu verfallen und die gute alte Zeit zu beschwören. Denn die gab es hier nur im 12./13. Jh. und vorwiegend für die Grafensippe von Les Baux, die binnen 200 Jahren 79 Burgen und Dörfer in der Provence zusammengeraubt hatte. Anstatt an den französischen Königshof flossen die Steuern nach Les Baux.

Das eindeutige Herrschaftsverhältnis schaffte allerdings Ruhe in der Provence

Les Baux ▷

Bei St-Rémy

und förderte den wirtschaftlichen Aufschwung, von dem auch einfache, von ihren Feudalherren abhängige Ritter und Adelige in bescheidenem Maße zu profitieren hofften. Einige tauschten ihre Lanzen gegen Lauten, um mit Gesang und Minnelyrik als Troubadoure die Herzen ihrer Dienstherren-Gattinnen zu erobern, was eine Möglichkeit des sozialen Aufstiegs bedeutete (s. S. 34). Für wenige Jahrzehnte wurde Les Baux die begehrteste Spielstätte der Troubadoure aus dem Süden des Landes. 1481 fiel die Grafschaft Provence an Frankreich. Les Baux wurde zerstört, von schutzsuchenden Protestanten wieder aufgebaut und 1632 von Richelieu erneut geschlif-

fen. Der Intimus Ludwigs XIII. und katholische Vordenker der absolutistischen Staatsform sah in der neuen Religionsgemeinschaft eine Bedrohung der Zentralgewalt. Wenig später wurde Les Baux Eigentum des Dorfes und die Grafschaft zu einem sog. Marquisat herabgestuft, das Ludwig XIII. 1642 den Grimaldi schenkte. So kommt es, daß Fürst Rainier von Monaco den Titel eines Marquis von Les Baux trägt und Prinzessin Caroline ihren derzeitigen Wohnsitz im schönen St-Rémy genommen hat, das auch zum Marquisat gehört.

Vom stets überfüllten Parkplatz führt der Weg zunächst durch das wiederaufgebaute Unterdorf mit einigen sehens-

werten Stadtpalais, der Kirche St-Vincent (12. Jh.) und der Chapelle des
Pénitents (17. Jh.) mit zeitgenössisch-
mißglückter Freskenmalerei. Bergan gelangt man zum Musée lapidaire mit archäologischen Fundstücken und einer
Kasse für den Zugang zur *Ville Morte*
mit verstreuten Ruinen der Burganlage
und – bei klarer Sicht – einem grandiosen Weitblick bis zum Mittelmeer.

Dreimal noch sind es alte Steine, die
kurze Unterbrechungen der Fahrt in den
Norden der Alpilles lohnen. Von der
D 27, ein kurzes Stück nach Süden,
zweigt rechts die D78 g ab, auf der man
nach einem Schlenker erneut nach
Süden abbiegend zum Renaissance-**Pavillon der Königin Jeanne** gelangt.
Der D 78g zurück nach Norden folgend
erreicht man einen Parkplatz, von dem

aus ein 15minütiger Fußweg durchs **Val
d'Enfer** führt. In den auch als Filmkulisse genutzten Felsformationen des
›Höllentals‹ holte sich einst Dante Gru-
selschauer. An der D 27, 500 m nördlich
von Les Baux, tut sich im Felsen die
»Cathédrale d'Images« auf. Die geschliffenen Höhlenwände eines stillgelegten Steinbruchs dienen als Projektionsfläche für multimediale Mammut-
shows jährlich wechselnder Thematik.

Mitten im wuchernden Grün der ›Kleinen Crau‹ (s. S. 147f.) liegt **Maillane** ,
Mistrals Geburtsort. Sein Wohnhaus
dient als Museum, der Friedhof als An-
schauungsstätte dichterischen Narziß-
mus': Der Schriftsteller selbst ließ dort
zu seiner späteren Huldigung ein Mausoleum in Anlehnung an den Pavillon
der Königin Jeanne erbauen.

St-Rémy

8 (S. 380) Über die D 5 oder einen Umweg über das ruhige Eyragues (S. 345) erreicht man St-Rémy. Erstaunlich, was in das kleine Platanenoval von kaum tausend Schritten Umfang so alles hineinpaßt: Wenige Meter rechts der klassizistisch modernisierten, etwas zu bombastisch geratenen **Kirche St-Martin** (14. Jh., 19. Jh.) steht in der Rue Hoche das Geburtshaus von Nostradamus (1503–66), dessen Prophezeiungen noch heute so manchem Zeitgenossen den Blick in die Zukunft erhellen. Was die Gegenwart lebenswert macht, findet man sowohl hinter liebevoll restaurierten Ladenfassaden der Place J.-Pélissier als auch mittwochs und samstags auf dichtgedrängten Verkaufsständen, die das schöne Quadrat samt Nachbargassen in einen der beliebtesten Märkte der Provence verwandeln.

Betritt man in stillen Zeiten die Place Favier, beschleicht einen unversehens das Gefühl, in das Wohnzimmer einer Pensionärs-WG geraten zu sein. Und so klingt denn auch die häufig gestellte Frage der freundlichen alten Männer auf den Bänken, ob man eines der beiden Museen suche, wie eine Aufforderung, die Intimität des lauschigen Plätzchens nicht zu stören und sich rasch in eines der beiden Renaissance-Palais zu verdrücken. Im Hôtel Mistral de Mondragon hat das Heimatmuseum **Musée des Alpilles** seine Räumlichkeiten, im Hôtel de Sade zeigt das **Musée lapidaire** archäologische Fundstücke unter anderem aus Glanum und dem Oppidum St-Blaise am Etang de Berre (s. S. 148).

Alpilles

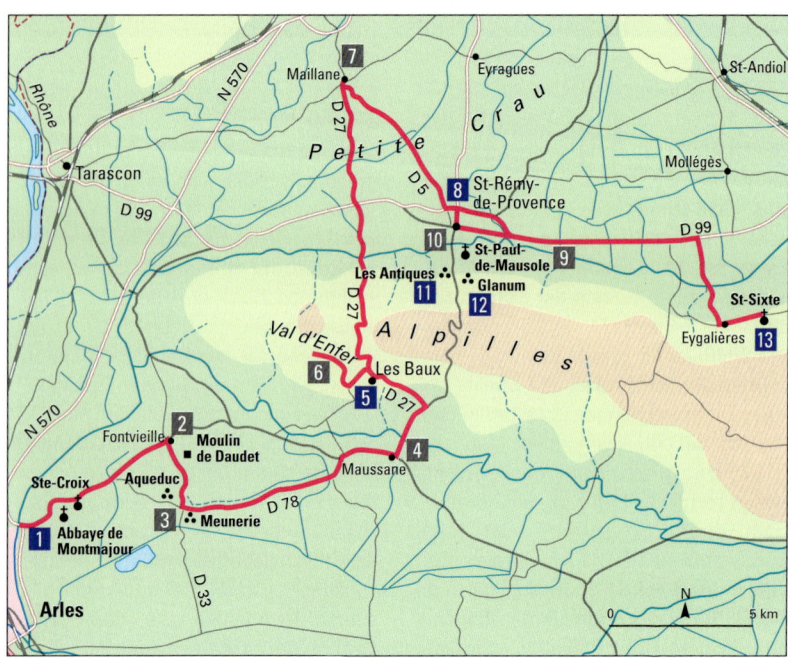

Kreuzgang von St-Paul-de-Mausole

Das **Centre d'Art Présence van Gogh** im Hôtel Estrine widmet seinem berühmtesten Gast wechselnde Ausstellungen rund um Leben und Werk. Ein Original des Malers sucht man jedoch vergeblich. Ebenso wie Arles hat es St-Rémy verpaßt, beizeiten ein Werk van Goghs zu erstehen.

Doch was macht das schon. St-Rémy ist kein Ort für lange Museumsaufenthalte. Es drängt die meisten Besucher nach draußen in eines der vielen Restaurants im Schatten der Platanenallee und weiter vor die Stadt, wo viele Landschaftsszenarien noch genauso aussehen, wie sie van Gogh vor mehr als hundert Jahren gemalt hat. Und ebenso unverändert ist, seit seinem erfolglosen Versuch, in **St-Paul-de-Mausole** 9 Heilung zu finden, eine Nervenklinik in dem schlichten Kloster mit einem sehenswerten Kreuzgang untergebracht. Schautafeln mit Reproduktionen einiger

in der Umgebung entstandener Bilder findet man an der Allée St-Paul und auf dem vom Office du Tourisme eingerichteten Van-Gogh-Weg. Er führt, rechts vom Chemin des Carrières abzweigend, hinunter zum römischen Steinbruch, in dessen ausgehöhlter Abbruchkante das kleine, landwirtschaftliche Heimatmuseum **Mas de la Pyramide** 10 eingerichtet wurde. Die merkwürdige Steinstele ist das ›Kerngehäuse‹ des ringsum abgetragenen Gesteins und diente dem Aufseher als Ausguck auf Sklaven und Abraumhalde.

Die Säule findet sich auf Gemälden van Goghs wieder, was die römischen Steinmetze aus den Steinen machten, erstaunlicher Weise nicht, denn zu übersehen sind die nahegelegenen Ausgrabungen wirklich nicht. Die beiden guterhaltenen Monumente von **Les Antiques** 11 stammen aus augustäischer Zeit, etwa 25 v. Chr. Das Mausoleum

Die Platane

Griechische Seeleute brachten vor 2600 Jahren Oliven-, Feigen- und Nußbäume in die Provence. Der asiatische Mandelbaum wurde erstmals Mitte des 16. Jh. in den provenzalischen Boden gepflanzt. Den Maulbeerbaum orderte der letzte König der Provence, René der Gute, in Persien, damit seine Seidenraupen satt wurden und kostbare Fäden für des Königs neue Kleider spannen. Ausgerechnet von der Platane aber, die zur französischen Landschaft gehört wie das Baguette auf den Tisch, weiß man nur, daß sie aus Nordamerika stammt. Wann und wo der *Platanus Occidentalis* zuerst Wurzeln in französischem Boden schlug, ist unbekannt.

Sicher ist, daß Ludwig XIV. den militärischen Nutzen des robusten Baums erkannte: Der Sonnenkönig spendete seinen Soldaten Schatten und ließ in Landesgegenden mit häufigen Truppenbewegungen Platanenalleen anlegen. Napoleon, mit seinen Soldaten zumeist außer Landes unterwegs, förderte per Dekret die zivile Nutzung der Platane als Stadtbaum. Mit ihren ehrfurchtgebietenden Stämmen und gleichmäßig gestutzten Ästen ließen sich Verwaltungsbauten repräsentativ schmücken und, ganz in zentralstaatlichem Sinne, landesweit einheitliche Plätze und Märkte gestalten.

Ein genialer Verwaltungsakt des schlauen Korsen und zukunftsweisender als mancher seiner politischen Winkelzüge: Der staatlich verordnete Baumschnitt macht die Platane langlebig und verdichtet die Baumkrone. Zudem vergrößert der Eingriff den Umfang des Stamms und erhöht dessen Speicherkapazität für Wasser, das vom dichten Laub der gestutzten Äste vor rascher Verdunstung geschützt wird. Nur so konnte der Baum nördlicher Breitengrade in der heißen Mittelmeerregion überleben, Schatten spenden und sogar Leben schützen. Denn in den mittelalterlichen, feuergefährdeten Dorfgevierten der Provence haben sich alte Platanen nicht selten als Brandschutzwände bewährt. Die Bäume sind schwer entzündbar und, in Reihe gepflanzt, nicht ohne weiteres vom Feuer zu überspringen.

Ein Allzweckbaum, wie geschaffen für Frankreichs unterschiedliche Klimazonen. Für kühle Regionen ideal, dringt die spärliche Frühjahrssonne ungehindert durchs erst spät belaubte Geäst und wärmt Straßen und Plätze, bis die Temperaturen steigen. Im Süden spendet sein dichtes Blattwerk im Sommer Kühle, bis die Quecksilbersäule zu sinken beginnt. Keinem Franzosen käme es deshalb in den Sinn, für den Städte- oder Straßenbau eine Platane zu opfern.

Auch die Nationalstraßen werden oft von Platanenalleen gerahmt

Die Kapelle Ste-Sixte bei Eygalières

wurde der Inschrift zufolge zu Ehren der beiden Enkel Augustus', Caius und Lucius, errichtet. Durch den Triumphbogen mit gut erhaltener Ornamentik führte einst eine Abzweigung der Via Domitia (s. S. 132) nach **Glanum** 12. Vor einem Rundgang über die Grabungsstätte mit Resten kelto-ligurischer, griechischer und römischer Siedlungen und Tempel empfiehlt sich ein Besuch des kleinen Museums am Eingang, das anschauliche Architekturmodelle der rekonstruierten beiden letzten Bauphasen zeigt.

Die D 99 Richtung Cavaillon durchschneidet das dichte Grün der Bäume wie ein Tunnel. Auch bei dieser nicht enden wollenden Platanenallee hat man sich gegen eine Straßenverbreiterung und für den Erhalt der Schattenspender entschieden. So gelangt man auf schönem Weg an den nordöstlichen Rand der Alpilles und erreicht über die D 24b oder D 74a das friedlich vor sich hinschlummernde Eygalières und, weiter Richtung Orgon, die fotogen auf eine Kalkkuppe gebaute **Chapelle Ste-Sixte** 13 aus dem 12. Jh.

Ruhrpott mit Seeblick – Der Etang de Berre

Irgendwo sollte es doch auch in der Provence möglich sein, mit neuen Industrien Geld zu verdienen. So kam Paris mit dem Departement Bouches-du-Rhône in den 60er Jahren überein, in der strukturschwachen Brache am Etang de Berre Ölraffinerien, Werften und rohstoffverarbeitendes Gewerbe anzusiedeln sowie den Hafen von Fos auszubauen. Das Terrain, seit dem Altertum ein Handels- und Siedlungsgebiet, schien gut gewählt. Der 10 m tiefe Brackwassersee ist schiffbar und durch einen Kanal mit dem Meer verbunden. Und nebenan liegt Marseille, das während des Algerienkrieges starke Exporteinbußen in den Maghreb-Staat hinzunehmen gehabt hatte und nach neuen Handelspartnern und Exportprodukten Ausschau hielt. Doch europäische und fernöstliche Konkurrenz führten in den 80er Jahren zu Absatzschwierigkeiten und erneuter Arbeitslosigkeit. Seit kurzem entstehen in dem umgekrempelten Landstrich wieder neue Arbeitsplätze, und der 1995 erreichte Rekordumschlag von knapp 100 Mio t Gütern im Hafenkonglomerat von Fos und Marseille nährt neue Hoffnungen. Zwischen Raffinerien, Schloten und Kränen behauptet sich noch immer manch' sehenswertes antikes Gemäuer. Und besonders die weitgehend verschont gebliebene, nordöstliche Umgebung des Sees lohnt einen Abstecher.

Rundtour um den Etang de Berre

Bis zum Oppidum St-Blaise ca. 65 km, bis Marseille zusätzlich ca. 110 km, bis Ventraben ca. 130 km, Dauer $^3/_4$ Tag; für den Abstecher nach St-Martin-de-Crau sind ab dem Oppidum St-Blaise weitere 35 km und für die Crau-Besichtigung etwa 3–4 Std. zu veranschlagen, Karte S. 146

Salon-de-Provence

1 (S. 386) Hinter der rauhen Schale von Salon-de-Provence steckt ein schöner Kern, geschützt und verschnürt von gleich zwei innerstädtischen Ringboulevards, auf denen der Verkehr um enge Gassen herumgeführt wird. Keimzelle der Altstadt ist das **Château de l'Empéri**. Die erzbischöfliche Gründung des 10. Jh. birgt in Erweiterungsbauten des 12., 13. und 16. Jh. ein Militärmuseum.

Der nordöstliche Ausgang der Place de l'Ancienne Halle, zu Füßen der Burganlage, führt zur **Kirche St-Michel** (13. Jh.); der nördliche Ausgang erweitert sich zu einem kleinen Platz, an dem gleich rechts, am Beginn der Rue Nostradamus, die **Maison de Nostradamus** steht. Im Wohnhaus des Sehers zeichnet eine Ausstellung die Karriere des erfolgreichen Arztes und Pestbekämpfers zum Hofastrologen Karls IX. nach.

Durch den **Uhrenturm** (17. Jh.) am Ende der Rue de l'Horloge verläßt man das Altstadtrund im inneren Boulevardring und gelangt auf der Rue John-et-Robert-Kennedy und der bald rechts abzweigenden Rue de Pontis zur **Stiftskirche St-Laurent** (14./15. Jh.). Sie gilt als schönes Beispiel der seltenen provenzalischen Gotik (s. S. 48f.).

Richtung Pélissanne verläßt man eine quirlige 40 000-Einwohner-Stadt mit zahlreichen Cafés, üppigen Geschäfts-

Der Etang de Berre

auslagen und auffällig vielen Kindern und Jugendlichen. Ihre Eltern haben sichere Arbeitsplätze in der florierenden Landwirtschaft, Petrochemie und bei der Luftwaffe, die unmittelbar am Stadtrand eine – lärmende – Flugschule unterhält.

Rund um den See

In der Stille begrünten Hügellandes versteckt sich hinter Baumwipfeln das **Schloß La Barben** 2 (S. 331), bis 1961

Privatsitz einer örtlichen Adelsfamilie. Befremdlicher noch als das Prunkgemäuer samt Luxusinterieur wirkt der dazugehörige Zoo mit Nilpferden, Zebras und Raubkatzen inmitten der einfachen Garrigue-Landschaft.

Die kleine D 15 führt ab Pélissanne schnurstracks Richtung Etang de Berre. Kurz vor St-Chamas, wo die D 10 auf die D 15 trifft, überspannten die Römer in augustäischer Zeit das Flüßchen Touloubre mit einer Brücke, deren 20 m langer Bogen mit zwei Schmucktoren er-

Unscheinbares Paradies – Die Crau

Größer könnte der Gegensatz kaum sein. Zwischen dem Etang de Berre und der wasserreichen Camargue macht sich im Dreieck von Fos, Salon-de-Provence und Arles eine trostlos anmutende Steinsteppe breit. Wie kommt das Geröll hierher? Der Legende nach ließ dereinst Zeus Steine regnen, um seinen Sproß Herkules auf dem Wege nach Italien vor den Angriffen zweier Riesen zu schützen. Albio und Lygis hießen die Schurken, denen es ohne die väterliche Fürsorge beinahe gelungen wäre, dem unbewaffneten Muskelmann eine Rinderherde abzuluchsen, die der Göttersohn, selbst ein Spitzbube, zuvor dem Riesen Geyron stibitzt hatte.

Geologisch gesehen ist die Crau eine Hinterlassenschaft des zurückgewichenen Mittelmeers, dessen graue Tonablagerungen von herbeigeführtem Flußgestein und Schlamm der Durance überlagert wurden, als der größte Fluß der Provence während der letzten Eiszeit noch die Alpilles beidseitig umfloß und südlich des Kalkmassivs in die See mündete. Vor etwa 12 000 Jahren änderte der mächtige Strom seinen Lauf und mündete dort, wo heute Avignon liegt, in die Rhône.

Zurück blieb nördlich der Alpilles die vollständig urbar gemachte ›Kleine Crau‹ und südlich die 600 km² umfassende Trockenebene der ›Großen Crau‹, die noch zu einem Fünftel von Halbwüsten-Vegetation bedeckt ist, wie man sie sonst nur in Nordafrika findet. Einzig in Europa ist auch die Artenvielfalt von Steppenvögeln auf so engem Raum. Doch man ahnt es, Blauracke, Kalanderlerche, Schwarzstirnwürger, Spießflughuhn und Zwergtrappe sind in Gefahr. Militärfahrzeuge, BMW-Testautos eines firmeneigenen Erprobungsgeländes in Miramas, Luftschadstoffe der Etang de Berre-Raffinerien und eine Mülldeponie für Marseille bedrohen das Vogel- und Insektenparadies. Aber auch wachsende Obstplantagen und Weinbauflächen verändern die fragile Bodenstruktur und fressen weiteres Steppenland.

Das Naturschutzzentrum und Crau-Museum in St-Martin-de-Crau, ein deutsch-französisches Gemeinschaftswerk, bemüht sich mit viel Idealismus, die Zerstörung des Großbiotops aufzuhalten. Von der EU finanzierte Ökologen und Praktikanten beider Länder schützen Brutstätten, bauen Hochstände zur Tierbeobachtung und bieten sachkundige Exkursionen an (s. S. 378). Ein dauerhafter Erfolg ist dem Projekt aber nur beschieden, wenn zwischen Natur und Mensch ein ökologisches Gleichgewicht wiederhergestellt werden kann. Um das zu erreichen, versucht die »Stiftung Europäisches Naturerbe« den Crau-Bauern mit Spendengeldern Stück für Stück ihre Ländereien abzukaufen und sie günstig an Schäfer zu verpachten. So will man die Hirten bewegen, trotz des rapiden Preisverfalls für Schaffleisch weiterhin ihren Beruf auszuüben und wie seit Tausenden von Jahren Schafe auf die grünen Frühjahrsweiden zu treiben. Denn bestimmte Steppenvögel haben sich hier nur ansiedeln können, weil bislang Hunderttausende Schafmäuler die Vegetation kurzhielten. Einige Pflanzen wiederum würden ohne die natürliche Düngung in dem kargen Boden verdorren oder könnten ohne Hilfe der Huftritte nicht ihre Samenkapseln streuen. Das wäre das ›Aus‹ für die Crau, das letzte Biotop dieser Art in Europa.

halten geblieben ist. Über den **Pont Flavien** 3 strömte einst der Personen- und Warenverkehr der Via Aurelia, die westlich von Arles auf die Via Domitia traf (s. S. 132).

Rund um den kleinen Etang de l'Olivier führen die D 16 und D 53 nach Istres und die D 52 südwestlich aus der Stadt heraus zu einer markanten Anhöhe mit der Ausgrabungsstätte des **Oppidum St-Blaise** 4. Die bedrohlich nahegerückte Industriekulisse von Fos strapaziert das Vorstellungsvermögen, auf den Resten eines der ältesten nachgewiesenen Siedlungsorte der Provence zu stehen, der seit dem 5. Jt. v. Chr. mit Unterbrechungen bis ins 14. Jh. n. Chr. unter anderem von Kelto-Ligurern und etruskischen Seeleuten bewohnt war. In hellenistischer Zeit entstand die teilweise erhaltene Stadtmauer aus gleichmäßig behauenen Steinquadern. Einige Grabungsfunde sind in dem kleinen Museum am Parkplatz zu sehen, die bedeutenderen im Hôtel de Sade in St-Rémy (s. S. 140).

Über Martigues gelangt man auf die Autobahn A 55, die direkt zum alten Hafen und in das Zentrum von Marseille (s. S. 149ff.) führt. Wenn Zeit bleibt, empfiehlt sich ein Abstecher in die benachbarte ›Große Crau‹ und das Crau-Museum von **St-Martin-de-Crau** 5 (S. 378), in ca. 30 Minuten erreichbar über die nördlich von Istres nach Westen abzweigende D 5 zur N 113.

Oder man macht die Fahrt um den Etang zu einer Rundtour und beendet sie – vorbei an dem 1842, für eine Wasserleitung nach Marseille errichteten **Aqueduc de Roquefavour** – in dem ansehnlichen Ort **Ventabren.** Die D 64 dorthin führt teilweise durch wilde, vom Wind zerzauste Garrigue-Landschaft.

Marseille

■ (S. 361) »Die Luft in dieser Stadt«, so schrieb Madame de Sévigné vor über 300 Jahren über Marseille, sei »im großen und ganzen ein wenig schurkisch«. Die Worte der berühmten Marquise scheinen bis heute nachzuwirken. Marseille flieht man: In den 80er Jahren haben mehr als 100 000 Menschen für immer ihren Koffer gepackt. Die sinkende Bedeutung des Hafens wie auch der Rückzug der Industrie, die sich von den Kommunalpolitikern verprellt fühlte, machten alle Millionenstadtambitionen von Marseille zunichte. Als eingefleischter Kinogänger weiß man um das berüchtigte ›Marseille-Chicago‹, seine übellaunigen korsischen Gauner, die über dunkle Gassen und schlüpfrige Quais regieren. Erinnert sich des Spurts von Gene Hackman um Taue und Fischnetze auf dem Quai du Port im Zelluloiddrama »The French Connection«, das mit einem Schuß des sprintenden Helden auf den heroinhandelnden Bösewicht Marseilles Ruf ruinierte. Und bleibt weg. Selbst Reisende von Beruf meiden die Gefahr. Auf dem Office de Tourisme geht die Klage, daß Vertreter der Tourismusbranche es vorzögen, sich zum Gespräch über die Attraktionen der Stadt in Aix zu treffen, statt sich in den Moloch zu wagen. Auch sie wissen Bescheid, mit oder ohne Madame de Sévigné.

Für Egon Erwin Kisch war Marseille »der europäische Brückenkopf von Afrika«. Kurz nach Kischs Besuch setzte Paris 1938 die Eigenverwaltung aus und entsandte bis in die Nachkriegsjahre hohe Staatsbeamte als Stadtverwalter. Für das herrische Eingreifen der Staatsmacht gab es gute Gründe, denn vier Jahre zuvor war der jugoslawische König Alexander I. in aller Öffentlichkeit auf dem Prachtboulevard La Canebière ermordet worden. Dann zeigte sich die Stadtverwaltung unfähig, den katastrophalen Brand in einem Kaufhaus unter Kontrolle zu bringen: Etliche Opfer bezahlten die Anarchie am Unglücksort mit ihrem Leben. Unregierbar schien die Stadt mit dem in Frankreich wahrscheinlich höchsten Anteil afrikanischer Bewohner schließlich auch Gaston Deferre, der als Innenminister immerhin im gesamten Land schaltete und waltete. Von 1953 bis zu seinem Tod 1986 gewann Deferre jede Bürgermeisterwahl. »Vor mir gab es im Rathaus nur dreierlei Menschen: Zuhälter, Kriecher und Flics«, lautet eins seiner gefürchteten Bonmots. Nach ihm war Marseille freilich pleite.

Wie ein gewaltiger Schutzwall erhebt sich die Chaîne de l'Etoile mit gut 600 m Höhe oberhalb der Bucht von Marseille. Wer vom Hinterland am Gebirge vorbei in die Stadt kommt, muß feststellen: Marseille beginnt unspektakulär. Unter Platanen das übliche Ortsschild mit roter Umrahmung, schwarze Schrift auf weißem Grund. Für ein paar hundert Meter gibt sich der Moloch verhalten. Alleen beschatten ockerfarbene Häuschen. Man fühlt sich um ein Klischee betrogen, nimmt endlich mit Genugtuung den allmählichen Übergang der dörflichen Ausläufer in ein Meer von Wohntürmen zur Kenntnis. In seiner Tristesse ist der französische Wohnungsbau den Wohnsilos hierzulande ebenbürtig.

Nach dem Zweiten Weltkrieg herrschte in der Hafenstadt Wohnungsnot, denn im Januar 1943 hatten die deutschen Besatzer die engverschach-

telten Altstadtviertel hinter dem Quai du Port sprengen lassen, um angeblich versteckter Juden und Widerstandskämpfer habhaft zu werden. An die 30 000 Bewohner wurden über Nacht obdachlos. Und Ende der 50er Jahre kamen mit der Unabhängigkeit Tunesiens tunesische Juden, ein Jahrzehnt später rund 130 000 aus Nordafrika vertriebene *Rappatriés*. Ihnen folgten Tausende von Arabern aus den ehemaligen Kolonien, die ihr Glück, wie die repatri-

La Canebière

Marseilles Renommiermeile **1** verlängert vom Quai des Belges aus die Achse des alten Hafens. Wuchtige Fassaden von Grandhotels, Kaufhäusern, Banken und Firmenverwaltungen bestimmen den im 17. Jh. begonnenen breiten Boulevard, der in seiner heutigen Form jedoch erst 1928 vollendet war. Atlanten (Nr. 67, 102) und Karyatiden (Hôtel Louvre et Paix Nr. 49–57 sowie Eckhaus Rue Vincent-Sotto) stützen die Prachtarchitektur des 18. und 19. Jh. Delphine

ierten Maghreb-Franzosen, auf der anderen Seite des Mittelmeers suchten. Marseilles Bevölkerung wuchs allein in den Jahren zwischen 1954 und 1964 um die Hälfte, und mit ihr die trostlosen Vorstädte.

Marseille (Blick von Notre-Dame-de-la-Garde auf Hafen und Stadt)

schmücken die Straßenlaternen – die Canebière war als Visitenkarte der Stadt gedacht.

Am Quai des Belges erinnert unweit des Metroeingangs eine Bodenplakette an die Gründung der Stadt 600 v. Chr. durch Griechen aus Kleinasien. 125 v. Chr. riefen die von Barbarenstämmen bedrohten Griechen Rom zu Hilfe, das Massalia trotz Zugeständnis einer gewissen Autonomie dem Imperium einverleibte.

Vom Quai des Belges legten auch die Fähren ab zum **Château d'If** 2 auf einem der Frioul-Inselchen. Das im 16. Jh. errichtete Staatsgefängnis wurde durch Alexandre Dumas' Roman »Der Graf von Monte Christo« berühmt.

Marseille ist stolz auf seine große Geschichte, verfuhr mit den Relikten freilich immer pragmatisch. Die ehemalige Augustinerkirche St-Ferréol am Quai des Belges wurde für die Urbanisationsprojekte der Belle Epoque einfach um

vier Querschiffe verkürzt, da Platz geschaffen werden sollte für die **Börse** 3, deren kolossaler Neobarockbau die Niederlegung eines ganzen Quartiers erforderte. Mit der Börse erhielt Marseille 1860 seinen ersten Bau im bombastischen Second Empire-Stil. Ungefähr auf Höhe der Börse fand 1934 der spektakuläre Doppelmord am jugoslawischen König Alexander und dem französischen Außenminister Louis Barthou statt. In der pompösen Börsenhalle informiert heute das Musée de la Marine et de l'Economie über Marseilles Seehandelsgeschichte.

Bei neuerlichen Abbrucharbeiten stieß man an der Rue Barbusse auf Reste der griechischen Siedlung (Bollwerke, Stadttor) und des römischen Hafens, die in die Grünanlage des **Jardin des Vestiges** 4 integriert wurden.

Im Viertel südlich der Canebière bleibt der Blick an schlichten *Hôtels particuliers* hängen, die Zeugnisse einer Kaufmannsmentalität sind, die wie in so vielen Hafenstädten darauf gerichtet war, Reichtum nicht nach außen zu tragen. »On n'affiche pas«, heißt es noch heute in der besseren Marseiller Gesellschaft – Pfeffersackmentalität par excellence. Zwischen den eleganten Canebière-Querstraßen Rue de Rome und Rue Paradis siedelten sich im glanzvollen vergangenen Jahrhundert die auf äußerliche Schlichtheit bedachten reichen Händler an. Manche trugen den Titel eines Pascha, der mit abenteuerlichen Karrieren im Orient erworben war.

Die scheinbare Bescheidenheit privater Bauherren kontrastiert mit dem demonstrativen Pomp des Second Empire. Öffentliche Prachtbauten aus der Zeit Napoleons III. überziehen ganz Marseille und sind heute die eigentlichen Wahrzeichen der Stadt. In Canebière-Reichweite: Die **Präfektur** 5 am Ende der Fußgängern vorbehaltenen noblen Rue St-Ferréol und der **Palais de Justice** 6 an der Rue Breteuil. Marseille arbeitete sich mit der Öffnung des Suezkanals zum größten Hafen der Küste empor. Hier könne ein junger Mann mit etwas Verstand und Geschick als Warenmakler oder Versicherungsagent fünf- bis sechstausend Francs Jahressalär herausschlagen, notierte Stendhal. Hinter ornamentlosen Bürgerfassaden gedieh der Prunk um so üppiger. Erfolgreich forderte der Präfekt der Stadt aus Paris alljährlich höhere Summen, um den Lebensstil der guten Gesellschaft teilen zu können. Der Beamte vermochte ein schlagendes Argument für seine Forderungen ins Feld zu führen: Der Pro-Kopf-Champagnerverbrauch überstieg den von Paris.

In der Nähe der Präfektur werden im **Musée Cantini** 7 in der Rue Grignan Surrealisten, Kubisten und Moderne ausgestellt. Den noblen Rahmen dafür

gibt das Palais der Compagnie du Cap Nègre von 1694 ab.

Am Justizpalast vorbei liegt in der Rue Breteuil die zweitgrößte **Synagoge** 8 Frankreichs: In Marseille leben 75 000 vornehmlich sephardische Juden.

Zurückgekehrt zur Canebière, die man überquert, um sich in Richtung des Bahnhofs St-Charles zu halten, landet man unversehens mitten im Belsunce-Viertel, wo der Flic vor dem Polizeirevier der einzige Mann weit und breit ist, der keine Dschellaba trägt. In den Seitenstraßen kostet ein Hotelzimmer 60 bis 80 Francs. Männer lagern in den Eingängen. Verwaiste Rezeptionen sind nur von den zuckenden Bildern auf der Mattscheibe ausgeleuchtet. Die Wasserpfeife kreist. Zum quietschsüßem Pfefferminztee wird ebenso süßes Gebäck gereicht. ›Marseille-la-casbah‹ ist nachts ein frauenloses Quartier. Erst tagsüber bevölkern wieder verschleierte Nordafrikanerinnen die **Rue du Tapis vert** 9. Die Straße ist bedeutendste Stoffmeile des gesamten Midi. Prüfend werden Brokatstoffe befingert. In Grossistenläden feilscht man wie im Souk. Die Stofffülle grellbunter Boubous raschelt über das Trottoir, stolz getragen von den dunklen Schönheiten Zentralafrikas.

Nur einen Katzensprung vom teuren Pflaster der Rue St-Ferréol entfernt entführt der **Marché des Capucins** 10 ebenfalls in eine exotisch fremde Welt von ›Alles zu 10 Francs‹-Läden und Epicerien, in denen Bohnen aus dem Jutesack verkauft werden. Afrika und die Provence treffen sich an den Marktständen, über denen ein Duftschwall aus frischer Minze, eingelegten Oliven und noch zappelndem Fisch hängt.

Im nahen ehemaligen **Ostbahnhof** 11 läßt eine kleine Ausstellung die Geschichte von Marseilles öffentlichem Nahverkehr Revue passieren. Den Über-

gang der Canebière nach gut einem Kilometer zum Boulevard de la Libération markiert die neogotische Kirche St-Vincent-de-Paul. Nochmals knapp 1 km weiter kreuzt der Boulevard Philippon den Boulevard de la Libération. Vor der Parkanlage links liegt das pompöse **Palais de Longchamp** 12 mit Kolonnaden und Wasserspeichern, das zwei Kulturtempel unter einem Dach vereint. Im linken Flügel das Musée des Beaux-Arts mit italienischer, flämischer, französischer Malerei und einer Puget-Sammlung; im rechten Flügel das Musée d'Histoire naturelle mit zoologischen und paläontologischen Sammlungen.

Altstadt, Nordseite des Vieux Port und Docks

Wo sich heute ein sandsteinfarbener Turm als Akzent zwischen den Gebäudeblöcken am **Quai du Port** 13 erhebt, wanden sich bis zur Sprengung 1943 die Gassen des mittelalterlichen Marseille. Was außen gesichtslos und funktional wirkt, entpuppt sich innen als gelungene Wiederaufbauleistung. Großzügige Wohnungen, denen es an luxuriöser Ausstattung wie Parkett und bodentiefer Fensterfront nicht fehlt, zeichnen die in den 50er Jahren neu erbauten Straßenzüge jenseits des Quai du Port als seit der Antike begehrte Wohnlage aus. Wo die griechische Agora mitsamt **Theater** (Ruinen, 14) lag, siedelte sich später um die Place de Lenche oberhalb des Quai du Port der Adel an. Geblieben ist von diesem Quartier die **Kirche St-Laurent** 15 im provenzalisch-romanischen Stil. Als weniger gelungen dürfen die Straßenzüge weiter nördlich gelten.

Das Rathaus an der Nordseite des Hafens

Kultur in der Fabrik

Marseilles urbane Zukunft hat einen Namen: »Euro-Méditerranée« heißt das städtebauliche Großprojekt, in dessen Rahmen ein Großteil der nördlichen Innenstadt für die aus der Cité gedrängten Bewohner zurückerobert werden soll. Es mangelt nicht an Platz für Experimente, aufgelassene Docks und Industrieanlagen stehen reichlich zur Verfügung. Noch sind *les friches*, wie die industriellen Brachflächen genannt werden, Niemandsland zwischen industrieller Vergangenheit und kommerzieller Zukunft im tertiären Sektor, somit idealer Nährboden für kulturelle Experimente. In einer ehemaligen SEITA-Tabakfabrik hinter dem Bahnhof St-Charles etwa proben Kleinkünstler, Musiker und Theatertruppen wie einst im Kreuzberg der 70er und 80er Jahre. Stolz verweist der künstlerische Leiter Philippe Foulquié auf die Kontakte zum Berliner »Tacheles«. Seit Anfang der 90er Jahre schießen solche *friches d'artistes* aus verlassenem Fabrikboden. Im Hôtel de Ville setzt man für das Marseille nach der Jahrtausendwende auf die Mischung von Dienstleistung und Kultur. Für die »Friche de la Belle de Mai« fließen folglich solange Subventionen, wie die SEITA die Hallen kostenlos zur Verfügung stellt und die nächste Kommunalwahl dem Experiment kein Ende setzt.

Die Rue Caisserie trennt die Reste der erhaltenen Altstadt wie ein feiner Schnitt von den Nachkriegsbauten am Hafen. Das alte Marseille scheint ohne jegliche Anknüpfung auf eine beliebige Vorstadt der 50er Jahre zu stoßen. Asphaltierte Parkplatzbrachen und Ausgrabungsflächen hinter dem **Hôtel de Ville** 16 erinnern an den unbeholfenen Wiederaufbau hierzulande. Das im Genueser Barock erbaute Rathaus selbst geht in seinen Proportionen zwischen den modernen Blöcken am Hafenquai unter. Architektur und Reliefs der Bauten aus den frühen 50er Jahren gleichen an einigen Stellen denen römischer Wohnanlagen der Mussolini-Ära. Erst allmählich nimmt das Auge die mit Bedacht gesetzten Durchbrüche und Ausblicke im neuen Hafenviertel wahr.

1947 förderten Ausgrabungen antike Hafendocks zutage, die ›in situ‹ im darüber eingerichteten **Musée des Docks romains** 17 erhalten sind.

Den auffälligen, in Form von geschliffenen Diamanten vorragenden Fassadensteinen verdankt die 1570 erbaute **Maison Diamantée** 18 ihren Namen. Sie blieb als eines der raren Reederpalais erhalten und beherbergt heute die exquisite Mobiliar- und Kostümsammlung des Musée du Vieux-Marseille.

Erhalten blieben ebenfalls das gotische **Hôtel de Cabre** 19 und das barocke **alte Justizpalais** 🔟 mit seinen für Marseille typischen schmiedeeisernen Balkonstützen. Treppen und Passagen leiten zum dahinterliegenden Panier-Hügel über. In den labyrinthischen Gassen sind Prostituierte nur noch selten anzutreffen. Schwer vorstellbar, daß es dem Besucher in dieser »uferlosen Anhäufung von Stufen, Bögen, Türmchen und Kellern« so ergehen könnte wie von Walter Benjamin überliefert: Ein neugieriger Gaffer wurde von den Damen des Rotlichtbezirks kurzerhand so lange drangsaliert, bis wenigstens sein Hut als Trophäe in ihren Händen landete. In denselben Gassen gehen die Frauen heute verschleiert. Ein Hauch von Kasbah liegt über bröckelnden Fassaden und brüchigen Balkonen. Tunis? Casablanca? Mitten im Zentrum der größten französischen Hafenstadt hat man Frankreich verlassen, um in dessen koloniale Vergangenheit einzutauchen. Sanierungsversuche fruchten nur zö-

gernd und drohen an manchen Stellen die städtebauliche Eigenheit des Panier auszuradieren.

Wo auf dem Stadtplan die Traversée de la Charité eingezeichnet ist, klafft eine Abrißöde. Gleich dahinter prangt eins der unbekannten Schmuckstücke von Marseille. Das sich über einen der sieben Hügel der Stadt ziehende Viertel blieb 1943 von der mutwilligen Zerstörung verschont. Marseille verdankt diesem Umstand den Erhalt der **Vieille Charité** 🔢. Pierre Puget, als Sohn eines Maurers hier geboren, begann 1671 mit der Errichtung einer Kapellenrotunde, die von arkadengesäumten dreigeschossigen Flügelbauten kaschiert wird. Pugets Ruf als Bildhauer ist dank seiner Skulpturen etwa im Park von Versailles heute größer als der des Architekten. Die Vieille Charité überrascht um so mehr. Hier kamen nach der Auflösung des Armenhospiz und zwischenzeitlicher Nutzung als Kaserne schließlich ein

La Nouvelle Major

gen Jahren soll es ›dernier chic‹ sein, dort an Computer oder Restauranttisch zu eilen, wo seit 1861 die Waren am neuen Hafen umgeschlagen wurden. Zurück in Richtung Gare Maritime über den Quai de la Tourette zum 1944 schwer beschädigten **Fort St-Jean** , das von einem Felsvorsprung die Einfahrt zum alten Hafen überwacht. Die Promenade Louis Branquier umrundet die Bastion und führt in Richtung Hafen zur **Consigne Sanitaire** . 1716 als Quarantäne- und Gesundheitsamt errichtet. Vorm Hôtel de Ville tuckert die Fähre zum Südquai des Hafens hinüber.

Teil der durch die Sprengungen am Hafen evakuierten Bewohner unter. Der Komplex beherbergt nach seiner vorbildlichen Restaurierung ein Museum für mediterrane Archäologie sowie eines für überseeische Kunst aus Afrika, Ozeanien und Amerika.

Unterhalb des Panier-Hügels rauscht der Verkehr längs der neuen Hafenbassins am neobyzantinischen Kuppelgebirge der **Kathedrale Nouvelle-Major** vorbei. Ihre opulenten Mosaike und das aufwendige im Wechsel von grünem und weißem Stein gestaltete Äußere verblassen vor dem für die neue Kathedrale 1852 teilweise abgerissenen Vorgängerbau **Vieille-Major** . Das nicht zugängliche Baptisterium stammt aus frühchristlicher Zeit, Chor und Joch sind romanisch.

Immer an der Gare Maritime längs stößt man auf die Place de la Joliette, wo die ehemalige Speicherstadt zu einem Dienstleistungszentrum umgerüstet wird. Von den 100 000 m² der **Hangars der »Compagnie des Docks et Entreprises de Marseille«** konnte bislang knapp die Hälfte ihrer neuen Bestimmung übergeben werden. In weni-

Südlich des Vieux Port, Plage du Prado und Calanques

Das Bötchen legt an der Place aux Huiles an. Caféterrassen lassen keinen Zweifel daran, daß hier Marseilles beliebtestes Ausgehviertel, das im 18. Jh. angelegte **Carré Thiars** , beginnt. Die in den 20er Jahren in purem Art-Déco unter Miteinbeziehung der dorischen Säulen eines Vorgängerbaus von 1787 gebaute **Oper** erreicht man vom autofreien Carré Thiars über die Rue Estienne d'Orves. Palais aus dem 18. Jh. und Nachtclubs machen den schrägen Charme des Viertels aus.

Fisch wird am Hafen nur noch am Quai des Belges von den für ihre Wortgewalt berüchtigten Fischweibern verkauft. In der Halle des ehemaligen Fischmarkts am Quai de Rive-Neuve dagegen spielt seit 1981 das **Théâtre National de Marseille** .

Auf der Rückseite des Theaters führt die Rue Neuve zur **Basilika St-Victor** aus dem 13. und 14. Jh. Die trutzige Gottesburg mit ihren über 3 m dikken Chorwänden blieb als Relikt der

Miramar

Wer mit einer *Bouillabaisse* liebäugelt, sollte sich zwischen zwei Möglichkeiten entscheiden: Entweder man geht gleich in ein wirklich gutes und für seine Bouillabaisse bekanntes Lokal und nimmt den ordentlichen Preis, der dort zu zahlen ist, in Kauf. Oder man läßt es ganz bleiben. Denn bei Billigangeboten ist in aller Regel auch das wenige Geld sinnlos rausgeschmissen. Die Bouillabaisse im Miramar ist opulent, die Zutaten sind erstklassig, sie schmeckt hervorragend, besser kann man die Fischsuppe eigentlich kaum machen. Drachenkopf, Petersfisch, Meeraal, roter Knurrhahn, Seespinnen und Seeteufel sind die Fische, ohne die es bei dieser Marseillaiser Spezialität nicht geht. Serviert wird das Gericht in mindestens zwei Gängen. Zuerst die Suppe, wobei man die gerösteten Weißbrotscheiben mit der *Rouille* (scharfe Knoblauchmayonnaise) bestreicht und in der Suppe aufweichen läßt. Bei den folgenden Gängen werden die filetierten Fische mit Kartoffeln auf einer großen Platte aufgetragen, mit etwas Suppe benetzt, und ganz nach Belieben, wieder mit Brot und Rouille verspeist. Ob man noch geriebenen Käse dazu mag, ist Geschmackssache. *Miramar, 12, quai du Port, 13000 Marseille, ☎ 91 91 10 40, Fax 91 56 64 31. So geschlossen, AmEx, Visa, Diners, Eurocard, Menüs: 350 und 500 FF*

während der Revolution zerstörten Abtei St-Victor erhalten. Tief in der Erde schlummert ihr größter Schatz: Die übereinandergebauten Krypten gehen bis auf das 5. Jh. zurück. Die frühchristlichen, in die Krypta einbezogenen Sarkophage, nochmals 200 Jahre älter, belegen eine Nekropole, für die ein stillgelegter Steinbruch in der Antike genutzt wurde. St-Victor enthüllt mit jeder Stufe tiefer in den Fels das Alter der Stadt. Über allem schwebt ein Hauch Antike, hier lag spürbar eine der Wiegen des abendländischen Christentums.

Zurück zu irdischen Vergnügen bringt ein Besuch im Four des Navettes an der Ecke Rue und Place St-Victor: Seit 1781 dampft Marseilles köstliches Anisgebäck in Form kleiner Schiffchen ofenwarm vom Blech. Die Rue Sainte stößt in Richtung Küste auf die Bollwerke des **Fort d'Entrecasteaux** 31, das seit 1660 den südlichen Hafeneingang schützt.

Prägender für die Südseite des Vieux Port aber ist das **Château du Pharo** 32 inmitten des gleichnamigen Parks, dessen Second Empire-Pomp für Kaiserin Eugénie über das Ufer geklotzt wurde, bei Fall des Zweiten Kaiserreichs 1871 jedoch nicht einmal fertiggestellt war.

Bliebe ein letztes Monument im pathetischen Stil des Second Empire: die

Notre-Dame-de-la-Garde

Basilika Notre-Dame-de-la-Garde 33, die mitsamt Campanile und goldener Muttergottes auf dem Turm aus 162 m Felshöhe (Bus 60 ab Vieux Port) als ›bonne mère‹ der Marseiller ihre neobyzantinischen Fittiche über die Stadt breitet. Vom Aussichtspunkt an Notre-Dame-de-la-Garde scheint das längliche Hafenbecken beschaulich klein, das Häusermeer ringsherum endlos.

Aus der Calanque de Lacydon entstand einst der Vieux Port von Marseille. Auf Marseiller Stadtgebiet, genauer gesagt dem neunten Arrondissement, reihen sich noch etliche weitere Calanques. Hier siedelten Menschen lange vor der Stadtgründung in prähistorischer Zeit. Seit weniger Frachtschiffe in Marseille andocken, soll das Meer den Bewohnern zurückgegeben werden. Modernste Kläranlagen haben das Baden selbst in Innenstadtnähe unbedenklich gemacht. Die Freizeitwelt der **Plage du Prado** an der südöstlichen Corniche wurde mit den beim Bau der neuen Métro angefallenen Erdmassen aufgeschüttet – ein Aqualand mit echtem Meerwasser und blauem Fähnchen für saubere Strände.

Abgeschiedener sind die Naturwunder der Calanques weiter im Osten, doch schon der kleine **Port des Auffes**

mit seinem Dorfhafen mitten in der Großstadt ist eine Calanque. Die **Calanque de Sormiou** gilt als schönste auf Marseiller Gebiet. Nur wer einen Tisch im kleinen Restaurant direkt am türkisfarbenen Fjord reserviert hat, bekommt nach kurzem Rückruf beim Besitzer von den Wächtern an der Zufahrt freie Fahrt. Ein paar Kilometer windet sich das schmale Sträßchen durch den hellen Felscanyon bis zur zweiten Barriere: Diesmal sind achtzehn Francs fällig, um ans Meer zu kommen. Dafür erteilt die Schrankenwärterin den Rat, nichts im Auto liegen zu lassen: Zu viele Kinder der nach dem Algerienkrieg repatriierten Franzosen aus dem Viertel oberhalb der Calanque sind arbeitslos, um der Versuchung widerstehen zu können. Die Calanque de Sormiou kam als fette Mitgift einer reichen Marseillerin in die Hände der heutigen Besitzer, die mit der landschaftlichen Schönheit ihr Geld machen. Im neunten Arrondissement von Marseille sieht es so aus wie an der Côte vor ihrer Entdeckung, denn seit 1975 schützt ein Bebauungsverbot die Idylle. Ein Hort der Reichen ist das Naturwunder auf Großstadtgebiet freilich nicht. Ganze 1500 Francs Monatsmiete kosten die weinberankten *cabanons* ohne Stromanschluß, die seit Generationen vom Vater auf den Sohn vererbt werden. Schenkt man dem Gerücht Glauben, zählt selbst ein Minister zu den Sommergästen in den einfachen Häuschen.

L'Estaque

*T*ypiquement seizième, flucht Frédéric, als wir in einer der engen Gassen von L'Estaque vor dem Gegenverkehr zurücksetzen müssen. Die Rue du Cercle windet sich durch L'Estaque, den nördlichsten Ausläufer von Marseille und sechzehntes Arrondissement. Der angehende Kunsthistoriker führt während seiner Semesterferien durch das steil zur Kirche ansteigende Gassengeflecht.

Braque, Cézanne, Dufy, Renoir haben im längst eingemeindeten Küstenörtchen gemalt, Macke kam im April 1914 hierher, um die gemalten Viadukte von Braque photographisch festzuhalten, bevor die Reise in Begleitung von Klee und Moilliet nach Tunis weiterging. Dorfgassen und verfallene Industriebauten entpuppen sich als Schauplätze der Kunstgeschichte. Hier ein Viadukt von Braque, dort die Ziegelfabrik St-Henri von Dufy. Frédéric hält an den

Orten des Wiederkennens Kopien der Gemälde hoch. Manchmal stimmen Dächer und Kirchtürme, oft sind es nur noch markante Punkte wie der Bahnhof, die kubistisches Gemälde und heutiges Bild gemein haben. *Tempi passati.* Ein TGV donnert durch die Motive für die ersten Tastversuche des Impressionismus. Ohrenbetäubend wie vor hundert Jahren setzt danach das Gezirpe der Zikaden wieder ein. In der Luft schwebt der würzige Geruch von Anis. Bedrohlich hat sich allein die Bucht von Marseille verändert. Cézannes »Vue du Golfe de Marseille« existiert nicht mehr, nur die Berge sind noch so schieferblau, das Meer noch so tintenblau wie 1878 gemalt. Dazwischen wälzt sich ein Bebauungsbrei, der aus der Ferne die Vielfältigkeit der Stadt am Golf aufhebt. In L'Estaque selber klacken dafür wie seit eh und je die Boulekugeln unter den Platanen der Uferstraße.

Rücken an Rücken – Die Chaîne de l'Etoile und das Massif de la Ste-Baume

Als die Chaîne de l'Etoile noch bewaldet war, hoben sich ihre Kalkspitzen als helle Flecken vom grünen Bergsockel ab. ›Sternenkette‹ heißt deshalb der 781 m hohe, rund um das östliche Stadtgebiet gewundene Hausberg von Marseille. Sein Eichenwald verschwand, als Ludwig XIV. die Bäume für den Bau von Galeeren und Handelsschiffen der Ost-Indien-Kompanie zur Abholzung freigab. Waldbrände taten ein übriges, so daß die Etoile-Vegetation heute überwiegend aus Garrigue-Bewuchs besteht.

Eine Senke trennt den Höhenzug vom Massif de la Ste-Baume, das es auf eine Höhe von 994 m bringt und an der Südflanke mit Laubwäldern bedeckt ist. Das markante Felsmassiv verläuft, wie alle Erhebungen der Provence, in Ost-West-Richtung. Ihren Namen verdankt die Bergkette einer Wallfahrergrotte (Grotte = provenz. *baoumo*) am Gipfel St-Pilon. Der Überlieferung nach hat die hl. Maria Magdalena in der Höhle 33 Askesejahre zugebracht. Magdalena soll eine der hl. Marien gewesen sein, die in Begleitung von St-Maximin und St-Trophime (s. S. 102f.) mit einem Boot vor der Christenverfolgung in Palästina nach Stes-Maries-de-la-Mer geflüchtet war (s. S. 115).

1270 ließ der Thronanwärter Karl II. von Anjou bei der heutigen Stadt St-Maximin nach Magdalenas Gebeinen graben, wo ihr Grab vermutet wurde. Dem Königshaus fehlten politische Erfolge, die sich jedoch mit aufsehenerregenden Reliquienfunden wettmachen ließen. Prompt wurde man fündig, obwohl Magdalenas vermutliche Reste bereits im 8. Jh. ins Burgund geschafft worden

waren, um sie vor Sarazeneneinfällen in Sicherheit zu bringen. 1298 ließ sich der Papst, selbst politisch unter Druck, zur Anerkennung der neuerlichen Knochenfunde als einzig legitime Magdalenen-Reliquie drängen. Damit sich der politische Punktgewinn für Karl II. von Anjou in barer Münze auszahlte, unterstützte er Dominikaner beim flugs begonnenen Bau der riesigen Pilgerstation St-Maximin-la-Ste-Baume am Ort der Knochenfunde. Die Jakobspilger hatten ein neues Etappenziel auf ihrem Büßerweg nach Santiago de Compostela, und für König und Kirche klingelten fortan die Ablaßkassen.

Von Aubagne nach La Treille und St-Maximin-la-Ste-Baume

Ca. 80 km; Dauer $1/2$ bis $3/4$ Tag, Karte S. 164

Autobahnen und Ausfallstraßen von Marseille halten **Aubagne** 1 (S. 328) im Würgegriff: *Stop and go* in der Stadt der Großtöpfereien, Santon-Werkstätten (s. S. 106) und Fremdenlegionäre. Der einst so ruhige Geburtsort Marcel Pagnols steht vor dem Verkehrskollaps.

Ein paar Autominuten entfernt, im ›Etoile‹, ist davon kaum noch etwas zu spüren (D 44 ab nordöstlichem Stadtausgang). Die Meeresbrise vermischt sich mit Kräuterduft, die Zikaden liegen einem in den Ohren und das Dörfchen **La Treille** 2 verbreitet Provence-Idylle. Das gehört sich auch so für die Heimat von Frankreichs beliebtestem Nationalschriftsteller. Seine Kindheitserlebnisse hat Marcel Pagnol unter anderem in dem Bestseller »Der Ruhm meines Vaters« verarbeitet. Der Provence-Klassiker, Pflichtlektüre für Grundschüler, dient Pagnol-Fans als Reiseführer zu den Orten seiner Jugend. Einer ist die »Bastide Neuve«, das ehemalige Ferienhaus der Eltern Pagnols oberhalb von La Treille, aus dem ein Dorfbewohner ein kleines Café gemacht hat. Die Suche nach weiteren Romanschauplätzen und authentischen Drehorten einer Verfilmung von »La gloire de mon père« und »Le château de ma mère«, unter der Regie von Yves Robert im Jahre 1990, erleichtert der »Circuit de Marcel Pagnol«. Die 20 km lange Rundfahrt samt eines 5 km langen Wanderwegs hat das Syndicat d'Initiative von Aubagne abgesteckt und auf einem Info-Blatt beschrieben.

Die D 2 und D 80 führen ins Baume-Massiv und zur **Hôtellerie de la Ste-Baume 3**. Der Parkplatz des Wallfahrtszentrums ist Ausgangspunkt einer steilen, rund zweistündigen Rundwanderung zum Gipfel. Der Weg (GR 9, rotweiß) führt zunächst durch Feld und Wald, dann an einer Kapelle am Carrefour de l'Oratoire vorbei zur Grotte Ste-Baume und weiter zum St-Pilon. Der Ausblick vom Gipfel der ›Kleinen Provenzalischen Alpen‹ entschädigt für die schweißtreibende Kraxelei. Der Rückweg führt nach Osten über den Bergkamm zum Col du St-Pilon, wo man der GR 9 zurück zum Carrefour de l'Oratoire folgt und für den weiteren Abstieg den nach Osten abzweigenden »Chemin des Rois« (Fleur-de-Lys-Beschilderung) zum Carrefour des Chiens an der D 80 wählt. Von dort sind es etwa 500 m zurück zum Parkplatz.

Chaîne de l'Etoile und Massif de la Ste-Baume

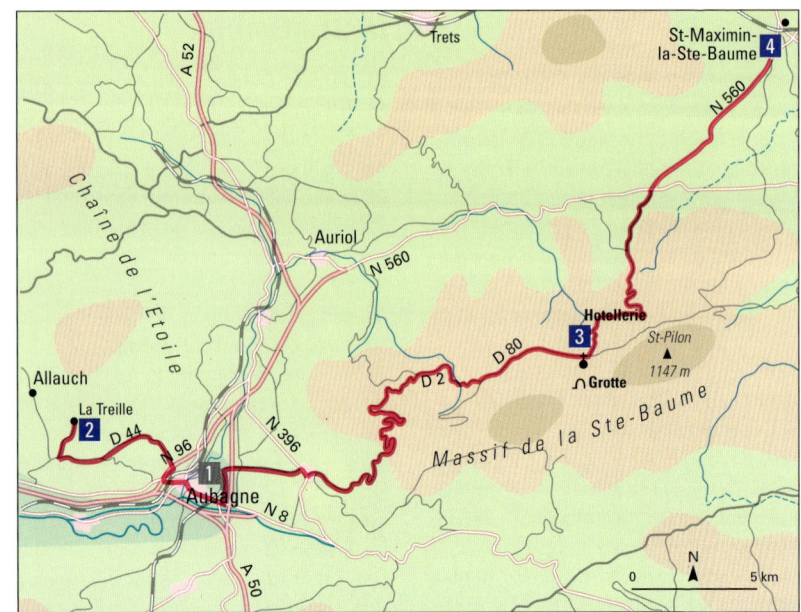

Töten im Namen der Trikolore
Die Fremdenlegion

Wenn's knallt in der Welt, sind sie fast immer dabei. Mal an der Seite der Amerikaner im Irak, mal als Teil der UNO in Ruanda oder im ehemaligen Jugoslawien. Seit 1962, dem Ende des Algerienkrieges, steht das Hauptquartier der französischen Elitesoldaten in Aubagne. Weitere Regimenter der 8000-Mann-starken *»Légion étrangère«* sind in Französisch-Guyana, Dschibuti und auf den französischen Pazifik-Inseln stationiert. 1831 als Infanterie-Regiment vom ›Bürgerkönig‹ Louis-Philippe in Algerien gegründet, blieb die Fremdenlegion – daher der Name – bis heute für Männer aller Nationen offen, sofern sie nicht von Interpol gesucht werden.

Über kleinere Vergehen wie Körperverletzung sieht man hinweg, sonst müßte man die Ausbildung der ›Weißkappen‹ einstellen, denn gezielte Brutalität sind alltägliches Brot der Offiziere bei der viermonatigen Rekrutenausbildung. Sie beginnt, wenn die jährlich rund 1500 neuen Freiwilligen, von denen mittlerweile jeder Zweite aus einem osteuropäischen Land stammt, ihren Paß abgegeben und einen unkündbaren 5-Jahres-Vertrag unterschrieben haben. Dafür erhalten sie monatlich 1500 Francs Sold, eine neue Identität und Sprachunterricht, weil in den Kasernen nur französisch gesprochen werden darf.

›Einmal Legion, immer Legion‹ heißt von nun an die Devise, obwohl ein Drittel der Rekruten bereits nach der ersten Woche am liebsten den Dienst quittieren würde. Die Ausbildung ist eine Tortur. Nach vier Monaten haben die Ausbilder in der Regel ihr Ziel erreicht. Die Nachwuchslegionäre sind psychisch und physisch gebrochen und bereit, im Namen der Trikolore ihr Leben zu lassen. Damit das auf dem Schlachtfeld nicht zu schnell geschieht, werden sie nach der Grundausbildung langsam wieder aufgebaut und von Totschlägern zu Rambos mit Köpfchen umgepolt. Das ist auch nötig, denn mehr und mehr ist bei internationalen Einsätzen ihr Gehirn statt Gewehr gefragt. Der reine Drill für den Kampf von Mann gegen Mann taugt nicht mehr für defensive Blauhelmaktionen und humanitäre Hilfseinsätze, zu denen das Elitecorps heutzutage vom Staatspräsidenten in Krisengebiete geschickt wird. Übrigens ohne innenpolitisches Risiko. Für die Entsendung der Legionäre braucht er keine Zustimmung des Parlaments und muß auch keine Mütter fürchten, die um ihre Söhne bangen. Beim Eintritt in die Fremdenlegion verpflichtet sich jeder Soldat zum Abbruch aller Beziehungen, auch der familiären.

In **St-Maximin-la-Ste-Baume** 4 (S. 378) kann man nun zum Abschluß der Tour das politisch motivierte, etwas klotzig geratene Gemeinschaftswerk von König und Kirche bewundern, die Basilika St-Maximin-la-Ste-Baume, die im Stil der in der Provence kaum verbreiteten ›Königskunst‹ der Gotik erbaut wurde (s. S. 48f.). Schließlich wollte man die Pilger und Kirchgänger beeindrucken und ihre Spendierlaune fördern. Doch die Arbeiten an der größten gotischen Kirche der Provence dauerten bis ins 16. Jh., als die Pilgerströme zum angeblichen Jakobusgrab in Santiago de Compostela bereits zu verebben begannen. In der Krypta, vermutlich die ehemalige Gruft eines antiken Bauwerks und Grundstein für den Kirchenbau, stehen vier Sarkophage des 4. und 5. Jh., die hier bei der Suche nach Magdalenas Überresten zutage gefördert wurden. In zwei von ihnen sind die angeblichen Gebeine der Heiligen und ihres Bootsgefährten St-Maximin aufbewahrt.

Kreuzgang von St-Maximin-la-Ste-Baume

Aix-en-Provence
und die Montagne Ste-Victoire

Aix-en-Provence

■ (S. 322) Fast 90 % der Franzosen leben laut wiederholter Umfragen gerne in Aix, und fast jeder, der schon einmal in Frankreichs schönster Universitätsstadt gewohnt und studiert hat, kommt irgendwann hierher zurück, zu Besuch oder möglichst für immer. Die Immobilienhändler sind bester Stimmung. Die Zersiedelung des Umlandes schreitet erfolgversprechend voran. Unaufhaltsam wächst Aix zu einer kleinen Metropole. Im Süden wuchern die Bungalow-Siedlungen bereits dem Einzugsgebiet von Marseille entgegen, doch mit den hemdsärmeligen Küstenbewohnern und nordafrikanischen Immigranten will die arrivierte Universitätsstadt nichts zu tun haben. Die Angst, von Marseille und seinen sozialen Klimaschwankungen erfaßt zu werden, ist groß und findet ihren Niederschlag im beständigen Stimmenzuwachs für Le Pens rechte Partei Front National. Doch keiner anderen Kleinstadt Frankreichs ist es so gut gelungen, ihre untergründige Biederkeit mit internationalem Flair zu kaschieren. 30 000 Studenten – zu einem Drittel aus aller Welt –, ein buntes, universitär geprägtes Kulturleben und ein renommiertes Musikfestival tragen dazu bei und verhindern zugleich, daß Aix zum Museum wurde. Die ehemalige Hauptstadt der Provence profitiert von ihrer geistigen Elite und orientiert sich dabei ungeniert an Frankreichs Kapitale. Sie kann es sich leisten. Ihr Gerichtshof ist fast so bedeutend wie der von Paris, die 1409 gegründete Universität genießt einen ähnlich guten Ruf wie die Sorbonne, die Arbeitslosenrate ist geringer als anderswo im Süden und die breite akademische Bevölkerungsschicht verdient so gut wie in der Hauptstadt. Fürs *lèche-vitrines*, das ›Schaufensterablecken‹, wie es in Frankreich heißt, braucht man in Aix allerdings auch ein ebenso dickes Portemonnaie wie in Paris. Das tägliche Schaulaufen der Paare und Singles in den feinen Altstadtvierteln ist der Beweis. Die Kaufleute haben neben verführerischen Auslagen und saftigen Preisen auch ihre Geschäftslagen der Hauptstadt abgeguckt. Wer Seite an Seite mit Advokaten und Maklern ›rive gauche‹ residiert, kann für seine Gaultiers und Lagerfelds ein paar Francs mehr verlangen als ›rive droite‹. Allerdings teilt in Aix kein Fluß das ›linke‹ vom preiswerteren ›rechten Ufer‹ der Stadt, sondern der berühmte Cours Mirabeau, für Generationen von Studenten und Stadtbummlern aus aller Welt die schönste Stadtpromenade Frankreichs.

Zum Aix-Ritual gehört es, gleich nach Ankunft in der Stadt mit dem Auto die schattige Platanenmeile anzusteuern und bei Kaffee oder Pastis ganz ungeniert das bühnenreife Passanten-Defilee zu beobachten. Mit Schilderwäldern und Ringstraßen versuchen die Stadtväter das motorisierte Besucherheer von ihrem Drang zur Mitte abzuhalten. Vergebens. Vor den Lohn eines freien *Centre-Ville*-Parkplatzes haben die überforderten Verkehrsplaner den Schweiß gesetzt. Nach mühevoller Kurverei empfiehlt es sich deshalb, die Stadtbesichtigung am Bistrotisch zu beginnen: mit etwas Glück auf den begehrten Stühlen des »Les Deux Garçons«, dem bekanntesten Bistro der Stadt, das bestens geeignet ist für einen kurzen Streifzug durch die Stadtgeschichte.

Es war wohl die Magie der Montagne Ste-Victoire, die in grauer Vorzeit keltoligurische Saluvier anzog und zugleich auf gebührenden Abstand hielt. Ihre Siedlung **Entremont**, etwa 3 km nördlich von Aix auf einer kleinen Hochebene gelegen und heute ein Grabungsfeld mit geplanter Museumsanlage, ist das einzige bekannte *oppidum*, das nicht in Nähe einer Wasserquelle entstand, von denen einige an den strategisch kaum schlechter gelegenen Hängen des Bergmassivs zu finden sind. Wozu die Mühe des Wassertransports von weit her? Die Montagne Ste-Victoire steht auf einer tellurischen Ader, deren tektonische Bewegung den Berg aus dem Boden drückte und noch heute ab und zu erzittern läßt. Das erklärt die Verstrebungen mancher Häuserecken in Aix und vielleicht auch die Gründung des *oppidum* in sicherer Entfernung vom unruhigen Berg. Von dort trieben die rauhbeinigen Kelten Salzhandel mit den Griechen Massalias (Marseille), sofern nicht Scharmützel die zunehmend schwierigere Partnerschaft störten.

123 v. Chr. befreite der zu Hilfe gerufene Römer Caius Sextius Calvinus die Griechen von ihrer Last im Nacken, fand südlich des zerstörten Entremonts Thermalquellen und legte den Grundstein von Aquae Sextiae. Seither plätschert in Aix das Wasser, von späteren Architekten in zahllose Brunnen geleitet. Zwei kleinere zieren den **Cours Mirabeau 1**, ein weiterer markiert als Rotunde seit 1869 den westlichen Ausgang der Allee. Ihr östliches Ende schmückt etwa ebenso lange die **Fontaine du Roi René 2**. René, der letzte König einer unabhängigen Provence, hält statt Machtinsignien eine Muskatellertraube in der Hand, die er in der Provence eingeführt haben soll. Das Volk dankte es ihm mit dem Beinamen ›der Gute‹ und vergaß dabei wohl, daß er zahllose Bauern und Handwerker mit seiner Prunksucht in den Steuerruin getrieben hatte.

1481 fiel die Provence an Frankreich. Aix blieb die Hauptstadt der Provence, erhielt einen äußerst gestrengen Verwaltungs-Gerichtshof und wuchs mit den Jahren rund um den verlängerten Arm des französischen Königshofs zu einer selbstbewußten Konkurrenz für Versailles heran. Ludwig XIV. reagierte prompt, entsandte Michel Mazarin, einen Bruder des berühmten Kardinals, als Gouverneur nach Aix und vertraute auf dessen Geschick bei der Veräußerung von Privilegien an die um Autonomie bemühte Aristokratie. Die Verkaufstour wurde ein voller Erfolg – für König und Stadt. Reiche Bürger folgten dem Beispiel des Adels und standen Schlange beim Gouverneur, um sich in Ämter und Würden einzukaufen. Bald sprudelten mehr Brunnen als je zuvor in Aix, gestiftet aus Eitelkeit, bezahlt aus den Taschen der etwa 1000 Neureichen und Adeligen. Ihre Sucht nach Sozialprestige löste Mitte des 17. Jh. einen Bauboom aus. Wenige Jahrzehnte später war Aix um zahllose barocke Stadtpaläste, die sogenannten *Hôtels particuliers*, das noble Quartier Mazarin und den Cours Mirabeau reicher. Die einstige Gewerbestraße blieb fortan für Fuhrwerke und Maulesel gesperrt, damit kein Lärm und Kotgeruch die Freude der Geldgeber an frisch gepflanzten Platanen und geputzten Fassaden trübte. Daß es dahinter nicht immer *comme il faut* zuging, dafür sorgte der Namenspate der Edelmeile

Cours Mirabeau in Aix-en-Provence

Aix-en-Provence 1 *Cours Mirabeau mit Rotunde* 2 *Fontaine du Roi René*
3 *Musée Paul Arbaud* 4 *Musée Granet* 5 *Justizpalast* 6 *Ste-Marie-Madeleine*
7 *Hôtel Boyer d'Eguilles* 8 *Hôtel d'Arbaud* 9 *Kornhalle* 10 *Rathaus*
11 *Uhrturm* 12 *Hôtel d'Estienne de St-Jean* 13 *Hôtel de Châteaurenard*
14 *Erzbischöfliches Palais* 15 *Universität* 16 *Kathedrale St-Sauveur*
17 *Pavillon de Vendôme* 18 *Pavillon de Cézanne*

und stadtbekannte Herzens brecher höchstpersönlich, als er sich eines Tages in Unterhosen am Schlafzimmerfenster seiner späteren Ehefrau Emilie de Marignane zeigte. Die Aristokratie war pikiert, das Volk amüsiert. Es applaudierte Mirabeau für den Auftritt und wählte den Befürworter einer konstitutionellen Monarchie zum Abgeordneten des Dritten Standes ins Parlament.

Ein Jahrhundert später – die Revolution hatte Aix längst den Rang als Provence-Hauptstadt gekostet und Marseille war von Napoleon zur Kapitale des Departements Bouches-du-Rhône gekürt worden – löste die Eheschließung Paul Cézannes (1839–1906) mit seiner langjährigen Geliebten Hortense 1866 einen ähnlichen Skandal aus. Aix war zu einer biederen Provinzstadt abgesunken und beäugte mit Mißtrauen den Freigeist, der das Erbe seine angesehenen Vaters durchbrachte und mit seiner modernen Malerei gegen die gewohnte Geschmacksnorm revoltierte (s. S. 40ff.). Im »Les Deux Garçons« hat Cézanne ab und zu mit seinem Schulfreund Emile Zola einen Café getrunken, er bevorzugte jedoch als Stammlokal das »La Plume« gegenüber, wo heute ein Geschäft zur ›Quartier Mazarin-Miete‹ residiert. In diesem feinen Viertel, unweit des **Musée Paul-Arbaud** 3 mit wertvollen Büchern und einer archäologischen Sammlung aus der Provence, gleich neben der gotischen Kirche St-Jean-de-Malte, hat Cézanne das Malen gelernt. In der ehemaligen Ecole de Dessin zeigt heute das **Musée Granet** 4 keltische Skulpturen und Grabungsfunde aus Entremont, teilweise bedeutende Gemälde des 16. bis 19. Jh. und acht dem Louvre entliehene, leider eher durchschnittliche Werke des lange verkannten Cézanne (am Office de Tourisme beginnt ein mit bronzenen, im Bürgersteig eingelassenen C-Vierecken markierter Cézanne-Weg zu 17 Lebens- und Wirkungsstätten).

Die protzige Revolutionsarchitektur des **Palais de Justice** 5, eines Nachfolgebaus des ehemaligen Ancien Régime-Parlaments, ist eine Huldigung an die Macht. Den Dingen in Augenhöhe, den Cafés, Trödlerständen und Stadtbummlern, will es nicht so recht gelingen, der Place de Verdun und der benachbarten Place des Prêcheurs ihre spröde Monumentalität zu nehmen. Unwillkürlich zieht es einen weiter, so daß man auf der Suche nach den lebendigeren Plätzen der Altstadt leicht die beachtliche romanische Kapelle des ehemaligen Dominikanerklosters **Ste-Marie-Madeleine** 6 an der nördlichen Stirnseite des Platzduos verpaßt. Die romanische Architektur gibt sich verschlossen wie ihre Nachbarschaft und stellt die Betrachter des um 1545 entstandenen Triptychon-Mittelteils eines Verkündigungsszenarios vor ein Rätsel. Die merkwürdige Ikonographie des burgundischen Malers Dombet wartet noch immer darauf, von Experten vollständig entschlüsselt zu werden.

Nördlich des **Musée d'Histoire naturelle** 7, das in den fotogen gealterten Prunkgemächern des Hôtel Boyer d'Eguilles unter anderem an der Montagne Ste-Victoire aufgefundene Dinosaurier-Eier zeigt, wird man vormittags von Marktschreiern am **Hôtel d'Arbaud** 8 vorbei auf die Place Richelme gelockt. Vor der ehemaligen **Kornhalle** 9 (1754 erbaut, heute Post) mischen sich Käsegerüche unter Kräuterdüfte. Um 12 Uhr rücken die Kehrmaschinen an und säubern den kleinen Platz für Bistrotische. Die Bauern spuken blankgelutschte Olivenkerne aus, verstauen Kisten und Körbe im Auto, wi-

schen sich den Schweiß von der Stirn und machen ihrer Sorge Luft über fallende Erzeugerpreise, Brüsseler Agrarpolitik und Arbeitslosigkeit. Während ihre Köpfe bei der Zukunft sind, bleiben ihre Bäuche in der Gegenwart. Zeit für's Mittagessen! Schon haben sich die Bauern aus der Stadt verdrückt. Irgendwo draußen wartet ein Fläschchen ›rouge‹, ein dampfender Braten und vielleicht am Abend eine kleine Boule-Partie.

Die Cafés der Place de l'Hôtel de Ville und Place des Cardeurs, stilvoll bewacht vom **Hôtel de Ville** (1655–70) **10** und der **Tour de l'Horloge** **11** mit einem provence-typischen Glockenkäfig (16. Jh.), sind zur warmen Jahreszeit fest in Studentenhand. Während der endlosen Sommerabende, wenn die Tageshitze noch an den Mauern haftet, duftet es hier manchmal, als wäre gerade eine Parfümerie in Scherben gegangen. Gleich nördlich der beiden Plätze liegen Fakultätsgebäude der Universität; und eines der erklärten Studienziele vieler Uniabsolventen ist es, eine gute Partie zu machen. Das ist in Aix statistisch weniger kompliziert als in anderen Hochschulstädten Frankreichs und leichter als ein erfolgreicher Studienabschluß an der Eliteuniversität, denn hier büffeln überdurchschnittlich viele Studenten, Doktoranden und zukünftige Diplomaten aus gutsituierten und einflußreichen Elternhäusern Europas fürs Examen.

Gegen das Freiluftspektakel rund um das Rathaus kommt das kleine Heimatmuseum **Musée du Vieil Aix** **12** in den Räumlichkeiten des Hôtel d'Estienne de St-Jean kaum an; ein Fall für Regentage. Ein Mittel gegen düstere Stimmungen erhoffen sich wohl auch die meisten der Besucher des 1650 erbauten **Hôtel de**

Châteaurenard **13**: In dem ansehnlichen Barockpalais vom Reißbrett eines Architekten aus Aix hat man wenig zimperlich das Sozialamt untergebracht.

Auch das ehemalige, zwischen 1650 und 1730 erbaute Erzbischöfliche Palais, in dem das **Musée des Tapisseries** **14** wertvolle Wandteppiche zeigt, dient heute der Stadt einem anderen, allerdings erfreulicheren Zweck. Im prächtigen Innenhof findet seit 1948 alljährlich im Juli das internationale »Festival d'Aix« statt, mit klassischen Konzert- und Opernaufführungen von Weltrang.

Aix-en-Provence

Lange bevor vis-à-vis des heutigen politikwissenschaftlichen Fakultätsgebäudes der **Universität** 15 die gotische **Kathedrale St-Sauveur** 16 um 1500 fertig gestellt wurde, waren schon Generationen von Scholaren ihre eifrigsten Besucher gewesen, denn zum Büffeln gehörte auch das Beten. Christliche Kirchenlehre war ein Prüfungspflichtfach. Von den wenigen gotischen Gotteshäusern der Provence (s. S. 48f.) ist St-Sauveur eines der sehenswertesten. Die Fundamente der romanischen Bauteile, ein frühchristliches Baptisterium aus dem 5. Jh., wurden auf – und teilweise aus – den Ruinen des römischen Forums errichtet. Beachtlich ist auch der kleine Kreuzgang mit seinen filigran geflochtenen Ecksäulen aus dem 12. Jh. Hauptattraktion aber ist nicht die Kirchenarchitektur selbst, sondern das 1476 von Nicolas Froment gemalte »Triptychon des brennenden Dornbusches«, eine Auftragsarbeit des ›guten‹ Königs René, finanziert mit Steuergeldern aus seiner Grafschaft Provence.

Architekturinteressierte finden ein paar Schritte entfernt vom jüngst reno-

vierten, modernen Thermalbad »Thermes Sextius«, aus dessen Untergrund seit Römerzeit warmes Heilwasser sprudelt, ein besonders schönes Exemplar barocker Baukunst, den **Pavillon de Vendôme** 17, zu erreichen über die Gartenseite an der Rue Célony. Das ›Landhaus‹ des Kardinals und Herzogs von Vendôme wurde 1664 errichtet. Das dritte Stockwerk ließ seine zahlreiche Nachkommenschaft im 18. Jh. hinzufügen.

Der Besuch des Ateliers von Cézanne führt weiter von der Altstadt weg nach Norden. Der **Pavillon de Cézanne** 18 ist ein bescheidenes gelbes Haus, ganz so wie man es von einem Maler erwartet, der dem überdrehten Paris den Rükken gekehrt hatte. Das Atelier ließ Cézanne nach eigenen Plänen inmitten der struppigen Vegetation errichten, die den Launen der Natur gehorchend zum Fenster hineinwucherte. Der schöne, wilde Garten erscheint ähnlich unverändert wie der große Atelierraum. Neben den wenigen Skizzen und einem Bild für die Frau seines Freundes Zola sind es vor allem die vielen, scheinbar zufällig herumstehenden Malutensilien Cézannes, die den Anschein erwecken, als kehrte der Künstler gleich von einem seiner zahllosen Malausflüge zur Montagne Ste-Victoire zurück.

Mit optischen Faustschlägen fühlt man sich von Vasarelys konstruktivistischer Kinetik und Op Art-Malerei der **Fondation Vasarély** aus der Jahrhundertwende-Beschaulichkeit zurück in die Moderne gestoßen, sollte man, dem Routenvorschlag folgend, den Spaziergang durch Aix mit dem Besuch des üppig dimensionierten Museumsgebäudes beschließen (4 km westlich der Altstadt im Quartier Jas de Bouffan, Bus der Linie 12 vom Office de Tourisme). Das Museum mit etwa 40 Ausstellungsstücken Vasarelys ist wegen seiner zahlreichen Kulturveranstaltungen seit der Fertigstellung 1978 zu einer vielbesuchten Begegnungsstätte geworden.

Montagne Ste-Victoire

Rundtour um die Montagne Ste-Victoire

Ca. 65 km, Dauer ½ Tag, einschließlich der 3–4stündigen Wanderung auf die Montagne Ste-Victoire 1 Tag, Karte S. 175

Der barocke ehemalige Adelssitz **Le Tholonet** 1, heute Firmensitz des größten Wasserversorgungsunternehmens der Provence, ist das erste Etappenziel. Man erreicht das sehenswerte, von einem Park umgebene Schloß über den vom östlichen Innenstadtring abzweigenden Boulevard des Poilus auf der D 17, Richtung Pourrières. Von der Doppelallee zum Palais zweigt ein Weg ab zur Barrage Zola. Die Staumauer wurde Mitte des 19. Jh. von dem Vater des Schriftstellers erbaut.

Vom **Parc de la Roquetta** 2, an der von Waldbränden geschorenen Südflanke des Massivs, führen gut ausgeschilderte Wanderwege auf den 1011 m hohen Gipfel der **Montagne Ste-Victoire** 3 (vom 1. Juli bis 15. September wegen Brandgefahr gesperrt); leichter und ganzjährig läßt sich der Berg von Norden aus besteigen. In dieser Gegend

hatte Cézanne während seiner letzten Lebensjahre unzählige Male seine Staffelei aufgestellt und den Berg zum Hauptmotiv seines Spätwerks gemacht (s. S. 40ff.). Bestiegen hat er die Ste-Victoire seit seiner Jugendzeit in Aix nicht mehr. Auf dem Rückweg von ›seinem‹ Berg brach Cézanne 1906 zusammen. Sieben Tage später war er tot.

Die Montagne Ste-Victoire wurde Cézannes Monument, für seinen späten Nachfolger Picasso eines der wichtigsten Leitmotive der abstrakten Malerei. 1959 telefonierte Picasso mit seinem Galeristen Kahnweiler: »Ich werde das Massiv Montagne Ste-Victoire kaufen«. »Und welches?«, fragte der Händler, »Cézanne hat es ja häufig gemalt«. »Kein Gemälde, das Original!« Wenig später war Picasso Eigentümer des Renaissanceschlosses in **Vauvenargues** 4, an der bewaldeten Nordseite der Ste-Victoire, zu der man über Puyloubier und Pourrières auf der D 10 Richtung Aix gelangt. Das war samt 1500 ha Land zwar nur ein kleiner Teil vom Berg, aber ein besonders ansehnlicher, mit uraltem Pinien- und Eichenbestand. 1966 zog Picasso nach Mougins (s. S. 273), wurde aber im Garten des Schlosses bestattet, der seinem Wunsch entsprechend ebensowenig wie das Gemäuer aus dem 17. Jh. besichtigt werden kann.

Für die mittelschwere, teilweise schattige Wanderung auf den Ste-Victoire-Gipfel Croix de Provence (hin- und zurück ca. 3–4 Std.) parkt man sein Auto (wegen Diebstahlgefahr keine Wertgegenstände im Innenraum lassen) 1 km westlich von Vauvenargues beim Gehöft Les Cabassols und folgt dem »Chemin des Venturiers«. Vorbei am Stau- und Badesee Lac de Bimont kehrt man zurück nach Aix.

Montagne Ste-Victoire

Das ›21. Arrondissement von Paris‹ –
Der Lubéron und das Plateau de Vaucluse

Irgendwann in den 70er Jahren waren ›St-Trop‹ und ›Côte‹ bei der Pariser Schickeria out. Jet-Set und Promis hatten es satt, ihre gebräunten Bäuche und Busen von Touristen und Berufsvoyeuren der Regenbogenpresse begaffen zu lassen. Man floh in die einsamen Berge des Lubéron, wo verfallene Gehöfte und verwilderte Äcker auf Investoren warteten. Zunächst machten sich die Betonmischer über Oppède-le-Vieux, Ménerbes, Lacoste und Bonnieux im ›Kleinen Lubéron‹ her. Als man dort den Quadratmeter mit 10-Unzen-Goldbarren aufwog, kam der ›Große Lubéron‹ rund um Apt dran, wo ein stilvoll geliftetes Gemäuer bald schon soviel kostete wie das Lebenseinkommen einer gutverdienenden Winzerfamilie. Aber zum Glück gab's da noch in Sichtweite des Lubéron halbverlassene, von weltflüchtigen Intellektuellen und Künstlern bewohnte Vaucluse-Dörfer wie Gordes und Roussillon.

So kam es, daß die Großregion zwischen Carpentras, Cavaillon und Manosque mittlerweile die landesweit größte Dichte an Swimmingpools aufweist. Wer allerdings hofft, in Frankreichs idyllischem Beverly Hills einen echten Rothschild, Fabius, Dépardieu, Piccoli, Berri, eine leibhaftige Birkin, Adjani, Deneuve oder seit neuestem gar einen Müller-Westernhagen und Douglas beim Planschen zu erspähen, wird enttäuscht werden. Um einer Zubetonierung der Landschaft und Abholzung der Wälder wie an der Côte d'Azur vorzubeugen, wurden der Petit und Grand Lubéron schon 1977 zum Naturpark mit Neubaubegrenzung und ungewöhnlich

strengen Denkmal- und Naturschutzauflagen erklärt. Was dem Lubéron dient, kommt auch der High Society zu Gute: Die beschränkte Zahl von Neubauten hält den Wert ihrer Immobilien stabil, und der gesetzlich garantierte Erhalt der dichten Garrigue- und Waldvegetation schützt die unsichtbar im Grün versteckten Prominenten-Ferienhäuser vor neugierigen Blicken.

Rundtour im Petit Lubéron und über das Plateau de Vaucluse

Ausgangsort Apt; ca. 140 km; Dauer 1–2 Tage, Karte S. 186/187

Die kleine 12 000-Einwohner-Kapitale des Lubéron, **Apt 1** (S. 326) mit einer romanischen Kirche (Kathedrale Ste-Anne, 12. Jh.), einem archäologischen Museum, einer Bistromeile und verwinkelten Einkaufsgassen, haben kandierte Früchte zur Welthauptstadt der klebrigsüßen Plombenzieher und Kuchengewürze gemacht. Apts Hauptattraktion ist jedoch der Samstagsmarkt, zu dem vor allem im Sommer der halbe Lubéron zusammenströmt und die Stadt in einen Jahrmarkt der Eitelkeiten verwandelt. Ein Spektakel, das man sich nicht entgehen lassen sollte.

Gegenüber dem Abzweig der D 108 von der N 100 erinnert der römische **Pont St-Julien** (1. Jh.) **2** daran, daß über die intakte Dreibogenbrücke einst

Ockersteinbruch bei Roussillon ▷

Wandern und Radfahren
im Lubéron-Naturpark

Der Regionalpark (Parc régional du Lubéron) entspricht etwa dem 60 km langen, dichtbegrünten Lubéron-Massiv zwischen Cavaillon und Manosque. Im Süden reicht das Naturschutzgebiet an das Durance-Ufer, im Norden an die Ausläufer des Plateau de Vaucluse, entlang des Calavon. Einzige direkte Nord-Süd-Verbindung ist das Tal des Aigue Brun zwischen Apt und Lourmarin (D 943). Die Erosionsschlucht trennt den rund 700 m hohen Petit Lubéron vom Grand Lubéron, dessen 1125 m hoher, autofreier Gipfel Mourre Nègre Kreuzungspunkt mehrerer *grandes randonnées* (GR) genannter Fernwanderwege ist. Hier ist das Reich geschützter Vogelarten, wie des weißen Bonelli-Adlers, der bis zu 2 m langen Montpellier-Natter, giftiger, aber scheuer Vipern und des *Scorpion d'Occitanie*.

Der etwa 130 000 ha große Naturpark umfaßt 51 Gemeinden mit etwa 90 000 Einwohnern und wurde 1977 mit dem Ziel gegründet, Wirtschaftsförderung und Naturschutz in Einklang zu bringen, um den Lebensraum bedrohter Tier- und Pflanzenarten zu erhalten und sowohl naturverbundene Touristen anzulocken als auch industrielle Arbeitsplätze zu schaffen bzw. zu erhalten. Mit strengen Auflagen für private und industrielle Bauvorhaben, naturverträglichen Abwasserentsorgungsanlagen, rigiden Düngeverordnungen für landwirtschaftliche

Betriebe und stark reglementierten Jagdschutzverordnungen hat man industrielle und touristische Auswüchse verhindern und das ökologische Gleichgewicht wahren können.

Am nächsten kommt man der lubéron- und vaucluse-typischen Natur auf dem Plateau des Claparèdes, zwischen den Bergnestern Saignon, Buoux und Sivergues, rund um den Mourre Nègre, sowie im Ockersteinbruch Colorado provençal bei Rustrel und in der verwunschenen Landschaft rund um Oppedette, das wie Rustrel bereits im West-Vaucluse, knapp außerhalb des Naturparks, gelegen ist. Als zentraler Standort für Auto- und Wandertouren empfiehlt sich Apt oder eines seiner schönen Nachbardörfer.

Wanderkarten, etwa die sehr verläßliche blaue Serie des Institut Géographique National (IGN) im Maßstab 1:25 000, erhält man im deutschen und französischen Buchhandel sowie in den Naturpark-Informationszentren in Apt und La Tour d'Aigues. Für recht geruhsame Radtouren von Dorf zu Dorf eignen sich, außerhalb der verkehrsreichen Monate Juli und August, die Ebenen östlich von Lourmarin (Höhenunterschiede knapp 50 m) und zwischen Gordes und Rustrel (Höhenunterschiede 100 bis 150 m).

Roussillon (s. S. 183): Durch das ehemalige Abbaugebiet der Ockerfelsen führt ein »Sentier des Ocres«. Der beschilderte Lehrpfad beginnt am Friedhof. **Bonnieux** (s. S. 189): Der »Parking du Forêt des Cèdres«, südwestlich des Ortes an der D 3, Richtung Lacoste, ist Ausgangspunkt einer Zwei-Stunden-Wanderung auf einer *route forestière* (Wirtschaftsweg) durch einen Zedernwald bis zur Radarstation (Ausblick). **Saignon** (s. S. 189): Knapp 1 km unterhalb des Ortes beginnt am Abzweig der D 114 von der D 48, Richtung Apt, die GR 92, auf der man nach ca. 11 km und 2–3 Stunden Wanderzeit (Höhenunterschied 700 m) den Mourre Nègre (Ausblick) erreicht. Nur etwa 1,5 Stunden benötigt man auf den Gipfel, wenn man am Friedhof südlich von Auribeau (D 48, 5 km von Saignon entfernt) dem blau gekennzeichneten Weg folgt, der nach 2 km auf die GR 92 trifft. **Rustrel** (Ocker-Felsen im Colorado provençal, s. S. 193): Für die zwei Wanderpfade empfiehlt sich gutes Schuhwerk, da einige nach Regenfällen kaum passierbare Steilstücke zu überwinden sind. Keine Wertgegenstände im Auto lassen, auf den beiden Parkplätzen besteht Diebstahlgefahr! Der Zwei-Stunden-Rundweg durch den Cañon beginnt am Parkplatz beim Dôa-Bach, zu erreichen über den Weiler Istrane, südlich der Kreuzung D 179, D 22 und D 30, 1 km vor dem östlichen Ortseingang von Rustrel. Der Weg führt jenseits des Dôa, gleich hinter zwei Klärbecken links, an einem Bach entlang in einen Bergkessel, dessen Rand man auf einem rechterhand hinaufführenden Weg erklimmt. Vorbei an mehreren Aussichtspunkten (Belvédères) unter anderem mit Blick auf stillgelegte Stolleneingänge, gelangt man, sich immer links haltend, hinunter zum Parkplatz zurück. Der andere Weg dauert hin- und zurück etwa eine Stunde und führt zu Aussichtspunkten im Westteil der leuchtenden Ockersteinbrüche, wegen seiner Klippenformationen Feen-Schornsteine genannt (Chéminées de Fées). Der Parkplatz befindet sich ein Stück Weges südlich der Kreuzung von D 22 und D 30a, die man erreicht, wenn man bei der oben erwähnten Kreuzung der D 22 weitere 2,5 km nach Westen folgt. Vom ebenfalls an der Dôa gelegenen Parkplatz führt die gelbe Markierung jenseits des Baches, nach einem Anstieg durch einen Kiefernwald, zu mehreren Aussichtspunkten.

der Verkehr der Via Aurelia von und nach Apt rollte, das wie **Roussillon 3** (S. 376) seit der Antike eine wirtschaftliche Rolle spielt. Der Name des Dorfes (s. Abb. S. 10 und S. 47) stammt vom lateinischen Wort *russulus* für die rötlichen Felsen, mit denen die ähnlich bunt getünchten Häuser aus der Ferne wie auf einem Aquarell verschwimmen und farbenfroh Werbung für jene 17 Ockertöne machen, die hier bis 1975 aus dem Felsen geschlemmt und zu Malfarbe pulverisiert wurden (Lehrpfad, s. S. 180). Schwer vorstellbar, daß der kriegsflüchtige Samuel Beckett inmitten des fröhlich leuchtenden Farbkastendorfs 1944 sein tristes »Warten auf Godot« verfaßte. »Landstraße. Ein Baum. Abend.«, lautet die spärliche Bühnenanweisung. Er werde nie wiederkommen, soll der Schriftsteller beim Abschied von seinem Exil gesagt haben.

Ganz anders die begehrte Prominenten-Bleibe **Gordes 4** (S. 351): Die malerisch verschachtelte Dorfgeometrie diente Victor Vasarely als inspirierende Kulisse für großformatige, mit der Trägheit der Augen spielende und Dreidimensionalität vortäuschende Rastermalereien. Der Op-Art-Maler rettete das örtliche Renaissance-Schloß (erbaut 1525) vor dem Verfall und ließ es zum Atelier und öffentlichen **Musée Vasarély** umgestalten.

Nur wenige Kilometer nördlich lockt die Magie des weltentrückten Sénancole-Tals die enge D 177 hinunter zur **Abtei Sénanque 5** (S. 351). Ihre Lage zu Füßen des Hügels bietet die seltene Möglichkeit, den funktionalen, überaus harmonischen Grundriß und Baukorpus eines Zisterzienserklosters aus der Vogelperspektive zu betrachten. Im Talgrund folgen die Augen unwillkürlich den parallelen, von der Perspektive gebündelten und auf die Klosteranlage weisenden Lavendelrabatten. Vor dem Ostchor steht eine Zypressengruppe, die an die Heiligen Drei Könige aus dem Morgenland erinnert. Tatsächlich aber sollte sie dem Fremden bedeuten, daß er für eine Nacht Brot, Wasser und eine Lagerstatt erwarten durfte. Auch ohne Aussicht auf freie Kost und Logis lohnt ein Blick in das 1160 errichtete, nach Zerstörungen durch Waldenser im 17. Jh. rekonstruierte Kloster. Es ist heute wieder von Mönchen bewohnt, die den häufigen Besucheransturm mit zisterziensischer Gelassenheit ertragen.

Südlich von Gordes schlängelt sich, rechts von der D 2 abzweigend, ein Sträßchen zum **Village des Bories** . Es ist eine dorfähnliche Ansammlung tonnenförmiger oder runder, mit mörtellos geschichtetem Feldstein errichte-

ter Behausungen, sog. *bories*, die trotz ihres archaischen Aussehens vermutlich erst im späten Mittelalter als bäuerliche Unterkünfte hier und an zahllosen anderen Stellen im Lubéron und Vaucluse erbaut wurden.

Ein Südost-Schlenker Richtung St-Pantaléon führt zur **Moulin des Bouillons** 7 (S. 351) mit einer tonnenschweren, aus einem Eichenstamm konstruierten Olivenpresse aus gallo-römischer Zeit – der größten ihrer Art. Gleich nebenan informiert das **Musée du Vitrail** 8 (S. 351) über Glaskunst und Glasmalerei.

Die mythenumwobene, zumeist von Besuchermassen überlaufene Sorgue-Quelle bei **Fontaine-de-Vaucluse** 9 (S. 347) ist in einem rund zehnminütigen, von Schnickschnack-Buden gesäumten Spazierweg ab Ortsmitte zu erreichen. Man muß sie nicht gesehen haben, denn man sieht sie nicht. Was da

Abtei Sénanque

Village des Bories

recht gewöhnlich aus einem Fels-
schlund des ›verschlossenen Tals‹, latei-
nisch *vallis clausa* (= Vaucluse) hervor-
sprudelt, entspringt vermutlich über
300 m tiefer im porösen Kalksteinunter-
grund. Dort sammelt sich das Schmelz-
und Regenwasser des Plateau de Vaucluse, bevor es stoßweise an die Oberfläche gepreßt wird. 1985 gelang es
dem deutschen Süßwassertaucher Ha-
senmeyer, auf 205 m Weltrekordtiefe in
die Quellhöhle vorzudringen.

1337 hatte sich der italienische Legat,
Rechtsgelehrte und Dichter Francesco
Petrarca, angeblich angewiedert vom
Lodderleben der Päpste an seinem Arbeitsplatz Avignon, in eine Dichter-
klause nahe der Sorgue-Quelle zurückgezogen. In der (damaligen) Abgeschiedenheit kompensierte er seine unerfüllte
Leidenschaft für eine leider schon ver-
gebene Dame namens Laura mit berühmt gewordenen Sonetten (das
Musée Pétrarque wurde am vermutli-
chen Ort seines ehemaligen Wohnhau-
ses eingerichtet).

Gut und Böse liegen wie immer dicht
beieinander. Nur einen Seitensprung
entfernt steht das Schloß von **Sau-
mane-de-Vaucluse** 🔟, das 1451 in den
Besitz der Grafensippe de Sade gelangt
war. Dort hielt man, zumindest zeitweise, eher wenig von derlei Triebver-
zicht. Der heranwachsende, in Liebes-
und Leidensdingen noch unerfahrene
Marquis de Sade wurde hier für einige
Zeit der Obhut seines kreuzfidelen On-
kels, dem Abbé de Sade, übergeben, der
mehr von Röcken als von Rosenkränzen
hielt. »Nein, dies ist kein Schloß, sondern ein Serail«, frohlockte der jugendliche Adelssproß über die Laster-Lektio-
nen, »ach was, viel besser, es ist ein Bor-
dell!« (s. S. 38 und S. 188). Das Schloß
ist heute ein Schulungszentrum für
Staatsbeamte.

Auf einer empfehlenswerten 35-km-
Nordschleife über St-Didier (D 57, D 210,

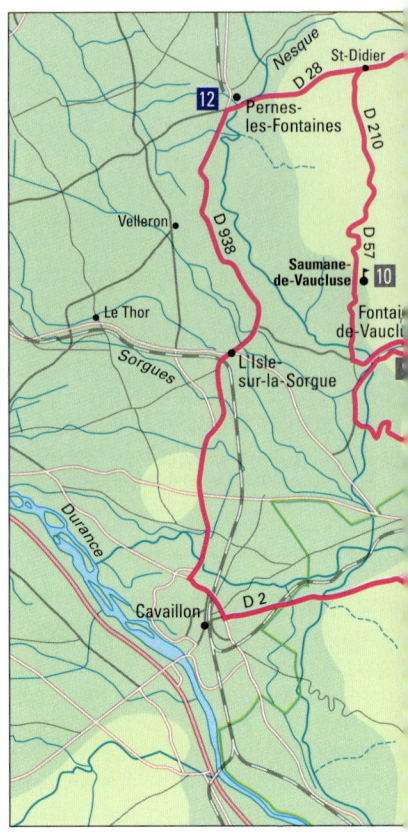

D 28, D 4) erreicht man zunächst das hoch über dem Nesque-Tal gelegene **Venasque** **11** (S. 395), in das sich zahlreiche Aussteiger-Künstler zurückgezogen haben. In Zeiten der Völkerwanderung hatten dies Bischöfe getan, denen das Wehrdorf eine ansehnliche romanische Kirche und einen schwelenden Kunsthistorikerstreit verdankt. Fraglich ist, ob das Baptisterium, eine Friedhofskapelle des 11./12. Jh., auf den Resten eines merowingischen Taufheiligtums aus dem 6. Jh. errichtet wurde, worauf ein freigelegtes Taufbecken unter dem Fußboden hindeutet.

Ambitionierte Kunstenthusiasten sollten sich im schmucken **Pernes-les-Fontaines** **12** (S. 374) vor allem die unvergleichlichen gotischen Fresken (Ende 13. Jh.) in der Tour Ferrande ansehen. Sie zeigen Schlachtszenen, vermutlich Karls von Anjou gegen die letzten Stauferkönige in Süditalien. Den Namenszusatz *Fontaines* verdankt die ehemalige Hauptstadt des päpstlichen Comtat Venaissin (s. S. 81) ihren drei Dutzend Brunnen.

In **L'Isle-sur-la-Sorgue** (S. 357) läßt man sich leicht von der Trägheit anstecken, mit der sich ein Sorgue-Arm durchs Städtchen quält und altersschwache Wasserräder mühsam in Bewegung hält.

Auf der N 100 und D 2 wechselt man die Talseite, umfährt Europas größtes Melonenanbaugebiet und dessen lärmigen Umschlagplatz Cavaillon (S. 341) und erreicht auf krummen Wegen **Oppède-le-Vieux** **13**, den verwunschensten Ort des Petit Lubéron. Über das kleine Café, Restaurant und Künstlerateliers macht sich im Nu die Natur her, wenn der Schnitt mit der Gartenschere ausbleibt. Ein Bergpfad führt an der Kirche vorbei zur Burgruine, einem schönen Ort mit grausamer Vergangenheit. Von hier aus gab der Burgherr Jean Maynier, Handlanger der Inquisition und Präsident des Parlaments von Aix-en-Provence, 1545 den Befehl, mehrere Tausend Mitglieder der Waldensersekte massakrieren zu lassen, um an den ›unkatholischen Ketzern‹ ein Exempel zu statuieren, wie es offiziell hieß. Anhänger der 1140 vom Lyoner Kaufmann Valdes (oder Vaudes) gegründeten Sekte zur Verbreitung einer neutestamentarischen Glaubenslehre ohne Amtshierarchie und Papstpomp waren seit dem

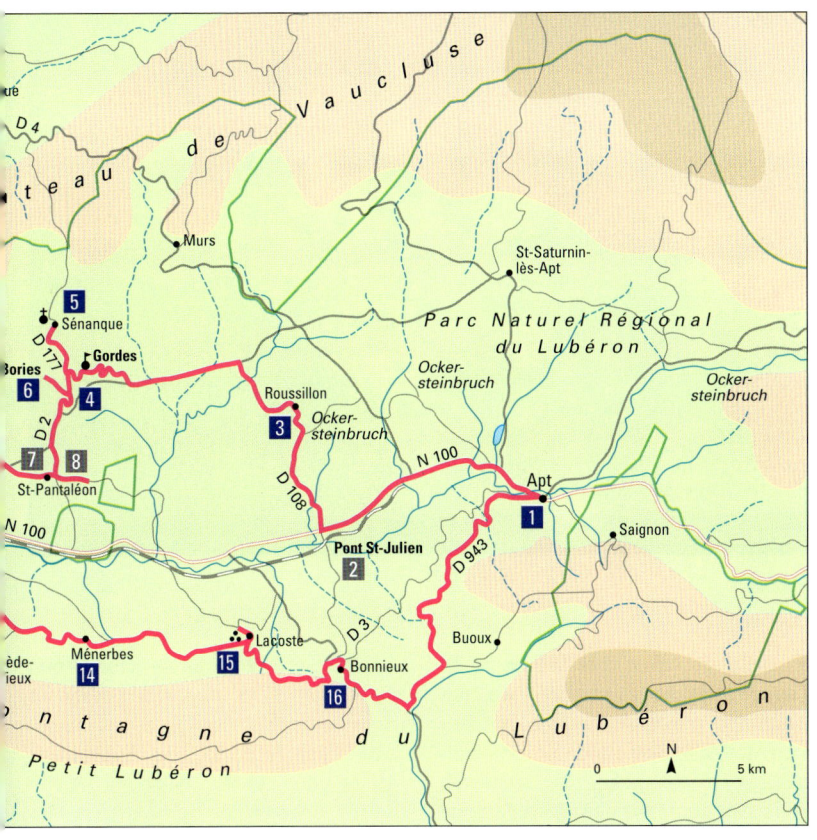

14. Jh. im Lubéron angesiedelt worden. Den zeitlebens verfolgten und von der Kirche gebannten Waldensern eilte der Ruf effizient wirtschaftender Bauern voraus. Genau solche Leute suchten die Grafen des Lubéron für ihre von Kriegen und Pestepidemien verwaisten Ländereien. Der Minderheitsglaube der Waldenser störte die Grundbesitzer nicht, solange die Abgaben flossen. Das taten sie besonders reichlich in den 20 Dörfern der Baronin von Tour d'Aigues (s. S. 191), was die Gier des Grafen Jean Maynier weckte, der die Dame freite. Hätte sie dem Werben stattgegeben, wäre dem Lubéron die blutigste Metze-

lei seiner Geschichte erspart geblieben. So aber erwirkte der Verschmähte bei Parlament und König einen Erlaß für eine inquisitorische Strafexpedition gegen die Waldenser, die in Wirklichkeit den Dörfern der Baronin galt, von denen er in sechs Tagen elf samt ihrer waldensischen Einwohnerschaft dem Erdboden gleichmachte. Darunter befanden sich Lourmarin, Lacoste und Mérindol auf der Südseite des ›Kleinen Lubéron‹, wo 1545 der Beschluß zur Waldenserhatz gefaßt worden war.

Dem katholischen Nachbardorf von Oppède, **Ménerbes** 14 (S. 363), blieb dergleichen Heimsuchung erspart. Da-

Bonnieux

für droht die kleine Ortschaft heute im Touristenansturm zu ersticken, was der Inquisition gleichkomme, wie die meisten der 900 Einwohner unverhohlen beklagen. Nicht genug, daß sich halb Paris hier tummelt: Seit der englische Aussteiger Peter Mayle 1989 die launige, in 20 Sprachen übersetzte und vom BBC verfilmte Soft-Satire »Mein Jahr in der Provence« über die knorrigen Provenzalen verfaßte und Handlungsorte wie Personen beim Namen nannte, begibt sich Jahr für Jahr ein Teil seiner Millionenleserschaft auf die Suche nach den leibhaftigen Romanfiguren der örtlichen Läden und des bis dato einzigen Bistros. Das eher durchschnittlich schöne Ménerbes ist Dank des reuigen Engländers, der in seinem *mas* selbst keinen Tag mehr ungestört ist, zum derzeit bekanntesten Provence-Dorf avanciert.

Früher galt das einmal für das Bergnest **Lacoste** 15 (S. 358), in dessen Schloß der Erotomane de Sade in den Jahren um 1775 bekanntlich mehr im Sinn hatte als den Arterhalt seiner Adelssippe (s. S. 38). Die Einwohnerschaft, unter der auch heute noch Nachfahren ungewollter Sprößlinge seiner sadistischen Libertinagen mit Mägden und Bauerstöchtern des Dorfes vermutet werden, ließ die revolutionszerstörte Burg des verhaßten Lüstlings fast gänzlich verkommen. 1952 erwarb ein pensionierter Lehrer aus Lacoste die Ruine und restaurierte wesentliche Teile mit diskreter Staatshilfe. Voyeure, das sei verraten, kommen in de Sades Reich nicht auf ihre Kosten. Man wird auf seine Vorstellungskraft verwiesen und erfährt stattdessen, daß die Räumlichkeiten des Schlosses exakt denen des Sillingschen Phantasiegemäuers der »Hundertzwanzig Tage von Sodom« entsprächen, das der Marquis in seinem Roman in den Schwarzwald verlegt hatte.

Den ›Mont St-Michel der Provence‹ glaubt man mit **Bonnieux** 🔟 (S. 335) vor sich zu haben, dem schönsten Ort des ›Kleinen Lubéron‹ mit einer herrlichen Aussicht (Wandertip, s. S. 181). Für den direkten Rückweg nach Apt empfiehlt sich die D 3; spannender ist die Kurvenstrecke der D 36 und D 943 durch das enge Aigue-Brun-Tal.

Rundtour durch den Grand Lubéron

Ausgangsort Apt; ca. 120 km; Dauer 1 Tag, Karte S. 189

Die Häuser von **Saignon** 1️⃣ (S. 377) stecken im Felsen wie kariöse Zähne in einem morschen Kiefernknochen. Das wildromantische Waldensernest, hoch über Apt, liegt am Rande des Plateau des Claparèdes, einer weltfernen Hochebene, voller Bories (s. S. 184), ergrauter Gemäuer und Felsschründe, Lavendelfelder, Hartlaubbüsche und Steineichen. Eine Gegend zum Durchatmen und Sichtreibenlassen, was für die meisten Landstriche des ›Großen Lubéron‹ gilt – den stillen Nachbarn des ›Kleinen Lubéron‹. Erste Gelegenheit bieten die beiden Abstecher zum abgeschiedenen Weiler **Sivergues** 2️⃣ (S. 389), erreichbar über die D 232 und D 114, und zum **Fort de Buoux** 3️⃣, zu dem ein links von der D 113, bald hinter dem Ortsende von Buoux abzweigendes Sträßchen und ein Fußweg von etwa einer Viertelstunde führen. An steilen Felsklüften trainieren Freeclimber und Bergsteiger ihre Muskeln für zukünftige Gipfeleroberungen. Nicht weit entfernt stolpert man (!)

Grand Lubéron

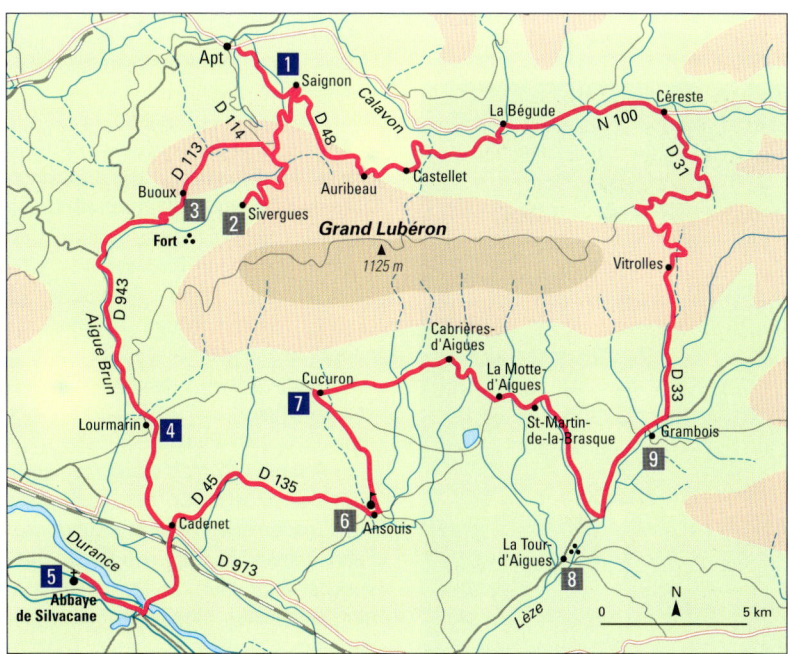

durch Höhlengänge und verfallenes Mauerwerk geschleifter Wehranlagen in die Vergangenheit des Lubéron, bei der das Plateau seit Urzeiten eine Rolle spielte. Prähistorischen Siedlern folgten Keltoligurer, vermutlich, wie so häufig, Römer, vielleicht auch Merowinger, sicher aber Protestanten, die das Befestigungssystem aufgeben mußten, als der fanatische Erzkatholik und Minister des Sonnenkönigs, Richelieu, 1660 den Befehl zur Vertreibung der ›Falschgläubigen‹ aus dem Lubéron gegeben hatte. Lange vor den Menschen und den tektonischen Auffaltungen der provenzalischen Alpenausläufer waren bereits Tiere hier. Vor 30 Mio. Jahren genossen Riesenschildkröten und Urpferde das subtropische Klima der damaligen Sumpfgebiete, wie Knochenfunde rund um Buoux belegen.

Den südlichen Ausgang der über Jahrhunderte für seine Räuberbanden und Mordbuben berüchtigten Aigue-Brun-Schlucht bewacht seit alters **Lourmarin** 4 (S. 359). Für dessen Schutz und eigenes Überleben errichteten Grafen im 15. Jh. eine Burg, die später um ein Renaissanceschloß erweitert und mit dem *Vieux Château* durch einen Wohnturm und eine gekonnt gewundene Wendeltreppe verbunden wurde. Heute fühlen sich die Einwohner des Winzerdorfs von Sommerresidenzlern überlaufen und von Landaufkäufern auswärtiger Weinexporteure bedroht. Diese erhoffen sich ein Zubrot mit dem Großanbau des Lubéroner Weins, seit ihm das umsatzträchtige Qualitätsmerkmal *Appellation contrôlée* zuerkannt wurde. Auf dem Dorffriedhof seiner Wahlheimat liegt der Existenzialist Albert Camus begraben. Sein Grabstein, ein Felsbrocken, ist schwer zu finden. Das paßt zum Literaturnobelpreisträger, der den Tod absurd fand. Sein Leben verlor er bei einem Autounglück, auf einer Fahrt mit seinem Verleger nach Paris. In seiner Anzugjacke fand man ein gültiges Eisenbahnticket. Ein absurder Tod.

Am Südrand der fruchtbaren Ebene, eingeklemmt zwischen dem nördlichen Durance-Ufer und Zufahrtsstraßen des Landstädtchens Cadenet, verbirgt sich in trockengelegtem Riedland die 1175–1230 erbaute **Abtei Silvacane** 5 (S. 388). Für Romanikfans ein Muß, für andere ein ansehnliches, den streng durchkomponierten Zisterzienserklöstern von Sénanque (s. S. 183f.) und Le Thoronet (s. S. 199) ähnelndes Kloster.

In **Ansouis** 6 mag die durchgängig von einer Adelssippe bewohnte Burg eine neuerliche Unterbrechung der Fahrt lohnen. In **Cucuron** 7 (S. 344) verleitet dazu vielleicht ein unter Platanen angelegter Löschteich mit einladend im Schatten plazierten Bistroti-

Abtei Silvacane

Restaurant Bernard Mathys

Vor sechs Jahren hatte Bernard Mathys vom Pariser Großstadttrubel die Nase voll. Die Provence, und dort ein elegantes Bürgerhaus aus dem 18. Jh. inmitten eines kleinen, verträumten Parks in der Nähe von Apt, erkor er sich zum neuen Domizil. Wenn es stimmt, daß nur ein zufriedener Patron ein guter ist, dann muß sich Mathys hier pudelwohl fühlen. Und damit es seinen Gästen nicht anders geht, hat er zwei lichtdurchflutete Speiseräume geschmackvoll dekoriert und dazu einen luftigen Innenhof hergerichtet. Und wie der erste optische Eindruck, so ist auch seine Küche: ohne Schnörkel, leicht und deutlich vom *goût du terroir* geprägt. So läßt es sich hier auch bei hochsommerlichen Temperaturen mit Genuß schmausen. Zum Auftakt etwa ein frisches und hocharomatisches Tomatengelee mit Basilikum und Vinaigrette, danach ein mit Oliven und Kapern gebratener Dorsch, gefolgt von einem gefüllten Lammfuß auf Kräuter-Ravioli, in denen Mathys den ganzen Duft der Provence eingefangen hat. Das Angebot an Ziegenkäse läßt keinen Wunsch offen. Und von der mit Lavendel aromatisierten *Crème brulée* möchte man am liebsten einen Topf voll mit nach Hause nehmen. Die gut sortierte Weinkarte beweist einmal mehr, daß südfranzösische Weinbaugebiete, die noch nicht in aller Munde sind, ein tolles Qualitäts-Preis-Verhältnis bieten. *Bernard Mathys, 84400 Le Chene bei Apt, ☎ 90 04 84 64, Fax 90 74 69 78, Di und Mi geschlossen, AmEx, Visa, Eurocard, Menüs: 160, 250, 350 FF*

schen eines kleinen Hotels und Restaurants. Alphonse Daudet stand das malerische Dorf für seine Erzählung »Cucugnan« Modell (s. S. 36) – ein weiteres Lubéron-Dorf, das durch Schriftstellerhand für eine Epoche zum Inbegriff eines provenzalischen Dorfes wurde. Wie Cucuron verstecken sich auch dessen Nachbardörfer Cabrières-d'Aigues, La Motte-d'Aigues und St-Martin-de-la-Brasque hinter dem Bergrücken vor dem Mistral und Tramontane, die sich so manches Mal gehörig über die Ebene hermachen.

Deshalb suchte man sich für die Gründung von **La Tour-d'Aigues** 8 (S. 392) wohl neben einem Flüßchen (*aigues* = provenzalisch ›Wasser‹) eine Talsenke. Von den beachtlichen Resten eines brandzerstörten Renaissanceschlosses wandert der Blick über ausgedehnte Weinberge, wo zu Waldenserzeiten überwiegend Kornfelder standen. Damals war Hunger das Hauptproblem des Lubéron. Das Schloß wurde 1555, zehn Jahre nach der verheerenden Waldensermetzelei, auf den Ruinen einer Burg errichtet, die zu jener Zeit im Besitz der

Warum Frankreich aufhörte, die Bombe zu lieben

Am 13. Februar 1960, exakt um 7.04 Uhr, so protokollierten Militärs, explodierte in der Sahara Frankreichs erste Atombombe. Soldaten mögen die Präzision, Präsidenten die Gesten. De Gaulle brachte am Telefon ein ›*Vive la France*‹ aus und wandte sich in einer Rede an sein Volk: »Seit heute ist unsere große Nation eine Nuklearmacht. Die Bombe wird unser politisches Gewicht in der Welt verändern.«

Mit der *Force de Dissuasion* (›Abschreckungsstreitmacht‹) hatte der General das Land in den Rang einer Atommacht katapultiert. Sie sollte Frankreich von der nuklearen Vormacht der USA befreien und dem Land den ständigen Sitz im UN-Sicherheitsrat sichern. De Gaulle hatte sich bemüht, die Bundesrepublik an der Finanzierung der teuren Bomben zu beteiligen, die Europa Un-abhängigkeit und Einfluß in der Welt verschaffen sollten. Doch dazu hätten die französischen ›*Mini-Nucs*‹ nicht ausgereicht, denn sie waren den sowjetischen Atomwaffen weit unterlegen. Die Bundesrepublik lehnte ab, schon allein, um das enge Bündnis mit den USA nicht zu gefährden. Auch für die Nuklearmacht Großbritannien kamen der Aufbau und die Beteiligung an einem eigenen europäischen Atomschirm unter der Ägide Frankreichs nicht in Frage. De Gaulle hat daraufhin lange Zeit den Beitritt der Briten in die EG verhindert.

Nach der Wiederaufnahme französischer Atomtests auf dem pazifischen Mururoa-Atoll am 5. September 1995 entbrannte der Streit um den strategischen und politischen Nutzen der französischen Atomsprengköpfe für Europa

Baronin von Tour d'Aigues war (s. S. 186f.).

Grambois 9 diente als Filmkulisse für Claude Berris Verfilmung der Pagnol-Melodramen »Jean de Florette« und »Manons Rache« mit Gérard Dépardieu und Yves Montand. Das Dörfchen ist nicht besonders schmuck, aber es hatte die Jahrzehnte des Provence-Tourismus ohne Lifting der Hausfassaden überstanden.

Die D 33 und D 31 führen über Vitrolles nach Céreste und die N 100 weiter Richtung Apt. Etwa 2 km hinter La Bégude kann man links auf die D 48 abzweigen und vorbei an Castellet, Auribeau und Saignon auf schönerem Weg zum Ausgangsort zurückgelangen.

Rundtour über das westliche Plateau de Vaucluse

Ausgangsort Apt; ca. 110 km, mit Gorges de la Nesque ca. 160 km; Dauer $^3/_4$ bzw. 1 Tag, Karte S. 194

neu, denn die Kurz- und Mittelstrecken- raketen haben nur eine Reichweite von maximal 3500 km. Selbst wenn von Moskau noch einmal eine nukleare Bedrohung zu befürchten wäre, würden die französischen Sprengköpfe niemals die sibirischen Silos der russischen Interkontinentalraketen erreichen. Sie träfen allenfalls weißrussische Stellungen oder gingen über den östlichen Nachbarn Polen, Tschechien und natürlich Deutschland nieder. Gibt es für Frankreich noch andere Ziele? Vielleicht radikale islamische Fundamentalisten in Algerien, die Frankreich immer wieder mit Terrorakten erschüttern? Wohl kaum. Frankreichs Liebe zur Atombombe hat andere Gründe. Ihr Besitz stärkt die nationale Identität, die das alte Kolonialreich zu einem wesentlichen Teil aus der militärischen Macht ableitet. Und die stellt man gerne unter Beweis, wann immer es irgendwo auf dem Erdball brennt. Die meisten Franzosen sind der Überzeugung, daß die Welt ihr Land braucht, das bereits vor über 200 Jahren zu einer bürgerlichen Revolution fähig war und einen Ludwig XIV. und Napoleon hervorgebracht hat. Bis zu jenem denkwürdigen 5. September 1995 hätte wohl jeder Präsident der ›Grande Nation‹ den Hut nehmen müssen, der es gewagt hätte, ein so wichtiges Identitätssymbol wie die Atombombe durch unkluge Politik international ins Gerede zu bringen. Doch der unvermutet heftige Protest gegen die Wiederaufnahme der französischen Atomtests hat den Wert der Atombombe als Prestigeobjekt in Frage gestellt. Um verlorenes Ansehen in der Welt zurückzugewinnen, hat Frankreich schweren Herzens einem Vertragsentwurf zum weltweiten Nuklearteststop zugestimmt. Darüberhinaus denkt man in Paris zaghaft über ein Mitspracherecht der EU bei der nationalen französischen Atompolitik nach und spricht sogar von einer Verschrottung der Atomsprengköpfe auf dem Plateau d'Albion. Beschlossene Sache ist bereits die Umwandlung des Mururoa-Atolls in ein Ferienparadies, eine Entscheidung, die den französischen Politikern allerdings leicht gefallen sein dürfte, schließlich hat man als Nachfolger für die Atomtestanlagen ein anderes französisches Prestigeobjekt gefunden, eine exklusive Ferienanlage des weltweit bekannten »Club Med«.

Die Fahrt in die rauhe Einsamkeit des westlichen Vaucluse-Plateaus beginnt farbenfroh. Schillernder noch als in Roussillon (s. S. 183) leuchten die Orange- und Karminrottöne der stillgelegten Ockersteinbrüche im **Colorado provençal** 1 bei **Rustrel**. Ein Augenschmaus, für den man sich ein Paar fester Schuhe anziehen muß (Anfahrt und Kurzwanderung durch den Cañon s. Wandertips S. 181).

Hinter **St-Saturnin-lès-Apt** 2, das einem verdienten Trüffelkenner ein kleines Denkmal gesetzt hat, winden sich die schmale D 230 und D 943 hinauf aufs Plateau de Vaucluse und passieren ein paar altersschöne Weiler. Die Bauern hier oben sind voller Geduld und Gelassenheit. Ihr Boden ist karg und eine gute Ernte selten. Nur der Himmel macht manchmal Theater, wenn ein Fallwind aus dem Norden weht und Wolken vom Mont Ventoux hinunter ins Vaucluse drückt.

In **Sault** 3 (S. 387) ist man dem höchsten Berg der Provence unversehens na-

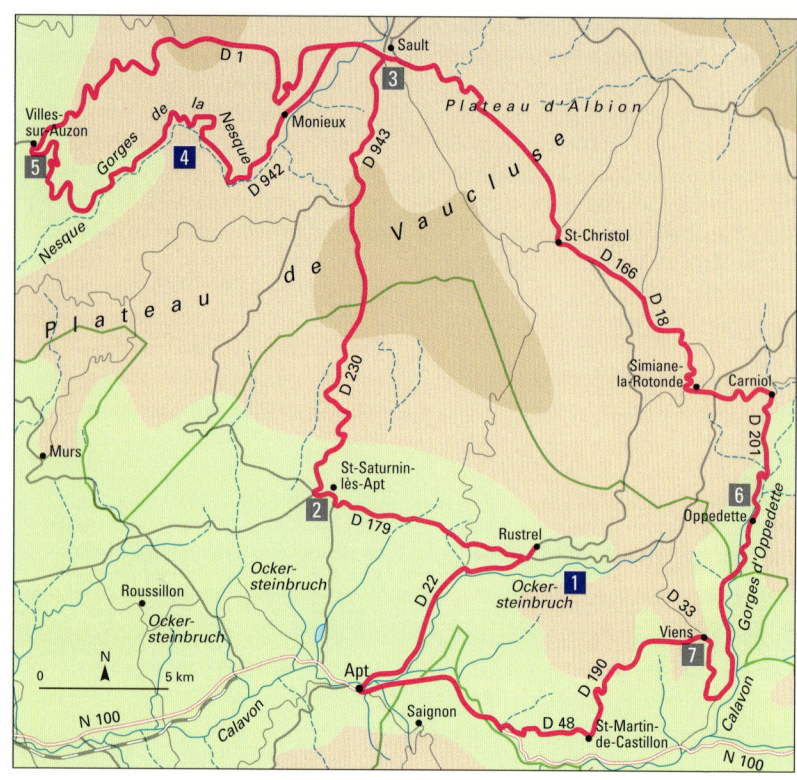

Das westliche Plateau de Vaucluse

hegekommen. Von ihm profitiert das Provinznest, weil sich hier ein paar Straßen kreuzen, die das Massiv an seiner Südwestflanke umkreisen müssen und etwas Leben in die Läden, Bistros und den kleinen Mittwochsmarkt bringen.

Westlich von Sault führt die D 942 auf einer kurvenreichen Extratour in die Schluchten der **Gorges de la Nesque** 4, die das Regen- und Schmelzwasser des Mont Ventoux in die Hochebene gefräst hat. Zeitlos wie die Waldlandschaft wirkt das sympathische Dörfchen **Villes-sur-Auzon** 5 am Ausgang der mächtigen Klamm. Die wenigen Ladenbesitzer geben sich keine Mühe mit den Auslagen. Ihre Waren sichern die

Grundversorgung. Für mehr fehlen die Kunden. Über dem Kirchenportal prangt der Schriftzug »*République française*«. Er stammt noch aus der Zeit der Dritten Republik, als die Macht der Kirche gesetzlich beschnitten und viele ihrer Gotteshäuser Staatseigentum wurden. Über die D 1 gelangt man zurück nach Sault.

Im Süden des Städtchens dehnt sich das Plateau d'Albion bis zum Horizont. Ein Hirte treibt seine Schafherde durch Lavendelfelder und Steineichen auf eine Weide. Er erzählt von der Einsamkeit, die ihn mürbe macht, wenn er wochenlang über die Ebene zieht, und von der unerträglichen Stille, die so beklem-

Lavendelfelder bei Sault

mend ist, daß er mit den Tieren und Bäumen spricht. Die wenigen Bewohner haben sich fast alle verdrückt, seit die Armee in den 60er Jahren Zäune um ihre Äcker zog und de Gaulle mit Atomsprengköpfen bestückte Trägerraketen im Plateau verbuddeln ließ. In ›sicherer‹ Entfernung, 400 m tief unter den Ortschaften Rustrel und Reillane, wachen Offiziere über den Stolz der Nation.

St-Christol und seine sehenswerte romanische Kirche, der Grafensitz Simiane-la-Rotonde mit einem seltenen Exemplar eines Wohnturms, und Camiol sind Stationen auf den verschlungenen Straßen der D 166, D 18 und D 201 zum Ende der Welt von **Oppe-**dette **6**. Das gottverlassene Dörfchen zählt derzeit elf ständige Bewohner und immerhin ein Café, denn die kleinen Gorges d'Oppedette am südlichen Ortsausgang locken Besucher hierher.

Für das Dorf **Viens 7** muß man noch einmal ein Stück die Berge hinauf (D 33), die man südlich von Oppedette (D 201, D155) gerade hinter sich gelassen hatte. Aber es lohnt sich. In der *Mellerie* im Ortszentrum kann man sich mit hervorragendem Wildhonig von Wanderimkern versorgen und einen phantastischen Ausblick auf den Lubéron und das Oppedette-Tal genießen. Über St-Martin-de-Castillon geht es zurück nach Apt.

Im Haut Var und Pays de Fayence

Zwischen den Hochlagen der Haute Provence und dem breiten Küstensaum bilden zwei malerische, klimatisch von beiden Nachbarn beeinflußte Hügellandschaften den Übergang – mal bewaldet, wo Bergausläufer Platz greifen, mal mediterran geprägt, wo ein Tal die Küstenwärme einfängt. Die Vielzahl alter Dörfer und Landsträßchen deutet darauf hin, daß in der entlegenen Gegend früher relativ viele Menschen gelebt haben. Bis Mitte des 19. Jh. galt das Voralpengebiet bei den Provenzalen als ›bon pays‹, weil man in den *villages perchés* der Hochlagen geschützt war vor Piraten, Überschwemmungen und Malariaepidemien des Küstenbereichs, der deshalb weitgehend entvölkert war. Der Preis für die Sicherheit waren mäßiges Ackerland und eine hohe Winterarbeitslosigkeit.

In Aups

Um der Armut zu entfliehen, kam es ab 1850 zu einem ersten Exodus der Hinterlandbewohner an die Küste, als dort Entwässerungskanäle, verbesserte Agrartechniken und die Industrialisierung rund um Marseille Früchte trugen. Letztlich aber war es die Tourismusindustrie an der Côte d'Azur, die das Bevölkerungsverhältnis auf den Kopf gestellt hat und die östliche Mittelmeerküste zu einer der drei bevölkerungsreichsten Regionen Frankreichs machte. Und die Landflucht Richtung Süden hält an. Längst vorbei sind die Zeiten, als den ›Hinterwäldlern‹ ein Gassenschwätzchen mehr bedeutete als ein gefüllter Geldbeutel! Arbeitsplatzmangel und Immobilienhändler sorgen dafür, daß die Landbevölkerung mehr und mehr von Ferienhausbesitzern und stadtflüchtigen Pensionären ersetzt wird. Mit dem Geld aus Haus- und Bodenverkäufen ziehen viele Dörfler in der Hoffnung auf Arbeitsplätze an die Küste. Oder sie unterstützen damit ihre arbeitslosen Kinder, die zur Jobsuche in die Metropolen abgewandert sind. Zwar ist im Haut Var und Pays de Fayence die Jugendarbeitslosigkeit um einiges niedriger als in der Hochprovence, wo aber immerhin noch jeder dritte Jugendliche keine Arbeit findet und ein Strukturwandel nicht in Sicht ist, verliert eine schöne Landschaftskulisse auch für bodenständige Jugendliche ihren Zauber. 1995 fiel mit ihren Wählerstimmen das Rathaus der Departementshauptstadt Toulon in die Hände des rechtsextremen Front National. Daß die Le Pen-Partei bald auch die Dörfer des Hinterlandes erobert, scheint nur eine Frage der Zeit zu sein.

Bei einem flüchtigen Besuch wird man bis auf ein paar Wahlplakate des FN nur wenig von den sozialpolitischen Umwälzungen im Hinterland der Küste spüren. Fremde werden nicht an Stammtische gebeten. Und die schönen Dorfgemäuer verraten nicht, was dahinter über Asylpolitik und Brüsseler Entscheidungen zur weiteren Öffnung der europäischen Märkte für ausländische Agrarimporte gedacht wird.

Keines der Dörfer in den archaischen Landschaften des Haut Var und Pays de Fayence ist ein touristisches ›Muß‹. Markante Sehenswürdigkeiten sind eher rar. Deshalb glaubt man, die meisten der Dörfer schon einmal anderswo in der Provence gesehen zu haben: Die Gassen zwängen sich wie überall durch fotogen gealterte Häuserzeilen, denen die Blumen und Kräuter in die Fenster wachsen. Und die schönsten Cafés findet man dort, wo auch die Dörfer am schönsten sind: im Platanenschatten der Marktplätze.

Rundtour durchs Haut Var

Anschluß an die Gorges du Verdon-Tour (s. S. 202ff.) und Pays de Fayence-Tour (s. S. 200ff.); als Rundtour ca. 95 km, bei Weiterfahrt ins Pays de Fayence ca. 115 km; Dauer etwa $^3/_4$ Tag, Karte S. 197

Zwei Wochenmärkte (mittwochs und samstags) machen in einer entlegenen Gegend aus einem Dorf eine Einkaufsstadt. Und wenn der Ort zudem noch im Winter ein Zentrum für Trüffelhandel ist, weil man in der Umgebung besonders reiche Pilzbeute macht, dann ist ihm auf ewig ein guter Ruf unter Feinschmeckern sicher. Das sympathische **Aups** 1 (S. 329) hat auch politisch von sich reden gemacht, weil hier die Résistance im Zweiten Weltkrieg besonders clever gegen deutsche Nazis agierte.

Fox-Amphoux 2, das winzigste *village perché* weit und breit, hat nichts

Haut Var

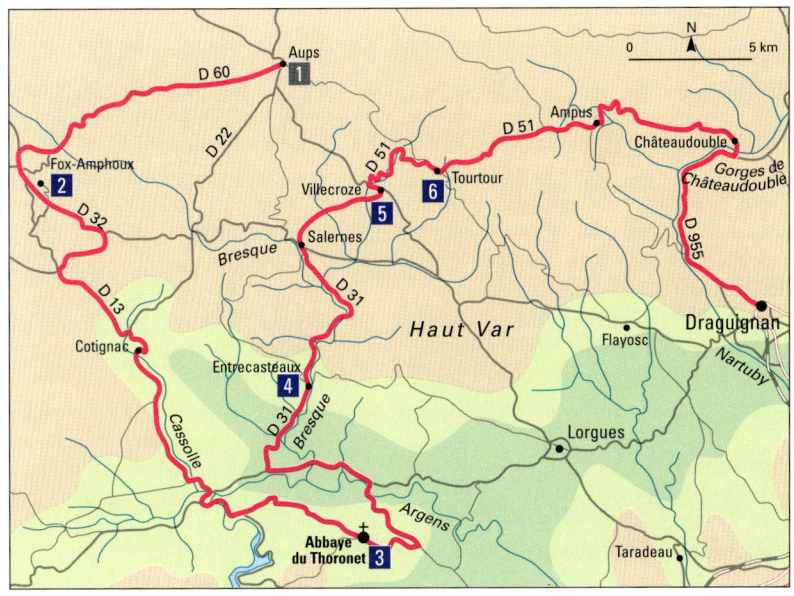

Die Abwanderung von Frauen aus dem provenzalischen Hinterland

La chèvre monte et la femme descend – die Ziege steigt auf, die Frau steigt ab: Die mehrdeutige Volksweisheit dient der Migrationsforschung in der Provence als Beleg dafür, daß die hohe Abwanderungsrate von Frauen aus dem Hinterland ein Problem für die ländliche Gesellschaftsstruktur gewesen sein muß, weil sie vermutlich zu einem erheblichen Männerüberschuß und Einkommensverlust der Familien führte.

Armut, körperliche Schwerstarbeit und ein frauenfeindliches Erb- und Familienrecht haben auffällig viele junge, unverheiratete Frauen dazu bewogen, im 19. Jh. in die Küstenstädte abzuwandern, wo das Leben vermeintlich leichter war. Während des ertragsarmen Winterhalbjahres war die Belastung für Frauen im Hinterland besonders hoch. Die Männer verließen die Dörfer und zogen als Wanderarbeiter durch die wärmeren Küstenregionen, während die Ehefrauen sich allein um Kinder und Landwirtschaft, oft auch noch um die Schwiegereltern kümmern mußten. Denn mit der Heirat wurde die Frau fast immer ›Leibeigene‹ der Familie ihres Mannes. Frauen waren vom Erbe ihrer Eltern ausgeschlossen. Der älteste Bruder erhielt den Hof, die jüngeren Brüder zumeist die Schaf- und Ziegenherden. Die Erbansprüche der Tochter wurden mit ihrer Mitgift abgegolten. Lebte die Frau mit ihrem Ehemann unter dem Dach der Schwiegereltern, was der Normalfall war, betrachtete die Familie ihres Mannes die Mitgift als Kost- und Wohngeld. Auch am Erbe ihres Mannes, dessen Name sie trug und in dessen Familiengrab sie einmal beerdigt werden würde, war sie nicht beteiligt. Was hatten junge Frauen deshalb zu verlieren, wenn sie ihren Dörfern den Rücken kehrten?

Fremd und mittellos zu sein, gehörte zur Lebensrealität der Frauen, sobald sie ihre eigene Familie als Braut verlassen hatten. So könnte das Sprichwort eine Anspielung auf die Cleverness junger Frauen sein, aus den Bergen ins Tal abzusteigen, um der Kontrolle dörflicher Gemeinschaften zu entkommen und in den Küstenstädten eine leichtere Tätigkeit zu finden. Hinter dem lapidaren Sprichwort verbirgt sich aber wohl auch noch ein anderes Frauenproblem: Eine Ziege ohne Hirte kann sich allenfalls in den Bergen verlaufen, einer schwangeren Frau ohne Ehemann drohte der soziale Abstieg. Sittsame Dorfgemeinschaften setzten Frauen mit nichtehelichen Kindern häufig so sehr unter Druck, daß ihnen nur der Weggang aus der Heimat blieb, um der ›Schande‹ zu entgehen. In der Anonymität größerer Küstenstädte ließ sich der ›Fehltritt‹ leichter verbergen und eine Anstellung, etwa als Hausangestellte, finden. Vielen ledigen Müttern blieb jedoch nichts anderes übrig, als ihr Geld in den Bordellen von Marseille und Toulon zu verdienen.

dergleichen zu bieten. Dafür ist sein einziges Hotel besonders gastlich und dessen Küche so gut, daß sich hier eine Übernachtung lohnt.

Über **Cotignac**, mit seiner Lage unter einem Felsvorsprung der Prototyp eines provenzalischen ›Steilwand-Dorfs‹, gelangt man zur **Abbaye du Thoronet** 3 (S. 390) am Südrand des Haut Var. Die Abtei ist das dritte berühmte Zisterzienserkloster der Provence im Bunde mit Sénanque (s. S. 183f.) und Silvacane (s. S. 190). Raymond Bérenger von Barcelona, Angehöriger des Toulouser Grafengeschlechts, dem der östliche Teil der Provence seit 1125 gehörte, stellte den Boden für den Klosterbau zur Verfügung und stattete es mit großzügigen Landschenkungen aus. Wohl deshalb konnte die Klosterkirche nach einer ungewöhnlich kurzen Bauzeit von weniger als 20 Jahren um 1180 fertiggestellt werden.

Ein Hauch verblichener Macht umweht das etwas zu groß geratene Schloß des kleinen **Entrecasteaux** 4

(S. 345), in dem sich heute ein schottischer Adliger an seiner weitläufigen Immobilie erfreut. Etwas fremd in der biederen Dörflichkeit wirkt auch der Schloßgarten, angeblich ein Werk von Le Nôtre, dem Architekten des Schloßparks von Versailles. Berühmteste Miteignerin des Schlosses war die Tochter von Madame de Sévigné (s. S. 59f.), die in das Adelsgeschlecht von Grignan eingeheiratet hatte, dem das Schloß zu jener Zeit gehörte.

Im Keramikstädtchen **Salernes** kann man sich den Kofferraum mit schönen Fliesen und Bodenkacheln einer der zahlreichen Brennereien vollpacken. **Villecroze** 5 (S. 397), wie Cotignac ein typisches ›Steilwand-Dorf‹, dienten die Felswände zu mehr als der Zufuhr von Wasser aus dem Hochplateau. Die Felshöhlen beim kleinen Stadtpark benutzten im 16. Jh. die Grafen von *Ville creusée*, so die französische Übersetzung des provenzalischen Ortsnamens (›in den Felsen gehauene Stadt‹), als Verlies und Zufluchtsstätte.

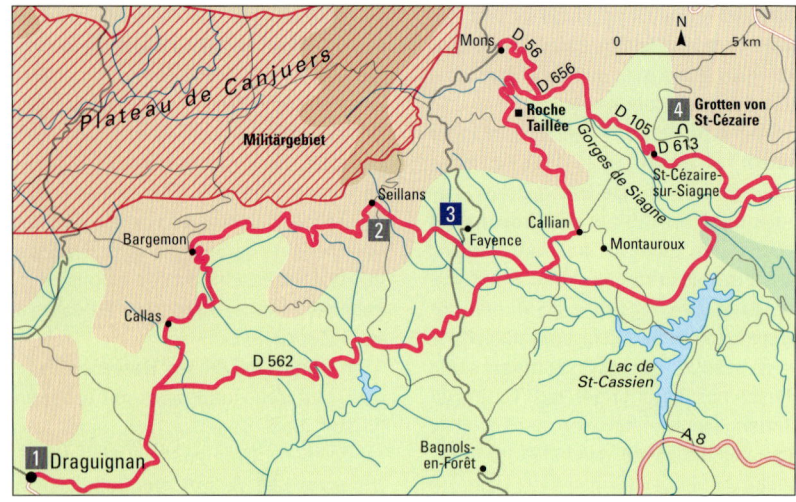

Pays de Fayence

Tourtour 6 (S. 392) wurde zum Synonym eines mißglückten Strukturwandels vom Bauerndorf zur Sommerresidenz im Haut Var. In den 70er Jahren kauften Küstenbewohner und Angehörige der Pariser Kulturschickeria mehr als die Hälfte des Gemeindelandes auf. Hotels und Feinschmeckerrestaurants öffneten die Tore, es entstand eine piekfeine Feriensiedlung (St-Pierre-de-Tourtour), und intellektuelle Aussteiger versuchten sich als Hobbylandwirte. Als deren Selbstverwirklichungsträume an der Wirklichkeit des Landlebens scheiterten, suchten sich viele von ihnen neue Zufluchtsorte. Mehr als 1000 Jahre hatte Tourtour als Bauerndorf überlebt, keine 20 Jahre hat es gedauert, bis der Ferienhausboom wieder abklang. Die 150 ›Ureinwohner‹ sind zu alt geworden, um verwildertes Ackerland zu rekultivieren.

Die Panoramastraße D 77 führt zurück nach Aups. Über Ampus und die Gorges de Châteaudouble gelangt man nach Draguignan und ins Pays de Fayence

Tour durchs Pays de Fayence

Anschluß an die Rundtour durchs Haut Var, ca. 90 km, als Rundtour ca. 150 km; Dauer 1 Tag, Karte S. 200

Ausgangsort ist die lebhafte Bezirkshauptstadt **Draguignan** 1 (S. 345) mit einem schönen Altstadtkern und einem recht interessanten Kunstmuseum. Bald nach den beiden Festungsdörfern **Callas** (S. 337) und **Bargemon** führt die Straße nach Westen am Canjuers-Plateau entlang, dem am stärksten vom Exodus der Landbevölkerung betroffenen Gebiet der Provence. Der Staat machte sich die Landflucht zu Nutze und okkupierte das 40 000 ha-Gebiet für ein militärisches Übungsgelände, das größte in Europa. Die Soldaten, so hört man in den Dörfern, kämpfen hier vor allem gegen die Langeweile.

Die Landschaft öffnet sich nun zum Süden hin und gerät von Dorf zu Dorf mehr unter den Einfluß des milderen

Mittelmeerklimas. In **Seillans** 2 (S. 388) hat man den reizvollsten Landstrich des Pays de Fayence erreicht. Dem großen Surrealisten Max Ernst gefiel die Umgebung des gelb-rosa getünchten Dorfs so sehr, daß er hier seine letzten Lebensjahre verbrachte.

Den besten Ausblick auf die grüne, weite Ebene und das Mauren-Massiv am südlichen Horizont bietet die Burgruine von **Fayence** 3 (S. 346). Der beliebte Ferienort ist ein Dorado der Segelflieger, die vom Flugplatz am Fuße des Hügels zu Flügen zum Canjuers-Plateau starten. Die schönste Strecke zum uralten Bergdorf **Mons** führt an Callian (S. 337) und den Resten einer römischen Wasserleitung vorbei (Roche Taillée), die Fréjus noch heute mit Wasser versorgt (D 37, D 56).

Mindestens so spannend wie die **Tropfsteinhöhle** (Grotte) von **St-Cézaire** 4 (S. 377) ist der Weg dorthin: Er führt durch die Schlucht der Gorges de la Siagne (D 656, D 105, D 613). Dem Stausee Lac de St-Cassien sieht man die Künstlichkeit leider so sehr an, daß er nicht unbedingt einen Abstecher lohnt, wenn man die Tour zur Rundfahrt macht und die D 562 zur Rückkehr nach Draguignan wählt.

Seillans

Der Grand Cañon du Verdon und das Plateau de Valensole

Der Zufall hat es so gewollt, daß sich in unmittelbarer Nähe von Europas gewaltigster Felsschlucht das größte europäische Lavendelanbaugebiet erstreckt: Zwei Landschaften, deren Kontraste den eigentlichen Reiz einer gemeinsamen Erkundung ausmachen. Schade nur, daß ein weiterer Zufall den Spaß daran verderben kann: Lavendelblüte und europäische Schulferien fallen in die gleiche Zeit. Zwischen Ende Juni und Anfang September sollte man deshalb mit der Sonne aufstehen, wenn man die ›lila Sause‹ und den Cañon ohne Autogestank und überquellende Parkplätze erleben will. In der Verdon-Schlucht ist es im Herbst am schönsten, besonders wenn die Abendsonne die Felsschründe rotgold leuchten läßt. Und über das leere Land des Valensole-Plateaus zieht ab und zu noch im Oktober eine träge Duftwolke, wenn Dampf aus den uralten Kesseln der verstreuten Lavendel-Destillerien entweicht.

Verdon-Schlucht und Plateau de Valensole

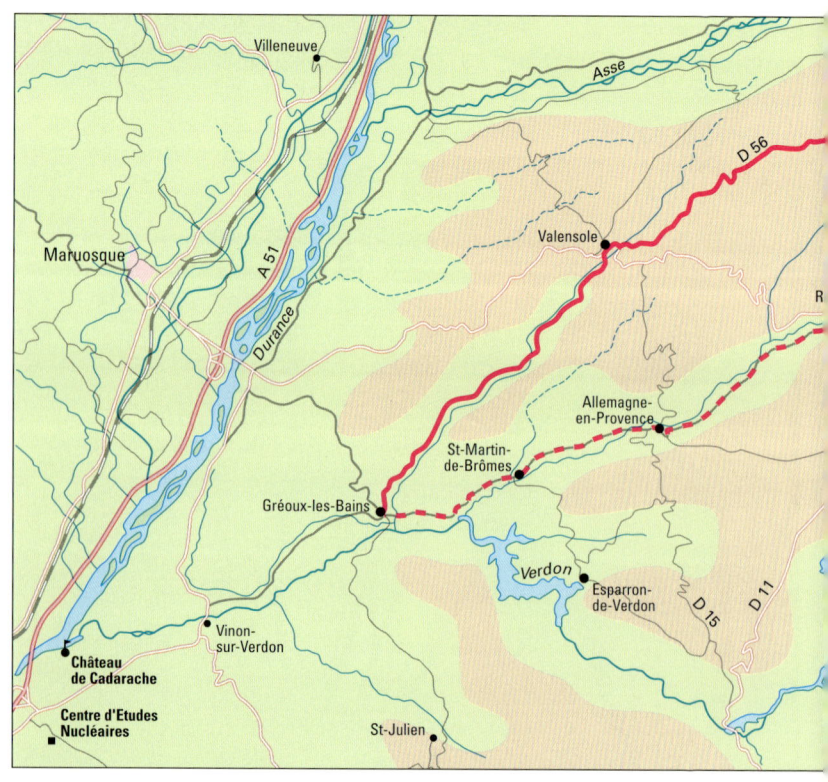

Rundtour über das Plateau de Valensole und um die Verdon-Schlucht

Als Rundtour ca. 210 km (beide Varianten); Dauer 1 Tag (ohne Wanderung), bei Anschluß an die Tour durchs Haut Var und Pays de Fayence (s. S. 196ff.), ca. 170 km, 1 Tag, Karte S. 202/203

Gänzlich unbeeindruckt vom wenige Kilometer entfernten Atomforschungszentrum Cadarache vertrauen gichtgeplagte Kurgäste auf die heilende Kraft des Thermalwassers von **Gréoux-les-Bains** (S. 353). Am westlichen Ortsausgang muß man sich für eine der zwei Möglichkeiten zur Plateauüberquerung entscheiden. Beide führen auf ähnlich langem Weg nach Moustiers-Ste-Marie und in die Verdon-Schlucht.

Während der Lavendelblüte von Ende Juni bis Anfang September empfiehlt sich die nördliche ›Duft‹-Route. Schon weit vor dem verschlafenen Städtchen **Valensole** (S. 394) taucht man ein in das endlose Farbenmeer der blühenden Lavendelreben, das zwischen **Puimoisson** und **St-Jurs** am fotogensten ist. Um nach Moustiers-Ste-Marie zu gelangen, kehrt man zurück nach Puimoisson und erhält über die D 56 Anschluß an die D 952 zur Verdon-Schlucht.

Die südliche Route führt geradewegs nach ›Deutschland‹. Doch **Allemagne-en-Provence** (S. 324) zeigt sich völlig ungerührt von den jäh erblühenden Heimatgefühlen seiner germanischen Be-

Provenceduft für den Wäscheschrank
Lavendel

Jedes Jahr kriecht aus zehntausenden Schrankritzen mehr auf der Welt jener Duft, der Muff und Motten aus dem Wäschefach vertreibt und seit Großmutters »Uralt-Lavendel«-Zeiten auch den Deutschen Sauberkeit und Frische verspricht. Rund 100 000 Duftbeutel mit Lavendelblüten setzen die provenzalischen Souvenir- und Folkloreläden pro Saison ab. Seit blühende Lavendelfelder von der französischen Tourismusindustrie für die Vermarktung der Provence entdeckt wurden und Fotos der lila Kräuterrabatten fast alle Buch- und Katalogtitel über Frankreichs Sonnenland zieren, soll es offensichtlich auch zu Hause so riechen wie im fernen Urlaubsland.

Am Duft ihrer Essenzen unterscheiden Botaniker den echten Lavendel *(lavandula angustifolia)*, der nur etwa 3 % des Anbaus ausmacht, von den unfruchtbaren Hybriden verschiedener Lavandin-Arten *(lavandula latifolia)*. Beim ›falschen‹ Lavendel sorgt der hohe Kampferanteil für einen etwas beißenden Geruch. Deshalb finden seine ätherischen Öle überwiegend Verwendung in Wasch- und Putzmitteln. Für Parfüm, Kosmetika und Heilmittel wird ausschließlich der ›echte‹ Lavendel benutzt. Aus 200–300 kg Blüten gewinnt man ca. 1 l Essenz.

Das Verfahren für die Gewinnung ist bei genossenschaftlich betriebenen Kleindestillerien und großtechnischen Anlagen im Prinzip gleich. Ein volumi-

nöser Kupferkessel wird zu einem Viertel mit Wasser gefüllt, mit einem Lattenrost bedeckt, danach mit gepreßten Blüten vollgestopft und sorgfältig verschlossen. Ein Feuer bringt das Wasser zum Sieden. Der aufsteigende Wasserdampf durchströmt das Destillationsgut und löst aus den Blüten sämtliche ätherischen Öle, die sich durch Hitzeeinwirkung ebenfalls

in Dampf verwandeln. Über eine Öffnung im Bottichdeckel wird das Dampfgemisch in eine Kühlspirale geleitet. Dort kondensiert es zu einem Wasser-Ölgemisch und rinnt schließlich in ein zylinderförmiges Gefäß, auf dessen Boden sich das schwerere Wasser absetzt und das aufsteigende Öl abgeschöpft werden kann.

Die synthetische Herstellung von Lavendelduft führt seit den 80er Jahren zu einem Rückgang des Lavendel- und Lavandinanbaus, der in Höhen über 600 m, vornehmlich auf den Plateaus und Hügeln der Haute Provence, betrieben wird. Vor 150 Jahren gediehen auf den Lavendelfeldern noch überwiegend Kartoffeln und Getreide. Lavendel war

als Duftpflanze kaum verbreitet. Das änderte sich mit einem politischen und gesellschaftlichen Wandel im 18. und 19. Jh., der zur Emanzipation des städtischen Bürgertums gegenüber dem Adel führte. Die neue Schicht bestimmte mehr und mehr den geistigen und ethischen Diskurs im Staat und setzte der feudalen Dekadenz bürgerliche Werte wie Sparsamkeit, Fleiß, Sauberkeit und Tugendhaftigkeit entgegen. Die neue Moral nahm Abschied von Perücken, Puder und Schminke, womit besonders die Adelsgesellschaft des Ancien Régime mangelnde Körperhygiene und Gesundheit verborgen hatte, und verlangte ›natürliche‹ Düfte, die den Eindruck von Sauberkeit und Gesundheit vermittelten und mit einem dezenten, ländlich-frischen Duft der zunehmend rigideren Sexualmoral entsprachen.

Die Parfümeure der kränkelnden Parfümindustrie bewiesen eine gute Nase, als sie sich wohl nicht ganz zufällig an die uralte Lavendelpflanze erinnerten. Schon der Name versprach Erfolg, weil er vom lateinischen Wort für ›waschen‹ und ›baden‹ stammte und beim gesundheitsbewußten Bürgertum verkaufsfördernde Assoziationen wecken würde. Angebaut wurde Lavendel seit altersher in der Haute Provence als bäuerliches Heil- und Hygienemittel und war deshalb – ein weiteres Argument für den biederen Bürgersduft – über jegliche erotisierende Wirkung erhaben. Und der Zufall der Geschichte wollte es, daß die kontinuierlich in die Küstenstädte abwandernde Landbevölkerung genügend Ackerflächen auf den Hochplateaus hinterließ, um darauf im großen Stil von den verbliebenen Bauern Lavendel anpflanzen zu lassen. Dem Siegeszug des Lavendels durch Europas Wäscheschränke stand nichts mehr im Wege.

sucher. Weit und breit kein Bierlokal, wo ein kühles Pils aus dem Zapfhahn fließt, kein noch so kleiner Gartenzwerg, mit dem sich nagendes Heimweh therapieren ließe. Allein die unergründliche Laune der Sprachentwicklung machte

Die verwegene Bilderbuchlage am Ausgang eines Klein-Cañons und die wiederbelebte Tradition der Fayence-Malerei verwandelten den Wallfahrtsort **Moustiers-Ste-Marie** 3 (S. 368) in eine allsommerlich zuschnappende Tou-

»Areamagna« zum Namensvetter seines fernen alemannischen Nachbarn.

Am Ortseingang von **Riez** 1 (S. 376) erinnern vier antike Säulen an die römische Kolonialzeit, der die Provence vermutlich die erste Kultivierung des Lavendels verdankt. An der Kreuzung der D 952 mit der weiter nach Süden führenden D 11 kann man noch einen Blick in ein Baptisterium aus dem 5. Jh. werfen, einer der ältesten frühchristlichen Bauten Frankreichs.

Der Stausee Lac de Ste-Croix machte aus dem ehemaligen Hügeldorf **Ste-Croix-de-Verdon** 2 (S. 384) einen kleinen Badeort mit Sandstrand.

ristenfalle. Ein kleines Fayence-Museum zeigt Meisterstücke alter Porzellanmalereien heimischer Werkstätten, die seit dem frühen 17. Jh. Adelshöfe in ganz Frankreich belieferten. Ein zehnminütiger, steiler Serpentinenweg führt hinauf zur Wallfahrtskapelle Notre-Dame-de-Beauvoir, am ersten Sonnabend nach Ostern Schauplatz eines nachösterlichen Kostümumzuges und am 8. September eines Marien-Festes. Die 227 m lange Kette mit dem Silberstern ist die Nachbildung einer Dankesgabe, die ein Kreuzritter der Legende nach aus Freude über seine Errettung aus der Gefangenschaft über das Tal spannen ließ.

La Bastide de Moustiers und Les Santons

Wer schon immer mal an den Kochtöpfen von Superstar Alain Ducasse schnuppern wollte, um sein Stammhaus »Le Louis XV« in Monaco bislang aber einen Bogen gemacht hat (wegen der Prunk-Protz-Ausstattung und/oder wegen der Preise), kann in der »Bastide« zumindest eine kleine Ahnung von seinen genialen Kochkünsten bekommen. Unter Ducasses Oberaufsicht kocht hier eine seiner besten Schülerinnen, Sonja Lee, eine phantasievolle, leichte Küche auf der Grundlage erstklassiger regionaler Produkte. Ob Stallhase in Senfsauce oder Zitronenkuchen: Kein Krümel bleibt auf dem Teller zurück. Tolle Weinkarte mit vielen halben Flaschen.

La Bastide de Moustiers, Quartier St-Michel, 04360 Moustiers-Ste-Marie, ☎ 92 70 47 47, Fax 92 70 47 48, kein Ruhetag, 4. Jan.–15. März geschl., AmEx, Visa, Menüs: 195 und 260 FF

Während die Bastide erst kürzlich eröffnet wurde, ist das »Les Santons« die Traditionsadresse am Ort, ein kleines, rustikales Restaurant mit Terrasse am rauschenden Bach, freundlichem Service und einer provenzalischen Küche auf Top-Niveau. Hervorragend: die gefüllte Wachtel und die *Crème brulée.* *Les Santons, Place de l'Eglise, 04360 Moustiers-Ste-Marie, ☎ 92 74 66 48, Fax 92 74 63 67, Mo abends und Di geschl., AmEx, Visa, Diners, Eurocard, Menüs: 150, 190 und 280 FF*

Nun sind es nur noch ein paar Kurven auf der D 952 zu den Nordklippen am linken Schluchtrand *(rive gauche)* der Gorges du Verdon, die man westlich des Lac de Ste-Croix **Grand Cañon du Verdon 4** nennt, seit weitgereiste Provenzalen im Dienste des Tourismus entschieden, daß die mächtige Klamm ebenso beeindruckend sei wie der amerikanische Colorado-Canyon. Mit seinen 700 m senkrecht abfallenden Felswänden und 21 km langen Flußschleifen kann es das Dorado europäischer Steilwandkletterer zwar bei weitem nicht mit dem amerikanischen Grand Canyon aufnehmen, aber dieser grandiose Riß im Stein ist das spektakulärste Naturwunder, das die Erosionskraft eines Flusses in Europa geschaffen hat.

Entsprechend turbulent geht es in **La Palud-sur-Verdon 5** (S. 373) zu, zu dem Beherbergungszentrum für Bergsteiger, Freeclimber und konditionsstarke Wanderprofis. Hier beginnt auch die Sightseeing-Tour der »Route des Crêtes« (D 23) mit zahlreichen Aussichtsplätzen (*belvédères*) zum Schwindeliggukken. Etwa auf halbem Wege liegt rechts der D 23 das Chalet de la Maline. Die Wanderhütte (*gîte d'étape*) und Raststätte ist Ausgangspunkt einer vielbegangenen Sechs-Stunden-Wanderung durch den

Wanderung vom Chalet de la Maline zum Point Sublime

Markierung: GR 4, rot-weiß; festes Schuhwerk mit Profilsohle, Taschenlampe für die Tunneldurchquerung, Trinkvorrat. Keine Wertgegenstände im Autoinnenraum lassen. Der ca. sechsstündige Klassiker »Sentier Martel« für durchschnittlich konditionierte Wanderer führt vom Parkplatz des Chalet de la Maline in ca. 1,5 Stunden in den Cañon hinab, folgt dem Flußlauf des Verdon im Talgrund, erfordert die Überwindung kleinerer Anstiege, Geröllpassagen und Treppen, gewinnt bei zwei Tunneldurchquerungen und einer Brücke kontinuierlich an Höhe und endet oben am Point Sublime. Rückkehr zum Chalet de la Maline per Taxi oder Anhalter. Bequemer ist die Variante in umgekehrter Richtung vom Parkplatz des Point Sublime, denn man erreicht schon nach ca. 10 Minuten den Grund der Schlucht und bestimmt nun selbst, wie weit man den »Sentier Martel« laufen möchte, z. B. bis zu den Tunneln, bevor man auf demselben Weg zurückkehrt.

aufregendsten Abschnitt der Schlucht. Da von den Belvédères auch die Seilschaften zu ihren ultimativen Nervenkitzeln starten, ist es nicht immer leicht, einen Autostellplatz zu finden. Zu manchen Aussichtspunkten führt ein kurzer Fußweg. Hier lauern leider Langfinger auf achtlos im Auto zurückgelassene Wertgegenstände!

Ein kurzer Fußweg führt über ein Plateau am Parkplatz der »Auberge du Point Sublime«, unterhalb des halbverlassenen Dorfes **Rougon** (S. 376), zum Drei-Sterne-Ausblick Point Sublime in den östlichen Cañon-Ausgang.

Die D 955 und D 90 führen über das Dörfchen **Trigance** (S. 392) zur D 71, die sich hinter der Bungee-Jumping-Brücke **Pont de l'Artuby** kurvenreich auf der »Corniche Sublime«, am Südrand des Cañons entlang, hinunter zum westlichen Klammausgang und nach **Aiguines** 6 (S. 322) schlängelt. Hier erwarten den Besucher das gleichnamige Schloß, in dessen Gemäuern Ferienappartements und einfache Unterkünfte eingerichtet wurden, und ein phantastischer Ausblick auf den Stausee Lac de-Ste-Croix. Auf der D 957 gelangt man Richtung Süden nach Aups, wo man Anschluß an die Haut Var-Tour hat (s. S. 196ff.). Oder man macht noch einen Abstecher in das frühere *village perché* **Bauduen** (S. 332), dem der Stausee bis zum Halse steht, und kehrt dann über eines der zahlreichen Schlängelsträßchen, südwestlich des Lac de Ste-Croix, zurück zum Ausgangspunkt Gréoux-les-Bains.

Gorges du Verdon

Der gezähmte Strom –
Die Durance und ihre Ufer

Die Städte und Dörfer entlang der Durance halten fast alle Abstand zum mächtigsten Strom der Provence. Früher fürchteten die Menschen das Frühjahrshochwasser und im Winter die Kälte, wenn der eisige Nordwind durchs Flußtal pfiff. Heute verhindern Straßenterrassen, Flußbegradigungen und Kanalsysteme die Ansiedlung von Gemeinden und Industriebetrieben am Flußufer. Das Wasser- und Energieunternehmen E.D.F. hat die Durance samt Verdon gebändigt und zum wichtigsten Elektrizitäts- und Frischwasserversorger der Provence gemacht. Ihre Fluten treiben 16 Kraftwerke an, kühlen die Brennstäbe der Atomforschungsanlage Cadarache südlich von Manosque (s. S. 27) und speisen den Canal de Provence. Dessen Netz von ca. 3000 km Länge verteilt das Wasser wiederum auf die Industrieanlagen am Etang de Berre und rund 120 Kommunen wie Toulon, Marseille, Arles und Aix-en-Provence und füllt die Swimmingpoole der Hotel- und Ferienanlagen.

In der Haute Provence herrscht wenig Freude darüber. »Capital, tourisme et E.D.F. sont les trois fléaux de la Provence« ist in roten, regelmäßig aufgefrischten Buchstaben immer mal wieder an Hauswänden in Manosque und Forcalquier zu lesen. ›Kapital, Tourismus und Electricité de France‹ haben als aktuelle Volksweisheit die alten, sprichwörtlichen Provence-Geißeln ›Parlament, Mistral und Durance‹ abgelöst (s. S. 12). Die meisten Menschen fühlen sich als Opfer der staatlichen Energieversorger, die den Durance-Fluß für das Wirtschaftswachstum der Küstenregion anzapfen und das erwirtschaftete Kapital fern der Haute Provence anlegen, anstatt damit Arbeitsplätze in der entvölkerten Region zu schaffen. So hält auch hier, wie in den angrenzenden Hochlagen der Provence, die Abwanderung der Bevölkerung und der Zuzug von Zweitwohnsitzerwerbern an. Ein Gebiet zum Ferienmachen? Wer sich nicht nur hinters Steuerrad klemmt, wird links und rechts der Durance, in der Montagne de Lure bei Sisteron oder im Hochland von Digne, den spröden Mittelgebirgslandschaften auf die Spur kommen. Und nicht von ungefähr trifft man gerade hier auf zahllose (Über-)Lebenskünstler, die sich mit einer Zähigkeit und Zuversicht an ihren kargen, einsamen Boden krallen, als sei die Haute Provence eine der schönsten Ecken der Provence. Vielleicht ist sie es ja?

Von Süden nach Norden durch das Tal der Durance

Ca. 80 km; Dauer 1 Tag, Karte S. 211

Der Schriftsteller Jean Giono, der bekannteste Hochprovenzale, ist seiner schwierigen Heimat zeitlebens treu geblieben und verarbeitete die psychischen Folgen der Wirtschaftsprobleme für die Menschen der entvölkerten Landstriche in einigen Romanen und Erzählungen (s. S. 37f.). In der 25 000-Einwohner-Stadt **Manosque 1** (S. 360) ist er geboren. Das Wohnhaus beim Mont

Die Durance

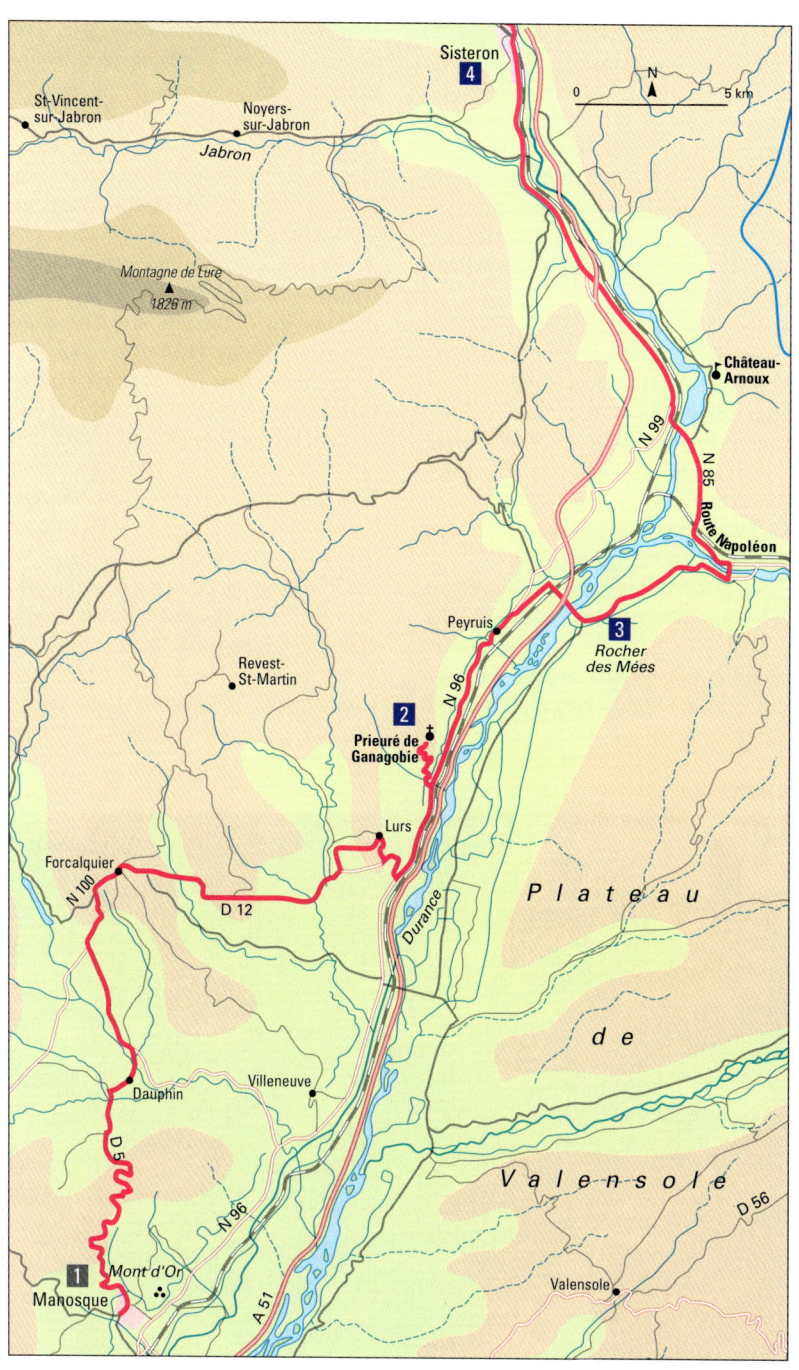

St-Vincent-
sur-Jabron

Noyers-
sur-Jabron

Jabron

Sisteron **4**

0   N   5 km

Montagne de Lure
▲
1826 m

Château-
Arnoux

N 99

N 85

Route Napoléon

Peyruis

3

*Rocher
des Mées*

Revest-
St-Martin

N 96

2

**Prieuré de
Ganagobie**

Lurs

P l a t e a u

Forcalquier

N 100

D 12

Durance

d e

Villeneuve

Dauphin

D 5

V a l e n s o l e

D 56

N 96

1 *Mont d'Or*

A 51

Valensole

Manosque

d'Or, am nordwestlichen Stadtrand, in dem Giono mit seiner Familie seit den 30er Jahren gelebt hat, ist öffentlich zugänglich. Die beiden Tore der ehemaligen Stadtmauer aus dem 12. Jh., die Porte Soubeyran im Norden und die Porte Saunerie im Süden, sind die Schmuckverschlüsse der Altstadt mit ein paar ansehnlichen Gassen und Patrizierhäusern.

Doch Manosque ist kein Ort zum Flanieren. Dafür muß man weiter Richtung Norden, auf der D 3 ins Bergnest **Dauphin** mit schöner Talsicht und zum lebhaften Provinzstädtchen **Forcalquier** (S. 347) mit dem typischen Provence-Zweierlei einer romanisch-gotischen Kirche und einer Burg, die wie immer den höchsten Punkt einnimmt.

Auf der D 12 erreicht man nach einem Schlenker über das Künstlerdorf **Lurs** die breite Flußaue der Durance, um bei nächster Gelegenheit wieder ein paar Kilometer die Berge hinauf zum **Bene-**diktinerpriorat **Ganagobie** 2 (S. 349) zu fahren. Die einschlägige Literatur preist es fast hymnisch als bedeutendsten und schönsten romanischen Sakralbau der Haute Provence. Das macht neugierig. Und tatsächlich kann man sich der Wirkung des skulptural gestalteten Kirchenportals – in der Provence ist eher eine Ornamentik verbreitet gewesen – und des filigranen Fußbodenmosaiks im Querschiff und Chorraum kaum entziehen. Während das Eingangs-Tympanon eher gängige Weltgerichtsszenen zeigt, wie sie auch bei den Kathedralen von Arles (s. S. 102f.) und St-Gilles (s. S. 119) zu sehen sind, zählt das Drachentöterszenario der Bodenmosaiken zu den ältesten Darstellungen von ›Gut und Böse‹ in Westeuropa. Wenn dann auch noch die Mönche gregorianische Gebetsgesänge anstimmen, nimmt die Suggestivkraft des Ortes den Besucher vollends gefangen. Ganagobie wurde im 10. Jh. gegründet und wenig

Markt in Forcalquier

später dem einflußreichen burgundischen Kloster Cluny unterstellt, daher die reiche Ausstattung mit Anklängen an die mittelfranzösische Romanik.

Wieder zurück im Durance-Tal, erblickt man auf der gegenüberliegenden Flußseite, vis à vis des kleinen Ferienorts Peyruis (S. 374), die roten ›Puddingsteine‹ der **Rochers Les Mées** ❸ (s. Abb. S. 214), wie die zapfenförmig erodierten Felsen wegen ihres bröseligen Kiesel-Kalkgemischs im Fachjargon heißen.

Aber wie so oft in der an Naturwundern nicht armen Provence, liegen häufig mehrere davon so dicht beieinander, daß sie sich gegenseitig die Schau stehlen. Der unangefochtene Favorit sind in diesem Fall die überaus fotogenen, von der Tektonik senkrecht gestellten Gesteinsschichten des Wahrzeichenfelsens von **Sisteron** ❹ (S. 388). Die ehemalige römische Via-Domitia-Etappe »Segustero« verdient den inflationär gebrauchten Ortsbeinamen ›Tor der Provence‹ zu Recht, weil die Landschaft nördlich des Felsdurchlasses ihren mediterranen Charakter endgültig verliert und alpines Aussehen annimmt. Wer nördlich des ›Tors‹ einen Blick in die Töpfe täte, der röche rasch, daß hier noch eine andere, so manchen Feinschmecker schmerzende Grenze verläuft, die sogenannte *frontière du beurre* bzw. *frontière de l'huile* (Butter- oder Ölgrenze). Nördlich von Sisteron wird traditionell weit weniger mit Olivenöl gekocht, weil hier statt Olivenbäumen Kühe auf den Wiesen stehen. Ob es ein Zufall ist, daß ausgerechnet im provenzalischen Grenzort die Schlachtbänke der berühmten »Sisteron-Schafe« stehen und man hier besonders frische, in Olivenöl gesottene Lammfilets auf den Teller bekommt? Bevor man sich in der etwas heruntergekommenen Altstadt

Sisteron

rund um die Place du Dr. Robert und die Tour de l'Horloge zu Tische läßt, sollte man noch die weitläufige Zitadelle besichtigen (Parkplatz am Eingang, im Burgareal sind zahlreiche Treppen zu erklimmen!). Das Bollwerk wurde im 11. Jh. auf Geheiß der Grafen von Forcalquier errichtet, unter Heinrich IV. erweitert und 1944 von Bomben der Alliierten zerstört, die eigentlich deutsche Besatzungssoldaten treffen sollten, statt dessen aber etwa 300 Einwohner das Leben kosteten und zur Teilzerstörung der Zitadelle führten.

Rocher Les Mées ▷

Côte d'Azur –
Die ›blaue‹
Küste

Klaus Simon

Die Côte d'Azur

Der Name macht's

Dezember 1887, eine Landschaft erhält ihren klingenden Namen: »Côte d'Azur« heißt das Buch, das ein gewisser Stephen Liégeard über seine Wahlheimat veröffentlicht. Bereist wurde der östliche Zipfel der französischen Mittelmeerküste spätestens, seit ein ehemaliger Schatzkanzler seiner Majestät der Queen von England 1834 wegen der in der Provence grassierenden Cholera in Cannes gestrandet war – und blieb. Lord Brougham war nicht der erste südensüchtige Brite, der an Frankreichs Mittelmeerküste suchte, was die vernebelte Heimatinsel nicht zu bieten vermochte. Wie kein anderer zuvor aber machte er sich zum Botschafter seiner lauen Winterheimat. Ende des 19. Jh. reiste man ausschließlich in der kalten Jahreszeit in die Sonne, was bis in die späten 20er Jahre so bleiben sollte. Als Alexandre Dumas fünfzehn Jahre nach Broughams Ankunft seinen Wirt in Nizza nach den Fremden im Haus befragt, erklärt dieser dem Schriftsteller, daß es sich um Engländer handele – und meint damit Ausländer jedweder Herkunft, inklusive Franzosen.

Jahrhundertelang war die unzugängliche Küste ein von mächtigen Gebirgen abgeschnittenes Ende der Welt, das teils französisch, teils sardisch war, mithin keine Einheit. Das breite Flußbett des Var trennte Menschen und damit Mentalitäten, ganz zu schweigen von der eisigen Schranke der halbjährlich zugeschneiten Alpen. In Nizza betrachtete man die Franzosen als Ungeheuer, in Cannes sieht man die Bürger von Nizza noch heute so. Im Massif d'Estérel machten Banditen im 19. Jh. mit Reisen-

den kurzen Prozeß. Der Weg via Marseille barg die Risiken einer schon vor 300 Jahren verrufenen Hafenmetropole.

Die Gefahren für Leib und Leben hat der französische Staat gebannt. Nicht alle Unterschiede dagegen konnte der gleichmacherische Zerntralstaat verwischen. Italienisch gefärbt blieb die Côte zwischen Var-Mündung und Menton. Für Liégeard reichte die Côte von Menton im Osten bis Hyères im Westen. Sind sich bei Menton alle einig, hinter der Stadtgrenze verläuft schließlich seit 1860 die Grenze zu Italien, führt die Grenzziehung im Westen zu Grabenkämpfen. So unterhält das Verwaltungskonstrukt Provence-Alpes-Côte d'Azur (P.A.C.A.) wie jede französische Region ein Fremdenverkehrsamt mit Sitz in Marseille, doch in Nizza vertritt ein zweites regionales Fremdenverkehrsamt »Riviéra-Côte d'Azur« ausschließlich die Belange des Küstenabschnitts von Miramar bis Menton mit so prestigeträchtigen Orten wie Cannes, dem Cap d'Antibes und Nizza. Nüchterner ausgedrückt handelt es sich beim glamourösen Ostabschnitt der Côte um die Küste des Departements Alpes-Maritimes, die auf knapp 100 km Länge einer endlosen Ferienmegalopolis gleicht. Auf den Nimbus der östlichen Côte hingegen pfiffen Erika und Klaus Mann 1931 in ihrem »Riviera«-Reisebuch, ihre Côte d'Azur reicht, wie damals mehr und mehr üblich, von Marseille bis Ventimiglia.

In diesem Buch beginnt die Côte östlich von Marseille. Ihr westlicher Abschnitt erstreckt sich somit bis auf wenige Kilometer im Departement Var. Der Rest ist unstrittig: Im Norden begrenzen die Alpen, im Süden das Meer die Côte. Wem französische Verwaltungsgrenzen schnuppe sind, wird trotzdem mühelos die Côte des Var von der der Südalpen unterscheiden. Im Westen Mittelgebirgsketten, Felsbuchten, überschaubare Hafenstädtchen, zu denen ein unaufgeregt familiärer Tourismus paßt, im Osten endlos lange, zum Teil künstlich aufgeschüttete Sandstrände, luxuriöse Appartementburgen und Stadtlandschaften mit dem musealen Charme des Fin de Siècle, dahinter die erhabene Silhouette der Südalpen.

Fin de siècle, die Zweite

1987, hundert Jahre Côte d'Azur, die als ›Star des Jahrhunderts‹ medienwirksam gefeiert wurde, und den Rummel gut gebrauchen konnte. Der Lack sei ab, war seit Jahren zu hören, die Mischung aus Babylon und Paradies verbraucht. Ein Jahrhundert war mit dem kometenhaften Aufstieg zur Küste der *happy few* aus Aristokratie, Geldadel und Bohème sowie dem Niedergang in die Tiefen des Massentourismus vergangen. Große Vergangenheit auf Schritt und Tritt, aber die Zeiten für Abendgarderobe zum *Déjeuner* sind vorbei. Die Côte d'Azur, wo alles einmal Avantgarde war, wirkte mit einem Mal samt ihren Riten hoffnungslos gestrig.

Eine Küste, die alles gesehen hat, an der jeder gesehen werden wollte, an die nach wie vor die Sonnenanbeter zu Millionen strömen, um bis zur Unerträglichkeit alles für machbar zu halten: Im Sommer 1994 untersagte der Bürgermeister von St-Raphaël das Tragen von Bikinis und Badeshorts beim Stadtbummel. Im Jubiläumsjahr merkten Umweltschützer im Jubelchor der Fremdenverkehrsämter kritisch an, daß der Bauboom wieder leicht zunahm, nicht zuletzt, weil in Ermangelung eines um-

fassenden Nutzungsplans jeder Bürgermeister sein eigenes Betonsüppchen kocht. Wer auf dubiose Immobiliengeschäfte aufmerksam macht, riskiert sein Leben, wie die Parlamentsabgeordnete Yann Piat, die 1994 auf offener Straße in Hyères von Schüssen niedergestreckt wurde – kein Einzelfall. Auf die bodenlose Leichtigkeit früher Jahre folgte knallhartes Business, zumal in schlechten Zeiten. Momentan heißt es auffällig oft »*à vendre*« an den Villenportalen, doch allein 1989 stiegen die Grundstückspreise im Departement Alpes-Maritimes um satte 30 %. Im Jahr darauf war laut Untersuchungen ein Viertel der Alpes-Maritimes-Küste verbaut, Tendenz steigend. Das Schlagwort von der ›Côte-Béton‹ droht das wohlklingende ›Côte d'Azur‹ abzulösen.

Noch heute kann es einem passieren, von Einheimischen pauschal zu den ›Leuten aus Paris‹ gezählt zu werden, was als minimaler Konsens soviel wie ›nicht von hier‹ heißt. Wie sonst angesichts massiver Zuwanderung und ein-

Monte Carlo (Tourismusplakat um 1930)

Landeskunde Côte d'Azur im Schnelldurchgang

Verwaltung: 3 französische Departements und das Fürstentum Monaco teilen sich die ca. 300 km lange Küste von Marseille im Westen bis Menton im Osten. **Bouches-du-Rhône:** Nur das kurze Stück von Cassis bis kurz hinter La Ciotat zählt zur Côte. Hauptstadt des Departements sowie der gesamten Region Provence-Alpes-Côte-d'Azur ist Marseille (800 000 Einw.). **Var:** Der Abschnitt beginnt kurz vor Bandol und endet mit dem Massif d'Estérel. Departementshauptstadt ist Toulon (170 000 Einw.). **Alpes-Maritimes:** Von Miramar / La Théoule bis Menton. Departementshauptstadt ist Nizza (400 000 Einw.). **Fürstentum Monaco:** die 195 ha große Enklave liegt im Departement Alpes-Maritimes und zählt 28 000 Einw..

Ost und West: Der schmale Landstreifen zwischen Mittelmeer und den nahen Gebirgsketten des Hinterlands (Massif des Maures, Massif d'Estérel, Préalpes) teilt sich in zwei deutlich unterschiedliche Abschnitte. Der westliche Teil von Cassis bis zum Estérel-Massif wirkt durch die Ausläufer der bis zu 800 m hohen Gipfelketten zerklüftet. Kleine Bade- und Hafenbuchten bedingen einen familiären Tourismus mit entsprechend zurückhaltender Küstenbebauung. Im östlichen Abschnitt erlauben breite Sandstrände links und rechts der Mündung des Var eine exzessive Bebauung, zu der noch weiter östlich der prestigeträchtige Ruf der klassischen Côte d'Azur von Nizza bis Menton weitere Bauimpulse beisteuerte. Dies zumal dort, wo die bis zu 2000 m hohen Voralpen zurückweichen, und die Topographie von sanften Hügeln geprägt ist. Im Hinterland der gesamten Côte stehen über 300 000 Zweitresidenzen, wobei wieder im ohnehin verstädterten östlichen Abschnitt das Hinterland zersiedelter als die von Bauverboten geschonten Mauren- und Estérel-Massive ist. Das Fürstentum Monaco ist längst im wahrsten Sinne des Wortes ein Stadtstaat mit extrem verdichteter Bebauung, ein ›Manhattan am Mittelmeer‹.

Staatsform von Monaco (Frankreich siehe Provence-Landeskunde S. 22): Konstitutionelle Monarchie seit 1911. Die aktuelle Verfassung von 1962 garantiert dem regierenden Fürsten die Exekutivmacht. Er ernennt den Staatsminister aus den Reihen hoher französischer Beamter oder ehemaliger Diplomaten. 3 ebenfalls vom Fürsten ernannte Regierungsräte stehen dem Staatsminister zur Seite. Die 18 Mitglieder des Staatsrats, dem allein gesetzgeberische Funktion zukommt, werden alle 5 Jahre gewählt. Das zweite, von den Bürgern gewählte Gremium ist der Stadtrat mit 15 Mitgliedern in vierjähriger Amtszeit.

Wirtschaft: Für die gut 1,5 Mio. Menschen an der Côte d'Azur stellt der Tourismus mit jährlichen 8 Mio. Besuchern und Einnahmen von über 25 Mia. Francs (1993) die meisten Arbeitsplätze. Zwei Drittel aller Besucher der Region Provence-Alpes-Côte d'Azur strömen an den Strand, was die Côte zu Frankreichs bedeutendster Fremdenverkehrsregion macht. Aus Fischerdörfern wurden in den letzten hundert Jahren küstenauf, küstenab expandierende Badeorte. High Tech wie das Beispiel der ›technopole‹ Sophia-Antipolis bei Valbonne und Kongreßzentren mindern die durch den Zusammenbruch traditioneller Industriezweige (Schiffbau) bedingte Arbeitslosigkeit nur mäßig. Vor allem in nichttouristischen Städten wie etwa Toulon ist die Arbeitslosigkeit hoch – bis zu 70 % unter den Jugendlichen in den Trabantenstädten. Bei gleichfalls hoher Bevölkerungsdichte, die in den meisten Kommunen mehr als 300 Einw. pro km^2 überschreitet, aber zieht die Côte weiterhin Menschen aus den schwer zugänglichen Bergregionen ihres Hinterlands sowie aus ganz Frankreich und dem Ausland an – verführerisch milde Jahresdurchschnittstemperaturen (Menton 16° C) sind einer der Hauptgründe. Konsequenterweise wuchs die Bauwirtschaft zu einem der größten Arbeitgeber an der Küste. Monacos Einkünfte aus dem Glücksspiel sind längst sekundär. Banken, Immobiliengesellschaften, Einkünfte als Steueroase und Dienstleistungen garantieren dem Zwergstaat nach wie vor ein volles Staatssäckel. 3 Mio. Besucher pro Jahr sorgen darüber hinaus für klingende Kassen.

Bevölkerung: Mit dem Ende des Algerienkriegs 1962 kamen über 1,5 Mio. *pieds-noirs* (Auslandsfranzosen aus den ehemaligen nordafrikanischen Kolonien) zurück ins Mutterland, ein Gutteil von ihnen an die Côte d'Azur. Den größten Ausländeranteil stellen nicht wie einst betuchte Engländer, sondern arabische Immigranten aus den Maghrebstaaten Algerien, Marokko, Tunesien. In Städten wie Toulon oder Grasse machen sie bis zu 15 % der Bewohner aus. Andernorts ist die Côte überaltert. Die Zahl der Alten liegt mit 25 % deutlich über dem landesweiten Durchschnitt: Cannes oder Nizza haben folglich den Ruf eines riesigen Altersheims für sonnenhungrige Senioren aus dem Norden.

Villeneuve

Die Russen kommen

Adelige Russen zählten neben Engländern zu den Entdeckern der Côte d'Azur, bis die Oktoberrevolution dem Saus und Braus unter der Sonne ein Ende machte. Aus Fürsten und Gräfinnen wurden Chauffeure und Gesellschaftsdamen, so blieb man immerhin an der Côte. Die russischen Gemeinden waren zwischen Cannes und Menton einst zahlreich, doch nur wenige Kirchen haben die Zeitläufe überdauert. In Menton lassen sich die Mitglieder des russischen Chors an einer Hand abzählen. In Monte Carlo heißt der Nachtclub des Hotel Loews in Anspielung an alte Extravaganzen »Folie Russe«: 1911 reiste die Balletttruppe Diaghilews aus Sankt Petersburg zu einem Gastspiel an, das für einige Aufregung sorgte.

Kommen die Russen wieder? Die Zahlen der Besucher aus Sibirien oder vom Kaukasus steigen. 1993, dem Jahr, als die Russen erstmals ins westliche Ausland reisen durften, waren es 2000, 1994 16 000, im letzten Jahr 25 000. Es sind nicht wie einst Großfürsten noch Primaballerinen, sondern frischgebackene Multimillionäre, die den Direktflug Moskau–Nizza buchen. Für freudige Aufregung sorgt das Schlagwort von der zweiten ›arrivée des Russes‹ allemal, wenngleich der neue GUS-Geldadel nicht durch exzentrische Kleidung und Feste Furore macht. Man gibt sich eher diskret, doch markenbewußt: Dior oder Bentley sollen es schon sein. Die

›neuen‹ Russen geben mit 2500 Francs pro Tag fünfmal soviel aus wie andere Gäste. In manchen Edelboutiquen an der Côte herrscht bereits ein Hauch von Goldgräberstimmung. Man stellt sich auf die Russen ein. »Kalinka« erklingt schon wieder hier und da in den Piano-Bars der Côte zum Plaisir der steinreichen Touristen aus Osteuropa. ›Shopping‹ heißt die Lieblingsbeschäftigung der von findigen Geschäftsleuten euphorisch ›die neuen Araber‹ genannten Russen, ein Hobby, das an der Côte d'Azur alle Türen öffnet. Nur die traditionellen Haarschleifen der kleinen Mädchen verraten noch die russische Herkunft, während Mama längst Versace und Papa Rolex trägt. Fazit: Der Rubel rollt wieder, an der Côte ist man's zufrieden und stellt keine Fragen nach den zum Teil obskuren Quellen des vielen Geldes.

Russisch-orthodoxe Kirche in Nizza

Am frühen Morgen in Cannes – der Hotelstrand des Martinez ist schon bereit für Gäste

schneidender Veränderungen die eigene Identität wahren? Nirgendwo anders im Land erhält der Rechtsradikale Le Pen soviele Wählerstimmen, in Ballungsgebieten wie Toulon von arbeitslosen Jungen, in exklusiven Altersheimen wie Nizza von sicherheitsbedürftigen Pensionären – ein Drittel der Bevölkerung an der Côte ist über 65. Fischfang und traditionelle Landwirtschaft – Wein, Oliven, Getreide – sind an der Côte Vergangenheit. Nur renommierte A.O.C.-Weingebiete wie etwa Bandol überlebten. Im Var-Tal werden heute Blumen statt Olivenbäume angebaut. Im einst blühenden Umland der abgedankten Parfumhauptstadt Grasse dagegen siedeln sich High Tech-Industrien an, deren Promotoren den Industriepark Sophia Antipolis als europäisches Silicon Valley mit Côte d'Azur-Bonus feiern.

Der Tourismus aber bleibt mit rund 8 Mio. Gästen die Haupteinnahmequelle der Côte. Allein im Departement Alpes-Maritimes, das den Löwenanteil der Sonnenhungrigen aufnimmt, arbeiten 41 % oder 150 000 Menschen in der Branche, die von Juni bis September Überfüllung vermelden kann. Keine französische Küste genießt soviel Prestige wie die 250 km zwischen Cassis und Menton. Macht ein Franzose Urlaub ›sur la Côte‹, weiß jeder, daß nur die Côte d'Azur gemeint sein kann. »Woher hat diese blaue Küste ihren großen Ruhm? Warum bleibt diese Côte d'Azur durch verschiedene Jahrzehnte der Vergnügungs- und Erholungsstrand des Kontinents, der Welt?« fragten Erika und Klaus Mann 1931 wie staunende Kinder. Passé, die Welt staunt und badet seit der Erfindung des Düsenjets rund um den Globus. Sonne inklusive Strand und Palmen sind ein banales Vergnügen aus dem Reisekatalog. Die Côte d'Azur behauptet sich nichtsdestotrotz als Frankreichs Reiseziel Nummer Eins. Die Zahlen sprechen für sich: Über 200 000

Hôtel Negresco in Nizza

strände aufzuschütten, Uferpromenaden anzulegen, Casino- und Hotelpaläste zu errichten, sondern diese schöne neue Welt auch zu begrünen. Englischer Rasen war angesichts der Gäste von der Kanalinsel ein Muß. Exotik kam auch dazu: Joséphine Bonaparte vermachte der Côte den ersten Eukalyptusbaum, Napoleon III. brachte Kakteen vom Mexiko-Feldzug mit, aus Nordafrika stammen die Palmen, aus Australien die Mimosen.

Fin de Siècle, die Dritte

Als Klaus und Erika Mann die Côte bereisten, ging gerade eine Epoche zu Ende, deren Protagonisten Jean Lorrain skizziert hat: »Alle Verrückten dieser Erde, männlichen und weiblichen Geschlechts, alle aus dem Gleichgewicht Geratenen und alle Hysterischen haben sich hier verabredet und kommen persönlich vorbei.« Die Côte war ein Tollhaus der Eitelkeiten, in Orten wie Sanary oder St-Tropez eher für Künstler und freibeuterische Bohémiens, in Cannes oder Monte Carlo eher für gekrönte und gestürzte Häupter sowie verruchte Demi-Mondaines und Gigolos. Die Unschuld der zügellosen Anfangsjahrzehnte ist längst dem Massenbetrieb gewichen, die Exklusivität dahin, nur die zum Teil ungehörig gepfefferten Preise erinnern noch an die vergangene Domäne der *happy few*. Einmal im Jahr ein Dutzend Kinostars zum Filmfestival auf der Croisette, ein paar Rolls-Royce-Cabrios vor dem Hôtel de Paris machen noch kein Eldorado – genausowenig wie alles Unkenrufen gegen die Schönheit der Côte ankommt. Wo südliche Alpenausläufer dramatisch ins Meer fallen, lockt eine traumhaft blaue Küste. Der sommerliche Alptraum hoffnungslos

Segelboote ankern vor der Küste, fast jedes vierte Haus ist ein Zweitwohnsitz.

Das sanfte Klima und die schöne Landschaft betören aber nicht nur Engländer. Während der Mistral im Rhône-Tal unerbittlich auf Durchzug schaltet, brechen die Voralpen den eisigen Wind, bis er als säuselndes Lüftchen die Côte erreicht. Manchmal pudert heißer Saharawind staubfeinen Sand über die Caféterrassen. Vor allem im Frühjahr und Herbst regnet es heftig und kurz, im Jahresmittel jedoch nicht mehr als an 80 Tagen im Jahr. Die Güsse reichen für die üppige Vegetation, der im trockenen Sommer eine relativ hohe Luftfeuchtigkeit zugute kommt. Vieles, was an der Côte grünt, zählt nicht zur Mittelmeerflora, denn es galt nicht nur Sand-

Baden verboten?

Die Nachricht muß befremden: Ausgerechnet im Naturschutzpark des Hyères-Inselchens Port-Cros gilt das Wasser als zum Baden so ungeeignet wie an der Rhône-Mündung mit ihrer starken Industriekonzentration. Baden verboten im Mittelmeer? Seit 20 Jahren ergehen sich die Anrainerstaaten in wohlmeinenden Erklärungen zum Schutz von ›Europas größter Badewanne‹. Daß Taten folgen, ist relativ neu. In regelmäßigen Abständen untersuchen Hydrobiologen seit Anfang der 90er Jahre anhand eines einheitlichen Verfahrens die Wasserqualität an den Stränden der Côte d'Azur. Ihr rollendes Labor ist ebenso Zeichen einer ökologischen Rückbesinnung wie die in fünf Sprachen verfaßten Schilder, die zur Reinhaltung der Strände auffordern. Bis auf wenige Ausnahmen gilt die Wasserqualität der jährlich von 8 Mio. Gästen besuchten Côte als gut, nimmt man die EG-Grenzwerte zum Maßstab. Selbst die Großstadt Marseille konnte dank Kläranlagen die blaue Fahne hissen. Seit 1992 aber füllen Horrorszenarios von Killeralgen an der Côte die sommerlichen Titelblätter. Drei Jahre zuvor hatte eine Algenplage an der nördlichen Adria die Tourismusbranche empfindlich getroffen. An der Côte hatte man Glück, weil die dort aufgetauchte *Caulpera taxifolia* im Vergleich zur glibbrigen Adria-Alge ganz ansehnlich blühte. Sie ist wie jede Alge für den Menschen unschädlich. Nicht so für das Mittelmeer, dessen Tier- und Pflanzengemeinschaften aus beispielsweise Neptungraswiesen und Schlangensternen unter der aus den Tropen stammenden Alge empfindlich leiden. Denn sie überwuchert alle andere Vegetation, die Fisch und Schalentiere zur Laichablage brauchen. Hauptgefahr aber bleibt der Mensch, der die Mittelmeerküsten hemmungslos überbevölkert. Die Folge: Täglich muß das *Mare nostrum* tonnenweise Großstadtmüll aufnehmen. Jährlich werden über 2 Mia. m³ Industrieabwässer eingeleitet. Die Landwirtschaft fügt gut 300 000 t Phosphor und 800 000 t Stickstoff hinzu, die das Algenwachstum düngen.

verstopfter Straßen verfliegt in der Nebensaison zum Intermezzo. Im Winter wird die Faszination der Côte greifbar. Jetzt sollte man wie einst die Engländer anreisen. Von Ende Oktober bis weit in den Mai gleißt die schneegepuderte Pracht der Südalpen über einer in mediterraner Üppigkeit erblühten Küste. Die Landschaft – ein Garten über dem Meer, die Orte – Balkone mit Meerblick. Kein Paradies, doch ein Landstrich, der wie kein anderer den südlichen Garten Eden mit der unwirtlichen Rauhheit des Hochgebirges zusammenführt.

Zeittafel Côte d'Azur

Vorzeit

1800 v. Chr.	Ligurer besiedeln einen breiten Streifen der Mittelmeerküste. Felsbilder und Höhlenwohnungen sind überlieferte Relikte ihrer Siedlungsgeschichte
ab 700 v. Chr.	Indoeuropäische Kelten wandern ein, die sich mit den Ligurern vereinigen (kelto-ligurische Kultur)

Antike

ab 600 v. Chr.	Griechen aus Phokäa siedeln sich an. Sie bringen neue Kulturpflanzen ins Land, darunter Wein, Feige und Olivenbaum. Die neuen Siedler vermischen sich zum Teil mit den Kelto-Ligurern. Sie errichten Marseille, Monaco, Nizza und Antibes und unterhalten Handelsbeziehungen im gesamten Mittelmeerraum
200 v. Chr.	Griechen aus Marseille rufen gegen gallische Überfälle die Römer zur Hilfe, die den Kampf gewinnen und bleiben
80 v. Chr.	Spätestens seit diesem Jahr ist Südgallien römische Provinz: ›Provincia Gallia Narbonensis‹
bis ca. 480 n. Chr.	Südostfrankreich wird ein wichtiger Standort der Römer. Eine tiefgreifende Romanisierung beginnt. Die ›Provinz‹ mit den bedeutenden Zentren Marseille, Antibes, Fréjus und Cimiez erlebt eine wirtschaftliche Blütezeit
476	Das weströmische Reich bricht zusammen
500/600	Ost- und Westgoten, Vandalen, Burgunder und Franken ziehen während der germanischen Völkerwanderung durch Küstenregion und Hinterland

Mittelalter

im 8. Jh.	Mauren versetzen die Küstenbewohner in Angst und Schrecken und werden 732 von Karl Martell geschlagen
773/74	Karl der Große erobert Gallien
884	Den Mauren gelingt es, sich im Mauren-Massiv festzusetzen. Sie plündern und rauben – fast ein Jahrhundert lang
974	Wilhelm der Befreier, Graf von Arles, vertreibt die Araber und begründet das erste Grafenhaus der Provence
1032	Die Provence fällt an das Heilige Römische Reich Deutscher Nation; die Feudalherren können ihre Macht jedoch behaupten

1125	Die Grafen von Barcelona erhalten die Grafschaft Provence als ›Hochzeitsgeschenk‹. Die Katalanen bleiben mehr als ein Jahrhundert Herren der Provinz. Doch die reichen Handelsstädte, so Marseille, Nizza und Grasse, erkämpfen sich weitgehende Unabhängigkeit
1246	Karl von Anjou, Bruder König Ludwigs IX., wird Graf der Provence
1297	Francesco Grimaldi kauft Monaco von Genua
Ende 13. Jh.	Mißernten, Hungersnöte, Pestepidemien und Plünderungen beuteln Provence und Côte d'Azur
1388	Nizza und Umgebung fallen an das Haus Savoyen. Die Grafschaft Provence wird zweigeteilt. Antibes wird von den Franzosen zur Festung ausgebaut; Nizza und Antibes sind fortan Grenzstädte. In der Folgezeit befindet sich Nizza mal in italienischer, mal in französischer Hand. Es entwickelt sich zu einer blühenden Festungs- und Handelsstadt
1481	Die französische Krone ›erbt‹ die Provence, d. h. den westlichen Teil der alten Grafschaft
1489	Der König von Frankreich und das Haus Savoyen erkennen Monacos Unabhängigkeit an

17. und 18. Jahrhundert

zu Beginn des 17. Jh.	In Grasse siedeln sich Parfümeure an
ab 1680	Das Arsenal von Toulon wird zum bedeutenden Militärhafen ausgebaut
1707–13	Die Franzosen besetzen Nizza, das 1713 wieder der Provence zugeschlagen wird
1763	Der schottische Schriftsteller Tobias Smollet erwähnt in seinen Reiseberichten lobend das überaus milde Klima der Riviera. Die ersten Engländer kommen zum Überwintern an die Küste
1789	Die Erstürmung der Bastille läutet die Französische Revolution ein
1793	Napoleon Bonaparte besiegt das königstreue Toulon. Revolutionäre Truppen besetzen Nizza, Hochburg der Konterrevolutionäre, in das viele Adlige geflohen sind

19. Jahrhundert

1814	Nizza wird italienisch: Frankreich muß die Grafschaft an den König von Sardinien zurückgeben (Wiener Kongreß). Napoleon bricht von St-Raphaël in die Verbannung nach Elba auf

1815	Napoleon landet in Golfe-Juan und kehrt für die ›Herrschaft der 100 Tage‹ nach Paris zurück. Golfe-Juan gilt seither als erste Station der »Route Napoléon«, die über Grasse und Digne nach Grenoble führt
ab 1820	Das Überwintern an der Côte d'Azur kommt immer mehr in Mode, vor allem Nizza und Cannes werden als Urlaubsorte beliebt
1822	Die Uferpromenade, die spätere Promenade des Anglais, wird in Nizza gebaut – das Geld stiften englische Kurgäste
ab 1830	Die Werften von Toulon werden ausgebaut
1834	Der britische Politiker Lord Brougham besucht Cannes und lockt durch sein Lob noch mehr englische Gäste an die französische Riviera. In den nächsten Jahren bauen sich englische Adlige prächtige Sommerhäuser an der Küste. – Die Wirtschaftsstruktur ändert sich grundlegend: Der Fremdenverkehr entwickelt sich rasant, in der Landwirtschaft setzt eine Spezialisierung ein (Blumen/Menton, Lavendel etc. für die Parfümherstellung/Grasse, Weinanbau/Halbinsel von St-Tropez)
1853	Die Stadtväter von Cannes beginnen mit dem Bau der Croisette, einer Prachtpromenade, die jedoch erst 17 Jahre später vollendet wird
1860	Nizza fällt nach einer Volksabstimmung zurück an Frankreich und bildet zusammen mit Grasse das neue Departement Alpes-Maritimes
1861	Der französische Staat kauft Roquebrune und Menton, die ehemalige Residenz des Fürsten von Monaco, von den Monegassen zurück
1862–64	Der Ausbau einer Küstenstraße und einer Eisenbahnlinie nach Paris erleichtert das Reisen. Die Côte d'Azur ist nun wesentlich schneller und bequemer zu erreichen
1868	Der »Train de Pigne« nimmt den Betrieb zwischen Nizza und Digne auf
ab 1870	Auch Menton erlebt einen Boom sondergleichen: Reiche englische Aristokraten machen es zu ihrer Winterresidenz – nahezu 3000 Sonnenstunden im Jahr locken
1878	In Monaco fällt der Startschuß für den Casinobetrieb; andere Spielcasinos an der Küste folgen
1887	Das Buch »La Côte d'Azur« von Stephen Liégeard erscheint. Der Titel bürgert sich fortan als Name für die französische Riviera ein. Mehr als 20 000 Urlauber überwintern an der Côte
1892	Der Maler Paul Signac entdeckt St-Tropez und das faszinierende Licht der Côte. Andere Maler – so Braque und Bonnard – folgen ihm; der kleine Fischerort wird in den folgenden Jahren zur Künstlerkolonie

20. Jahrhundert

seit 1909	Der Wintersporttourismus entwickelt sich im Hinterland
1911	Monaco wird zur konstitutionellen Monarchie erklärt und die Rallye Monte Carlo zum ersten Mal gefahren
1912/13	Die legendären Hotels ›Carlton‹ in Cannes und ›Negresco‹ in Nizza öffnen ihre Tore
1914	Man zählt schon 150 000 Winterurlauber. Nizza bleibt Zentrum des Fremdenverkehrs und lockt den europäischen Adel und die Halbwelt an
1914–18	Der Erste Weltkrieg stoppt den Tourismusboom. Die Côte d'Azur bleibt von den Kriegshandlungen jedoch weitgehend verschont
1919	Picasso besucht zum ersten Mal die Küste – und siedelt sich wenig später hier an. Andere Maler folgen – angelockt vom einzigartigen Licht an der Küste, so z. B. Léger und Chagall
1928	Die Tende-Bahn wird auf der Strecke Nizza – Tende eingeweiht
1929	Der Startschuß fällt für den Grand Prix de Monaco, der bis heute Jahr für Jahr Tausende von Zuschauern in die Straßenschluchten des Zwergstaats lockt
1930	Hoteliers ›entdecken‹ die Sommersaison. Einer der Gründe: Die Arbeiter erhalten erstmals bezahlten Urlaub, und die Gästezahl an der Küste steigt rapide an. Traditionelle Wirtschaftszweige der Côte wie Fischfang und Blumenanbau verlieren an Bedeutung
1931	Das erste Nudistenzentrum Frankreichs wird eröffnet: Hélopolis auf der Ile du Levant vor Hyères
in den 20er Jahren	St-Paul-de-Vence entwickelt sich zur Künstlerkolonie: Modigliani, Bonnard und Signac zählen zu den Besuchern
in den 30er Jahren	Die Côte d'Azur wird zur Heimat deutscher und österreichischer Exilanten, die sich vor allem in dem kleinen Örtchen Sanary-sur-Mer niederlassen, so Thomas und Heinrich Mann, Lion Feuchtwanger, Ernst Bloch, Joseph Roth und Franz Werfel
1939	Das erste Filmfestival von Cannes soll stattfinden – Reaktion auf den Boykott eines Renoir-Films auf der Biennale von Venedig 1937. Der Ausbruch des Zweiten Weltkriegs verhindert die Eröffnung: Premiere der Filmfestspiele ist erst sieben Jahre später, 1946. Sie sind heute das wichtigste Filmfestival der Welt – und ein bedeutender Wirtschaftsfaktor für die Stadt
1942–44	Ein Teil der französischen Flotte versenkt sich im bedeutenden Kriegshafen von Toulon, um nicht der deutschen Wehrmacht in die Hände zu fallen. Deutsche Truppen besetzen die strategisch wichtige Küste

1943/44	Toulon wird von den Alliierten bombardiert und zerstört; Ziel der Angriffe ist der Hafen
1944	Im August befreien alliierte Truppen Provence und Côte d'Azur. Versprengte Truppenteile der deutschen Wehrmacht kämpfen bis zum April 1945 im Hinterland der Küste weiter
1945	Die IV. Republik wird ausgerufen
1947	Das Hinterland von Nizza (das Gebiet um Tende und Brigue, zuvor italienisch) wird offiziell französisch
1949	Rainier II. wird Fürst von Monaco. Er baut sein Fürstentum zu einem bedeutenden Wirtschaftsimperium aus. Monaco wird zum Steuerparadies. Der Casinobetrieb boomt, und der Stadtstaat wird von jährlich etwa 3 Mio. Besuchern überschwemmt
1954	Matisse stirbt in Nizza, wo er seit 1916 lebte
1956	Brigitte Bardot und Gunther Sachs entdecken St-Tropez und machen es zum Treffpunkt des Jet-set
1960	Das inzwischen international berühmte Jazzfestival von Juan-les-Pins/Antibes wird begründet
1962	Der Algerienkrieg endet. Viele der Algerier, die auf französischer Seite gekämpft haben, verlassen ihr Heimatland aus Angst vor Repressalien und lassen sich in Südfrankreich nieder. Nur die wenigsten werden in ihrer neuen Heimat glücklich. Fremdenhaß schlägt ihnen entgegen; viele Algerier der ›zweiten Generation‹ sind heute arbeitslos
seit 1972	Die Côte d'Azur gehört im Rahmen der Dezentralisierungsmaßnahmen zur Region Provence-Alpes-Côte d'Azur
1973	Picasso stirbt in seinem Haus bei Mougins
1981	Die Sozialisten verwirklichen unter Mitterrand die Dezentralisierungspolitik: Die einzelnen Regionen gewinnen ein wenig an Einfluß
90er Jahre	Der bedeutendste Wirtschaftszweig ist nach wie vor der Tourismus. Jährlich kommen etwa 8 Mio. Gäste an die französische Riviera. Der wachsende Fremdenverkehr hat einen Bauboom ausgelöst; große Ferienzentren sind entstanden, die Immobilienpreise immens gestiegen. Der Massentourismus hat die Landschaft vielerorts nachhaltig zerstört. – Die etablierten Parteien verlieren immer mehr Wählerstimmen. Der Front National (FN) Jean-Marie Le Pens, der im Süden Frankreichs traditionell die besten Ergebnisse erzielt (Spitzenergebnisse von mehr als 20 % der Wählerstimmen an der Côte), gewinnt immer mehr an Einfluß. ›Schuld‹ sind die hohe Arbeitslosigkeit – Stichworte Werften- und Agrarkrise – und die Angst vor ›Überfremdung‹ (in Toulon beispielsweise machen arabische Einwanderer ein Sechstel der Bevölkerung aus)

Künstler an der Côte

Vallauris: »Krieg und Frieden« von Picasso

Am Anfang war das Licht. Blaudurchdrungen natürlich, dazu altrosa-aprisenfarben am Morgen, fahlgelb-gleißend zu Mittag, gold-zinnoberrot am Abend – eine Explosion der Farben, die auf einer Leinwand kaum zu bändigen war. Paul Cézanne zog es im letzten Drittel des 19. Jh. mit einer ganzen Schar von Malern nach L'Estaque nordwestlich von Marseille. Gleichzeitig aber verfielen erste Malerkollegen weiter östlich der Faszination Côte d'Azur. Drei Dutzend Mal hat Claude Monet im Frühjahr 1888 die Ansicht von Antibes im wechselnden Spiel des Lichts auf die Leinwand gebannt. Seine Besessenheit sollte Schule machen im fernen Paris, wo die ersten Impressionisten der Grisaille in Richtung Côte entflohen. Der alternde Renoir siedelte 1903 jedoch nicht wegen der Farben, sondern wegen des Klimas in den Süden über. Ab 1908 verbrachte er seinen Lebensabend in Cagnes, woran sein letztes Domizil »Les Colettes« heute als Renoir-Museum erinnert. Fauvisten, Kubisten, Surrealisten machten sich im Gefolge der Impressionisten auf zu Sonne und Licht. Die Côte galt als so jung und verwegen wie die aufeinanderfolgenden Kunstrichtungen. Kurz vor Renoirs Tod ließ sich Modigliani ebenfalls in Cagnes nieder. Nach St-Tropez lockte es zuerst Paul Signac. Es folgten unter anderen Kees van Dongen, Georges Seurat, Maurice de Vlaminck und Raoul Dufy, die aus dem Fischernest einen Brückenkopf der Moderne an der Côte machten.

In den 30er Jahren wandelte sich die Côte zum Fluchtpunkt deutscher Emigranten. Von 1940 bis 1942 kamen französische Künstler hinzu, die aus dem von den Deutschen besetzten Teil Frankreichs in die »Zone Libre« gingen: Breton, Masson, Marcel Duchamp hielten sich in Marseille auf, Braque und Bonnard in den Alpes-Maritimes. Matisse entschied sich für Nizza, Picasso für Juan-les-Pins.

Nach dem Zweiten Weltkrieg gingen die entscheidenden Impulse von Galeristen und Werkstätten aus. So lud der Museumskonservator von Antibes 1946 Picasso auf die Grimaldi-Burg ein. Antibes erhielt zum Dank für die Aufnahme die erste Museumsschenkung des Katalanen. Picasso, der die Côte seit den 20er Jahren kannte, blieb bis 1948 im nahen Töpferdorf Vallauris, wo er sich auf Keramik und Bildhauerei konzentrierte. Eine fruchtbare Symbiose, nicht nur für die Töpferei: Berühmt wurden die von Picasso en passant in der Backstube des Dorfbäckers Bianco gekneteten Brötchen, die der Bäcker später als »petits-pains Picasso« anbot. Dauerhafter krönt Picassos Plastik »Mann mit Schaf« heute den Dorfplatz. In den 50er Jahren bewohnte Picasso die Villa »La Californie« in Cannes. Ruhe vor sich selbst und dem anstrengenden Nachtleben der Côte fand er erst Anfang der 60er Jahre in seinem Wohnsitz »Notre-Dame-de-Vie« bei Mougins, wo er 1973 starb.

Während Picassos Schaffensperiode in Vallauris wirkte Fernand Léger quasi gleich um die Ecke in Biot, dem Dorf der Glasbläser und Keramiker, wo fünf Jahre nach Légers Tod 1960 die mit einem fassadendeckenden Keramikmosaik geschmückte Léger-Stiftung eröffnet wurde. Léger fand indes den ewig blauen Himmel ermüdend. Nicht so Jean Cocteau, der seit den 20er Jahren Villefranche und seine Matrosen bevorzugte. Dort durfte er trotz seiner Passion für muskulöse Seemänner die Hafenkapelle ausmalen, wie auch das Trauzimmer von St-Jean-Cap-Ferrat und die Hafenbastei von Menton.

Henri Matisse zog sich 1943, von Krankheit und Krieg gezeichnet, aus Nizza nach Vence in seine Villa »Le Rêve« zurück und schuf nebenan bis 1950 mit der Chapelle du Rosaire sein Meisterwerk. Die letzten Jahre verbrachte Matisse wieder in Nizza, wo er seit 1916 verschiedene Male gelebt hatte. Seit 1991 werden die vom Künstler kurz vor seinem Tod der Stadt vermachten Werke im neuen Musée Matisse präsentiert.

Raoul Dufy variierte Nizzas Promenade des Anglais oder das Casino auf seinen Gemälden, die in den Museen der Stadt zu sehen sind. Als Marc Chagall 1966 Nizza sein kolossales Werk »Le Message biblique« schenkte, wurde für die 17 Gemälde eigens ein Museum konzipiert. Chagall starb 1985 in St-Paul-de-Vence, wo er seit 1949 gelebt hatte. Im Dorf malten vorübergehend auch Dufy, Georges Braque und Joan Miró, die ihre Werke beim Wirt der »Colombe d'Or« in Zahlung gaben – wo sie noch heute hängen.

Mit der Eröffnung der Fondation Maeght fand die Moderne an der Côte 1964 ein Domizil, in dem die Künstler-Avantgarde des 20. Jh. nicht nur ausgestellt wird, sondern auch am Bau des Le Corbusier-Schülers José Luis Sert beteiligt war. Aimé Maeght führte bereits Anfang der 40er Jahre in Cannes eine Galerie, die exilierten Künstlern Ausstellungen ermöglichte.

Neue Anstöße für die Kunst kamen Anfang der 60er Jahre aus Nizza mit Yves Klein und Arman, die 1961 das erstes Festival des Nouveau Réalisme an der Engelsbucht initiierten, an dem auch Niki de St-Phalle und Jean Tinguely teilnahmen.

Die Küste, Küche und Wein

Die Küche an der Mittelmeerküste hat fast alles, was das provenzalische Hinterland auch hat, und noch etwas dazu: Fische und Meeresfrüchte. Allerdings ist die Provence längst zum Importland geworden. Schon seit Jahren kann das belastete und überfischte Mittelmeer nicht alle Zutaten liefern, die benötigt werden, um die Bouillabaisse-Töpfe zu füllen oder eine Platte von gebratenem oder pochiertem Fisch überquellen zu lassen. Ohne tägliche Zulieferungen vom Atlantik oder von noch weiter entfernten Fanggründen wären die Fischgerichte in den Restaurants endgültig unbezahlbar oder ganz von der Karte gestrichen.

Und deshalb ist auch die berühmte Bouillabaisse vom armseligen Resteessen der Fischer zu einem Edelgericht der gehobenen Preisklasse mutiert. Die Suche nach der echten, der einzig wahren Bouillabaisse ist übrigens ein schwieriges, wenn nicht hoffnungsloses Unterfangen. Und das liegt ganz einfach daran, daß es so viele und je nach Stadt oder Region recht unterschiedliche Rezepte gibt. Für die aus Marseille (die originale?) braucht man mindestens vier verschiedene Fische, unter denen der Drachenkopf *(rascasse)* keinesfalls fehlen darf. Andernorts, etwa in der Camargue, begnügen sich die Köche mit weniger und mit anderen Fischen – und sind trotzdem davon überzeugt, die einzig echte Bouillabaisse auf den Tisch zu bringen. Letztendlich ist der Streit müßig und für den Genießer allenfalls ein Ansporn, aus der Vielfalt das eigene Lieblingsgericht herauszufinden. Allen gemeinsam ist jedoch die traditionelle Zubereitung: Sie wird in zwei Gängen

Fischgeschäft in Menton

Die wichtigsten Sehenswürdigkeiten der Côte d'Azur

serviert, zunächst die Suppe, dann die Fischfilets. Dazu gibt es geröstete Brotscheiben, die *Marettes*, und *Rouille*, eine scharfe Knoblauchmayonnaise.

Neben Wolfsbarsch, Dorade, Drachenkopf und Rotbarbe, relativ teuren Fischen, ist der offenbar unverwüstliche Tintenfisch nach wie vor recht günstig zu haben – und bei sachgerechter Zubereitung eine echte Delikatesse. Um zu verhindern, daß sie gummizäh werden, haben Köche schon alle möglichen Tricks unters Volk gebracht, brauchbare und solche, die nie funktionieren. Also: wenn die Fischchen noch ganz klein sind und eine Garzeit von allenfalls einer Minute brauchen, kann man sie einfach ins heiße Öl werfen und im Handumdrehen wieder herausnehmen. Knoblauch und Petersilie dran, und ein kleines, leckeres Mahl steht vor einem. Wenn die Fische aber größer sind oder man sie füllt, zum Beispiel mit Kräutern und Pinienkernen, und sie deshalb länger in der Pfanne bleiben müssen, sollten sie in kaltem Öl aufgesetzt und erst dann erhitzt werden. Diese Methode verhindert den Prozeß der Gummiwerdung zuverlässig.

Wein wächst nicht nur im Hinterland. Vielmehr gibt es gerade an der Küste oder in küstennahen Regionen kleine, höchst interessante Anbaugebiete, die sich von den riesigen Anbauflächen beispielsweise im Rhône-Tal, und der damit häufig verbundenen Massenproduktion wohltuend abheben. In den Bergen hinter Nizza liegt die gerade mal 40 ha große A.O.C.-Lage Bellet. Hier werden Weine überdurchschnittlicher Qualität erzeugt: aus den Rebsorten Rolle und Chardonnay aromareiche Weißweine, aus den andernorts weitgehend unbekannten Sorten Fuella und Braquet üppige Rotweine. Östlich von Marseille, bei Cassis, werden frische, fruchtige Weißweine angebaut, die jung getrunken werden können und in den feinsten Bouillabaisse-Restaurants von Marseille serviert werden. Westlich von Toulon liegt das Anbaugebiet Bandol. Dort wird neben ordentlichen Weiß- und Rosé-Weinen aus der Mourvèdre-Rebe ein beachtlicher Roter gewonnen, der ob seines Tanninreichtums für lange Lagerzeiten geschaffen ist. Einfacher gestrickt sind die Vins de Sable, die Sandweine aus den Weiten des Rhône-Deltas in der Camargue. Das – zumindest von seiner Winzigkeit her – exklusivste Anbaugebiet befindet sich allerdings gar nicht auf dem Festland, sondern auf der Hyères vorgelagerten Insel Porquerolles. Dort werden, klima- und lagebedingt, ebenso rare wie reizvolle Rot- und Weißweine gekeltert.

Und überall, ob an der Küste oder im Hinterland, wird aus den abgepreßten Trauben, dem Trester, ein kräftiger *Marc de Provence* gebrannt. Er hilft immer auf die Beine, ganz gleich, ob zuvor ein leichtes Fischessen oder ein kräftiger Eintopf auf dem Tisch gestanden hat.

Villefranche

Eze-Village ▷

Reisen
an der
Côte d'Azur

Die Côte von Cassis bis Toulon

Die ›westliche‹ Côte von Cassis bis Cannes gleicht noch nicht einer nahtlos ineinandergehenden Ferienmegalopolis. Breite Uferpromenaden entlang endloser Strände und pompöse Hotelpaläste der anderen, ›klassischen‹ Côte d'Azur fehlen hier ebenso wie alpine Berglandschaften im Hinterland. Die Hügelketten im Rücken der westlichen Côte haben solides Mittelgebirgsformat. Statt Croisette oder Promenade heißen die Uferstraßen schlicht Quai. Die *Chronique scandaleuse* der Glanzzeit in den 20er und 30er Jahren führt für Bandol oder Sanary-sur-Mer eher Künstler und Bohémiens als Fürsten und Multimillionäre wie einst in Nizza oder am Cap Ferrat.

Kleine, familiäre Badeorte – manchmal kaum größer als das einzige Zwei-Sterne-Hotel nebst Restaurant am Strand – erweisen sich seit Jahrzehnten als halbwegs resistent gegen den weiter östlich grassierenden Snobismus-Virus: Wer von seinen Prestigefieberschüben befallen ist, würde in den kleinstädtischen bis dörflichen Strandidyllen zwischen Cassis und Toulon erbärmlich zu Grunde gehen. Aber wie in Cannes so sind auch an der Küste zwischen Cassis und Toulon Fischerei und Weinbau nicht mehr der traditionelle Lebenserwerb für die Einheimischen sondern nur noch hübsches Beiwerk für den großen Arbeitgeber Tourismus.

Ca. 80 km, Dauer mindestens 2, mit Wanderung in die Calanques 3 Tage, Karte S. 236/237

Die Côte von Cassis bis Toulon

Cassis

1 (S. 338) Vom ehemaligen Fischernest blieben nur ein Paar Netze auf dem Quai und wenige bunte Boote im Hafen. Cassis, Lieblingswochenendziel der *Marseillais* (in Cassis soll die Bouillabaisse am besten schmecken), zieht im Sommer selbst unter der Woche täglich bis zu 35 000 Besucher an. Die Lage macht's: Im Osten stürzt das Cap Canaille aus 362 m Höhe ins ›grand bleu‹, im Westen rahmt das Cap de la Gardiole mit ebenso dramatischer Geste die Bucht von Cassis. Kommen noch die unmittelbare Nähe zu den Calanques und die A.O.C.-geadelte Reputation eines trockenen, nach Myrthe und Rosmarin mundenden Weißweins (laut dem Pro-

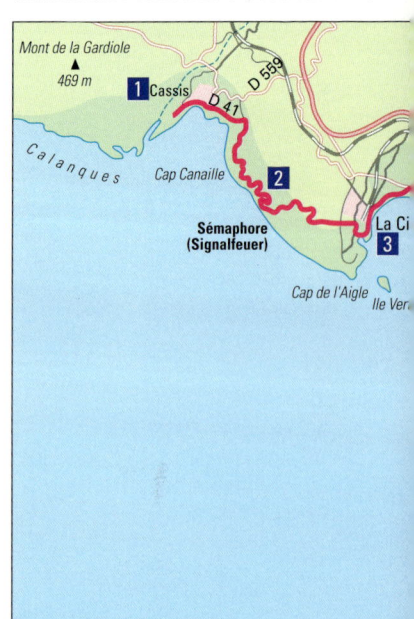

vence-Dichter Frédéric Mistral ›süßer als Honig‹ hinzu, gibt es kein Halten mehr – willkommen also in Cassis.

Seit der Antike (Portus Carsicis) wird die perfekte Kessellage mit spektakulärer Felskulisse als Hafen genutzt. Die Herren von Les Baux beanspruchten im 13. Jh. Cassis für sich, später gefolgt von den Bischöfen aus Marseille. Heute sind es Villenbesitzer und Sommergäste, die sich die Terrassen am Hafen jedoch brüderlich teilen. In der Altstadt ordnen sich die Gassen im Schachbrettmuster aus dem 17./18. Jh. Das **Hôtel de Ville** mit seiner vornehmen Fassade eines ehemaligen Adelspalais' sowie das **Heimatmuseum** über der Maison du Tourisme weisen die Place Baragnon als Herz von Cassis aus. Hafen und Strand sind fein säuberlich durch die weit ins Meer vorangetriebene Promenade Aristide-Briand getrennt, die die

Segelboote vor dem offenen Meer schützt. Gebadet wird im Osten. Oberhalb des Kieselstreifens an der **Plage de la Grande Mer** verläuft die Promenade des Lombards. Vorbei an der Pointe des Lombards endet sie bei den Strandbuchten von Corton und Arène. Auf dem halbstündigen Fußweg passiert man eine Treppe, die zu den imposanten Ruinen der **Burg** (mitsamt des 5800 m² großen Geländes in Privatbesitz) hochführt, die Hugues des Baux (s. S. 135ff.) um 1225 errichten ließ.

Route des Crêtes

Die D 559 verbindet Cassis und La Ciotat auf direktem Weg, indem sie das auf drei Seiten von Wasser umschäumte Cap de l'Aigle schneidet. Immer der Steilküste folgt dagegen die **Route des**

Die Calanques

Eine in Europa einzigartige Landschaft eröffnet die Côte unweit des Stadtzentrums von Marseille. Bei Frankreichs höchsten Steilklippen (Falaises de Soubeyran, 416 m) fressen sich messerspitze Buchten ins weiche Gestein, die Calanques, die hervorragende Hafenplätze ergeben. Marseilles Vieux Port ist ebenso eine Calanque wie weiter östlich die kleinen Häfen von La Madrague (ganz in der Nähe die sehr schmale Calanque de Saména mit Blick auf vorgelagerte Inselchen) und Les Goudes (Bilderbuchhafen mit Blick auf die militärisch genutzte Ile Maire). Manche der natürlichen Einschnitte in das weiße Kalkgestein sind unter gemauerten Quais als solche heute nicht sofort erkennbar. Die meisten Calanques aber, deren türkisfarbenes, smaragdgrünes bis nachtblaues Wasser von zum Teil 400 m hohen schroffen Felsen gerahmt wird, sind naturbelassen. Sie zählen zu den grandiosesten Naturwundern, die die mit atemberaubenden Landschaften reichlich gesegnete Côte d'Azur zu bieten hat.

Die in der letzten Eiszeit entstandenen, an die 2 km tiefen, fjordähnlichen Einschnitte zerschnipseln vom Meer her ein etwa 20 km langes und 4 km breites Kalkmassiv. Bereits in der Antike abgeholzt, entwickelte sich im subariden Klima der ausgebleichten Steinlandschaft eine endemische, immergrüne Vegetation, die den Brutkolonien der Zugvögel Schutz bietet. Tief unten am Boden der Calanques locken sichere Ankerplätze sowie Kies- und Sandstrände. In einigen wenigen wie den Calanques von Sormiou (breit, mit hübschem Hafen und Sandstrand) und Morgiou (vom Cap Morgiou im Süden abgeschirmt) stehen schlichte Fischerbaracken.

Der leicht abbaubare Kalkstein, aus dem das Naturwunder besteht, war als Baumaterial von Genua bis zum Suez-Kanal begehrt. Konnte 1913 die Ausbeutung der Calanque de Port-Miou (die längste Calanque zählt nach dem Waldbrand 1990 mehr Schiffsmasten als Bäume) als Steinbruch unmittelbar vor Cassis nicht verhindert werden, siegten die Naturschützer zehn Jahre später bei ähnlichen Vorhaben in den Calanques von En-Vau (überragt von Felsnadeln wie dem ›Gottesfinger‹, mit herrlich türkisfarbenem Wasser und Bademöglichkeit) und Port-Pin (Strand mit Pinien). Seit 1975 steht das gesamte Gebiet unter rigorosem Naturschutz. Autos haben auf den Staub- und Schotterpisten nichts mehr zu suchen, bei Brandgefahr werden Teile des Gebiets auch für Fußgänger abgeriegelt. Ebenfalls die Mühe eines kurzen Fußmarsches wert sind die Calanques Sugiton (FKK-Domäne mit Inselchen und wild zerklüfteten Klippen) und Le Devenson (318 m hohe Uferklippen). Der Wagen bleibt auf einem der Parkplätze an der D 599 stehen, Wanderwege sind ausgeschildert.

In die majestätische Abgeschiedenheit der Calanques schlug 1991 die
Nachricht von der Neuentdeckung
einer Höhle wie eine Bombe ein. Eine
weitere Grotte zwischen Marseille und
Cassis wäre zunächst mal nichts Besonderes. Weltweit in die Schlagzeilen
aber kam die Grotte zwischen der
Calanque de Sormiou und der Calanque de Morgiou, weil die Höhle in
grauer Vorzeit bewohnt war. Die in
37 m Meerestiefe zugängliche, von
dem Tauchlehrer Henri Cosquer entdeckte Grotte birgt altsteinzeitliche

Felszeichnungen, die es mit denen im
südwestfranzösischen Lascaux aufnehmen können. Die wissenschaftliche
Sensation wurde zum Schutz vor den
zahllosen Hobbytauchern versiegelt
und harrt ihrer Aufarbeitung in den
nächsten Jahren.

Am Hafen von Cassis pendeln Boote
zu den Calanques. Die schönste (und
bei vielen Calanques auf dem Landweg
auch einzige) Art den Zauber der Landschaft zu entdecken aber bietet der gut
20 km lange Küstenwanderweg GR 98b
von Marseille bis Cassis.

Crêtes 2 (D 41a / D 40). Hinter dem Namen verbergen sich 17 km Aussicht auf die Karl May würdige Mondlandschaft glattgescheuerter Kalkfelsen sowie taumelerregende Steilklippen und das abweisend schroffe Massif de la Ste-Baume.

Weinberge machen kurz hinter Cassis den Anfang, bevor die ersten Haarnadelkurven sich zum **Cap Canaille** hochschlängeln. Haltebuchten erlauben immer wieder atemberaubende Panoramen über das gesamte Calanques-Gebiet bis zu den Inseln Riou, Calseraigne und Jarre. Durch Wiederaufforstungen wird versucht, die Waldbrandschäden der vergangenen Jahre auszugleichen. Nach zwei Dritteln der Strecke zweigt rechts ein Weg zum Turm des Signalfeuers *(Sémaphore)* auf 328 m Höhe ab. Das Panorama von seinem Standort umfaßt die gesamte Wegstrecke: Nach Osten zeichnen sich die weißen Werftanlagen von La Ciotat vor dem Tiefblau des Meeres ab, nach Westen geht der Blick nochmals auf die Calanques. Die Straße schlingert danach immer bergab vorbei an bleichen Felsen, die Wind und Wetter zu haushohen Knochen abgescheuert haben. Schilder warnen noch kurz vor der Bucht von La Ciotat vor Seitenwinden, die den Wagen ordentlich durchschütteln können. Im Winter droht auf der Route des Crêtes zudem Glatteis.

La Ciotat

3 (S. 343) Ein alter Hafen auch hier, dazu Cafés und die Fassaden maßvoll prächtiger *Hôtels particuliers,* die vom Reichtum der Reeder im 17. Jh. zeugen. La Ciotat wirkt erfrischend normal, die Gesichter sind wohltuend lokal. Ihren Reichtum schöpfte die seit der Antike bezeugte Stadt über viele Generationen aus dem Schiffsbau, doch nun, da die Großwerft pleite ist, soll die Zukunft im Fremdenverkehr liegen. Die beiden Pole von La Ciotat prallen am alten Hafen aufeinander: Im Westen **Docks und Werften,** deren Kräne vor dem gewaltigen Felsaufwurf des Hausberges **Bec de l'Aigle** (Adlerschnabel) als stählerner Mastenwald regungslos verharren. Im Osten Sandstrand und Flaniermeilen ohne Ende, ein Casino und das Zentrum für Thalassotherapie mit der altmodischen Aufschrift »*Thermes Marins*«. Es ist Notre-Dame-de-Bon-Voyage unterstellt und verspricht mit Hilfe der Heiligen um so überzeugender in großen Lettern »*La Mer qui guérit*«, die Heilkraft des Meeres. Was für so manches Zipperlein zutrifft, hilft nicht bei einem ordentlichen Kollaps, den die Schließung der Werft von La Ciotat 1986 und damit der Verlust von einst über 6000 Arbeitsplätzen für die 30 000-Einwohner-Stadt bedeutete. Seitdem befindet sich La Ciotat auf dem schwierigen Weg namens Umstrukturierung. Vom 43 ha großen Werftkuchen wollen alle ein Stück abhaben, Immobilienhaie wie auch große Fische aus der Industrie.

Um als Reiseziel stärker ins Gespräch zu kommen, feierte La Ciotat 1995 ausgiebig den 100. Geburtstag des Kinos, schließlich hieß das Erstlingswerk der Gebrüder Lumière »Ankunft eines Zuges im Bahnhof von La Ciotat«. Auguste und Louis waren die Söhne eines auf photographische Artikel spezialisierten Industriellen aus der Franche-Comté, der seit 1891 in seinem Schloß »Le Clos des Plages« am Strand von La Ciotat lebte. Dort flimmerten die ersten Streifen seiner beiden Erfindersöhne im Privatkreis. Direkt neben der **Kapelle der Weißen Büßer,** heute ein Ausstellungs- und Konzertsaal, steht zudem seit 1895 Frankreichs (vielleicht sogar der Welt)

Pétanque (Boule)

Allein eine halbe Million Profispieler sind in Frankreichs Pétanque-Clubs eingetragen. Die Zahl der Amateure des je nach zugrundeliegenden Regeln Boule oder Pétanque genannten Spiels, bei dem es darum geht, die schwere Eisenkugel aus einer Entfernung von 6 bis 10 m einem Buchsbaumkügelchen (frz. *le cochonnet* = das Schweinchen) möglichst treffsicher hinterherzuwerfen, dürfte das Schätzvermögen übersteigen. Wie auch immer, Pétanque ist Nationalsport, für die Herren jedenfalls. La Ciotat behauptet für sich, die heutige Variante 1907 erfunden zu haben, daher die Avenue de la Pétanque in der Stadt. *Les pieds tanqués*, verballhornt zu Pétanque (mit den Füßen nebeneinander) lautete die Neuerung des rheumageschwächten Jules-le-Noir aus La Ciotat, der die Vorläuferversion Longue, bei der die Kugel aus dem Anlauf heraus an die 15 m weit geschleudert werden mußte, nicht mehr zu spielen fähig war. Um die Ehre des Ursprungs des in 28 Ländern praktizierten, ruhigen Kugelschmeißens streitet neben La Ciotat nicht nur Lyon. In Marseille werden im Musée Borély Steinkugeln ausgestellt, mit denen schon die Phokäer auf Schweinchenjagd gegangen sein sollen. Eins hingegen steht fest: Im fernen Angers rollten die Kugeln lange bevor die Spieler zu den typischen Midi-Bildern zählten – das Herrschergeschlecht der Plantagenêt (mit Richard Löwenherz als berühmtestem Vertreter) ließ die Kugeln schon im Mittelalter an den Ufern der Loire kullern.

La Ciotat

ältestes **Kino,** das **»Eden«,** – zusammen genommen Grund genug für die Stadt, sich seit kurzem doppeldeutig ›Ville des Lumières‹ (frz. *lumière* = Licht) zu nennen und die Porträts der beiden Cinematographenerfinder auf öffentliche Werbeflächen zu plakatieren.

La Ciotats Reiz liegt in der Mischung und dem Schuß Ursprünglichkeit, der an der Côte zur raren Essenz geworden ist. Die schöne Hafenfront mit dem zukkerbäckrigen Eckturm des **Rathauses** (heute Stadtmuseum) und dem barokken Portal von **Notre-Dame-du-Port** überzeugt dank der klassischen Bilder des Südens – Boulespieler, Platanen und Terrassen. Die bizarre Werftkulisse verleiht den Gassen hinter der Hafenfront zudem eine kräftige Prise Hafenstadt, und die Strände von Clos-les-Plages sprechen ohnehin für sich. Fähren schippern regelmäßig zum wegen seines grünen Bewuchses **Ile Verte** 4 genannten Eiland vor der Bucht. Der

Ausflug lohnt sich wegen des Blicks auf das Cap de l'Aigle und La Ciotat. Südwestlich der Werften führt die Avenue des Calanques zur Bucht Anse du Grand-Mugel (Kieselstrand), zur Anse du Sec und zur Calanque de Figuerolles am Fuß zerklüfteter, pinienbedeckter Hügel des Cap de l'Aigle.

Les Lecques, Bandol und Sanary

Les Lecques 5 mit seinen die Straßen wie ein schwarzgrüner Baldachin überschattenden Pinien, den weitgezogenen Stränden und dem Wanderweg Sentier des Douaniers zwischen Pointe Grenier und Pointe du Deffend macht dem Golfe d'Amour, dem poetischen Namen der Bucht von La Ciotat, alle Ehre. Vom Strand entführt die D 66 über St-Cyr in eine kleine Toscana mit Mandelbäumen und Weinfeldern. Schmucke Weingüter laden zur Probe eines fruchtigwürzigen roten Bandol ein, bäuerliche Olivenölmühlen werben mit Direktverkauf. Es fehlen nicht mal zwei Weindörfer hoch auf dem Fels, die den sanften Hügeln ringsherum mit mittelalterlichen Schutzmauern und Burgruinen ihren Akzent aufsetzen: **La Cadière-d'Azur** 6 mit einem Uhrenturm ebenfalls an der D 66 und etwas weiter über die D 226 **Le Castellet** 7 mit stolzen 283 Höhenmetern und dem Ste-Baume-Massiv im Hintergrund. Über **Le Beausset** 8, wo sich ein knapp 3 km langer Abstecher ins *vieux village* wegen der romanischen Kapelle (Notre-Dame-Statue aus der Werkstatt vonPierre Puget) anbietet, geht es über die D 559b zurück an die Küste, bis nach Bandol immer durch Weinberge.

In **Bandol** 9 (S. 330) sind die Sandstrände groß, die Parkplätze freilich ebenfalls. Einige Belle Epoque-Villen hinter der Uferpromenade lassen auf eine frühe Entdeckung schließen. Die Schriftstellerin Katherine Mansfield führte die *happy few* von Bandol an. Vor ihrer »Villa Pauline« direkt am Quai promenierte in den frühen 30er Jahren die Mistinguette mit Maurice Chevalier am Arm. Der aus Toulon gebürtige Schauspieler Raimu besaß ebenfalls ein Haus am Quai. Bandol fand indes durch den Ausbau seines Hafens 1846 auch ohne leichtgeschürzte Betuchte sein Auskommen. Wein (seit 1941 geadelt als A.O.C. Bandol) und Fischfang legten die Grundlage für einen gewissen Wohlstand, der an den gepflegten Fassaden bis heute abzulesen ist, doch ein Casino mußte 1930 trotz der gesicherten Erwerbslage auch noch her.

Bandol setzt heute ganz auf den Tourismus. Die Anzahl der Segelboote im Hafen erreicht Armadastärke, was die friedlichen Bilder an Land jedoch nicht beeinträchtigt. Unter den Palmen und Pinien des Quai du Port flanieren die Gäste, während Einheimische ihre Boulekugeln mit dumpfen Knall gegeneinander klacken lassen. Ungefähr in der Mitte der Uferpromenade rückt die Pfarrkirche St-François-de-Sales an einem kleinen Platz von der Uferstraße zurück. Nach Südwesten, nachdem die Weinprobestuben der Allées Vivien passiert sind, breitet sich hinter der Landspitze der tief im Halbrund einer Bucht gelegene Strand von Rénecros aus.

Wer Bandol einmal von der Seeseite sehen möchte, kann mehrmals am Tag auslaufen. Zur vorgelagerten Ile de Bendor mit einer »Exposition universelle des vins et spiritueux« (das Eiland gehört dem Spirituosenkönig Paul Ricard) setzen Fähren in 7 Minuten über.

Spitz wie ein Dolch trennt der Sporn der Pointe de la Cride die Buchten von Bandol und **Sanary-sur-Mer** 10 (S. 387), in dem der weinselige Nachbarhafen noch immer gern als bourgeois verschrien wird. Die im Halbkreis sich näher als in Bandol an den Hafen schmiegenden Terrassen verleihen Sanary etwas Intimes. Kirchturm und die Fassade des Hôtel de la Tour, dessen blaßgelbe Mauern einen 23 m hohen mittelalterlichen Turm im Kern des Gebäudes ummanteln, setzen die Akzente am Quai du Général-de-Gaulle. Sanarys touristisches Erwachen forcierte um die Jahrhundertwende der damalige Bürgermeister. Erst 1890 wurde aus dem provenzalischen San Nazari das für Pariser Ohren eingängigere Sanary. Bunte Fischerboote gaukeln neben weißen Jachten maritime Nostalgie vor, die selbstberufene Maler in dutzendfacher Hafenansicht feilbieten. Sanarys schöner, rosa und gelb getünchter Schein aber ist trotz der urlaubergerechten Inszenierung unwiderstehlich. Im Hintergrund hält der

Sanary und die deutschen Exilanten

Seit einigen Jahren ist es (Sanary) die erklärte große Sommerfrische des Café du Dôme, der sommerliche Treffpunkt der pariserisch-berlinisch-schwabingerischen Malerwelt, der angelsächsischen Bohème. Für die Deutschen hat es Meister Rudolf Levi in Mode gebracht, der mit der vielbesungenen Marietta und einigen jungen Leuten im Café de la Marine Hofstaat hielt. Von der von Klaus und Erika Mann 1931 beschriebenen Sommerfrische wandelte sich Sanary wenige Jahre später zur erzwungenen Daueradresse für die vor Hitler an die Côte entkommene deutsche Intelligenz. Den aus Deutschland Geflüchteten halfen die schon seit den 20er Jahren in Sanary lebenden Deutschen wie der Maler Walter Bondy, der Kunsthistoriker Julius Meyer-Gräfe sowie der elsässische Schriftsteller René Schickele weiter. In den Hafencafés traf man bald auf dunkel gekleidete Herrschaften: Heinrich und Thomas Mann, Arnold Zweig, Franz Werfel, Lion Feuchtwanger, Ernst Toller, Erwin Piscator, während deutsche Spione in unverfänglicher Urlaubskleidung sie bespitzelten und Bert Brecht im »Café de la Marine« zur Gitarre Gedichte gegen Goebbels sang. Sanary wurde, mit Ludwig Marcuse gesprochen, »eine Zeitlang die Hauptstadt der deutschen Literatur«. Thomas Manns Villa, die bei der Alliiertenlandung zerstört und später wiederaufgebaut wurde, trug den trügerischen Namen »La Tranquille«, die Stille: Sanarys Sicherheit war von kurzer Dauer. Wer nicht wie Franz Werfel oder Heinrich Mann über die Pyrenäen floh, war seines Lebens ab 1940 nicht mehr sicher. Mit der Einsetzung des Vichy-Régimes drohte die Deportation in das Internierungslager Les Milles bei Aix, einer Vorhölle zum Konzentrationslager.

Bergrücken des Gros Cerveau kühle Landwinde ab. Östlich der Hafenpromenade schließen Leuchtturm und Marktplatz an, der nach Abbau der Stände zum Boulodrome unter Platanen wird.

Die Halbinsel von Sicié

Die Halbinsel von Sicié schiebt sich laut George Sand wie »eine ins Mittelmeer geworfene Hand« zwischen das malerische Sanary und die Großstadt Toulon. Über die D 616 ist der kleine Hafen von **Le Brusc** 11 schnell erreicht, falls man sich nicht zum Halt an den sehr schönen Sandstränden von **Six-Fours** 12 mit Blick über die Bucht von Sanary entschließt. Von Le Brusc gleitet die Fähre in 12 Minuten auf eine weitere Insel im Besitz von Paul Ricard, diesmal mit Ozeanographischer Stiftung (Aquarium und Museum). Die **Ile des Embiez** ist mit 95 ha die größte eines Zwergarchipels. Die kleinste **Insel Gaou** verbindet eine Fußgängerbrücke mit der Halbinsel. Picknickbänke, windverdrehte Kiefern und kleine Badestrände ziehen vor allem am Wochenende mit Thermoskanne und Korb beladene Scharen an.

An der **Pointe Gaou** 🔢 reicht der Blick ostwärts zum majestätischen, von der Kapelle Notre-Dame-du-Mai gekrönten Cap Sicié, das aus fast 400 m Höhe ins Meer abfällt. Von der Pointe Gaou verläuft die D 16 landeinwärts auf Six-Fours-les-Plages zu, und von dort in östlicher Richtung (Les Sablettes-St-Mandrier) zur **Kirche St-Pierre-aux-Liens** 🔢 (ausgeschildert). 1963 brachten Grabungen in der nach syrischen Vorbildern gebauten Kirche (Vitrine mit paläochristlichen Fundstücken links vom Ein-

gang) ein Baptisterium aus dem 5. Jh. zutage, daneben zählen ein frühchristlich Altar, barocke Holztäfelungen im romanischen Chor und die reich ausgestatteten Seitenkapellen am gotischen Schiff zu den Schätzen. Im Nachbarort **La Seyne** 🔢 ist Toulon bereits allgegenwärtig. Werften und Fabrikanlagen kontrastieren mit den Strandhäusern von **St-Mandrier** und dem alten Kern am Hafen von La Seyne. Toulons Hausberg, der **Mont Faron** 🔢, weist mit seinem kahlen Gipfel (542 m) den Weg zur Stadt. Auf dem Berg stellt ein Diorama im Musée mémorial du Débarquement die alliierte Landung August 1944 nach. Vom Boulevard Amiral-de-Vence befördert eine Seilbahn bequem nach oben.

Toulon

(S. 390) »Das abgenutzte Herz von Toulon« titelte die französische Tageszeitung »Libération« Ende der 80er Jahre eine Bestandsaufnahme der Altstadt des wichtigsten französischen Kriegshafens. Wieder einmal war ein mehrere hundert Jahre altes Gebäude in sich zusammengebrochen, 13 Menschen wurden von den Trümmern begraben. Zwischen den großzügigen Vierteln im Norden und dem Hafen im Süden hat Toulon trotz schwerer Kriegsschäden seine Altstadt bewahren können, die wie eine arabische Medina in neapolitanischem Gewand anmutet. Zu lange interessierte sich niemand für das historische Erbe. Fast die Hälfte aller Altstadtwohnungen hatte 1989 kein Bad, viele ein Außenklo. Die Quittung für kommunalpolitische Versäumnisse nicht allein im Wohnungsbau flatterte im Rathaus bei den letzten Wahlen mit dem Sieg der Rechtsextremen unter Le Pen auf den Tisch.

Die militärische Bedeutung wurde Toulon quasi in seine von der Halbinsel St-Mandrier geschützte Reede, der größten Europas, gelegt. Ludwig XII. ließ 1514 die ersten Bauten für einen Kriegshafen vornehmen, um gegen Italien segeln zu können. Richelieu beschloß 1639 die Schaffung einer Kriegsmarine, deren strategisches Zentrum Toulon sein sollte. Vom stetig weiter befestigten Kriegshafen aus wurde 1830 Algier eingenommen. 1942, im Zweiten Weltkrieg, kurz vor dem Einmarsch der Deutschen, versenkten die Franzosen ihre eigene Flotte im Hafen. Der alliierten Landung 1944 gingen schwere Bombardements voraus; Hafen und Stadt wurden bei Kriegsende in großen Teilen zerstört.

Durch triste Hochhausviertel wirkt Toulon bei der Ankunft wie ein Schlag ins Gesicht. Der von prachtvollen Jahrhundertwendegebäuden gesäumte Boulevard de Strasbourg dient leider als Einfahrtsschneise und Verbindungsstück zwischen zwei Autobahnen, und dies mitten auf der Nahtstelle von Alt- und Neustadt. Die roten Pompons der Matrosenmützen sind trotz 25 000 Marinesoldaten selten im Stadtbild geworden: Die Soldaten dürfen längst in Zivil ausgehen, fallen jedoch weiterhin durch die kurzrasierten Schädel auf. Mit 12 000 weiteren zivilen Angestellten bleibt die Marine größter Arbeitgeber von Toulon.

Der Stadtrundgang beginnt an der Place d'Armes. Zum Meer hin verschließt sich das Arsenal maritime neugierigen Augen – militärische Sperrzone. Nach Westen erhebt sich in der Rue Jourdan die frühklassizistische **Kirche St-Louis 1** über Gassen, die als das heiße Pflaster von Toulon gelten. Dustre Kramläden bieten Militaria, Marinesouvenirs und Pétain-Devotionalien an.

Zurück zum Arsenal, wo das Prachttor Porte de l'Arsenal heute Einlaß ins **Musée naval 2** (Schiffahrtsgeschichte Toulons) gibt. Dem auf Museum und modernem Bau der Préfecture Maritime in Richtung des alten Rathauses folgenden **Quai Stalingrad 3** kommt trotz gesichtsloser Blockbebauung der Rang von Toulons beliebtester Flaniermeile zu – Caféterrasse reiht sich an Caféterrasse. Vom **Alten Rathaus 4** am autofreien Quai blieben nur die Atlanten des berühmten Bildhauers Pierre Puget, der Rest fiel 1944 wie die gesamte Hafenfront unter den Bomben in Schutt und Asche. Parallel zum Quai tost der Verkehr hinter den nüchternen Fassaden über die Avenue de la République mit dem Koloss des **Neuen Rathauses 5**.

Schon auf dem gegenüberliegenden Trottoir betritt man die Altstadt, die schöner und harmloser ist als ihr Ruf. Der großzügig angelegte **Cours Lafayette 6** mit einem bunten *Marché provençal* lädt auf Höhe der in typischem Provence-Barock gehaltenen **Kirche St-François-de-Paule 7** zum Schlendern in Richtung **Cathédrale Ste-Marie 8** ein. Die romanische bis barocke Elemente vereinende Kirche ist der Mittelpunkt des *Vieux Toulon,* der Altstadt. Im angrenzenden ehemaligen Bischofspalast kam das **Musée du Vieux-Toulon 9** zur Lokalgeschichte unter. Im engmaschigen Netz der Gassen, die in den letzten Jahren mit durchgreifenden Sanierungsarbeiten vor dem Untergang gerettet wurden, herrscht das bunte Treiben südländischer Altstadtquartiere. Vor allem an Markttagen wird es zwischen Händlern und Gauklern inmitten des volkstümlichen Treibens drangvoll eng.

Beim Weitergehen über die Rue Hoche zur herausgeputzten kleinen **Place Puget 10**, dem Treffpunkt schlechthin in der Altstadt, revidieren sich endgültig erste Eindrücke. Hier ist Toulon einen Besuch wirklich wert. Es folgen in schnellem Ablauf die Place des Trois Dauphins, die Place Victor Hugo mit dem pompösen **Second Empire-Opernhaus** 11 und jenseits des Boulevard de Strasbourg dann großspurig und ganz Belle Epoque die Place de la Liberté.

Etwas weiter in Richtung Nordwesten dem stark befahrenen Boulevard de Strasbourg folgend setzen das **Musée des Beaux-Arts** 12 mit einer herausragenden Sammlung zeitgenössischer Kunst hinter der Neo-Renaissance-Fassade sowie die historischen Gartenanlagen des **Jardin Alexandre Ier** 13 den Schlußakzent des Rundgangs.

Toulon   1 *St-Louis*   2 *Museum zur Schiffahrtsgeschichte*   3 *Quai Stalingrad* 4 *Altes Rathaus*   5 *Neues Rathaus*   6 *Cours Lafayette*   7 *St-François-de-Paule* 8 *Kathedrale Ste-Marie*   9 *Musée du Vieux-Toulon*   10 *Place Puget*   11 *Oper* 12 *Musée des Beaux-Arts*   13 *Jardin Alexandre Ier*

Hyères-les-Palmiers und seine Inseln

Die wie eine Autobahn ausgebaute Küstentangente A 570/N 98 täuscht ebenso über den vom Massentourismus halbwegs unangekratzten Charme der Kleinstadt hinweg wie der auf der Landkarte eingezeichnete Flughafen Hyères-Toulon zwischen Hyères-Plage und Ayguade-Ceinturon. Hyères wurde früh von Sonnenhungrigen entdeckt, um später doch in Ruhe gelassen zu werden. Salinen, Obst- und Gemüseanbau zählen für die Stadt genausoviel wie der Strandbetrieb. Auf den autofreien Inseln des vorgelagerten Archipels läuft mangels Motorisierung ohnehin alles einen Gang langsamer.

Ca. 50 km, Dauer mit Inselhüpfern
3 Tage, Karte S. 248/249

Hyères

1 (S. 354) Als der Schriftsteller Stephen Liégeard 1887 den Namen Côte d'Azur erfand, ließ er das klangvolle Neugebilde im Westen bei Hyères beginnen. Damals konnte die Stadt an den Hängen der Colline de Castéou bereits auf einige Jahrzehnte als internationale Winterfrische zurückblicken. Pauline Borghese, Schwester Napoleons, verlustierte sich 1813 in der Stadt. Obwohl Hyères durch das Rhône-Tal vergleichsweise schnell zu erreichen war, trieb man auf ihre Bitte zusätzlich eine *Route impériale* von Toulon nach Hyères. Von 1830 bis 1848 arbeitete Bürgermeister Alphonse Denis am Aufbau einer prestigeträchtigen Winterstation. Hotelpaläste, Villen und

Sanatorien schossen aus dem Boden der Palyvestre-Ebene, die Hyères' Altstadt mit der Halbinsel von Giens verbindet. 1876 kam die Eisenbahn, bald darauf jedoch auch die Konkurrenz anderer High-Society-Treffs weiter östlich an der Côte. Hyères liegt nicht direkt am Wasser, kann weder Croisette noch Promenade aufweisen – und geriet ins Hintertreffen. Erika und Klaus Mann schrieben 1931 im »Buch von der Riviera«: »Heute ist es (Hyères) mehr still und fein«.

Ganz so still war's nun wieder nicht. Man Ray drehte 1929 in der Villa Mallet-Stevens seinen Film »Le Mystère du Château de Dé«, Charles de Noailles begleitete im selben Jahr Cocteaus erste filmische Schritte. Kurz darauf wurde dem Grafen mit der Exkommunikation gedroht, weil er Luis Buñuels »L'Age d'Or« finanziert hatte. Die Mann-Kinder

Hyères-les-Palmiers und seine Inseln

amüsierten sich köstlich über den Skandal wegen eines Films, »in dem eine nackte Dame aus einem Taxi über die Hostie springt«. 60 Jahre danach drehte Truffaut in der 50 000-Einwohner-Stadt seinen letzten Film »Auf Liebe und Tod«.

Die durch die autobahnbreite N 98 von den langen Sandstränden in Hyères-Plage (inklusive des Surfparadieses an der Plage d'Almanarre) abgeschnittene Altstadt entpuppt sich als echte Trouvaille. Von den englischen Urlauberpionieren des 19. Jh. blieben ein paar Villen und Straßennamen, wie auch ein Brunnen, den eine gewisse Mrs. Stewart »ihren Freunden, den Tieren« gespendet hat. Obligatorisch auf Schritt und Tritt sind Palmen, führt Hyères doch den sonnenverheißenden Zusatz »les-Palmiers« im Ortsnamen. Die eigentliche Attraktion von Hyères-les-Palmiers aber ist die verwinkelte **Altstadt** mit krummen Gassen, Kramläden und tratschenden Nachbarn.

Vom Parkplatz auf der weiten Place Clémenceau ist das platanenbeschattete Rechteck der Place de la République bereits zu sehen. Zwischen die Häuser am Platz geduckt fällt die romanische **Kirche St-Louis** wegen ihrer breiten Fassade ins Auge: Hier soll Ludwig der Heilige 1254 auf dem Rückweg vom 6. Kreuzzug zum Gebet innegehalten haben. Am oberen Kopfende des Platzes verläuft die schmale Rue de la République. Links führt sie auf die wegen zahlloser Lebensmittelläden an einen provenzalischen Markt erinnernde Rue Massillon, die zur gleichnamigen Place ansteigt. Unübersehbar bestimmt der romanische **St-Blaise-Turm** den leicht abschüssigen Platz. Ursprünglich hatte der Templerorden den Turm als Komturei errichtet. Später diente er als Rathaus, heute als Heimatmuseum.

Über eine Treppe erreicht man die sich hügelwärts ziehende Rue Ste-Cathérine und die **Place St-Paul,** von

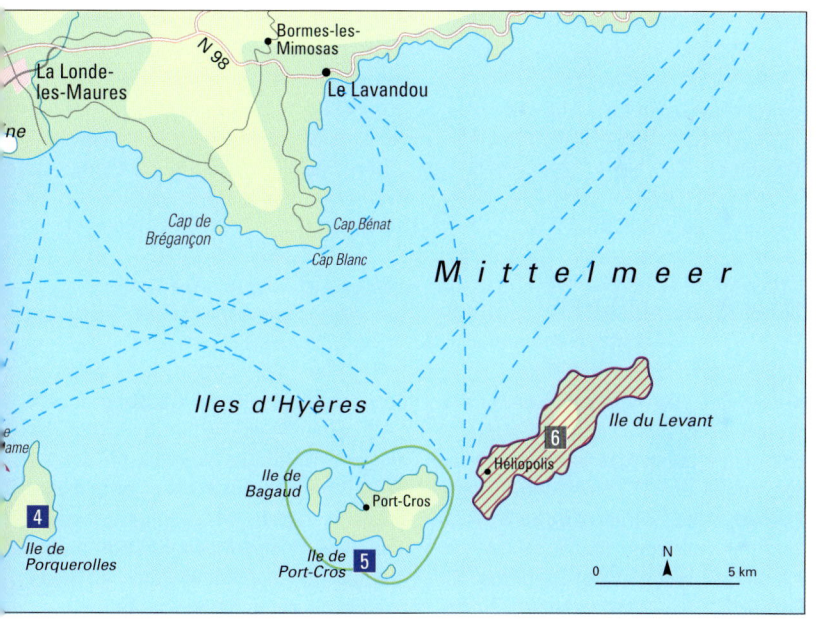

La Colombe und L'Eau Salée

Wie Pascale Bonamy sein 135-FF-Menü kalkuliert, bleibt ein Geheimnis. Aber offenbar geht seine Rechnung auf, denn er und seine Frau, die den Service mit Charme und Umsicht leitet, sind stets guter Dinge und die Lachfalten überwiegen die Sorgenfalten bei weitem. Das liegt sicher auch am treuen Stammpublikum, das Pascale nun schon seit Jahren mit überzeugender Leistung in der Küche und knappen Preisen auf der Karte bei Laune hält. Und an Kreativität fehlt es ihm auch nicht. Die Wurst aus Hasenfleisch ist eine gut gewürzte Abwechslung, der Seeteufel mit Pilzen ist sanft gegart. Dazu kommt eine Weinkarte, auf der viele gute Tropfen der Region angeboten werden. Das Ambiente im schnuckeligen Häuschen tut ein übriges, die Gäste sich hier rundum wohlfühlen zu lassen.

La Colombe, Le Bayorre,
83400 Hyères, ☏ 94 65 02 15,
Sa und So geschlossen, Visa, Eurocard,
Menü: 135 FF

Es gibt sie also doch noch, die völlig unspektakulären, ganz und gar normalen Lokale, direkt am Wasser, mit einer Terrasse, von der man einen Blick auf einen kleinen, verträumten Hafen hat, von dem die Fischer ihren Fang direkt in die Küche bringen. Wenn der Fisch so frisch ist wie hier, kann kulinarisch eigentlich nichts mehr schiefgehen, es sei denn, der Koch überschätzt sich, wagt sich an zu komplizierte Dinge und verhunzt das schöne Grundprodukt. Nicht so im Eau Salée. Hier werden Fische, Muscheln und Krustentiere in weiser Selbstbeschränkung und ohne Schnickschnack auf den Punkt gebraten, gegrillt, pochiert oder zu einer wunderbaren *Marmite de St-jacques aux petits légumes* verarbeitet. Die Preise sind moderat, die Weinkarte ist nicht riesig, aber klug zusammengestellt.

L'Eau Salée, Port Niel, 83400 Giens,
☏ 94 58 92 33, Fax 94 58 11 25,
So abends und Mo geschlossen,
AmEx, Visa, Eurocard,
Menüs: 95, 120, 165 und 200 FF

wo ein Orientierungstisch das Panorama bis nach Giens, den Iles d'Hyères und dem Mauren-Massiv erklärt. Durch den Bogen der 700 Jahre alten **Porte St-Paul,** neben der die **Kirche St-Paul** mit ihrer Freitreppe thront, führen verschlungene Wege hinauf zum **Parc St-Bernard,** aus dessen Grün die Ruinen des mittelalterlichen **Château** lugen. Am oberen Parkende betritt man mit der eleganten **Villa de Noailles** den Ort des von Erika und Klaus Mann festgehaltenen Skandals: Im avantgardistischen Bau von Robert Mallet-Stevens probte Buñuel mit der Kamera den Aufstand gegen die guten Sitten von damals.

Les Iles d'Hyères

Von Hyères fährt man über eine zwischen die **Pesquiers-Salinen** 2 der Halbinsel von Giens und dem Golfe de Giens gebaute Straße fast wie über das Wasser – von beiden Seiten glitzern die Fluten. Mit etwas Glück gründeln Flamingos in den letzten noch betriebenen Salinen der Côte. **Giens** 3 selbst ist ein hübsches Hafenkaff.

Von der Halbinselspitze bei la Tour Fondue schimmern die Felsen von **Porquerolles** 4 (S. 356), der größten der Hyères-Inseln, zum Greifen nah über die Meeresenge Petite Passe. Nur 20 Minuten dauert die Überfahrt auf das schöne Eiland, das wie seine Schwestern in der Renaissance als ›île d'or‹ verklärt wurde wegen des wie Gold schimmernden Gesteins. Von Bau- und Motorisierungswut verschont, sind die Hyères-Inseln so etwas wie die Côte d'Azur vor dem Sündenfall. Ganze 250 Menschen leben ganzjährig auf der 8 x 2 km großen Ile de Porquerolles, auf der kein Auto die Idylle stört. An der Nordküste, wo das hübsche Inseldorf die Ankommenden empfängt, beschatten Pinien goldgelbe Strände (Plage de la Courtade, Plage Notre-Dame). Den rechteckigen Dorfplatz umstehen Eukalyptusbäume. Von hier braucht man etwa 20 Minuten zur landwirtschaftlichen Versuchsstation des *Hameau agricole*, wo das forstbotanische Institut im Sommer Ausstellungen zur Inselflora präsentiert. Auf Porquerolles gedeiht dank vieler Quellen fast alles, selbst Wein. Schirmkiefern bewahren auf einigen Wegen vor dem Sonnenstich, ansonsten ist die einzige Gefahr süßer Schlendrian. Daß die Bedrohung einmal realer war, zeigt sich an den Befestigungsbauten der Insel. Der einzige zu besichtigende Bau unter einer Reihe weiterer Forts, das Fort Ste-Aga-the, bewacht seit 1531 oberhalb des Hafens die Insel. Die zerklüftete Südküste eignet sich ab dem Leuchtturm am Cap d'Arme für eine Wanderung längs der Klippen.

Das benachbarte Inselchen **Port-Cros** 5 wurde 1963 zum Nationalpark erklärt, inklusive der umliegenden Gewässer. Die teils endemische Flora der mit dem Mont Vinaigre (196 m) bergigsten Hyères-Insel sowie die reiche Meeresflora stehen seither unter Schutz, können jedoch auf Lehrpfaden zu Land und zu Wasser (Taucherbrille nicht vergessen) erkundet werden. Myrte, Mastixbaum, Baumerdbeere, wilder Ölbaum und Kermeseichen bereichern die Hochmacchia. Zelten, Feuer machen, Jagen oder Pflanzenpflücken sind strikt verboten.

Das Dorf Port-Cros wirkt mit seinen Palmen und bunten Häuschen unwiderstehlich, ein Piratennest wie aus Kinderbüchern. Im Norden des winzigen Hafens beherrscht das Fort du Moulin die Szenerie, im Süden hält das vorgelagerte Bagaud-Inselchen (Betreten verboten, um die Nistplätze von Seevögeln auf dem Felsen zu schützen) den Mistral ab.

Durch die schmale Passage des Grottes von Port-Cros getrennt, erstreckt sich nordöstlich die **Ile du Levant** 6 wie ein schmaler, 8 km langer Felskamm. Fast 90 % der kargen Fläche sind militärisches Sperrgebiet: Hier übt die Marine mit Raketen. Auf den restlichen 100 ha fallen die Hüllen. 1931 wurde an der Côte erstmals FKK erlaubt, was die Insel zum Mekka der französisch *Nudistes* genannten Nackten machte. Im Dorf Héliopolis, das man über einen 800 m langen Weg erreicht, haben die Naturisten ihre Kolonie inmitten dichten Grüns. Unzugängliche Felsklippen halten Neugierige von See zurück.

Georges Simenon und die Ile de Porquerolles

Maigret hatte allen Grund zur Freude, er »dachte daran, daß auf Porquerolles, einer kleinen, dem Küstenstreifen zwischen Hyères und Toulon vorgelagerten Mittelmeerinsel, gewiß die Sonne schien… Braungebrannt wie die Beduinen kamen die Urlauber von dort zurück.« Er denkt in seinem Büro an einem verregneten Maitag des Jahres 1949 über seine bevorstehende Dienstfahrt in die Sonne nach. Georges Simenon schickt seinen altbewährten Kommissar in dem Roman »Mon ami Maigret« auf die Insel. Maigret war's zufrieden, die in zwielichtige Machenschaften verstrickten Insulaner weniger, zumindest im Roman.

Simenon selbst kam 1926 zum ersten Mal nach Porquerolles. Die Entscheidung für die Insel war mit Hilfe des Dictionnaire Larousse gefallen, in dem Simenons Frau Tigy nach Reiseinspirationen gestöbert hatte. Gemeinsam mit Simenons Hausangestellter und Geliebter Boule sowie ihrem Hund bestieg man in Paris den Zug nach Toulon, um nach der Ankunft auf dem Eiland ein Zweizimmerhäuschen samt Bambusveranda zu beziehen. Auf dieser Veranda schrieb Simenon Roman auf Roman, »vollgestopft von Sonnenschein und Hitze«.

Nach Porquerolles sollte der Schriftsteller sein Leben lang immer wieder zurückkehren. Die Ehefrauen wechselten, seine Liebe zur Insel nicht. Auch Boule blieb. Sein Sohn Marc kaufte auf der Insel später ein Haus, in das Boule miteinzog. Die Fischerstochter aus dem normannischen Bénouville, die mit 18 Jahren Tigys Dienstmädchen und kurz darauf Simenons Liebschaft wurde, war die Frau, mit der der belgische Krimiautor seine dauerhafteste Liebe erlebte. Boule lebte noch Anfang der 90er Jahre hochbetagt bei Simenons Sohn Marc auf Porquerolles. Vor Besuchern nannte sie Simenon respektvoll *»le père de Marc«*. Und schwieg.

Massif des Maures, Côte des Maures und St-Tropez

Die Côte des Maures, der Küstenabschnitt von der Rade d'Hyères bis zum Golfe de Fréjus, trägt ihren Namen wegen der auf knapp 800 m ansteigenden Bergkette des Massif des Maures in ihrem Rücken. *Maouro* bedeutet auf Provenzalisch dunkles Holz: Das Massif ist von dichtem Wald bedeckt. Letzte Bergausläufer der menschenleeren Höhen fallen abrupt ins Wasser. Zwischen rote Klippen eingekeilt verstecken sich feine Sandstrände und überschaubare Örtchen. »Sie hat einen eigenen Reiz und ist von konventionellen Reisenden weniger überlaufen«, notierten Klaus und Erika Mann vor über 60 Jahren über die Côte des Maures. St-Tropez dagegen versucht noch heute vom Ruf des Ewig-Verwegenen zu leben.

Ca. 160 km, Dauer mindestens 3 Tage, Karte S. 254/255

Massif des Maures

Die trotz vernichtender Waldbrände (zuletzt 1990 25 000 ha) noch immer dichtbewaldete Bergkette bietet eine der landschaftlich reizvollsten Möglichkeiten des Hinterlands, dem Strandleben zu entfliehen. Einige der abenteuerlichen Strecken, wie die schlaglochreiche, sich über schwindelnde Abhänge windende Route des Crêtes von La Garde-Freinet über den Fourche-Paß nach Collobrières, mußten wegen Feuergefahr für den Autoverkehr gesperrt werden: Ein Glücksfall für Wanderer. Frei für

Im Massif des Maures

eine Rundfahrt durch die menschen-
leere, von hohen alten Kastanien- und
Eichenwäldern überzogene Bergwelt
bleiben ein paar Landsträßchen, die
vom Trubel der Côte scheinbar unbe-
rührte Dörfer streifen. Mit einem Mal
herrscht Stille.

Von Hyères sticht die D 12 parallel
zum Gebirgsbach Réal Martin bis Pierre-
feu-du-Var vor, wo sich die D 14 endgültig in den tiefen Wald schlägt. **Collobrières 1** 13 km weiter gilt als Hauptort
des einsamen Massif des Maures. Im für
seine Maronen (glaciert oder als Püree)
bekannten Dorf schlägt die Uhr ein paar
Takte langsamer als an der Küste. Holprige Gassen, eine alte Steinbrücke über
den Dorfbach und die verwitterte Kir-
chenruine St-Pons verleihen der ›Capitale des Maures‹ ihr seit Generationen
unverändertes Aussehen.

Von nun an geht's bergauf. Unterwegs weist ein Schild zur **Chartreuse
de la Verne 2** (S. 349), einem verlassenem Kartäuserkloster mitten im Wald,
dessen erstaunlich großer Komplex
vorwiegend aus dem 17./18. Jh. stammt
(Museum). Immer dichter werden die
dunklen Wälder längs der D 39 in Richtung **Gonfaron 3**, wo in der Schildkrö-
tenzuchtstation versucht wird, die Be-
stände im Massif des Maures wieder
aufzufüllen (zu besichtigen). Es bleibt
bei den Schildkröten auf der weiteren
Route, nur ein Schäfer kreuzt vielleicht
den Weg am Col de Fourche. Ab und zu
sieht man Waldbauern bei der Pflege
ihrer Kastanienbäume und flechtenbe-
deckten Korkeichen. Selten erlaubt der
Wald einen freien Blick auf das von Tal-
einschnitten und Höhenkämmen zer-
furchte Massiv.

*Massif des Maures, St-Tropez und Côte
des Maures*

Les Arcs

A 8

Fréjus

Roquebrune-
sur-Argens

St-Aygulf

Les Issambres

Val d'Esquières

A 558

Le Garde-Freinet **4**

M a u r e s

Ste-Maxime **22**

Pointe des
Sardinaux

des

Grimaud

5

21

Port Grimaud

20

St-Tropez

D 14

f

che
de

Chartreuse
de la Verne **2**

Cogolin

D 61

**Moulins
de Paillas**

Tahiti-Plage

Gassin **19**

18

Pampelonne

La Môle

16

La Croix-Valmer

Ramatuelle **17**

N 98

Môle

D 559

D 93

Cap Camarat

Cap de Collebasse

15

La Bouillabaisse

Gigaro

14

Le Rayol **13**

Cavalaire-
sur-Mer

11

Cavalière

10

Pramousquier

s-les-
as

St-Clair

Cap
Nègre

12

C ô t e   d e s   M a u r e s

7

Le Lavandou

M i t t e l m e e r

ière

Plage de la Favière

Cap Bénat

Ile du Levant

N

Iles d'Hyères

0   5 km

Hinter Gonfaron wurstelt sich die D 75 bis zur D 558 vor, auf der man rechts in Richtung **La Garde-Freinet** 4 (S. 349) abbiegt. Knapp 30 Korkenhersteller gab es einmal im Dorf mit den sich eng um die Kirche drängenden Steinhäusern. Passé, die Korkgewinnung ist nicht mehr rentabel. Die Genossenschaft der Maronenbauern am Ortsausgang beweist, was man angesichts von Kastanienwäldern ringsherum geahnt hatte. Auch La Garde-Freinet lebt neben ein bißchen Weinbau von der Marone.

Nicht so **Grimaud** 5 (S. 354), dessen Burgdorfsilhouette sich über Weinreben aufbaut. Grimauds Bilderbuchgassen unterhalb der Burgruine bestechen durch gotische Arkaden, eine archaisch-schlichte Kirche aus dem 11. Jh. sowie lauschig-schattige Plätze. Im Gegenzug weht die wieder nahe Küste jeden wirklich dörflichen Charme fort – Grimaud ist von Souvenirboutique bis Restaurant auf Touristen vom Strand eingestellt.

Grimauds archaisch-schlichte Kirche

Die Côte des Maures

Bormes-les-Mimosas 6 (S. 335) erblüht im Winter, wenn das ganze Städtchen vom Logis seines Schlosses bis hinunter zu den Gassen gelb vor Mimosenblüten ist. In der Barockkirche St-Trophime glänzen ein paar Reliquienbüsten in mattem Blattgold. Ein Wermutstropfen trübt die Freude an diesem wie ein Balkon die Côte überschauenden Ensemble üppiger Gärten und ockerfarbener Mauern: Das Paradebeispiel eines pittoresken Provence-Dorfes leidet im Sommer unter der Nähe zur Küste (5 km). Ein ansehnliches altes Grandhotel gibt es selbstverständlich auch. Von seiner Anhöhe schaut man auf den Badeort Le Lavandou und das Cap Blanc. Bormes-les-Mimosas hat sich einen Hafen neben den Strand von La Favière geklotzt, Zeichen dafür, daß man sich mehr auf die einträgliche Küste als auf das einsame Bergmassiv orientiert.

Zwischen Le Lavandou und Cavalaire-sur-Mer rückt das Massif des Maures bis zur Uferkante vor. In endlosen Windungen folgt die Küstenstraße D 559 Buchten und Felsvorsprüngen. Von Pinien und Blumenkaskaden gerahmt locken die Strände immer wieder hinunter ans Meer. Viel zu besichtigen gibt es an der Corniche des Maures nicht, dafür darf die Seele um so ausgiebiger baumeln.

Le Lavandou 7 (S. 358) war einmal ein verschlafenes Fischernest, gehorcht jedoch wegen des vom Cap Bénat geschützten Sandstrandes seit den 30er Jahren seiner Berufung als Badeort. Hotelfenster en masse und die damit einhergehende Portion Beton sind das Ergebnis. Im Sommer verleiht das Treiben auf der belebten Uferpromenade dem Ort den unverwechselbaren Charme französischer Familienbäder. Vom Hafen stechen die meisten Fähren nach

Port-Cros und zur Ile du Levant in See. Zum Cap Bénat im Osten von Le Lavandou verbieten Schilder die Zufahrt: Es ist *Propriété Privée*, Privatbesitz. Es lohnt die Mühe, über ein verlorenes Sträßchen oberhalb von La Favière (Richtung Brégançon folgen) das Cap abzuschneiden. **Cabasson** 8 und sein von dichtem Pinienwald gerahmter Strand verheißen ungetrübte Badefreuden. Am **Cap de Brégançon** 9 gleich daneben geht sogar *Monsieur le Président* baden: Das Fort auf der Winzinsel vor seiner Spitze ist seit 1968 offizielle Präsidentenresidenz.

St-Clair 10 schließt sich im Westen an Le Lavandou an. Für den Ort gilt wie für alle folgenden: *pieds dans l'eau* – der Strand liegt direkt vor der Haustür. Rote Felsen rahmen in St-Clair zu einer Seite den Sand. Ein 8 km langer botanischer Lehrpfad klärt über die Flora auf: Ginster, Pistazie, Olivenbaum, Lavendel, Pinie … die Entdeckungen mit Blick auf die Küste nehmen kein Ende.

Nach steilabfallenden Hängen mit tropisch wucherndem Grün, die ab und zu atemberaubende Ausblicke auf das tiefblaue Meer und ins Wasser gestreute rote Felsen erlauben, überzeugt der nächste Ort mit dem bislang schönsten Sandstrand. **Cavalière** 11 (S. 342) liegt am Cap Nègre, das (als Privatbesitz) nicht betreten werden darf.

Auf der anderen Seite des Cap war **Pramousquier** 12 einmal der Freihafen für Kartäusermönche von La Verne. **Le Rayol** 13 besticht durch seine hinreißende Lage weit unterhalb der D 599. Schmucke Villen liegen hinter altem Baumbestand versteckt an den Hängen. Darüber hinaus lockt die 5 ha große Domaine de Rayol mit einem botanischen Garten in das ausnehmend hübsche Badeörtchen. In den 30er Jahren ließ der Industrielle Henri Potez auf seinem Besitz über 400 exotische Raritäten anpflanzen. Viel war von der floralen Pracht um die Art-Déco-Villa nach jahrzehntelanger Vernachlässigung nicht geblieben, als 1989 die Kommune den Besitz aufkaufte und seither von einem engagierten jungen Botaniker wieder instandsetzen läßt.

4 km Strand mit Palmen und Mimosen im Hintergrund machen den Ruf von **Cavalaire-sur-Mer** 14 (S. 341), nach einigen Kilometern wilder Felsküste, als Ort ungetrübter Badefreuden aus. Eine erste Villa stand schon zu römischer Zeit in Cavalaire-sur-Mer. Es geht heute familiär zu, die Hotelzimmer sind erschwinglich. Im Osten und Westen beschirmen je ein Cap die Lage tief unten in der Bucht unterhalb der Pradel-Hügel. An der Bucht von Cavalaire liegen in ähnlich geschützter Lage die **Strände von Bouillabaisse und Gigaro** 15, wo ein 20 km langer Küstenwanderweg nach St-Tropez seinen Anfang nimmt.

Schon kurz vor Le Rayol passierte die D 599 ein Denkmal für die gefallenen »Freiwilligen der Kommandogruppe Afrika«, die Mitte August 1944 an den Stränden der Corniche des Maures landeten. In **La Croix-Valmer** 16 (S. 344) das für seinen Wein bekannt ist, weist ein Schild zur »Plage du Débarquement«, einem der Strände des Departements Var, auf denen mit der dritten amerikanischen Infanteriedivision die alliierte Landung an der Côte d'Azur begann.

Sanft wellen sich die ersten Hügel der Halbinsel von St-Tropez am Horizont. Das wilde Massif des Maures scheint mit einem Mal gezähmt. Der Col de Collebasse führt nur auf ganze 197 m Höhe. Strandnamen entführen in Sonnenparadiese: Plage de Tahiti, Plage de Pampelonne. Zwischen Weinreben kündigen sich Bilderbuchdörfer auf Felshöckern

an. Hinter Einfahrten bellen Schilder *Domaine privé* entgegen; dahinter verbergen sich luxuriöse Ferienhaussiedlungen. Man versteht: Die Halbinsel ist ein himmlisches Fleckchen Erde, das man ungern teilt.

Von La Croix-Valmer durchquert die D 93 zuerst im Zickzackkurs die Traumlandschaft, bis die D 61 auf **Ramatuelle** 17 (S. 375) zuführt. Geraniengeschmückt verharrt das *village perché* auf einer von dichtem Wald umgebenen Anhöhe. Die äußere Häuserzeile des Dorfs war gleichzeitig Verteidigungsmauer, im Innern verzahnen sich bogengestützte Gassen um den Dorfplatz, auf dem nach alter provenzalischer Tradition ein Olivenbaum *longo mai*, ein ›langes Leben‹, symbolisiert. Für Gérard Philippe kam der 1985 gepflanzte Baum zu spät, der 1959 jung verstorbene Schauspieler wurde auf dem Dorffriedhof begraben. Im Sommer veranstaltet das Dorf ein Theaterfestival zu seiner Erinnerung.

Hinter Ramatuelle markieren die **Mühlen von Paillas** 18 den höchsten Punkt der Halbinsel (325 m), von dem bei guter Sicht die Iles d'Hyères und die Maures-Gipfel sichtbar sind.

Das Winzerdorf **Gassin** 19 (S. 350) trägt den Ehrentitel ›eines der schönsten Dörfer Frankreichs‹, was angesichts der landesweit überaus großen Konkurrenz durchaus Gewicht hat. Die Place des Barrys mit Terrassen und dem nahen Panoramapunkt, einer romanischen Dorfkirche sowie Reste der Befestigungsbollwerke rechtfertigen den Titel, wenn auch Gassin – wie bei ausgezeichneten Dörfern üblich – etwas sehr adrett aussieht.

Die D 61 mündet etwa 6 km hinter Gassin beim Château de Bertaud auf die Uferstraße entlang dem Golf von St-Tropez (D 98a). St-Tropez' privilegierte Lage auf einem Landvorsprung ist jenseits des Wassers bereits zu erkennen.

Plage de Tahiti

St-Tropez

[20] (S. 382) Der Name ist Verheißung. Die Bilder aus den ausgelassenen 50er Jahren, als das Hafenstädtchen seinen vorerst letzten Prominentenfrühling feierte, sind Legion. Allen gängigen Klischees zum Trotz: Roger Vadim und Brigitte Bardot waren nicht die Pioniere von St-Tropez, wohl aber dessen Zugpferde, nachdem der im Zweiten Weltkrieg zerstörte Hafen originalgetreu wiedererstanden war. St-Tropez wurde schon in der Belle Epoque entdeckt, auch wenn Maupassant 1887 noch allein blieb. »Sie ist eins dieser charmanten, einfachen Mädchen des Meeres«, rief der Dichter verzückt aus. Bis in die 20er Jahre blieb St-Tropez aber trotz prominenter Gäste ein Fischerdorf wie viele andere, laut Colette »frisch wie bei der Geburt der Welt«. Tucholsky war's denn doch etwas zu bodenständig, als er im November 1925 eintraf: »Saint-Tropez ... bei aller Liebe – aber dann schon lieber Neuruppin. Am Hafen liegt ein Gewirr von Tauen und Segelleinwand, überall drükken sich Männer herum, es ist schmutzig und dürftig«.

Das sollte sich ändern. Ein Jahrzehnt später kehrte Colette dem mittlerweile trubeligen Ort den Rücken. Mit Roger Vadim, Brigitte Bardot, Françoise Sagan, Juliette Gréco, Gérard Philippe verlängerte sich das Pariser Nachtleben schließlich bis nach St-Tropez. Auf ihren Fersen folgten Rockstars, Playboys, von exzessiven Nächten fabulierende Durchschnittsbürger. ›Saint-Trop'‹, wie das frivol-freizügige Mekka jetzt schnittig zurechtgestutzt hieß, mußte für alle und alles herhalten, bis es irgendwann in den 80er Jahren hieß: »Saint-Tropez, c'est fini«. Das Pauschalversprechen vom trendigsten Ort der Côte hatte die Prominenz verscheucht.

Dessenungeachtet wird jeden Sommer mit einem *off shore*-Rennen die Sai-

Café Sénéquier in St-Tropez

Brigitte Bardot

Sommer 1956, in einem kleinen Hotel in St-Tropez steigen Roger Vadim und Brigitte Bardot ab. Die Dreharbeiten zu »Und immer lockt das Weib« (frz. »Et Dieu créa la femme«) beginnen. Der Film macht die Blondine, barfuß in Vichy-Karo, zum auf zwei Großbuchstaben reduzierten Star. Als

B. B. ihren Schmollmund zwei Jahre später in Autant-Laras Streifen »Mit den Waffen einer Frau« schürzte, war die Schauspielerin längst Inbegriff eines libertinären Frauentyps, der zehn Jahre nach Kriegsende Lebensfreude und Vergnügen ohne Reue verhieß. Die sexuelle Revolution der 60er kündigte sich an. B. B.s blonde Löwenmähne sproß in den nächsten 10 Jahren immer üppiger, kaschierte indes nur dürftig, was die immer knapperen Hüllen freigaben. Neben kommerziellen Produktionen drehte B. B. einige anspruchsvollere Streifen wie Godards »Verachtung«, nahm Schallplatten auf – ein Titel heißt »Saint-Tropez« –, stöhnte sogar mit dem Enfant terrible Serge Gainsbourg ins Mikrofon. Sie ehelichte der Reihenfolge nach Regisseur Vadim, den Schauspieler Charrier, den Playboy Sachs, den rechtsradikalen Front Natio-

nal-Politiker d'Ormsale. Anfang der 70er stellte Frankreich mit Schock fest, daß die programmatisch jungen 50er Jahre und damit ihre Galionsfigur B. B. ins Altern geraten waren. Magazintitelseiten zeigten die Schauspielerin am Strand von St-Tropez. Darunter lautete die Schlagzeile »40 Jahre, das darf nicht wahr sein.« Die männermordende Raubkatze mauserte sich zur wackeren Tierschützerin, zog sich 1973 nach 42 Filmen mit Hunden (15 an der Zahl), Esel (kastriert, was zum Skandal führte) und Katzen (stammen angeblich von denen Colettes ab) in ihre von mannshohem Röhricht umstellte Villa »La Madrague« an der Bucht zurück. Aus dem Schilf schimpfte sie gegen Ende der 80er Jahre gegen »Laster, Schamlosigkeit und Homosexualität«, die ›ihr‹ Saint-Trop' niedermachten. Wetterte gegen das Verbot, ihre Hundemeute am Strand laufen zu lassen, und legte sich mit der mächtigen Jäger-Lobby an. Veröffentlichte wenig beachtetes Buch über Colette. Und liebt vor der Kamera nur noch Robben. Das Hotel, in dem B. B. 1956 während der Dreharbeiten einquartiert wurde, hieß übrigens »L'Ail au Lit« – Knoblauch im Bett.

St-Tropez

son eröffnet. Im Hafen drängeln sich Luxusjachten, die niemals auslaufen. Vor dem Szenecafé »Sénéquier« paradieren all die, die in St-Tropez dabei sein möchten. Es sind viele, etwa 100 000 Besucher zur Hochsaison, denen knapp 6000 Einwohner gegenüberstehen. Im Dutzend bullern Harley Davidsons über die Kais. Tand und Flitter verdrängen jeden Chic, selbst die Bentleys sind eine Nuance zu rot. Wer auffallen will, muß sich Mühe geben. Zuviele scheuen keinen Einsatz. Das Ergebnis fällt verbissen jung aus. Einerlei, an St-Tropez sollte kein Weg vorbeiführen, will man nicht einen der schönsten Plätze der Côte verpassen. St-Tropez erfordert taktisches ›Gegen den Strom schwimmen‹: Früh an den Strand, bevor die Geschöpfe der Nacht eintrudeln. Nachmittags ins Museum, wenn alle auf Bräunen eingestellt sind. Besser noch: In der Nebensaison hinfahren, denn im Winter verfällt selbst dieser In-Treff in wohltuende Provinzialität.

Im Markttreiben am Dienstag oder Samstag, an anderen Tagen zwischen den Boulespielern auf der **Place Carnot,** wohlbehütet von hundertjährigen Platanen, beginnt der Rundgang. Eine schmale Gasse, die Rue Georges-Clémenceau, verbindet die ehemalige Pferdeweide mit dem **Quai Suffren**. Vor der Statue des Seehelden Suffren dümpeln protzige Jachten und Schnellboote im Hafen.

Schaut man links zum Quai de l'Epi hoch, zeigt eine kleine Piniengruppe den Standort des **Musée de l'Annonciade** an. Seit 1955 werden in der ehemaligen Kapelle die Werke derer gezeigt, die in St-Tropez Inspiration fanden. Einige Gemälde sind weltbekannt, Braques »Paysage de l'Estaque« etwa, Bonnards »Nu devant la Cheminée« oder Matisses »Gitane«.

Auf der gegenüberliegenden Hafenseite warten Altstadt und Zitadelle. In St-Tropez darf's ruhig etwas bunter sein: Sonnengelb-fuchsrot getüncht ragt der Kirchturm über die ebenso bunten Häuser des **Quai Jean-Jaurès,** wo eine Gasse hinter der kleinen Place aux Herbes mit einem Fischmarkt schnurstracks zur **Zitadelle** ansteigt. Von einem Fels bewacht das sechseckige Bollwerk seit 1583 den gesamten Golf von St-Tropez. Spätestens hier oben muß man beim Panoramablick auf Dachziegel und Meer erkennen, daß nirgendwo anders die Sonne so goldgelb, das Meer so leuchtendblau, die Pinien so tiefgrün miteinander harmonieren. In der Zitadelle rühmt ein beschauliches Musée naval die glorreiche Seefahrtsgeschichte des Orts. St-Tropez war immer ein wehrhaftes Gemeinwesen, schlug 1637 sogar eine Armada von 21 spanischen Galeeren, woran das lärmende Volksfest der Bravade samt Prozession im Juni erinnert. Ihr voraus geht die bedeutendere Mai-Bravade zu Ehren des Patronatsheiligen, ein dreitägiges Spektakel mit historischen Kostümen.

Zurück führt der Weg über die unterhalb der Zitadelle liegende Place Forbin in die Gassen der Altstadt. Die **Tour du Portalet** am Zugang zur Hafenmole beschützte einmal als Teil der Stadtmauern die enge Bucht La Glaye, hinter der sich von einem Felsvorsprung versteckt der alte Fischerhafen La Ponche anschließt. Repräsentatives Zentrum der verwinkelten Altstadt ist die – verglichen mit den engen Gassen – großzügige **Place de l'Hôtel de Ville.** Am imposanten **Château Suffren** bietet ein von den Grafen der Provence 990 erbauter Turm dem Hôtel de Ville Paroli. Bevor es zum wohlverdienten Bad an den nahen **Strand von Graniers** geht, ein letzter Halt auf dem **Seemannsfriedhof,** an den, wie es sich gehört, die Wellen schlagen. Alle alten Familien des Ortes

pflegen hier ihre Gräber mit Blick auf die nahe Canebiers-Bucht und das Estérel-Massiv.

Östliche Côte des Maures

Östlich von St-Tropez verliert sich der Flitter zugunsten familiärer Badeorte, die alle ein Hauch Ferienstimmung à la Monsieur Hulot umweht. Eine Ausnahme macht **Port Grimaud** [21] (S. 375), das wie ein provenzalisches Venedig Heimathafen einer internationalen Seglergemeinde geworden ist. Die künstliche Lagunenstadt, in der ein 5 km langes Kanalsystem die Straßen ersetzt, wurde ab 1966 den Sümpfen und Dünen an der Giscle-Mündung abgetrotzt. Das ›falsche‹ Provence-Dorf überzeugt mit seiner traditionellen Vorgaben entsprechenden Architektur.

In **Ste-Maxime** [22] (S. 384) dagegen verfängt die bewährte Mischung aus Platanen, Boulespielern und Cafés mit Hafen und Strand davor. Der wehrhafte Turm aus dem 16. Jh., in dem sich heute das Musée des Traditions locales befindet, erinnert daran, daß der angenehme Badeort schon vor dem touristischen Zeitalter existiert hat. Die N 98 folgt dem Verlauf der zwischen Calanques, Sandstränden und Felsvorsprüngen vor- und zurückweichenden Küste. Das Massif des Maures baut sich nicht mehr ganz so bedrohlich auf, dafür ist vom **Cap des Sardinaux** mit dem Massif de l'Estérel die nächste Bergkette bereits in Sicht. **Val d'Esquières** und **Les Issambres** mit seinen Calanques bedeuten Badefreuden, in **St-Aygulf,** das erst im vergangenen Jahrhundert als Strandort entstand, kommen die schilfrohrgesäumten Seen hinter der Küste hinzu.

Corniche d'Or und Massif de l'Estérel

Von Fréjus bis Cannes rücken die roten Porphyrfelsen des Massif de l'Estérel an eine Küste mit dem verklärenden Namen Corniche d'Or heran. Atemberaubende Aussichtspunkte, kleine Badebuchten unterhalb des abschüssigen Ufers sowie heimelige Strandorte konkurrieren miteinander vor der wilden Bergkulisse der gleichwohl mit dem Mont Vinaigre nur 618 m hoch reichenden Gipfelkette.

Ca. 70 km, Dauer 2 Tage, Karte S. 263

Von Fréjus bis Cannes

Für **Fréjus** 1 (S. 348), das ›provenzalische Pompeji‹, sprechen nicht nur der endlos lange goldene Sandstrand des ansonsten farblosen Ortsteils Fréjus-Plage. Die eigentliche Attraktion liegt nach wie vor landeinwärts im alten Ortskern mit seinen römischen Ruinenfeldern. Auch der brandneue Jachthafen Fréjus-Port mit Appartementkasernen in pseudo-mediterranem Stil kann dem antiken Forum Julii, aus dem Fréjus sich ableitet, nicht den Rang ablaufen. Die Stadt an der Mündung des Argens war zu römischer Zeit einer der wichtigsten Häfen des Mittelmeeres. Genau an der Scheidelinie von Massif des Maures und Massif de l'Estérel liegt Fréjus auf einem leicht erhöhten Sandsteinsockel oberhalb fruchtbaren Schwemmlands. Die Lage wurde der Stadt im Dezember 1959 zum Verhängnis, als durch den

Corniche d'Or und Massif de l'Estérel

Staudammbruch von Malpasset 400 Menschen ihr Leben verloren. Julius Cäsar wird die Entwicklung des Marktplatzes zugeschrieben, daher auch der Name Forum Julii. Wichtigstes Handelsgut waren Tongefäße aus lokaler Herstellung. Sichtbares Denkmal der blühenden römischen Stadt sind die zeitweise als Steinbruch ausgebeuteten Ruinen des **Amphitheaters**, das *extramuros*, außerhalb des befestigten römischen Rechtecks lag. Vor der Stadt liegt es noch immer, an einem Kreisverkehr, wie auch zwei vom Zahn der Zeit arg angenagte Säulen aus Carrara-Marmor einen Kreisverkehr weiter. Die Reste des Theaters, eines Aquädukts, der Stadtmauer, des längst versandeten Hafens sowie weitere rund um die heutige Stadt verstreute Ruinen zeigen, daß die antike Stadt deutlich größer war als das Fréjus der Moderne. Seine Bedeutung als einer der wichtigsten Kriegshäfen des Imperiums erklärt Fréjus enorme Ausdehnung zu römischer Zeit.

Militär spielte in Fréjus auch im 20. Jh. eine bedeutende Rolle. 1915 eröffnete die französische Armee hier ein Erholungslager für die Soldaten der Kolonialtruppe (Denkmal an der Strandpromenade), 2000 Jahre, nachdem schon römische Veteranen für ihren Lebensabend hier angesiedelt wurden.

Die mittelalterliche Stadt mit einigen prachtvollen Renaissancefassaden konzentriert sich um das im roten Porphyr des Estérel gebaute bischöfliche Ensemble an der Place Formigé, das aus Kathedrale, Kloster, Baptisterium, Bischofspalais und dem Haus des Dompropstes besteht. Platzbeherrschend ist die von Spätromanik zur Frühgotik übergehende **Kathedrale**, deren Portal in der Renaissance neugestaltet wurde. Für das aus dem 5. Jh. stammende achteckige **Baptisterium** an der Westseite der

Kathedrale wurde auf antike Steine (Spoliensäulen) und Techniken (Wechsel von Ziegel und Haustein) zurückgegriffen. Im doppelstöckigen **Kreuzgang** des Klosters überrascht die bemalte Holzdecke des 14. Jh. Gleich daneben stellt das **Musée archéologique** kostbare antike Fundstücke wie ein erst 1970 entdecktes Mosaik mit Leopard aus. Neben den Kulturschätzen spricht für die 32 000-Einwohner-Stadt ein geruhsames Ambiente ohne die Capricen der Côte.

St-Raphaël **2** (S. 380), das fast nahtlos an Fréjus aufrückt, hat entschieden weniger Kultur zu bieten. Der Reiz des Ortes liegt in der direkten Strandlage, gepaart mit den ersten Ausläufern des Estérel-Massivs. Um die romanische Pfarrkirche St-Pierre drängt sich die Altstadt jenseits der Bahnlinie, die sie von der Strandstadt abschneidet. So wenig die Altstadt zu bieten hat, so sehr überzeugt der Platanenkorso am Hafenquai. Ein hübsches Plätzchen mit Blick auf Segelmasten und Fischernetze ist hier leicht zu finden. Weithin sichtbares Wahrzeichen der im letzten Jahrhundert mit einigen typischen Côte d'Azur-Hotels (Winter-Palace und Excelsior am Boulevard Felix-Martin) und der Uferpromenade entstandenen Ferienstadt ist die neobyzantinische Kirche Notre-Dame de la Victoire de Lepante.

Nobel wird es am östlichen Ortsausgang in Richtung Boulouris, wo elegante Villen an der Uferstraße auf die **Corniche d'Or** einstimmen. Ein Name, der viel verspricht: Rote Felsen im Meer, wie Zacken tief ins Gestein gefressene Calanques und Inselchen, darunter zum Auftakt am Cap du Dramont die von einem Turm gekrönte Ile d'Or, garantieren schroffe Schönheit im Überfluß. Buschholz fügt sein sattes Grün hinzu. Die Côte macht an der Corniche d'Or

Pause von Hotelpalästen und mondänen Promenaden, der Berg stellt sich den Investoren in den Weg.

In **Agay** 3 blieb nach der alliierten Landung vom Château nur eine Ruine. Das Schloß gehörte der Schwester von Antoine de St-Exupéry, der über dem Anwesen eine letzte Schleife gedreht haben soll, bevor er mit seinem Flugzeug als verschollen gemeldet wurde.

Vor Anthéor liegt die Ile des Vieilles im tintenblauen Meer. Hinter dem Ort fesselt der gewaltige Felsen des 453 m hohen **Pic du Cap Roux** 4 den Blick, so benannt wegen des weithin sichtbaren rot leuchtenden Gesteins. **Le Trayas** hat einige reizvolle, wie Fjorde tief in den Fels geschnittene, kleine Badebuchten vorzuweisen. Etwas größer ist **Miramar** an der Bucht von La Figueirette.

Nach einigen Landspitzen erreicht man dann **Théoule-sur-Mer** 5: Der Golf von La Napoule mit langen Sandstränden kündigt sich an, und die letzten Hänge des Massif de l'Estérel laufen sanft nach Osten aus. In Théoule nicht zu verpassen ist das ursprünglich aus dem 14. Jh. stammende Château de Turenne direkt am Wasser, das der amerikanische Bildhauer Henry Clews 1919 restaurierte.

Clews begegnet man im nahen **La Napoule** 6 mit einem riesigen Jachthafen ein zweites Mal, wieder in einem Schloß, dem Château de La Napoule (Kunststiftung und Gärten zu besichtigen), an dessen Portal der Durchgangsverkehr vorbeirauscht. Der steinreiche Erbe ließ das leicht monströse Bauwerk für sich und seine madonnenhaft schöne Frau Marie restaurieren, um dort 20 Jahre lang die exzentrische Inszenierung eines Lebens als Bohémien, Bildhauer und Sarazenenfürst zu zelebrieren. Über einem von drei Portalen, die

zu gürteltiergeschmückten Brunnen und Riesenphalli im Treppenhaus führen, steht in den Stein gemeißelt: »*Once upon a time*«.

Massif de l'Estérel

Ganz in Mimosen eingetaucht sind die Hänge um **Mandelieu-La Napoule** 7, dem Ausgangspunkt einer Tour durch das Massif de l'Estérel, das den Ort vor scharfen Gebirgswinden abschirmt. In Mandelieu konzentrieren sich die meisten Mimosenbaumschulen der Côte – das Umland der Stadt an der Siagne erblüht im Winter kanariengelb.

Hier beginnt ein 30 km langes Teilstück der N7, das wie eine Schneise durch die bizarr gezackten Felskämme des Estérel geschlagen wurde und in Fréjus endet. Auf den ersten Kilometern stören leider im provenzalischen Stil erbaute Siedlungen die Einsamkeit der Bergwelt. Das Absterben der Mittelmeerpinien setzt dem Massiv ebenfalls zu. Seit 1958 bringt das 3 mm große Insekt *Matsucoccus Feytaudi* die Bäume durch Larven in der Rinde zu Fall. Einige Hundert von ehemals mehreren Tausend Hektar blieben um den Col des Suvières stehen. Das freiwerdende Terrain nehmen Garrigue und Korkeichen ein. Bliebe die Waldbrandgefahr. Um ihr vorzubeugen, ließ die nationale Forstbehörde 4500 ha für jeglichen motorisierten Verkehr sperren.

Die alte Postkutschenstation **Les Adrets** 8 von 1663 ist mittlerweile ein Restaurant. Gegenüber dienten die Stallungen früher der Gendarmerie, die noch im 19. Jh. jede Kutsche zum Schutz vor den gefürchteten Estérel-Banditen begleitete. Kurze Zeit später zweigt an der Kreuzung Logis de Paris ein Sträß-

Massif de l'Estérel

chen (D 237) zum schmucken Weiler **Les Adrets-de-l'Estérel** ab, dessen Hausteingemäuer in einsamer Waldlage einen kurzen Abstecher lohnen.

Der Hauptkamm des Estérel-Massivs legt sich um den **Mont Vinaigre** 9 wie ein Halbkreis über die Bucht von Agay, dem die N 7 in etwa folgt. In weitem Bogen windet die Straße sich auf den Mont Vinaigre zu: Ein Waldweg führt links zum Gipfel mit einem Feuerwachturm. Betreten werden darf dieser nicht, doch reicht der Blick bei klarer Sicht

auch vom Sockel bis zur italienischen Grenze und zur Montagne Ste-Victoire oberhalb von Aix.

Ein paar Kilometer weiter über die N 7 mischt sich das Blau der Corniche langsam wieder unter das Rot der Felsen und das Grün des Waldes. Kurz vor Fréjus weist links ein Schild nach Valescure (D 37), von wo eine Straße weiter in Richtung Agay führt. Am erhaben schroffen Felsen des **Rastel d'Agay** 10 (287 m) vorbei purzelt die Straße in den Küstenort Agay hinunter.

Die Côte von Cannes bis zur Mündung des Var

›La Grande Côte‹, ›la Côte classique‹, die Titel variieren, gemeint ist immer nur eins: In Cannes beginnt für die Verfechter der östlichen Côte d'Azur das allein seligmachende Paradies aus Sonne und Meer. Und Beton, fügen böse Zungen hinzu, denn nach dem fulminanten Auftakt in Cannes ist ein Ende der Megaferienstadt bis zum Var – und über seine Ufer hinaus – nicht abzusehen. Fast deckungsgleich mit den Verwaltungsgrenzen der Departements Var und Alpes-Maritimes verändert sich das landschaftliche Gesicht der Côte. Nach den unzugänglichen Felsbuchten am Massif de l'Estérel holt der Golfe de La Napoule mit endlosen Sandstränden einladend aus. Sandstrände soweit die Badehandtücher reichen auch am Golf von Juan, dem Cap d'Antibes und der westlichen Hälfte der Baie des Anges. Hinter dem goldgelben Uferband aber rückten die kleinen Dörfer des Hinterlands mit ihren Strandablegern hart an die Wasserkante. Ortsgrenzen verschwinden, wo sich Stadt auf Stadt beinahe nahtlos anschließt. Die Asphaltstränge von Autobahn und Schnellstraßen zerschneiden die urbanisierte Küste und trennen den Strand von ihr ab. ›La Côte Béton‹ also? Über lange Strecken möchte man das Schlagwort übernehmen, um angesichts der landschaftlichen Schönheit des piniengrünen Cap d'Antibes oder der hochherrschaftlichen Architektur an Cannes' lasziv dahingegossener Croisette doch seine Meinung zu ändern.

Ca. 45 km, Dauer mit Abstecher auf die Iles de Lérins 2 Tage, Stadtplan Cannes S. 268/269, Karte S. 276

Cannes

(S. 338) Bilder aus der Illustrierten kommen bei der Nennung von Cannes zuerst in den Sinn: Robert Mitchum, der mit der Grazie eines Tanzbären am Strand einer heranschwappenden Welle ausweicht. B. B. mit Schmollmund und Gunther Sachs am Arm im Blitzlichtgewitter der Photographen vor dem legendären Carlton. Liz Taylor, die diamantenbehangen auf den Stufen zum Palais des Festivals Sharon Stone die Schau stiehlt. Alle Jahre wieder im Mai spielt Cannes für zwei Wochen Hollywood. Der Medienrummel um das Filmfestival ist seit 1946 die beste Werbetrommel für die Stadt. Dem Defilee der Zelluloidgötter gehen im Januar die Internationale Musikmesse M.I.D.E.M. sowie die Internationale Fernsehproduktionsmesse M.I.P.T.V. voraus. Im Juni folgt obendrein das Internationale Festival des Werbefilms. Cannes setzt aus Tradition auf Glamour und Showbiz. Bühne frei für den Star der Côte!

Wachgeküßt wurde das verschlafene Hafenstädtchen 1834, und damit lange vor der Geburt der Côte d'Azur, von einem ehemaligen britischen Schatzkanzler, den eine sardische Quarantäneverordnung gegen die aus der Provence drohende Cholera an der Weiterreise nach Italien ausgerechnet in Cannes zurückhielt. Lord Brougham blieb, und stillte seine Italiensehnsucht, indem er sich eine Villa im italienischen Stil bauen ließ.

Cannes' Aufstieg nahm einen schwindelerregenden Verlauf. Schon 1853 dampfte die erste Eisenbahn in die unter

Cannes *1 Croisette   2 Palais des Festivals   3 Square Mérimée   4 Noga-Hilton 5 Hotels Carlton, Miramar, Martinez   6 Casino Palm-Beach   7 Rue d'Antibes   8 Allées de la Liberté   9 Hôtel de Ville   10 Hafen   11 Marché Forville   12 Rue Meynadier   13 Tour du Suquet   14 Notre-Dame-de-l'Espérance   15 Musée de la Castre   16 Plages de la Bocca   17 Villa Rothschild*

Briten gepriesene Winterstation. Die Einwohnerzahl schnellte von knapp 4000 bei Ankunft von Lord Brougham auf über 20 000 im Jahre 1896 hoch. Zwischenzeitlich waren Grandhotels zum Empfang der mondänen Klientel und Molen zum Schutz ihrer Jachten ge-

baut worden. Das englische Seebad am französischen Mittelmeer avancierte zum kosmopolitischen Tollhaus für Tbc-Kranke, Bohémiens, Fürsten und Geldadel. Nur das Beste war den Bauherren feudaler Villen gut genug. Forsch wurde auf japanische Pagoden, koloniale Her-

Bahnhof (SNCF)

Place de Gare

Place Gambetta

Jean Jaurès

Rue de la République

Boulevard d'Alsace

Boulevard de Lorraine

Rue d'Antibes

Rue des Belges

Rue des Etats Unis

Rue de Canada

Pont des Gabres

Avenue du Maréchal Juin

1 Croisette

2 Palais des Festivals

4

5 Rue Rouaze

Rue Latour Marbourg

Avenue Général Vautrin

5

Boulevard Alexandre III

Pont Alexandre III

Boulevard de la Croisette

Plages de la Croisette

Baie de Cannes

Port Canto (Yachthafen)

Boulevard Eugène Gazagnaire

Casino **6**

Pointe Croisette

renhäuser, Loire-Schlösser, maurische Villen und englische Landhäuser zurückgegriffen. Erlaubt war, was beeindruckte, sei's durch Kolossalität, sei's durch den gewagten Stil. Im Dezember 1922 fuhr der legendäre Train Bleu zum ersten Mal im Bahnhof ein. Cannes war endgültig als Hauptstadt des Luxus und der Moden an der Côte mit bequemer Paris-Anbindung etabliert. Noch heute verfügt die Metropole des schönen Scheins über die höchste Rate von Ein-

zelhändlern pro Einwohner im Departement, unter denen die Luxuswarenhändler deutlich überwiegen. Bliebe anzumerken, daß Cannes zudem 40 % aller Vier- und Fünf-Sterne-Hotels des Departements aufweisen kann.

Übersetzt heißt Cannes ›Schilfrohre‹. Die Etymologie des Namens erinnert daran, daß die Ursprünge bescheiden waren. Schilf wuchs in den Sümpfen rings um das römische Castrum auf dem Mont Chevalier. Im Mittelalter war

Klappe, Cannes

Cannes' Weg zum weltweit wichtigsten Filmfestival begann 1939, nachdem die Konkurrenzveranstaltung in Venedig immer mehr zur Propagandaschau für Mussolinis Regime degradiert worden war. Zwei Jahre zuvor hatte die linientreue Biennale-Jury die französischen Festivalteilnehmer durch Ausbootung des im faschistischen Italien politisch unliebsamen Jean Renoir-Klassikers »La Grande Illusion« brüskiert. Die Idee eines von ideologischen Vorgaben unabhängigen Filmfestivals kam auf. Als am 1. September das erste Festival in Cannes eröffnet werden sollte, war auch schon wieder Schluß: Am selben Tag marschierte die deutsche Wehrmacht in Polen ein. Bescheidener Neuversuch 1946 im städtischen Casino, ab 1947 im neuen Palais des Festivals: Michèle Morgan, René Clair und Ray Milland heißen die ersten Preisträger.

Cannes' Riten, zu denen das Treppeschreiten im Blitzlichtgewitter zählt, sind längst Legende. Skandale in Jahr um Jahr neuaufgelegter Serie: 1949 reißt sich ein Starlet den Bikini vom Leib und fällt Robert Mitchum um den Hals. Die Nachwuchsschauspielerin wußte, warum. Cannes hatte in kurzer Zeit kräftig an Aufmerksamkeit gewonnen, eine Filmrolle hätte bei der damals noch gewagten Tat herausspringen können. Den einträglichsten Medienrummel der frühen Jahre bescherte aber die züchtig zugeknöpfte Grace Kelly dem Festival, indem sie 1955 Fürst Rainier von Monaco kennen- und lieben lernte, eine Romanze *bigger than life*, die nicht einmal Hollywood erfinden konnte.

Das sich in den 60er Jahren allmählich abzeichnende Ende des Studiosystems in Hollywood zeitigte auch in Cannes Folgen. Autorenkino und Nouvelle Vague veränderten das Filmfestival, das als alljährlich im Mai veranstaltete Party des schönen Scheins 1960 mit Fellinis »Dolce Vita« sein schillerndes Finale feierte. In den folgenden Jahren ging es bergab mit dem Starkino, und gleichzeit verlor Cannes deutlich an Glamour, bis im Mai 1968 ein Realitätsschock ereilte. Mit Godard und Malle stürmte Frankreichs neue Regisseurgeneration das Festivalpalais, in dem von der entsetzten Leitung frühzeitig nach nur 9 Tagen die Projektoren abgestellt wurden.

Hinter den Kulissen allerdings wandelte sich das Festival am stärksten. Cannes mutierte zum großen Geschäft, bei dem um Weiterverwertungsrechte und Verleihrechte geschachert wird. Mehr als 25 000 Fachbesucher aus über 90 Staaten reisten durchschnittlich in den letzten Jahren zum weltweit führenden ›Filmmarkt‹ an. Heute werden an einem Festivaltag bis zu 400 Filme gezeigt, ein harter Marathon für Journalisten, Studiobosse und Networkmogule, dem der Starrummel weiterhin seine glamouröse Fassade aufsetzt.

»Portus Canuae« zunächst ein unscheinbares Fischerdorf im Schatten des mächtigen Klosters auf der Ile St-Honorat vor der Küste. Erst allmählich breitete sich die heutige Altstadt im Westen der Uferpromenade La Croisette um die Burg der Grafen der Provence auf dem Suquet-Hügel aus. Apropos Croisette: Auch die berühmte, nach einem schlichten Kreuzchen benannte Flaniermeile begann kläglich als Aufschüttung einer ehemaligen Seifenfabrik.

Cannes' bezaubernde Lage längs einer weiten Sandbucht, flankiert vom Estérel-Massiv und den letzten Ausläufern der Grasser Voralpen, aber degradiert die unspektakuläre zweitausendjährige Geschichte vor seiner Lancierung als Tummelplatz der Reichen und der Schönen zur Petitesse. Mit den 30er Jahren wandelte sich der Badeort von einer Winter- zur Sommerstation. Westlich frißt sich der Vorort La Bocca unaufhaltsam in die flachen Hügel oberhalb

der Siagne. Östlich bleibt das Villenviertel La Californie eine Domäne der Superreichen. Fischfang und Mimosenzucht spielen kaum eine Rolle mehr, wirtschaftlich bedeutend sind heute vier Jachthäfen mit fast 3000 Bootsplätzen, noch stimulierender freilich die rund 70 Kongresse pro Jahr, mit denen Hotelzimmer und Restaurants auch außerhalb der Saison gefüllt werden können.

Croisette und Neustadt

Ein kleines Kreuz *(crocetta)* am östlichen Zipfel der Bucht gab der **Croisette** 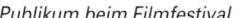 bei ihrer Erschaffung 1868 den Namen. Seit 1871 gehören Palmen in doppelter Reihe zu ihrem Bild, denen der schwere Frost vom Februar 1985 zum Teil böse zugesetzt hat. Große Teile des Strands sind so künstlich wie die Scheinwelt von Cannes: 125 000 m³ Sand mußten für

Publikum beim Filmfestival

Carlton-Hotel in Cannes

das Badevergnügen aufgeschüttet werden, ein kostspieliges Vergnügen, doch Geld hatte in Cannes noch nie eine Rolle gespielt. Modeschöpfer Jacques Fath gab in den 50er Jahren einen Ball für 3000 Gäste, zu dem er selbst als Sonnenkönig erschien. Solche Zurschaustellung ist selbst in Cannes selten geworden. Nicht so die über Jahrzehnte fein ausgeklügelten Riten, wie die des Plage-Systems. Streng abgezirkelt wird der Strand etappenweise bewirtschaftet, mit kostenpflichtigen Liegestühlen, Sonnenschirmen und sündhaft teuren Restaurants. Die Zugehörigkeit zu einer Plage fungiert als soziales Barometer, dessen unterstes Ende die beiden öffentlichen Strände an Anfang und Ende der Croisette kennzeichnen.

Im Westen markiert das 1982 gebaute **Palais des Festivals** 2 brachial den Beginn der Croisette. Von Anfang an als ›le bunker‹ verschrien, blieb der Spottname am Betonungetüm aus Festspiel-

sälen, Ausstellungshalle, Konzertsaal, Casino und Night-Club hängen. Auf der anderen Straßenseite erinnert der **Square Mérimée** 3 an den Schöpfer von »Carmen«, der im Eckhaus der Rue Jean-de-Riouffe 1870 verstarb. Weiter in östlicher Richtung stand bis 1988 das alte Festivalpalais aus dem Jahre 1947, dessen Fassade in den wenig überzeugenden Hotelkomplex des klotzigen **Noga-Hilton** 4 integriert wurde.

Der schöne Rest der Croisette ist pures Fin de siècle mit Balustern. An der breiten Uferpromenade kann man sich unter den Fliesen mit den Handabdrücken von Stars und Starlets seinen Lieblingsschauspieler suchen. Zur Stadtseite folgt die verschwenderisch aufwendige Triade der Hotelpaläste **Carlton, Miramar** und **Martinez** 5. Das 1907 eröffnete Carlton sticht die beiden Konkurrenten unübersehbar aus. Der Lokalfama zufolge sollen die birnenförmigen Eckkuppeln den Brüsten der ›schönen

Kunst und Kunsthandwerk in Mougins, Vallauris und Biot

Um dem Trubel an der flittrigen Croisette zu entkommen, liegt Mougins (S. 367) mit 7 km zu nah an Cannes. Dennoch lohnt das mittelalterliche Dorf, in dem Picasso seine letzten Lebensjahre verbrachte, einen Besuch, sei's für ein sündhaft teures Diner mit Blick über das lichtergleißende Cannes in einem der renommierten Gourmettempel, sei es wegen des Automobilmuseums mit den auf Hochglanz polierten Oldtimern. Ebenfalls aufpoliert wirkt der schmucke Rathausplatz mit der alten Ulme und dem Belle Epoque-Brunnen – Mougins steht für die Provence im herausgeputzten Puppenstubenformat. Knapp 3 km außerhalb des Dorfes lebte Picasso von 1961 bis zu seinem Tod 1973, seine Witwe Jacqueline noch bis zu ihrem Selbstmord 1986. Eine Keramik-Biennale, das städtische Museum in der restaurierten Burg sowie das Töpfereimuseum sind neben den unzähligen Keramikboutiquen in den Gassen weitere Anziehungspunkte für die Besuchermassen.

Bevor Picasso nach Mougins kam, lebte er in Cannes und in Vallauris (S. 394). Dem traditionellen Töpferdorf verlieh Picassos Interesse an der Keramik neue Impulse – bis heute haben sich über 200 Werkstätten am Leben gehalten. Picasso, befreundet mit den Keramikfabrikanten Georges und Suzanne Ramier, töpferte zunächst und schuf 1952 bis 1954 auf Einladung der Stadt die grandiosen Fresken »Krieg und Frieden« in der Krypta einer nicht mehr genutzten Kapelle an der Place de la Libération (s. Abb. S. 229). 1955 zog Picasso nach Cannes, hinterließ Vallauris jedoch mit der Bronzeskulptur »L'homme au mouton« ein weiteres Meisterwerk auf der Place Paul-Isnard.

Keramik findet man auch in Biot (S. 334) oberhalb von Antibes, doch sind es eher die Gläser, die das Dorf berühmt machten. *Verre bullé* heißt das Renommierprodukt aus der Verrerie de Biot. Die 1956 gegründete Glaserei erzeugt die typischen, von Blasen durchzogenen Gläser unterhalb des Dorfs an der D 4. Im Museum zur Lokalgeschichte werden alte Terracotta-Erzeugnisse gezeigt. Zur unumgänglichen Etappe jedes kunstbeflissenen Côte d'Azur-Reisenden aber machte das Dorf erst Fernand Légers Witwe Nadja, die auf einem noch vor dem Tod des Künstlers gekauften Terrain ein Museum für das Lebenswerk ihres Mannes bauen ließ. 1960, 5 Jahre nach Légers Tod, wurde das Museum eröffnet. Der Nizzaer Architekt André Svetchine bezog Entwürfe von Léger ein, wie beim polychromen, 400 m² großen Fassadenmosaik und dem Glasfenster der Eingangshalle. Annähernd 300 Exponate dokumentieren den künstlerischen Werdegang Légers von der Absage an den Impressionismus bis zur wenige Tage vor seinem Tod entstandenen Komposition »Oiseaux sur fond jaune«.

Die Altstadt von Cannes mit der Tour du Suquet

Otéro‹, der großen Luxuskokotte der Belle Epoque, nachempfunden sein. Hier traf Fürst Rainier den ›amerikanischen Schwan‹ Grace Kelly, die im Carlton zuvor mit Cary Grant »Über den Dächern von Nizza« gedreht hatte.

Hinter dem Jachthafen Port Canto endet der Boulevard de la Croisette an der fast 600 m ins Meer reichenden Pointe de la Croisette. Mit dem 1929 auf die Landspitze gesetzten **Casino Palm-Beach** 6 wurde gleichzeitig Cannes' erste Sommersaison lanciert.

Zurück in Richtung Carlton sticht die Rue du Canada von der Croisette zur **Rue d'Antibes** 7 durch. Die Luxusmeile kleiner, aber feiner Edelboutiquen (Prêt-à-Porter, Confiserien, Parfümerien, Juweliere) geht in Richtung Altstadt in die Rue Felix-Faure über. An beider Schnittstelle liegt gegenüber des Splendid-Hotels die ZansiBar, in der Klaus Mann Stammgast war, so auch am Abend seines Selbstmords 1949. Auf

der anderen Seite des Hotels weitet sich mit der Platanenanlage der **Allées de la Liberté** 8 das Herz von Cannes. Hier wird Blumenmarkt gehalten und Boule gespielt. Hier steht auch Lord Brougham als Statue auf einem Sockel. Nach Westen schließt das prachtvolle **Hôtel de Ville** 9 seit 1876 den verkehrsfreien Platz ab.

Von zwei Molen in schützende Zangen genommen bot der **Vieux Port** 10 gegenüber den Allées de la Liberté schon Maupassants Jacht »Bel Ami« einen sicheren Ankerplatz. Die Rue Louis-Blanc führt vom Hafenbecken stadteinwärts zur rosafarbenen Markthalle des **Marché Forville** 11, der 1870 außerhalb der Altstadt angelegt wurde. Kleine Restaurants und Lebensmittelläden reihen sich in den Seitensträßchen wie in der Fußgängern vorbehaltenen **Rue Meynadier** 12 – bodenständige Gassenatmosphäre, die man in Cannes nicht erwartet hätte.

Colline du Suquet und Altstadt

Die Rue Meynadier trifft am Fuß des Mont Chevalier (Colline du Suquet) auf die Rue St-Antoine, über deren Pflaster es vorbei an jetzt edleren Restaurants hoch zum Suquet-Viertel geht. In den kleinbürgerlichen Altstadtquartieren halten zu Karneval, der mit großem Pomp gefeiert wird, groteske Pappmaché-Figuren Wache vor jedem Bistro. Winzige Plätzchen verschachteln sich links und rechts der Hauptader des Suquet-Viertels, dessen Wahrzeichen der 22 m hohe mittelalterliche Wachturm, die **Tour du Suquet** 13, ist. Die Äbte des Klosters auf der Ile St-Honorat, damals größte Grundstücksbesitzer an der Côte, ließen den Turm bauen, um Piraten in den Gewässern vor Cannes frühzeitig zu erspähen. Heute sieht man von seiner Plattform die gesamte Bucht mit den weißen Tupfern der Segelboote im Blau des Meeres.

Mauerreste des 1736 teilweise geschliffenen Château gegenüber der **Kirche Notre-Dame-de-l'Espérance** 14 bezeugen, daß der Mont Chevalier seit den Tagen des römischen Castrums als strategisch wichtiger Platz galt. Die Pfarrkirche wurde nach ihrem Neubau in provenzalischer Gotik 1648 geweiht. Innen lohnen die vergoldeten Holzplastiken der Notre-Dame-de-l'Espérance (18. Jh., Chor) und der hl. Anna (15. Jh., Seitenkapelle) einen Blick.

Im benachbarten **Musée de la Castre** 15, dessen Name den Standort in den Mauern des ehemaligen Château bezeichnet, fand die 1877 der Stadt vermachte ethnologische Sammlung des niederländischen Barons Lycklama einen Platz an prominenter Stelle neben archäologischen Funden aus dem Mittelmeer und Bildern, die Cannes' Rolle in der Malerei illustrieren.

Auf der westlichen Seite des Festungsberges führt die Küstenstraße Boulevard du Midi zu den **Stränden von La Bocca** 16, wo erste rote Felsen

Die Côte von Cannes bis zur Mündung des Var

im Wasser die Nähe zum Estérel-Massiv verraten. Bevor es ins Wasser geht, darf ein Abstecher zur städtischen Mediathek in der Avenue Jean-de-Noailles nicht fehlen. Ihr Domizil ist die ehemalige **Villa Rothschild** 17, deren neobarocke Pracht mit Trompe-l'Œil-Fresken heute für die Lesesäle genutzt wird.

Iles de Lérins

15 Minuten dauert die Überfahrt vom Vieux Port in Cannes zur **Ile Ste-Marguerite** 1, 15 weitere von dort zur **Ile St-Honorat** 2. Die von Eukalyptus und Pinien begrünten beiden Iles de Lérins

(S. 356) erheben sich einen Kilometer südöstlich der Croisette aus den Fluten. Lero hieß die 210 ha große Ile Ste-Marguerite seit den Aufzeichnungen des Griechen Strabo, bevor die Insel nach einer Schwester des hl. Honoratus umgetauft wurde. 1569 überließ der Abt von St-Honorat die seinem Kloster unterstellte Insel gegen eine jährliche Pacht der Stadt Cannes zur Nutzung. Nach mehrmaliger Eroberung, zuletzt durch die Spanier, ordnete Richelieu im 17. Jh. den Bau einer Garnison an, dessen Fort 1685 Staatsgefängnis wurde. In seinen Mauern saß ein geheimnisumwitterter, durch eine Maske unkenntlich gemachter Gefangener, den Marcel

Pagnol in seinem Roman »Die eiserne Maske« (vermutlich war die Maske aus Samt) als Zwillingsbruder von Louis XIV. zu identifizieren suchte. Für Voltaire war es dagegen ein unehelicher, älterer Bruder des Königs. Näheres dazu erzählt das sommerliche *Son et Lumière*-Spektakel. Einige Bürger von Cannes dürfen aus Gewohnheitsrecht ihre Häuschen auf der Insel beibehalten, ansonsten ist die dichtbewaldete Ste-Marguerite unbewohnt. Ein 7 km langer Rundweg führt zum Vogelschutzgebiet am Batéguier-Teich an der Westspitze, dem königlichen Fort mit seinem Musée de la Mer und dem Landgut Grand-Jardin. Kleine Sand- und Kieselstrände laden zum Baden ein.

Die mit 40 ha wesentlich kleinere Ile St-Honorat bewirtschaften seit 1869 Zisterziensermönche, deren Weinberge und Felder die pastorale Idylle der Insel bestimmen. Der aus Trier stammende römische Patriziersohn Honoratus gründete 410 das erste Kloster auf der Insel, dessen Regeln (Einzelzellen, Klausur, Disziplin, Arbeit) zu den Fundamenten europäischer Mönchskultur wurden. Ab 660 galten die Regeln des hl. Benedikt. Im 8. Jh. metzelten Sarazenen die Mönche nieder. Das Kloster wurde wiederaufgebaut, 1073 schließlich zum Schutz vor Piraten wie eine Burg befestigt, um dennoch mehrmals blutig eingenommen zu werden. 1791 wurde das Kloster aufgelöst und verkauft, bis 1859 der Bischof von Fréjus die Ile St-Honorat zurückkaufen konnte. Der doppelstöckige Arkadenhof des Festungsklosters auf den Klippen war letzter Zufluchtsort bei Gefahr. Ein Museum zeigt griechisch-römische Fundstücke von der Insel und Gegenstände zur Klostergeschichte. Sehenswerter als die 1875 neugebaute Klosterkirche sind die schlichten, romanischen Kapellen am Rundweg der

Insel. Ein Restaurant mit wenig mönchischer Küche (Spezialität: gegrillte Languste mit Zwiebeln) lädt nach der Besichtigungstour zu einer Rast ein.

Golfe-Juan, Juan-les-Pins und das Cap d'Antibes

In **Golfe-Juan** 3 (S. 350) landete Napoleon am 1. März 1815 an Bord der Brigg »L'Inconstant« bei seiner unerlaubten Rückkehr von Elba, woran ein Mosaik am Uferquai erinnert. Die berühmte Route Napoléon, die dem Marsch des verbannten Kaisers auf Paris entspricht, nimmt folglich ihren Anfang in Golfe-Juan – man folge immer dem kaiserlichen Adler und dem gekrönten N auf den Schildern. **Juan-les-Pins** 4 (S. 357), Millionärstummelplatz mit schicken Villen in absoluter Toplage am piekfeinen **Cap d'Antibes** 5, ist längst mit Antibes zusammengewachsen. Es wird augenfällig eleganter, auch wenn im Ort die Pinien, die dem Herzog von Albany und Sohn Queen Victorias 1882 den Ortsnamen eingaben, zuviel Beton weichen mußten. Wirklich nobel blieb hingegen das Cap d'Antibes selbst, wo 1921 die erste Sommersaison an der zuvor ausschließlich im Winter betriebsamen Côte lanciert wurde. Eisenbahnkönig Frank Jay Gould verlieh 1926 dem gewagten Unterfangen das nötige Jet-Set-Flair. Maupassants Weissagung im Jahre 1887, Juan-les-Pins werde »eines Tages der hübscheste Badeort der Küste«, trat ein. Das Cap reüssierte, nicht zuletzt durch wohldosierte Skandale: Die ersten enganliegenden Badeanzüge wurden hier gesichtet. Kleine Strände säumen den Rundweg um die Halbinsel, an deren Kuppe das legendäre Hôtel du Cap nebst Strandanlage des Eden-Roc sündhaft teure Tage hinter pfirsichfarbenen Mauern verheißen. Die Windsors, Onassis, König Faruk und der versammelte internationale Milliardärsclub gaben und geben sich zwischen Pinien und feinem Sandstrand ein Stelldichein. Neben den Luxusdomizilen aber hielten sich kleine Anwesen, eine Mischung, die den Charme des Kaps ausmacht. Nach Osten erstreckt sich die Plage de la Garoupe, wo der knapp 2 km lange Küstenwanderweg Tire-Poil beginnt. Von der Uferstraße D 2559 zweigt ein Weg zum Aussichtsplateau (Leuchtturm und Kapelle) der Colline de la Garoupe ab, das einen Fernblick bis St-Tropez erlaubt. Wieder auf der Uferstraße schaut man bald über die Bucht auf die Silhouette von Antibes, über der im Winter die schneebedeckten Gipfel der Seealpen am Horizont gleißen.

Antibes

6 (S. 324) Antibes' Altstadt entpuppt sich als eine der schönsten Überra-

schungen der gesamten Côte. Unbeeindruckt vom hochgestapelten Beton und den exklusiven Villen der *happy few* gleich nebenan nimmt das Leben in der sich zwischen zwei Buchten einfügenden Altstadt seinen südländisch-bodenständigen Lauf. Bestes Zeichen für die auch außerhalb der Saison lebendige Stadt ist der wunderschöne **Markt** am Cours Masséna unter einer Jahrhundertwende-Eisenkonstruktion. Waschbrunnen, winklige Gassen und Plätze, die auch im Winter belebt sind wie die Place Nationale, sprechen für Antibes.

Statt wie bis zur Jahrhundertwende Feigen und Oliven machen heute Rosen das Renommee der ›Capitale de la rose‹ aus. In seiner Verlängerung wird der Cours Masséna zum langgezogenen Platz mit einem klassizistisch schlichten **Hôtel de Ville**.

Zum Meer hin verleihen die im Barock veränderte, innen deutlich als ursprünglich romanisches Gotteshaus erkennbare **Kathedrale St-Esprit** und die ehemalige **Grimaldi-Burg** Antibes seine unverkennbare Silhouette. Wo die Burg steht, bauten zuerst Griechen eine Akropolis, später Römer ein Castrum. Ältester Teil ist heute der viereckige Turm aus dem 12. Jh. Picasso nutzte die leeren Obergeschosse der Burg von Juli bis Dezember 1946 als Atelier. Zum Dank hinterließ er der Stadt alle in dieser Periode entstandenen Werke, allen voran die 25 Gemälde seiner »Suite d'Antipolis«, die im Musée Picasso der Burg hängen.

Die Altstadt verschanzt sich zum Meer hinter in weiten Teilen erhaltenen **Mauern**: Bevor Nizza französisch wurde, kam Antibes als Grenzbastion große militärische Bedeutung zu. Frankreichs berühmter Festungsbauer Vauban schuf folglich den **Vieux-Port** im Norden, in dessen Becken heute Segeljachten ankern. Parallel zu den Mauern führt die Promenade Amiral-de-Grasse nach Süden zum **Musée d'Histoire et d'Archéologie**, wo die dreitausendjährige Stadtgeschichte seit der Gründung als griechische Kolonie Antipolis mit etlichen Fundstücken belegt wird. Nach Westen breitet sich nach der Niederlegung der Stadtmauern zur Landseite 1895 die Neustadt in Richtung Bahnhof aus.

Antibes

Längs der westlichen Baie des Anges

Von Antibes bis zur Mündung des Var schnüren Eisenbahnlinie und Küstenstraße wie ein Korsett die Strände an der westlichen Hälfte der Baie des Anges ein, gefolgt von Bettenburgen inklusive »Marineland«, Pferderennbahn und Achterbahn. Das flache Umland am Var erlaubte einige der monströsesten Bauexzesse an der Côte. Bei **Villeneuve-Loubet-Plage** 7 schlagen weithin sichtbar die erstarrten Wellen modernistischer Feriensilos an den Port des Anges, der trotz seines vielversprechenden Namens nur eine edle Variante der ›Côte-Béton‹ ist. Auf Kilometer verstellen dort vier 1970 von André Minangoy entworfene, damals vehement umstrittene Appartementbauten den Blick auf die Bucht (s. Abb. S. 219).

Im Hinterland wechseln die Bilder rasch. Über **Villeneuve-Loubet** 8 (S. 398) wacht wie eh und je der fünfeckige Donjon der Burg. In dem Dorf am Flüßchen Loup erblickte Auguste Escoffier, einer der Väter der französischen Haute Cuisine, 1846 das Licht der Welt. Später dirigierte er die Kochlöffel des Grand Hôtels von Monte Carlo und des Ritz in Paris, wie beim Besuch des Musée de l'Art culinaire in Escoffiers Geburtshaus neben vielem anderen zur Küchengeschichte zu erfahren ist.

Das alte Dorf **Haut-de-Cagnes** 9 (S. 336) lebte einst vom Olivenanbau, doch heute hält nur das Musée de l'Olivier im Renaissance-Innenhof des Grimaldi-Schlosses die Olive noch hoch. Knorrige Olivenbäume sprießen auch um die Domaine des Collettes (Musée Renoir). Von 1908 bis zu seinem Tod 1919 lebte und malte Renoir zuletzt auf Anraten der Ärzte mit einem an seine arthritische Hand gebundenen Pinsel.

Burg und Gassen des Dorfs aber sind zum Hintergrund des Strandablegers **Cros-de-Cagnes** 10 (S. 336) geworden. Markantestes Gebäude an der Uferstraße ist zwar immer noch der 1900 gebaute Kirchturm, ansonsten aber haben die gesichtslosen Hotelbauten des Ortsteils Le Logis vom ehemaligen Fischerdorf nicht viel übriggelassen. Der Var fließt nur einen Steinwurf nach Osten ins Meer. Bei St-Laurent-du-Var überdeckelt das breite Asphaltband von Autobahn und Landstraßen die Mündung des Flusses, an dessen anderem Ufer sich die Rollbahnen des Flughafens Nice-Côte d'Azur ins Meer vorschieben.

Renaissance-Innenhof des Grimaldi-Schlosses in Haut-de-Cagnes

Touren ins Hinterland

Grasse – Die Hauptstadt der Düfte

Ca. 50 Kilometer. Dauer 1 Tag, Karte S. 276

Vom schattigen Rathausplatz in Magagnosc betrachtet weitet sich das Pays de Grasse als sanftes Hügelland in Richtung Côte. Vor blauem Hintergrund flimmern als äußerste Orientierungspunkte die Dächer von Cannes am Horizont. Zwischen der Côte und dem Dorf an der D 2085 von Villeneuve-Loubet nach Grasse wirkt das Becken von Grasse wie ein bunter Flickenteppich. Nach Westen begrenzen blaugrüne Wälder des Estérel-Massivs den der Toskana nicht unähnlichen Landstrich, dessen Klima früh zum Anbau fragiler Duftpflanzen führte. Im Pays de Grasse verflüchtigt sich der eisige Mistral des Hochlandes zum sanften Lüftchen. Für die Grasser Parfümeure bedeutete der meteorologische Dauerglücksfall den Schlüssel zum Erfolg. In den Gärten vor Grasse wird seit der Renaissance alles herangezogen, was die Nasen der Klientel an Duftessenzen begehren.

Sechs gestandene Familienbetriebe produzieren in der 40 000 Einwohner zählenden Stadt heute noch Duftessenzen. Zwei davon, Mane und Robertet, sind Giganten mit weitläufigen Produktionsanlagen und einigen Hundert Angestellten in und um Grasse. Drei Dutzend weitere kleine Labors, manchmal nicht größer als eine Hinterhauswohnung, pusten zudem ihre Wohlgerüche in die Altstadt. Dennoch, die Zeiten haben sich seit dem Vormarsch der großen Unternehmen geändert, vor allem für die Zulieferer aus dem Pays de Grasse, da Rosen heute in Billiganbauländern wie Bulgarien, Marokko oder selbst Indien gekauft werden. Näheres wird nicht verraten, die Parfümeure stecken in geschäftlichen Fragen ihre Nasen dicht zusammen: Betriebsgeheimnis, man bedauert. Soviel dennoch: Im Pays de Grasse werden die Parfümrosen seltener. Auf dem Flughafen von Nizza und im Hafen von Marseille dagegen steigt der Umschlag von Parfümrohstoffen. Grasse bemüht sich, die Hauptstadt natürlicher Duftessenzen zu bleiben; bei den synthetisch hergestellten Düften haben Orte wie etwa das norddeutsche Holzminden das Rennen gemacht.

Winzige Stücke Land, die von bäuerlichen Betrieben in Handarbeit abgeerntet werden, finden sich Pays de Grasse trotz Billigblüten aus Übersee noch immer. Einfach wird die Suche nach den duftenden Feldern dagegen nicht. Hecken und Hügel verbergen die blühende Pracht vor neugierigen Augen. Der Zufall kann beim Zuckeln über abgelegene Landstraßen zum Erfolg führen. Zwischen den Dörfern **Le Plan de Grasse** und **Plascassier** etwa entfalten Abertausende von rosa Centifolia-Rosen ihre sinnenbetörende Note. Dort ziehen Blumenbauern wie Paul Chiocci in der vierten Generation Blüten für die Parfümhersteller. Die Rosen aus Grasse haben zwar eine unvergleichbare Duftintensität, die aus Marokko dagegen kommen billiger. Ganze 20 % seiner Rosen waren nach der alljährlich von den Parfümherstellern festgesetzten Quote absetzbar. Ihre Ernte lohnte sich folglich nicht. Monsieur Chiocci baut nun den lukrativeren Jasmin an.

Grasse (S. 352) zeigt sich bei der Anfahrt aus der Ebene von Plascassier von seiner Schokoladenseite. Wie Schwalbennester hängen die Häuser an der Kante eines schroffen Hochlands. *Villebalcon* nennen die Grasser ihre wie ein Logenplatz mit Blick auf das Meer und die Gartenlandschaft der Tiefebene gelegene Heimat. Im Rücken schützen die abrupt aufragenden ersten Bergketten der Seealpen. In dieser Landschaft des Übergangs vermischt sich die sanfte Brise des Mittelmeers mit den herben Gerüchen der Haute Provence.

Europas gekrönte Häupter entzückte im vergangenen Jahrhundert die glückliche Lage der Stadt. Napoleons Schwester, Pauline Bonaparte, lancierte als eine der ersten die Kurmode in Grasse. Ob Blütenstaub und Höhenlage ihrem ›Brustweh‹ Linderung verschufen, ist hingegen nicht bekannt. Auf die sich in ihrem Leid vorzüglich amüsierende Bonaparte folgte die sittenstrenge Queen Victoria. Deren Untertanen hatten just die Lust entdeckt, ihre Sommersprossen wintertags auf Nizzas Promenade des Anglais zu pflegen. Nicht so die Queen, die der besseren Luft wegen mit großem Gefolge über den Dächern von Nizza zu logieren wünschte. Es folgten die Rothschilds und anderer europäischer Geldadel. Am Ortsrand erinnern monumentale Hotelpaläste der Belle Epoque an das Stelldichein der High Society.

Bis in die Teesalons der besseren Gesellschaft drang der Grasser Alltag höchstens als Duftwolke vor. Die Stadt hatte mit der eitlen Côte so wenig gemein wie ein fleißiges Dienstmädchen mit einer gefallsüchtigen Kokotte. Architektonische Raffinessen galten in Parfümeurs- und Wohlgeruchshändlerkreisen nichts. Beim ersten Gang macht das um den Felsen der Kathedrale verschach-

telte Häuserwirrwarr deshalb nicht viel her. Gassen, so eng und duster wie Schluchten, atmen bis heute den Geruch schweißtreibender Handwerkertage in drängender Enge. Zur Ebene hin sind die sanften Hügel mit ocker- und pastellfarbenen Villen übersät, deren rotleuchtende Ziegeldächer mit dem Grün von Zypressen und dem Blauschimmer von Olivenbäumen kontrastieren. Blumenfelder wurden zu Bauland. Im Land, wo die Zitronen blühn, sprießen heute Satellitenschüsseln. Die Reize der Stadt selbst bedürfen eines geschulten Auges oder sachkundiger Führung, soll sich der Eindruck nicht auf dunkle Gassen und grelle Parfümboutiquen beschränken.

Einladend wirkt anfangs nur das mediterrane Treiben um den Brunnen an der **Place aux Aires**, wo sich die Welle der Tagestouristen von den Einheimischen durch die Wahl ihrer Lektüre unterscheiden läßt: Erstere halten eine Taschenbuchausgabe des »Parfum« von Patrick Süskind in der Hand, letztere studieren die Lokalausgabe des »Nice-Matin«. Ringsherum blühen Blumen, freilich nur von 7 bis 14 Uhr, montags ausgenommen, und zudem nur im üblichen Sortiment. Eine Rose Tango ist auf dem Blumenmarkt nicht zu finden. Über den Geranientöpfen und Lavendelbüschen hebt sich ein wuchtiger Palast hervor, den der steinreiche Gerber und Parfümeur Maxime Isnard zu einer Zeit errichten ließ, da seine Standesgenossen ebenfalls an der langgezogenen Place aux Aires Residenz nahmen. Selten aber verriet wie in diesem Fall der mit prunkvollem schmiedeeisernem Geländer verzierte Balkon den Reichtum des Bauherrn. Offensichtlicher Luxus ist in Grasse selten, er galt mehr oder minder als unschicklich. Man schaut in Grasse nach guter alter Kaufmannsmanier aufs Geld, nicht auf äußeren Prunk. Zugemauerte gotische Spitzbogenfenster in der Nachbargasse können als weiterer Beweis der Grasser Pfeffersackmentalität dienen. Als der Magistrat vor vierhundert Jahren die ohnehin nicht großzügigen Maueröffnungen mit einer Steuer belegte, saßen die Altstädter lieber im Dunkeln als zu berappen.

Aus den Gullis strömen Duftwolken, die der Atmosphäre sinnliche Schwere verleihen. Es riecht nach Jasmin, Nelken, Vetiver, aber auch wenn es in einer Altstadtgasse intensiv nach Himbeeren oder Aprikosen, Bananen oder Erdbeeren riecht, sollte man sich nicht wundern. In Grasse, so erschnüffelt man en passant, haben die Parfümhersteller zur rechten Zeit den steigenden Bedarf an Lebensmittelaromen und -duftstoffen erkannt, die im Mikrowellenzeitalter bereits 30 % des Umsatzes ausmachen. Kaum ein Gericht aus Kühlfach oder Dose kommt ohne natürliche Aromastoffe aus. Grasse parfümiert längst nicht mehr nur Leiber, sondern ebenfalls Speis und Trank.

Höhepunkt der Stadterkundung ist der Blick vom ehemaligen **Bischofspalais** gleich neben der Kathedrale Notre-Dame-du-Puy, in dem heute der Bürgermeister seines Amtes waltet. Von der Dachterrasse wirkt die Stadt noch weniger einschaubar als unten in den blickverengenden Gassen, in die fast nirgendwo ein Auto paßt. Wortfetzen im knorrigen Akzent der Provence und glockenhelle Kinderrufe bestimmen den Geräuschpegel der Altstadt. Einige wenige prächtige Gärten liegen wie grüne Inseln zwischen hochgeschossenen Häusern. Abgesehen von der Place aux Aires sucht das Auge vergeblich nach Flanierplätzen. Hier wurde jeder Quadratmeter zum Ausbau einer eng abgezirkelten Duftfestung gebraucht. Arabische Musik schallt herauf. »Voilà, unsere Kasbah«, kommentiert der Rat-

Grasse

hausangestellte unseren Blick auf die heiter mediterrane Place Etienne-Roustan mit in altrosa, zitronengelb und knallorange getünchten Fassaden ringsherum. Erst kurz zuvor hat der Bürgermeister die sanierten Altstadtgemäuer ihren Mietern übergeben. Über die frische Farbe hinweg riecht es nach Orient. Irgendwo schmort Hammelfleisch. Gewürze liegen in der Luft, die selbst den an vieles gewöhnten Grasser Nasen fremd sind. Die Geschichte der Kasbah von Grasse ist die Geschichte vieler Altstädte der Provence. Irgendwann vor nicht allzu langer Zeit kamen die Grasser auf den Geschmack von Garten und Pool vor der Haustür und zogen nach und nach zu den Wurzeln ihres Reichtums in die Blumenfelder des Pays de Grasse. Beim Blick auf die Ebene ist kaum ein sanfter Hügelschwung auszumachen, auf dem nicht Villen thronen, während in der Altstadt die Einwanderer aus Nordafrika in die freiwerdenden mittelalterlichen Quartiere nachrückten.

Kein Ort der Welt riecht in unser aller Nasen so sehr nach Parfüm wie Grasse, so daß selbst duftangebende internationale Konzerne Wert darauf legen, »New York – Paris – Grasse« auf ihre Briefbogen drucken zu dürfen. Obwohl das mittelalterliche Provinzstädtchen deshalb der wichtigste Industriestandort im Departement Alpes-Maritimes ist, kann man in der Altstadt wenig davon sehen. Brunnen plätschern an jeder Straßenecke. Der für die Provence ungewöhnliche Wasserreichtum begünstigte im ausgehenden Mittelalter das Gerberhandwerk, aus dessen übelriechender Tätigkeit das der Wohlgeruchsdestillateure erwuchs. Parfümiertes Leder, vor drei Jahrhunderten hochbezahlte Ware an Europas Höfen, stand in Grasse am Anfang allen Dufts. Ein forscher Blick in diesen oder jenen Innenhof zeigt, daß hinter jahrhundertealten Mauern weiterhin Essenzen gewonnen werden. Die unscheinbare Rue Tracastel duftet abwechselnd wie ein Mimosenbaum in voller Blüte oder frische Aprikosenmarmelade. Krumm und schief windet sich die Gasse um den Felsen unterhalb der Place du Petit Puy, um an der ehemaligen Pfandleihe zu enden. Vor dem Portal von Haus Nummer 4 wird der schwache Geruch zur olfaktorischen Gewißheit; dahinter leitet ein schmaler Gang in den lichten Hinterhof, wo ein mißtrauischer Blick den Vorstoß anhält.»Die Parfumfabrik ist nicht zu besichtigen«, bellt die Concierge besenschwingend entgegen, um zuckersüß auf die drei großen Schaubetriebe Galimard, Fragonard und Molinard zu verweisen. Interessenten werden an den genannten Schaufabriken busgruppenweise durchgeschleust, Verkaufsveranstaltung inklusive. Merci, dafür lohnt ein Besuch von Grasse nicht. Zwei Häuser weiter fällt das abschüssige Pflaster schnurstracks ins Mittelalter ab. Eine dustre Stiege biegt ab, die einmal der Umlauf zur Stadtmauer war. Wenige Meter weiter werkelt ein Schuster in seinem Laden, der seit Jahrzehnten denselben Geruch von Leder und Kleber verströmt. Gegenüber stapelt sich Knoblauch vor dem arabischen Lebensmittelladen. Innen herrscht das rege Treiben eines Souk.

›Maler des Königs‹ steht schließlich auf einer Plakette in der Rue Tracastel 23. Honoré Fragonard wurde in dem bescheidenen Haus als Sohn eines kleinen Grasser Parfümeurs geboren. Vielleicht war es das Ausschweifungen verheißende Metier des Vaters, das den Lieblingsmaler von Ludwig XVI. zu seinen galant-frivolen Gemälden inspirierte. Die arbeitsame Enge in der Gasse jedenfalls dürfte kaum der Grund gewesen sein. Vor dem Eingang wirft ein dunkelhäutiges Mädchen ein schüchternes Bonjour hin, um sofort mit dem Ball unter dem Arm und der kleinen Schwester an der Hand in der Türoffnung zu

verschwinden. Noch ein paar Schritte bergab, und die Rue Tracastel stößt auf den verkehrstosenden Boulevard Fragonard. In der gleißenden Sonne endet das Mittelalter in Abgasschwaden.

Vence und St-Paul-de-Vence

Ausgangsort Cagnes-sur-Mer, ca. 30 km, Dauer 1 Tag, Karte S. 276

In **Vence** (S. 396) weisen Schilder zur Tiefgarage unter der Place du Grand-Jardin. Cafés und Restaurants säumen das weite Geviert. Kein Zweifel, man hat sich auf die Besuchermassen eingestellt. Zur Altstadt sind es über die Avenue de la Résistance nur noch ein paar Schritte. Vence wurde als Vinitium von den Römern am Fuß grüner Hügel unterhalb der Chaîne des Baous gegründet. Das heutige Bild aus verschachtelten Plätzen und krummen Gassen ist noch mittelalterlich, ein Provence-Städtchen wie aus dem Bilderbuch, wobei der ovale Stadtgrundriß dem antiken Forum entspricht. Ein Ringboulevard umgibt das städtebauliche Kleinod. Daß die enge Altstadt einige prächtige Bauten aufweisen kann, liegt vor allem daran, daß Vence vom 5. Jh. an Bischofssitz war und es bis zur Revolution blieb.

Die mittelalterlichen Mauern verleihen Vence sein heimeliges Flair. An der Porte du Peyra plätschert auf dem gleichnamigen Platz hinter dem 400 Jahre alten Stadttor ein Brunnen, der sich als Ausgangspunkt für einen Gang durch Vence anbietet. In die Porte du Peyra integriert ist links der hochstrebende Turm der ehemaligen Burg *extra-muros*. Vom Platz zweigt rechts die Rue

Simone Signoret und Yves Montand in der Colombe d'Or

Mitte der 20er Jahre hieß der bescheidene Landgasthof unterhalb von St-Paul-de-Vence noch »Robinson«. Dann kamen Paul Signac und Chaim Soutine, um hier in aller Stille zu malen, unterstützt vom Inhaber Paul Roux, der eine Nase für Talente (die Maler konnten Schulden mit ihren Werken begleichen) und einen ebenso guten Riecher fürs Geschäft hatte: Aus dem schlichten »Robinson« machte der Wirt, der auch selbst malte, das komfortablere »La Colombe d'Or«, dessen Bekanntheit in den 30er Jahren den Schriftsteller Jean Giono, die Revuetänzerin und Sängerin Mistinguett und den Chansonnier Maurice Chevalier herbeilockte.

Zum wirklichen Stelldichein der Prominenz aber stieg ›Die Goldene Taube‹ erst nach dem Zweiten Weltkrieg auf: Henri Matisse kritzelte »Die Colombe d'Or ist ein kleines Paradies« ins Gästebuch, Marcel Carné und Jacques Prévert zählten zu den Stammgästen, doch im ganzen Land berühmt wurde das Hôtel-Restaurant erst durch die Hochzeit von Yves Montand und Simone Signoret.

Der Hochzeitsfeier in St-Paul-de-Vence ging eine *Folie à deux* voraus, die im Sommer 1949 eben dort ihren Anfang nahm. Simone Signoret hieß damals noch Madame Yves Allégret, wie ihr vom aufgebrachten Ehemann mit ein paar schallenden Ohrfeigen in

Erinnerung gerufen wurde. Es half nichts, das »*couple infernal*« Montand-Signoret hatte sich in der flirrenden Augusthitze von St-Paul-de-Vence gefunden.

Er: ein in den Gassen von Marseille mit allen Wassern gewaschener Sohn italienischer Emigranten, dessen erste große Liebe Edith Piaf hieß. Sie: die ›Schlampe‹ aus etlichen Rotlichtgenrefilmen, die auch im wirklichen Leben in der damals noch Männern vorbehaltenen Domäne Bar einen *petit blanc* bestellte, zugleich aber rührende Mutter einer dreijährigen Tochter war. Kurzum: Den Franzosen war ein Traumpaar schlechthin beschert worden, das 1951 in der »Colombe d'Or« seinen Bund fürs Leben begoß. Ein Foto der beiden ging um die Welt. Es zeigt die Frischverliebten vor dem Hotel inmitten eines Schwarms von Tauben hockend. Ein anderes Foto zeigt die beiden im Kreise von Simone Signorets Tochter, Alain Delon, Romy Schneider und Freunden vor groß gedecktem Tisch.

Das Hotel wurde sorgsam im alten Stil konserviert, ist allerdings angesichts happiger Preise für arme Künstler schon seit Jahrzehnten nicht mehr erschwinglich. Dafür hängen an den Wänden Gemälde von Bonnard, Derain, Dufy, Matisse, de Vlaminck, Utrillo, Soutine, Braque und Miró, und im Garten stehen Skulpturen von César und Calder.

du Marché mit zahllosen Obst- und Ge-
müsehändlern ab. Überall duftet es
nach den Köstlichkeiten der Provence.
Links geht es weiter durch die Rue
d'Alsace-Lorraine zum Wochenmarkt
auf der Place Surian, wo das alte Rathaus das Stadtwappen trägt.

Die Place Clémenceau schließt sich
direkt an die Place Surian an. Wo einmal
der Bischofspalast mit einem Arkaden-
gang zur Kathedrale stand, bestimmt
seit 1910 das neue Rathaus samt Postamt das Bild der Place Clémenceau. Die
Neorokokofassade der Cathédrale de la
Nativité de la Vierge täuscht über die ka-
rolingischen Fundamente des Baus hinweg. Innen zeigt sich, daß die dreischif-
fige romanische Kirche mehrmals verändert wurde, vor allem im Barock. Das
Baptisterium ziert das Chagall-Mosaik
»Moses aus den Fluten errettet«. Auf die
Empore gelangt man über eine Treppe
links vom Eingang. Die auffallend kostbaren Schnitzarbeiten führte der Grasser Jacques Bellot um 1465 aus. Ebenfalls an der Place Clémenceau liegt die
Burg *intramuros* aus dem 13. Jh.

Die Passage Cahours leitet durch
zwei Arkaden auf die Rue de l'Evêché.
Rechts hoch geht es zur Place Godeau,
benannt nach dem Bischof und Dichter
Antoine Godeau, der 1672 in Vence verstarb. Auf sein Betreiben hin erhielt die
Kathedrale in weiten Teilen ihr heutiges
Aussehen. Auf der Place steht eine der
beiden Colonnes des Marseillais. Die
Säulen erhielt Vence Anno 263 von der
Hafenstadt zum Zeichen ihrer beider
Handelsverbindung. Wir bummeln weiter durch schmale Gassen, in denen
heute Nordafrikaner zuhause sind, bis
eins der Stadttore wieder auftaucht. Die
Porte Signadour ist besonders stattlich,
und wieder ziert ein Brunnen den Platz
vor dem Tor, diesmal jedoch *extramuros*.

Kein Wunder, daß angesichts von
Lage und Schönheit des Städtchens mit
dem Ende des Ersten Weltkriegs Vence'
touristischer Aufstieg begann. Gide,
Valéry und Dufy schauten vorbei, letzte-
rer blieb ganz. In den 50er Jahren kamen
Cocteau und Matisse, kurz zuvor Chagall, der sich hier 1949 niederließ. Vence
zählte damals 6000 Einwohner, heute
sind es dreimal soviel. Die Altstadt blieb
von der Bauwut verschont, aber das
Umland wurde mit Häusern gespickt,
die Olivenhaine verschwanden. So ist
die von Matisse auf einem Hügel gegenüber der Altstadt geschaffene Chapelle
du Rosaire (Ausschilderung nach St-Je-
annet folgen) heute von Wohngebieten
umgeben. Matisse hat von 1943 bis 1949
in der Villa »Le Rêve« in Vence gelebt.
Sein damaliges Modell Monique Bourgeois wurde später Nonne und hat den
Maler während einer Krankheit gepflegt.
Aus Dank für die Fürsorge hinterließ Matisse das Werk dem Kloster der Sœurs
du Rosaire. Die Kapelle macht von
außen nicht viel her, besticht jedoch im
Innern durch lichte Farbigkeit und Ausgewogenheit der Raummaße. »Sie ist
so heiter, daß man daraus einen Ballsaal
machen könnte«, frohlockte der Schriftsteller Louis Aragon. Picasso dagegen
bezeichnete die asketisch-schlichte Kapelle abfällig als ›Badezimmer‹.

Ein paar Kurven über die D 7 und
schon ist **St-Paul-de-Vence** (S. 379) erreicht, mit 2500 Einwohnern viel kleiner
als Vence. Auf dem Felsen über zwei Tä-
lern, deren Hänge Orangenbäume be-
decken, wäre auch kaum mehr Platz. St-
Paul erfreut sich (oder leidet unter, je
nach Standpunkt) noch größerer Be-
liebtheit als Vence. Der Aufstieg zum
Künstlertreff und späteren Touristen-
magnet ist schlichtweg spektakulär.

Bereits im Mittelalter war das Dorf
befestigt, doch erst 1537 ließ François I.

St-Paul mit mächtigen Bollwerken un-
einnehmbar machen. Selbst Vauban
sollte den Mauern später seinen Respekt zollen. Wer über die Place du
Tilleul das Stadttor Porte de Vence
durchschreitet, muß an einer auf die
Ankömmlinge gerichteten Kanone vorbei, die an die militärische Glorie von
einst gemahnt. Heute hat sich die einst
schroffe Festung längst zum gemütlichen Nest gemausert, das allerdings
von Künstlern und geschäftstüchtigen
Galeristen okkupiert ist.

Hinter dem Stadttor durchzieht die
Grande Rue vorbei an Brunnen und Arkaden als Hauptachse in leichten Windungen das Dorf bis zum zweiten Stadttor, der Porte de Nice, die zum Friedhof
leitet. Hier liegt Chagall begraben, der in
einem Haus inmitten der Pinienwälder
oberhalb des Dorfes seine letzten Lebensjahre verbrachte. Von ihm stammt
ein Bild, das Vence 1957 in die Kunstgeschichte eingeschrieben hat, »Die Lie-
benden von Vence«. Die Grande Rue ist
bei allem Charme der alten Steine eine
Galerienschlucht, in der Werke angeboten werden, die verdächtig an große
Vorbilder erinnern: Schließlich malten
Utrillo, Matisse, de Vlaminck und Braque einst in St-Paul.

Über der Porte de Nice entschädigt
das traumhafte Panorama über den
Friedhof auf seiner kleinen Felsnase
sowie die Hügellandschaft für das reichlich kommerzielle Dorfkolorit. Die an
den Aussichtspunkt anschließenden
Mauern parallel zur Rue de Fangas dürfen bestiegen werden. Links schaut
man in die Orangengärten der Dorfbewohner, rechts bis auf die im Winter
schneebedeckten Hochgebirgsgipfel.
Die Rue de l'Allée steigt zur Linken über

die Verlängerung Rue de la Cassette
zum dörflichen Zentrum hoch: Kapelle
der Pénitents Blancs, Donjon mit Bür-
germeisteramt, Musée d'Histoire locale,
schließlich die Kirche Collégiale de la
Conversion de St-Paul, deren romanischer Chor und barocke Seitenkapellen
in starkem stilistischem Gegensatz zu-
einander stehen. Der größte Schatz der
Kirche sind die Goldschmiedearbeiten
des *trésor*, einer der schönsten Reli-
quiensammlungen der gesamten Alpes-
Maritimes.

Nicht zu vergessen St-Pauls wichtigster Anziehungspunkt – die **Fondation**

Maeght. Die Kunststiftung liegt in einem Waldstück etwa 1 km vor dem Dorf. Ursprünglich hatte sich der Nordfranzose Aimé Maeght in Cannes als Galerist niedergelassen, um 1945 mit seiner Frau Marguerite wieder nach Paris zu gehen. Eine Zeitlang lebten die Maeght in St-Paul. In Erinnerung an diese Zeit finanzierte das Sammlerpaar 1962 den Bau für eine Stiftung, den 1964 André Malraux eröffnete.

Die Fondation Maeght ist mehr als nur eine Kunstsammlung. Maler und Bildhauer haben hier die Möglichkeit, sich zu begegnen und zu arbeiten.

Neben den Ausstellungssälen wurden Künstlerwohnhäuser, eine Bibliothek und ein Kinosaal gebaut. Patios und Gärten sind in die der Landschaft angepaßten Architektur von José-Luis Sert einbezogen. Rote Ziegel mildern die Härte des Betons ab. Wasserbecken spiegeln Serts Entwurf wider, zu dem Chagall, Ubuc und Tal-Coat Mosaiken, Miró und Giacometti Skulpturen beigesteuert haben. Die Dauerausstellung umfaßt ein einmaliges Spektrum der Moderne des 20. Jh. in Gemälden, Skulpturen, Graphiken und Keramiken von Arp bis Zadkine.

Die Côte von Nizza bis Menton

Östlich des Var wandelt sich die Côte d'Azur endgültig zur Riviera. Aus dem Autoradio plärren italienische Sender. An den Läden lauten die Namen der Besitzer Graziani oder Caputo, ein Hinweis darauf, daß die Familiemitglieder wenige Generationen früher noch als Tagelöhner im Piemont oder der Romagna ein Auskommen gefunden hatten. 25 km Luftlinie entfernt verläuft kurz hinter Menton die Grenze zu Italien. Dazwischen sind freilich etliche Kurven auf einer der drei Corniches zu bewältigen, die die Fahrt verlängern. An der Küste geben der auf Höhe der Var-Mündung weit ins Meer getriebene Landvorsprung des Flughafens Nice-Côte d'Azur, nach Paris der wichtigste im Land, sowie Nizza, die unbestrittene Hauptstadt der gesamten Côte, den Auftakt zur französischen Riviera. Wilde Kaps und geschützte Badeorte wechseln später einander ab. Von oben überblicken Dörfer in Belvederelage den Trubel eine Etage tiefer. Ungefähr in der Mitte dieses Küstenabschnitts erheben sich die Banken- und Hoteltürme des Zwerg- und Operettenstaates Monaco: eine andere Welt. Schließlich Menton, das mit den Bauten seiner Altstadt deutlich den ligurischen Einfluß verrät. Immer im Hintergrund: Berge, die mit Höhen von über 3000 m bis nah an die Riviera heranrücken, und voralpine Landschaften, wie zum Greifen nah.

Die Riviera ist ein vergleichsweise junges Stück Frankreich. Bereits von 1792 bis 1814 war die Grafschaft Nizza französisch, doch erst 1860 wurde sie es endgültig. Gebirgsenklaven wie das obere Roya-Tal folgten sogar erst 1947 unter Mariannes Fittiche. Die wirklichen Eroberer aber waren in der zweiten Hälfte des 19. Jh. betuchte Nordeuropäer, vorzugsweise Engländer und Russen, die aus dem Ende der Welt den Nabel einer neuen Weltanschauung machten: ein Leben unter der Sonne.

Ca. 100 km, Dauer 4 Tage, mit Ausflug in die Bergdörfer und ins Roya-Tal zusätzlich ca. 200 km und 2 Tage Dauer, Stadtplan von Nizza 293/294 und 295/296, Karte S. 303.

Nizza

■ (S. 370) Ein Spätnachmittag an der Engelsbucht irgendwann im Winter: Schwere Wolken verhängen den Himmel in bedrohlichem Grau. Milchigtürkis schwappen die Wellen an den Kieselstrand von Nizza. Der Wind bläst von Südwest und raschelt an den Palmen. Plötzlich bricht die untergehende Sonne als roter Feuerball aus der Wolkenbank. Goldgelb und Zinnober erstrahlen mit einem Schlag die Fassaden an der Promenade des Anglais. ›La lumière de Nice‹, dieses ganz besondere Licht, das die in pfirsichrosa und zitronengelb getünchten Fassaden wie unter Scheinwerfern erleuchten läßt, verfängt wie jeden Abend. Genau dies Licht über der weitgezogenen Bucht und die milden Wintertemperaturen machten Nizza zur Stadt des organisierten Müßiggangs, genannt Urlaub.

Noch unter der Herrschaft Savoyens fanden die ersten Engländer den Weg nach Nizza. 1755 Lady Fitzgerald, kurz darauf die Herzöge von York und von Gloucester, Lord und Lady Cavendish. 1787 zählte man bereits 1500 ausländische Familien, die hier überwinterten.

Nizza an der weitgezogenen Baie des Anges

Ein erstes Casino entstand, ein Theater ebenfalls. »*Lou Camin dei Anglès*«, den der englische Pfarrer Lewis Way 1849 anlegen ließ, um durch den Bau Arbeitsplätze zu schaffen, erleichterte den Briten bald das Promenieren an der Bucht. Nizza avancierte vom schmuddeligen Hafenstädtchen des Königreichs Sardinien zur mondänen Lichterstadt. Hotelpaläste der Belle Epoque machten den Aufenthalt nicht nur angenehm, sondern luxuriös. Mit dem Art Déco-Palast des Palais de la Méditerranée, seinerzeit die modernste Vergnügungsstätte der Welt, erreichte das elegante Bauen 1929 gleichzeitig Höhepunkt und Ende. Dann ging es mit der ›Winterhauptstadt Europas‹, je nach Sichtweise auch als ›mediterranes Babylon‹ verschrien, bergab.

Nizza heute? Das Palais de la Méditerranée ist eine Ruine, wird jedoch nach jahrelangem Verfall in Bälde wiederaufgebaut. Glaubt man dem Romancier Patrick Modiano, ist es um die Stadt schlecht bestellt: »Nizza ist kein Hafen wie Marseille, hier gibt es keinen Transit von Menschen und Anschauungen. Es ist ein bißchen Ende der Welt, und die Zeit blieb ein wenig stehen. Vergangener Glanz prägt die Stadt, es war einmal vor dem Krieg, als es noch Luxus gab, und die Côte noch die Côte war, von der Fitzgerald träumte, die Villen von Cimiez, Casinos, Grandhotels, allesamt heute zu Appartementhäusern und Garagen umgebaut. Nizza ist eine heikle Stadt.« Immobilienskandale, spurlos verschwundene Casino-Erbinnen, Wahlerfolge des Rechtsradikalen Le Pen, Steueraffären und politische Possen, allen voran die Flucht von Bürgermeister Jacques Médecin 1990 nach Uruguay wegen Steuerhinterziehung und Betrugs, ließen sich Modianos Abgesang hinzufügen. Haifischbucht statt Engelsbucht? Vielleicht. Das alles zählt nicht mehr, wenn das Flugzeug vor der Landung eine letzte Schleife über das

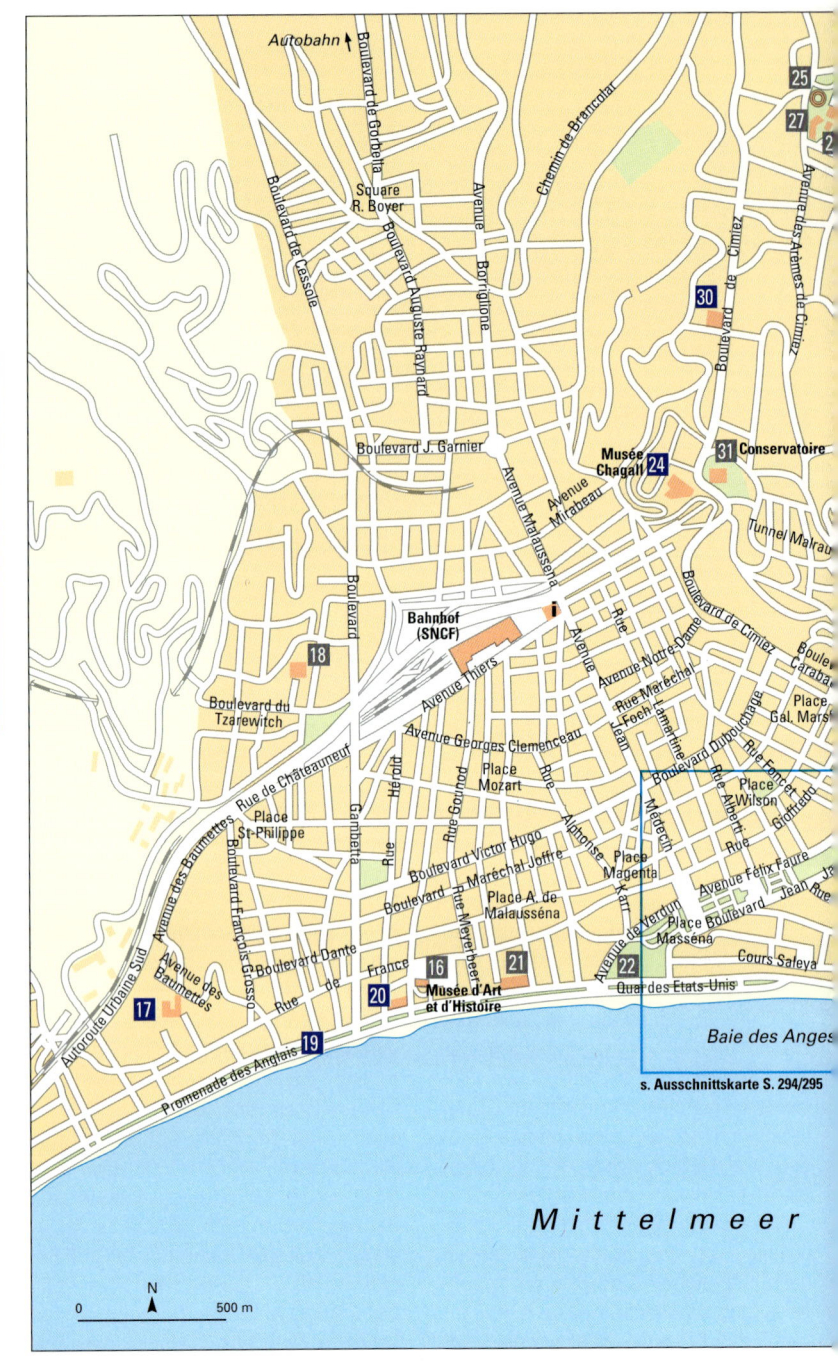

Autobahn

Boulevard de Gorbella

Boulevard de Cessole

Square
R. Boyer

Boulevard Auguste Raynard

Avenue

Borriglione

Chemin de Brancolar

Boulevard de Cimiez

Avenue des Arènes de Cimiez

25

27

2

30

Boulevard J. Garnier

Musée
Chagall 24

31 Conservatoire

Avenue Malausséna

Avenue
Mirabeau

Tunnel Malrau

Bahnhof
(SNCF)

Boulevard

18

Boulevard du
Tzarewitch

Rue de Châteauneuf

Avenue des Baumettes

Boulevard François-Grosso

Avenue Thiers

Avenue Georges Clemenceau

Place
Mozart

Rue

Avenue

Avenue Notre-Dame

Rue Maréchal
Foch

Boulevard de Cimiez

Boulev
Caraba

Place
Gal. Mars

Boulevard Dubouchage

Rue Jean

Rue Gioffredo

Rue Foncet

Place
Wilson

Place
Albert

Médecin

Rue

Place
St-Philippe

Gambetta

Hérold

Rue

Avenue du Gourgu

Boulevard Victor Hugo

Boulevard Maréchal-Joffre

Rue Meyerbeer

Place A. de
Malausséna

Rue Alphonse
Karr

Place
Magenta

Avenue de Verdun

Avenue Félix Faure

Place Boulevard
Masséna

Jean Rue

Rue

Cours Saleya

Ja

Baie des Anges

s. Ausschnittskarte S. 294/295

Autoroute Urbaine Sud

Avenue des
Baumettes

Boulevard Dante

17

Rue

de

France

16

20

19

21

Musée d'Art
et d'Histoire

22

Quai des États-Unis

Promenade des Anglais

M i t t e l m e e r

N

0   500 m

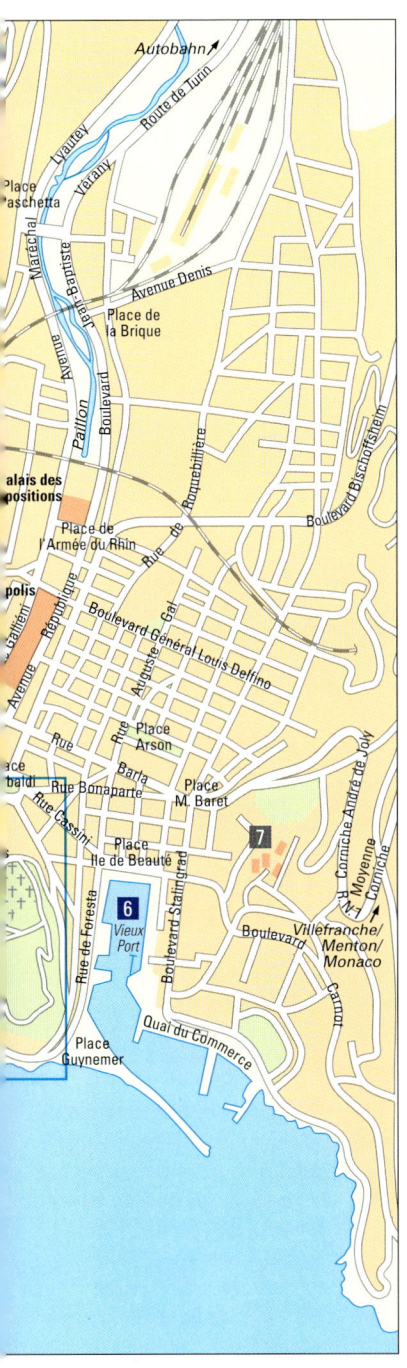

Nizza

Estérel-Massiv zieht. Das besagte Licht
Nizzas empfängt den Ankömmling, an
der Promenade verfängt der feudale
Charme in Würde gealterter Fassaden,
in der engen Altstadt das Flair von Gassen und Kramläden. Auch Nietzsche
erlag sechs Winter lang den Reizen Nizzas: »Die Tage kommen hier mit einer
unverschämten Schönheit daher«, notierte der Weltverächter.

Heute verleiht der Flughafen der Stadt
als wichtigster Drehscheibe an der Riviera mächtig Auftrieb, seitdem dem internationalen Terminal 1987 ein inländi-
scher hinzugefügt wurde. 1966 wurde
das Musée Chagall gebaut, 1985 das
Kongreßzentrum Acropolis, von 1988
bis 1992 der Parc de l'Avenas. Touristen
spielen für die 400 000 Einwohner zäh-
lende Großstadt weiterhin eine gewich-
tige Rolle, auch wenn die Lords auf der
nach ihnen benannten Promenade selten geworden sind. Über 230 Hotels
schaffen Arbeitsplätze, der Tertiärsektor
kommt insgesamt auf über 90 000. Seit

Nizza
 1 *Schloßberg*
 2 *Tour Bellanda und Musée de la Marine*
 3 *Friedhof*
 4 *Chapelle St-Martin-St-Augustin*
 5 *Place Garibaldi*
 8 *Cours Saleya*
 9 *Place Rossetti*
10 *Kathedrale Ste-Réparate*
11 *Palais Lascaris*
12 *Place St-François*
13 *Oper*
14 *Rathaus*
15 *Place Masséna*

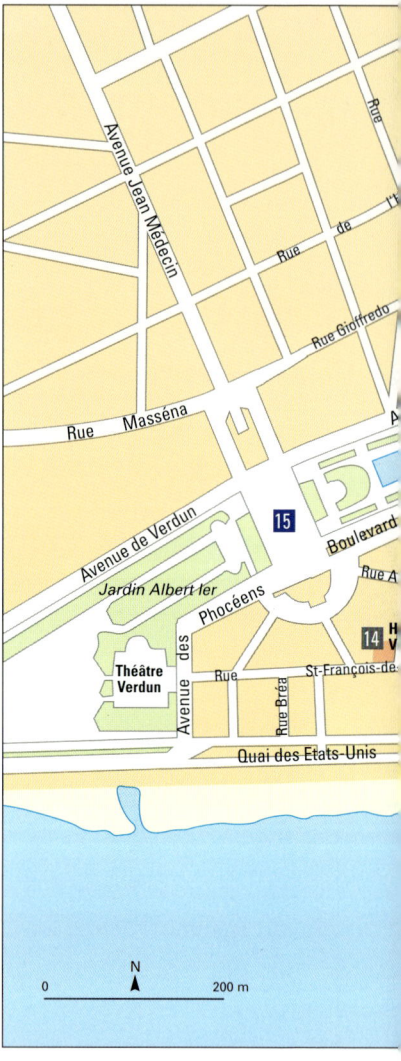

der gelungenen Altstadtsanierung bröckeln die im Gassengeflecht verstreuten Kirchen nicht mehr besorgniserregend. Die alte Bausubstanz wurde aufwendig in Schuß gebracht, was die Bewohner der Altstadt im Gegensatz zu anderen Städten an der Côte zum Bleiben bewog. Nizza lebt. Tost geradezu zu Karneval, der auf das 13. Jh. zurückgeht. Die moderne Variante mit Konfetti und Luftschlangen wurde im Second Empire geschaffen. Etwas später konstituierte sich 1873 erstmals ein Comité des Fêtes. Seine Majestät Carneval thront seither mit Unterbrechungen in den beiden Weltkriegen unter einem Baldachin auf der Place Masséna. Am Abend des *Mardi gras* (Karnevalsdienstag) wird sein Ebenbild nach einem großen Umzug am Quai des Etats-Unis verbrannt.

Die Altstadt

Nizzas Ursprünge reichen bis in die Antike zurück. Griechen gründeten das nahe Antibes, Römer siedelten im Stadtteil Cimiez. Hoch über der Altstadt lag die Wiege der heutigen Stadt, auf der **Colline du Château** 1, von der sich

freilich schon seit dem 13. Jh. neue Viertel westlich vom Schloßhügel ausbreiteten. Mit der umfangreichen Befestigung im 16. Jh. verließen die letzten Bewohner die *Ville Haute* (Oberstadt). Von der Festung selbst blieb nach dreimaliger Zerstörung in kurzer Zeit (1696, 1705, 1706) nicht viel. Heute erklimmt man über eine der vielen Treppen, die von

der Altstadt hochführen, allein wegen des Blicks den grünbewaldeten Schloßhügel – oder nimmt ganz kommod von Quai des Etats-Unis den Aufzug an der **Tour Bellanda** 2, wo gleich nebenan das **Musée de la Marine** über Nizzas maritime Vergangenheit aufklärt. Der Blick vom Schloßhügel reicht je nach Standpunkt über Altstadt, den

alten Hafen, den Hausberg Mont Boron und die Promenade des Anglais.

Zu Füßen des Hügels erstreckt sich der alte **Friedhof** 3 mit bombastischen Grabmälern, unter denen sich das von Giuseppe Garibaldi, Nizzas berühmtestem Sohn, vergleichsweise bescheiden ausnimmt, ebenso wie die des benachbarten jüdischen Friedhofs. Ironie der

Geschichte: Für die von Garibaldi ersehnte Freiheit Italiens mußte ausgerechnet Nizza aus politischem Kalkül französisch werden. Garibaldi stimmte natürlich als einer der wenigen in Nizza dagegen. Vergebens, das Ergebnis lautete 6613 Ja-Stimmen gegen ganze 11 Frankreichgegner – sein ›kleines Vaterland‹ wechselte die Grenzen.

Luther soll gleich um die Ecke in der **Chapelle St-Martin-St-Augustin** 4 gepredigt haben. Sicher ist hingegen nur, daß Garibaldi hier getauft wurde, wie die Kopie seiner Taufurkunde vom Juli 1807 im Chor beweist. Die nach dem italienischen Freiheitskämpfer benannte **Place Garibaldi** 5, zu der man durch die Rue Sincaire und Rue Cathérine-Ségurane gelangt, ist mit ihren ockerfarbenen Arkaden ein Paradebeispiel feudaler Platzgestaltung, das an Turiner Vorbilder erinnert: Von 1383 bis 1860 gehörte Nizza bis auf eine kurze Unterbrechung zu Savoyen, dessen Hauptstadt die norditalienische Metropole war.

Das Viertel um die Rue Cassini, die zum **alten Hafen** 6 mit seinem ligurisch rot getünchtem klassizistischem Ensemble führt, gehört ganz den Trödlern und Antiquitätenhändlern. Östlich des Hafens bereichert ein weiteres Museum Nizzas reiche Kulturlandschaft. Am Boulevard Carnot zeigt das paläontologische **Musée Terra Amata** 7 *in situ* eine prähistorische Siedlungsstätte.

Man umrundet den Sporn des Schloßhügels, um auf Höhe des Castel Plage in das Herz von Nizza vorzudringen. Auf dem **Cours Saleya** 8 wird täglich Blumen- und einmal die Woche Trödelmarkt abgehalten. Wichtiger noch, ›Le Tout Nice‹ gibt sich ein Rendezvous. Wo früher kleine Werften ihre Schiffchen zusammenzimmerten, reihen sich Café- und Restaurantterrassen vor ockerfarbenen Barockfassaden: Die in jubelndem Barock erbaute Chapelle de la Miséricorde, das Palais du Sénat, sowie das zur Place Pierre-Gautier etwas zurückgelegene Palais der Präfektur, frü-

Café am Cours Saleya

Les Préjugés du Palais

Mitten in der Stadt, gegenüber dem Gerichtsgebäude, erwartet den Gast zunächst ein kleiner Schock: Das Lokal ist total verspiegelt, wohin man auch blickt, das eigene Gesicht schaut allgegenwärtig zurück. Da ist es besser, man senkt sein Haupt, um die Speisekarte zu studieren. Und die hat es denn durchaus in sich: Henri Scoffier hat sich nämlich darauf spezialisiert, provenzalische Gerichte mit asiatischen Aromen zu kombinieren. Das gelingt ihm so vortrefflich, daß die Freude am Entdecken neuer, ungewohnter Kombinationen über die Eigenheiten der Ausstattung des Restaurants locker hinwegtröstet.

Das berühmte provenzalische Gericht *Pied et paquet* (Lammfüße mit gefüllten Lammkuttel-Päckchen) kommt hier mit Honig lackiert auf den Tisch. Raffiniert und lecker! Und den gebratenen St-Jacques-Muscheln gibt frischer Ingwer eine ebenso köstliche wie eigenständige Note. Hier sitzen also all diejenigen richtig, denen nach Tagen traditioneller provenzalischer Küche einmal der Sinn nach einer erfrischenden Abwechslung steht.

Les Préjugés du Palais, 1, place du Palais, 06000 Nizza, ☎ 93 62 37 03, So geschlossen, AmEx, Visa, Eurocard, Menüs: 150, 180 und 420 FF

Altstadt

297

---

her Schloß der Herzöge von Savoyen, an das der Justizpalast gefügt wurde, fallen besonders ins Auge. Am südwestlichen Eckhaus des Platzes erinnert eine Tafel an Napoleon, der hier 1796 als ›Oberbefehlshaber der französischen Italienarmee‹ logierte und mit der Wirtstochter Emilia poussierte, ohne Erfolg allerdings.

Verglichen mit der Weite des Cours Saleya fällt die **Place Rossetti** 9 (mit zahlreichen Caféterrassen) inmitten der Altstadt eher klein aus. Den Platz dominiert die **Kathedrale Ste-Réparate** 10, von weithin sichtbar durch ihre Kuppel mit buntglasierten Ziegeln. Wo die Rue Rossetti die schmalbrüstige Rue Benoît-Bunico kreuzt, dehnte sich einmal das enge jüdische Ghetto bis zum Meer aus. Eine Straße weiter in Richtung Schloßhügel lohnt in der Rue Droite das **Palais Lascaris** 11 wegen seiner originalen Ausstattung im Genueser Stil des 17. Jh. einen Blick.

Am Ende der Rue Droite stößt man auf die **Place St-François** 12 mit einem morgendlichen Fischmarkt und kleinen Gemüseläden, Bäckereien und Gewürzhändlern: Durch diesen ›Bauch von Nizza‹ weht ein Hauch arabischer Souk. Zeit für eine typische Nizza-Spezialität, wie etwa ein *Pan Bagnat* (mit Gemüse, Oliven, Thunfisch gefülltes, würziges Brot, aus dem das Olivenöl träufelt) oder besser noch eine *Socca* (kräftig gepfeffertes, aus Kichererbsenmehl, Öl und

scheint das architektonische Ensemble von 1815 vor allem wegen seiner Arkaden und klassizistisch nüchternen Fassaden. Die Fußgängerzone der Rue Masséna ist Nizzas Shoppingmeile schlechthin. In westlicher Richtung folgt nach Boutiquen und Kaufhäusern an der Kreuzung Rue de Rivoli das **Jahrhundertwende-Palais Masséna** 16 mit dem Musée d'Art et d'Histoire zur Lokalgeschichte.

Die Straße darf an ihrem oberen Ende wieder befahren werden und heißt nun Rue de France. An der Ecke Avenue des Baumettes geht es rechts ab zum **Musée des Beaux-Arts** 17 in einer prachtvollen Villa aus dem Jahr 1878 (originales Interieur, impressionistische und symbolistische Gemälde, Keramiken von Picasso). Abseits versteckt sich die **russisch-orthodoxe Kathedrale** 18, die größte außerhalb Rußlands, zwischen recht profanen Wohnblöcken (s. Abb. S. 220). Man erreicht die mit fünf Zwiebeltürmen gekrönte Kirche über den Boulevard Grosso, der nach knapp 1 km landeinwärts rechts auf den Boulevard du Tzarewitch stößt. Zu der ab 1903 mit Geldern des Zaren Nikolaus II. errichteten Kathedrale gehört ein kleines Mausoleum, dessen Kuppel innen vollständig vergoldet ist.

Zur **Promenade des Anglais** 19 geht es durch das prachtvolle Viertel zwischen Bahnlinie und Ufer, an Belle Epoque-Villen vorbei (Rue Cronstadt, Rue Guiglia). An der Promenade des Anglais angekommen, reihen sich stadteinwärts die betagten, gleichwohl auf Hochglanz polierten Hotelpaläste **Negresco** 20 (mit roter Eckkuppel), West-End (ehemals Victoria, das 1855 gebaute erste Grand Hôtel der Stadt), Westminster, Royal. Später beenden die Fassade des **Palais de la Méditerranée** 21 und das Art Deco-Gebäude des karnevalistischen

Wasser gebackenes Fladenbrot), für die 1908 ein Volksaufstand auszubrechen drohte: Die Stadtväter wollten zur Aufpolierung des Images bei der reichen ausländischen Klientel die kleinen Socca-Buden schließen lassen, doch die Altstadt rebellierte. Kreuz und quer durch die von Läden überbordenden Gassen zurück zur Place Rossetti und zum Cours Saleya. ›Nissa-la-Bella‹, wie die Einheimischen ihre Stadt mit südländischem Pathos nennen, ist nirgendwo italienischer als in diesen Gassen, in denen Wäsche hängt und Pizza auf dem Holzkohlefeuer gart. Vom westlichen Ende der Cours Saleya führt die Rue St-François-de-Paule am Belle Epoque-Palast der **Oper** 13 und am eher unscheinbaren **Hôtel de Ville** 14 vorbei auf die weiten Grünanlagen links und rechts der weiten Place Masséna: Willkommen im Nizza der Belle Epoque.

Promenade des Anglais und Neustadt

Die ochsenblutrote **Place Masséna** 15 gilt als das Zentrum von Nizza. Nobel er-

Comité des Fêtes den Reigen repräsentativer Architektur. Den Endpunkt des Spaziergangs über die Promenade des Anglais markiert der **Jardin Albert ler** 22 mit seinem verspielten Théâtre de Verdure.

Cimiez

Immer der grünen Lunge Nizzas längs des Flüßchens Paillon folgend, führt der Weg nach Cimiez vorbei am Kongreßzentrum Acropolis, dem neuen Theater, dem Palais des Expositions sowie dem spektakulären Neubau des **Museums für moderne und zeitgenössische Kunst** 23. Werke von aus der Stadt stammenden Wegbereitern von Neuem Realismus bis Fluxus, allen voran Yves Klein, führen die hervorragende Sammlung an.

Auf Höhe des Acropolis-Komplexes zweigt links der Tunnel der Voie Malraux ab, der zum grandiosen Boulevard de Cimiez weiterleitet. Konservatorium und **Musée Chagall** 24 (gebaut in Abstimmung auf das 17-teilige Werk »Le Message biblique«) markieren den Beginn des breiten Boulevards, der direkt bis zu der nur rudimentär erhaltenen **antiken Arena** 25, den **Thermen** (drei antike Bäder) 26, dem **Musée d'Archéologie** 27 (in der Villa des Arènes), dem daran anschließenden Neubau des **Musée Matisse** 28 (60 Bronzen, Meistergemälde wie »Nu au fauteuil, plante verte«, »Fauteuil rocaille«) und dem alten **Franziskanerkloster** 29 von Cimiez am Osthang der Hügel (heute Musée Franciscain: Fresken, Mobiliar, liturgisches Gerät) führt.

Den Hügel von Cimiez wählten zuerst die Römer als Standort einer Stadt. Im 19. Jh. entdeckte die ausländische Prominenz die herrliche Lage über den Dä-

chern von Nizza erneut. Auf dem Boulevard de Cimiez steht eine Statue von Queen Victoria vorm ehemaligen **Hôtel Régina** 30, das noch andere gekrönte Häupter als Gäste nennen konnte und in dem Matisse 1954 starb. In Cimiez residierte die reiche Oberschicht von Nizza in opulenten Villen, was auch zum Bau von Hotelpalästen veranlaßte: Einige wie das Winter Palace, Alhambra, das Majestic und Hermitage stehen noch immer. Das **Musikkonservatorium** 31 war einmal die Villa Il Paradiso, das Château de Valrose wurde Teil der Universität. Wer keinen eigenen Wagen hat, oder den 3 km langen Fußmarsch hoch nach Cimiez scheut, nimmt am besten einen Bus der Transports urbains de Nice (TN), von deren zentraler Haltestelle an der Avenue Felix-Faure 10 das gesamte Stadtgebiet bedient wird.

Das Musée d'Art moderne et d'Art contemporain in Nizza

Im Bummelzug in die Voralpen von Digne

Verwaist liegt der Bahnhofsplatz von Digne in der Morgensonne. Ringsherum lassen Bilder des Verfalls für einen Augenblick Zweifel aufkommen, ob hier überhaupt noch Züge abfahren. Digne liegt auf 600 m Höhe, was im Winter Schnee auf den Olivenbäumen bedeuten kann. Die Nächte in der Hochprovence sind selbst im Sommer frisch. Unerbittlich fegt der Mistral über den staubigen Platz zwischen den beiden zuckerbäckrigen Bahnhöfen der »Société Nationale des Chemins de Fer Français« (SNCF) und der »Chemins de Fer de la Provence«, deren bröckelnde Fassaden und teils hohle Fenster der Grund für die anfänglichen Zweifel waren. Wie man beim Näherkommen feststellt, werden die Fahrkarten für den »Train de Pigne« tatsächlich schon lange nicht mehr am Schalter der »Chemins de Fer de la Provence« verkauft. Die kleine regionale Eisenbahngesellschaft hat sich längst unter die kostendämpfenden Fittiche ihrer großen staatlichen Schwester SNCF begeben. Die Schmalspurbahn des »Train de Pigne« fährt seither auf einem Sondergleis vor dem gegenüberliegenden Bahnhof der Konkurrenz ab.

Vor dem lausigen Wind flüchten sich die wenigen Passagiere schnurstracks in die schützende SNCF-Schalterhalle. Die Schlange am Schalter ist überschaubar, der Fahrschein *Aller-Simple* nach Nizza bald gelöst. Hinter der verkratzten Schalterscheibe liegt eine hübsch bebilderte Reisebroschüre zur Strecke Digne–Nice zum Preis von einigen wenigen Francs aus. Die von den »Chemins de Fer de la Provence« herausgegebene Lektüre kommt vor allem bei Touristen gut an, die einen nicht unerheblichen Anteil unter den Passagieren stellen. Sie zählen deshalb zu den umworbenen Gästen der privaten Betreibergesellschaft, die alles dafür tut, um ihren rund 150 Angestellten den Arbeitsplatz zu erhalten.

An Erklärungen für den volkstümlichen Namen »Train de Pigne« fehlt es nicht. Am glaubwürdigsten scheint diese: Als die Strecke noch mit Dampflokomotiven befahren wurde, kam der Zug wegen der vielen Steigungen so langsam voran, daß den Fahrgästen genug Zeit blieb, um während der Fahrt Pinienzapfen für die heimische Feuerstelle einzusammeln. An der Geschwindigkeit des Pinienzapfenzugs hat sich seit der Umstellung auf Diesel in den 30er Jahren nicht viel geändert. Sowohl der altertümliche Schienenstrang wie auch die achterbahnwürdige Streckenführung und nicht zuletzt die vierundsechzig Haltestellen bürgen nach wie vor für eine dem Süden gemäße Langsamkeit.

Diese Gemächlichkeit verursachte freilich auch den Niedergang des »Train de Pigne«. Für die Pendler aus den Bergdörfern wie Annot, Entrevaux oder Touet, die steinernen Adlerhorsten gleich auf steilen Felsen oberhalb des

Schienenstrangs kleben, ist die Anreise zum Arbeitsplatz an der Küste zu langwierig geworden. So füllt sich der Zug nur auf den letzten Kilometern vor Nizza, wo sich im Tal des Var Industrie angesiedelt hat und die Anreise aus den umliegenden Dörfern sich auf ein paar Minuten reduziert. Eine Ausnahme machen die schneereichen Wochen im Winter. Die Straßen sind dann unpassierbar und die Schiene bleibt als einzig sicherer Weg aus den Bergen zur Küste.

Daß dieser Weg oft wie aus dem Provinzbilderbuch aussieht, fördert neben der atemberaubend schönen Strecke durchs Gebirge das Vergnügen für die, die nicht in Eile sind: Knarrende Wartesaalbänke hinter kletterrosenberankten Fassaden; lange Schatten, die die Sonne auf den Mäanderfries der Bodenfliesen wirft; eine Bahnhofsvorsteherin mit Kittel und Kopftuch über der Dauerwelle, die beim Pfeifen der Bahn das Strickzeug fallen läßt, um im Schaltkasten an der Außenwand ein Signal umzustellen – jeder Bahnhof ist eine andere aufgeschlagene Seite, mit so unerwarteten Attraktionen wie etwa eine Fossiliensammlung des Bahnhofsvorstehers im Wartesaal von Barrême oder die Napoleon-Devotionalien im Bahnhofsrestaurant von Chaudon-Norante – der Kaiser kam 1815 durch das Dorf! Das alles wirkt so rührend gestrig, daß es sich für die Verfilmung eines Romans von Marcel Pagnol empfiehlt und zum Aussteigen verleitet. Man bleibt für eine Partie Boule, eine Forelle aus den Gebirgsbächen, ein paar holprige Gassen oder quartiert sich gleich im Dorfgasthof ein. Ein Handzeichen genügt, um den nächsten Zug gegen Abend oder am nächsten Morgen zum Halten zu bringen. Es bleibt die Qual der Ortswahl. Das von Vauban befestigte Felsennest Entrevaux, dessen Gassen zu

eng für Autos sind, die Provence-Idylle von Annot oder Touet-sur-Var, dessen Bewohner den Felsen winzige Aprikosengärten abzwingen, die Attraktionen längs der Zugstrecke sind vielfältig und haben doch eins gemein: Die Zeit blieb irgendwann stehen. An jedem Bahnhof werben Plakate für den Erhalt des Zugs, der zwar wenig rentabel, aber Teil der regionalen Identität für die Bewohner längs seiner Gleise ist. Obwohl die Zahl der regelmäßigen Benutzer sinkt, gehört der altmodische Zug zum Land wie die bläulich schimmernden Olivenhaine und der Duft von Lavendel. Von der regionalen Administration nur halbherzig geliebt, wagt es deshalb kein Lokalpolitiker dem »Train de Pigne« lebensnotwendige Subventionen zu versagen. Paris dagegen hat den Hahn für die Verluste einfahrende Bahn schon 1968 zugedreht.

Vor 106 Jahren wurde der erste Spatenstich zum Bau der Strecke getan. Ein schwieriges Unterfangen, das bis 1911 währen sollte, begann. Schließlich schnaufte der »Train de Pigne« durch 25 Tunnel, von denen der längste bei La Colle-St-Michel stolze 3,5 km mißt. Des weiteren schunkelt die Bahn noch heute über 16 gemauerte Arkadenviadukte und 13 Metallbrücken im Schnörkelgeschmack der Belle Epoque. Achterbahngefühle stellen sich jedoch nur auf der ersten Hälfte der Fahrstrecke ein. Hinter Entrevaux werden schwindelnde Abgründe seltener. Das Tal des Var, durch das der Zug nun mit annähernd 80 km/h rattert, wird breiter, die Bebauung mit jedem Kilometer dichter. Quer durch zersiedelte Vorstädte und Industrieanlagen, auf die schließlich Nizzas weißgetünchte Jahrhundertwende-Viertel folgen, führen die Schienen auf die Gare du Sud zu, die als großer, nach hinten offener Hangar seit

1892 die Reisenden aus dem Gebirge empfing.

Seit geraumer Zeit steigt man jedoch an einem neuen Quai etwas vor dem alten Bahnhof aus. Für stolze 151 Mio. Francs hat das Belle Epoque-Prunkstück vor einigen Jahren den Besitzer gewechselt. Mit der Summe sollen die jährlich 20 Mio. Francs Verluste der »Chemins de Fer de la Provence« beglichen werden. Ein weiterer Teil ist für die Modernisierung der Strecke sowie den Bau des neuen Bahnhofsgebäudes etwas oberhalb des alten vorgesehen. Der alte Bahnhof wurde trotz massiver Einsprüche durch renommierte Denkmalschützer dem Abriß preisgegeben. Ein gigantisches Einkaufszentrum sollte an seiner Stelle folgen. Jetzt scheint

sicher, daß die Stadt Nizza selbst den Bau nutzen wird. Wenigstens die eiserne Dachkonstruktion des Hittorf-Schülers Prosper Bobin, die sich deutlich an den Entwurf des Pariser Gare du Nord anlehnt, wurde vor Ankunft der Bagger zerlegt und abgebaut. Die Glaskuppel des Gare du Sud wiederum stammte vom russischen Pavillon auf der Pariser Weltausstellung von 1889. Im April 1994 mußten die Abrißarbeiten auf Geheiß des seinerzeit neuen französischen Kulturministers Jacques Toubon unverzüglich eingestellt werden: Monsieur Toubon stammt aus Nizza, wo die Stadtverwaltung erst eine Woche zuvor dem Großbauvorhaben grünes Licht gegeben hatte. (Ca. 300 km hin und zurück. Dauer ohne Zwischenstops 1 Tag)

Die drei Corniches

■ Gleich drei Küstenstraßen mit garantiert spektakulärem Ausblick auf die Riviera verbinden Nizza und Menton. Von der Küste bis auf 541 m Höhe staffeln sich in kurzem Abstand Petite, Moyenne und Grande Corniche. Mit der N 98 identisch ist die knapp oberhalb der Uferkante schlängelnde **Petite Corniche**, die alle Hafenorte auf 30 km Länge verbindet. Eine Etage höher schlängelt sich die in den Felshang gehauene, 28 km lange **Moyenne Corniche**, deren unbestrittener Höhepunkt das Burgdorf Eze-Village ist. Die **Grande Corniche** schließlich ähnelt einer Gebirgsstraße, mit Meeresblick freilich, deren 32 km lange Trasse Napoleon bauen ließ. Viele Verbindungssträßchen erlauben den Wechseln von einer Corniche auf die andere, wobei jede wegen jeweils eigener Attraktionen und Panoramen die gesamte Strecke lohnt.

Verläßt man Nizza über die Küstenraße N 98 (Petite Corniche), geht es zunächst vorbei an Appartementhäusern, die sich wie Zigarettenschachteln an den steilen Hängen hochstapeln. Nizza wirft noch ein paar Kilometer seine baulichen Schatten, bis zwischen tiefgrünen Pinien immer öfter azurblaues Wasser leuchtet. Die Petite Corniche führt nach **Villefranche 1** (S. 397; s. Abb. S. 332), dessen rosafarben-pistaziengrün-zitronengelbe Häuser theatralisch zum halbkreisförmigen Hafenbecken abfallen. Die Reede von Villefranche gilt als einer der schönsten Ankerplätze vor der Côte. Unten am Quai wirkt das Städtchen wie ein in den Bogen schützender Hügel gebautes Amphitheater. Auf der anderen Seite der Bucht strebt die grüne Zunge des Cap Ferrat weit ins Tintenblau des Wassers. Jean Cocteau suchte, von seiner Opiumsucht gemergelt, erstmals in den 20er Jahren Zuflucht in Villefranche, wo er »Orphée« verfaßte. Am Hafen hinterließ er der Stadt ein ganz auf sie abgestimmtes Werk. Kurz vor seinem Tod 1963 malte er die Chapelle St-Pierre in bunten Farben aus. Biblische Szenen wechseln in typisch Cocteauschem Pinselstrich mit einer Hommage an die Zigeuner von Stes-Maries-de-la-Mer und an die Fischermädchen des Ortes. Etwas weiter empfängt das Welcome wie zu Cocteaus Zeiten Gäste. War das Hotel damals die bevorzugte Adresse einer illustren homosexuellen Klientel, sind es heute Familien, die Villefranche für die Ferien wählen.

Ganz so friedfertig wie die Malereien in der Chapelle St-Pierre waren die Bilder an den Hafenquais nicht immer. Villefranche war wegen seiner tiefen Bucht ein beliebter Ankerplatz für die französische Flotte, die bis heute noch ab und zu hier einen ihrer stahlgrauen Kolosse einlaufen läßt. Nach 1945 wurde die Stadt kurzfristig ein Stützpunkt für die amerikanische Flotte. An die strategisch günstige Lage erinnert die mächtige Zita-

delle St-Elme am Westende des Hafens, die der Herzog von Savoyen 1557 zu bauen befahl. Seit den 80er Jahren sind das Hôtel de Ville sowie zwei Museen in den alten Gemäuern eingezogen, die erst 1965 von der Armee verlassen wurden. Im Musée d'Art et d'Histoire de la Citadelle wird die Geschichte des 24. Jägerbataillons mit Exponaten illustriert, in den Kasematten der Fondation-Musée Volti werden die Skulpturen des zeitgenössischen Bildhauers gezeigt.

Ganz im Gegensatz zu den lichten Quais mit heiteren Terrassen und Flaneuren wirkt die parallel zum Hafen verlaufende Rue Obscure wie der Inbegriff des ›finsteren‹ Mittelalters. Ihre geduckten Bogengewölbe, in die kaum ein Lichtstrahl dringt, stammen noch aus dem 14. Jh. und sind somit so alt wie die Stadt selbst. Einen Rang höher verläuft die malerische Gasse Rue Poilu, von der Treppen und Stiegen weiter hoch zur Kirche St-Michel führen: In der pastellfarbenen Barockpracht ruht der Kom-

Die Côte von Nizza bis Menton

Villa Ephrussi de Rothschild

mandant einer sardischen Galeere in seinem Grab.

Hinter Villefranche zweigt ein 11 km langer Rundweg von der Petite Corniche zum **Cap Ferrat** 2 ab, an dessen Spitze blendendweiß ein Leuchtturm aufragt. Über 45 Seemeilen weit ist sein Feuer auf See auszumachen. Unvermeidlich wie der Leuchtturm in solch exponierter Lage ebenfalls das altgediente Grand Hôtel kurz vor der Spitze des Kaps, doch im großen und ganzen blieb die von dichtem Grün und ansehnlichen Villen überzogene Halbinsel von der Betonwut verschont, nicht zuletzt auch, weil betuchte Prominente hier ihr Domizil errichteten. Jean-Paul Belmondo und Raymond Barre folgten auf Otto Preminger, Somerset Maugham, Nietzsche und den belgischen König Léopold II., dessen Villa Les Cèdres im Botanischen Garten liegt. Schilder weisen auf andere ehemalige Häuser gekrönter Häupter hin, die freilich hinter hohen Hecken gut verstecken bleiben. Zu besichtigen ist dagegen die feudale **Villa Ephrussi de Rothschild** mit ihren thematischen Gärten. Zum Belle Epoque-Anwesen im Stil der italienischen Renaissance, an dem elf Architekten mitgewirkt haben, weist ein Schild an der Uferstraße. Der grandiose Palast mit Blick über die Bucht ging 1934 mit dem Tod der Erbauerin Béatrice Ephrussi de Rothschild als Schenkung an das Institut de France. Inneneinrichtung und Kunstsammlung (Werke von Tiepolo, Monet, Sisley) blieben unverändert, so daß Salons, Patio sowie der 7 ha große Besitz ein anschauliches Bild von Luxus und Geschmack der Jahrhundertwende vermitteln.

St-Jean-Cap-Ferrat 3 (S. 378) war früher ein zu Villefranche gehöriges Dorf, das ungefähr auf der Mitte der östlichen Kapküste liegt. Im Rathaus hat Cocteau im Trauzimmer ein Gemälde hinterlassen. Ansonsten lohnt das ehemalige Fischerdorf wegen der Abgeschiedenheit und des Blicks bis Monaco einen Besuch.

Nur einen Katzensprung weiter erreicht die Petite Corniche **Beaulieu** 4 (S. 333) und damit ein weiteres zuckerbäckriges Ensemble, das sich entlang der palmenbestandenen Uferpromenade erstreckt. Beaulieu, ein schönes Überbleibsel der Belle Epoque, lag und liegt in angenehm kurzer Entfernung zu Monaco, so daß viele Gäste den stillen Badeort der trubeligen Spielerstadt als Bleibe vorzogen. Mittlerweile macht Beaulieu mit dem drittgrößten Casino Frankreichs Monaco Konkurrenz, doch die Ruhe blieb. Im Schutz einer Hügelkette, zu dessen Füßen Beaulieu von einem außergewöhnlich milden Mikroklima profitiert, blühen Bananenstauden, Zitronen- und Orangenbäume. Eins der alten Viertel heißt deshalb nicht ganz zu Unrecht Petite-Afrique.

Schon in der Antike war der Ort besiedelt. Später folgten die Landhäuser betuchter Bürger aus Nizza, die die Oliven aus »Bello-loco« in der ganzen Region bekannt machten. Von den ersten Siedlungsbauten blieb nichts, doch mit der Villa Kérylos erweist der Ort seinem antiken Ursprung eine Reverenz. Die weiße Villa an der Pointe des Fourmis wird auf Hinweisen großmundig als ›einzigartiges Domizil des antiken Griechenland‹ angekündigt, stammt indessen aus dem Jahre 1902. Damals beauftragte der renommierte Archäologe, Numismatiker und nicht zuletzt Regionalpolitiker Theodor Reinach den nicht minder berühmten Architekten Emmanuel Pontremoli mit dem Bau einer Villa, die der Vorstellung der Belle Epoque von Hellas entsprechen sollte. Das Ergebnis ist heute zu besichtigen: Viele Details wurden nach dem damaligen Stand der archäologischen Forschung ausgeführt. Originale wie Vasen, Amphoren und Statuen runden die Täuschung ab, die dennoch immer den verschwenderischen Geschmack der Jahrhundertwende verrät.

Die Petite Corniche streift als nächstes Eze-Bord-de-Mer, wie der Strandausläufer des Höhepunktes schlechthin an der Moyenne Corniche (mit der N 7 identisch) heißt: Die Rede ist von **Eze-Village** 5 (S. 346). Vom Strandort, der vor allem aus zwischen Palmwipfel verstreuten Jahrhundertwende-Villen besteht, wirkt das alte Dorf auf der 400 m hohen Felskante zum Greifen nah. Zum steinernen Adlerhorst biegt eine kleine, steil aufsteigende Straße ab, die auf die Moyenne Corniche führt. Das mittelalterliche Festungsstädtchen ist ein Besuchermagnet ersten Ranges, was alle namhaften Parfümeure aus dem entfernten Grasse zu Einrichtung von Filialen bewogen hat. Zu besichtigen lohnen die barocke Chapelle des Pénitents-Blancs sowie der Jardin Exotique mit seinen raren Tropengewächsen. Stärker aber noch reizen die holprigen Gassen des sich um und auf seinen Felsen drängenden Dorfs. Ein paar weitere Schritte lohnt zudem der phantastische Blick von der Burgruine. Ein richtiges Dorf ist Eze aber trotz des Zusatzes *village* schon lange nicht mehr. Es wirkt reichlich geleckt, auffällig viele ›Dorfbewohner‹ lesen den Herals Tribune oder haben das Schnitzen, Töpfern und Klöppeln als erkleckliche Einnahmequelle entdeckt. Zwischen Stadttor und oberem Felsen geht es Steintreppe um Pflasterstein immer bergan. Nietzsche haben die Mühen des Aufstiegs durch die Gassen zur Vollendung seines »Zarathustra« inspiriert.

Nicht ganz so malerisch an den Fels gestaucht wirkt **La Turbie** 6 an der Grande Corniche, zu der eine Verbindungsstraße ab Eze führt. Die Grande

Corniche verläuft hier auf der Trasse der antiken Via Julia Augusta. An die antike Vergangenheit von La Turbie, das in römischer Zeit »Alpis Summis« hieß, erinnert unübersehbar die Trophée des Alpes hoch über dem hübschen Ort. Stolze 50 m Höhe mißt das fast 2000 Jahre alte, im Auftrag des römischen Senats zu Ehren von Augustus errichtete Monument. Der Kaiser hatte zuvor 44 Bergvölker unter das Joch Roms gezwungen, die allesamt in der Inschrift aufgeführt sind. Vorbei an der barocken Dorfkirche gelangt man durch das zum Hang ansteigende Dorf zur Trophée, die Anfang der 30er Jahre mit amerikanischen Spendengeldern erforscht und restauriert wurde. Über die Jahrhunderte diente das aus dem für die Gegend typischen hellen Kalkstein errichtete Triumphmal als Festung und Steinbruch. Vom umliegenden Park hat man bei klarem Wetter einen Fernblick bis nach Italien und zum Massif de l'Estérel, umrahmt vom Blau der Côte.

Schußartig fällt die Straße wieder zurück ans Wasser, das man am **Cap d'Ail** 7 erreicht. Bis 1908 gehörte der Strandort an den letzten Ausläufern der Voralpen zu La Turbie. Dann machte sich Cap d'Ail als Kommune selbständig. Schon zuvor hatte Baron de Pauville Cap d'Ail als mondänen Badeort lanciert. Heute arbeiten die Hälfte der Bewohner in Monaco, das direkt an die Ortsgrenze stößt. Auf der anderen Seite der Grenze betrachtet man Cap d'Ail ein wenig wie die grüne Enklave des zubetonierten Stadtstaates. Vom Mala-Strand, dem alten Hausstrand des Ortes, der nur zu Fuß zu erreichen ist, verbindet ein 3 km langer Wanderweg den Küstenstreifen mit dem Malquet-Strand.

Adlerhorste weitab vom Trubel: Peille, Peillon, Roquebrune

Ca. 50 km, Dauer 1 Tag, Karte S. 303

Wem La Turbie und Eze-Village bei aller Schönheit zu überlaufen sind, findet im Hinterland der Côte Bergdörfer (frz.: *villages perchés*), die noch nicht wie eine Galerien- und Boutiquenansammlung in mittelalterlichem Rahmen aussehen. Von La Turbie führt eine Gebirgsstraße (D 53) hoch nach **Peille** 8 (S. 374), das

Peille

malerisch am Hang klebt. Die Landschaft trägt bereits deutlich alpine Züge. Wie es sich gehört, thront eine Burgruine über dem Dorf. Der Dorfkern mit Arkaden und Tunnelgängen wirkt wie aus dem Fels gehöhlt.

Noch spektakulärer ist der Anblick von **Peillon** 9 (S. 374), das 14 km über die aussichtsreiche D 21 entfernt wie ein Nest auf einem Fels klebt. Olivenbäume, Pinien und Ginster bilden eine Allee am schwindelerregenden Zufahrtssträßchen, bis eins der schönsten Dörfer im Departement Alpes-Maritimes erreicht ist. Wie eine Festungsmauer reihen sich die hohen Häuser am steil abfallenden Felsrand. Vor der Kirche St-Saveur liegt ein kleiner Platz, von dem der Blick über Dächer und Umland von Peillon geht. Die Idylle *à la vieille France* täuscht jedoch: Auch in diesem Dorf sind etliche Häuser in fremder Hand und heißen »Cloud 9« oder »Mon Cottage«.

Unverkennbar eine echte Côte d'Azur-Kokotte ist dagegen das in fröhlichen Pastelltönen getünchte **Roquebrune** 10 (S. 376) am rotbraunen Felshang. Streng wirkt nur noch die Burg oberhalb des

Roquebrune

Dorfs in Balkonlage über der Riviera. Menton und Monte Carlo liegen jeweils einige Kilometer entfernt, die Grande Corniche streift Roquebrune, was für saftige Preise in den Restaurants sowie zahllose Besichtigungsbusse bürgt. Der Blick von hier oben ins Blaue ist allerdings unvergleichlich schön. 1355 kaufte Grimaldi-Fürst Charles das Dorf für ein stolzes Sümmchen auf. 1848 aber erhob sich die Bewohner gegen das Fürstentum Monaco, um 1861 französisch zu werden.

Monaco – Monte Carlo und das Cap Martin

Monaco und Monte-Carlo sind ein zwiespältiges Vergnügen. Der erste Eindruck wirkt gemessen an der Fama vom Operettenstaat und dem Glamour seiner Roulettetische reichlich ernüchternd. Beton brutal für 35 000 Francs und mehr pro Quadratmeter, Asphaltschneisen, die sich in Tunneln und auf Stelzen durch die bis auf den letzten Zipfel verbaute 195 ha große Landesfläche Platz bahnen. Mit etwas Glück ein freies Stück Steilfelsen. Wie mit der Nagelschere gestutzte Grünanlagen, um die herum penibel aufgeputzte Belle Epoque-Paläste auf große Vergangenheit pochen. Auf jeder noch so winzigen freien Parzelle wird gebaut, Stichwort Steuerparadies. Wer hier seinen Wohnsitz nimmt, lacht dem Fiskus daheim etwas. Boris Becker und Freunde lassen grüßen, senken den Altersdurchschnitt jedoch nicht sonderlich. Silbergrau ist die meistgesehene Haarfarbe von Monaco, schließlich sind prominente Fürstentumbewohner wie Luciano Pavarotti, Helmut Newton und Karl Lagerfeld auch nicht mehr die Jüngsten. Für Komfort ist selbst im öffentlichen Raum gesorgt. Aufzüge hieven die trotz Lifting und Beautyfarmtortur offensichtlich eher reifere Bürgerschaft vom Liegeplatz der Jacht direkt ins Luxusappartement. Kurzum, gehobene Ausstattung, frnzösisch *Grand standing*, auf Schritt und Tritt.

Monaco, Ankerplatz der Reichen? Die Antwort lautet Ja, auch wenn das Fürstentum auf den zweiten Blick noch andere Seiten aufzuweisen hat. Reich ist man im Stadtstaat allemal, muß es auch sein, um sich das Preisniveau leisten zu können. Dafür wird in allen Lebensfragen perfekter Service und Sicherheit geboten. Fernsehkameras an allen Ampeln haben alles im Objektiv. In Blitzesschnelle können die Grenzen abgeriegelt werden, doch die totale Kontrolle wird mit nobler Geste nach außen getragen: Weißbehandschuhte Polizisten leiten unentwegt betagte Damen, deren

Schmuck und Kleidung das üppige Bankkonto verraten, über den Zebrastreifen. Die auffällige, dichte Flotte cremefarbener Rolls-Royce-Cabriolets und feuerroter Ferraris muß für einen Augenblick warten. In Restaurants und Cafés dürfte die Rate von Schlipsträgern europaweit rekordverdächtig sein. Man ist stolz auf sein Fürstentum. Außer zu Fronleichnamsprozessionen im Rheinland wehen nirgendwo mehr Wimpel und Fähnchen als in Monaco – hier freilich das ganze Jahr über und selbstverständlich in den Nationalfarben rotweiß.

Den besten Eindruck über die geographische und architektonische Topographie erhält man von einem der Aussichtspunkte an den Corniches. Deutlich sichtbar erstreckt sich das Grimaldi-Im-

Küste bei Monaco

perium über die unteren Ränge eines gebirgigen Halbrunds, das der Tête de Chien mit 556 m und der Mont Angel mit 1109 m beherrschen. Der eigentliche Fels von Monaco ragt trutzig über dem Mittelmeer. An seine Flanken schmiegt sich der alte Hafen mit einem tiefen Becken an, auf dessen östlicher Seite die Skyline von Monte Carlo den zweifelhaften Ruf als ›Manhattan des Mittelmeers‹ verteidigt. Spötter bringen das Zusammenspiel von Monaco und Monte Carlo auf die folgende knappe Formen: hüben der Fürst in seinem eher bescheidenen Schloß als Herr über ein Ländchen ohne große Ressourcen, drüben ein Klein-Chicago in Luxusausführung mit den staatssäckelfreundlichen Einnahmequellen Steuerflucht, Spielcasino und Immobiliengeschäft.

Die Karriere als Tummelplatz der Schönen und Reichen war den kargen Gefilden der Grimaldi nicht in die Wiege gelegt. Seit 1308 regieren die Fürsten von Grimaldi über Monaco, heute nur bedroht vom Damoklesschwert eines fehlenden männlichen Thronfolgers. Dann nämlich fiele Monaco laut Staatsvertrag an Frankreich. Vor der Hochzeit Rainiers III., des damals begehrtesten Junggesellen an der Côte, mit Grace Kelly, war die Stimmung zwischen dem Zwergstaat und der Grande Nation einigermaßen gereizt, wobei auch die Verlagerung etlicher Firmensitze von Frankreich ins benachbarte prosperierende Steuerparadies ein übriges tat. Erst als die Ex-Filmdiva mit der Geburt von Erbprinz Albert ihre Pflicht getan hatte, und die beiden Länder sich vertraglich über die Steuerfrage arrangiert hatten, glätteten sich die Wogen. Der Operettenstaat sonnt sich seit der sensationellen Hochzeit 1956 im ungebrochenen Interesse von Medien und Hofklatschsüchtigen. Tragischer Unfalltod von Grace Kelly alias Grazia Patrizia, gescheiterte Ehe und Witwenschaft von Prinzessin Caro-

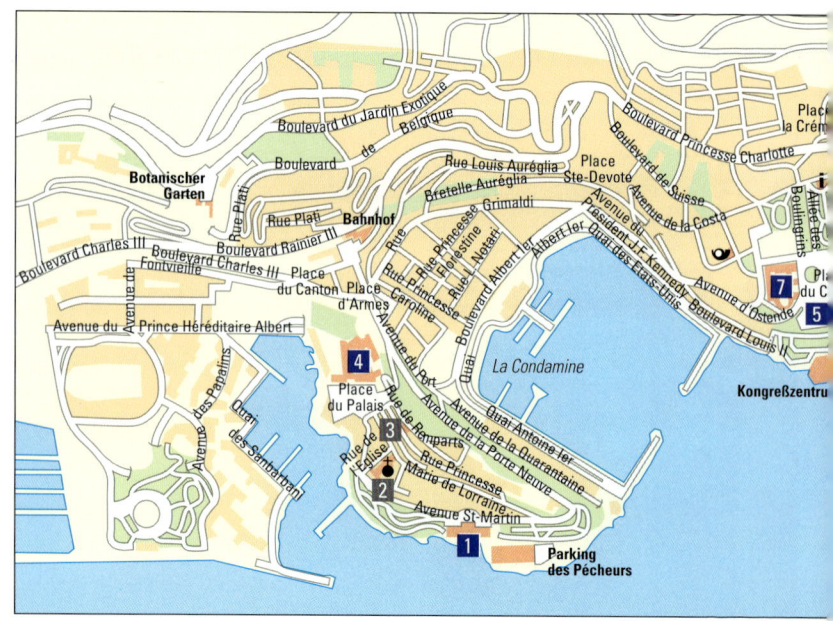

line, schließlich die Schlagersternchenambitionen von Prinzessin Stéphanie sorgten dafür, daß Monaco nie aus den umsatzfördernden Schlagzeilen geriet.

Monaco wußte sich von früh an aus der Bredouille zu helfen. Grimaldi-Früst Francesco erschlich sich 1297 durch eine List den Felsen von den Genuesern: Als Mönche verkleidet drangen seine Mannen in die Garnison der Republik Genua ein. Im 14. Jh. kamen unter Charles I. Roquebrune und Menton hinzu. Die Protektorate mächtiger Nachbarn wie Genua, Sardinien, Frankreich, Savoyen, Spanien wechselten, *le prince souverain Grimaldi* blieb. Der Verlust von Menton und Roquebrune, die sich 1848 zu freien Städten erklärten, versetzte dem ohnehin prekären Staatshaushalt einen empfindlichen Schlag. Um 1850 war das mit steinigen Böden zu reichlich gesegnete Monte Carlo bettelarm. 4 Mio. Francs Abschlag, die Frankreich 1860 für die beiden Städte berappte, konnten nicht ewig vorhalten, wie auch die Abtretung von Zoll- und Salzrechten an Frankreich nur Aufschub vor größerer Misere brachten.

Bereits 1856 hatte Charles III. mit der Gründung der später allmächtigen »Société des Bains de Mer« (S. B. M.) die Zeichen der Zeit erkannt. Monaco sollte zum Spielerparadies an der Côte avancieren, zumal in Frankreich und Italien Spielbanken nicht zugelassen waren. Es ging nach anfänglichen Fehlstarts à la Eldorado rasant bergauf. 1866 wurde dem neuen Viertel oberhalb des Hafens der mondän klingende Name Monte Carlo verliehen. Zwei Jahre später wurde mit dem Bau der Küsteneisenbahn begonnen, drei Jahre später fielen alle direkten Steuern weg: Das Casino hatte genügend eingebracht. Die mondäne Welt strömte in das früh elektrifizierte und mit nach damaligem Standard modernstem Komfort ausgestattete Paradies der Ausschweifungen. Als weitere Attraktion fand 1911 die erste Rallye de Monte Carlo statt. Tschechow wandte sich freilich 1891 mit Grausen ab: »Ich liebe Luxus und Reichtum, aber dieser Roulette-Luxus wirkt auf mich wie ein unersättliches Klosett.«

Das Fürstentum zählt heute 28 000 Einwohner und fast ebensoviele Arbeitnehmer, doch allein die 5000 Monegassen sind wahlberechtigt in der konstitu-

Monaco und Monte Carlo
1 Ozeanographisches Museum
2 Kathedrale
3 Wachsfigurenkabinett
4 Fürstlicher Palast
5 Casino
6 Oper (Salle Garnier)
7 Hôtel de Paris
8 Café de Paris
9 Puppen- und Automatenmuseum
10 Cap Martin

Monaco – Monte Carlo

tionellen Erbmonarchie. 15 000 Grenz-
gänger kommen täglich aus Italien und
Frankreich an ihren Arbeitsplatz. Das
Spielcasino ist nur noch schöner Schein
des Gestrigen. Brachte es 1890 dem
Staat 95 % seiner Einnahmen ein, sind
es heute ganze 4 %. Heute bringen
Banken, deren Anzahl gemessen an der
Einwohnerzahl einmalig ist, das große
Geld. Radio und TV Monte Carlo geben
an der ganzen Côte den Ton an. Künstlich angelegte Strände sind dem Tourismus förderlich, doch den größten Coup
zur Landgewinnung landete Monaco
mit dem vom Meer abgetrotzten 31 ha

großen Stadtteil Fontvieille vor der
Westflanke des Monaco-Felsens. Es gibt
keine Grenzformalitäten. Monegassi-
sches Geld wird im Departement Alpes-
Maritimes akzeptiert, französisches in
Monaco.

Monaco

■ (S. 365) Die Altstadt Monaco-Ville
drängt sich auf einer 300 mal 80 Meter
großen Felsfläche. Vom ausgeschilder-
ten »Parking des Pêcheurs« bringen
Aufzüge die Besucher in die Grünflä-

chen neben dem **Musée océanographique** ▮1. 1899 wurde mit dem gigantischen Bau über der Steilklippe auf Weisung Prinz Albert I. begonnen, der ein fanatischer Meeresforscher war. In den 90 Becken, das größte faßt 40 000 l, schwimmen Exemplare der gesamten Mittelmeerfauna, wie auch so ziemlich jede Fischart, die in den Tropen oder Amazonien zuhause ist.

Der Pavillon des Stadtrates, das Palais de Justice und die neoromanische **Kathedrale** ▮2 mit der fürstlichen Grablegekapelle gruppieren sich ein paar Schritte über die Avenue St-Martin weiter zum weltlichen und kirchlichen Zentrum des Fürstentums. Die sehr überschaubare, trotz enger Gassen wenig heimelige Altstadt bietet außer dem **Wachsfigurenkabinett** in der Rue Basse (Musée de Cire ▮3: die Grimaldi-Saga) und dem Stilmischmasch des **Fürstlichen Palasts** ▮4 wenig. Touristischer Höhepunkt sind die farbenfrohen Wachwechsel vor dem Palais, auf dessen Dach ein Fähnchen die Anwesenheit Fürst Rainiers anzeigt. Drinnen stehen ein paar Salons sowie das Napoleon-Museum zur Besichtigung offen.

Monte Carlo und Cap Martin

Zwischen dem Monaco-Felsen und dem Küstenstreifen von Monte Carlo liegt das lebhafte Hafenviertel Condamine, das noch nicht zu Mammons Beute wurde. Bombastisches Zentrum von Monte Carlo blieb trotz zahlloser Wolkenkratzer das **Casino** ▮5 im ornamentverliebten Liberty-Stil an der Place du Casino, dem Nabel des glamourösen Monte Carlo. Der Architekt der Pariser Oper, Charles Garnier, schuf 1878 das

berühmteste Gebäude der Stadt. Spielcasino und **Oper (Salle Garnier)** ▮6 wurden so in einem überladenen Ensemble untergebracht, wenn auch deutlich getrennt. Ein zeitgenössischer Kritiker urteilte über das Casino so: »Eine Kathedrale der Hölle, die die beiden Hörner ihrer maurischen Türme über diesen Garten Eden der Perversität erhebt«. **Hôtel de Paris** ▮7 und **Café de Paris** ▮8 bilden mit dem Casino das Belle Epoque-Tortenstück am Platz, der in der von Blüten überbordenden Parkanlage der Allée des Boulingrins eine würdige Verlängerung erfährt. Einige Nobelhotels wie Métropole und Hermitage runden das prunkvolle Freilichtmuseum eines überschäumenden 19. Jh. ab. Garnier verewigte sich mit einer Villa an der Avenue Princesse-Grace ein zweites Mal, die jetzt **Musée de Poupées et Automates** ▮9 ist: 2000 mechanische Puppen und Spielautomaten aus der fürstlichen Sammlung.

Nach Osten schützt das **Cap Martin** ▮10 Monte Carlo. Aus dem dichten Pinien- und Eichenwald des zum Ufer hin unverbauten Kaps lugen luxuriöse Villen, von denen eine in den 20er Jahren von der Möbeldesignerin Eileen Gray entworfen wurde. Auch Le Corbusier war Stammgast am Kap, bevor er hier 1965 beim Baden ertrank. Der Architekt wurde auf dem Friedhof von Roquebrune-Cap-Martin begraben. Zum exklusiven Ambiente und der privilegierten Lage des Kaps gehört selbstverständlich auch ein Grandhotel aus der Belle Epoque. Hier stieg kurz nach der Eröffnung Kaiserin Sissi ab, der schönen Bäume wegen, heißt es, Kaiserin Eugénie tat desgleichen. Um die Landzunge führt eine Panoramastraße. Schöner ist jedoch der Fußweg »Promenade Le Corbusier«, der vom Kap in 2 Stunden bis zum Strand von Monte Carlo führt.

Menton

■ (S. 363) Menton, dessen lange Kieselstrände auf der Ostseite des Kaps nahtlos mit denen von Roquebrune-Cap-Martin verbunden sind, wirkt nach den Betonexzessen von Monte Carlo wie eine beschauliche Bilderbuchstadt des 19. Jh. »Weil es Mode ist oder aus Langeweile und aus Vergnügungslust reisen genauso viele Leute hierher wie wegen ihres schlechten Gesundheitszustandes«, notierte William Chambers 1870 in »Wintering in Menton«. Erst 10 Jahre zuvor hatte Menton wie Nizza die Eingliederung nach Frankreich durchgesetzt. Zusammen mit Roquebrune ging Menton für 4 Mio. Goldfrancs von Prinz Charles III. von Monaco an den französischen Kaiser Napoleon III. Es folgte eine Invasion betuchter englischer Wintergäste, die eine kräftige Bautätigkeit nach sich zog. Das architektonische Erbe aus dieser Zeit kann sich sehen lassen. Die Belle Epoque hat in Menton mit delirierendem Stuck und filigranem Fassadenwerk die schönsten Blüten getrieben, die bis heute eitel geputzt werden. Glorreich lebt somit die Welt des schönen Scheins in der letzten französischen Stadt an der Riviera weiter. Palace oder Palais ist das Mindeste, was vor die wohlklingenden Namen der Gästeresidenzen gehört. Dahinter bauen sich dramatisch felszinnengekrönte Berghöhen auf, die den Mistral zurückhalten; Mentons Jahresdurchschnittstemperatur liegt folglich bei rekordverdächtigen 16,3 °C. Üppige Grünanlagen aus dem 19. Jh. verfestigen weiter den Eindruck, daß in Menton die Zeit vor dem Beton stehengeblieben ist. Den alljährlichen Saisonauftakt bildet zur Karnevalszeit die seit 1934 mit Blumenkorso, Pflanzenschauen und reichlich Zitronen gefeierte »Fête du Citron«.

Zitrusfrüchte und Zitronenmarmelade sind neben ›gesunder‹ Bräune das bekannteste Erzeugnis der Stadt.

Ein Rundgang beginnt unter den Palmen der **Promenade du Soleil** immer längs des Kieselstrands in Richtung des alten Hafens. Hinter dem Casino, etwa auf der Mitte der Promenade du Soleil, verläuft die elegante **Avenue Boyer,** deren Grünanlagen, der Jardin Biovès, das Herz der Neustadt sind. Pompöse Belle Epoque-Bauten wie das **Palais de l'Europe** säumen die mit Orangen- und Zitronenbäumen bepflanzten Anlagen. Die Trausäle des **Hôtel de Ville** hat wie schon in Villefranche Cocteau ausgemalt. Zwischen Rue de la République und Uferpromenade fungiert die **Rue Felix-Faure** als Einkaufsmeile von Menton. Sie mündet auf die Place aux Herbes mit einer prachtvollen **Markthalle.** Wenn man die 1890 gebaute Halle durchquert, gelangt man erneut auf die Uferpromenade, die zum alten Hafen führt, wo man ein zweites Mal auf Cocteau stößt. Die Bastion wurde als **Musée Jean Cocteau** eingerichtet, nachdem der Künstler Fassade und Innenräume mit Mosaiken verschönert hatte. Vom alten Hafen und der Mole hat man den besten Blick auf die Altstadt von Menton, deren Häuser wie steile Blöcke in übereinander liegenden Kammreihen den Hang aufsteigen. Wie zwei Bonbonnieren setzen ganz oben die Türme der **Kirche St-Michel** und der **Chapelle de la Conception** der Altstadt barocke Hauben auf. Zum diesem ›kleinen Vatikan‹ von Menton leiten die Treppen des Parvis St-Michel hoch, der am Quai Bonaparte des alten Hafens beginnt. Am Ende des Quai beginnt der Sandstrand Plage des Sablettes.

Ein Abstecher nach Italien
Von Ventimiglia durch das Roya-Tal

Ventimiglia (frz. Vintimille) ähnelt mit seinem Stadtbild von Altstadt am Berg und Neustadt am Strand Menton, doch der Unterschied zwischen beiden Orten fällt auf den ersten Blick ins Auge. Ventimiglia hat trotz Palmen an der Uferpromenade nichts Herausgeputztes. Es ist eine Stadt, in der gearbeitet und erst in zweiter Linie Urlaub gemacht wird, wie die vielen Betriebe an der Mündung des Roya zeigen. Die Autos sind zwei Nummern kleiner, die Fassaden blasser, der Putz bröckeliger als in Menton. Höhepunkt der Woche ist der *mercato del venerdì*, der 2 km lange Freitagsmarkt am Ufer, zu dem auch die Massen von der französischen Côte strömen.

Ventimiglia ist Ausgangspunkt für eine Fahrt durch das tief in den Fels geschnittene Tal des Roya, an dessen Ende das Bergstädtchen Tende liegt. Tunnels erleichtern mittlerweile die Fahrt, doch zahllose Kehren und Schleifen über schwindelem Abgrund garantieren noch immer harte Arbeit am Steuer. Das erste Drittel der etwa 50 km langen Strecke führt durch Italien, bis bei Fanghetto wieder die Grenze zu Frankreich überschritten wird. Anfangs dichtbewaldet, nimmt die Vegetation mit steigender Höhe ab. Bergdörfer, von denen das komplett unter Denkmalschutz gestellte Saorge mit seinen

Kirchen und im Halbkreis aufstrebenden Wohnhäusern am beeindruckendsten ist, laden zur Pause ein. Tief in den Fels gegraben rauscht der Roya.

Auf 876 m ist Tende erreicht, durch dessen Hauptstraße der Wind vom

Sospel

gleichnamigen, 1000 m höher gelegenen Kamm Col de Tende heftig blasen
kann. Der Kirchturm, ein einsam aufra-
gendes letztes Stück Mauer der zerstörten Burg sowie der in Terrassen am
Hang angelegte Friedhof bestimmen
die Stadtsilhouette. Der Ort kam erst
1947 per Volksentscheid unter die französische Trikolore, da Napoleon III. 1860
galanterweise das Mercantour-Massiv
Emmanuel II. von Italien als Jagdrevier
beließ. An der spätgotischen Kirche Ste-
Marie-des-Bois zieren die für das Roya
Tal typischen Blumengirlanden in Altrosa die Ostfassade, die in ihrer Heiter-

keit mit den ebenfalls typischen, abweisend kargen Fassaden der hochgeschossenen Häuser kontrastieren.

Wer von Tende zurück nach Menton
fahren will, kann alternativ zur Strecke
über Ventimiglia kurz vor Breil-sur-Roya
auf die D 2204 in Richtung Sospel ein-
biegen. Sospels mittelalterliche Straßenzüge folgen dem Verlauf der Ufer
der Bévera und belegen durch die reiche Architektur von Arkadenfassaden,
Karmeliterkloster und Pfarrkirche die
Blüte des Städtchens im 18. Jh. Von Sospel schlängelt sich die D 2566 bis Menton.

 Information

 Unterkunft

 Camping

 Restaurants

 Sehenswert

 Öffnungszeiten

 Einkaufen

 Veranstaltungen

 Nachtleben

 Strände

 Bus

 Fährverbindung

 Flugverbindung

Serviceteil

Serviceteil

So nutzen Sie den Serviceteil richtig

▼ Das erste Kapitel, **Adressen und Tips von Ort zu Ort**, listet die im Reiseteil beschriebenen Orte in alphabetischer Reihenfolge auf. Zu jedem Ort finden Sie hier Empfehlungen für Unterkünfte und Restaurants sowie Hinweise zu den Öffnungszeiten von Museen und anderen Sehenswürdigkeiten, zu Festen, Unterhaltungsangeboten etc. Piktogramme helfen Ihnen bei der raschen Orientierung.

▼ Die **Reiseinformationen von A bis Z** bieten von A wie ›Anreise‹ bis Z wie ›Zeitungen‹ eine Fülle an nützlichen Hinweisen – Antworten auf Fragen, die sich vor und während der Reise stellen.

Bitte schreiben Sie uns, wenn sich etwas geändert hat!
Alle in diesem Buch enthaltenen Angaben wurden von den Autoren nach bestem Wissen erstellt und von ihnen und dem Verlag mit größtmöglicher Sorgfalt überprüft. Gleichwohl sind – wie wir im Sinne des Produkthaftungsrechts betonen müssen – inhaltliche Fehler nicht vollständig auszuschließen. Daher erfolgen die Angaben ohne jegliche Verpflichtung oder Garantie des Verlages oder der Autoren. Beide übernehmen keinerlei Verantwortung und Haftung für etwaige inhaltliche Unstimmigkeiten. Wir bitten daher um Verständnis und werden Korrekturhinweise gerne aufgreifen:
DuMont Buchverlag, Mittelstraße 12–14,
50672 Köln.

Inhalt

Adressen und Tips von Ort zu Ort

Preiskategorien: Die Hotels wurden folgendermaßen eingestuft: FFFFFF = DZ 2200-3000 Francs, FFFFF = DZ 1500-2200 Francs, FFFF = DZ 600-1500 Francs, FFF = DZ 350-600 Francs, FF = DZ 250-350 Francs, F = DZ 80-250 Francs.

Telefonnummern: Achtung! Ab Herbst 1996 werden die französischen Telefonnummern zehnstellig. Vor alle achtstelligen Nummern der Region Provence/Côte d'Azur muß 04 gesetzt werden.

Aigues-Mortes (30220)

 Office de Tourisme: porte de la Gardette, ☎ 66 53 73 00

 Hotels: Hostellerie des Remparts, FF–FFF, 6, place Anatole-France, ☎ 66 53 82 77, Fax 66 53 73 77, zentral, nah an der Tour de Constance gelegen; einige Zimmer mit Blick auf die Wehranlagen

Les Templiers, FFF–FFFF, 23, rue de la République, ☎ 66 53 66 56, Fax 66 53 69 61, stimmungsvolles Haus aus dem 17. Jh., im mittelalterlichen Stadtzentrum; freundlicher Empfang

 Restaurant: Les Arcades, 23, boul. Gambetta, ☎ 66 53 81 13: in diesem stilvollen Gemäuer aus dem16. Jh. – oder auf seiner Gartenterrasse – werden hauptsächlich Meeresfrüchte serviert

 Besichtigung: Tour Constance, Juni–Aug. 9–19 Uhr, April/Mai und Sept. 9.30–12 und

14–18 Uhr, Okt.–März 9.30–12 und 14–17 Uhr, geschl. 1. Jan., 1. Mai, 1. und 11. Nov. und 25. Dez. Führungen durch die Salzgärten (*salines*) finden im Juli und Aug. Mi und Fr nachmittag statt, Auskunft im Fremdenverkehrsamt

 Markt: Wochenmarkt, Mi und So

Aiguines (83630)

 Hotel: Hôtel du Grand Canyon du Verdon, FF–FFF, Falaise de Cavaliers, D 71, ☎ 94 76 91 31, Fax 94 76 92 29: komfortable Unterkunft im Herzen der Verdon-Schlucht auf einem Berg; ein idealer Ausgangspunkt für Wanderungen

 Restaurants: Altitude 823, ☎ 94 70 21 09: aus der Höhe von 823 m hat man einen wunderbaren Blick auf den Ste-Croix-See; Gerichte der Region.

Grand Canyon du Verdon (s. o.): Hotel-Restaurant mit Wild- und Trüffelspezialitäten

Aix-en-Provence (13100)

 Office de Tourisme: 2, place du Général-de-Gaulle, ☎ 42 16 11 61. **Post:** 2, rue Lapierre

 Hotels: Le Prieuré, F–FFF, route des Alpes, ☎ 42 21 05 23, 3 km vor Aix gelegenes romantisches Hotel in einem ehemaligen Kloster aus

dem 17. Jh., komfortable Zimmer mit schönem Blick auf den Park Lenfant, im Sommer Frühstück auf den bepflanzten Terrassen

La Renaissance, F–FFF, 4, boul. de la République, ✆ 42 26 04 22, Fax 42 21 27 29, sehr zentral gelegenes, ruhiges Hotel, Parkplatz hotelnah

Résidence Rotonde, FF–FFF, 15, av. des Belges, ✆ 42 26 29 88, mitten im alten provenzalischen Stadtkern gelegen, ansprechende, lärmgeschützte Zimmer, von denen die angenehmsten auf den Hof hinausgehen

Bleu Marine, FFF, route de Galice, ✆ 42 95 04 41, Fax 42 59 47 29, hervorragend ausgestattetes Hotel mit ruhigen Zimmern, freundlichem Empfang und üppigem Frühstück, Piano-Bar; in der Nähe des einstigen Anwesens von Paul Cézanne

Hôtel des Augustins, FFF–FFFF, 3, rue Masse, ✆ 42 27 28 59, Fax 42 26 74 87, zentrales, luxuriöses Hotel mit beeindruckender Empfangshalle; Zimmer und Bäder wurden kürzlich renoviert

Château de la Pioline, FFFF(FF), Pôle commerciale de la Pioline les Milles, ✆ 42 20 07 81, Fax 42 59 96 12, Luxushotel in einem geschmackvoll eingerichteten Gebäude aus dem 16. und 17. Jh., Zimmer mit Blick auf Hof und Springbrunnen oder den französischen Garten; Freibad und Tennisplatz

Villa Gallici, FFFF(FF), av. de la Violette, ✆ 42 23 29 23, Fax 42 96 30 45, im Stil einer provenzalischen Villa, mitten im Stadtzentrum, Ruhepol mit Pool, herrlichem Garten und Terrasse

Restaurants: Le Clos de la Violette, 10, av. de la Violette, ✆ 42 23 30 71, raffinierte, variationsreiche Küche, mit einem Michelin-Stern, gutes Preis-Leistungs-Verhältnis, elegantes Ambiente, schattige Terrasse

Chez Maxime, 12, place Ramus, ✆ 42 26 28 51, einladendes Bistro mit guten Fleischgerichten und verführerischen Desserts, reichhaltige und gute Weinkarte

Le Dernier Bistro, 19, rue Constantin, ✆ 42 21 13 02, bekanntes Haus im Stadtzentrum, einfache und gute Gerichte, schöne Atmosphäre

La Brocherie, 5, rue Fernand-Dol, ✆ 42 38 33 21, rustikales Haus für Liebhaber von Fischgerichten

Les Deux Garçons, 53, cours Mirabeau, ✆ 42 26 00 51, traditionsreiches Café und Restaurant, provenzalisch beeinflußte Küche, im Sommer draußen unter schattigen Platanen, vornehmer und beliebter Szene-Treff

 Museen: Atelier Paul Cézanne, 9, av. Paul-Cézanne, 10–12 und 14–17 Uhr, Juni–Sept. 14.30–18 Uhr, Di und an Feiertagen geschl.

Fondation Vasarély, av. Marcel-Pagnol, Stadtteil Jas de Bouffan, 9.30–12.30 und 14–17.30 Uhr, Sept.–Juni Di geschl.

Musée Granet, place St-Jean-de-Malte, 10–12 und 14–18 Uhr, Di und an Feiertagen sowie 26. Dez. und 2. Jan. geschl.

Musée Paul Arbaud, rue du 4-Septembre, 14–17 Uhr, So und Sept. geschl.

Musée des Tapisseries, place des Martyrs-de-la-Résistance, 10.30–18 Uhr, Di geschl.

Musée d'Histoire naturelle (Naturkundemuseum), 6, rue Espariat, 10–12 und 14–18 Uhr, So vormittag geschl.

Besichtigungen: Kathedrale St-Sauveur, 34, place des Martyrs-de-la-Résistance, 7.30–12 und 14–18 Uhr. Triptychon, 10–11.30 und 14–16.30 Uhr, So geschl.

Palais de l'ancien Archevêché (ehemaliger Erzbischöflicher Palast), 28, place des Martyrs-de-la-Résistance, 10.30–18 Uhr, Di geschl.

Kreuzgang, place de l'Archevêché

Madeleine-Kirche, place des Prêcheurs, Juli–Aug. 15–18.45 Uhr

Kirche St-Jean-de-Malte, place St-Jean-de-Malte, 9–12 und 15–19 Uhr, Schlüssel beim Presbyterium, 24, rue d'Italie

Oppidum Entremont, 2,5 km nördlich von Aix an der D 14 gelegen, 9–12 und 14–18 Uhr, Di geschl.

Thermes Sextius, boul. Jean-Jaurès/cours Sextius

Pavillon Vendôme, 34, rue Celony, ✆ 42 21 05 78, im Winter 8.40–12 und 14–17 Uhr, im Sommer 14–18 Uhr, Di geschl.

Pavillon de Lenfant, 346, route des Alpes, Les Pinchinats, Mo–Fr 8.30–17 Uhr, Besuch des Gartens auf Nachfrage

Palais de Justice, place de Verdun, Mo–Fr 9–12 und 14–17 Uhr

Tour de l'Horloge (Uhrturm), place de l'Hôtel de Ville/rue Gaston-de-Saporta

Markt: Wochenmarkt, place Richelme, täglich, und place de Prêcheurs, täglich, So nur vormittags. Blumenmarkt, place de l'Hôtel de Ville, Di, Do, Sa vormittag, und place des Prêcheurs, Kirche Ste-Marie-Madeleine, So, nur vormittags. Flohmarkt, place de Verdun, Di, Do, Sa

Einkaufen: Pâtisserie Riederer, 6, rue Thiers, Torten und Gebäck aus der Provence. Confiserie d'Entrecasteaux, 2, rue d'Entrecasteaux, Mandelkonfekt-Spezialitäten. Olivenladen, 22, av. Henri-Pontier

Veranstaltungen: Festival de la Photographie mit Ausstellungen, Vorträgen und Fotosessions auf den Straßen, Mai–15. Juli. Festival International de la Danse, Juli, Informationen und Karten ✆ 42 63 06 75. Festival d'Aix (Opern- und Konzertfestival im Hof des Erzbischofspalastes, der Kathedrale, dem Kreuzgang und dem Palais Maynier d'Oppède), Juli, Informationen und Karten ✆ 42 17 34 00

 Bahnhof: av. Victor-Hugo, ✆ 91 08 50 50

 Busbahnhof: rue Lapierre, ✆ 92 27 82 54

Allemagne-en-Provence (04500)

 Hotel: Du Moulin, FF, ✆ 92 74 53 09, Fax 92 77 43 09

Ansouis (84240)

 Office de Tourisme: im Rathaus, ✆ 90 09 86 98

 Hotel/Restaurant: Le Jardin d'Ansouis, F, rue du Petit-Portail, ✆ 90 09 89 27, Fax 90 09 89 27, Gästehaus und Café mit hübschem Garten

 Besichtigung: Château d'Ansouis, oberhalb des Dorfes auf einem Felsvorsprung, 14.30–18 Uhr, in den Schulferien Di geschl.

Antibes (06600)

 Office de Tourisme: 11, place du Général-de-Gaulle, ✆ 93 33 95 64. **Post:** rue Lacan

Hotels: Le Ponteil, F–FF,
impasse Jean-Mensier,
📞 93 34 67 92, Fax 93 34 49 47, kleines
Haus der Logis-de-France-Kette; Garten
Auberge Provençale, F–FFF, 61, place
Nationale, 📞 93 34 13 24, Fax
93 34 89 88, sehr kleines Logis-de-
France-Hotel an einem schönen Platz,
provenzalisch eingerichteten Zimmer
La Gardiole, FF–FFF, 74, chemin de la
Garoupe, Cap d'Antibes, 📞 93 61 35 03,
Fax 93 67 61 87, ruhiges Haus mit schö-
ner Terrasse, Zimmer zum Teil mit
Meerblick; Garten
Castel Garoupe Axa, FFF–FFFF, 959,
boul. de la Garoupe, Cap d'Antibes,
📞 93 61 36 51, Fax 93 67 74 88, das
ruhige Haus liegt in einem Garten in
der Nähe der Plage de la Garoupe,
Zimmer zum Teil mit eigener Terrasse
und Kochmöglichkeit, Swimmingpool
Royal, FFFF, boul. Maréchal-Leclerc,
📞 93 34 03 09, Fax 93 34 23 31, schön
gelegenes Hotel mit Privatstrand und
Terrasse
Grand Hôtel du Cap, FFFF(FF), boul.
Kennedy, Cap d'Antibes, 📞 93 61 39 01,
Fax 93 67 76 04, traumhaftes Luxusho-
tel mit einem wunderschönen Park am
Kap – sündhaft teuer, Swimmingpool,
Privatstrand

Camping: Zahlreiche Camping-
plätze liegen nördlich von Anti-
bes in La Brague in der weiten Baie des
Anges
Antipolis ****, av. du Pylône, La Bra-
gue, 📞 93 33 93 99, Fax 92 91 02 00,
1. April–30. Sept., Einkaufsmöglichkeit,
Restaurant, Bar, Swimmingpool, Ten-
nisplatz
Le Pylône ****, av. du Pylône,
BP 32, La Brague, 📞 93 33 52 86,
Fax 93 33 30 54, ganzjährig geöffnet,
Einkaufsmöglichkeit, Restaurant, Bar
Swimmingpool

Restaurants: Le Marquis,
4, rue de Sade, 📞 93 34 23 00,
feine provenzalische Küche, rustikaler
Speisesaal, in der Nähe des Marktes
La Jarre, 14, rue St-Esprit,
📞 93 34 50 12, sehr gute traditionelle
französische und provenzalische Küche,
liebevoll eingerichteter Speisesaal und
schattige Terrasse, nahe des Picasso-
Museums
Les Vieux Murs, promenade Amiral-
de-Grasse, 📞 93 34 06 73, gehobene
provenzalische Küche in historischem
Ambiente, nahe des Picasso-Museums
L'Oursin, 16, rue de la République,
📞 93 94 13 46, einfaches Restaurant
mit schmackhaften Fischgerichten und
Meeresfrüchten, sehr freundlicher
Service
Bacon, boul. de Bacon, Cap d'Antibes,
📞 93 61 50 02, vorzügliche Fischgerichte und Meeresfrüchte, berühmt für
die Bouillabaisse, Meerblick
Pavillon Eden-Roc, boul. Kennedy,
Cap d'Antibes, 📞 93 61 39 01, Nobelrestaurant mit traumhafter Aussicht über
das Meer

 Museen: Musée Picasso,
place Mariejol, Château de
Grimaldi, 15. Juni–15. Sept. 10–12 und
15–19 Uhr, sonst 10–12 und 14–18 Uhr,
Di geschl.
Musée d'Histoire et d'Archéologie
(Archäologisches Museum), Les Remparts, Bastion St-André, 15. Juni–15.
Sept. 9–12 und 14–19 Uhr, sonst 9–12
und 14–18 Uhr, Di geschl.
Musée Peynet, 23, place Nationale,
10–12 und 14–18 Uhr, Di geschl.
Musée de la Tour (Stadtmuseum),
portail de l'Orme, Juni–Sept. Mi, Do
und Sa 16–19 Uhr, sonst 15–17 Uhr
Musée naval et napoléonien,
av. Kennedy, Cap d'Antibes,
15. Juni–15. Sept. 9–11.45 und

14–18.45 Uhr, sonst 9–11.45 und 14–17.45 Uhr, Di geschl.
Besichtigung: Fort Carré, route du Bord-de-Mer (N 98 Richtung Vallauris), nur im Juli/Aug. zu besichtigen
Marineland, La Brague (an der N 7/D 4), 11–22 Uhr
Jardin Thuret, boul. du Cap/chemin Raymond, Cap d'Antibes, Mo–Fr 8–20 Uhr
Phare de la Garoupe (Leuchtturm), Cap d'Antibes, 8.30–12 und 14.30–17 Uhr, Sa und So geschl.
Notre-Dame-de-la-Garoupe, Cap d'Antibes, im Sommer 10–12 und 14.30–19.30 Uhr

Markt: sehr schöner provenzalischer Wochenmarkt, cours Masséna, täglich außer Mo 6–12 Uhr. Trödelmarkt, place Audiberti, Do 6–18 Uhr
Einkaufen: Crème d'Olive, 29, rue James-Close, Oliven, Olivenöle, Gewürze, Öle – ein Fest für Gaumen und Nase. L'Etable, 1, rue de Sade, Käse

Veranstaltungen: Fête de la mer – mit ›Blumenschlacht‹, Juni. Prozession der Seeleute am Cap d'Antibes, 1. Do im Juli. Jazzfestival, Juli/Aug.

Nachtleben: mehrere Diskotheken, Nachtclubs und Bars. ›In‹ ist noch immer die Disco La Siesta an der Küstenstraße in Richtung Nizza, ✆ 93 33 31 31, getanzt wird auf sieben Tanzflächen in exotischem Ambiente

Strände: die schöneren Strände besitzt Juan-les-Pins. Die Plage de la Salis, der sandige Hauptstrand von Antibes, und die weiter geschwungene Plage de la Gravette sind stets überfüllt. Plage de la Garoupe, netter, kinderfreundlicher Sandstrand in einer schönen Bucht an der Ostseite des Kaps

 Bahnhof: place de la Gare/av. Robert-Soleau, ✆ 93 33 63 51

 Busbahnhof: place Guynemer, ✆ 93 34 37 60

Apt (84400)

 Office de Tourisme: 4, av. Philippe-de-Girard, ✆ 90 74 03 18

Hotels: Relais de Roquefure, F–FF, Saignon (6 km südöstlich von Apt über N 100), ✆ 90 04 88 88, Fax 90 74 69 78, ländliches Hotel (Logis de France) mit Park für Naturliebhaber, großes Reitsportzentrum in der Nähe
Auberge du Lubéron, FF–FFF, 17, quai Léon-Sagy, ✆ 90 74 12 50, Fax 90 04 79 49, kleines Hotel der Logis-de-France-Kette mit Garten nahe des historischen Stadtkerns

Restaurants: Le Lubéron (s. o.): Hotel-Restaurant der gehobenen Klasse
Bernard Mathys, Le Chêne (2,5 km westlich von Apt über N 100), ✆ 90 04 84 64, frische, schmackhafte Küche in einer restaurierten alten Mühle im Grünen, exzellenter Weinkeller und vernünftiges Preis-Leistungs-Verhältnis (Richtig Reisen Tip S. 191)

 Museum: Musée d'Archéologie, 27, rue de l'Amphithéâtre, Juni–Sept. 10–12 und 14–17 Uhr, Di geschl.
Besichtigung: Kathedrale Ste-Anne, rue des Marchands, Mai–Sept. 9.30–12 und 15–19 Uhr

Markt: Sa 6–12 Uhr
Einkaufen: Aptunion, route d'Avignon (2 km von Apt entfernt), kandierte Früchte direkt ab Werk

Veranstaltung: Santon-Messe, Nov.

Arles (13200)

 Office de Tourisme: espl. des Lices, ℘ 90 18 41 20, oder im Bahnhof. Verkehrsbüro zuständig für Arles-Camargue: 35, place de la République (ehemaliger Erzbischofs-palast), ℘ 90 96 29 35 und 90 93 49 11.
Post: boul. des lices

Hotels: Le Cloître, F–FF, 18, rue du Cloître, ℘ 90 96 29 59, Fax 90 96 02 88, altes Stadthaus mit Charme; zentral und still
Calendal, F–FF, 22, place de Pomme, ℘ 90 96 11 89, Fax 90 96 05 84, sehr zentral gelegenes Haus mit kleinem, schönen Garten und gemütlichen Zimmern
Musée, F–FFF, 11, rue du Grand-Prieuré, ℘ 90 93 88 88, Fax 90 49 98 15, repräsentatives Stadthaus aus dem 17. Jh. nahe Thermen und Musée Réattu, Swimmingpool und schöner Innenhof zum Frühstücken
Mireille, FF–FFF, 2, place St-Pierre, ℘ 90 93 70 74, Fax 90 93 87 28, das auf der anderen Rhône-Seite im Quartier Trinquetaille, sehr netter Service, Swimmingpool und schöner Garten
D'Arlatan, FFF–FFFF, rue du Sauvage (Nähe place du Forum), ℘ 90 93 56 66, Fax 90 49 68 45, prächtiges Stadthaus komfortable Zimmer im provenzalischen Stil, Innenhof, Garten und Terrasse
Nord Pinus, FFFF, place du Forum, ℘ 90 93 44 44, Fax 90 93 34 00, in die-sem legendären Hotel mitten im Zentrum an einem der schönsten Plätze von Arles steigen die Toreros ab – rechtzeitig buchen ist notwendig

 Restaurants: Vitamine, 16, rue Docteur-Fanton, ℘ 90 93 77 36, die Adresse für Vegetarier
L'Affenage, 4, rue Molière, ℘ 90 96 07 67, stilvoll im Pferdestall eines Postrelais' untergebracht, deftige provenzalische Küche, gemütliche Atmosphäre
Vaccarès, place du Forum (Eingang rue Favorin), ℘ 90 96 06 17, mit Blick über die place du Forum, die raren Balkonplätze rechtzeitig reservieren, traditionelle provenzalische Küche
L'Olivier, 1 bis, rue Réattu, ℘ 90 49 64 88, originale regionale Feinschmeckerküche, in einem alten Palais mit Gewölben, geweißten Balken und Kacheln (Richtig Reisen Tip S. 104)
La Paillotte, 28, rue Docteur-Fanton, ℘ 90 96 33 15, sehr empfehlenswerte provenzalische Küche

 Museen: Fondation van Gogh, Palais de Luppée, 26, rond-point des Arènes, 9.30–12.30 und 14–19 Uhr
Musée Réattu, rue du Grand-Prieuré, Mai–Sept. 9–12.30 und 14–19 Uhr, Okt. 10–12.30 und 14–18 Uhr, Nov.–Jan. 10–12.30 und 14–17 Uhr, Feb.–April 10–12.30 und 14–19.30 Uhr, an Feiertagen geschl.
Musée de la Photographie, Commanderie Ste-Luce, rue du Grand-Prieuré, Juni–Sept. 9–12.30 und 14–19 Uhr, Okt. 10–12.30 und 14–18 Uhr, Nov.–Jan. 10–12.30 und 14–17 Uhr, Feb.–April 10–12.30 und 14–19 Uhr, Mai 9.30–12.30 und 14–19 Uhr
Musée d'Art païen (Museum für nichtchristliche Kunst), place de la

République, im Sommer 8.30–19 Uhr, im Winter 9–12 und 14–16.30 Uhr, geschl. 1. Jan.–1. Mai und 1. Nov.– 25. Dez.

Musée d'Art chrétien (Museum für christliche Kunst), rue Balze, Jan./Feb. 9–10 und 14–16.30 Uhr, März/April 9–12.30 und 14–18 Uhr, Mai/Sept. 9–12.30 und 14–19 Uhr, Okt. 9–12.30 und 14–18 Uhr, Nov./Dez. 9–12 und 14–18.30 Uhr

Muséon Arlaten (Heimatmuseum), 29, rue de la République, Nov.–März 14–17 Uhr, April/Mai und Sept. 14–18 Uhr, Juni–Aug. 9–12 und 14–19 Uhr, Mo geschl.

Besichtigung: Kreuzgang der Kathedrale St-Trophime, place de la République, April–Sept. 9–12.30 und 14–19 Uhr

Théâtre antique (Römisches Theater), rue du Cloître, Mai–Sept. 9–12.30 und 14–19 Uhr, Nov.–Feb. 9–12 und 14–16.30 Uhr, März/Okt. 9–12.30 und 14–18 Uhr, April 9–12.30 und 14–18.30 Uhr

Les Arènes (Amphitheater), rond-point des Arènes, geöffnet wie das römische Theater

Thermes de Constantin (Thermen), rue Dominique-Maisto, im Sommer 8.30–19 Uhr, im Winter 9–12 und 14–16.30 Uhr

Hôtel de Ville, place de la République/rue de l'Hôtel de Ville, Mo–Fr 8–18 Uhr

 **Markt:** Mi (boul. Emile-Combes und boul. des Lices) und Sa vormittag (boul. Georges-Clémenceau und boul. des Lices) großer provenzalischer Markt (einer der schönsten der Provence)

Einkaufen: Pierre Milhau, 11, rue Réattu, kulinarische Spezialitäten, sehr gute Saucisson d'Arles, eine Trocken-

wurst aus Schweine- und Rindfleisch mit Kräutern der Provence. Savonnerie du Forum, place du Forum, Seifen aus rein pflanzlichen Stoffen. Elisabeth Ferriol, 4, rue du 4-Septembre, die Santons (provenzalische Krippenfiguren) zählen zu den schönsten der Region

 Veranstaltungen: Internationale Santon-Ausstellung (Krippenfiguren) Jan., ✆ 90 96 29 35. Feria (Eröffnung der Stierkampfsaison), April. Fête des Gardians (Fest der Camargue-Hirten), 1. Mai mit Straßenumzug und Reiterspielen im Amphitheater. Fest zu Ehren des hl. Jean mit arlesischen Tanzvorführungen, 23. Juni. Cocarde d'Or (wichtigster provenzalischer Stierkampf in Arles), 1. Juliwochenende. Internationales Fotografiefestival, Juli, ✆ 90 96 76 06. Musik-, Tanz- und Theaterfestival, Juli, ✆ 90 96 76 06. Prémices du Riz (Reisfest mit Corridas und folkloristischem Straßenkorso), Mitte Sept., ✆ 90 96 29 35

 **Fahrten auf der Rhône:** Richtung Stes-Maries-de-la-Mer, Reservierungen unter ✆ 90 96 29 35

Bahnhof und Busbahnhof: av. de Stalingrad, nördlich der Altstadt am Rhône-Ufer (5 Min. Fußweg zum Zentrum)

Aubagne (13400)

Office de Tourisme: rue Antide-Boyer, ✆ 42 03 49 98

Hotels: De l'Etoile, F–FF, N 396 (Autobahnausfahrt Pont de l'Etoile), ✆ 42 04 55 54, Fax 42 04 59 78, ruhiges Hotel mit Garten in Familienbesitz (Logis de France), Freibad

Hostellerie de La Source, FFF–FFFF, St-Pierre-lès-Aubagne, ✆ 42 04 09 92 und 42 04 09 19, Fax 42 04 58 72, sehr ruhiges Hotel mit schattiger Terrasse; freundlicher Service; Schwimmbad

 Restaurant: La Ferme, chemin Ruissatel la Font-de-Mai, ✆ 42 03 29 67, provenzalisches Haus in bezauberder Landschaft, vernünftige Preisen

 Besichtigung: Santon- und Keramikwerkstätten: Adressen im Office de Tourisme, 9–12 und 15–18 Uhr

 Markt: Santon-Messen auf dem cours Maréchal-Foch, Mitte Juli–Ende Aug. und im Dez.

Aups (83630)

 Office de Tourisme: place de la Mairie, ✆ 94 70 00 80

 Hotels: Le San Marc, F, rue Aloïsi, ✆ 94 70 06 08, kleines Hotel mit gut ausgestatteten Zimmern
Grand Hôtel, F–FF, place du Gendarme-Duchatel, ✆ 94 70 10 82, freundliche Atmosphäre, angenehme Zimmer, direkt neben der Kirche
Le Calalou, FFF–FFFF, in Moissac-Bellevue (an der D 9 nordöstlich von Aups), ✆ 94 70 17 91, Fax 94 70 50 11, komfortables Haus, sehr ruhig

 Restaurant: L'Olivier, Restaurant im Le Calalou (s. o.), gute Küche, im Sommer auf der schönen Terrasse mit Ausblick

 Markt: Wochenmarkt, Mi und Sa

Avignon (84000)

 Office de Tourisme: 41, cours Jean-Jaurès, ✆ 90 82 65 11. Regionales Fremdenverkehrsamt des Departement Vaucluse: place Campana, ✆ 90 86 43 42. **Post:** rue St-Charles/ cours Président-Kennedy

 Hotels: Médiéval, F–FF, 15, rue Petite-Saunerie, ✆ 90 86 11 06, Fax 90 82 08 64, mitten in der Stadt nahe des Papstpalastes gelegen, aber dennoch relativ ruhig, Etwas düstere Zimmer, mit Kochgelegenheit, sehr schöner Patio
Mignon, F–FF, 12, rue Joseph-Vernet, ✆ 90 82 17 30, Fax 90 85 78 46, nahe des Papstpalastes gelegen, macht seinem Namen – *mignon* bedeutet reizend – alle Ehre, schallisolierte, nett eingerichtete Zimmer
Cité des Papes, FFF, 1, rue Jean-Vilar, ✆ 90 86 22 45, Fax 90 27 39 21, beim Papstpalast, modern eingerichtetes neues Haus mit geschmackvollen Zimmern
La Mirande, FFFF(F), 4, place de l'Amirande, ✆ 90 85 93 93, Fax 90 86 26 85, eine Oase der Ruhe mitten in der Stadt, charmantes individuelles Stadtpalais aus dem 17. Jh. mit hohem Standard, komfortable, äußerst geschmackvolle Zimmer, idyllischer Garten

 Restaurants: Les Domaines, 28, place de l'Horloge, ✆ 90 82 58 86, traditionelle Gerichte – doch vor allem die Weinkarte lockt
Christian Etienne, 10–12, rue de Mons, ✆ 90 86 16 50, gute Küche, empfehlenswert Lammrücken mit Kräutern und Knoblauchsoße; schöner Blick von der Terrasse auf den Papstpalast
Hiély Lucullus, 5, rue de la République, ✆ 90 86 17 07, der Koch gilt als

einer der besten Avignons, sehr gute traditionelle Küche mit Pfiff, Spezialitäten: Lamm, Kaninchenrücken, Seezunge; gute weiße Côtes-du-Rhône-Weine
La Fourchette II, 17, rue Racine, ✆ 90 82 20 93, günstigerer Ableger von Hiély Lucullus, ausgezeichnete Hausmannskost und regionale Küche, lecker: Spanferkelfilet mit frischem Basilikum und Goldbrassenfilet mit frischen Tomaten in Senfsauce; große Palette an Desserts
Le Restaurant de Desserts, 11–13, rue de la Balance, ✆ 90 82 32 10, der Name ist Programm, aufregende Auswahl an Süßspeisen, z. B. Pfirsiche mit Lavendel

 Museen: Musée du Petit-Palais, place du Palais-des-Papes, 9–11.50 und 14–18 Uhr, Di geschl.
Musée Calvet, 5, rue Joseph-Vernet, ✆ 90 86 33 84, voraussichtlich ab Juli 1996 wieder geöffnet
Musée lapidaire (Lapidarium), 27, rue de la République, 10–12 und 14–18 Uhr, Di geschl.
Maison Jean-Vilar, 8, rue du Mons, Di–Fr 9–12 und 14–18 Uhr, Sa 10–17 Uhr, So und Mo geschl.
Besichtigungen: Pont St-Bénézet, im Sommer 9–18.30 Uhr, im Winter 9–17.30 Uhr, Di und feiertags geschl.; Führungen n. V., Mindestteilnehmerzahl 10 Personen
Palais des Papes (Papstpalast mit Museum), place du Palais-des-Papes, im Sommer von 9–19 Uhr, im Winter 9–12 und 14–18 Uhr
Cathédrale Notre-Dame-des-Doms, place du Palais-des-Papes, April–Sept. 7–19 Uhr
Rocher des Doms, 7.30–19.30 Uhr
Theater, place de l'Horloge, ✆ 90 82 23 44

 Markt: bekannter Trödelmarkt, Sa, place Crillon. Flohmarkt, So, place des Carmes. Blumenmarkt, Mi, place Pie
Einkaufen: Patisserie La Tropézienne, 22, rue St-Agricol, regionale Kuchenspezialitäten und Landbrote. Chapellerie Mouret, 20, rue des Marchands, erste Hutfabrik Frankreichs. Comité Interprofessionnel des Vins d'AOC Côtes-du-Rhône, 6, rue Trois-Faucons, Côtes-du-Rhône-Weine

 Veranstaltungen: Festival d'Avignon (Theater, Tanz, Musik), Juli/Aug. Reservierungen unter folgender Anschrift: Festival d'Avignon, St-Louis-d'Avignon, rue Portail-Bocquier, 84000 Avignon, ✆ 90 14 14 14 (ab Anfang Juni 10–18 Uhr). Festival Off (Theater, Tanz, Musik), Juli/Aug. Reservierungen unter folgender Anschrift: Bureau d'Accueil, Avignon Public Off, place du Palais-des-Papes, 84000 Avignon, ✆ 90 85 79 62

 Bahnhof: hinter dem Busbahnhof, ✆ 90 82 50 50

 Busbahnhof: av. Monclar (Nähe pointe de la République im Süden der Stadt)

Bandol (83150)

 Office de Tourisme: allées Vivien, BP 45, ✆ 94 29 41 35

 Hotels: Le Commerce, F, rue des Tonnelières, ✆ 94 29 52 19, einfache, ordentliche Zimmer in Hafennähe
Auberge des Pins, FF, route du Beausset, quartier des Hautes, ✆ 94 29 59 10, Fax 94 32 43 46, ruhiges,

schön gelegenes Logis-de-France-Haus, ca. 3 km zum Stadtzentrum und Strand
Master Ker-Mocotte, FF–FFFF, 103, rue Raimu, ☎ 94 29 46 53, Fax 94 32 53 54, ehemalige Villa Raimus, sehr ruhiges Haus mit Terrasse und Garten am Hang mit altem Baumbestand
Golf, FFF–FFFF, place Rénecros (über boul. Louis-Lumière), ☎ 94 29 45 83, Fax 94 32 42 47, direkt am Strand in einem alten Spielkasino, Garten, schöner Blick, frühzeitig reservieren
Le Délos Palais, FFF–FFFF, Ile de Bendor, ☎ 94 32 22 23, Fax 94 32 41 44, 600 m vom Strand entfernt liegt das sehr ruhige Haus auf der Ile de Bendor, sehr komfortable Zimmer; Meerwasserschwimmbad

 **Camping: Vallongue*****, route de Marseille, ☎ 94 29 49 55, Ostern–30. Sept., 2 km vom Meer entfernt, relativ schattiger Platz, Einkaufsmöglichkeit, Restaurant, Bar

 Restaurants: Auberge du Port, 9, allée Jean-Moulin, ☎ 94 29 42 63, gilt als das beste Restaurant in Bandol; Fischspezialitäten: Rotbarbensalat mit Basilikum, mit Fenchel gegrillte Dorade; gute Bandol-Weine auf der Karte, angemessene Preise
Les Oliviers, 17, boul. Louis-Lumière, ☎ 94 29 46 86, ausgezeichetes Feinschmeckerlokal mit regionalen Weinen; schöne Speisezimmer und Terrasse

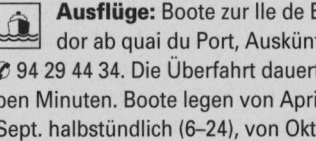 **Museum: Musée des Vins et Spiritueux,** Ile de Bendor, ☎ 94 29 44 34, 10.15–12 und 14.15–18 Uhr, Mi geschl.; auch Führungen
Besichtigung: Jardin Exotique de Bandol-Sanary, 3 km nordöstlich der Stadt (D 559b) Richtung Beausset,

☎ 94 29 40 38, 8–12 und 14–19 Uhr, So morgen geschl.

 Einkaufen: Maison des Vins de Bandol, allées Vivien, ☎ 94 29 45 03, Bandol-Weine

Veranstaltungen: Frühlingsfest der Töpfer, Ostern. Weinfest, 1. So im Dez. Fischerstechen, Ile de Bendor, 15. Aug.

Ausflüge: Boote zur Ile de Bendor ab quai du Port, Auskünfte ☎ 94 29 44 34. Die Überfahrt dauert sieben Minuten. Boote legen von April–Sept. halbstündlich (6–24), von Okt.–März (7–24 Uhr) stündlich ab. Addis-Ferro, ☎ 94 29 65 91: Touren nach Toulon, Marseille und in die Calanques

 Strände: schöne und zum Teil weitläufige Sandstrände (z. B. Plage du Casino). Plage du Rénecros: reizvolle Badebucht mit sehr feinem Sand, gut gepflegt. Bandols Strände sind für Kinder geeignet. Schöne kleine Badebucht mit Sandstrand auf der Ile de Bendor; kinderfreundliche Bucht, da sehr seichtes Wasser

La Barben (13330)

 Besichtigung: Château de la Barben, ☎ 90 55 19 12, 10–12 und 14–17.30 Uhr, Sept.–Mai Di geschl.
Zoo und Vivarium, ☎ 90 55 18 12, 10–18 Uhr

Barbentane (13570)

 Office de Tourisme: im Rathaus, ☎ 90 95 50 39

Hotel: Castel Mouisson, FF, quartier Castel-Mouisson (über die route Rognonas nach etwa 1,5 km zu erreichen), ✆ 90 95 51 17, Fax 90 95 67 63, ruhiges Haus mit Garten und Swimmingpool

 Besichtigung: Château de Barbentane, Führungen zwischen Ostern und Allerheiligen 10–12 und 14–18 Uhr, in der Nebensaison So 10–12 und 14–18 Uhr
In der Umgebung (über die D 35/D 81 zu erreichen): **St-Michel de Frigolet** (Kloster), Besichtigung in der Woche um 14.30 Uhr, So 16 Uhr, Mitte Jan.–Ende Feb. geschl.

Le Barroux (84330)

 Hotel/Restaurant: Les Geraniums, F, place de la Croix, ✆ 90 62 41 08, Fax 90 62 56 48, Logis-de-France-Hotel mit einfachen, aber guten Zimmern und sehr freundlichem Service, gute regionale Hausmannskost, z. B. Zicklein mit Rosmarin; Aussichtsterrasse

Bauduen (83117)

 Office de Tourisme: im Rathaus, ✆ 94 70 08 05

 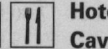 **Hotels/Restaurants: Les Cavalets**, F–FF, gegenüber des Dorfes, ✆ 94 70 08 64, Fax 94 84 39 37, sehr ruhiges Haus am See am Eingang der Schlucht, Swimmingpool, Restaurant mit guter regionaler Küche
Auberge du Lac, FF–FFF, im Ort, ✆ 94 70 08 04, Fax 94 84 39 41: komfortables Haus mit bequemen Zimmern;

Wassersportmöglichkeiten am See, Restaurant mit rustikaler Küche

Les Baux (13520)

 Office de Tourisme: Hôtel de Manville, ✆ 90 54 34 39

 Hotels: Bautezar, FFF, Grande Rue Frédéric-Mistral, ✆ 90 54 32 09, Fax 90 54 51 49, charmantes kleines Hotel im Ort mit komfortablen Zimmern
Mas d'Aigret, FFF–FFFF, route de St-Rémy (an der D 27a), ✆ 90 54 33 54, Fax 90 54 41 37, ein sehr originelles Hotel, da das (ausgezeichnete) Restaurant und in einigen Räumen die Badezimmer aus dem Fels gehauen sind; Zimmer mit Terrasse oder Balkon
La Cabro d'Or, FFFF, Val d'Enfer, ✆ 90 54 33 21, Fax 90 54 45 98, sehr schön und ruhig am Fuß des Felsens in einem phantastischen Garten gelegen, ausgesprochen geschmackvolle und komfortabel eingerichtete Zimmer, Swimmingpool
L'Oustaù de Baumanière, FFFF, Val d'Enfer, ✆ 90 54 33 07, Fax 90 54 40 46, elegantes provenzalisches Gehöft aus dem 16. Jh. – eine der ersten Adressen Frankreichs (Relais & Châteaux); man fühlt sich wie im Märchen

Restaurants: La Riboto de Taven, Val d'Enfer, ✆ 90 54 34 23, exzellente leichte Küche, Gartenterrasse unter Maulbeerbäumen, umgeben von einem wunderbaren Garten, sehr gute Weinkarte
Oustaù de Baumanière (s. o.), ausgezeichnet mit zwei Kochmützen und zwei Sternen, hohe Gourmet-Küche in raffinierter Einfachheit, sehr gute regionale Weine

Museen: Hôtel de Man-ville (Museum für zeitge-nössische Kunst), Grand' Rue, Ostern–Mitte Nov. 9.30–12 und 14–18 Uhr. Die Eintrittskarte berechtigt zur Besichti-gung aller Museen und der Zitadelle

Musée lapidaire, rue du Trencat im Sommer 8–20 Uhr, im Winter 9–18 Uhr

Musée archéologique, Maison de la Tour du Brau, im Sommer 8.30–20 Uhr, im Winter 9–17 Uhr

Musée des Santons, rue de l'Ancienne Mairie à l'Eglise, 9.30–18 Uhr

Musée de l'Olivier (Ölbaummuseum), Kapelle St-Blaise, im Sommer 8.30–20 Uhr, im Winter 9–17 Uhr

Fondation Louis Jou, April–Okt. 10–13 und 14–19 Uhr, Nov.–März ge-schl.

Besichtigung: Citadelle, April–Okt. 8.30–19.30 Uhr, im Sommer bis 20 Uhr, im Winter bis 17.30 Uhr

Cathédrale d'Images, 20. Feb.–27. Sept. 10–19 Uhr, 28. Sept.–11. Nov. 10–18 Uhr

 Einkaufen: La Boutique – Epice-rie Fine: guter, wenn auch teurer Likörladen

 Veranstaltungen: Hirtenfest und Christmette mit 400jähriger Tradition, Weihnachten

Beaucaire (30300)

 Office de Tourisme: 24, cours Gambetta, ✆ 66 59 26 57

 Hotels: Le Parc, F, route de Bel-legarde, ✆ 66 01 11 45, Fax 66 01 02 28, einfaches kleines Haus mit Garten, Logis de France

Le Robinson, FF–FFF, route de Remou-lins (Pont du Gard; nach 2 km in nörd-licher Richtung über die D 986), ✆ 66 59 21 32, Fax 66 59 00 03, schön am Ufer eines Kanals gelegenes Logis-de-France-Hotel, einfache, helle und komfortable Zimmer, Swimmingpool und Garten

 Restaurant: Le Robinson (s. o.): traditionelle Küche

  Besichtigung: Château, place du Château, April–Sept. 10–12 und 14.15–18.45 Uhr, Di und an Feiertagen geschl.

Beaulieu-sur-Mer (06310)

 Office de Tourisme: place Georges-Clémenceau, ✆ 93 01 02 21

 Hotels: Havre Bleu, FF, 29, boul. Maréchal-Joffre, ✆ 93 01 01 40, Fax 93 01 29 92, akzepta-bles kleines Haus im Süden Beaulieus, Zimmer zum Teil mit Terrasse; etwa 400 m zum Meer

Comté de Nice, FFF, 25, boul. Ma-rinoni, ✆ 93 01 02 20, Fax 93 01 23 09, zentrales Mittelklassehotel mit moder-nem Komfort, Fitneßeinrichtungen

Carlton, FFFF, 9bis, av. Albert-ler, ✆ 93 01 14 70, Fax 93 01 29 62, exklusi-ves, ruhiges Hotel, schön gelegen, ein-gerahmt von Palmen und exotischen Pflanzen, großzügige Zimmer mit Loggia und phantastischem Blick auf die Bucht, Garten, Swimmingpool

Métropole, FFFF(FF), boul. Maréchal-Leclerc, ✆ 93 01 00 08, Fax 93 01 18 51, Luxushotel in einer Jahrhundertwende-villa im Grünen, traumhafte Terrasse, Privatstrand, Meerwasserschwimmbad

Restaurants: African Queen, Port de Plaisance, ✆ 93 01 10 85, Pizza, Pasta und Salate gibt's in diesem empfehlenswerten Lokal am Hafen; der Besitzer ist Bogart-Fan …
Le Maxilien, 43, boul. Marinoni, ✆ 93 01 47 48, hier stimmt wirklich alles: innovative Küche, aufmerksamer Service, gutes Preis-Leistungs-Verhältnis
Métropole (s. o.): ausgezeichnete traditionelle Küche und Nouvelle Cuisine – mit einem Michelin-Stern; sehr schöne Terrasse mit Blick aufs Meer

 Museum: Villa Kerylos, rue Gustave-Eiffel, Baie des Fourmis, 14–18 Uhr, Juli/Aug. 15–19 Uhr

 Markt: Fisch- und Gemüsemarkt, täglich außer So 8–13 Uhr, place Général-de-Gaulle

 Veranstaltungen: Fischerfest, Ende Juni. Folklorefestival, Anfang Juli. Lichterfest, Aug. Fest des Schutzpatrons der Stadt, Sept.

 Strände: zwei sehr kleine Strände mit Kies bzw. Sand und Steinen

Beaumes-de-Venise (84190)

 Office de Tourisme: cours Jean-Jaurès, ✆ 90 62 94 39

 Hotel/Restaurant: Auberge St-Roch, F, ✆ 90 62 94 29, Fax 90 65 05 07, empfehlenswerter einfacher, kleiner Landgasthof mitten im Weinanbaugebiet

Bédoin (84410)

 Office de Tourisme: espace Marie-Louis-Gravier, ✆ 90 65 63 95

 Hotel: Pins, FF, Chemin des Crans, ✆ 90 65 92 92, Fax 90 12 81 55, Logis-de-France-Hotel mit Garten und Swimmingpool

 Restaurant: L'Observatoire, an der Promenade, ✆ 90 65 60 15, preisgünstige Gerichte, sehr schöne Außenterrasse – man sitzt unter Platanen

La Bégude-de-Mazenc (26160)

 Hotel/Restaurant: Jabron, F, ✆ 75 46 28 85, Fax 75 46 24 31, kleines Landgasthaus mit Restaurant

Biot (06410)

 Office de Tourisme: place de la Chapelle, ✆ 93 65 08 48

 Hotels: Galérie des Arcades, FF, 16, place des Arcades, ✆ 93 65 01 04, Fax 93 65 01 05, charmanter Dorfgasthof mit schönen einfachen Zimmern, der Wirt besitzt eine kleine feine Sammlung moderner Kunst
Domaine du Jas, FF–FFFF, 625, route de la Mer, ✆ 93 65 50 50, Fax 93 65 02 01, kleine moderne Häuschen mit einem großen Swimmingpool, freundliche Atmosphäre

 Camping: Zahlreiche Zeltplätze in der Umgebung , sehr empfehlenswert: **Des Oliviers****, 274, chemin des Hautes-Vignasses, ✆ 93 65 02 79, 1. Juni–30. Sept., sehr schöner Platz mit altem Baumbewuchs; Bar

 Restaurants: Café des Arcades (s. o.), traditionell-provenzalische Küche – die Gerichte werden in dem mit Bildern überfrachteten Speisesaal serviert
Auberge du Jarrier, 30, passage de la Bourgade, ✆ 93 65 11 68, vorzügliche leichte Küche, sehr empfehlenswert: mit Jakobsmuscheln gefüllte Artischokken; Terrasse

 Museen: Musée Fernand-Léger, chemin du Val-de-Pôme, 15. Juni–15. Sept. 10–12 und 14.30–18 Uhr, sonst bis 17 Uhr, Di geschl.
Musée d'Histoire locale, place de la Chapelle, 14.30–18.30 Uhr, Mo und Di geschl.
Besichtigung: Verrerie de Biot (Glasbläserei), 9, chemin des Combes, ✆ 93 65 03 00, Mo–Fr 9–19.30 Uhr, So und feiertags 10–13 und 15–19.30 Uhr

 Veranstaltungen: Fête St-Julien (Dorffest), Aug. Weinfest, Sept.

Bonnieux (84480)

 Office de Tourisme: 11, place Carnot, ✆ 90 75 91 90

Hotels: César, FF–FFF, Ortsmitte, ✆ 90 75 80 17, angenehmes Hotel mit schöner Aussicht
De l'Aiguebrun, FFF, ✆ 90 74 04 14, ruhiges, vornehmes Haus, etwas außerhalb im Nationalpark des Lubéron gelegen

Hostellerie du Prieuré, FFF–FFFF, im Ortskern, ✆ 90 75 80 78, schönes Gebäude aus dem 17. Jh., komfortable Zimmer mit Terrasse und grandiosem Blick

 Restaurants: Le Foumil, 5, place Carnot, ✆ 90 75 83 62, unprätentiöse, aber lohnende Küche, Dekor im Stil der Höhlenmalerei; Terrasse
Auberge de la Loube, im Nachbardörfchen Buoux, ✆ 90 72 26 31, Restaurant mit Terrasse, wunderbarer Blick über das Tal
Pâtisserie Henri Thomas, 7, rue de la République, ✆ 90 75 85 52, inspiriert vom Bäckereimuseum gegenüber gibt es hier wunderbare gefüllte Galettes, die Konditorei ist berühmt für ihr Louis-Philippe-Gebäck

 Markt: Wochenmarkt, Sa bzw. während der Spargelsaison (April, Mai, Mitte Aug.–Mitte Sept.) täglich
Einkaufen: Château la Canorgue, ausgezeichnete Weine aus biologischem Anbau. Les Mas des Abeilles, Col le Pointu, in diesem ›Bienenhaus‹ gibt es nicht nur exzellenten Honig, sondern auch andere Spezialitäten der Region

 Veranstaltungen: ›Donnerstage von Bonnieux‹ (Konzerte, Theateraufführungen, Lesungen), Mitte Juni–Mitte Sept.

Bormes-les-Mimosas (83230)

 Office de Tourisme: 1, place Gambetta, ✆ 94 71 15 17
Hotels: Belle Vue, F, ✆ 94 71 15 15, einfaches, aber

gemütliches Logis-de-France-Haus, schöner Blick auf die Dächer der Stadt **Grand Hôtel**, FF–FFF, 167, route du Baguier, ✆ 94 71 23 72, Fax 94 71 51 20, schön oberhalb des Dorfes gelegen, gemütliche Zimmer, ausgezeichneter Blick **Mirage**, FFF–FFFF, 38, rue Vue-des-Iles, ✆ 94 05 32 60, Fax 94 64 93 03, sehr angenehmes, ruhiges Haus mit großem Garten, Terrasse mit Blick auf die Iles du Levant, sehr kinderfreundlich, Swimmingpool, Spielzimmer

 Camping: Du Domaine****, La Favière, ✆ 94 71 03 12, Fax 94 71 45 48, 1. April–31. Okt., am Sandstrand gelegen, Einkaufsmöglichkeit, Restaurant, Bar, Tennis, Kinderbetreuung

Restaurants: Chez Sylvia, 872, av. Lou-Mistraou, ✆ 94 71 14 10 und 94 71 43 07, einfache italienische Gerichte, am besten sitzt man unter den Platanen, sehr freundlicher Service **Jardin de Perlefleurs**, 100, chemin de l'Orangerie, ✆ 94 64 99 23, ausgezeichnete provenzalische Gerichte unter schattenspendenden Bäumen, zauberhafter Blick auf die Stadt. Reizvolles Angebot: ein Kochkurs bei dem bekannten Koch Guy Gedda

Museum: Musée de l'Art et de l'Histoire, Hôtel de Ville, 65, rue Carnot, Juli–Aug. 10–12 und 16–18 Uhr, Mi, Fr und So auch 21–23 Uhr, Sept.–Juni Mi 10–12 und 15–17 Uhr, Sa 10–12, Di geschl. **Besichtigung: Chapelle St-François-de-Paule**, place St-François, vom Morgengrauen bis zur Dämmerung

 **Markt:** Wochenmarkt, Mi. Kunsthandwerkmarkt, im Sommer Fr abend

Einkaufen: Pierre-Michel Pignard, impasse des Farigoulettes, bunte Seifen

Veranstaltungen: Blumenkorso, Feb. Blumenfest, Juni. Musikfestival (klassische Musik, Jazz), Juli, ✆ 94 71 15 08. Santon-Ausstellung, 1. Wochenende im Dez.

Strände: Plage de la Favière, der lange Hauptstrand von Bormes; das Wasser wird schnell tief. Kleinere, weniger überlaufene Buchten mit Sandstrand am Cap Bénat. In der Nähe von Bormes in Cabasson (Richtung Hyères) attraktiver pinienbestandener Strand in einer kleinen Bucht; für Kinder gut geeignet, sehr beliebt

Buis-les-Baronnies (26170)

 **Hotel: Sous l'Olivier**, FF, chemin Menon, ✆ 75 28 01 04, Fax 75 28 16 49, modernes Hotel mit schönem Ausblick, sehr ruhig außerhalb der Stadt gelegen, ideal zum Abschalten oder für den Aktivurlaub (Swimmingpool, Sauna etc.)

 Markt: Wochenmarkt, Mi und Sa

Cagnes (06800)

 Office de Tourisme: 6, boul. du Maréchal-Juin, ✆ 93 20 61 64

 Hotels: Les Collettes, FF–FFF, chemin des Collettes, ✆ 93 20 80 66, ruhiges Hotel in der Nähe des Renoir-Museums, Zimmer zum Teil mit Blick auf das Meer, Swimmingpool

Le Cagnard, FFF–FFFF, rue Pontis-Long, Haut-de-Cagnes, ✆ 93 20 73 21, Fax 93 22 06 39, Relais & Châteaux-Hotel (s. S. 420) in mittelalterlichen Mauern (Nebengebäude des Grimaldi-Schlosses), Zimmer mit Terrasse oder Loggia, sehr ruhig

 Camping: Panoramer***, chemin des Gros-Buaux, Val Fleuri, ✆ 93 31 16 15, Fax 93 65 10 89, 1. April–30. Sept., komfortabler, ausgezeichnet gelegener Platz mit überwiegend schattigen Stellplätzen, Restaurant, Bar

Restaurants: Josy-Jo, 2, rue du Planastel, ✆ 93 20 68 76, bodenständige Regionalküche, die ihresgleichen sucht, Spezialitäten: gefüllte Gemüse, gebratene Steinpilze und die Trüffelgerichte
Les Peintres, 71, montée de la Bourgade, Haut-de-Cagnes, ✆ 93 20 83 08, hervorragende klassische Küche – ausgezeichnet mit einem Michelin-Stern, Côtes-de-Provence-Weine
Le Cagnard (s. o.): ausgezeichnete regionale Küche, entweder in den Gewölben des Speisesaals oder auf der Terrasse serviert; traumhafter Blick

Museen: Musée Renoir, chemin des Collettes, 15. Mai–15. Sept. 10–12 und 14–18 Uhr, sonst bis 17 Uhr, Di geschl.
Château-Musée, Haut-de-Cagnes, Château de Grimaldi, Ostern–Sept. 10–12 und 14–18 Uhr, sonst bis 17 Uhr, Di geschl.

 Markt: Wochenmarkt, täglich außer Mo

Veranstaltungen: Internationales Malereifestival, Château de Grimaldi, Ende Juni–Ende Sept.

 Strände: Bei Cros-de-Cagnes und Villeneuve-Loubet-Plage beginnen steinige Strandabschnitte, die zugebaut und wenig attraktiv sind

Callas (83830)

Office de Tourisme: im Rathaus, ✆ 94 76 61 07

 Hotel/Restaurant: Les Gorges de Pennafort, FFF–FFFF, route du Muy (abseits gelegen, 7 km südöstlich von Callas), ✆ 94 76 66 51, Fax 94 76 67 23, schönes Gebäude mit freundlichen, hübsch dekorierten Zimmern, wunderschöner Ausblick auf die Gorges de Pennafort, klassische Küche und große Weinkarte mit guten Lagen, freundliche Atmosphäre und ausgezeichneter Service

Callian (83440)

Office de Tourisme: ✆ 94 76 46 25

 Hotel: Auberge des Mourgues, F–FF, quartier des Mourgues, ✆ 94 76 53 99, Fax 94 76 53 99, ruhiges Hotel in Familienbesitz (Logis de France) mit Garten und Swimmingpool im Freien

Camargue (Naturschutzgebiet)

Office de Tourisme: Arles/Camargue, 35, place de la République, ✆ 90 96 29 35, oder Stes-Maries-de-la-Mer, 5, av. Van Gogh, ✆ 90 97 82 55, oder Salin-de-Giraud, ✆ 42 86 82 11

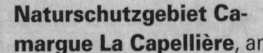 **Naturschutzgebiet Camargue La Capellière**, an der D 36b am Etang de Vaccarès, SNPN-Arles, ✆ 90 97 00 97, Mo–Sa 9–12 und 14–17 Uhr. Hier bekommt man die Besuchsgenehmigung für die Aussichtstürme von Salin-de-Badon

Musée camarguais, Heimatmuseum der Camargue, an der D 570, Juli/Aug. 9.15–18.45 Uhr, April–Juni und Sept. nur bis 17.45 Uhr, Okt.–März 10.15–16.45 Uhr, Okt.–März Di geschl.

Centre d'Information de Ginès, an der D 570, kurz vor Stes-Maries-de-la-Mer, ✆ 90 97 86 32, April–Sept. 9–18 Uhr, Okt.–März 9.30–17 Uhr, geschl. Fr und am 1. Jan., 1. Mai und 25. Dez.

Parc ornithologique du Pont du Grau (Vogelpark), 15. April–Sept. 9 Uhr–Sonnenuntergang, Okt.–14. April erst ab 9.30 Uhr

Veranstaltung: Mittelmeer-Festival (klassische Musik und Jazz), Salin-de-Giraud, Juli/Aug.

Cannes (06400)

Office de Tourisme: espl. Président-Georges-Pompidou, ✆ 93 39 24 53, und am Bahnhof, rue Jean-Jaurès, ✆ 93 99 19 77. **Post:** 22, rue du Bivouac-Napoléon

Hotels: Chanteclair, F–FF, 12, rue Forville, ✆ 93 39 68 88, einfaches Hotel mit Terrasse und kleinem Garten in der Altstadt

Albert-ler, FF, 68, av. de Grasse, ✆ 93 39 24 04, Fax 93 38 83 75, komfortables Haus mit hübschen Zimmern, sehr gutes Preis-Leistungs-Verhältnis, zum Strand etwa 10 Min. zu Fuß

Molière, FFF, 5, rue Molière, ✆ 93 38 16 16, Fax 93 68 29 57, angenehmes kleineres Haus mit Blumengarten und freundlichen Zimmern; 200 m von der Croisette entfernt

L'Olivier, FFF–FFFF, 5, rue Tambourinaires, ✆ 93 39 53 28, Fax 93 39 55 85, nettes kleines Hotel mit Swimminpool in Zentrumsnähe; einziges Manko: etwas laut

Martinez, FFFF(FF), 73, boul. de la Croisette, ✆ 92 98 73 00, Fax 93 39 67 82, Luxushotel der Spitzenklasse, 30er-Jahre-Gebäude an der Croisette; Swimmingpool, Privatstrand, Tennis

Carlton Inter-Continental, FFFF(FF), 58, boul. de la Croisette, ✆ 93 06 40 06, Fax 93 06 40 25, das Spitzenhotel der Stadt, hier steigen Stars und Sternchen ab; Privatstrand

Camping: Wer in der Gegend zelten möchte, muß nach Le Cannet oder La Bocca ausweichen.

Restaurants: Aux Bons Enfants, 80, rue Meynadier, kein Telefon, leckere regionale Hausmannskost, sehr freundlicher Service

L'Amphore, 11, rue Louis-Blanc, ✆ 93 99 25 17, delikate Fischgerichte, empfehlenswerte *Bourride* (Fischsuppe)

La Brouette de Grand-Mère, 9, rue d'Oran, ✆ 93 39 12 10, gut besuchtes Restaurant mit traditioneller Küche – es gibt stets nur ein Menü und dazu Landwein, solange man mag

Oscar, 16, rue des Frères-Pradignac, ✆ 93 39 96 00, beliebtes Bistro mit klassischen Gerichten – sehr gut besucht

La Palme d'Or, 73, boul. de la Croisette, ✆ 92 98 74 14 und 92 98 73 00, mit zwei Michelin-Sternen ausgezeichnetes Restaurant des Hotels Martinez, besonders die Fischgerichte sind empfehlenswert, schöner Art-déco-Speisesaal

La Belle Otéro, 58, boul. de la Croisette, ✆ 93 68 00 33, in der siebten Etage des Carlton speist es sich fürstlich – zwei Michelin-Sterne; mittags ißt man für die Hälfte

 Museum: Musée de la Castre, im Kastell, Le Suquet, Okt.–März 10–12 und 14–17 Uhr, April–Juni 10–12 und 14–18 Uhr, Juli–Sept. 10–12 und 15–19, Di geschl.
Besichtigung: Kirche Notre-Dame-de-l'Espérance, place de Castre, 9–12 und 14–19 Uhr
Palais des Festivals, espl. Georges-Pompidou, ✆ 93 39 01 01, Mi 14–17 Uhr

 Markt: Marché Forville: einer der schönsten Märkte der Côte in einer überdachten Halle – Gemüse, Obst, Fisch etc., täglich außer Mo 8–12.30 Uhr. Blumenmarkt, allée de la Liberté, allmorgendlich. Trödelmarkt, allée de la Liberté, Sa
Einkaufen: Céneri & Fils, 22, rue Meynadier, Käsespezialitäten. Aux Bons Raviolis, 31, rue Meynadier, Ravioli, gefüllt mit allerlei Leckereien. Bruno, 50, rue d'Antibes, kandierte Früchte

Veranstaltungen: Mimosenfest mit Blumenkorso, Feb. Internationale Filmfestspiele, Ende Mai (zwei Wochen). Bravade (Volksfest), 17.–19. Mai. Festival international du film publicitaire (Werbefilme), Juni. Musikalische Nächte auf dem Suquet-Hügel, Juli. Internationales Feuerwerkfestival, Aug. Jazzfest, Aug. Königliche Regatta, Sept. Internationales Tanzfestival, Nov.

Ausflüge mit dem Boot: Auskünfte über die Fährverbindung zu den Îles de Lérins (5–9mal täglich): ✆ 93 39 11 82

Strände: Die feinen Sandstrände an der Croisette sind fast alle in Privatbesitz. Für einen mitunter recht hohen Obulus kann man alle Annehmlichkeiten nutzen – exklusives Ambiente garantiert. Hinter dem Alten Hafen liegen zwei etwa 5 km lange, überwiegend frei zugängliche Strandabschnitte (Plage du Midi, Plage de la Bocca)

Nachtleben: Kabaretts, Piano-Bars, Diskotheken und Nachtclubs gibt es en masse. Edel geht es in den beiden Diskotheken Carlton Casino Club an der Croisette und Casino Croisette an der Jetée Albert-Edouard zu

Helikopterservice: Zwischen Cannes und Nizza verkehren regelmäßig Helikopter. Bustransfer zum Privatflughafen Aérodrome Cannes-Mandelieu (✆ 93 43 11 11) und Flughafen Nizza (✆ 93 21 42 00)

Bahnhof: rue Jean-Jaurès, ✆ 93 99 50 50 (Auskunft) und 93 99 50 51 (Reservierung)

Busbahnhöfe: place de l'Hôtel de Ville (gegenüber vom Alten Hafen), ✆ 93 39 11 39, und neben dem Hauptbahnhof, place de la Gare, ✆ 93 39 31 37

Carpentras (84200)

 Office de Tourisme: 170, av. Jean-Jaurès, ✆ 90 63 57 88

 Hotels: Le Coq Hardi, F–FF, 36, place de la Marotte, ✆ 90 63 00 35, Fax 90 60 40 76, das Hotel ist in der alten Post mitten in der Fußgängerzone untergebracht
Fiacre, FF–FFF, rue Vigne,

✆ 90 63 03 15, Fax 90 60 49 73, herr-schaftliches Stadthaus aus dem 17. Jh., charmantes Hotel mit schönem Garten, Innenhof und Terrasse, direkt neben dem Office de Tourisme, komfortable Zimmer, Hallenschwimmbad
Les Trois Colombes, FF–FFF, 84210 St-Didier, 148, av. des Garrigues (6 km südöstlich von Carpentras, zu erreichen über D 4 und D 39), ✆ 90 66 07 01, Fax 90 66 11 54, idyllisches provenzalisches Bauernhaus im Grünen (8000 m² großer Park), absolut ruhig, einfache Zimmer

 Restaurants: Le Vert Galant, 12, rue de Clapies, ✆ 90 67 15 50, einfallsreiche Küche, täglich wechselnde Fischgerichte, empfehlenswertes Trüf-felmenü, außerdem Lammnüßchen mit Bohnen à la provençale, Ente mit Püree aus Trüffeln, Tomatengerichte, gute Weinkarte mit regionalen Tropfen
L'Orangerie, 26, rue Duplessis, ✆ 90 67 27 23, enges, gemütliches Lokal, wenige, aber gute Menüs
Le Saule Pleureur, 84170 Monteux, 145, route d'Avignon (quartier Beaure-gard, zu erreichen über die D 942, 5 km südöstlich von Carpentras), *der* Tip für Trüffelfans: preisgünstiges 5-Gänge-Menü, rund um die Knolle, empfehlens-werter Côtes-du-Ventoux-Wein

 Museum: Hôtel-Dieu (Apothekenmuseum), av. Victor-Hugo, Mo, Mi, Do 9–11.30 Uhr, Di Führung durch den Verkehrsverein
Besichtigung: Kathedrale St-Sif-frein, place du Général-du-Gaulle, 8–19 Uhr, So und feiertags geschl.

 Markt: provenzalischer Markt, Fr. Trüffelmarkt, Ende Nov.–Ende März jeden Fr
Einkaufen: Pâtissier-Chocolatier Cla-val, 30, rue Porte-d'Orange, hier wird

jeder süße Traum wahr. Fromagerie du Comtat, 23, place de la Mairie, alles rund um den Käse. Rey, 83, rue Porte de Mazan, Berlingots (gestreifte Frucht-bonbons), Spezialität aus Carpentras, in allen Farben und Geschmacksnuancen

 Veranstaltungen: Passionsfe-stival, Juli, ✆ 90 63 46 35. St-Sif-frein-Messe, 27. Nov., Kunstgewerbe

Cassis (13260)

 Office de Tourisme: place Ba-ragnon, ✆ 42 01 71 17

 Hotels: Laurence, F–FF, 8, rue de l'Arène, ✆ 42 01 88 78, Fax 42 01 81 04, ordentliches Haus mit klei-nen, aber geschmackvollen Zimmern, nahe des Hafens
Golfe, FF–FFF, quai Barthélemy, ✆ 42 01 00 21, Fax 42 01 92 08, direkt am Hafen, schöner Blick
Plage du Bestouan, FFF–FFFF, plage du Bestouan (über die av. Dardanelles), ✆ 42 01 05 70, Fax 42 01 34 82, ruhiges Strandhotel mit Meerblick und schöner Terrasse
Royal Cottage, FFFF, 6, av. du 11-Novembre, ✆ 42 01 09 30, Fax 42 01 94 23, oberhalb der Stadt, nur fünf Minuten vom Hafen entfernt gele-genes modernes Haus mit kitschiger Halle, großen Zimmern, einem schönen provenzalischen Garten und Swim-mingpool

 Camping: Cigales**, route de Marseille, ✆ 42 01 07 34, 15. März–15. Nov., 1 km zum Meer, Ein-kaufsmöglichkeit, Bar, Diskothek

 Restaurants: Chez Gilbert, quai des Baux, ✆ 42 01 71 36,

Bouillabaisse, provenzalischer Speisesaal, gute Fischkarte
Plage du Bestouan (s. o.), Fischgerichte, Blick aufs Meer
La Presqu'île, route de Port-Miou, Les
Calanques, ✆ 42 01 03 77, traumhaft
gelegen (Richtung Calanque de Port-
Miou), schöner Blick aufs Meer, ausgezeichnete Fischgerichte zu mitunter
gesalzenen Preisen

  **Museum: Musée Munici-
pal des Arts et Tradi-
tions Populaires**, rue Xavier d'Authier,
April–Sept. 14.30–17.30 Uhr, Okt.–März
15.30–17.30 Uhr, Mo, Di und So geschl.

 Markt: Wochenmarkt, Mi und Fr
Einkaufen: Clos Ste-Madeleine,
av. du Revestel, ausgezeichneter wei-
ßer Cassis-Wein

 Veranstaltungen: Fête de
St-Pierre, Schutzheiliger der Fischer, 29. Juni. Weinfest, Anfang Sept.

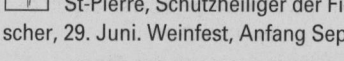 **Boote zu den Calanques:**
9–18 Uhr vom Hafen aus

 Strände: Plage du Grand Large,
Hauptstrand östlich des Hafens;
Kies, Wasser wird schnell tief, überlau-
fen. Plage du Bestouan, westlich des
Zentrums in Richtung Calanques, Was-
ser wird schnell tief, relativ überlaufen.
Ein paar kleinere, landschaftlich schöne
Buchten liegen etwas abseits, Kies. Ca-
lanques: Baden, Schnorcheln und Tau-
chen, weniger überlaufen

Cavaillon (84300)

 Office de Tourisme: place
François-Tourel, BP 176,
✆ 90 71 32 01

 Hotels: Toppin, FF–FFF, cours
Gambetta, ✆ 90 71 30 42,
Fax 90 71 91 94, Logis-de-France-Hotel
Cristel, FFF, av. Boscodomi,
✆ 90 71 07 79, Fax 90 71 07 79, moder-
nes, funktionelles, aber freundliches
Hotel, Sauna, Swimmingpool, Bar

 Restaurant: La Fin de Siècle,
46, place du Clos, ✆ 90 71 12 27,
traditionelle, aber dennoch raffinierte
Küche und gute Weinkarte in hübsch
möblierten Räumlichkeiten im ersten
Stock; freundliche Bedienung

 Veranstaltung: Himmelfahrts-
umzug, Mai

Cavalaire-sur-Mer
(83240)

 Office de Tourisme: Maison de
la Mer, square de Lattre-de-Tas-
signy, ✆ 94 64 08 28

Hotels: Raymond, F–FF, av.s
des Alliés, ✆ 94 64 07 32, Fax
94 64 02 73, ordentliches Familienhotel
der Logis-de-France-Kette, 600 m vom
Strand entfernt, Terrasse
Pergola, FFF, av. du Port,
✆ 94 64 06 86, Fax 94 64 60 08, kleineres Haus mit Terrasse und Garten
La Calanque, FFFF, rue de la Calanque, ✆ 94 64 04 27, Fax 94 64 66 20, direkt am Meer gelegenes ruhiges Haus,
viele der Zimmer besitzen Terrasse
oder Balkon und einen schönen Blick
aufs Meer; Swimmingpool

**Camping: Camping de la
Baie**********, boul. Pasteur,
✆ 94 64 08 15, Fax 94 64 66 10,
20. März–15. Okt., größter Camping-

platz des Ortes, 400 m vom Meer entfernt in einem parkähnlichen Gelände gelegen, äußerst komfortabel, Einkaufsmöglichkeiten, Restaurant, Bar, Swimmingpool, Tennis, Kinderbetreuung. Cavalaire besitzt sehr viele Campingterrains, unter anderem vier weitere Vier-Sterne-Plätze

Restaurants: Raymond (s. o.), einfaches Restaurant, Fisch und Meeresfrüchte dominieren die Karte, lecker: Fondue mit Meeresfrüchten und Fisch
La Grillerie, 230, av. du Mal Lyantey, ✆ 94 64 38 44, Grillgerichte (Fisch und Fleisch) für den großen Hunger
La Calanque (s. o.), ausgezeichnete Fischgerichte, gute Weinkarte

Ausflüge mit dem Boot: Überfahrten zu den Iles d'Hyères, Küstenpromenaden und Glasbodenfahrten bietet S.A.R.L.E.M.C. am Neuen Hafen, ✆ 94 64 48 38

Veranstaltung: Fischerstechen, 1. So im Juli

Strände: Der Hauptstrand, Plage de Cavalaire, ist recht schön und sehr lang (4 km!), Sandstrand, kinderfreundlich, da seicht ins Meer abfallend. Plage de Bon Porteau, etwas außerhalb, kleinerer, aber wesentlich schönerer Sandstrand in einer kleinen Felsbucht

Cavalière (83980)

Hotels: Grand Hôtel Moriaz, FFF–FFFF, plage de Cavalière, ✆ 94 05 80 01, Fax 94 05 70 88, kleineres Haus am Meer, Privatstrand
Le Club, FFFF(F), plage de Cavalière, ✆ 94 05 80 14, Fax 94 05 73 16, Luxushotel direkt am Meer, Privatstrand, Swimmingpool, Garten

Restaurant: Le Club (s. o.), elegantes Feinschmeckerrestaurant mit mediterraner Küche zu gehobenen Preisen

Strand: Cavalière besitzt einen der schönsten Strände der Küste, langer, feiner Sandstrand, der flach ins Wasser abfällt

Châteauneuf-du-Pape (84230)

Office de Tourisme: place du Portail, ✆ 90 83 71 08

Hotel: La Mère Germaine, FF–FFF, place de la Fontaine, ✆ 90 83 70 72, Fax 90 83 55 20, geschmackvolles bürgerliches Hotel in bester Lage direkt am Dorfplatz
Hostellerie Château des Fines Roches, FFFF (nur Halbpension), an der D 17 (2 km südlich des Ortes, Richtung Avignon), ✆ 90 83 70 23, Fax 90 83 78 42, schön gelegenes Gut in den Weinbergen, einige mit antiken Möbeln ausgestattete Zimmer

Restaurants: Le Pistou, 15, rue Joseph-Ducos, ✆ 90 83 71 75, gemütliches Bistro, sehr nette Bedienung, regionale Küche (beispielsweise gefüllte Gemüse, Gemüsesuppe oder Lammkeule in Kräutern mariniert) und Châteauneuf-du-Pape-Weine zu sehr günstigen Preisen; kleine Terrasse
La Mère Germaine (s. o.), edle provenzalische Küche, gehobene Preise

Museum: Musée des outils de vignerons, Caveau

du Père Anselm (Weinkeller), 9–12 und 14–18 Uhr im Jan./Feb. geschl.

 Einkaufen: Château la Nerthe, route de Sorgues, ✆ 90 83 70 11, sehr schönes Weingut mit roten und weißen Châteauneuf-du-Pape-Tropfen

 Veranstaltungen: Fest der Traubenreife, Aug. Mittelalterliches Fest (Trödelmarkt, mittelalterlicher Kunstgewerbemarkt), 1. Wochenende im Aug. Eröffnung der Weinlese, Sept.

La Ciotat (13600)

Office de Tourisme: boul. Anatole-France, ✆ 42 08 61 32

Hotels: Provence Plage, FF–FFF, 3, av. de Provence, ✆ 42 83 09 61, Fax 42 83 09 61, in der Nähe des Meeres gelegenes ruhiges Haus in Clos-des-Plages
Miramar, FFF–FFFF, 3, boul. Beau Rivage, ✆ 42 83 09 54, Fax 42 83 33 79, schönes Hotel am Meer, angenehmer Service

Camping: Belle Plage***, 14, av. Fontsainte, ✆ 42 83 14 72, 1. April–30. Sept., kleiner Platz mit Bar
St-Jean***, 30, av. de St-Jean, ✆ 42 83 13 01, 1. April–1. Okt., Einkaufsmöglichkeit, Restaurant, Bar, Tennis, Wassersport

Restaurants: Les Flots, 3, rue Gueymard, ✆ 42 08 24 61, Fisch und Meeresfrüchte, nahe des Alten Hafens
Ciotel Le Cap, corniche du Liouquet (Richtung Bandol), ✆ 42 83 90 30, schön über dem Meer gelegen, französische und provenzalische Küche

  Museum: Musée Ciotaden, 51, rue des Poilus, 16–19 Uhr, So 10–12 Uhr, Di und Do geschl.

 Markt: Wochenmarkt, Di morgen

 Veranstaltungen: Kinofestival, Juli, ✆ 42 08 88 00. Musikalische Nächte, Aug., ✆ 42 08 88 00

 Strände: Grande Plage, langer, aber schmaler Hauptstrand, flaches Wasser, Sand. Kleinere Buchten liegen in Richtung Hafen und Cap de l'Aigle, Kies und Sand – attraktiver als der Hauptstrand.

Cogolin (83310)

Office de Tourisme: place de la République, ✆ 94 54 63 18

Hotel: Coq Hotel, FF–FFF, place de la Mairie, ✆ 94 54 63 14, Fax 94 54 03 06, kleines Haus mitten im Dorf

Camping: De l'Argentière***, chemin de l'Argentière, ✆ 94 54 57 86, Fax 94 54 06 15, 1. Mai–30. Sept., Einkaufsmöglichkeit, Restaurant, Bar, Swimmingpool, Tennis, Animation

Restaurant: La Ferme du Magnan, N 98 (4 km außerhalb in Richtung La Môle), ✆ 94 49 57 54, provenzalische Hausmannskost serviert im schönen Bauernhaus oder im Garten, sehr angenehme Atmosphäre

  Museum: Musée Raimu, 18, av. Georges-Clémenceau, 10–12 und 15–18 Uhr, So und an Feiertagen geschl.

Crestet (84110)

 Hotel/Restaurant: Les Terres Marines, FF, quartier Chante-Coucou, ✆ 90 36 39 91 oder 90 36 35 07, Fax 90 36 35 07, Logis-de-France-Hotel mit Restaurant, Garten und Swimmingpool

 Veranstaltung: Ortsfest, 30. Juni

La Croix-Valmer (83420)

 Office de Tourisme: Jardin de la Gare, BP 56, ✆ 94 79 66 44

 Hotels: De la Bienvenue, F–FF, rue Louis-Martin, ✆ 94 79 60 23, Fax 94 79 70 08, kleines Familienhotel mit schönem Garten
Parc, FFF–FFFF, av. Sellier (über die D 93, 1 km vom Zentrum entfernt), ✆ 94 79 64 04, Fax 94 54 38 91, ruhiges Haus mit Park und Swimmingpool
Château de Valmer, FFFF, route de Gigaro, Gigaro, ✆ 94 79 60 10, Fax 94 54 22 68, sehr schön gelegenes Luxushotel im provenzalischen Stil, 300 m entfernt liegender Privatstrand, 5 ha großer Park, Swimmingpool
Souleïas, FFFF(F), place Gigaro, Gigaro, ✆ 94 79 61 91, Fax 94 54 36 23, schön auf einem Hügel über dem Strand gelegen, modernes Haus, Swimmingpool, Tennis, Terrasse, Segelboot

 Camping: Sélection***, ✆ 94 79 61 97 und 94 79 62 58, Fax 94 54 25 14, Ostern–30. Sept., schöne Anlage in einem großen Park,

400 m vom Badestrand entfernt, Einkaufsmöglichkeiten, Restaurant, Bar, Swimmingpool, Tennis, Kinderspielplatz, Animation

 Restaurants: La Petite Auberge de Barbigoua, av. des Gabiers (Richtung Cavalaire), ✆ 94 54 21 82, traditionelle Cuisine niçoise – mitunter modern ›aufbereitet‹
La Brigantine, plage de Gigaro, Gigaro, ✆ 94 79 67 16, sehr gute Fischgerichte, provenzalisches Menü, Meerblick
Souleïas (s. o.), Haute Cuisine zu entsprechenden Preisen, schön eingedeckte Tische

 Veranstaltung: Weinlesefest, Sept.

 Strände: Alle Bademöglichkeiten liegen ein paar Kilometer vom Ort entfernt. Plage de Gigaro, schöner Sandstrand in einer weitgeschwungenen Bucht, zum Teil Privatstrand. Sehr schön ist die kleine Plage de la Briande am Cap Cartaya, nur über einen Küstenpfad zu erreichen

Cucuron (84160)

 Office de Tourisme: rue Léonce-Brieugne, ✆ 90 77 28 37

 Hotel/Restaurant: L'Etang, F, place de l'Etang, ✆ 90 77 21 25, im Ortskern gelegen, kleine ordentliche Zimmer, Bistro mit Sitzgelegenheiten im Freien

Dieulefit (26220)

 Office de Tourisme: place Abbé-Magnet, ✆ 75 46 42 49

 **Restaurant: La Barigoule**, quai du Jabron, ☏ 75 46 37 36, idyllisch mitten im Künstlerviertel gelegen, regionale und provenzalische Küche, gute Côtes-du-Rhône-Weine

 Markt: provenzalischer Markt, Fr

Draguignan (83300)

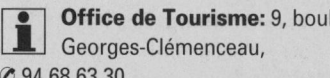 **Office de Tourisme:** 9, boul. Georges-Clémenceau, ☏ 94 68 63 30

 **Hotels: Hostellerie du Moulin de la Foux**, FF, chemin St-Jean, ☏ 94 68 55 33, Fax 94 68 70 10, ehemalige, in einem Wohngebiet gelegene Ölmühle mit Park, einfache, rustikale Einrichtung, gut in Schuß
Les Etoiles de l'Ange, FF–FFF, av. de Tuttlingen (3 km über D 557 und route de Lorgues, am Gebirgspaß von Ange), ☏ 94 68 23 01, Fax 94 68 13 30, modernes Gebäude mit Blick auf den Ort, gepflegte Zimmer mit Terrasse, Swimminpool im Freien

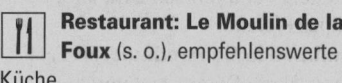 **Restaurant: Le Moulin de la Foux** (s. o.), empfehlenswerte Küche

Museum: Musée des Arts et Traditions populaires de la Moyenne Provence, rue de la Motte, 9–12 und 14–18 Uhr, So vormittag und Mo geschl.

 Markt: Wochenmarkt, Mi und Sa

 Veranstaltung: Jazzfestival, Okt.

Entrecasteaux (83960)

 **Restaurant La Fourchette**, neben dem Schloß, Terrasse mit wunderbarem Blick

 Besichtigung: Schloß, Juli/Aug. 10–20 Uhr, April–Juni und Sept. 10–13 und 14–19 Uhr, Okt.–März 10–12 und 14–18 Uhr

Eygalières (13810)

Hotels: Mas Dou Pastre, FF–FFF, route Orgon (D 24b), ☏ 90 95 92 61, kleines Hotel mit sehr angenehmer Atmosphäre
Crin Blanc, FFF, D 24 (3 km östlich von Eygalières), ☏ 90 95 93 17, Fax 90 90 60 62, provenzalisches Landhaus am Fuß der Alpilles, Zimmer mit Terrasse
Mas de la Brune, FFFF (nur mit Halbpension zu buchen), route St-Rémy (D 74a), ☏ 90 95 90 77, Fax 90 95 99 21, Gebäude aus dem 16. Jh. in einem kleinen Park, geräumige und geschmackvoll ausgestattete Zimmer

 Restaurant: Sous les Micocouliers, ☏ 90 95 94 53, raffinierte provenzalische Küche im kaminbeheizten Saal oder im charmanten Garten

Eyragues (13630)

Hotel: Auberge la Farigoule, F, route de St-Rémy, ☏ 90 94 15 08, Fax 90 92 86 47, das Hotel bietet eine günstige komfortable Ausweichmöglichkeit zu Les Baux

Eze (06360)

 Office de Tourisme: place du Général-de-Gaulle, ✆ 93 41 26 00

 Hotels: L'Hermitage du Col d'Eze, F–FF, Grande Corniche (2,5 km nordwestlich des Ortes, zu erreichen über die D 46), ✆ 93 41 00 68, sehr schönes Haus der Logis-de-France-Kette, Garten, Swimmingpool
Auberge des Deux Corniches, FF, D 46 (etwa 1 km von Eze-Village entfernt), ✆ 93 41 19 54, Fax 93 41 19 54, komfortables Logis-de-France-Haus, Zimmer zum Teil mit Balkon, Garten
Les Terrasses d'Eze, FFFF, route de La Turbie (1,5 km vom Ort entfernt), ✆ 93 41 24 64, Fax 93 41 13 25, schön und ruhig gelegenes modernes Haus mit Blick aufs Meer, große, äußerst komfortable Zimmer, Garten, Swimmingpool
Château de la Chèvre d'Or, FFF(FF), rue Barri, ✆ 93 10 66 66, Fax 93 41 06 72, Luxushotel in Traumlage auf den Felsen, zwei Swimmingpools mit herrlichem Blick über die Bucht

 Camping: Les Romarins**, Grande Corniche, ✆ 93 01 81 64, 1. April–30. Sept., schön gelegener Platz mit herrlichem Blick aufs Meer, Restaurant, Bar und guten sanitären Einrichtungen

 Restaurants: Nid d'Aigle, rue du Château, ✆ 93 41 19 08, landestypische Spezialitäten, reizende Terrasse mit Blick übers Meer
Auberge du Troubadour, 4, rue du Brec, ✆ 93 41 19 03, exzellente regionale Haute Cuisine, gefüllte Zucchiniblüten oder Lammcarré mit Petersilie
La Chèvre d'Or (s. o.), Feinschmeckerlokal mit Michelin-Stern in Traumlage

Château Eza, rue de la Pise, ✆ 93 41 12 24, Feinschmeckerküche mit provenzalischen Spezialitäten, etwa Seewolfschnitzel mit wildem Fenchel; die Aussicht ist unübertroffen, der Aufstieg etwas anstrengend

 Besichtigung: Jardin exotique, rue du Château, 1. Juni–15. Okt. 8–19 Uhr, sonst 9–12 und 14–18.30 Uhr

 Veranstaltung: Fest des Schutzheiligen, 15. Aug.

 Strand: Der Strand von Eze-sur-Mer ist steinig und nicht sehr attraktiv

Fayence (83440)

 Office de Tourisme: place Léon-Roux, ✆ 94 76 20 08

 Hotels: Les Oliviers, FF–FFF, route de Grasse, ✆ 94 76 13 12, Fax 94 76 08 05, modernes Haus mit geräumigen, freundlichen, gut ausgestatteten und ruhigen Zimmern, Park, üppiges Frühstück
Moulin de la Camandoule, FF–FFFF, chemin Notre-Dame-des-Cyprès, ✆ 94 76 00 84, Fax 94 76 10 40, ehemalige Ölmühle mit großem Park, an einem Bach gelegen, gemütliche Zimmer und einladender Swimmingpool im Freien, freundlicher Service

Restaurant: Moulin de la Camandoule (s. o.), solide Weinkarte, freundliche Atmosphäre, Terrasse

Markt: Wochenmarkt, Di, Do, Sa. Kunsthandwerk, Juli/Aug.

Veranstaltungen: Wallfahrt und Prozession zur Kapelle Notre-Dame-des-Cyprès (2 km südöstlich von Fayence), 8. Sept. Musik im ›Pays de Fayence‹ (Streichquartettfestival), Ende Okt. Science-Fiction-Festival, Allerheiligen-Wochenende im Nov.

Fontaine-de-Vaucluse (84800)

 Office de Tourisme: chemin de la Fontaine, ✆ 90 20 32 22

 Hotel: Du Parc, FF, Les Bourgades, ✆ 90 20 31 57,
Fax 90 20 27 03, kleines ruhiges Hotel (Logis de France) mit Garten

 Restaurant: Philip,
✆ 90 20 31 81, am Fuß des Wasserfalls gelegen; Terrasse

  Museum: Musée Pétrarque, place de l'Eglise (linkes Ufer der Sorgue), 15. April–15. Okt. 9.30–12 und 14–18.30 Uhr, Di geschl., ansonsten Mo und Mi–Fr 9.30–12 und 14–18.30 Uhr

Fontvieille (13990)

Office de Tourisme: 5, rue Marcel Honnorat, ✆ 90 54 67 49

Hotels: Val Majour, F–FFF, 22, route d'Arles, ✆ 90 54 62 33, Fax 90 54 61 67, in einem großen Park wunderbar ruhig gelegen, nur wenige Schritte von ›Daudets Mühle‹ entfernt
La Peiriero, FF–FFFF, av. des Baux, ✆ 90 54 76 10, Fax 90 54 62 60, komfortable und geräumige Zimmer in einem provenzalischen Landhaus im Zentrum

La Regalido, FFF–FFFF, rue Frédéric-Mistral, ✆ 90 54 60 22, Fax 90 54 64 29, alte Ölmühle am Stadtrand, liebevoll wieder hergerichtet, ausgesprochen komfortable Zimmer

  Restaurants: Le Patio, 117, route du Nord, ✆ 90 54 73 10, alte Schäferei mit schöner Gartenterrasse
La Regalido (s. o.), mit einem Michelin-Stern ausgezeichnetes Restaurant, in dem Maître Michel hauptsächlich Gerichte der Region gekonnt variiert

 Besichtigung: Daudets Mühle, Mai–Sept. 9–12 und 14–19 Uhr, Feb.–April und Okt.–Dez. 10–12 und 14–17 Uhr, Jan. geschl.

 Markt: Moulin à Huile des Bédarrides, ✆ 90 54 70 04, Olivenöl aus eigener Herstellung

Forcalquier (04300)

 Office de Tourisme: 8, place du Bourguet, ✆ 92 75 10 02

Hotels: Le Grand Hôtel, F, 10, boul. Latourette, ✆ 92 75 00 35, einfache und sympathische Unterkunft, Garten mit schöner Aussicht
Auberge Charembeau, FF–FFF, route de Niozelles (3,5 km nördlich an der N 100), ✆ 92 75 05 69, Fax 92 75 24 37, provenzalisches Haus mit gut ausgestatteten Zimmern, schöne Lage in der Montagne de Lure, empfehlenswertes Frühstück
Hostellerie des Deux Lions, FF–FFF, 11, place de Bourguet, ✆ 92 75 25 30, Fax 92 75 06 41, alte Poststation aus dem 17. Jh. traditionell eingerichtet, komfortable Zimmer, gutes Frühstück

Restaurants: Hostellerie des Deux Lions (s. o.), traditionelle regionale Küche in prunkvollem Rahmen; Reservierung ist empfehlenswert

Markt: Wochenmarkt, Mo.
Einkaufen: Distillerie et Domaines de Provence, ℰ 92 75 00 58, hier kann man den ›echten‹ Pastis und diverse Schnäpse erstehen

Fox Amphoux (83670)

Hotel/Restaurant: Auberge du Vieux Fox, FF, place de l'Eglise, ℰ 94 80 71 69, Fax 94 80 78 38, eine umgebaute Priorei mit einfachen, aber gemütlichen Zimmern, Panorama-Terrasse mit wunderbarem Blick auf die Alpes-de-Hautes-Provence, sehr gute Küche und bescheidene Preise, gute Ausgangsbasis für Touren in die Umgebung

Fréjus (83600)

Office de Tourisme: 325, rue Jean-Jaurès, ℰ 94 17 19 19, und in Fréjus-Plage, boul. de la Libération, ℰ 94 51 48 42. **Post:** av. Aristide-Briand

Hotels: Sable et Soleil, FF, rue Paul-Arène, ℰ 94 51 08 70, Fax 94 53 49 12, neues Hotel mit modernem Komfort in Fréjus-Plage, viele Zimmer mit Balkon
Oasis, FF, rue Hippolyte-Fabre, ℰ 94 51 50 44, einfaches Haus in Fréjus-Plage; ruhig gelegen
L'Aréna, FFF, 139, boul. Général-de-Gaulle, ℰ 94 17 09 40, Fax 94 52 01 52, im provenzalischen Stil eingerichtetes Haus im Zentrum (in der Nähe des Bahnhofs)

Camping: Zahlreiche Campingplätze, allerdings liegen nur wenige in direkter Nähe zum Meer.
Le Colombier****, route de Bagnols, ℰ 94 51 56 01 und 94 51 52 38, 1. April–30. Sept., ca. 3 km zum Meer, überwiegend schattige Stellplätze, Einkaufsmöglichkeit, Restaurant, Bar, Animation, Swimmingpool, Kinderbetreuung
De la Baume****, route de Bagnols, ℰ 94 40 87 87 , Fax 94 40 73, Ostern–30. Sept., ca. 5 km vom Meer entfernt, Einkaufsmöglichkeit, Restaurant, Bar, Swimmingpool, Tennis, Kinderbetreuung, Animation

Restaurants: Les Potiers, 135, rue des Potiers, ℰ 94 51 33 74, kleines Altstadtrestaurant mit guter klassisch-provenzalischer Küche
La Romana, 155, boul. de la Libération, ℰ 94 51 53 36, Restaurant mit italienischer und provenzalischer Küche an der Uferpromenade

Museum: Musée archéologique, 58, rue de Fleury, Kloster der Kathedrale, Di, Do und Fr 14–18 Uhr, Voranmeldung erforderlich
Besichtigung: Amphithéâtre, Okt.–März 9–12 und 14–16.30 Uhr, April–Sept. 9.30–12 und 14–18.30 Uhr, Di geschl.
Kathedrale, rue de Fleury, morgens und 16–18 Uhr
Baptisterium und Kreuzgang, rue de Fleury, Okt.–März 9–12 und 14–17 Uhr, April–Sept. 9–19 Uhr, Di geschl.
Parc zoologique Safari de Fréjus, Le Capitou, Okt.–April 10–17 Uhr, Mai–Sept. 9.30–18 Uhr
Cocteau-Kapelle, April–Okt. 16–18 Uhr, Di geschl., Nov.–März Mi, Fr und Sa 15–17 Uhr
Centre d'Art contemporain, Z. I. du Capitou (im Industriegebiet), in der Vor-

und Nachsaison 14–18 Uhr, Sa und So geschl., in der Hauptsaison 14–19 Uhr, Mo geschl.

 Markt: Mi, Sa in Fréjus, Di, Fr in Fréjus-Plage (im Sommer)

 Veranstaltungen: Fête des plantes (Pflanzenfest), April. Bravade (Stadtfest), 3. So nach Ostern. Kunst- und Musikforum, Juli, ✆ 94 94 88 67. Weinmesse, Aug. Traubenfest, 1. So im Aug.

 Nachtleben: Wer abends ausgeht, den zieht es in die Schwesterstadt St-Raphaël (s. S. •••••)

 Strand: 3 km langer Sandstrand (Fréjus-Plage), sehr belebt und laut, kinderfreundlich, da seichtes Wasser

 Bahnhof: rue Martin-Bidoure, ✆ 94 95 16 90 (Auskunft) und 94 51 30 53 (Reservierungen)

Ganagobie (Benediktiner-Priorat)

Besichtigung: Nov.–April 15–17 Uhr, Mai–Okt. 11–12 und 15–18 Uhr, Mo geschl.

La Garde-Adhémar (26700)

Restaurant: L'Absinthe, place Perriot, ✆ 75 04 44 38, einfache Küche, Picodon (Ziegenkäse)

Besichtigung: Zisterzienserkloster Aiguebelle 8.30–12 und 14–18 Uhr

La Garde-Freinet (83310)

 Office de Tourisme: place de la Mairie, ✆ 94 43 67 40

 Hotel: La Claire Fontaine, F–FF, place de la Vieille, ✆ 94 43 63 76, kleines Haus am Dorfplatz

Camping: St-Eloi***, ✆ 94 43 62 40, 15. Juni–15. Sept., schöner Platz in einem Park, Bar, Swimmingpool, Kinderspielplätze **Bérard*****, route de Grimaud, ✆ 94 43 62 93, Fax 94 43 21 23, Ostern–30. Sept., Einkaufsmöglichkeit, Restaurant, Bar

Restaurants: La Grille à Jeanine, place de la Vieille, ✆ 94 43 69 13, provenzalische Küche – überwiegend Fischgerichte –, Spezialitäten aus dem Südwesten Frankreichs **La Faücado**, 31, boul. de l'Esplanade, ✆ 94 43 60 41, regionale Küche, Spezialität: Rinderfilet in Portwein mit Morcheln; schöne Terrasse im Grünen

  Besichtigung: Chartreuse de la Verne, in der Nähe des Dorfes La Môle, 23 km von La Garde-Freinet entfernt, 10–18 Uhr, geschl. Di und Okt.

 Markt: Wochenmarkt, Mi und So **Einkaufen:** Maison de la Garde-Freinet et du Pays des Maures, chapelle St-Eloi, route de Grimaud, Kunsthandwerk und Erzeugnisse der Region (Wein, Honig und Käse)

 Veranstaltungen: Rencontres de la Fôret des Maures, alle zwei Jahre (96, 98 etc.), Mitte Juni. Nuit du

théâtre de rue (nächtliches Straßen-theater), Juli/Aug. Dorffest, Anfang Aug. Fête de la châtaigne (Kastanien-fest), Ende Okt.

Gassin (83580)

 Office de Tourisme: im Rat-haus, ✆ 94 56 06 00

 Hotels: Bello Visto, FF, place de Barrys, ✆ 94 56 17 30, Fax 94 43 45 36, einfaches, ordentliches Haus mit schöner Terrasse
Villa de Belieu, FFFF(FF), route de St-Tropez (2 km nördlich des Ortes), ✆ 94 56 40 56, Fax 94 43 43 34, Gunther Sachs' Luxusvilla wurde in ein Top-Hotel mit modernstem Komfort umge-baut, Garten, Swimmingpool, Hallen-schwimmbad, Tennis, Fitneßraum etc.

 Camping: Le Moulin de Verdagne***, ✆ 94 79 78 21, Fax 94 43 40 81, 1. April–30. Sept., Ein-kaufsmöglichkeit, Restaurant, Bar, Swimmingpool, Kinderspielplätze und –betreuung, Animation

Restaurants: Auberge La Ver-doyante, 886, chemin de Coste-Brigade, ✆ 94 56 16 23, in einem Wein-anbaugebiet liegt dieser Bauernhof, der ausgezeichnete provenzalische Küche bietet, sehr leckeres Aioli
Bello Visto (s. o.), gute provenzalische Küche, hübsche Terrasse
Villa de Belieu (s. o.), Nobelrestaurant

Einkaufen: La Maison des Confitures, route de Bourrian, ✆ 94 43 41 58, leckere Konfitüren, Fruchtweine und Liköre

Gigondas (84190)

 Office de Tourisme: place du Portail, ✆ 90 65 85 46

 **Hotel/Restaurant: Les Flo-rets**, FF–FFF, routes des Dentelles, ✆ 90 65 85 01, Fax 90 65 83 80, idyllisch im Weinanbauge-biet am Fuß der Dentelles de Montmi-rail gelegen, einfache Zimmer im pro-venzalischen Stil, liebevoll eingerichtet, sehr ruhiges Haus mit schöner Ter-rasse. Sehr gute lokale Küche, empfeh-lenswertes Lammgericht, am schönsten speist es sich im Garten

Einkaufen: Domaine les Gou-bert, ✆ 90 65 86 38, Gigondas-Weine (kräftiger Rotwein). Domaine des Tourelles, ✆ 90 65 86 98, Gigondas-Weine im 400 Jahre alten Kellerge-wölbe

Golfe-Juan (06220)

 Office de Tourisme: 84, av. de la Liberté, ✆ 93 63 73 12

 Hotels: Palm Hôtel, FF–FFF, 17, av. de la Palmeraie, ✆ 93 63 72 24, Fax 93 63 18 45, kleines Haus der Logis-de-France-Kette mit Garten und Terrasse
Lauvert, FFF, impasse des Hameaux de Beausoleil (über die N 7 zu errei-chen), ✆ 93 63 46 06, ruhiges Haus mit Swimmingpool und Garten etwas au-ßerhalb des Ortes
Beausoleil, FFF, impasse Beausoleil (über die N 7 zu erreichen), ✆ 93 63 63 63, Fax 93 63 02 89, ruhiges, komfortables Logis-de-France-Haus mit Swimmingpool und Garten, etwas außerhalb des Ortes gelegen

Restaurants: Chez Christiane, 25, boul. des Frères-Roustan, ✆ 93 63 72 44, Fisch und Meeresfrüchte, Terrasse mit Blick aufs Meer
Restaurant Bruno, am Hafen, ✆ 93 63 72 12, hervorragende provenzalische Küche in schönem Ambiente; Garten
Tétou, boul. des Frères-Roustan, ✆ 93 63 71 16, In-Restaurant mit Michelin-Stern an der Strandpromenade, Meeresfrüchte und Fischgerichte, bekannt für ausgezeichnete Bouillabaisse

Ausflüge mit dem Boot: Überfahrt zu den Iles de Lérins, täglich 3–4mal Ostern–Okt., ✆ 93 61 81 31

Strände: gepflegter feiner Sandstrand (Golf-Juan-Plage), der sehr stark besucht ist, viele private Strandabschnitte

Gordes (84220)

 Office de Tourisme: place du Château, ✆ 90 72 02 75

 Hotels: La Gacholle, FFF, route de Murs, ✆ 90 72 01 36, Fax 90 72 01 81, ansprechende Zimmer in provenzalischem Stil, Frühstück auf der überdachten Terrasse, freundlicher Empfang, hauseigener Swimmingpool
La Bastide de Gordes, FFF–FFFF, Le Village, ✆ 90 72 12 12, Fax 90 72 05 20, prächtiges Stadtpalais aus dem 16. Jh., im alten Stadtkern, Swimmingpool
Les Bories, FFF–FFFF, route de l'abbaye de Sénanque (2 km nordwestlich von Gordes über D 177), ✆ 90 72 00 51, Fax 90 72 01 22, ruhig gelegenes Landhotel mit schönem Zypressen- und Lavendelgarten, Tennisplatz und zwei Schwimmbädern

Ferme de la Huppe, FFF–FFFF, Les Pourquiers (5 km südöstlich von Gordes über D 2 und D 156), ✆ 90 72 12 25, Fax 90 72 01 83, altes provenzalisches Landhaus aus dem 18. Jh., ruhig gelegen, gut ausgestattete Zimmer im provenzalischen Stil

Restaurants: Ferme de la Huppe (s. o.), innovative Küche in rustikalem Landhaus-Ambiente, Weinkarte mit überzeugender Auswahl
Comptoir du Victuailler, place du Château, ✆ 90 72 01 31, kleine seriöse Kneipe mit perfekten Fischgerichten und unwiderstehlichen Torten, großartige Weinkarte
La Gacholle (s. o.), originelle Küche und gute Weine aus der Gegend in ländlichem Hotel-Restaurant, riesige überdachte Terrasse

  Museum: Musée Didactique Vasarély, place du Château, 10–12 und 14–18 Uhr, Di geschl.
Ausflüge: Abbaye de Sénanque (Abtei), route de Cavaillon (3 km vom Zentrum entfernt, Anfahrt über route de Venasque), März–Okt. Mo–Fr 10–12 und 14–18 Uhr
Le Moulin de Bouillons, 5 km südlich von Gordes über D 2 und D 103 Richtung Baumettes, dann nach links in die D 148 Richtung St-Pantaléon abbiegen, 100 m
Musée du Vitrail Frédérique Duran, Anfahrt wie zur Moulin des Bouillons, 10–12 und 14–18 Uhr, Sept.–Juni, Di geschl.

 Markt: Wochenmarkt, Di

 Veranstaltungen: Weinfest, 13.–14. Juli. Theater- und Musikfestival, erste Hälfte Aug.Ortsfest, dritter So im Sept.

Gourdon (06620)

 Restaurant: Auberge de Gourdon, ✆ 93 09 69 69, schlichte, aber gute provenzalische Küche, ausgezeichnete Weine der Region

  Besichtigung: Château de Gourdon, 11–13 und 14–19 Uhr, Di geschl.

Grasse (06130)

 Office de Tourisme: 22, cours Honoré-Cresp, ✆ 93 36 72 28

Hotels: Le Printania, F–FF, rue des Roses, ✆ 93 36 95 00, ruhiges Haus mit gemütlichen Zimmern
Panorama, FF–FFF, 2, place du Cours, ✆ 93 36 80 80, Fax 93 36 92 04, zentral, großzügige Zimmer, zum Teil mit Balkon und hervorragender Aussicht auf die Stadt; freundlicher Service
Des Parfums, FFF–FFFF, boul. Charabot, ✆ 93 36 10 10, Fax 93 36 35 48, eines der besten Häuser in Grasse, schöner Blick auf die Altstadt; Garten, Swimmingpool

Camping: Camping Municipal***, 27, boul. de Rothschild, ✆ 93 36 28 69, 1. Feb.–1. Dez., etwas außerhalb in Richtung Nizza gelegener städtischer Campingplatz

Restaurants: L'Amphitryon, 16, boul. Victor-Hugo, ✆ 93 36 58 73, kleines Restaurant mit bodenständiger Küche

Maître Boscq, 13, rue de la Fontette, ✆ 93 36 45 76, ausgezeichnete regionale Küche, sehr freundliche Atmosphäre, Spezialität: Variationen rund um gefüllten Kohl
Baltus, 15, rue de la Fontette, ✆ 93 36 32 90, kleines Altstadtlokal mit Terrasse, ausgezeichnete maritime Küche, Bouillabaisse (auf Vorbestellung)

 Museen: Musée d'Art et d'Histoire de la Provence (Provenzalisches Volkskundemuseum), 2, rue Mirabeau, 10–12 und 14–18 Uhr, in den Wintermonaten nur bis 17 Uhr, Mo geschl.
Musée de la Parfumerie, 8, place du cours, Juni–Sept. 10–19 Uhr, Okt.–Mai 10–12 und 14–17 Uhr, Mo, Di und an Feiertagen geschl.
Musée Fragonard, 23, boul. Fragonard, 10–12 und 14–18 Uhr, in den Wintermonaten nur bis 17 Uhr, Mo geschl.
Musée de la Marine, 2, boul. du Jeu-de-Ballon, 10–12 und 14–17 Uhr, So geschl.
Besichtigung von Parfümfabriken:
Fragonard, 20, boul. Fragonard, Führungen 9–18.30 Uhr
Galimard, 73, route de Cannes, in Le Plan, 9–18.30 Uhr
Molinard, 60, boul. Victor-Hugo, Mo–Fr 9–17.30 Uhr, Sa/So 9–17 Uhr
Kirche Notre-Dame-du-Puy, place du Petit Puy, Mo–Sa 8.30–11.45 und 14.30–18 Uhr, So ab 8 Uhr

Markt: Wochenmarkt auf der place aux Aires (auch Blumen) und der place Jean-Jaurès, täglich außer Mo. Trödelmarkt auf der place Jean-Jaurès, Mi. Blumenmarkt, So
Einkaufen: La Fromagerie, 5, rue de l'Oratoire, Ziegenkäse. Grasse-Bonbon, rue Marcel-Joumet, kandierte Früchte – eine Spezialität der Region

Veranstaltungen: Rosenfest, 15.–20. Mai. Sommersonnenwendefest, 21./22. Juni. Jasminfest, 1. So im Aug.

Le Grau-du-Roi (30240)

 Office de Tourisme: boul. Front de Mer, ☎ 66 51 67 70

Hotel: Relais de l'Oustau Camarguen, FFF, route des Marines, ☎ 66 51 51 65, Fax 66 53 06 65, provenzalisches Haus mit ruhigen, komfortablen Zimmern direkt am Hafen von Port Camargue

Restaurant: Le Spinnaker, route de Môle, ☎ 66 53 36 37, am Hafen, Fischgerichte (etwa Sardinen-Tarte), Meeresfrüchte (unter anderem Seeigel), wunderbare Desserts und eine kleine, aber feine Weinauswahl

 Veranstaltung: Musikfestival, dritte Juni-Woche

Gréoux-les-Bains (04800)

 Office de Tourisme: 5, av. des Maronniers, ☎ 92 78 01 08

 Hotels: Grand-Hôtel des Colonnes, F–FF, ☎ 92 78 00 04, Fax 92 77 64 37, Hotel mit Garten in Familienbesitz (Logis de France)
Villa Borghèse, FF–FFFF, av. des Thermes, ☎ 92 78 00 91, Fax 92 78 09 55, im Park gelegenes, schönes Gebäude; gut ausgestattete Zimmer mit Terrasse
La Crémaillère, FFF, route de Riez, ☎ 92 74 22 29, Fax 92 78 19 80, großzügige, gemütliche Zimmer, Schwimmbad und Golfplatz, schöner Garten

Lou San Peyre, FFF, av. des Thermes, ☎ 92 78 01 14, Fax 92 78 03 85, ruhig, mit bequemen Zimmern und hübschem Park

 Restaurants: La Crémaillère (s. o.), im Kurhotel, provenzalische Küche und Diätgerichte, Weine der Region, ausgezeichneter Service

 Markt: Wochenmarkt, Do

 Veranstaltungen: Fête de St-Sebastien mit Prozession, 20. Jan. Internationaler Musikfrühling, April. Musikfestival, Juli. Molière-Festival, Aug.

Grignan (26230)

 Office de Tourisme: (Musée ancien) Grande Rue, ☎ 75 46 56 75

Hotels: Sévigné, F–FF, place de Castellane, ☎ 75 46 50 97, Fax 75 46 93 48, nahe des Schlosses, ordentliche Zimmer
Manoir de la Roseraie, FFFF, route de Valréas, ☎ 75 46 58 15, Fax 75 46 91 55, Herrensitz am Fuße des Schlosses in einem großen Park mit Rosengarten gelegen, bunte, typisch provenzalische Stoffe und Muster verleihen dem großzügigen, eleganten Landhaus eine fröhliche Atmosphäre, Swimmingpool

Restaurants: Manoir de la Roseraie (s. o.), eleganter Tischdekor, traditionelle provenzalische Küche, hervorragende Weinkarte, gehobene Preise (Richtig Reisen Tip S. 66)
L'Eau à la Bouche, rue St-Louis, ☎ 75 46 57 37, bürgerliche und Bistro-

Küche, einfache Gerichte, sehr gute frische Produkte, regionale Weinkarte, gemütlich

  Besichtigung: Château de Grignan, April–Okt. 9.30–11.30 und 14–17.30 Uhr, (Juli/Aug. bis 18 Uhr), Nov.–März Di ganztägig und Mi vormittag geschl.

 Markt: provenzalischer Markt, Di

 Veranstaltungen: Kammermusikfestival im Schloß, Feb./März–Mai. Les Fêtes Nocturnes, historisches Schauspiel und verschiedene Veranstaltungen im Schloß, Juli–Sept.

Grimaud (83310)

 Office de Tourisme: boul. des Aliziers, ✆ 94 43 26 98

Hotels: Le Coteau Fleuri, FFF, place des Pénitents, ✆ 94 43 20 17, Fax 94 43 33 42, ruhiges, provenzalisches Haus am Dorfrand, liebevoll eingerichtet, Zimmer mit Blick über die Weinberge, Garten, Terrasse
La Boulangerie, FFFF, route des Collobrières, ✆ 94 43 23 16, Fax 94 43 38 27, sehr ruhiges Haus, einmaliger Blick auf das Mauren-Massiv, Park, Swimmingpool

Restaurants: Café de France, place Neuve, ✆ 94 43 20 05, einfache Gerichte in freundlicher Atmosphäre, Terrasse
Le Coteau Fleuri (s. o.), gute provenzalische und französische Küche; Terrasse mit schönem Blick
L'Ecurie de la Marquise, 3, rue du Gacharel, ✆ 94 43 27 26, vorzügliche

ideenreiche französische Küche, großzügig portioniert und liebenswürdig serviert
Les Santons, N7, ✆ 94 43 21 02 und 94 43 35 11, Santons, wo man hinsieht… Sehr gutes Restaurant mit klassisch-provenzalischer Küche – mit einem Michelin-Stern ausgezeichnet

 Besichtigung: Château de Grimaud, ✆ 94 44 42 90. Das Schloß wird derzeit restauriert, ist aber zugänglich; Zeiten bitte erfragen

 Veranstaltungen: Fest klassischer Tänze im Château de Grimaud, Juli/Aug. Weinfest, Ende Aug.

Hyères (83400)

 Office de Tourisme: rotonde Jean-Salusse, BP 721, ✆ 94 65 18 55

Hotels: La Québécoise, F–FF, av. de l'Amiral (über D 559), ✆ 94 57 69 24, Fax 94 38 78 27, provenzalisches Haus auf dem Hügel von Costebelle, 3 km südlich der Altstadt, schöner Blick, Swimmingpool, Garten
Le Ceinturon, F–FF, 12, boul. de la Mer, ✆ 94 66 33 63, Fax 94 66 32 29, Logis-de-France-Haus in Hyères-Ayguade, Zimmer mit Blick aufs Meer, Terrasse
Soleil, FF–FFF, rue du Rempart, ✆ 94 65 16 26, Fax 94 35 46 00, ruhiges Familienhotel in schöner Lage über der Altstadt
La Rose des Mers, FF–FFF, av. Emile-Gérard, ✆ 94 58 02 73, Fax 94 58 06 16, in Hyères-Plage in Hafennähe mit schönem Meerblick, gemütliche Zimmer
Pins d'Argent, FFF, Hyères-Plage, Hafennähe, ✆ 94 57 63 60, Fax 94 38 33 65,

ruhige Villa im Pinienwald in Hyères-Plage, Swimmingpool, Park

Camping: In der Umgebung von Hyères gibt es zahlreiche Campings à la Ferme (s. S. •••••)
Domaine du Ceinturon n° 3****, Hyères-Ayguade, Domaine du Ceinturon, ✆ 94 66 32 65, 30. März–30. Sept., großer Platz etwa 100 m vom Strand entfernt, Einkaufsmöglichkeiten, Restaurant, Bar, Tennis, Kinderspielplätze
Rebout****, Clos Rose Marie, ✆ 94 66 41 21, Fax 94 66 40 41, ganzjährig geöffnet, kleiner Platz in der Nähe der Salinen von Hyères östlich der Stadt, Einkaufsmöglichkeiten, Swimmingpool, Tennis, Kinderspielplätze

Restaurants: La Québécoise (s. o.), Gartenrestaurant mit guter provenzalischer Küche
Le Bistro de Marius, 1, place Massillon, ✆ 94 35 88 38, Hyères' beste Adresse für gegrillten Fisch, Bouillabaisse und in Banyuls-Wein geschmorte Gänsestopfleber; Restaurant im klassischen Bistrostil in einem schmalen Altstadthaus
Domaine les Fouques, les lers Borrels (D 12 Richtung Norden, nach etwa 2 km rechts in Richtung Les Borrels), ✆ 94 65 68 19, Essen im alten Bauernhaus mit viel Atmosphäre, im Sommer im Garten, ausgezeichnete regionale Küche, Spezialität: Perlhuhn mit Pfirsichen, Desserts
La Colombe, Le Bayorre, ✆ 94 65 02 15, kleines sympathisches Restaurant mit guter regionaler Küche (Fischgerichte) und bemerkenswerter Weinkarte (Richtig Reisen Tip S. 250)
Les Jardins de Bacchus, 32, av. Gambetta, ✆ 94 65 77 63, klassische französische Küche in stilvoller Atmosphäre, Terrasse

 Museen: Musée Municipal, place Lefèvre, 10–12 und 15–18 Uhr, Di, Sa, So und an Feiertagen geschl.
Besichtigung: Villa de Noailles, montée de Noailles, 10–12 und 15–19 Uhr, Di geschl.
Kirche St-Louis, place de la République, 7–19 Uhr
Stiftskirche St-Paul, place St-Paul, 9.30–12 und 15–19 Uhr, Di geschl.
Jardin Olbius-Riquier, av. Ambroise-Thomas, 8–19 Uhr

 Markt: Wochenmarkt, täglich auf der place Massillon. Flohmarkt, So vormittag

Veranstaltungen: Blumenkorso, März. Provenzalisches Festival (Musik, Theater), Mitte Juni. Jazzfestival, 2. Julihälfte, ✆ 94 58 44 27

Strände: links und rechts des Jachthafens von Hyères-Plage liegen die besten Strände (wie Ayguade oder La Capte); meist sandig, Ceinturon steinig. Westlich der Halbinsel ist das Wasser recht schmutzig

Fähre zu den Iles d'Hyères: regelmäßige Fährverbindungen im Sommer von Giens (La Tour Fondue) aus, ✆ 94 58 21 81. Die Überfahrt nach Porquerolles (5–20mal täglich) dauert 20, nach Port-Cros 75 und zur Ile du Levant 90 Min. (1–2mal täglich, erst wird Port-Cros angesteuert). Auch Rundfahrten zwischen den drei Inseln sind im Programm. Die Ile de Porquerolles wird auch von schnellen (teuren) Wassertaxis angelaufen, ✆ 94 58 31 19

Flughafen: nur innerfranzösische Flüge. Der Flughafen Toulon/Hyères (✆ 94 22 81 60) wird täglich

von Paris aus angeflogen. Er liegt 4 km
südöstlich der Stadt. Der Bustransfer
nach Hyères dauert 10 Min. 60 Min. vor
jedem Flug fährt der Bus vom Busbahnhof Richtung Aéroport

 Bahnhof: av. de L'Aéroport/av.
Cawell; Auskunft: ✆ 94 57 79 60

 Busbahnhof: place Maréchal-
Joffre/av. de Belgique,
✆ 94 65 21 00

Ile de Porquerolles (83400)

 Office de Tourisme: am Hafen,
✆ 94 58 33 76

 **Hotels: Auberge des Glyci-
nes**, FFF–FFFF, place des Armes,
✆ 94 58 30 36, Fax 94 58 35 22, kleines
Dorfgasthaus, provenzalisch eingerichtete Zimmer, in der Saison nur Halbpension
Mas du Langoustier, FFFF,
✆ 94 58 30 09, Fax 94 58 36 02, traumhaft an der westlichen Spitze der Insel
gelegen, mit Privatstrand und großem
Park, Halbpension obligatorisch

**Restaurants: Auberge des
Glycines** (s. o.), einfache, aber
äußerst schmackhafte Küche, Fischgerichte; sehr gutes Preis-Leistungs-Verhältnis, am schönsten sitzt man unter
dem Feigenbaum im Innenhof
Mas du Langoustier (s. o.), Feinschmeckerküche mit Michelin-Stern,
Fisch und Meeresfrüchte stehen auf der
Karte

 Einkaufen: Domaine de la Courtade, ✆ 94 58 31 44, gute Rot-
und Weißweine direkt vom Winzer

 Fährverbindungen: regelmäßige Fährverbindungen im Sommer nach Giens (La Tour Fondue),
✆ 94 58 21 81. Die Überfahrt zum Festland (5–20mal täglich) dauert 20 Min.
Auch Rundfahrten zwischen den drei
Inseln sind im Programm. Die Ile de
Porquerolles wird auch von schnellen
(teuren) Wassertaxis angelaufen,
✆ 94 58 31 19

 Strände: drei schöne Sandstrände; der reizvollste ist die
Plage de la Courtade östlich des
Hafens. Außerdem gibt es noch ein
paar kleine Sandbuchten.

Iles de Lérins (06400 Cannes)

  **Museum: Musée de la
Mer**, Ile Ste-Marguerite,
10.30–12 und 14–18.30 Uhr, Di und an
Feiertagen geschl.
Besichtigung: Fort Royal, Ile Ste-
Marguerite,10.30–12 und 14–17 Uhr, Di
und an Feiertagen geschl.
Monastère Fortifié (befestigte Klo-
steranlage), Ile St-Honorat, 9–12 und
14–16.45 Uhr

 Veranstaltungen: Son-et-
Lumière-Spektakel, Juni–Sept.

 Fährverkehr: Die Fähren legen
am Gare Maritime von Cannes
ab. Die Überfahrt dauert 15 (Ile Ste-
Marguerite) bzw. 30 Min. (Ile St-Honorat), ✆ 93 99 62 01, bzw. 93 39 11 82.
Abfahrtszeiten ab Cannes Juni–
Sept.etwa zehnmal täglich, Okt.–Mai
fünfmal täglich Uhr. Spannend, aber
wesentlich teurer ist die Überfahrt mit
dem Glasbodenboot Nautilus. Dauer
der Überfahrt: ca. 1,5 Std. Abfahrt von

der Gare Maritime, ✆ 93 99 62 01. Es besteht auch eine Fährverbindung von Golfe-Juan/Juan-les-Pins: Ostern–Okt. drei- bis viermal täglich, ✆ 93 63 81 31

L'Isle-sur-la-Sorgue (84800)

 Office de Tourisme: place de l'Eglise, ✆ 90 38 04 78

 Hotels: Le Mas des Grès, FFF, route d'Apt, ✆ 90 20 32 85, Fax 90 20 21 45, renoviertes provenzalisches Landhaus mit großen und bezaubernd eingerichteten Zimmern, sehr freundlicher Empfang

Restaurant: La Prévôté, 4, rue Jean-Jacques-Rousseau, ✆ 90 38 57 29, innovative Küche in altem Anwesen mit blumengeschmücktem Hof, hervorragender Service und kleiner, aber feiner Weinkeller

Veranstaltungen: Folklorefestival, Juli. Wasserkorso, Juli. Provenzalischer Markt, Ende Juli

Juan-les-Pins (06160)

Office de Tourisme: 51, boul. Guillaumont, ✆ 93 61 04 98

Hotels: Juan Beach, FF–FFF, 5, rue de l'Oratoire, ✆ 93 61 02 89, Fax 93 61 16 63, kleines Logis-de-France-Haus mit Garten, etwa 400 m vom Strand entfernt
Pré Catelan, FFF, 22, av. des Lauriers, ✆ 93 61 05 11, Fax 93 67 83 11, kleines Hotel mit provenzalisch eingerichteten Zimmern, 200 m zum Strand, Swimmingpool, Garten

Hélios, FFF–FFFF, 3, av. du Dr-Dautheville, ✆ 93 61 55 25, Fax 93 61 58 78, luxuriöses Hotel mit Privatstrand und großen Zimmern, zum Teil mit Terrasse
Beauséjour, FFFF, av. Saramartel, ✆ 93 61 07 82, Fax 93 61 86 78, auf einer Anhöhe über der Stadt inmitten von Zedern und Olivenbäumen, Swimmingpool und schöner Garten
Belles Rives, FFFF(FF), boul. du Littoral, ✆ 93 61 02 79, Fax 93 67 43 51, Luxushotel mit Privatstrand, in dem sich schon Scott Fitzgerald wohlfühlte, wunderschöne Zimmer, zauberhafter Blick auf die Bucht

Restaurants: Bijou-Plage, boul. Charles-Guillaumont, ✆ 93 61 39 07, exzellente Fischgerichte, zum Beispiel Lachspastete mit Spargel, schöne Terrasse mit Blick aufs Meer
Le Perroquet, av. Gallice, ✆ 93 61 02 20, innovative französische Küche in exotischem Ambiente, Terrasse
La Terrasse, La Pinède, ✆ 93 61 20 37, Restaurant der Spitzenklasse, entsprechende Preise, zauberhafte Terrasse

Veranstaltungen: berühmtes Internationales Jazzfestival, zweite Julihälfte, ✆ 93 33 95 64

Nachtleben: zahlreiche Nachtclubs und Diskotheken – meist sehr mondän

 Ausflüge mit dem Boot: Überfahrt zu den Iles de Lérins täglich 3–4mal Ostern–Okt., Landungssteg Courbet; ✆ 93 61 81 31 (Auskunft)

 Strand: ganz feiner und sehr schöner Sandstrand (Plage de Juan-les-Pins), stark frequentiert und überwiegend in Privathand

Lacoste (84480)

 Hotels: Café de France, FF, im Ortskern, ☎ 90 75 82 25, kleines Hotel, Zimmer mit Aussicht auf das Tal
Relais du Procureur, FFF, im Ortskern, ☎ 90 75 82 28, vornehmes Hotel neben der Dorf-Boulangerie

 Restaurants: Café de Sade, im Ortskern, ☎ 90 75 82 29, einfache Gerichte, Terrasse
Simiane, unterhalb des Schlosses, ☎ 90 75 83 31, stimmungsvoller Speisesaal, die Gerichte sind nach dem Marquis de Sade bzw. seinen Werken benannt

 Besichtigung: Château, Sa und So ganzjährig, Führungen Mitte Juni–Juli 8–12 Uhr

Le Lavandou (83980)

 Office de Tourisme: quai Gabriel-Péri, ☎ 94 71 00 61

 Hotels: La Ramade, FF–FFF, 16, rue Patron Ravello, ☎ 94 71 20 40, Fax 94 64 79 19, in Strandnähe, freundliches Haus (Logis de France), einige Zimmer mit Meerblick, Kochmöglichkeit
L'Espadon, FFF, place Ernest-Reyer, ☎ 94 71 00 20, Fax 94 64 79 19, empfehlenswertes Mittelklassehotel (Logis de France), Strandlage, nahe des Hafens
Auberge de la Falaise, FF–FFF, 34, boul. de la Baleine, St-Clair, ☎ 94 71 01 35, Fax 94 71 79 48, Logis-de-France-Haus an einem der schönsten Strände der Küste in der Nähe eines Naturschutzgebietes, 3 km von Le Lavandou entfernt, schöner Garten und Blick aufs Meer

Belle-Vue, FFF–FFF, boul. du Four des Maures, St-Clair, ☎ 94 71 01 06, Fax 94 71 64 72, provenzalisches Haus am Strand von St-Clair; gemütliche Zimmer zum Teil mit Balkon; Garten
Les Roches, FFFF(FF), 1, av. des Trois Dauphins, Aiguebelle-Plage, ☎ 94 71 05 07, Fax 94 71 08 40, spektakuläres Luxushotel direkt am Strand (etwa 7 km von Le Lavandou entfernt), Swimmingpool und zahlreiche Extras

Camping: Parcamping Le Pramousquier*, an der N559, in östlicher Richtung ca. 7 km von Le Lavandou entfernt, ☎ 94 05 83 95, 15. Mai–30. Sept., großer komfortabler Platz in 400 m zum Strand, Einkaufsmöglichkeit, Restaurant, Bar, Kinderbetreuung und -spielplätze

Restaurants: La Ramade (s. o.), Fischspezialitäten und regionale Küche in gemütlicher Atmosphäre
Au Vieux Port, quai Gabriel-Péri, ☎ 94 71 00 21, Hafenrestaurant, schmackhafte Fischgerichte, Terrasse
Henri Vinrich, 11, rue Patron-Ravello, ☎ 94 71 17 07, beliebtes Restaurant mit provenzalischer Küche, leider im wenig attraktiven Centre Commercial gelegen, dafür bietet die Terrasse einen schönen Blick auf die Bucht, vorzügliche Sardinenterrine mit eingelegten Tomaten
Les Roches (s. o.), Gourmetrestaurant mit einem Michelin-Stern

Einkaufen: Château du Galoupet, N 98, 83250 La Londe-des-Maures (westlich von Le Lavandou, bei den Salinen von Hyères), ☎ 94 66 40 07, gute Côtes-de-Provence-Weine

 Ausflüge mit dem Boot: Überfahrten zur Ile de Porquerolles,

Ile de Port-Cros und Ile du Levant, 15, quai Gabriel-Péri, ✆ 94 71 01 02. Außerdem Küstenpromenaden und 35minütige Ausflüge mit dem Glasbodenboot, 9–19 Uhr im 40-Minuten-Takt

 Strände: Traumstrände, die immer noch Tausende anlocken – auch wenn der Ort seinen Reiz verloren hat. Langer, feinsandiger Strand (Grande Plage) im Zentrum vor der Promenade – sehr beliebt und belebt. Reizvoller sind die kleinen Buchten in Richtung Cavalaire, z. B. St-Clair (Sand) und Aiguebelle (Sand) – beide kinderfreundlich, da seichtes Wasser

Lourmarin (84160)

 Office de Tourisme: 17, av. Philippe-de-Girard, ✆ 90 68 10 77

Hotels: Les Hautes Prairies, FF, route de Vaugines, ✆ 90 68 39 12, Fax 90 68 23 83, kleines Logis-de-France-Hotel mit Swimmingpool
De Guilles, FFF–FFFF, route de Vaugines, ✆ 90 68 30 55, Fax 90 68 37 41, sehr schönes provenzalisches Landhaus mit hübsch eingerichteten Zimmern, weitab von der Straße in den Weinbergen, Garten, Swimmingpool im Freien, Ausgangspunkt für Wanderungen in die Umgebung
Le Moulin de Lourmarin, FFFF, rue du Temple, ✆ 90 68 06 69, Fax 90 68 31 76, modernes Luxushotel mit komfortabel eingerichteten Zimmern, wenn auch die Einzelbetten etwas schmal geraten sind, wunderschöne Badezimmer, üppiges Frühstück, Park

Restaurants: L'Agneau Gourmand, route de Vaugines,

✆ 90 68 21 04, Restaurant des Hôtel de Guilles mit raffinierter regionaler Küche, kleine, aber feine Karte mit Weinen der Region, wunderbarer Garten, ausgesprochen freundliche Atmosphäre
Le Bistrot, 2, av. Philippe-de-Girard, ✆ 90 68 29 74, schönes Lokal mit Terrasse gegenüber vom Schloß, frische Küche mit Lyoner Einflüssen

 Besichtigung: Château de Lourmarin, av. Raoul-Dautry, 9–11.45 und 14.30–17.45 Uhr, in der Nebensaison bis 16.45 Uhr

Veranstaltungen: Antiquitäten- und Handwerksmesse, Mitte Juli. Rencontres Méditerranéennes Albert Camus (Kulturfestival), Juli/Aug. Ortsfest, erster So im Aug. Messe für Weine und andere regionale Produkte, Sept.

Lubéron (Parc Régional du Lubéron)

Office de Tourisme: Maison du Parc, 1, place Jean-Jaurès, 84400 Apt, ✆ 90 74 08 55

Lunel (34400)

Office de Tourisme: place des Martyrs-de-la-Resistance, ✆ 67 87 83 97

Hotel: Via Domitia, FF, av. Louis-Lumière, ✆ 67 83 11 55, Fax 67 71 02 19, modernes, komfortables Hotel am Ortsausgang in Richtung Nîmes

Restaurant: Chodoreille, 140, rue Lakanal, ✆ 67 71 55 77, traditionelle Küche, charmanter Innenhof

Lurs (04700)

 Office de Tourisme:
✆ 92 79 10 20

 Hotel: Le Seminaire, FF,
✆ 92 79 94 19, Fax 92 79 94 19,
komfortables Haus mit Garten und
Swimmingpool

 Veranstaltung: Rencontres
Internationales de Lurs (Treffen
von Typografen, Fotografen, Filmema-
chern, Multi-Media-Künstlern und
Schriftstellern), Ende Aug.

Maillane (13910)

 **Restaurant: Oustalet Maïa-
nen**, ✆ 90 95 74 60, sympathische Gaststätte direkt gegenüber des
Muséon Mistral

 **Museum: Muséon Mi-
stral**, ✆ 90 95 74 06,
zur Zeit wegen Restaurierungsarbeiten
geschl. (Stand Frühjahr 1996)

Malaucène (84340)

 Office de Tourisme: place de
la Mairie, ✆ 90 65 22 59

 **Hotel/Restaurant: Ho-
stellerie La Chevalerie**,
F–FF, ✆ 90 65 11 19, Logis-de-France-
Hotel mit Restaurant und Garten

Manosque (04100)

 Office de Tourisme:
place du Docteur-Joubert,
✆ 92 72 16 00

 Hotels: Le Provence, F–FF,
route de la Provence,
✆ 92 72 39 38, Fax 92 87 55 13, zentral
gelegenes Haus mit modernen und
komfortablen Zimmern, Swimmingpool
Pré St-Michel, FF, 1,5 km nördlich des
Ortes, ✆ 92 72 14 27, Fax 92 72 53 04,
modernes, ruhiges Haus
Hostellerie de la Fuste, FFFF, in La
Fuste, Valensole, ✆ 92 72 05 95, Fax
92 72 92 93, luxuriöses Haus mit geräumigen Zimmern, sehr ruhig, wunderbarer Park

 Restaurants: André, 21bis,
place de Terreau, ✆ 92 72 03 09,
rustikales Restaurant, die Menüs bieten
ein sehr gutes Preis-Leistungs-Verhältnis
La Source, route de Dauphin,
✆ 92 72 12 79, sympathische Atmosphäre, regionale Küche, überregio-
nale, gut ausgesuchte Weine
Hostellerie de la Fuste (s. o.), stilecht
essen in einem Speisesaal aus dem 17.
Jh. – allerdings zu gesalzenen Preisen,
gute regionale Weinauswahl

 Museum: Centre Giono,
boul. Elémir-Bourges,
Di–Sa 9–12 und 14–18 Uhr
Wohnhaus von Jean Giono, montée
des Vraies-Richesses, Fr 14.30–17 Uhr

 Markt: Wochenmarkt, Sa

 Veranstaltungen: Rencontre
cinématographique, Jan. Festival
de Jazz, Juli

 Bahnhof: place Frédéric-Mistral,
✆ 92 72 00 60

Busbahnhof: boul. Charles-de-
Gaulle, ✆ 92 87 55 99

Marseille (13000)

Office de Tourisme: 4, La Canebière, ☎ 91 54 91 11, eine Zweigstelle befindet sich im Bahnhof St-Charles. **Post:** place de l'Hôtel des Postes, neben dem Einkaufszentrum Bourse

Hotels: Gambetta, F–FF, 49, allées Gambetta, ☎ 91 62 07 88, Fax 91 64 81 54, kleines Hotel, zentral in der Nähe von Busbahnhof und Bahnhof
Capitainerie des Galères, FF, 46, rue Sainte, ☎ 91 54 73 73, Fax 91 54 77 77, günstige Unterkunft nahe des Alten Hafens, die Zimmer sind eher klein
Estérel, FF, 124/125, rue de Paradis, ☎ 91 37 13 90, Fax 91 81 47 01, modernes und freundliches Familienunternehmen, innenstadtnah, mit bewachtem Parkplatz, komfortable Zimmer
Alizé, FF–FFF, 35, quai des Belges, ☎ 91 33 66 97, Fax 91 54 80 06, mitten im Trubel des Vieux Port, gegenüber der Fischhändlerstände (mit ausgeprägtem morgendlichen Geräuschpegel) – sehr typische und komfortable Unterkunft
New Hotel Bompard, FFF, 2, rue des Flots-Bleus, ☎ 91 52 10 93, Fax 91 31 02 14, wer's lieber ruhig mag, ist hier gut aufgehoben
Mercure, FFF, rue Neuve St-Martin, ☎ 91 39 20 00, Fax 91 56 24 57, modernes Hotel mit komfortablen Zimmern, in den oberen Stockwerken schöner Ausblick über die Bucht
Concorde-Palm Beach, FFF–FFFF, 2, promenade de la Plage, ☎ 91 16 19 00, Fax 91 16 19 39, ruhiges Haus in schöner Lage, geräumige Zimmer mit Loggia, die fast alle Meerblick haben, Swimmingpool
Sofitel Vieux-Port, FFFF, 36, rue Charles-Livon, ☎ 91 52 90 19, Fax 91 31 46 52, geräumige, gut ausgestattete Zimmer, exzellentes Frühstück im Panoramasaal des (ausgezeichneten) Restaurants, Swimmingpool

Restaurants: Les Pieds dans le Plat, 2, rue Pastoret, ☎ 91 48 74 15, gute provenzalische Küche in der Nähe des cours Julien, hausgemachte Desserts
Chez Loury, 3, rue Fortia, ☎ 91 33 09 73, gute Adresse im Hafenviertel, besonders die Bouillabaisse, aber auch andere Gerichte sind ausgezeichnet
L'Atelier du Chocolat, 18, place aux Huiles, ☎ 91 33 55 00, für Liebhaber von Süßem
Les Arcenaulx, 25, cours d'Estiennes d'Orves, ☎ 91 54 77 06, Buchhandlung und Restauran, stilvolles Ambiente, empfehlenswerte regionale Küche und günstige Mittagsmenüs
La Garbure, 9, cours Julien, ☎ 91 47 18 01, der Name verrät – *Garbure* ist eine typisch südwest-französische Kohlsuppe –, wo die ausgezeichneten Menüs ihren Ursprung haben
Chez Fonfon, 140, rue du Vallon-des-Auffes, ☎ 91 52 14 38, *das* Fischlokal Marseilles – hier bestimmt der tägliche Fischfang die Karte
Le Patalain, 49, rue Sainte, ☎ 91 55 02 78, die Küchenchefin hält die Tradition der *mères marseillaises*, der ›kochenden Mütter von Marseille‹, aufrecht – sie bewahrt schmackhafte Rezepte vergangener Zeit vor dem Vergessen
Miramar, 12, quai du Port, ☎ 91 91 10 40, mit einem Michelin-Stern ausgezeichnetes Restaurant am Hafen, in dem man hervorragend Fisch (die berühmte Bouillabaise probieren!) essen kann, sehr freundliche Atmosphäre (Richtig Reisen Tip S. 159)

Museen: Musée du Vieux-Marseille (Heimatmuseum), Maison Diamantée, 2, rue de la Prison, Juni–Sept. 11–18 Uhr, Okt.–Mai 10–17 Uhr, Mo und an Feiertagen geschl.

Vieille-Charité (Kulturzentrum und Museum für Archäologie), rue de la Charité, Juni–Sept. 11–18 Uhr, Okt.–Mai 10–17 Uhr, Mo und an Feiertagen geschl.

Musée des Docks romains (Museum der römischen Lagerhäuser), place Vivaux, Juni–Sept. 11–18 Uhr, Okt.–Mai 10–17 Uhr, Mo und an Feiertagen geschl.

Musée des Beaux-Arts (Kunstmuseum) im Palais Longchamp, boul. Philippon, Juni–Sept. 11–18 Uhr, Okt.–Mai 10–17 Uhr, Mo und an Feiertagen geschl.

Musée d'Histoire naturelle (Naturkundemuseum) im Palais Longchamp, boul. Philippon, Juni–Sept. 11–18 Uhr, Okt.–Mai 10–17 Uhr, Mo und an Feiertagen geschl.

Musée Cantini, 19, rue Grignan, 10–12 und 14–18.30 Uhr, Di, Mi vormittag und an Feiertagen geschl.

Musée Grobet-Labadié, 140, boul. Longchamp, Juni–Sept. 11–18 Uhr, Okt.–Mai 10–17 Uhr, Mo und an Feiertagen geschl.

Besichtigung: Kathedrale La Major, port de la Joliette, Mitte Juni–Mitte Sept. 8.30–18 Uhr, sonst 9–12 und 14–17 Uhr, Mo geschl.

Botanischer Garten, April–Juni und Sept./Okt. Mo–Fr 10–12 und 13–17.30 Uhr, Sa, So und an Feiertagen 13.30–17.30 Uhr, Nov.–März Mo–Fr 9.30–12 und 13–17.45 Uhr, Sa, So und an Feiertagen 13.30–17.45 Uhr, Mi und Juli/Aug. geschl.

Château d'If, Ilot d'If, Abfahrt vom quai des Belges im Sommer stündlich, im Winter unregelmäßig, ✆ 91 59 02 30, April–Sept. 9–19 Uhr, Okt.–März 9–12 und 14–17 Uhr

 Markt: Fischmarkt, quai des Belges, täglich. Blumenmarkt, Canebière, Di und So morgens. Wochenmarkt täglich außer Sonntag auf der place Jean-Jaurès, ein besonders großer auf der place des Capucins, auf cours Pierre-Puget, cours Julien und av. du Prado. Knoblauch- und Kräutermarkt, Mitte Juni–Ende Juli.

Einkauf: Foire aux Santons, am oberen Teil der Canebière, letzter So im Nov.–6. Jan., provenzalische Krippenfiguren. Poissonnerie Au Pescadou, 19, place Castellane, frische Fische, Muscheln und Meerestiere in enormer Auswahl. Le Sommelier, 69, rue de la Palud, ausgezeichneter Weinhandel mit guter Beratung. Fromagerie Blanc, 19, av. du Prado, ein Käseparadies… Amandine, 69, boul. Eugène-Pierre, Confiserie mit feinster Auswahl

Veranstaltungen: Internationales Folklorefestival, Château-Gombert, Anfang Juli (zwei Wochen), ✆ 91 05 15 65. Kirchenmusikfestival, Abbaye St-Victor, ✆ 91 33 33 79, Ende Okt. Santon-Markt, Ende Nov.–Dez.

Flughafen: Der etwa 25 km von der Stadt entfernte Marseiller Flughafen ist gut angebunden: Von 6.10 bis 21.50 Uhr fährt alle 20 Min. ein Flughafenbus in die Hafenstadt. Regelmäßige Anschlüsse vom Flughafen bestehen mehrmals am Tag nach Aix-en-Provence, Avignon, Cannes, Grasse, Menton und Monaco. Information ✆ 91 39 36 36 (Air Inter)

Bahnhof: St-Charles, boul. Voltaire, ✆ 91 08 50 50

Busbahnhof: place Victor-Hugo, ☏ 91 08 16 40

Maussane (13520)

 Office de Tourisme: im Rathaus

 Hotels: L'Oustalon, FF–FFF, place de l'Eglise, ☏ 90 54 32 19, Fax 90 54 45 57, altmodische Dorfherberge mit einfachen, aber komfortablen Zimmern
Le Pré des Baux, FFF–FFFF, rue du Vieux Moulin, ☏ 90 54 40 40, Fax 90 54 53 07, ausgesprochen ruhiges Hotel mit eigenem Swimmingpool

 Restaurants: L'Oustalon (s. o.), Restaurant mit regionaler Hausmannskost
Ou Ravi Provençau, 34, av. de la Vallée-des-Baux, ☏ 90 54 31 11, alles frisch und selbstgemacht, so lautet die Devise dieses einfachen und sehr guten Lokals
La Petite France, 15, av. de la Vallée-des-Baux, ☏ 90 54 41 91, Restaurant in einer alten Bäckerei – ausgezeichnet mit einem Michelin-Stern und zwei Kochmützen; ausgehend von Rezepten der regionalen Küche kreiert der Küchenchef die unterschiedlichsten Gerichte rund um die Olive, z. B. Olivenravioli, ausgesucht gute Weinkarte, recht günstige Preise

 Einkaufen: Cooperative agricole de la Vallée-des-Baux, ☏ 90 54 32 37, hier gibt es das Olivenöl, mit dem gute *Maîtres de Cuisine* kochen. Château Simone, 13590 Meyreuil, ☏ 42 66 92 58, kleines, aber sehr feines Weingut, dessen Weine die besten Weinkarten der Region zieren

Ménerbes (84560)

 Hotel: Le Roy Soleil, FFF–FFFF, route des Beaumettes – Le Fort, ☏ 90 72 25 61, Fax 90 72 36 55, ruhig gelegenes provenzalisches Landhaus, kürzlich renoviert, schöne Parkanlage

Menton (06500)

 Office de Tourisme: Palais de l'Europe, 8, av. Boyer, ☏ 93 57 57 00, und am Bahnhof, espl. du Careï, ☏ 93 28 43 27

 Hotels: Claridge's, F–FF, 39, av. de Verdun, ☏ 93 35 72 53, Fax 93 35 42 90, einfaches Haus im Zentrum
Paris Rome, FF–FFF, 79, porte de France, ☏ 93 35 73 45, Fax 93 35 29 30, kleines Haus der Logis-de-France-Kette, etwas außerhalb Richtung Osten nahe der Strandpromenade, Garten, Fitneßraum
Princess et Richmond, FF–FFF, 617, promenade du Soleil, ☏ 93 35 80 20, Fax 93 57 40 20, sympathisches Hotel am Meer mit freundlichen Zimmern, sehr komfortabel, zentral gelegen
Chambord, FF–FFF, 6, av. Boyer, ☏ 93 35 94 19, Fax 93 41 30 55, sehr zentral und schön zwischen Casino und Palais des Congrès gelegen, 100 m vom Strand entfernt, großzügige Zimmer
Aiglon, FFF–FFFF, 7, av. de la Madone, ☏ 93 57 55 55, Fax 93 35 92 39, sehr schönes Stadthaus aus dem 19. Jh., traumhaft in einem Blumengarten gelegen, 50 m vom Meer entfernt, große, schallisolierte Zimmer, Swimmingpool, Garten, Terrasse
Ambassadeurs, FFF–FFFF, 3, rue du Louvre, ☏ 93 28 75 75, Fax 93 35 62 32, charmantes Hotel aus dem 19. Jh. mit

liebevoll eingerichteten Zimmern und elegantem Ambiente, zentral gelegen

 Camping: Fleur de Mai**, 67, route de Gorbio (D 23 Richtung Gorbio), ✆ 93 57 22 36, 1. April–1. Okt.

Restaurants: Francine, 1–3, quai Bonaparte, ✆ 93 35 80 76, Fisch und Meeresfrüchte
L'Orchidée, 2, rue Masséna, ✆ 93 57 95 85, freundliches Restaurant mit bodenständiger Küche
Ou Pastré, 9, rue Trenca, ✆ 93 57 29 58, leckere Pizza in rustikalem Ambiente
Le Galion, port du Garavan, ✆ 93 35 89 73, italienische Spezialitäten, Terrasse

Museen: Musée Jean Cocteau, quai Napoléon-III, 15. Juni–15. Sept. 10–12.30 und 15–19 Uhr, sonst 10–12 und 14–18 Uhr, Di geschl.
Musée de Préhistoire régionale (Prähistorisches Regionalmuseum), rue Lorédan-Larchey, 15. Juni–15. Sept. 10–12 und 15–19 Uhr, sonst 10–12 und 14–18 Uhr, Di geschl.
Musée Municipal (Städtisches Museum), Palais Carnolès, av. de la Madone, 15. Juni–15. Sept. Di 10–12.30 und 15–19 Uhr sonst 10–12 und 14–18 Uhr, Di geschl.
Besichtigung: Kirche St-Michel, parvis St-Michel, So–Fr 10–12 und 15–17 Uhr, Sa 15–17 Uhr
Jardin botanique Val Rameh, av. St-Jacques, in den Sommermonaten 10–12 und 15–18 Uhr, im Winter 10–12 und 14–17 Uhr
Eglise de la Conception (Kirche), parvis St-Michel, 15–17 Uhr
Salle des Mariages (Hochzeitssaal des Rathauses), 17, rue de la

République, Mo–Fr 8.30–12 und 13.30–16.30 Uhr
Jardin des Colombières, av. St-Jacques, in Garavan, (in der Saison) 9–12 und 14–18 Uhr

 Veranstaltungen: Fête du Citron, Feb. Mittelalterliches Fest, 3. Wochenende im Juni. Kammermusikfestival, parvis St-Michel, Aug.

 Strände: stark besuchte Kies und Sandstrände

Mérindol-les-Oliviers (26170)

 Office de Tourisme: im Rathaus, ✆ 90 72 88 50

Hotel/Restaurant: Auberge de la Gloriette, FF, ✆ 75 28 71 08, gemütliches kleines Landgasthaus in reizvoller Umgebung, teilweise moderne Zimmer, Garten, Swimmingpool, unbedingt reservieren, nur in der Hauptsaison geöffnet. Gemütliches kleines Restaurant mit Straßenterrasse; da der Wirt gleichzeitig Bäcker im Dörfchen ist, wird man mit Brotspezialitäten wie Oliven- und Nußbrot versorgt

Mollans-sur-Ouvèze (26170)

 Hotel/Restaurant: St-Marc, F–FFF, place de la Gare, ✆ 75 28 70 01, Fax 75 28 78 63, Hotel mit Restaurant, Garten, Terrasse und Swimmingpool

Monaco (98030)

 Office de Tourisme: 2a, boul. des Moulins, Monte Carlo, ☎ 93 30 87 01. **Post:** av. Prince-Pierre

Hotels: Helvetia, FF–FFF, 1bis, rue Grimaldi, ☎ 93 30 21 71, einfaches Hotel im Zentrum

Balmoral, FFF–FFFF, 12, av. de la Costa, ☎ 93 50 62 37, Fax 93 15 08 69, akzeptables Hotel im Zentrum oberhalb des Hafens (quai des Etats-Unis)

Le Siècle, FFF–FFFF, 10, av. Prince-Pierre, ☎ 93 30 25 56, Fax 93 30 03 72, hübsches Gründerzeit-Hotel mit klimatisierten Zimmern in der Nähe von Palast und Bahnhof

Alexandra, FFFF, 35, boul. Princesse-Charlotte, ☎ 93 50 63 13, Fax 92 16 06 48, gutes Hotelin der Nähe des Casinos (Monte Carlo)

Mirabeau, FFFF(F), 1, av. Princesse-Grace, ☎ 92 16 65 65, Fax 93 50 84 85, modernes Luxushotel mit klimatisierten Zimmern in Monte Carlo am Meer, in einem Hochhaus, Swimmingpool

Métropole Palace, FFFF(F), 4, av. de la Madone, ☎ 93 15 15 15, Fax 93 25 24 44, schönes Luxushotel in Strandnähe in Monte Carlo; Swimmingpool

Loews, FFFF(F), 12, av. des Spélugues, ☎ 93 50 65 00, Fax 93 30 01 57, Luxushotel mit eigenem Kasino und Kabarett direkt am Meer (Monte Carlo), Swimmingpool

Hermitage, FFFF(FF), square Beaumarchais, ☎ 92 16 40 00, Fax 93 50 47 12, schönes Belle Epoque-Hotel in traumhafter Lage in Monte Carlo, schöne Aussicht, sehenswerter neobarocker Speisesaal, Schwimmbad, Terrasse

De Paris, FFFF(FF), place du Casino, ☎ 92 16 30 00, Fax 93 15 90 03, prunkvolles Belle Epoque-Hotel gegenüber des Kasinos in Monte Carlo – gilt als bestes Hotel der Stadt, Swimmingpool, Garten Terrasse

 Restaurants: Polpetta, 8, av. Roqueville, ☎ 93 50 67 84, italienische Spezialitäten

Chez Gianni, 39, av. Princesse-Grace, ☎ 93 30 46 33, italienische Spezialitäten, Terrasse mit Blick aufs Meer

Le Biarritz, 3, rue de La Turbie, ☎ 93 30 26 17, Fisch und Meeresfrüchte zu erschwinglichen Preisen

Tony, 6, rue du Comte Félix-Gastaldi, ☎ 93 30 81 37, Grillspezialitäten und gute Weine, Terrasse

Bacchus, 13, rue de La Turbie, ☎ 93 30 19 35, monegassische Spezialitäten zu moderaten Preisen, gut besucht

Le Louis XV. (s. o.), drei Michelin-Sterne zeichnen das Hotel-Restaurant des Hôtel de Paris als eines der besten Frankreichs aus – hervorragende Zutaten und pfiffige Ideen sind die Grundlagen des Erfolgs

Café de Paris (s. o.), die Brasserie des gleichnamigen Hotels führt Fischgerichte der Spitzenklasse, große Terrasse, Dinner-Veranstaltungen

Le St-Benoit, 10ter, av. de la Costa, ☎ 93 25 02 34, exklusive Fischspezialitäten und Meeresfrüchte, sehr schöner Blick von der Terrasse auf Meer und Felsen

Museen: Musée océanographique, av. St-Martin, 9–20 Uhr, im Juli/Aug. bis 22 Uhr

Musée napoléonien/Archives du Palais, place du Palais, Juli–Sept. 9.30–12 und 14–18.30 Uhr, sonst 9–11.30 und 14–17.30 Uhr, Mo geschl.

Musée de Cire/Historial des Princes de Monaco (Wachsfigurenkabinett), 27, rue Basse, 9–18 Uhr

Musée du Vieux Monaco (Stadtge-
schichtliches Museum), rue Emile-de-
Loth, Juni–15. Sept. Mo, Mi und Fr
nachmittag, sonst nur Mi nachmittag
**Musée d'Anthropologie
préhistorique** (Anthropolisches Museum für Vor- und Frühgeschichte),
boul. du Jardin-Exotique, im
Tropengarten, 9–18 Uhr
**Musée des Poupées et des Auto-
mates** (Puppen- und Automatenmuseum), 17, av. Princesse-Grace,
Juni–15. Sept. 10–18.30 Uhr, sonst
10–12.15 und 14.30–18.30 Uhr
Besichtigung: Fürstenschloß, place
du Palais, Juni–Sept. 9.30–12.30 und
14–18.30 Uhr
Tropengarten, boul. du Jardin-Exotique, Mai–Sept. 9–19 Uhr, Okt.–April
9–18 Uhr

Veranstaltungen: Rallye
Monte-Carlo, Jan. Fest der hl.
Devota, Monaco, Jan. Internationales
Zirkusfestival, Monte-Carlo, Ende
Jan.–Feb. Internationales Fernsehfesti-
val, Monte-Carlo, Feb. Tennis-Open von
Monte-Carlo, April. Großer Preis von
Monaco, Mai. Internationales Feuer-
werksfestival, Aug. Monegassischer
Nationalfeiertag, 19. Nov.

Nachtleben: Die Zahl der Diskotheken, Bars und Nachtclubs ist
riesig – allen gemein ist, daß sie relativ
teuer sind. In den großen Hotels finden
internationale Galaabende statt, so z. B.
eine empfehlenswerte Show im Hôtel
Loews. Zwei Disco-Tips: Jimmy'z de la
Mer, av. Princess-Grace, und Jimmy'z,
place du Casino.

Strände: In Monaco geht es
auch am Strand sehr edel zu –
für die Schwimmbäder und privaten
Badestrände mit Luxusambiente und
der Aussicht, Prinzessin Caroline oder
Michael Schumacher zu treffen, zahlt
man entsprechend. Der Hauptstrand,
die Plage du Larvotto, ist teilweise frei
zugänglich, mit Kies aufgefüllt und sehr
sauber

 Bahnhof: place de la Gare, av.
Prince-Pierre, ✆ 93 50 92 27

 Busse: Auskünfte über die mo-
negassischen Buslinien erteilt
die Monegassische Autobusgesell-
schaft, 3, av. Président-Kennedy,
✆ 93 50 62 41

Montbrun-les-Bains (26570)

 Office de Tourisme:
✆ 75 28 82 49

 **Hotel/Restaurant: Voya-
geurs,** F–FF, ✆ 75 28 81 10,
Hotel mit Restaurant, Terrasse und Garten

Montélimar (26200)

 Office de Tourisme: allées
Champ-de-Mars, ✆ 75 01 00 20

Hotels: Sphinx, FF, 19, boul.
Desmarais, ✆ 75 01 86 64, Fax 75
5 34 21: ruhiges, charmantes Herr-
schaftshaus aus dem 17. Jh.; gute Lage
mitten in der Stadt, Nähe Verkehrsamt;
sehr herzliche Bewirtung; geschmackvoll eingerichtet
Relais de l'Empereur, FF–FFF, 1, place
Marx-Dormoy, ✆ 75 01 29 00,
Fax 75 01 32 21, im Herzen der Stadt, in
der Nähe des Roubion-Flusses gelegen,
große Zimmer

Le Parc Chabaud, FF–FFF, 16, av. Aygu, ✆ 75 01 65 66, Fax 75 01 61 12, schöne Lage in einem weitläufigen Park am Stadtrand, sehr geräumige, ruhige Zimmer, Schwimmbad, große Terrasse, aufmerksamer Service

 Restaurant: Le Relais de l'Empereur (s. o.), 1814 machte Napoleon hier auf seinem Weg nach Elba Station, seitdem scheint die Zeit stillzustehen, ausgezeichnet sind die Trüffelspezialitäten (Perlhuhn mit Trüffeln), das gefüllte Täubchen mit Feigen sowie die Desserts mit Nougat, sehr gute Weinkarte, viele regionale Tropfen

 Besichtigung: Burgruine, Juli–Aug. von 9–12 und 14–19 Uhr, von Sept.–Juni außer Di (ganztägig) und Mi vormittag von 10–12 und 14–18 Uhr
Nougaterie (und Honigherstellung), Miellerie Guiraud, 4, chemin Beausseret, ✆ 75 51 23 65, Besuch n. V.

 Markt: provenzalischer Markt, Sa

Veranstaltungen: Sommerfestival (Theater, Konzerte, Folklore), Juli.

Montmajour (Abtei)

 Besichtigung: Informationen ✆ 90 54 64 17, April–Sept. 9–19 Uhr, Okt.–März 9–12 und 14–17 Uhr

Mougins (06250)

 Office de Tourisme: av. Jean-Charles-Mallet, ✆ 93 75 87 67

 Hotels: Arc, FFF, 1082, route Valbonne, ✆ 93 75 77 33, Fax 92 92 20 57, ruhiges Hotel mit Garten, Swimmingpool und großem Freizeitangebot
Manoir de l'Etang, FFFF, allée du Manoir, Les Bois de Font-Merle (2 km vom Ort entfernt, über die D 35 zu erreichen), ✆ 93 90 01 07, Fax 92 92 20 70, altes Bauernhaus im Grünen mit viel Atmosphäre, Swimmingpool, Park
Mas Candille, FFFF, boul. Clément-Rebuffel, ✆ 93 90 00 85, Fax 92 92 85 56, altes Gutsherrenhaus mit Zimmern im provenzalischen Stil, sehr ruhig und schön gelegen, Swimmingpool, Garten

Camping: Les Lentisques***, 1140, av. Général-de-Gaulle, ✆ 93 90 00 45, ganzjährig geöffnet, schattiger Platz in 6 km Entfernung zu den Stränden, Bar, Swimmingpool

 Restaurants: L'Estaminet des Remparts, 24, rue Honoré-Henri, ✆ 93 90 05 36, reizendes kleines Restaurant mit Terrasse, ausgezeichnete Küche
Le Manoir de l'Etang (s. o.), Restaurant mit Terrasse unter alten Zypressen; Spezialität: Lamm mit Auberginen und Knoblauch
Les Muscadins, 18, boul. Georges-Courteline, ✆ 93 90 00 43, innovative provenzalische Küche, schöne Terrasse
Le Moulin de Mougins, chemin de Moulin (in Notre-Dame-de-Vie, 2,5 km südöstlich an der D 3), ✆ 93 75 78 24, mit zwei Michelin-Sternen ausgezeichneter Gourmettempel in einer Mühle aus dem 16. Jh., mit zauberhafte Terrasse

Museen: Musée automobiliste, 722, chemin de Font-de-Currault (über die A 8, Rast-

platz Bréguières, bzw. D 135), April–
Sept. 10–19 Uhr, sonst 1 Std. früher
Musée de la Photographie, place de
l'Eglise, Sept.–Juni Mi–So 13–19 Uhr,
Juli/Aug. täglich 14–23 Uhr
**Besichtigung: Kirche St-Jacques-le-
Majeur**, Juli/Aug. täglich 14–19 Uhr,
sonst Mi–So 14–17 Uhr

 Veranstaltung: Kunstausstel-
lung, Ende Juli

Moustiers-Ste-Marie (04360)

 Office de Tourisme: im Rathaus, rue de la Bourgarde,
✆ 92 74 67 84

Hotels: La Ferme Rose, FFF,
zwischen Gorges de Verdon und
Lac de Sainte-Croix, ✆ 92 74 69 47, Fax
92 74 60 76, ehemaliger Bauernhof im
Grünen, Mobiliar im Stil der 50er Jahre,
angenehme überdachte Terrasse
La Bastide de Moustiers, FFFF, quartier St-Michel, ✆ 92 70 47 47,
Fax 92 70 47 48, gastfreundliches Hotel
im Grünen mit exzellentem Service; hervorragendes Frühstück, Swimmingpool

**Restaurants: La Bastide de
Moustiers** (s. o.), anspruchsvolle, eigenwillige Küche aus ausge-
suchten Produkten der Region, gute
Weinkarte (Richtig Reisen Tip S. 207)
Les Santons, place de l'Eglise,
✆ 92 74 66 48, sorgfältig zubereitete
Gerichte, Weinkarte mit Schwerpunkt
auf provenzalischen Weinen, freundliche Atmosphäre, Terrasse (Richtig Reisen Tip S. 207)

**Museum: Musée de la
Faïence** (Fayencen-

museum), place du Presbytère,
April–Okt. 9–12 und 14–18 Uhr, geschl.
Di und Nov.–März
**Besichtigung: Kapelle Notre-Dame-
de-Beauvoir**, Zugang über einen Weg,
der am Parkplatz der Oberstadt beginnt,
ständig geöffnet

 Veranstaltung: Fête de la
Nativité de la Vierge (mit Musik-
umzügen), Anfang Sept.

Nîmes (30000)

 Office de Tourisme: 6, rue Auguste, ✆ 66 67 29 11

Hotels: Milan, F–FF, 17, av.
Feuchères, ✆ 66 29 29 90, Fax
66 29 05 31, verkehrsgünstig zwischen
Stadtzentrum und Bahnhof gelegen,
einfache, ordentliche Zimmer
Amphithéâtre, F–FF, 4, rue des Arènes, ✆ 66 67 28 51, Fax 66 67 07 79, gegenüber des Amphitheaters gelegen –
wie der Name schon vermuten läßt,
komfortable Zimmer, freundlicher Empfang
Plaza, FF–FFF, 10, rue Roussy,
✆ 66 76 16 20, Fax 66 67 65 99, ein für
seine zentrale Lage erstaunlich ruhiges
Hotel mit angenehmer Atmosphäre und
sehr freundlicher Bedienung, private
Garage
New Hotel La Baume, FF–FFF, 21, rue
Nationale, ✆ 66 76 28 42, Fax
66 76 28 45, behutsam modernisiertes
altes Gemäuer aus dem 17. Jh. mit
komfortablen Zimmern unter ehrwürdi-
gem Gebälk
Impérator Concorde, FFF–FFFF, quai
de la Fontaine, ✆ 66 21 90 30,
Fax 66 67 70 25, gegenüber des Jardin
de la Fontaine, ehrwürdiges Gebäude
mit kürzlich renovierten und sehr be-

haglichen Zimmern, die schönsten
blicken auf den blühenden Innenhof
Le Vieux Castillon, FFFF, 30210 Ca-
stillon-du-Gard (zwischen Nîmes und
Avignon), ✆ 66 37 00 77, Fax
66 37 28 17, das Hotel mit Restaurant
(ein Michelin-Stern) liegt in einem mittelalterlichen Dorf direkt am Aquädukt,
in alten Gemäuern komfortabel untergebracht, kann man hier exquisit schla-
fen und speisen – ein Kleinod

🍴 **Restaurants: Ophélie**, 35, rue
Fresque, ✆ 66 21 00 19, im Patio
eines Gebäudes aus dem 17. Jh., provenzalische Gerichte
Pétrus, 7, rue de la République,
✆ 66 76 04 81, der Maître variiert traditionelle Gerichte der Region mit Salaten
und eßbaren Blüten; sehr schöner Garten, in dem die Zutaten wachsen…
Le Cinq Antoine, 5, rue St-Antoine,
✆ 66 21 86 01, kleines Bistro, nur wenige Schritte vom Amphitheater entfernt, freundliche Atmosphäre, einfache
und typisch provenzalische Gerichte
Alexandre, 30128 Garons (ca. 10 km in
Richtung Arles an der E80), 2, rue Xa-
vier-Tronc, ✆ 66 70 08 99, etwas außerhalb, ein Michelin-Stern und zwei Kochmützen – unbedingt reservieren, originelle Variationen klassischer Gerichte
wie Austern- und Muschel-Tartar oder
Wachtel-Frikassee in Lakritz-Röllchen
und eine sehr beeindruckende Dessert-
Auswahl, sehr gute regionale Weine

👁🕐 **Museen: Musée archéologique**, boul. Amiral-
Courbet, Mitte Juni–Mitte Sept. 9–18
Uhr, sonst 9.30–12.30 und 14–18 Uhr,
außerhalb der Saison So und Mo vormittags sowie 1. Jan., 1. Mai, 1./11.
Nov. und 25./26. und 31. Dez. geschl.
Musée des Beaux-Arts (Kunstmuseum), rue Cité-Foulc, Mitte Juni–Mitte

Sept. 9.30–18.30 Uhr, sonst 9.30–12.30
und 14–18 Uhr, Führungen Mi 15 Uhr,
außerhalb der Saison So und Mo vormittags sowie 1. Jan., 1. Mai, 1./11.
Nov., 24./25. und 31. Dez. geschl.
Musée du Vieux Nîmes (Heimatmuseum), neben der Kathedrale, Mitte
Juni–Mitte Sept. 10–18 Uhr, sonst
14–18 Uhr, außerhalb der Saison So
und Mo vormittags sowie am 1. Jan.,
1. Mai, 1./11. Nov., 25./26. und 31. Dez.
geschl.
Musée d'Art contemporain (Museum für zeitgenössische Kunst), place
de la Maison Carrée, im Winter 11–18
Uhr, im Sommer 11–20 Uhr, Mo geschl.
Musée Taurin (Stierkampfmuseum,
wechselnde Ausstellungen), boul. Amiral-Courbet
Besichtigung: Amphitheater und
Magne-Turm, Mai–Sept. 9–19, sonst
9–12 und 14–17 Uhr, 1. Jan., 1. Mai und
25. Dez. geschl. Das Amphitheater kann
an den Tagen, an denen eine Vorstellung oder Corridas stattfinden, nicht besichtigt werden.

 Markt: großer und lebhafter
provenzalischer Wochenmarkt,
Mo.
Einkaufen: Lou Galoubet, 54, rue
Porte-de-France: wer sich für den Be-
such in der Arena standesgemäß ein-
kleiden will, hier gibt es andalusische
Kleidung für sie und ihn.

 Veranstaltungen: Féria de
Nîmes, zweiwöchige Pfingstferia
mit Stierkämpfen im Amphitheater,
Theater, Folklore, Jazz etc. Beginn: eine
Woche vor Pfingsten, Karten für die
etwa zwölf blutigen *Corridas* (mit To-
rero-Größen) und *Novilladas* (mit To-
rero-Nachwuchs, u. a. auch Franzosen)
sollten wegen der großen internationalen Nachfrage mindestens 4–6 Wochen

vorher bestellt werden. Vorbestellungen nur gegen Scheck + 20 Francs Vorverkaufsgebühr. Auskunft, Preise und Reservierung: Bureau de Location, 1, rue Alexandre, Ducros (vis à vis Arena), 𝄇 66 67 28 02, 10–12.30 und 15–18.30 Uhr. Opernfestival, Juli. Weinlese Féria, letztes Wochenende im Sept. Kulturfestival in der Arena, im Hochsommer

 Bahnhof: boul. du Sergent-Triaire, 𝄇 66 23 50 50

 Busbahnhof: rue Ste-Perpetue, 𝄇 66 29 27 29

Nizza (06000)

Office de Tourisme: av. Thiers, 𝄇 93 87 07 07, av. Gustave-V, 𝄇 93 87 60 60, und am Flughafen (bei Nice-Parking), 𝄇 93 83 32 64. Comité Régional du Tourisme, 55, promenade des Anglais, 𝄇 93 37 78 78. **Post:** 23, av. Thiers

 Hotels: St-François, F, 3, rue St-François, 𝄇 93 85 88 69, Fax 93 85 10 67, sehr einfaches Haus im Zentrum
Armenonville, FF–FFF, 20, av. des Fleurs, 𝄇 93 96 86 00, ruhiges Haus mit Garten, etwa 600 m von der promenade des Anglais entfernt
Georges, FF–FFF, 3, rue Cordier, 𝄇 93 86 23 41, Fax 93 44 02 30, ruhiges Familienhotel mit Terrasse in der Nähe des Musée des Beaux-Arts und der Strandpromenade
Petit Palais, FFF–FFFF, 10, av. Emile-Bieckert, 𝄇 93 62 19 11, Belle-Epoque-Hotel im Grünen in ruhiger Höhenlage in Cimiez
Brice, FFF–FFFF, 44, rue Maréchal-Joffre, 𝄇 93 88 14 44, Fax 93 87 38 54,

schöne Villa mit Palmengarten und Terrasse, 500 m von der Strandpromenade entfernt
La Pérouse, FFF–FFFF, 11, quai Rauba-Capéu, 𝄇 93 62 34 63, Fax 93 62 59 41, unterhalb des Schloßgartens gelegenes Hotel mit traumhaftem Blick über die Bucht, Zimmer mit Terrasse oder Loggia, ruhiges Haus, Swimmingpool
Windsor, FFF–FFFF, 11, rue Dalpozzo, 𝄇 93 88 59 35, Fax 93 88 94 57, zentral, mit exotischem Garten, jedes Zimmer individuell eingerichtet, Swimmingpool
Beau Rivage, FFFF, 24, rue St-François-de-Paule, 𝄇 93 80 80 70, Fax 93 80 55 77, Luxushotel mit Privatstrand am Jardin Albert-ler
Splendid, 50, boul. Victor-Hugo, FFFF, 𝄇 93 16 41 00, Fax 93 87 02 46, Luxushotel mit Schwimmbad auf dem Dach – wundervoller Blick über die Bucht
Négresco, FFFF(FF), 37, promenade des Anglais, 𝄇 93 88 39 51, Fax 93 88 35 68, der wunderschöne Belle Epoque-Bau ist die Nr. 1 unter den Hotels in Nizza

Restaurants: La Taverne de l'Opéra, 10, rue St-François-de-Paule, 𝄇 93 85 72 68, typische Nizzaer Küche zu erschwinglichen Preisen
Le Café de Turin, 5, place Garibaldi, 𝄇 93 62 29 52, günstige Preise, Spezialität: Meeresfrüchteteller
Barale, 39, rue Beaumont, 𝄇 93 89 17 94, traditionelle bodenständige Gerichte à la niçoise
L'Olivier, 2, place Garibaldi, 𝄇 93 26 89 09, innovative Bistroküche in charmanter Atmosphäre
Don Camillo, 5, rue des Ponchettes, 𝄇 93 85 67 95, gehobene regionale Küche – italienisch geprägt
La Merenda, 4, rue de la Terrasse, kein 𝄇, herausragende Regionalküche in rustikalem Ambiente

Le Grand Pavois, Chez Michel, 11, rue Meyerbeer, ✆ 93 88 77 42, ausgezeichnete Fischgerichte und Meeresfrüchte, empfehlenswert: Bouillabaisse und mit Cognac flambierter Hummer

La Petite Maison, 11, rue St-François-de-Paule, ✆ 93 92 59 59, abwechslungsreiche innovative Regionalküche

Au Chapon Fin, 1, rue du Moulin, ✆ 93 80 56 92, Nizzaer Spezialitäten

Boccaccio, 7, rue Masséna, ✆ 93 87 71 76, vielgelobte Fischgerichte wie Spaghetti mit Langustinen

Chez les Pêcheurs, 18, quai des Docks, ✆ 93 89 59 61, Fischspezialitäten, ausgezeichnete Bouillabaisse, gehobene Preisklasse

Le Florian, 22, rue Alphonse-Karr, ✆ 93 88 86 90, hervorragende klassische Küche, edler Art-déco-Saal, ausgezeichnet mit einem Michelin-Stern

Chantecler, 37, promenade des Anglais, ✆ 93 88 39 51, exklusives Hotel-Restaurant des Négresco – die Küche des Maximin-Nachfolgers Le Stanc ist ausgezeichnet (... mit zwei Michelin-Sternen)

Les Préjugés du Palais, 1, place du Palais, ✆ 93 62 37 03, provenzalische Gerichte mit asiatischen Aromen (Richtig Reisen Tip S. 297)

  Museen: Palais Masséna, 65, rue de France, Mai–Sept. 10–12 und 15–18 Uhr, sonst 10–12 und 14–17 Uhr, Mo geschl.

Musée Raoul Dufy, 77, quai des Etats-Unis, 10–12 und 14–18 Uhr, Mo und So morgen geschl.

Musée d'Art moderne et d'Art contemporain (Museum für moderne und zeitgenössische Kunst), promenade des Arts, 11–18 (Fr bis 22 Uhr), Di geschl.

Musée des Beaux-Arts (Museum der Schönen Künste), 33, av. des Baumettes, 10–12 und 15–18 Uhr, im Winter 14–17 Uhr, Mo geschl.

Musée Terra Amata (Paläontologisches Museum), 25, boul. Carnot, 10–12 und 14–18 Uhr, Mo geschl.

Musée International d'Art naïf (Museum für Naive Kunst), av. Val-Marie, Château Ste-Hélène, Mai–Sept. 10–12 und 14–18 Uhr, sonst bis 18 Uhr

Musée Marc Chagall, av. du Docteur-Ménard, Juli–Sept. 9–19 Uhr, sonst 10–12.30 und 14–17.30 Uhr, Di geschl.

Musée Matisse, 164, av. des Arènes, April–Sept. 11–19 Uhr, sonst 10–17 Uhr, Di geschl.

Musée franciscain de Cimiez (Franziskanermuseum), place du Monastère, 10–12 und 15–18 Uhr, So geschl.

Musée d'Archéologie, 160, av. des Arènes, ✆ 93 81 59 57, 10–12 und 14–18 Uhr, in den Wintermonaten bis 17 Uhr, geschl. So morgen und Mo

Musée d'Histoire naturelle (Naturhistorisches Museum), 60bis, boul. Risso, 9–12 und 14–18 Uhr, Di und an Feiertagen geschl.

Musée naval (Schiffahrtsmuseum), Tour Bellanda, unterhalb des Schloßparks, Juni–Sept. 10–12 und 14–19 Uhr, sonst 10–12 und 14–18 Uhr

Besichtigung: Parc floral de l'Arénas Phoenix, 405, promenade des Anglais, April–Juni 10–21.30 Uhr, sonst 10–17 Uhr

St-Nicolas (Russisch-Orthodoxe Kathedrale), av. Nicolas-II, 9–12 und 14.30–18 Uhr, in den Wintermonaten 9.30–12 und 14.30–17 Uhr

Markt: sehr schöner Blumen-, Obst- und Gemüsemarkt, cours Saleya, täglich außer Mo 6–13.30 Uhr. Fischmarkt, place St-François, täglich. Wochenmarkt in der überdachten Markthalle, rue de la Buffa, täglich außer Mo

Einkaufen: Auer, 7, rue St-François-de-Paule, sehr gute Konditorei. Maison de l'Olive, 18, rue Pairolière, Olivenöle, frische und getrocknete Gemüse. La Ferme Fromagère, 27, rue Lépanter, Käsespezialitäten. Escale en Provence, 7, rue du Marché, Produkte der Provence. Jean Rosso, 6, rue Droite, frische Pasta

Veranstaltungen: Karneval mit Umzügen und Blumenkorso, Feb. Maikirmes. Große Jazz-Parade im ehemaligen Amphitheater, Juli, ✆ 93 71 89 60. ›Blumenschlacht‹, Aug.

Nachtleben: In Nizza gibt es mehr als zwei Dutzend Diskotheken, Nachtlokale und Pianobars. Bar des Oiseaux, 5, rue St-Vincent, bis 2.30 Uhr gibt's in netter Atmosphäre je nach Wochentag Jazz, südamerikanische Rhythmen, Flamenco etc. Iguane Café, 5, quai Deux-Emmanuelle, Tanzen bis 4 Uhr früh im In-Lokal. Le Madonette, 24, chemin de la Madonette, witzige Shows in witzigem Ambiente – die Bedienung kommt auf Rollschuhen angeheizt

Strände: 7 km mißt die promenade des Anglais und ist sehr gut besucht – obwohl sie nicht sehr sauber wirkt und nur groben Kiesstrand besitzt

Ausflüge mit dem Boot: täglich Überfahrten zu den Iles de Lérins, nach St-Tropez und Monaco, quai Lunel, ✆ 93 55 33 33

Flughafen: Aéroport International Nice–Côte d'Azur (7 km vom Zentrum entfernt, im Südwesten der Stadt, zu erreichen über die N 7), ✆ 93 21 30 12. Busverbindungen in die Innenstadt und zu allen größeren Städten

 Bahnhof: av. Thiers, ✆ 93 87 50 50 (Auskunft) und 93 88 89 93 (Reservierung)

 Busbahnhof: promenade du Paillon, ✆ 93 85 61 81

Nyons (26110)

Office de Tourisme: place de la Libération, ✆ 75 26 10 35

Hotels: La Picholine, FF–FFF, promenade Perrière (über die promenade des Anglais zu erreichen), ✆ 75 26 06 21, Fax 75 26 40 72, in stimmungsvoller Umgebung läßt sich die provenzalische Gemütlichkeit so richtig genießen, ruhiges Haus über der Stadt mit prächtigem Blick auf Olivenhaine und Umgebung, Swimmingpool **Colombet**, F–FF, place de la Libération, ✆ 75 26 03 66, Fax 75 26 42 37, zentrale Lage beim Office de Tourisme, nicht weit vom Quartier des Forts und dem Eygues entfernt; mit Terrasse

Restaurants: Colombet (s. o.), gute regionale Küche, etwa das ausgezeichnete Trüffelomelette **Le Petit Caveau**, 9, rue Victor-Hugo, ✆ 75 26 20 21, schon die freundliche Einrichtung – bunte provenzalische Stoffe setzen fröhliche Akzente in die weiß gehaltenen Räume – bezaubert, die Küche mit Sinn für die ›Neuauflage‹ alter Rezepte tut ein übriges; empfehlenswert: Perlhuhnfilet, Lammschmortopf mit Maultaschen und Muschelkasserolle mit Lauch; gute Weinkarte

 Museum: Musée de l'Olivier (Olivenbaummuseum), Juni–Nov. Di–Sa 15–18 Uhr, außerhalb der Saison nur Sa

Markt: Wochenmarkt Mi
Einkaufen: Öle, Olivenpaste,
Tapenades etc. kann man hervorragend
in der Coopérative Vinicole et Oléicole
du Nyonsais kaufen; place Olivier de
Serre, Zufahrt über die av. Paul-Laurent, Richtung D 94 nach Orange,
✆ 75 26 03 44. Hier ist man auch zur
Weinprobe (Côtes-du-Rhône, Coteaux-
des-Baronnies) willkommen.

 Veranstaltungen: Frühlingsfest
mit Blumenkorso, März/April.
Musikfestspiele, 1. Augusthälfte,
✆ 75 26 10 35

Orange (84100)

 Office de Tourisme: 5, cours
Aristide-Briand, ✆ 90 34 70 88.
Post: av. Edouard-Daladier (Nähe
cours des Pourtoules)

 Hotels: Le Glacier, FF, 46, cours
Aristide-Briand, ✆ 90 34 02 01,
Fax 90 51 13 80, lebhafte Altstadtlage,
komfortable Zimmer; besonders zu
Festivalzeiten beliebtes Haus
Arène, FF–FFF, place des Langes,
✆ 90 34 10 95, Fax 90 34 91 62, charmantes und sehr ruhiges Haus im historischen Stadtzentrum, geräumige,
ausgesprochen komfortable Zimmer,
Schwimmbad
Château de Rochegude, 26790
Rochegude (etwa 15 km nordwestlich
von Orange über die D 976 und die
D 11), FFF–FFFF, ✆ 75 04 81 88, Fax
75 04 89 87, Schloßherr für ein paar
Nächte: die mittelalterliche Burg liegt in
einem 10 ha großen Park, gleich ›nebenan‹ liegen der Mont Ventoux und
die Dentelles de Montmirail, ausgesprochen luxuriöse Zimmer zu noblen Preisen, Schwimmbad

 Restaurants: Le Parvis,
3, cours des Pourtoules,
✆ 90 34 82 00, elegantes Restaurant mit
ausgesprochen freundlicher Bedienung
und akzeptablen Preisen
L'Aïgo-Boulido, 20, place Sylvain,
✆ 90 34 18 19, provenzalische Küche,
aufmerksamer Service
Château de Rochegude (s. o.), sehr
gute Nouvelle Cuisine in historischem
Rahmen

 Besichtigung: Théâtre antique (Römisches Theater),
im Sommer von 9–18 Uhr, im Winter
von 9–12.30 und 13.30–17 Uhr

 Veranstaltungen: Chorégies
(Freilichtaufführungen: Oper,
Theater, Konzert, Ballett), Mitte Juli–
Anfang Aug., ✆ 90 34 24 24. Frühzeitig
Karten reservieren

 Bahnhof: av. Frédéric-Mistral,
✆ 90 34 01 44

 Busbahnhof: cours des Pourtoules

La Palud-sur-Verdon (04120)

 Office de Tourisme: Château,
✆ 92 77 32 02

 Hotels: Le Provence, F–FF,
✆ 92 77 38 88, Fax 92 77 31 05,
angenehmes Hotel mit Restaurant am
Circuit de la Route des Crêtes
Auberge des Crêtes, F–FF, route de la
Castellane, ✆ 92 77 38 47, Fax
92 77 30 40, kinderfreundliches Haus
mit Restaurant und Terrasse

Peille (06440)

 Office de Tourisme: im Rathaus, ✆ 93 91 71 71

 Hotels: Belvédère Hôtel, F–FF, 3, place Jean-Hiol, ✆ 93 79 90 45, kleines Logis-de-France-Hotel am Ortseingang, einfaches, aber sehr ordentliches Haus mit schönem Blick

 Restaurants: Auberge du Seuillet, Buon-Pin (etwa 2,5 km entfernt über die D 53 Richtung Süden), ✆ 93 41 17 39, kleines nettes Lokal mit Garten, phantastischer Ausblick
Ferme de la Gorra, ✆ 93 41 15 58, regionale Spezialitäten in einem alten Bauernhof
Belvédère Hôtel (s. o.), kleines Hotel-Restaurant mit sehr schönem Ausblick

 Museum: Musée du Terroir (Heimatmuseum), place de l'Arma, im Sommer Mi, Sa, So 14.30–18.30 Uhr, im Winter nur So 14.30–18.30 Uhr

 Veranstaltungen: Musikabende, Ende Juni–Ende Sept. Stöckchenfest, 1. So im Sept.

Peillon (06440)

 Office de Tourisme: im Rathaus, ✆ 93 79 91 04

  Hotel/Restaurant: Auberge de la Madonne, FFF–FFFF, place Auguste-Arnulf, ✆ 93 79 91 17, Fax 93 79 99 36, reizende kleine Auberge (Logis de France) mit Blumengarten, ruhige, provenzalisch eingerichtete Zimmer mit Balkon und sehr schönem Ausblick. Restaurant mit provenzalisch eingerichtetem Speisesaal und blumengeschmückter Terrasse, regionale Gerichte, Spezialität: *Raviolis peillonnais* (gefüllt mit Schmorfleisch)

 Veranstaltung: Ortsfest, 1. So im Aug.

Pernes-les-Fontaines (84210)

 Office de Tourisme: place du Comtat-Venaissin, ✆ 90 61 31 04

 Hotel: L'Hermitage, FF–FFF, route de Carpentras, ✆ 90 66 51 41, Fax 90 61 36 41, Haus aus 19. Jh. mit großem Park und Meerwasser-Swimmingpool, geräumige und gut ausgestattete Zimmer, freundliche Atmosphäre

Besichtigung: Tour Ferrande, Besichtigungstermin einen Tag vorher im Office de Tourisme (s. o.) abmachen; Juli und Aug. Besichtigung auch am selben Tag möglich

Peyruis (04310)

Hotels: Auberge au Faisan Doré, F–FF, ✆ 92 68 00 51, komfortables Haus, freundlicher Empfang
La Cassine, F–FF, N 96, ✆ 92 68 05 52, Fax 92 61 01 57, gut ausgestattete Zimmer, angenehme Atmosphäre

Le Poët-Laval (26160)

Restaurant: Les Hospitaliers, ✆ 75 46 22 32, über dem mittelalterlichen Dorf gelegenes, umgebautes

Schloß mit traumhaftem Ausblick auf Tal und Berge, gute Küche – mit einem Michelin-Stern ausgezeichnet; empfehlenswert sind die Tricastiner Trüffelspezialitäten (wie Perlhuhn mit Trüffeln) und das Charolais-Rind in Weinsauce sowie die ausgezeichneten Côtes-du-Rhône-Weine; edle Tischdekoration

Port Grimaud (83310)

 Hotel: Giraglia, FFFF, Grand-Rue, ✆ 94 56 31 33, Fax 94 56 33 77, Luxushotel direkt am Meer (Privatstrand), relativ ruhiges Haus, Swimmingpool

Restaurants: L'Amphitrite (s. o.), Restaurant des Giraglia, hübsche Terrasse mit Blick auf die Bucht von St-Tropez
Port Diffa, La Foux (2 km südlich von Port Grimaud über die N 98), ✆ 94 56 29 07, hervorragende marokkanische Küche, Terrasse

Strände: zwei feinsandige Strandabschnitte (Plage Port Grimaud I + II), seichtes Wasser

Ausflüge mit dem Boot: Überfahrten zu den Iles d'Hyères, Küstenpromenaden, Fahrten mit dem Glasbodenboot, ✆ 94 56 21 13

Ramatuelle (83350)

Office de Tourisme: place de l'Ormeau, ✆ 94 79 26 04

Hotels: Lou Castellas, F–FFF, route des Moulins de Paillas, ✆ 94 79 20 67, kleines Hotel mit Terrasse am Ortsrand, schöner Meerblick

Ferme d'Hermès, route de l'Escalet (etwa 2,5 km vom Ort entfernt), ✆ 94 79 27 80, Fax 94 79 26 86, sehr ruhiges Haus im provenzalischen Stil, im Weinanbaugebiet gelegen, Zimmer mit Kochgelegenheit; Swimmingpool, Garten
L'Hacienda, FFFF, quartier des Marres, ✆ 94 56 61 20, luxuriöses, sehr ruhiges Hotel, großzügige Zimmer, Swimmingpool

Camping: Zahlreiche Campingplätze, darunter allein vier mit vier Sternen. Ein kleinerer Vier-Sterne-Platz ist **La Cigale** ****, route de l'Escalet, ✆ 94 79 22 53, 15. März–15. Okt., Einkaufsmöglichkeit, Restaurant, Bar, Swimmingpool, Animation

Restaurants: Chez Madeleine, route de Tahiti, ✆ 94 97 15 74, einfache, schmackhafte Fischgerichte
Chez Camille, quartier Bonne-Terrasse (5 km über die D 93, dann route Camarat), ✆ 94 79 80 38, Meeresfrüchte und Fisch, sehr gute Bouillabaise
Ferme Ladouceur, quartier La Rouillière, ✆ 94 79 24 95, hier betören nicht nur die Gerichte, sondern auch der zum Restaurant umgebaute Bauernhof

 Markt: Wochenmarkt, place de l'Ormeau, Do und Sa 8–13

Veranstaltungen: Jazzfestival, Mitte Juli. Theaterfestival, 1. Augusthälfte

Richerenches (84600)

Markt: größter Trüffelmarkt der Region, jeden Sa von Nov.–März in der Innenstadt

Veranstaltung: Trüffelmesse, So nach 17. Jan.

Riez (04500)

 Office de Tourisme: 4, allée Louis-Gardiol, ✆ 92 77 76 36

 Hotels: Château de Pontfrac, F, ✆ 92 77 78 77, Fax 92 77 82 72
Carina, FF, rue Hilarion-Bourret, ✆ 92 77 85 43, ruhiges Hotel ohne Restaurant

Roquebrune-Cap-Martin (06190)

 Office de Tourisme: 20, av. Paul-Doumer, ✆ 93 35 62 87

 Hotels: Westminster, FF–FFF, 14, av. Louis-Laurens (über die av. de Verdun und die N 98 zu erreichen), ✆ 93 35 00 68, Fax 93 28 88 50, reizendes Logis-de-France-Haus mit terrassiertem Garten
Vista Palace, FFFF, Grande Corniche (über die av. de Verdun und die D 2564 zu erreichen), ✆ 93 10 40 00, Fax 93 35 18 94, ruhiges Luxushotel mit traumhaftem Blick auf Monaco und die Bucht, Swimmingpool, Garten

Restaurants: La Dame Jeanne, 5, chemin de Ste-Lucie, ✆ 93 35 10 20, ausgezeichnete Hausmannskost, freundlicher Service im gut besuchten Restaurant mitten im Dorf, Terrasse, schöner Blick auf Monaco
Au Grand Inquisiteur, 18, rue du Château, ✆ 93 35 05 37, schmackhafte bodenständige Küche, schönes altes Haus mit Gewölbekeller, rustikales Ambiente

Les Deux Frères, place des Deux-Frères, ✆ 93 28 99 00, hübsches Restaurant – in der ehemaligen Dorfschule, Terrasse mit schönem Blick auf Monaco, sehr freundlicher Service
La Vistaero (s. o.), hervorragendes Hotel-Restaurant des Vista Palace, atemberaubender Blick auf Monaco und Menton

 Besichtigung: Château, Mai–Sept. 10–12 und 14–19 Uhr, sonst 10–12 und 14–17.30 Uhr
Kirche Ste-Marguerite, 15–18 Uhr

 Veranstaltungen: Schneckenprozession, Do vor Fronleichnam. Osterprozession, in der Nacht von Karfreitag. Theaterfestival, Ende Juni. Karfreitagsprozession, 5. Aug.

 Strände: mehrere hübsche kleine Kiesbuchten

Rougon (04120)

 Hotel/Restaurant: Auberge du Point-Sublime, F–FF, an der D 952 am Eingang der Schlucht, ✆ 92 83 60 35, Fax 92 83 74 31, freundliches Haus mit Restaurant und Gartenterrasse

Roussillon (84220)

Office de Tourisme: place de la Poste, ✆ 90 05 60 25

Hotels: Mas de la Tour, FF–FFF, in Gargas (2 km von Roussillon entfernt), ✆ 90 74 12 10, Fax 90 04 83 67, kleines Landhotel (Logis de France) mit Garten und Swimmingpool im Freien

Mas de Carrigon, FFF–FFFF, route de St-Saturnin d'-Apt, ✆ 90 05 63 22, Fax 90 05 70 01, schöne Zimmer in typisch provenzalischem Landhaus, Terrasse, windgeschützter Swimmingpool im Freien, Bibliothek, Reitsportmöglichkeiten auch für Anfänger

 Restaurant: Mas de Garrigon (s. o.), freundlicher Service; Veranda mit Blick auf den Lubéron

 Veranstaltungen: Internationales Streichquartettfestival, Juni–Sept.

Sablet (84110)

 Office de Tourisme: place du Village, ✆ 90 46 95 57

 Einkaufen: Domaine de Verquière, ✆ 90 46 90 11, Sablet-Wein zu günstigen Preisen. Domaine de Piaugier, ✆ 90 46 96 49, sehr empfehlenswerte Sablet- und Gigondas-Weine

Saignon (84400)

 Hotel: Auberge du Presbytère, FF, place de la Fontaine, ✆ 90 74 11 50, kleines Hotel mit Garten und wunderschönem Blick über den Lubéron, sehr ruhige Zimmer

St-Auban-sur-l'Ouvèze (26170)

 Restaurant: Auberge de la Clavelière, ✆ 75 28 61 07

 Besichtigung: Château d'Aulan, Juli–Sept. 10–12

und 14–18 Uhr, außerhalb der Saison sind Führungen u. U. per Anmeldung möglich ✆ 75 28 80 00

St-Cézaire (06780)

 Office de Tourisme: im Rathaus, ✆ 93 60 20 36

 Hotels: La Petite Auberge, F, 4, place Général-de-Gaulle, ✆ 93 60 26 60, kleines, preiswertes Hotel (Logis de France)
Le Claux de Taladoire, F–FF, route de St-Vallier, ✆ 93 60 20 09, Fax 93 60 80 45, Logis-de-France-Hotel mit Garten und Swimmingpool

 Restaurant: L'Auberge du Puits d'Amon, 2, rue Arnaud, ✆ 93 60 28 50, schmackhafte Regionalküche, freundliche Atmosphäre

 Besichtigung: Grottes de St-Cézaire (Tropfsteinhöhle), März–Mai und Okt. 14.30–17 Uhr, Juni–Sept. 10.30–12 und 14.30–18 Uhr, Juli–Aug. 10.30–18.30 Uhr

St-Gilles (30800)

 Office de Tourisme: Maison Romane, place Frédéric-Mistral, ✆ 66 87 33 75

 Hotel: Le Cours, F–FF, 10, av. François-Griffeuille, ✆ 66 87 31 93, Fax 66 87 31 83, zentral gelegen, mit Restaurant und Gartenterrasse

 Restaurant: Le Clément IV, port de Plaisance, ✆ 66 87 00 66, am Kanal, originelle Fischgerichte

Besichtigung: Abtei-kirche St-Gilles: Mi und So nachmittag geschl.; ehemaliger Chor, Wendeltreppe und Krypta, Jan./Feb. 10–12 und 14.30–16.30 Uhr, So und Mo vormittags geschl., April–Juni und Okt. 9–12 und 14–18 Uhr, So geschl., Juli–Sept. Mo–Sa 9–12.30 und 15–19 Uhr, So 9.30–12.30, März und Nov./Dez. Mo–Sa 9–12 und 14–17 Uhr

Ste-Jalle (26110)

  Hotel/Restaurant: L'Espadon, F–FF, ✆ 75 27 31 22, Hotel mit Restaurant, Garten, Terrasse und Swimmingpool

St-Jean-Cap-Ferrat (06230)

 Office de Tourisme: 59, av. Séméria, ✆ 93 76 08 90

 Hotels: Clair Logis, FF–FFFF, 12, av. Centrale, ✆ 93 76 04 57, Fax 93 76 11 85, ruhige alte Villa mit Garten, einfache Zimmer mit Terrasse oder Balkon, ausgezeichnetes Preis-Leistungs-Verhältnis **Belle Aurore,** FFF–FFFF, av. Séméria, ✆ 93 76 04 59, Fax 93 76 15 10, kleines Hotel in der Nähe der Promenade, Swimmingpool **Royal Riviera,** FFF(FF), 3, av. Jean-Monnet, ✆ 93 01 20 20, Fax 93 01 23 07, Luxushotel in einem Belle Epoque-Palast am Fuß des Kaps, schöner Blumengarten, Swimmingpool, Privatstrand

Restaurants: Le Skipper, Port de Plaisance (Jachthafen), ✆ 93 76 01 00, ausgezeichnetes Fischrestaurant

Le Provençal, 2, av. Séméria, ✆ 93 76 03 97, provenzalische Küche mit einem Michelin-Stern

  Museum: Musée Ephrussi-de-Rothschild, av. Ephrussi, 15. März–1. Nov. 10–18 Uhr, im Juli/Aug. bis 19 Uhr, 2. Nov.–14. März am Wochenende und in den Schulferien 10–18 Uhr, Mo-Fr 14–18 Uhr

Strände: Der überwiegende Teil der Strände befindet sich in Privatbesitz und ist nicht zugänglich, lediglich zwei kleine Strandabschnitte (Plage du Passable, Paloma-Plage) mit aufgeschüttetem Sand sind für die Öffentlichkeit freigegeben. Das Wasser wird am Kap sehr schnell tief

St-Martin-de-Crau (13310)

Office de Tourisme: 2, av. de la République, ✆ 90 47 38 88

 Hotel: Auberge des Epis, FF, 13, av. Plaisance, ✆ 90 47 31 17, Fax 90 47 16 30, Gasthof mit sehr gutem Komfort

 Museum: Ecomusée de la Crau (Museum für Geschichte, Flora und Fauna von La Crau), av. de la Provence, April–Sept. 9–12 und 15–19 Uhr, Okt.–März 10–12 und 14–17 Uhr, Mo geschl.

St-Maximin-la-Ste-Baume (83470)

  Office de Tourisme: im Rathaus, place Malherbe, ✆ 94 59 84 59

Hotels: De France, FF, av. Albert-1er, ✆ 94 78 00 14, Fax 94 59 83 80, kleines Hotel in Familienbesitz (Logis de France) mit Terrasse und Freibad

 Restaurant: Chez Nous, boul. Jean-Jaurès, ✆ 94 78 16 74, Schlemmer-Restaurant mit sehr guter Küche

  Besichtigung: Basilika, place de l'Hôtel-de-Ville, 8–19 Uhr, im Rathaus nach Führungen fragen

St-Paul-de-Vence (06570)

 Office de Tourisme: 2, rue Grande, ✆ 93 32 86 95

 Hotels: Le Hameau, FFF–FFFF, 528, route de La Colle-sur-Loupe, ✆ 93 32 80 24, Fax 93 32 55 75, altes provenzalisches Gehöft in traumhafter Lage mit individuellen Appartements, sehr ruhig, fast alle Zimmer mit Balkon oder Terrasse, Garten, Swimmingpool **Les Orangers,** FFF–FFFF, chemin des Fumerates, ✆ 93 32 80 95, kleines provenzalisches Haus oberhalb von St-Paul, geschmackvolle Zimmer, überwiegend mit Balkon oder Terrasse; Garten **La Colombe d'Or,** FFFF, place du Général-du-Gaulle, ✆ 93 32 80 02, Fax 93 32 77 78, Wohnen wie im Museum (s. S. •••••) in den sehr schönen ländlichen Zimmern des legendären Hauses, Swimmingpool, schöner Garten

 Restaurants: La Brouette, 830, route de Cagnes, ✆ 93 58 67 16, dänische Feinschmeckerküche in rustikalem skandinavischen Ambiente

La Colombe d'Or (s. o.), Hausmannskost und provenzalische Küche, noch immer einer der Lieblingstreffs der französischen Filmstars, schöner Garten, Terrasse

  Museum: Fondation Maeght (über den chemin de Passe-Prest zu erreichen), Juli–Sept. 10–19 Uhr, Okt.–Juni 10–12.30 und 14.30–18 Uhr
Besichtigung: Eglise collégiale (Kirche), place de l'Eglise, 10–18 Uhr

 Veranstaltungen: Ortsfest, Mitte Aug. Konzerte zeitgenössischer Musik in der Fondation Maeght, Juli/Aug.

St-Paul-Trois-Châteaux (26130)

 Office de Tourisme: rue de la République, ✆ 75 96 61 29

  Hotel/Restaurant: L'Esplan, FF–FFF, place Médiévale de l'Esplan, ✆ 75 96 64 64, Fax 75 04 92 36, Garten und Terrasse; außergewöhnliches zeitgenössisches Interieur. Spezialität des Restaurants ist Perlhuhn mit Trüffeln

Museum: Maison de la Truffe et du Tricastin (Trüffelmuseum), 9–12 und 14–18 Uhr, Mo nachmittags und an Feiertagen vom 1. Okt.–31. März auch So geschl.. Auch Verkauf von Trüffeln

Markt: großer provenzalischer Markt, Di

Veranstaltung: Konzerte in der romanischen Kirche, Juli

St-Raphaël (83700)

 Office de Tourisme: rue Waldeck-Rousseau, BP 210, ✆ 94 19 52 52. **Post:** av. Frédéric--Mistral

Hotels: Les Amandiers, F–FF, 874, boul. Maréchal-Juin, ✆ 94 95 82 42, Fax 94 83 00 32, kleines ansprechendes Logis-de-France-Haus mit Garten
Sol e Mar, FFF–FFFF, route Corniche d'Or (N 98 6 km in östlicher Richtung), ✆ 94 95 25 60, Fax 94 83 83 61, das Hotel liegt sehr schön am Strand von Dramont; Swimmingpool, Privatstrand
Excelsior, FFF–FFFF, 193, boul. Félix-Martin, ✆ 94 95 02 42, Fax 94 95 33 82, blendend-weißes Logis-de-France-Haus im Herzen des Ortes an der Strandpromenade, Terrasse
San Pedro, FFFF, av. du Colonel-Brooke (5 km nordöstlich der Stadt, über die D 37 und die route du Golf), ✆ 94 83 65 69, Fax 94 40 57 20, empfehlenswertes ruhiges Haus mit modernem Komfort, schöne Lage in einem Park, Swimmingpool

Camping: Douce Quiétude ****, 3435, boul. Baudino, ✆ 94 44 30 00, 1. Juni–30. Sept., komfortabler Platz, Einkaufsmöglichkeit, Restaurant, Bar, Swimmingpool, Tennis, Kinderbetreuung, Animation

Restaurants: Pastorel, 54, rue de la Liberté, ✆ 94 95 64 07, regionale Küche, zauberhafte Terrasse
Excelsior (s. o.), empfehlenswertes Restaurant mit einfachen bodenständigen Gerichten der Region, Terrasse
Le Pavillon de la Mer, 1184, N 98, ✆ 94 95 17 17, Meeresfrüchte werden auf der Terrasse direkt am Meer serviert
La Bouillabaisse, place Victor-Hugo, ✆ 94 95 03 57, Fischgerichte, zu empfehlen: Bouillabaisse

 Museum: Musée Archéologique, place de la Vieille Eglise, 16. Sept.–14. Juni 10–12 und 15–18 Uhr, Di und an Feiertagen geschl. Anmeldung erforderlich

 Veranstaltungen: Blumenkorso, Feb. Jazzfestival, Juli

 Nachtleben: umfangreiches Unterhaltungsangebot, zahlreiche Discos und Nachtclubs

 Strände: Der feinsandige Plage de Veillat ist zwar schön, aber sehr überlaufen. Kleinere und nicht so stark frequentierte Badebuchten findet man bei Boullouris, Agay und Dramont

 Ausflüge mit dem Boot: Fahrten nach St-Tropez, zu den Iles de Lérins, den Calanques des Estérel-Massivs, Küstenpromenaden, ✆ 94 82 71 45 (Abfahrt im Alten Hafen)

 Bahnhof: place de la Gare/rue Waldeck-Rousseau

 Busbahnhof: av. Victor-Hugo/rue Anatole-France

St-Rémy-de-Provence (13210)

Office de Tourisme: place Jean-Jaurès, ✆ 90 92 05 22

Hotels: Le Provence, F, 36, boul. Victor-Hugo,

✆ 90 92 06 27, originelle Unterkunft mitten im Ort, man kann im verwilderten Garten picknicken

Auberge de la Reine Jeanne, F–FF, 12, boul. Mirabeau, ✆ 90 92 15 33, Fax 90 92 49 65, einfaches Hotel mit gutem Komfort, sehr ruhig

Mas des Carassins, FF–FFF, 1, chemin Gaulois, ✆ 90 92 15 48, Fax 90 92 63 47, ca. 1 km südlich vom Ortskernprovenzalisches Landhaus, abendlicher Imbiß für die Gäste

Hôtel des Antiques, FFF–FFFF, 15, av. Pasteur, ✆ 90 92 03 02,
Fax 90 92 50 40, in einem ausgedehnten Park, ruhige, komfortable Zimmer

Château de Roussan, FFF–FFFF, rue de Tarascon, ✆ 90 92 11 63,
Fax 90 92 50 59, fürstlich wohnen – hier wird's möglich, ein anmutiger Bau aus dem 18. Jh. inmitten eines verwunschenen Gartens, zu Gast bei einer aristokratischen Familie

Château des Alpilles, FFFF, D 31, ✆ 90 92 03 33, Fax 90 92 45 17, kleines Schloß aus dem 19. Jh. mit großzügigen Zimmern, Park mit altem Baumbestand

Restaurants: L'Assiette de Marie, 1, rue Jaune-Roux, ✆ 90 92 32 14, mitten im Stadtkern, provenzalischer Dekor aus dem 30er Jahren

Restaurant des Arts, 30, boul. Victor-Hugo, ✆ 90 92 08 05, hier kann man bei einer guten Mahlzeit die lokalen Künstlerpersönlichkeiten treffen, im Sommer oft überfüllt, daher lieber einen Tisch reservieren

Le Jardin de Frédéric, 8bis, boul. Gambetta, ✆ 90 92 27 76, mit Garten im Schatten alter Platanen

Hostellerie du Vallon de Valrugues, chemin Canto-Cigalo, ✆ 90 92 04 40, in diesem noblen Ein-Sterne-Restaurant

»... erfüllt sich Nordländers Traum vom Süden«, urteilt Wolfram Siebeck und fand in ganz Frankreich keine besseren Desserts

  Museen: Hôtel Mistral de Mondragon mit Alpilles-Museum, place Favier, ✆ 90 92 08 10, Juli–Aug. 10–12 und 15–20 Uhr, April–Juni und Sept./Okt. 10–12 und14–18 Uhr, 1. Mai und 25. Dez. geschl.

Hôtel de Sade mit Musée Lapidaire, rue du Parage, ✆ 90 92 13 07, Besichtigung nur mit Führung, April–Juni, Sept. und Okt. um 10, 11, 14, 15, 16 und 17 Uhr, Juli/Aug. um 10, 11, 14.30, 15,30, 16.30, 17.30 und 18.30 Uhr, im Nov. um 10, 11, 14, 15 und 16 Uhr, im Dez. 10, 11, 15 und 16 Uhr, 1. Mai und 25. Dez. geschl.

Hôtel Estrine, Centre d'Art Présence Van Gogh, 8, rue Estrine, ✆ 90 92 34 72, 10–12 und 14–18 Uhr, im Sommer 15–19 Uhr, Mo geschl.

Mas e la Pyramide, (Heimatmuseum), in einem Steinbruch (carrière) gelegen, Ausschilderung des Wanderwegs folgen, ✆ 90 92 00 81, Führungen ($1/_2$ Std.) von 9–12 und 14–17 Uhr, im Sommer bis 19 Uhr

Besichtigung: St-Paul-de-Mausole, 9–12 und 14–18 Uhr

Glanum, 1 km südlich vom Ort, ✆ 90 92 23 79, April–Sept. 9–19 Uhr, Okt.–März 9–12 und 14–17 Uhr

Markt: provenzalischer Wochenmarkt mit einer immensen Auswahl an Kräutern, Oliven, Gewürzen, Käse, Konfitüren etc., Mi morgen. Fête du Vin, de l'Artisanat et des Produits Provençaux, dreitägiger Markt, Ende Juli

Einkauf: Anne Lilmand, 1, rue de la Commune, Konfitüren, Honig und kan-

dierte Früchte in großer Auswahl.
Château Romanin, ✆ 90 92 45 87,
Weine aus biologischem Anbau; hier
werden die Weine für die Spitzen-
restaurants der Provence angebaut –
jedes hat seine eigene Sorte. Herbori-
sterie Provençal, 67, av. de la
Libération, hier findet sich für oder
gegen alles ein Kraut – bei über
600 Sorten sollte das möglich sein

 Veranstaltungen: Organa
(Orgelfestival), Infos
✆ 90 92 16 31, Juli–Sept. Fête de la
Transhumance, Pfingsten (Mo): hier
wird nach altem Brauch der Weidenauf-
trieb gefeiert, heute allerdings nur noch
symbolisch. Stierkämpfe, Abrivados
(Corridas) und Boule-Wettkämpfe während der gesamten Saison

St-Restitut (26130)

 **Hotel/Restaurant:
Auberge des Quatre
Saisons,** FF–FFF, place de l'Eglise,
✆ 75 04 71 88, Fax 75 04 70 88, das mit
Wein bewachsene Haus bietet im
ältesten Viertel des Bergdorfs moder-
nen Komfort und ruhige, gemütliche
Zimmer, Restaurant, Frühstücksterrasse

 **Besichtigung: Caves
Cathédrales du Cellier
des Dauphins,** an der D 218, Richtung
Barry, ✆ 75 04 95 87, 9.30–12 und
14.30–18 Uhr. Besichtigungsrundfahr-
ten durch das Kellergewölbe: 10, 11, 15,
16 und 17 Uhr

St-Tropez (83990)

Office de Tourisme: quai Jean-
Jaurès, ✆ 94 97 45 21

 Hotels: Lou Cagnard, FF–FFF,
18, av. Paul-Roussel,
✆ 94 97 04 24, am Stadtrand gelegenes
Haus mit Terrasse, einfache, ordentli-
che Zimmer
La Maison Blanche, FFFF, place des
Lices, ✆ 94 97 52 66, Fax 94 97 89 23,
im ehemaligen Herrenhaus des Ha-
fendoktors, 8 ganz unterschiedliche
Zimmer mit höchstem Komfort und
vornehm-familiärer Atmosphäre; am
schönsten Platz von St-Tropez
La Méditerranée, FF–FFF, 21, boul.
Louis-Blanc, ✆ 94 97 00 44,
Fax 94 97 47 83, einfaches Haus in der
Nähe des Hafens
Romana, FFF, chemin des Conquettes,
✆ 94 97 15 50, Fax 94 97 73 49, kleines
Haus in einem schönen Garten
Le Levant, FFF–FFFF, route des Salins,
✆ 94 97 33 33, Fax 94 97 76 13, ruhiges
Hotel am Strand, etwa 2,5 km vom
Zentrum entfernt, charmante Zimmer,
Swimmingpool, Garten
Sube, FFF–FFFF, 15, quai Suffren,
✆ 94 97 30 04, Fax 94 54 89 08, char-
mantes Haus am Hafen, das älteste
Hotel von St-Tropez
La Ponche, FFFF, 3, rue des Remparts,
✆ 94 97 02 53, Fax 94 97 78 61, hinter
dem Jachthafen, charmantes Tradi-
tionshotel, schallisolierte Zimmer,
teilweise mit Dachterrasse
La Bastide des Salins, FFFF, route
des Salins, ✆ 94 97 24 57, Fax
94 54 89 03, ruhiges Haus, 300 m vom
Strand entfernt in einem Park, großzügige Zimmer, Swimmingpool, Garten
Le Yaca, FFFF(F), 1, boul. d'Aumale,
✆ 94 97 11 79, Fax 94 97 58 50, liebe-
voll-elegant eingerichtetes Haus mitten
in der Altstadt, Zimmer teilweise mit
Terrasse oder Zugang zum Garten,
Swimmingpool
Résidence de la Pinède, FFFF(–FF),
plage de la Bouillabaisse (D 98a Rich-

tung Westen), ✆ 94 97 04 21,
Fax 94 97 73 64, eines der exklusivsten
Häuser des Ortes, ausgezeichneter
Service, Privatstrand, Garten,
Swimmingpool
Byblos, FFFF(–FF), av. Paul-Signac,
✆ 94 56 68 00, Fax 94 56 68 01, eine
Stadt in der Stadt ist *das* Luxushotel
von St-Tropez, hier steigt die Promi-
nenz ab; die eleganten Zimmer mit den
großen Bädern sind individuell einge-
richtet und bieten jeden nur erdenkli-
chen Komfort, ruhige Anlage fern des
Trubels, Swimmingpool, Fitneßräume,
Garten

 Camping: Camper müssen nach
Ramatuelle oder Port Grimaud
ausweichen

Restaurants: L'Echalote, 25,
rue Allard, ✆ 94 54 83 26, In-Bi-
stro, dennoch vernünftige Preise – am
schönsten ist ein Platz im Garten
Lou Revelen, 4, rue des Remparts,
✆ 94 97 06 34, Fischspezialitäten und
Meeresfrüchte, empfehlenswert:
Bouillabaisse
La Frégate, 52–54, rue Allard,
✆ 94 97 07 08, herzhafte provenzalische
Küche
La Table du Marché, 83, rue Georges-
Clémenceau, ✆ 94 97 85 20, im Bistro-
Stil, ausgezeichnete Küche; kurios: das
Louis de Funès als Polizist von St-Tro-
pez gewidmete Dessert
La Romana (s. o.), hübsches Garten-
lokal mit Pastagerichten
Le Petit Charron – Chez Benoît,
6, rue des Charrons, ✆ 94 97 73 78, ein-
fache regionale Küche, schmackhaft,
Spezialität: Artischocken gefüllt mit
Seeteufel und Gambas
Résidence de la Pinède (s. o.), pro-
venzalische Küche der Spitzenklasse,
ein Michelin-Stern

Bistrot des Lices, 3, place des Lices,
✆ 94 97 29 00, mediterrane Küche – mit
einem Michelin-Stern ausgezeichnet –
für verwöhnte Gourmets am zauberhaf-
testen Platz von St-Tropez
L'Olivier, route Carles, ✆ 94 97 58 16,
mit einem Michelin-Stern ausgezeichnete provenzalische Küche

 **Museen: Musée de
l'Annonciade**, quai de
l'Epi, ✆ 94 97 04 01, 1. Juli–30. Sept.
10–12 und 14–19 Uhr, Di und an Feiertagen geschl.
Musée Naval de la Citadelle, La Citadelle, ✆ 94 97 06 53, 15. Sept.–15. Juni
10–17 Uhr, im Sommer 1 Std. länger
La Maison des Papillons, 9, rue
Etienne-Berry, ✆ 94 97 63 45, 1. April–
1. Juli 10–12 und 15–18 Uhr, 1. Sept.–
15. Okt. 10–12 und 15–19 Uhr, Di geschl.

 Markt: Gemüse- und Fischmarkt,
täglich auf der place aux Herbes.
Wochenmarkt, Di, Sa 8–13 Uhr, place
des Lices. Kunsthandwerk, im Sept.
Einkaufen: Pâtisserie Sénéquier, place
aux Herbes, Nougat. Leroy, rue Georges-Clémenceau, Olivenöl, Essig,
Weine und Konfitüren. La Tarte Tropézienne, rue Georges-Clémenceau, *die*
Kuchenspezialität von St-Tropez. La
Maison des Pâtes, rue du Portail Neuf,
frische Pasta

Veranstaltungen: La Bravade
(Patronatsfest; Festzug, Kostü-
mierung etc.), Mitte Mai. Bravade des
Espagnols (Volksfest; Erinnerung an
den Sieg über die Spanier), Mitte Juni.
Fischerfest, Ende Juni. Nuits musicales,
Juli. Biennale du costume provençal
(Trachtenfest), Sept.

Nachtleben: reiches Angebot
an Diskotheken und Nachtclubs –

vor allem rund um den Hafen. Caves du Roy, av. Paul-Signac, die vornehmste Diskothek der Côte d'Azur – so sagen einige – gehört zum Byblos, astronomische Preise, viel Prominenz

Strände: Den Ruhm von St-Tropez begründen die Sandstrände, die unter den schönsten der Küste genannt werden und im Sommer entsprechend bevölkert sind. Sie liegen alle etwas außerhalb; im Westen befindet sich die Plage de la Bouillabaisse, im Osten reihen sich die Plage des Graniers (sehr voll), die Plage les Canoubiers, die Plage des Salins, die Plage de Tahiti (bekanntester Strand, hier lagert die Prominenz, 5 km vom Ort entfernt), die Plage de Pampelonne und die Plage de l'Escalet (12 km von St-Tropez entfernt, weniger Rummel) aneinander. Zahlreiche Privatstrände

Ausflüge mit dem Boot: Fährverbindungen bestehen nach Ste-Maxime, ☎ 94 96 51 00, und St-Raphaël, ☎ 94 82 71 45

Bahnhof: St-Tropez ist nicht ans Zugnetz angeschl.. Nächster Bahnhof: St-Raphaël/Fréjus

Busbahnhof: av. du 8-Mai, Auskunft: ☎ 94 65 21 00

Ste-Croix-de-Verdon (04500)

Office de Tourisme: im Rathaus, ☎ 92 77 85 29

Hotel: Auberge du Sanglier, FF, ☎ 92 77 85 74, familiäres Haus der Logis-de-France-Kette mit acht Zimmern

Ste-Maxime (83120)

Office de Tourisme: promenade Simon-Lorière, BP 107, ☎ 94 96 19 24

Hotels: Le Manoir, FF–FFF, La Nartelle, plage Le Val d'Esquières (4 km vom Ort entfernt über die N 98), ☎ 94 49 40 90, Fax 94 49 40 85, einfaches, aber komfortables Haus der Logis-de-France-Kette mit klimatisierten Zimmern **Marie-Louise**, FF–FFF, Guerrevieille (etwa 2,5 km über die N 98 Richtung Süden), ☎ 94 96 06 05, Haus im Grünen, nur 200 m zum Strand, kleine gemütliche Zimmer, Garten **La Croisette**, FFF–FFFF, 2, boul. des Romarins, ☎ 94 96 17 75, Fax 94 96 52 40, ruhiges Logis-de-France-Haus mit Garten und Terrasse, Zimmer im provenzalischen Stil **Mas des Oliviers**, FFF–FFF, quartier de la Croisette (über die av. du 8-Mai-1945 zu erreichen), ☎ 94 96 13 31, Fax 94 49 01 46, sehr ruhiges Haus mit modernem Komfort, Garten, Swimmingpool, Tennis

Camping: Les Cigalons***, quartier de la Nartelle, ☎ 94 96 05 51, 1. Juni–15. Sept., kleiner Platz nordöstlich von Ste-Maxime; Einkaufsmöglichkeit, Restaurant, Bar

Restaurants: La Croisette (s. o.), charmantes Restaurant mit provenzalischer Küche zu vernünftigen Preisen, idyllischer Garten **La Maison Bleue**, 24bis, rue Paul-Bert, ☎ 94 96 51 92, im Bistro werden einfache Gerichte mit exzellenten Zutaten zubereitet; Terrasse **Hostellerie de la Belle Aurore**, 4, boul. Jean-Moulin, ☎ 94 96 02 45, moderne französische Küche, hervorragend angerichtet, empfehlenswert: Pastete mit Herzmuscheln und Langusten

 Museen: Musée de la Photographie et de la Musique Mécanique, route de Muy, Parc St-Donat, ✆ 94 96 50 52, Ostern–Okt. 10–12 und 14.30–18 Uhr, Mo und Di geschl.

Musée de la Tour Carrée, place Aliziers, ✆ 94 96 70 30, Okt.–März 15–18 Uhr, April–Juni 10–12 und 15–18 Uhr, Juli–Sept. 10–12 und 16–19 Uhr, Di geschl.

 Markt: täglich in der Markthalle, rue Fernand-Bessy. Do morgens in der Altstadt

 Veranstaltungen: Blumenkorso, Feb. Weinfest, Sept.

 Ausflüge mit dem Boot: 30minütige Glasbodenbootsfahrten, alle 35 Min., ✆ 94 49 01 45

 Strände: Familienbadestrände in einer Bucht. Weitläufige Sandstrände – allerdings grenzt die Küstenstraße direkt an die Strände. Etliche private Strandabschnitte

Stes-Maries-de-la-Mer (13460)

 Office de Tourisme: 5, av. Van-Gogh, ✆ 90 97 82 55

Hotels: Hostellerie du Pont du Gau, F–FF, N 570, route d'Arles, ✆ 90 97 81 53, Fax 90 97 98 54, gutbürgerliches Hotel mit neun sehr gepflegten und gut ausgestatteten Zimmern

Mangio Fango, FFF, route d'Arles am Ortsausgang, ✆ 90 97 80 56, Fax 90 97 83 60, sehr ruhig am Etang des Launes gelegen, geschmackvolle Zimmer; herzlicher Service

Mas de la Fouque, FFFF, 4 km außerhalb Richtung Aigues-Mortes, ✆ 90 97 81 02, Fax 90 97 96 84, beeindruckendes Gebäude inmitten eines privaten Naturschutzparks, sehr ruhig, stilvoll eingerichtete, sehr helle Zimmer mit Blick auf die Etangs; Reitstall

 Restaurants: Le Kahlua, place des Gitanes, ✆ 90 97 98 56, liebevoll renoviertes kleines Lokal, Tapas (Kalamares, Kabeljau, Krevetten …)

Lou Mas doù Juge, D 95, route du Bac-du-Sauvage, ✆ 66 73 51 45, an der Rhône gelegenes Restaurant, in dem regionale Rezepte gekonnt variiert werden: *Anchoiade* (provenzalische Sardellenpaste mit Knoblauch und Öl), Käsetorte, Morchelspezialitäten und diverse *Flans*

Les Alizés, 36bis, av. Aubanel, ✆ 90 97 71 33, lebhaftes kleines Lokal für Muschelliebhaber am Hafen

 Museum: Musée Baroncelli, rue Victor-Hugo, ✆ 90 97 87 60, 9.30 (So und an Feiertagen 10)–12 und 14–18 Uhr, 1. Jan. und im Winter Di geschl.

Besichtigung: Wallfahrtskirche Notre-Dame-de-la-Mer, Mai–Sept. 8–12 und 14–19 Uhr, April und Okt. 8–19 Uhr, Nov.–Feb. 8–18 Uhr

 Markt: provenzalischer Markt, Mo und Fr

Veranstaltungen: Zigeunerwallfahrten, 24.–26. Mai (Fest der Maria Jakobäa) und am So, der dem 22. Okt. am nächsten liegt (Fest der

Maria Salome). Zigeunermusik- und Flamenco-Fest, Mitte Juli. Provenzalischer Stierkampf in den Arènes, Ostern, Pfingsten und Juli/Aug.

Salernes (83690)

 Office de Tourisme: rue Victor-Hugo, ☏ 94 70 69 02

 Hotel: Allègre, F–FF, rue Jean-Jacques-Rousseau, ☏ 94 70 60 30, angenehmes Hotel mit Garten

 Einkaufen: Yolande Boutal, quartier Coucourdière: Fliesen und Keramikarbeiten

Salon-de-Provence (13300)

 Office de Tourisme: 56, cours Gimon, ☏ 90 56 27 60

 Hotels: Vendôme, F–FF, 34, rue du Maréchal-Joffre, ☏ 90 56 01 96, charmantes Hotel, zentral gelegen
Midi, F–FF, 518, allées Craponne, ☏ 90 53 34 67, Fax 90 53 37 41, angenehme Unterkunft im Süden der Stadt
Le Devem de Mirapier, FFF–FFFF, 13250 Cornillon-Confoux (5 km südlich von Salon-de-Provence), ☏ 90 55 99 22, Fax 90 55 86 14, komfortables Hotel in ausgedehntem Park mit Swimmingpool, sehr ruhige Zimmer, ebenerdig und klimatisiert
Francis Robin, FFFF, 38 chemin St-Côme, ☏ 90 56 06 53, Fax 90 56 21 52, modernes und sehr komfortables Gebäude mit Blick auf die Stadt, die Zimmer gehen entweder zum Patio

oder zum Swimmingpool hinaus oder besitzen eine eigene Terrasse

 Restaurants: La Salle à Manger, 6, rue du Maréchal-Joffre, ☏ 90 56 28 01, das nahe der Fontaine Moussue gelegene Restaurant beeindruckt durch seine raffiniert zubereiteten ›einfachen‹ Gerichte; sehr leckere Dessertauswahl
Le Mas du Soleil, 38, chemin St-Côme, ☏ 90 56 06 53, zwei Kochmützen für Francis Robin, den Maître und seine ›sonnige‹ Küche, die den Aromen der Provence huldigt
Abbaye de Ste-Croix, route du Val-de-Cuech, ☏ 90 56 24 55, inmitten von Lavendelfeldern auf dem höchsten Berg der Gegend gelegen, mit wunderbarem Ausblick; gute Küche, mit einem Michelin-Stern ausgezeichnet

  Museen: Château de l'Empéri mit Militärmuseum, ☏ 90 56 22 36, April–Sept. 10–12 und 14.30–18.30 Uhr, Okt.–März 10–12 und 14–18 Uhr, Di, 1. Jan., 1. Mai und 25. Dez. geschl.
Maison de Nostradamus, rue de l'Horloge, ☏ 90 56 64 31, Okt.–Mai 10–18 Uhr, Juni–Sept. 10–22 Uhr, 1. Jan., 1. Mai und 25. Dez. geschl.

 Markt: Wochenmarkt, Mi

 Veranstaltungen: Historisches Nostradamus-Fest, erste Woche im Juli. Jazzfestival, dritte Woche im Juli

 Bahnhof: av. Emile-Zola, ☏ 90 56 04 05

Sanary-sur-Mer (83110)

 Office de Tourisme: Jardins de la Ville, ✆ 94 74 01 04

 Hotels: Grand Hôtel des Bains, FF, av. d'Estienne d'Orves, ✆ 94 74 13 47, Fax 94 88 14 02, hübsches Logis-de-France-Haus am Hafen mit Blick aufs Meer, Park
Le Castel, FF, 925, route de la Canolle, ✆ 94 29 82 98, Fax 94 32 53 32, ruhiges, provenzalisch eingerichtetes Hotel mit Garten, 50 m vom Strand und 400 m vom Hafen entfernt
La Tour, FF–FFF, quai Général-de-Gaulle, ✆ 94 74 10 10, Fax 94 74 69 49, ruhiges Hotel am Hafen, diese Unterkunft war für viele Exilliteraten in den 30er Jahren die erste Anlaufstation (s. S. •••••)

Camping: Les Girelles****, chemin de Beaucours, ✆ 94 74 13 18, Ostern–30. Sept., 500 m zum Meer, Einkaufsmöglichkeit, Restaurant, Bar

Restaurants: Le Castel (s. o.), traditionelle regionale Küche; gut besucht
Relais de la Poste, place de la Poste, ✆ 94 74 22 20, empfehlenswertes Restaurant im Zentrum, im Sommer unbedingt draußen essen, guter Kinderteller

Veranstaltungen: Provence-Festival, Juli–Sept. (Konzerte klassischer Musik), ✆ 94 74 11 74

Strände: Die Plage du Centre Ville besitzt wenig Charme, Sand und Kies. Empfehlenswerter: Plage de Port Issol, 500 m vom Hafen Richtung Westen, schmaler Sandstrand. In Richtung Bandol liegen einige Kiesbuchten (z. B. Plage de Cousse), deren Besuch sich ebenfalls lohnt

Sault (84390)

 Office de Tourisme: av. de la Promenade, ✆ 90 64 01 21

 Hotel/Restaurant: Hostellerie du Val de Sault, FFF, route de St-Trinit, ✆ 90 64 01 41, Fax 90 64 12 74, landschaftlich wunderbar gelegenes Hotel (Logis de France) und Restaurant mit Garten, Swimmingpool und Tennisplatz. Phantasievolle, leichte Küche, sehr gutes hausgebackenes Brot, freundliche Atmosphäre und fachgerechter Service

 Einkaufen: Jean Cartoux, av. de l'Oratoire, Honig. Haus des Lavendels, rue de la République

Séguret (84110)

 Hotel: La Table du Comtat, FFF–FFFF, Le Village, ✆ 90 46 91 49, Fax 90 46 94 27, charmantes Hotel in der Ortsmitte, in einem ehemaligen Hospiz aus dem 15. Jh., sehr ruhig, schöne Aussicht übers Tal, rustikal im provenzalischen Stil eingerichtete Zimmer, Swimmingpool

Restaurants: La Table du Comtat (s. o.), der Koch ist ein Virtuose am Herd, traditionelle regionale Küche mit originellen Einfällen (Trüffel-Soufflé in Eierschalen), ausgezeichnete Côtes-du-Rhône-Weine und erlesene Champagnersorten
Le Mesclun, rue des Poternes, ✆ 90 46 93 43, provenzalische Gerichte

werden im netten Schankraum oder auf der Außenterrasse eingenommen, sehr innovative Küche, Côtes-du-Rhône-Weine gibt's günstig, die schöne Aussicht gratis

 Veranstaltungen: Ortsfest, 1. So im Aug. Ausstellung von Krippen und Krippenfiguren, Jan. und Aug. Provenzalisches Fest, Ende Aug.

Seillans (83440)

 Office de Tourisme: Le Valtat, ✆ 94 76 85 91

 Hotels: Les Deux Rocs, FF–FFF, place Font-d'Amont, ✆ 94 76 87 32, Fax 94 76 88 68, provenzalisches Landhaus aus dem 18. Jh. an schattigem Platz mit freundlich eingerichteten Zimmern
Hôtel de France-Clariond, FFF, place Thouron, ✆ 94 76 96 10, Fax 94 76 89 20, am Ortseingang, in Familienbesitz, mit Restaurant, im Sommer mit Tischen rund um einen Brunnen

Veranstaltungen: Blumenfest, Anfang Juni. Wallfahrt zur Kapelle Notre-Dame-des-Selves, erster So im Juli. Wallfahrt zur Kapelle St-Cyr, letzter So im Juli. Folkloretänze, Juli

Sérignan-du-Comtat (84830)

Hotel/Restaurant: Hostellerie du Vieux-Château, FFF–FFFF, route Ste-Cécile, ✆ 90 70 05 58, Fax 90 37 10 34, ruhiges Haus mit Garten und Swimmingpool, die Mahlzeiten werden auch auf der netten Terrasse serviert

  Museum: Harmas des Insektenforschers Jean-Henri Fabre, route d'Orange, ✆ 90 70 00 44, im Sommer von 9–11.30 und 14–18.30 Uhr, im Winter schließt das Museum schon um 16.30 Uhr, Führungen n. V.

Silvacane (Abtei)

  Besichtigung: 10–12 und 14–18 Uhr, Di, 1. Mai, 25. Dez. und 1. Jan. geschl.

Sisteron (04200)

 Office de Tourisme: place de la Mairie, ✆ 92 61 12 03

 Hotels: Les Chênes, F–FF, 2 km außerhalb des Ortes, an der N 85, ✆ 92 61 15 08, Fax 92 61 16 92, komfortables Haus mit Swimmingpool, Restaurant und Gartenterrasse
Grand Hôtel du Cours, F–FFF, place de l'Eglise, ✆ 92 61 04 51, Fax 92 61 41 73, mitten im Ort, ideal für Familien oder größere Gruppen, schöne Ausstattung, mit Swimmingpool
De la Citadelle, FF, 126, rue Saunerie, ✆ 92 61 13 52, gut ausgestattete Zimmer, teilweise mit schöner Aussicht auf Durance oder Zitadelle; Restaurant mit Terrasse und auch hier mit Ausblick

Restaurants: Becs Fins, 16, rue Saunerie, ✆ 92 61 12 04, in der Nähe der Zitadelle, gute provenzalische Küche
Iris de Suse, 10 km nördlich in Mison, ✆ 92 62 21 69, schöne Einkehrmöglichkeit bei einer Wanderung in der Umgebung, Restaurant in einer alten Schäferei, originale provenzalische Gerichte

Besichtigungen: Zitadelle, Mitte März–Mitte Nov. 9–18 Uhr
Kathedrale Notre-Dame-des-Pommiers, place du Général-de-Gaulle, 9–18 Uhr

 Markt: Wochenmarkt, Mi und Sa

 Veranstaltungen: Nächte der Zitadelle (Musik-, Theater- und Tanzveranstaltungen), Mitte–Ende Juli

 Bahnhof: av. de la Libération, ✆ 92 61 00 60

 Busbahnhof: place de la République, ✆ 92 61 22 18

Sivergues (84400)

 Hotel: Ferme du Castellas, F–FF, 2 km vom Dorfplatz entfernt auf einem Plateau, ✆ 90 74 60 89, einfache und rustikale Herberge mit mächtigem Kamin, Betten im Schlafsaal oder Zimmer mit Dusche

Sommières (30250)

 Office de Tourisme: passage de Reilhe, ✆ 66 80 99 30

 Hotel: Auberge du Pont Romain, FF–FFF, 2, rue Emile-Jamais, ✆ 66 80 00 58, Fax 66 80 31 52, schöne Räumlichkeiten in einem ansprechend umgestalteten Gebäude einer alten Teppichfabrik, am Rande von Sommières, sehr gutes Restaurant

 Restaurant: Le Manoir, route d'Aubais, Mas de Cazalet,

✆ 66 77 74 01, gute klassische Küche, stilecht in einem Gebäude aus dem 16. und 18. Jh., das in einem liebevoll gepflegten Garten liegt

Suze-la-Rousse (26790)

 Office de Tourisme: av. des Côtes-du-Rhône, ✆ 75 04 81 41

 Hotel: Relais du Château, FF–FFF, ✆ 75 04 87 07, Fax 75 98 26 00, ruhiges, komfortables Haus mit schönem Ausblick, Garten, Terrasse und Swimmingpool

  Besichtigung: nur der **Ehrenhof des Schlosses** ist zu besichtigen, ✆ 75 04 81 44, 1. Juli–31. Aug. 9.30–11.30 und 14.30–18 Uhr, 1. Sept.–30. Juni nur bis 17.30 Uhr, Di ganztägig und Mi vormittag geschl. Seminare zur Weinkunde und Weinproben über die Weinuniversität, ✆ 75 04 86 09. Freier Zugang zum Rebgarten des Schlosses mit 70 verschiedenen Rebsorten; Côtes-du-Rhône- und Coteaux-du-Tricastin-Weine kann man bei einer Weinprobe kosten; Kontakt Cave Coopérative La Suzienne, ✆ 75 04 80 04

 Markt: provenzalischer Markt, Fr

Tarascon (13150)

 Office de Tourisme: 59, rue des Halles, ✆ 90 91 03 52

 Hotels: Le Provence, FF–FFF, 7, boul. Victor-Hugo, ✆ 90 91 06 43, Fax 90 43 58 13, geräumige, freundliche Zimmer

Les Mazets des Roches, FF–FFF, route de Fontvieille, ✆ 90 91 34 89, Fax 90 43 53 29, sehr ruhiges Haus am Fuße der Alpilles mit schönen Zimmern, Swimmingpool und Park

 Restaurants: St-Jean, 24, boul. Victor-Hugo, ✆ 90 91 13 87, einfache regionale Küche in ansprechender Atmosphäre
Les Mille Pâtes, 4, rue Eugène-Pelletan, ✆ 90 43 51 77, Spezialitäten der Region und Teigwaren

 Museum: Maison de Tartarin, 55bis, boul. Itam, ✆ 90 91 05 08, April–Sept. 10–12 und 14.30–19 Uhr, So geschl.
Musée Souleiado, 39, rue Proudhon, ✆ 90 91 08 80, Besichtigung n. V. 10–15 Uhr
Besichtigung: Château du Roi René, ✆ 90 91 01 93, Ostern–Ende Sept. 9–19 Uhr, außerhalb der Saison 9–12 und 14–17 Uhr

 Einkaufen: Souleiado (s. o.), Museumsladen Mo–Do 8–12 und 14–17.30 Uhr, Fr bis 16.30 Uhr

 Veranstaltung: Fête de la Tarasque (Fest des Drachens), vier Tage – um den letzten So im Juni – feiert man eines der ältesten Volksfeste der Provence; So Umzug

Thoronet (83340)

Office de Tourisme: 10, place des Trois-Ormeaux, ✆ 94 60 10 94

Hotel/Restaurant: Hostellerie de l'Abbaye, F–FF, chemin du Château, ✆ 94 73 88 81, Fax 94 73 89 42, relativ neues, einem Klosterhof nachempfundenes Hotel mit Swimmingpool, Restaurant Plénitude

 Besichtigung: Abteikirche, April–Sept. 9–19 Uhr, So 9–12 und 14–19 Uhr, Okt.–März 9–12 und 14–17 Uhr, Führungen April–Sept.

 Einkaufen: Domaine de l'Abbaye, ✆ 94 73 87 36, kleines Weingut mit guten Rosé- und Rotweinen

Toulon (83000)

Office de Tourisme: 8, av. Colbert, ✆ 94 22 08 22, und place Albert-ler, in der Bahnhofshalle der SNCF, ✆ 94 62 73 87. Zweigstelle des Comité Départemental du Tourisme Var: 5, av. Vauban, BP 5147, ✆ 94 09 00 69. **Post:** rue Ferrero, Ecke rue Bertholet

 Hotels: Le Jaurès, F, 11, rue Jean-Jaurès, ✆ 94 92 83 04, Fax 94 62 59 82, einfaches, sehr ordentliches Hotel im Zentrum nahe der place d'Armes, freundlicher Service
La Corniche, FFF, 17, littoral Frédéric-Mistral, ✆ 94 41 35 12, Fax 94 41 24 58, 3 km außerhalb in Le Mourillon an einem kleinen Hafen, sehr gut ausgestattete Zimmer, etwa die Hälfte mit Balkon, schöner Blick über die Bucht
New Hôtel Tour Blanche, FFF, boul. de l'Amiral-Vence, ✆ 94 24 41 57, Fax 94 22 42 25, am Fuß des Mont-Faron, der Blick auf Toulon und die Reede ist berühmt, großzügige Zimmer, Swimmingpool, Terrasse

 Camping: Les Pins**, La Seyne-sur-Mer, Fabrégas,

✆ 94 94 06 89, Ostern–30. Sept., westlich von Toulon am Meer, Restaurant, Bar

🍴 Restaurants: Pascal ›Chez Mimi‹, 83, av. de la République, ✆ 94 92 79 60, gute tunesische Küche
Pizzeria Picot, 29, rue Picot, ✆ 94 93 12 77, gute Pizzen
Le Dauphin, 21bis, rue Jean-Jaurès, ✆ 94 93 12 07, anspruchsvolle Küche, gute Weinkarte, Spezialität: gegrillter Petersfisch mit Auberginenpüree und Olivenvinaigrette; kleine Terrasse, gemütlicher Gastraum
Au Sourd, 10, rue Molière, ✆ 94 92 28 52, schmackhafte Fischgerichte einfach zubereitet, Spezialität: *Bourride de Toulon* (provenzalische Fischsuppe)

👁 🕐 Museen: Musée de la Marine, place Monsenergue, ✆ 94 02 02 01, Sept.–Juni 10–12 und 13.30–18 Uhr, Juli/Aug. 9.30–12 und 15–19 Uhr, Di und an Feiertagen geschl.
Tour Royale (Ableger des Musée de la Marine), Le Mourillon, pointe de la Mitre, ✆ 94 02 10 61 und 94 24 91 00, Di–Do 10–12 und 14.30–18.30 Uhr
Musée d'Histoire Naturelle und **Musée d'Art et d'Archéologie**, 113, av. Général-Leclerc, ✆ 94 93 15 54, 13–19 Uhr, an Feiertagen geschl.
Besichtigung: Mémorial du Débarquement en Provence, Tour Beaumont, ✆ 94 88 08 09, 9.30–12 und 14.30–17.30 Uhr, im Sommer bis 17.45 Uhr, Mo geschl.; im voraus anmelden; Filmvorführungen und Führungen. Auch mit der Schwebebahn zu erreichen, ✆ 94 92 68 25: Juni–Sept. 9–19.45 Uhr, Mo nur nachmittags, Okt.–Mai 9–12 und 14.15–18.30 Uhr, Mo geschl., Talstation am boul. Amiral-Vence

Kathedrale Ste-Marie-Majeure, place de la Cathédrale, ✆ 94 92 28 91, 7–12 und 15–19 Uhr
Arsenal maritime, hinter der rue de la Corderie gelegen, von innen nicht zu besichtigen

 Markt: Fischmarkt in der Markthalle an der place de la Poissonnerie, jeden Vormittag. Einer der berühmtesten provenzalischen Märkte wird auf der cours Lafayette abgehalten, jeden Vormittag außer Mo
Einkaufen: Aux Produits de Province, 1, chemin de Timbouctou, wie der Name schon sagt, regionale Spezialitäten wie Essig, Öl, Senf und Konfitüren

🎈 Veranstaltungen: Musikfestival, Mai–Juni, ✆ 94 93 52 84. Fête des Pêcheurs (Fischerfest mit folkloristischen Darbietungen), Juli. Jazzfest, Aug. Santon-Messe, Nov.–Dez.

🚢 Ausflüge mit dem Schiff/ Fährverbindungen: Überfahrt zur Ile de Porquerolles mit der Yellow Pelican Taxi Line (ganzjährig, rund um die Uhr), ✆ 94 58 31 19. Die SNRTM hat ebenfalls Überfahrten zur Ile de Porquerolles, aber auch Rundfahrten im Hafen von Toulon, Küstenkreuzfahrten, Ausflüge zu den Iles d'Hyères und nach St-Tropez im Angebot, ✆ 94 62 41 14. Weitere Verbindungen können im Hafen erfragt werden (quais Stalingrad/Cronstadt)

✈ Flughafen: nur innerfranzösische Flüge. Der Flughafen Toulon/Hyères (✆ 94 22 81 60) 21 km südöstlich der Stadt wird täglich von Paris aus angeflogen. Der Bustransfer nach Toulon dauert 40 Min. 75 Min. vor jedem Flug fährt der Bus von der place de la Liberté Richtung Aéroport

Bahnhof: place Albert-ler, Fahrplanauskunft: ✆ 94 91 50 50

 Busbahnhof: nahe des Bahnhofs; Auskunft: ✆ 94 03 87 03

La-Tour-d'Aigues (84240)

 Office de Tourisme: im Schloß, ✆ 90 07 50 29

 Hotel: Les Fenouillets, FF, quartier Revol, ✆ 90 07 48 22, Fax 90 07 34 26, kleines Hotel in Familienbesitz (Logis de France) mit Garten

  Besichtigung: Château d'Aigues, 9.30–11.30 und 15–18 Uhr, Di nachmittags und Sa/So vormittags geschl.; im Sommer als Freilichtbühne für Aufführungen genutzt

Tourettes-sur-Loup (06140)

Hotel: La Grive Dorée, F–FF, route de Grasse, ✆ 93 59 30 05, einfache, aber komfortable Zimmer, teilweise mit Meerblick

Camping: La Camassade*, 523, route de Pie-Lombard, ✆ 93 59 31 54, ganzjährig geöffnet, schön und ruhig, teilweise schattig, Einkaufsmöglichkeit, Restaurant, Swimmingpool

Restaurant: Le Petit Manoir, 21, Grande-Rue, ✆ 93 24 19 19, hervorragende traditionelle Küche

Veranstaltungen: Veilchenfest, Anfang März. Festival de Tourettes, Juli/Aug.

Tourtour (83690)

 Hotels: Le Mas des Collines, FF–FFF, im Westen des Ortes in Richtung Villecroze, ✆ 94 70 59 30, Fax 94 70 57 62, sehr ruhiges Haus mit einem wunderbaren Blick auf das Massif des Maures
La Petite Auberge, FFF–FFFF, etwas südlich an der D 77, ✆ 94 70 57 16, Fax 94 70 54 52, sehr komfortables ländliches Haus mit Swimmingpool und einem sehr guten Restaurant
La Bastide de Tourtour, FFF–FFFF, route de Draguignan, ✆ 94 70 57 30, Fax 94 70 54 90, in einem Pinienwald gelegenes Landhaus aus den 60er Jahren, luxuriös ausgestattete Zimmer, einmaliger Ausblick, Swimmingpool und Tennisplätze

 Restaurant: Les Chênes Verts, an der A 2 Richtung Villecroze, ✆ 94 70 55 06, zwei Kochmützen und ein Michelin-Stern für eine kleine, aber erlesene Karte, vor allem in der Trüffelsaison kommen Liebhaber hier auf ihre Kosten – leider auch zu Pariser Preisen

Trigance-sur-Verdon (83840)

 Office de Tourisme: im Rathaus, ✆ 94 76 91 01

Hotels: Ma Petite Auberge, FF, im Ort, ✆ 94 76 92 92, Fax 94 47 58 65, sehr ruhig gelegenes Haus, der ideale Ausgangspunkt für Touren in die Gegend – das Hotel bietet Unternehmungen an; Swimmingpool und großer Garten
Château de Trigance, FFF–FFFF, oberhalb des Ortes, ✆ 94 76 91 18,

Fax 94 85 68 99, einmal in einem mittelalterlichen Schloß wohnen – die Zimmer sind in den Fels gehauen und mit Himmelbetten ausgestattet, der Speisesaal wird mit Kerzen erleuchtet, aus den kleinen Fenstern oder von der Terrasse hat man einen wunderbaren Blick in die Berge – märchenhaft

 Restaurant: Le Vieil Amandier, ✆ 94 76 92 92, ruhiges Restaurant, provenzalische Spezialitäten, schöne Terrasse

Uzès (30700)

 Office de Tourisme: av. de la Libération, ✆ 66 22 68 88

Hotels: St-Géniès, F–FF, route St-Ambroix, ✆ 66 22 29 99, Fax 66 03 14 89, ein ruhiges Hotel mit schöner Gartenanlage etwa 1,5 km nördlich vom Stadtkern
Entraigues, FF–FFFF, 8, rue de la Calade, ✆ 66 22 32 68, Fax 66 22 57 01, ein alter Stadtpalast mit südlichem Flair, kleinen, aber feinen Zimmern und Sonnenterrasse mitten im historischen Stadtkern

 Restaurants: Les Jardins de Castille, ✆ 66 22 32 68, gegenüber dem Hotel d'Entraigues und der Kathedrale gelegen, schön begrünte Terrasse, ausgezeichnete leichte Küche
Le Castellas, 30210 Collias, Grande-Rue, ✆ 66 22 88 88, etwas außerhalb, aber einen Umweg wert – Restaurant und Hotel, geschmackvoll eingerichtete Räumlichkeiten, originelle Gerichte, empfehlenswerte Weinauswahl

 Besichtigung: Château, Bermonde-Turm und Ge-

spenstersaal sind frei zugänglich, Führungen durch die anderen Räume und Gemächer 9.30–12 und 14.30–18 Uhr. Nov.–März nur bis 17 Uhr, Ostern–Nov. Mo geschl., im Juli und Aug. Spätführung um 22.15 Uhr

 Markt: Wochenmarkt, Sa

 Veranstaltungen: Musikabende von Uzès, ✆ 66 22 68 88, zweite Julihälfte

Vaison-la-Romaine (84110)

 Office de Tourisme: place du Chanoine-Sautel, ✆ 90 36 02 11

 Hotels: Burrhus, FF, 1, place Montfort, ✆ 90 36 39 05, Fax 90 36 39 05, im Zentrum, schönes ockerfarbenes Hotel mit angenehmem Ambiente und geschmackvoll eingerichteten Zimmern
Hostellerie Le Beffroi, FF–FFF, rue de l'Evêché, ✆ 90 36 24 78, Fax 90 36 24 78, in der mittelalterlichen Oberstadt, charmantes Haus aus dem 16./17. Jh. großzügige Zimmer mit antiken Möbeln, sehr schöner Blick, Garten
Le Logis du Château, FF–FFF, Les-Hauts-de-Vaison, ✆ 90 36 09 98, Fax 90 36 10 94, Hotel mit Aussicht, im Grünen, sehr ruhig, geräumige, etwas geschmacklos eingerichtete Zimmer, Terrasse, Swimmingpool, Blick auf Stadt und Weinberge

 Restaurants: La Fête en Provence, place du Vieux-Marché, ✆ 90 36 39 05, stimmungsvolles Restaurant mit altem Patio und zwei freundlich eingerichteten Sälen, sehr

gute provenzalische Küche, Kaninchen-spezialitäten, ausgezeichnete Weinkarte
La Gloriette et Pomponette, 22, Grand-Rue, ✆ 90 28 77 74, etwas Besonderes für den kleinen Hunger zwischendurch: Butterbrote – die Brote sind nach alten Rezepten gebacken – und Obstkuchen
Le Bateleur, place Aubanel, ✆ 90 36 28 04, originelle provenzalische Küche in sehr gemütlicher Atmosphäre

 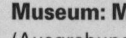 **Museum: Musée Fouilles** (Ausgrabungsfunde), Quartier du Puymin, ✆ 90 36 02 11, 9–13 und 14–18.45 Uhr
Besichtigung: Kathedrale Notre-Dame-de-Nazareth, av. Jules-Ferry, Juni–Aug. 9–12.30 und 14–18.45 Uhr, im März–Mai und Sept.–Okt. ab 17.45 Uhr geschl.

 Markt: provenzalischer Markt, Di, Spargelmesse an einem Di Ende Feb. Lindenblütenmarkt jeweils Di im Juni und Juli

Valaurie (26230)

 Hotel: La Table de Nicole, FFF, Les Petites Condamines (an der D 133 Richtung Grignan, Autobahnausfahrt Montélimar-Sud), ✆ 75 98 52 03, Fax 75 98 58 45, sehr empfehlenswertes Haus, dessen im provenzalischen Stil eingerichtete Zimmer alle Blick auf den Garten haben; Swimmingpool, sehr freundlicher Service, unbedingt reservieren (Richtig Reisen Tip, s. S. 66)

 Restaurants: La Table de Nicole (s. o.), provenzalische und Lyoner Küche, Spezialitäten: Kaninchen in Nyoner Olivensauce und Trüffel im

Schlafrock; ausgezeichnete lokale und Côtes-du-Rhône-Weine, Garten, gemütlich-rustikal eingerichtet
Valle Aurea, route de Grignan, ✆ 75 98 56 40, sehr ruhig gelegenes Restaurant mit exquisiter Küche, gehobene Preise; Garten und Terrasse

Valbonne (06560)

Office de Tourisme: 11, av. St-Roch, ✆ 93 12 34 50

Hotels: La Cigale, FF, route Opio, ✆ 93 12 24 43, kleines Haus mit Garten
Armoiries, FFF–FFFF, place des Arcades, ✆ 93 12 90 90, Fax 93 12 90 91, kleines Haus aus dem 17. Jh im Zentrum, schöne, sehr komfortable Zimmer

Restaurants: L'Auberge Fleuri, 1016, route de Cannes, ✆ 93 12 02 80, sehr gute Küche; am schönstenauf der schattigen Terrasse
Relais de la Vignette, route de Cannes, ✆ 93 12 05 82, innovative französische Küche, bezaubernde Terrasse

 Besichtigung: Parc d'Activités Valbonne-Sophia-Antipolis, 7 km südöstlich von Valbonne, über die D 103, ✆ 93 65 21 68

 Veranstaltungen: Fête de Ste-Blaise, du raisin et des produits du terroir – Stadtfest, mit Weinen und Erzeugnissen der Region, letztes Januar- und 1. Februarwochenende

Valensole (04210)

Office de Tourisme: av. Segond, ✆ 92 74 90 02

Hotel: Piès, F–FF, route de Pui-moisson, ✆ 92 74 83 13, Logis-de-France-Hotel mit Garten

Vallauris (06220)

 Office de Tourisme: square du 8-Mai, ✆ 93 63 82 58

 **Hotels: Siou Aou Miou**, FF, quartier St-Sébastien ›Les Fumades‹, ✆ 93 64 39 89, kleines Haus der Logis-de-France-Kette mit Garten
Val d'Auréa, FF, 11, boul. Rouvier, ✆ 93 64 64 29, Fax 93 64 92 39, ruhiges Haus mit netten Zimmern mitten in der Stadt, freundlicher Empfang

Restaurants: La Gousse d'Ail, 11bis, av. de Grasse, ✆ 93 64 10 71, klassische Feinschmeckerküche in gediegen-ländlicher Atmosphäre
Le Manuscrit, 224, chemin Lintier, ✆ 93 64 56 56, gut besuchtes Restaurant mit sehr freundlichem Service, empfehlenswert: Wildkaninchenpastete mit Pistazien

  Museen: Musée de la Poterie, La Cigale, rue Sicard, ✆ 93 64 66 51, 9–19 Uhr, Sa und So vormittag geschl.
Château Musée municipal/Musée Picasso, place de la Libération, im Schloß, ✆ 93 64 18 05, 15. Juni–15. Sept. 10–18 Uhr, sonst 10–12 und 14–18 Uhr, Mo und an Feiertagen geschl.

 Einkaufen: Foucard-Jourdan, 65bis, av. Georges-Clémenceau, Töpfereiwaren

 Veranstaltung: Töpfereifest, Aug.

Valréas (84600)

 Office de Tourisme: place Aristide-Briand, ✆ 90 35 04 71

 Hotels: Le Grand Hôtel, FF, 28, av. du Général-de-Gaulle, ✆ 90 35 00 26, Fax 90 35 60 93, imposantes Stadthaus mit großzügigen Zimmern, rustikal eingerichtet, mit Terrasse und neuem Schwimmbad
Domaine des Grands-Devers, FF, ✆ 90 35 15 98, kleiner (Winzer-)Familienbetrieb mit vier Zimmern, einfach, aber äußerst geschmackvoll eingerichtet; ausgezeichnete Weine zum Probieren – und Kaufen

 Restaurants: Le Grand Hôtel (s. o.), traditionelle Küche; Terrasse
L'Etrier, 2, cours Tivoli, ✆ 90 35 05 94, traditionelle Küche, Terrasse

 Markt: Trüffelmarkt, jeden Mi von Nov.–März in der Innenstadt

 Veranstaltung: Nuit du petit St-Jean, in der Nacht vom 23. auf den 24. Juni wird seit mehr als 500 Jahren ein kleiner Junge zum hl. Johannes erhoben – für ein Jahr regiert ein Kind die Stadt, großes Fest mit Weinprobe

Venasque (84210)

 Office de Tourisme: Grande-Rue, ✆ 90 66 11 66

  Hotel/Restaurant: Auberge La Fontaine, FFFF, place de la Fontaine, ✆ 90 66 02 96, Fax 90 66 13 14, altes Anwesen mit hervorragend ausgestatteten Zimmern: Kochnische, Salon, offenem Kamin, Fernseher, Stereoanlage und eigener Terrasse; Kochkurse. Gediegene Küche aus stets frischen Produkten, einmal im Monat von einem Konzert begleitet; außerdem Bistro mit kleinen Gerichten zu moderaten Preisen

  Besichtigung: Kirche Notre-Dame und **Baptisterium**, 9–12 und 15–18 Uhr

 Markt: Wochenmarkt, Mai und Juni täglich

 Veranstaltung: Ortsfest, 15. Aug.

Vence (06140)

 Office de Tourisme: place du Grand-Jardin, ✆ 93 58 06 38

 Hotels: L'Auberge des Seigneurs, FF, place Frêne, ✆ 93 58 04 24, Fax 93 24 08 01, urgemütliches Hotel im Herzen des Orts
La Roseraie, FFF, route de Coursegoules, ✆ 93 58 02 20, Fax 93 58 99 31, freundliches Hotel mit hübschen provenzalisch eingerichteten Zimmern, schöner Garten, Terrasse, Schwimmbad
Château du Domaine St-Martin, FFFF(F), route de Coursegoules (2 km nördlich der Stadt über die D 2), ✆ 93 58 02 02, Fax 93 24 08 91, exklusives Schloßhotel in einem großen Park, moderne, sehr ruhige Zimmer, Swimmingpool

△ **Camping: Domaine de la Bergerie***, route de La Sine, ✆ 93 58 09 36, 15. März–31. Okt., in Waldnähe, 3 km von Grasse entfernt, Einkaufsmöglichkeit, Restaurant, Bar, Tennis

  Restaurants: L'Auberge des Seigneurs (s. o.), gute traditionelle provenzalische Küche
La Farigoule, 15, rue Henri-Isnard, ✆ 93 58 01 27, traditionelle regionale Küche in gemütlicher Atmosphäre zu erschwinglichen Preisen
Le Pigeonnier, 3–7, place du Peyra, ✆ 93 58 03 00, Restaurant mit Terrasse auf dem schönen Dorfplatz, einfallsreiche Pastagerichte, exzellente Weine
Le Vieux Couvent, 37, av. Alphonse-Toreille, ✆ 93 58 78 58, moderne regionale Küche für Feinschmecker, in einem Kloster aus dem 17. Jh.

 Besichtigung: Kathedrale Nativité de la Vierge, place Clémenceau, im Sommer 9–18.30 Uhr
Chapelle du Rosaire (Rosenkranzkapelle), av. Henri-Matisse, ✆ 93 58 03 26, Di und Do 10–11.30 und 14.30–17.30 Uhr, in den frz. Schulferien auch Mi, Fr und Sa nachmittag
Chapelle des Pénitents-Blancs, place Frédéric-Mistral, bei Ausstellungen April–Sept. 10–12 und 15–19 Uhr, Okt.–März 10–12 und 14–18 Uhr

 Markt: Wochenmarkt, Di und Fr, place du Frêne
Einkaufen: La Boutique de Tibolo, 23, rue Henri-Isnard, provenzalische Stoffe, Fayencen

  Veranstaltung: Fêtes provençales (Folklore), Ostern

Vergèze (30310)

 Besichtigung: Perrier-Mineralquelle, Codognan Richtung Nîmes, von der N 113 rechts auf die D 139, Information

✆ 66 87 62 00, Führungen ca. 1 Std., 9, 10, 13.30, 14.30, 15.30 und Juni–Sept. auch 17 Uhr, Sa, So und an Feiertagen sowie zwischen Weihnachten und Neujahr geschl.

Villecroze (83630)

 Office de Tourisme: rue Ambroise-Croizat, ✆ 94 67 50 00

 Hotels: Au Bien Etre, F–FF, quartier Cadenières, ✆ 94 70 67 57, Haus mit Garten, etwas außerhalb, sehr freundlicher Empfang
Le Grand Hôtel, FF, place du Général-de-Gaulle, ✆ 94 70 78 82, angenehmes kleines Haus im Ort
Les Esparrus, FF–FFF, route de Draguignan, ✆ 94 70 66 99, komfortables Hotel mit Swimmingpool

 Restaurant: Au Bien Etre (s. o.), gutes Restaurant, Garten

 Besichtigung: Felsenhöhlen im Stadtpark, Führungen 9–12 und 14–19 Uhr, ✆ 94 70 63 06

Villefranche-sur-Mer (06230)

 Office de Tourisme: square François-Binon, ✆ 93 01 73 68

 Hotels: La Darse, FF, Port de Plaisance de la Darse, ✆ 93 01 72 54, Fax 93 01 93 32, einfaches Haus direkt am Jachthafen, Terrasse
La Flore, FF–FFF, boul. Princesse-Grace-de-Monaco, ✆ 93 76 30 30, Fax 93 76 99 99, sehr komfortables

Logis-de-France-Haus mit Blick auf die Reede, geschmackvolle Zimmer, teilweise mit Loggia, Swimmingpool
Welcome, FFFF, 1, quai de l'Amiral-Courbet, ✆ 93 76 93 93, Fax 93 01 88 81, direkt am Hafen, 600 m zum Strand, schöne Aussicht über die Reede, Swimmingpool

 Restaurants: Mère Germaine, quai Courbet, ✆ 93 01 71 39, beliebtes Fischrestaurant mit Terrasse am Hafen
Le St-Pierre (s. o.), Restaurant des Welcome, Fischgerichte

 Museum: Fondation-Musée Volti, Zitadelle Ste-Elme, Mai–Sept. 10–12 und 15–19 Uhr, sonst 14–17 Uhr, Di und So vormittag geschl.
Besichtigung: St-Pierre (Fischerkapelle), quai Courbet, Port de la Santé, ✆ 93 76 90 70, 9–12 und 15–19 Uhr, im Winter 14–18 Uhr

 Markt: Flohmarkt im Hafen, So und an Feiertagen

 Veranstaltungen: Fest der Fischer, 1. So im Juli. Fest des Stadtpatrons, 15. Aug. Nuits de la Citadelle (klassische Konzerte und Theateraufführungen), Juli–Sept.

 Strände: wenig attraktive Kiesstrände (Plage des Marinières, Plage de la Darse), steil ins Wasser abfallend

Villeneuve-lès-Avignon (30400)

 Office de Tourisme: 1, place Charles-David, ✆ 90 25 61 55

Hotels: Atelier, FF–FFF, 5, rue de la Foire, ☎ 90 25 01 84, Fax 90 25 80 06, im Zentrum, das ruhige Haus aus dem 16. Jh. besitzt schöne, mit antiken Möbeln ausgestattete Zimmer; Patio und Dachterrasse, Swimmingpool
Hostellerie la Magnaneraie, FFF–FFFF, 37, rue Champ-de-Bataille, ☎ 90 25 11 11, Fax 90 25 46 37, persönliche Atmosphäre und sehr freundlicher Service, provenzalisches Steinhaus aus dem 15. Jh., bezaubernder Garten und Swimmingpool, schöne Aussicht

 Restaurants: La Maison, 1, rue Montée-du-Fort-St-André, ☎ 90 25 20 81, schmackhafte Hausmannskost, sehr freundlicher Service
Aubertin, 1, rue de l'Hôpital, ☎ 90 25 94 84, raffinierte provenzalische Küche zu gehobenen Preisen, für Feinschmecker, sehr gute Weinkarte (Richtig Reisen Tip S. 92)
Le Prieuré, 7, place du Chapître, ☎ 90 25 18 20, Feinschmeckerrestaurant (Trüffelspezialitäten, Lamm) in alter Priorei, ausgezeichnete Wein- und Champagnerkarte

 Museum: Musée Pierre-de-Luxembourg (Musée Municipal), rue de la République, von April–Sept. 10–12.30 und 15–19.30 Uhr, Okt.–März (Feb. geschl.) 10–12 und 14–17 Uhr, Di geschl.
Besichtigung: Fort St-André – zu besichtigen ist nur der Klostergarten, über die Rue de Verdun (Parkplatz) zu erreichen, Juli–Aug. 9.30–19 Uhr, April, Juni und Sept. 9.30–12.30 und 14.30–18.30 Uhr, Mo und feiertags geschl.
Chartreuse du Val de Bénédiction, rue Cardinal-Aubert-et-Pape-Innocent-VI, April–Sept. 9.30–17.30 Uhr außer an Feiertagen, ab Pfingsten bis 18.30 Uhr.

Führungen n. V. (frühzeitig anmelden), ☎ 90 25 05 46
Tour Philippe-le-Bel, rue Montée-de-la-Tour, ☎ 90 27 49 68, April–Sept. 10–12.30 und 15–19.30 Uhr, Okt.–März (Feb. geschl.) 10–12 und 14–17 Uhr, Di und an Feiertagen geschl.

 Veranstaltung: Rencontres Internationales d'Eté (Theater-, Tanz- und Musikfestival), Juli und Aug.

 Bootsfahrten auf der Rhône: Berge du Vieux-Moulin, ☎ 90 25 10 99, ein- bis zweitägige ›Kreuzfahrten‹ für Gruppen bis zu zwölf Personen

Villeneuve-Loubet (06270)

 Office de Tourisme: place de Verdun, ☎ 93 20 20 09

  Hotel/Restaurant: Auberge Franc-Comtoise, FF–FFF, Grange Rimade, route La Colle-sur-Loup, ☎ 93 20 97 58, Fax 92 02 74 76, ruhiges, kleines Hotel mit Restaurant, Garten und Swimmingpool

  Museum: Musée de l'Art culinaire, Fondation Auguste-Escoffier, 3, rue Escoffier, im Sommer 14–19 Uhr, sonst bis 18 Uhr

Reiseinformationen von A bis Z

Anreise

... mit dem Flugzeug

Zwei internationale Flughäfen liegen im Reisegebiet Provence/Côte d'Azur: Marseille und Nizza. Der Flughafen Toulon/Hyères wird ausschließlich von innerfranzösischen Fluglinien bedient. Für Deutsche, Österreicher und Schweizer sind vor allem die folgenden Fluglinien interessant: Air France, Lufthansa, Sabena, KLM, Swissair und Austrian Airlines (nur Nizza). Im Angebot sind täglich mehrere Flüge – direkt oder mit Zwischenlandung (Paris, Amsterdam, Brüssel etc.) – ab allen deutschen Großstädten, Wien und Zürich. Man sollte stets nach Sonder-, Saison-, Studenten- und Jugendtarifen (›Visite France‹, ›Apex‹ etc.) fragen.

Der etwa 25 km von der Stadt entfernte Marseiller Flughafen ist gut angebunden: Von 6.10 bis 21.50 Uhr fährt alle 20 Min. ein Flughafenbus in die Hafenstadt. Regelmäßige Anschlüsse von den Flughäfen Marseille und Nizza bestehen mehrmals am Tag nach Aix-en-Provence, Avignon, Cannes, Grasse, Menton und Monaco.

... mit dem Zug

Alle größeren Städte im Reisegebiet sind problemlos zu erreichen, schwierig wird es jedoch bei kleineren Orten. Auch Querverbindungen zwischen den Orten bestehen nur selten. In den letzten Jahren wurden fast alle unbedeutenden Streckenabschnitte stillgelegt. Die meisten Verbindungen für Reisende aus Nord- und Mitteleuropa führen über Paris, wo man häufig – je nachdem aus welcher Richtung man eintrifft – den Bahnhof wechseln muß. Weitere Routen führen über Genf und Grenoble bzw. über Mailand und Genua. Ab Paris verkehren auch TGV-Züge (Train à Grande Vitesse). Diese französischen Hochgeschwindigkeitszüge schaffen die Strecken Paris–Marseille in gut vier Stunden und Paris–Nizza in siebeneinhalb Stunden. Sie sind reservierungs- und zuschlagpflichtig.

Die Deutsche Bahn AG, die Österreichische Bundesbahn, die SSB und die französische Staatsbahn SNCF bieten zahlreiche Vergünstigungen an, wie das ›Billet de Séjour‹ in Frankreich. Die Ermäßigungen sind zumeist abhängig von Alter, Reisezeit und -dauer. Seit Januar 1995 kann man innerfranzösische Tarifermäßigungen auch in Deutschland geltend machen. Sie können in den Reisebüros über die SNCF-Reservierungszentrale ›Rail Europe Deutschland‹ gebucht werden. Tarifanfrage zu Frankreich über die Generalvertretung der französischen Staatsbahn SNCF, Kommerzielle Vertretung, Personenverkehr, Westendstraße 24, 60325 Frankfurt/Main, ✆ 0 69/72 84 45-46, Fax 72 74 68.

Nicht ganz einfach haben es Rad-Urlauber bei der Mitnahme von Fahrrädern nach Frankreich; der Transport endet an der Grenze. Möglich ist es jedoch, das Zweirad mit dem Haus-zu-Bahnhof-Versand der Bahn an den Zielort zu schicken – dies sollte sechs bis acht Tage vor der eigenen Abreise geschehen. Wer sein Rad lieber daheim läßt: An 283 Bahnhöfen bietet die SNCF den Fahrradverleihservice »train +

vélo« an. Die Broschüre »*Guide du train et du vélo*« gibt die SNCF in Frankfurt heraus.

… mit dem Autoreisezug

Eine bequemere Alternative zur Anreise mit dem Auto bietet der Autoreisezug. Ab Deutschland lassen sich auf direktem Wege Avignon und Narbonne erreichen. Die beiden Endstationen in Südfrankreich werden von Berlin-Wannsee (nur Avignon), Düsseldorf (nur Narbonne), Hamburg-Altona, Hannover-Hauptbahnhof, Köln-Deutz, München-Ost und Neu-Isenburg (bei Frankfurt) aus bedient. Die Urlaubs-Express-Züge fahren zwischen Ende April und Ende September bzw. Ende Oktober, je nach Strecke und Zeitpunkt ein- bis dreimal pro Woche. Informationen bei der Vertretung der SNCF, den Reisezentren der Deutschen Bahn AG, in Reisebüros (DER) oder direkt bei: Deutsche Bahn AG, Geschäftsbereich Fernverkehr, Stephensonstraße 1, 60326 Frankfurt a. M., ✆ 0 69/97 33-69 21. Rechtzeitige Buchung empfiehlt sich.

… mit dem Bus

Zwischen Deutschland und Zielen in der Provence/Côte d'Azur besteht kein Fernbusverkehr. Die Deutsche Touring Europabus sowie EuroLines bedienen lediglich Paris. Busreisen sind nur im Rahmen einer Pauschalreise möglich.

… mit dem Auto und Motorrad

Für Urlauber aus Nord- oder Ostdeutschland empfiehlt sich die Anreise über Saarbrücken (A 4) – Metz (A 31) – Nancy – Dijon – Beaune (A 6) – Lyon (A 7, Autoroute du Soleil) – Orange.

Südlich von Orange führt die A 7 nach Marseille bzw. die A 8 nach Nizza. Anfallende Autobahngebühren für die Route Saarbrücken – Marseille: ca. 260 FF; Saarbrücken – Nizza: ca. 330 FF (Stand Frühjahr 1996).

Reisende aus Süddeutschland, der Schweiz und Westösterreich nehmen die Autobahnen in Richtung Genf, dann die A 41 nach Annecy und Grenoble. Ab Grenoble führt die bekannte Route Napoléon (N 85) über Sisteron, Digne und Grasse nach Nizza. Die Fahrt über die Nationalstraße dauert zwar länger, ist aber die landschaftlich reizvollere Alternative zur gebührenpflichtigen A 49, dann A 7/8. Die für die Schweiz notwendige, ein Jahr lang gültige Vignette kostet 50,50 DM. Für die Autobahnstrecke Genf–Marseille sind ca. 190 FF bzw. Genf–Nizza ca. 250 FF Gebühren fällig.

Urlauber aus Süddeutschland bzw. Österreich können auch die Route über Italien nehmen – auf der Autostrada wird ebenfalls Maut fällig (je nach Strecke sehr unterschiedlich). Die Gebühren von der italienischen Grenze/Ventimiglia – Marseille (A 8/57/50) betragen ca. 100 FF.

Motorradfahrer zahlen in Frankreich etwa 60 % der angegebenen Gebühr, Kleinbusse mit der Eintragung Pkw-Kombi im Kfz-Schein, Wohnmobile und Kleintransporter einen Zuschlag von 60–90 % je nach Strecke.

Bis auf wenige Ausnahmen sind die Autobahnen in Frankreich gebührenpflichtig. Gebührenfrei sind nur einige Teilstücke im Grenzgebiet sowie etliche Stadtautobahnen und -umführungen. Per Knopfdruck zieht man an den Mautstationen (*Péage*) ein Ticket aus einem Automaten und muß erst bei Verlassen der Autobahn oder Beginn eines neuen Streckenabschnitts bezahlen. Nur bei wenigen kurzen Abschnitten heißt es

sofort bezahlen. Selten sind die Teilstücke geworden, bei denen man die
fällige Gebühr in einen kleinen Trichter
werfen muß, bevor sich die Schranke
öffnet. Auf allen französischen Autobahnen werden die gängigen Kreditkarten wie Visa-, Euro- oder Mastercard akzeptiert. Informationen über die Autobahngebühren gibt es unter folgender
Telefonnummer in Frankreich:
1/47 05 90 01.

Die französischen Autobahnen sind
abgesehen von den Hauptreisezeiten
nicht so stark befahren wie die deutschen. Reisende sollten nach Möglichkeit das erste Juli- sowie das letzte Au-
gustwochenende meiden – dann ist
halb Frankreich unterwegs, weil die
großen Ferien *(grandes vacances)* landesweit beginnen bzw. enden. Die fast
immer parallel zur Autobahn verlaufenden Nationalstraßen sind sehr gut ausgebaut, aber auch stark frequentiert.
Hier schleppt sich der Schwerverkehr
über die Straße. Wer knapp mit seiner
Zeit kalkulieren muß, sollte sie im Sommer meiden.

Auskünfte

Allgemeine Informationen zu Frankreich und zur Region Provence/Côte
d'Azur, Hotel- und Campingplatzver-
zeichnisse etc. bekommt man bei den
französischen Fremdenverkehrsämtern
Maison de la France bzw. dem Fremdenverkehrsbüro von Monaco.

in Deutschland

Westendstraße 47
Postfach 10 01 28
60325 Frankfurt/Main
✆ 0 69/9 75 80 10
Fax 75 21 87

Keithstraße 2–4
10787 Berlin
✆ 0 30/2 18 20 64
Fax 2 14 12 38

Monaco-Informations-Centrum
Königsallee 27–31
W7-Center
40212 Düsseldorf
✆ 02 11/3 23 78 43
Fax 3 23 78 46

in Österreich

Hilton-Center 259 C
Landstrasser Hauptstraße 2a
1030 Wien
✆ 1/7 15 70 62

in der Schweiz

Löwenstraße 59
Postfach 72 26
8023 Zürich
✆ 01/2 21 35 78
Fax 2 12 16 44

2, rue Thalberg
1201 Genf
✆ 0 22/32 86 10

Detailliertere Infos gibt es beim Fremdenverkehrsamt der Region bzw. dem
der einzelnen Départements:

Comité Régional du Tourisme Provence-Alpes-Côte d'Azur:

Espace Colbert
14, rue Ste-Barbe
13231 Marseille Cédex 01
✆ 91 39 38 00
Fax 91 56 66 61

Maison des Alpes-de-Haute-Provence:

19, rue du Docteur-Honnorat
BP 170
04005 Digne-les-Bains Cédex
✆ 92 31 57 29
Fax 92 32 24 94

Comité Départemental du Tourisme des Bouches-du-Rhône:

6, rue du Jeune Anarchasis
13001 Marseille
✆ 91 54 92 66
Fax 91 33 01 82

Comité Départemental du Tourisme de la Drôme:

31, avenue de Président-Herriot
26000 Valence
✆ 75 82 19 26
Fax 75 56 01 65

Comité Départemental du Tourisme du Gard:

3, place des Arènes
BP 112
30010 Nîmes Cédex
✆ 66 21 02 51
Fax 66 36 13 14

Comité Départemental du Tourisme des Hautes-Alpes:

5, 1er rue Capitaine-de-Bresson
BP 46
05002 Gap Cédex
✆ 92 53 62 00
Fax 92 53 31 60

Comité Départemental du Tourisme Riviéra-Côte d'Azur:

55, promenade des Anglais
06000 Nizza
✆ 93 37 78 78
Fax 93 86 01 06

Comité Départemental du Tourisme du Var:

1, boulevard Foch
BP 99
83003 Draguignan Cédex
✆ 94 68 58 33
Fax 94 37 08 03

Comité Départemental du Tourisme du Vaucluse:

place Campana
BP 147
84008 Avignon Cédex
✆ 90 86 43 42
Fax 90 86 86 08

Office de Tourisme in Monaco/Monte Carlo:

2a, boulevard des Moulins
Monte Carlo
98030 Monaco
✆ 93 30 87 01

Auskünfte vor Ort, etwa zu Unterkünften, Veranstaltungen, Märkten, Ausflügen, bekommt man im lokalen Fremdenverkehrsbüro (*Syndicat d'Initiative* oder *Office de Tourisme*, Adressen bei den jeweiligen Orten, s. S. 322 ff.). Schriftliche Anfragen werden das ganze Jahr über beantwortet. Büros in kleinen Orten sind meist nur während der Saison von April bis Oktober geöffnet, in größeren Städten ganzjährig. Da nicht alle Angestellten Deutsch sprechen, sollten schriftliche Anfragen in französisch oder englisch abgefaßt sein.

Autofahren

Allgemeines

Die Promillegrenze liegt bei 0,5. Generell werden in Frankreich Verkehrsverstöße erheblich strenger geahndet als in Deutschland, vor allem bei Alkoholdelikten und zu schnellem Fahren. Bei Regen- oder Schneefall ist Abblendlicht vorgeschrieben. In den Kreisverkehren, es gibt wesentlich mehr als in Deutschland, hat man Vorfahrt – soweit entsprechend beschildert. Vorfahrtstraßen enden an den Ortseingängen. Es besteht Gurtanlegepflicht für alle Autoinsassen. Eine Grüne Versicherungskarte ist zwar nicht zwingend vorgeschrieben, erleichtert aber vieles.

Höchstgeschwindigkeiten

Das Tempolimit auf Autobahnen liegt bei 130 km/h (bei Nässe 110 km/h), auf Landstraßen bei 90 km/h (bei Nässe 80 km/h), auf Straßen mit zwei Fahrstreifen in jeder Richtung bei baulich voneinander getrennten Fahrbahnen 110 km/h (bei Nässe 100 km/h). In Ortschaften darf 50 km/h gefahren werden. Autofahrer, die ihren Führerschein noch keine zwei Jahre besitzen, dürfen außerhalb der Ortschaften maximal 80 km/h und auf Autobahnen 100 km/h fahren.

Mietwagen

In der Hauptreisezeit sollten Leihwagen im voraus über Agenturen im Heimatland gebucht werden. In Frankreich gibt es in fast allen größeren Städten, an Flughäfen und Bahnhöfen (»*train + auto*« = Zug und Auto; nähere Infos in der SNCF-Broschüre »*Grandes Lignes – Autovermietung*«) Leihwagenfirmen. Kleinere lokale Anbieter sind oft günstiger als die großen Firmen. Ein internationaler Führerschein ist für Urlauber aus Deutschland, der Schweiz und Österreich nicht erforderlich. Ein Mindestalter von 21 Jahren wird bei fast allen Agenturen gefordert, der Fahrer muß seit mindestens einem Jahr den Führerschein besitzen.

Pannen und Notfälle

Polizeinotruf und Unfallrettung: ☎ 17, Feuerwehr: ☎ 18. Deutschsprachiger ADAC-Notruf (ganzjährig 24 Stunden pro Tag): ☎ 72 17 12 22. An den Autobahnen stehen Notrufsäulen, ansonsten kann man unter ☎ 05 08 92 22 rund um die Uhr einen deutschsprachigen Pannendienst (AIT-Assistance) erreichen. Unter Umständen lohnt es, daheim einen Auslandsschutzbrief zu erwerben, um Ärger und eventuell entstehende Kosten zu vermeiden.

Wird ein ausländischer Autofahrer nach einem Unfall haftpflichtig gemacht, sollte er sich an das Bureau Central Français wenden: Tour Gallieni II, 36, avenue du Général-de-Gaulle, BP 27, 93171 Bagnolet Cédex, ☎ 1/49 93 65 50, Fax 1/43 63 70 24.

Parken

In größeren Städten ist es sehr schwierig, einen Parkplatz im Zentrum zu ergattern. Aus Angst vor dem großen Ansturm auf die Städte wird in den Sommermonaten ein Wald aus Verbotsschildern aufgebaut. Am besten stellt man das Auto am Stadtrand ab und benutzt öffentliche Verkehrsmittel oder folgt den Ausschilderungen zum nächsten gebührenpflichtigen Parkhaus in Innenstadtnähe. Gelbe Streifen am Fahrbahnrand zeigen ein generelles Parkverbot an. In der *Zone bleue* darf man nur mit Parkscheibe parken.

Straßenzustand

Der Straßenzustandsbericht (Baustellen, Sperrungen, Schneeverhältnisse im Winter) kann rund um die Uhr unter folgender Nummer abgerufen werden: C.N.I.R., ✆ 1/48 94 33 33 (landesweit), 91 78 78 78 (Marseille).

Tanken

Das französische Tankstellennetz ist relativ dicht. Die Zapfsäulen an den Autobahnen kann man rund um die Uhr anfahren, die Öffnungszeiten der anderen Tankstellen variieren. Gängige Kreditkarten werden von den meisten Tankwarten akzeptiert. Tankautomaten können lediglich mit 10-Franc-Münzen bedient werden. Bleifreies Benzin *(essence sans plomb)* gibt es inzwischen an fast allen Tankstellen. Benzin *(essence)* ist in Frankreich etwas teurer als in Deutschland, Diesel *(gazole)* billiger.

Bahn- und Busnetz

Größere Orte und Touristenzentren können in der Hauptsaison mit öffentlichen Verkehrsmitteln hervorragend erreicht werden, kleinere Orte im Hinterland hingegen auch dann nur schwer. In den letzten Jahren wurden fast alle unbedeutenden Bahnlinien stillgelegt. Eine Alternative bieten auf einigen Strecken die Busverbindungen.

Die Busse, die hier verkehren, laufen die Orte in der Regel jedoch nur einmal morgens und einmal abends an. Achtung: Die Abfahrtzeiten der Busse ändern sich häufig. Da es sich um private Buslinien handelt, gibt es die Fahrpläne nur vor Ort. Tickets und Fahrpläne erhält man in den Busbahnhöfen der größeren Städte (*gare routière*, unter den jeweiligen Orten, s. S. 322 ff.), in den Offices de Tourisme, an Kiosken, in Bars, in den Tabac-Läden oder direkt im Bus.

Viele Orte an der Côte d'Azur sind mit dem Zug zu erreichen. Eine hervorragende Eisenbahnverbindung besteht zwischen der italienischen Grenze (Ventimiglia) und St-Raphaël über Monaco, Nizza, Antibes, Cannes und zahlreiche kleinere Orte. Im Sommer verkehren die Züge fast stündlich. Auf dieser Strecke sollte man besonders auf sein Gepäck achten, in den Hauptreisezeiten sind ganze Taschendiebketten unterwegs (s. S. 405). Zwischen St-Raphaël und Toulon rattern die Züge ausnahmsweise durchs Hinterland; die Strecke Toulon–Marseille führt wieder an der Küste entlang.

Nizza bietet zwei Attraktionen der besonderen Art auf der Schiene: den *train des pignes* und die Tende-Bahn. Für die Fahrt mit dem Pinienzapfzug (s. S. 300ff.) von Nizza bis Digne braucht der Zug drei Stunden. Viermal pro Tag machen sich die Züge im Sommer auf den Weg. Auskunft bei Chemins de Fer de Provence, 4, rue Alfred Bined, ✆ 93 82 10 17. Die Tende-Bahn (s. S. 316f.) verläßt den Hauptbahnhof in Nizza ebenfalls mehrmals täglich. Über L'Escarène, Sospel, durch das Roya-Tal, Breil-sur-Roya, Saorge schlängelt sich der Zug durchs Gebirge nach Tende, dem letzten französischen Ort der Route. Die Endstation liegt in

Italien: Coni bzw. Cuneo. Bis Tende ist man etwa zwei Stunden unterwegs. Auskunft bei der SNCF, ✆ 93 87 50 50, Reservierung unter ✆ 93 88 89 93.

Behinderte

Eine Übersicht über behindertenge-recht eingerichtete Hotels und Restaurants gibt es bei der Association des Paralysés de France (A.P.F., Délégation de Paris, 22, rue du Père Guérin, 75013 Paris, ✆ 1/40 78 69 00; Kosten ca. 100 FF). Die Hoteliers wurden zwischenzeitlich verpflichtet, behindertengerechte Zugänge zu einigen Zimmern zu schaffen, so daß fast alle Häuser inzwischen über derartige Einrichtungen verfügen. Sehr empfehlenswert ist auch das Taschenbuch »*Touristes quand même*«, das hilfreiche Informationen für Behinderte enthält, so etwa welche Sehenswürdigkeiten für sie zugänglich sind, (herausgegeben vom Französischen Verband für die Rehabilitation der Behinderten, C.N.F.L.R.H., 38, boulevard Raspail, 75007 Paris, ✆ 1/45 48 90 13; bitte Rückporto beifügen) und auch für Touristen mit geringen Französisch-kenntnissen verständlich ist. Ca. 90 Städte und ihre Behinderteneinrichtungen werden vorgestellt.

Die Deutsche Bahn AG gibt eine umfangreiche Broschüre für behinderte Bahnreisende heraus. Unter anderem wird erläutert, welche Züge über behindertengerechte Einrichtungen verfügen, welche Hilfsmittel an den Bahnhöfen bestehen und wer die entsprechenden Ansprechpartner an den Stationen sind. Die Broschüren liegen in den Bahnhöfen aus (nachfragen) oder können über die Deutsche Bahn AG, Geschäftsbereich Fernverkehr, 55118 Mainz bestellt werden. Der Bundesverband Deutscher

Omnibusunternehmer (bdo), Coburger Straße 1c, 53113 Bonn, ✆ 02 28/ 23 80 78-79, Fax 23 39 22, weiß über Einzel- und Gruppenreiseangebote für Behinderte Bescheid. Der BSK-Reisedienst, Bundesverband Selbsthilfe Körperbehinderter eV, Altkrautheimer Straße 17, 74238 Krautheim/Jagst, ✆ 0 62 94/68 112, Fax 9 53 83, informiert über behindertengerechte Reiseprogramme.

Diebstahl

Das Reisegebiet Provence/Côte d'Azur ist eine der bestbesuchten Urlaubsregionen Frankreichs, entsprechend groß ist die Gefahr, bestohlen zu werden. Doch wer achtgibt, wird in der Regel vor Schaden bewahrt. Natürlich sollte man immer ein Auge auf Handtasche und Fotoapparat haben und diese nicht einfach auf einen Stuhl legen, wo sie Langfinger als Objekt ihrer Begierde begutachten können. Gepäck oder auch nur eine Jacke im Auto zurückzulassen, kommt schon fast einer Aufforderung zum Diebstahl gleich. Die Sitze und Ablagen sollten vollständig leergeräumt, das Autoradio ausgebaut und das Handschuhfach weit geöffnet sein. Fahrzeuge mit ausländischem Kennzeichen oder Mietwagen sollten nicht auf einsamen, unbewachten Plätzen abgestellt werden. Ein Hotel mit bewachtem Parkplatz und einem Safe, in dem man wertvolle Sachen hinterlegen kann, ist nicht zu verachten.

Vorsicht sollte man auf der Bahnstrecke von Nizza in Richtung italienische Grenze walten lassen. Viele Urlauber fahren mit der kleinen Bimmelbahn zu ihrem Anschlußzug im italienischen Grenzort Ventimiglia. In der Hauptreisezeit stehen sie dichtgedrängt mit ihren

Gepäckstücken in den Abteilen, und spitzfindige Diebe nutzen diese Situation natürlich aus.

Beim Abschluß einer Reiseversicherung ist genau darauf achten sollte, was tatsächlich mitversichert ist. So sind Fotoapparate und -zubehör nur zu einer recht niedrigen Summe versichert. Eine teure Ausrüstung muß fast immer extra versichert werden. Bei einem Diebstahl sollte man sich stets an das lokale Commissariat de Police wenden, denn ohne die entsprechende Schadensanzeige wird von den deutschen Versicherungen nichts rückerstattet.

Diplomatische Vertretungen

Deutsche Botschaft:

13–15, avenue Franklin-Roosevelt
75008 Paris
✆ 1/42 99 78 00
Fax 1/43 59 74 18

Deutsche Vertretungen in der Region:

Generalkonsulat in Marseille
338, avenue du Prado
13295 Marseille Cédex
✆ 91 77 60 90
Fax 91 77 34 24

Honorarkonsulat in Nizza
22, avenue Notre-Dame
06000 Nizza
✆ 93 62 22 26

Honorarkonsulat in Monaco
Villa les Flots
2, rue des Giroflées
98000 Monte Carlo
✆ 93 30 19 49

Österreichische Botschaft:

6, rue Faubert
75007 Paris
✆ 1/45 55 95 66
Fax 1/45 55 63 65

Österreichische Vertretungen in der Region:

Generalkonsulat in Monte Carlo
7, boulevard des Moulins
98000 Monte Carlo
✆ 93 30 23 00
Fax 92 16 04 54

Honorarkonsulat in Marseille
27, cours Pierre-Puget
13006 Marseille
✆ 91 53 02 08 und 91 37 74 30
Fax 91 53 71 51

Honorarkonsulat in Nizza
6, avenue de Verdun
06000 Nizza
✆ 93 87 01 31
Fax 93 87 59 92

Schweizerische Botschaft:

142, rue de Grenelle
75007 Paris
✆ 1/49 55 67 00
Fax 1/45 51 34 77

Schweizerische Vertretungen in der Region:

Generalkonsulat in Marseille
7, rue d'Arcole
13291 Marseille Cédex 06
✆ 91 53 36 65
Fax 91 57 01 03

Honorarkonsulat in Nizza
13, rue Alphonse-Karr

Case postale 279
06005 Nizza Cédex 1
✆ 93 88 85 09
Fax 93 88 52 47

Essen und Trinken

Wo man ißt und trinkt

Auberge: zumeist ländliches Gasthaus, häufig mit Hotelbetrieb
Bar: Kneipe für ein Glas und kleine Happen im Stehen
Bistro: Lokal zum Trinken und Essen von kleineren Spezialitäten
Brasserie: Bierkneipe mit Restaurant
Buffet: Schnellimbiß
Buvette: Trinkhalle/Kiosk
Cabaret: Nachtlokal
Café: Lokalität zum Trinken und Essen kleinerer Gerichte
Cave: Kellerkneipe
Caveau: Weinkeller
Club: Nachtclub
Crêperie: Salzige *Galettes* und süße *Crêpes*
Dégustation: Probierstube für örtliche Spezialitäten
Glacier: Eisdiele
Relais: ländliche Gaststätte
Relais routiers: Fernfahrergaststätten, fast immer mit guter und sättigender Küche
Restaurant: Speiserestaurant zum Mittag- und Abendessen, niemals nur zum Trinken
Restoroute: Autobahngaststätte
Rôtisserie: Grillrestaurant
Salon de thé: Konditorei und Café
Snack: Schnellimbiß oder Schnellrestaurant
Self-Service: Selbstbedienungsrestaurant
Taverne: Weinstube mit kleinen Gerichten

Restaurant-Knigge

Französischer Zentralstaatlichkeit und Tradition verdankt man bei einem Restaurantbesuch einen landesweit einheitlichen, geradezu ritualisierten Handlungsablauf, der auch den sprachunkundigen Ausländer relativ sicher über die vielen Hürden von der Tischwahl bis zur Bezahlung der Rechnung hievt. Die einzige Handlung, zu der man in einem guten Restaurant die Kellnerin oder den Kellner – die übrigens nicht mit *Garçon!*, sondern mit *Madame!* bzw. *Monsieur!* angeredet werden – ausdrücklich auffordern muß, ist die, nach Abschluß des Essens die Rechnung auszustellen.

Nach Betreten der mittags normalerweise zwischen 12.30 und 14 Uhr und abends ab 19 Uhr zum Essen geöffneten Restaurants wird dem Gast oder den Gästen vom Patron oder Kellner ein Tisch zugewiesen, nachdem zuvor die Personenzahl ermittelt (*vous êtes combien de personnes?*, ›wie viele Personen sind Sie?‹) bzw. die Frage, ob reserviert wurde (*est-ce que vous avez reservé, Madame/Monsieur?*), mit ja (*oui*) beantwortet wurde. Während der Kellner die Speisekarten verteilt, fragt er, ob man einen Aperitif wünscht (*est-ce que vous désirez un apéritif?*).

Wenn überhaupt, trinken Franzosen vor dem Essen zunehmend milde, nicht zu süße Getränke wie etwa ein Glas oder eine Schale Champagner (*une flûte/coupe de champagne*), um die Geschmacksnerven vor Essensbeginn nicht unnötig zu strapazieren. Erst wenn die Speisekarten zugeklappt werden, signalisiert dies dem Kellner, daß man die Wahl getroffen hat und bereit zur Bestellung ist.

Hat man ein Menü (*menu*) oder ein einzelnes Gericht (*à la carte*) mit einem

Stück Rindfleisch bestellt, folgt unweigerlich die Frage, wie das Fleisch zubereitet werden soll: blutig, d. h. nur leicht angebraten *(saignant)*, halb gebraten *(à point)* oder gut durchgebraten *(bien cuit)*.

Franzosen trinken in der Regel relativ viel Wasser zum Essen, entweder Mineralwasser *(eau minérale)*, Wasser mit Kohlensäure *(eau gazeuse)* oder Wasser mit (wenig) natürlicher Kohlensäure *(eau naturelle)*. Auch kostenloses Leitungswasser *(une carafe d'eau)* wird häufig geordert. Beim Wein – Bier wird üblicherweise in einem Restaurant nicht zum Essen getrunken – beschränkt man sich auf die Bestellung einer bzw. einer halben Flasche *(une/une demie bouteille de vin)*. Hat man nach dem Essen bzw. dem *Digestif*, etwa einem Cognac, Durst auf Alkohol, löscht man den nicht im Restaurant, sondern geht anschließend in eine Bar oder in ein Bistro.

Das Dessert und/oder der Käse wird erst nach dem Hauptgang ausgewählt, wozu einem der Kellner die Speisekarte zumeist unaufgefordert erneut vorlegt oder – auch wenn im Menü ein Dessert oder ein Käsegang vorgesehen ist – vorher die entsprechende Frage stellt *(est-ce que vous désirez un fromage/un dessert, Madame/Monsieur?)*. Das Essen beschließt die Frage nach einem Café *(est-ce que vous désirez un café, Madame/Monsieur?)*, bei dem es sich immer um eine Portion starken, schwarzen Kaffees handelt. Die Bitte, statt dessen einen Milchkaffee *(un café au lait)* zu bringen, dürfte das gesamte Restaurant in höchste Verwirrung versetzen, weil man den nur vormittags trinkt. Wem der Kaffee nur mit Milch schmeckt, der sollte sich allenfalls einen Kaffee mit Dosenmilch *(un café crème)* bestellen und hoffen, daß man

seinem Wunsch nachkommt, weil auch das ein aufsehenerregender Regelverstoß ist.

Die abschließende Rechnung erbittet man mit dem Satz: *Madame/Monsieur, l'addition, s'il vous plaît!* Wird mit einer Scheckkarte bezahlt, was durchaus üblich ist, sollte man das zusätzliche Trinkgeld von 5–10 % in bar hinzufügen, weil nur der exakte Betrag für das Essen auf diesem Zahlungsweg abgerechnet werden darf. Die Rechnung lautet übrigens immer auf den Gesamtbetrag und wird niemals von den Essensteilnehmern getrennt beglichen. Besteht man dennoch auf getrennter Bezahlung, würde dieser Wunsch das gesamte Restaurant in noch größere Konfusion versetzen, als eine eventuelle Frage nach einer Tasse Milchkaffee.

Zum Schluß ein Tip: Da eine französische Speisekarte bisweilen auch für Sprachkundige ein Buch mit mehr als sieben Siegeln ist, empfiehlt sich der Erwerb des unschlagbaren »Eßdolmetschers Frankreich« aus dem Mosaik Verlag, herausgegeben von der Zeitschrift »essen & trinken«. Das praktische Taschenbuch enträtselt jede noch so komplizierte Speise- und Getränkekarte und ruft bei den französischen Kellnern und Köchen kein mitleidiges Grinsen, sondern regelmäßig höchste Bewunderung hervor.

Feiertage

1. Januar – Neujahrstag *(Jour de l'An)*
Ostermontag *(Lundi de Pâques)*
1. Mai – Tag der Arbeit *(Fête du Travail)*
8. Mai – Kapitulation der Deutschen/ Ende des Zweiten Weltkriegs *(Armistice 1945)*
Christi Himmelfahrt *(Ascension)*
Pfingstmontag *(Lundi de Pentecôte)*

14. Juli – Nationalfeiertag/Sturm auf die Bastille *(Fête Nationale)*
15. August – Mariä Himmelfahrt *(Assomption)*
1. November – Allerheiligen *(Toussaint)*
11. November – Waffenstillstand/Ende des Ersten Weltkriegs *(Armistice 1918)*
25. Dezember – Erster Weihnachtstag *(Noël)*

An Feiertagen haben neben den meisten Geschäften auch die Museen geschlossen. Liegt der Feiertag auf einem Donnerstag, so bleiben am Freitag viele Banken, Verwaltungen, Geschäfte etc. geschlossen.

Festivals

Mehr als 200 Veranstaltungen machen das Reisegebiet Provence/Côte d'Azur zu einer Region der Festivals. Neben einem Besuch der bedeutenden Festivals in Aix, Antibes, Avignon, Cannes, Nizza und Orange lohnt auch das Mitfeiern bei einem Dorffest, das nicht so spektakulär, aber oft viel liebenswerter ist. Die jährlich stattfindenden Feste und Festivals sind unter den jeweiligen Ortsbeschreibungen (ab S. 322) angegeben.

Wichtige Veranstaltungen – so der Karneval in Nizza, Hirtenmessen, das Fest der Zitrone in Menton, Santon-Ausstellungen –, die außerhalb der Hauptreisezeit liegen, sind ebenfalls aufgeführt. Die Französischen Fremdenverkehrsämter (s. S. 401) veröffentlichen zwei gute, wenn auch nicht vollständige Broschüren: *»La France en Fête«* und *»Festivals«*. Nähere Informationen zu Veranstaltungen und Festivals können beim jeweiligen Comité Régional du Tourisme (s. S. 401f.) angefordert werden.

Die wichtigsten Veranstaltungen der Saison

Mai
Arles: Fest der Camargue-Hirten (1. Mai); Cannes: Internationale Filmfestspiele; Cannes: Bravades (17.–19. Mai); Grasse: Rosenfest (15.–20. Mai); Monaco: Großer Preis der Formel-1; Nizza: Maikirmes; Stes-Maries-de-la-Mer: Wallfahrt und Zigeunerfest (24. und 25. Mai); St-Tropez: Bravades; Toulon: Musikfestival (Mai–Juli)

Juni
Aix-en-Provence: Internationale Musikfestspiele (Juni/Juli); Cagnes-sur-Mer: Internationales Malereifestival (Ende Juni–Ende Sept.); Hyères: provenzalisches Festival (Musik, Theater; Mitte Juni); Peille: Musikabende (Ende Juni–Ende Sept.), St-Tropez: Bravades (Mitte Juni); St-Tropez: Fischerfest (Ende Juni); Tarascon: Fest des Drachen Tarasque (um den letzten So im Juni)

Juli
Aix-en-Provence: Internationales Musik- und Theaterfestival; Antibes/Juan-les-Pins: Internationales Jazz-Festival; Arles: Internationale Fotografie-Begegnungen; Arles: Musik-, Tanz- und Theaterfestival; Avignon: Theaterfestspiele (Juli/Aug.); Avignon: Festival Off (alternatives Theater; Juli/Aug.); Cavalaire-sur-Mer: Fischerstechen (1. So im Juli); Nizza: Große Jazzparade; Ramatuelle: Jazzfestival (Mitte Juli); Orange: Spiele auf der Freilichtbühne des Römischen Theaters (Juli/Aug.); Salon-de-Provence: Internationales Jazzfestival; Sisteron: Festspiele dramatischer Kunst und Musik (Mitte Juli–Anfang Aug.)

August

Bendor: Fischerstechen (15. Aug.);
Digne: Lavendelfest (1. Wochenende im
Aug.); Fréjus: Traubenfest (1. So im
Aug.); Grasse: Jasminfest (1. So im
Aug.); Menton: Musikfestival; Nizza:
›Blumenschlacht‹ von Nizza; Rama-
tuelle: Theaterfestival (1. Augusthälfte);
Vallauris: Töpfereifest

September

Les Baux: Fest der Olivenbäume; Cannes: Königliche Regatta; Châteauneuf-
du-Pape: Eröffnung der Weinlese;
Peille: Stöckchenfest (1. So im Sept.)

FKK

Nahezu überall an der französischen
Mittelmeerküste wird oben ohne geba-
det und gesonnt. Es gibt jedoch auch
ausgewiesene FKK-Strände oder
-Strandabschnitte – versehen mit dem
Hinweis *naturistes* (von Westen nach
Osten): Plage de la Goule bei der Pointe
du Sablon, Plage de Piémanson west-
lich des Rhône-Deltas, Plage du Cavou
westlich von Fos-sur-Mer, Pointe de
Bonnieu, Calanques des Pierres
Tombées und Pointe de Bon Voyage
westlich von Cassis, westlich des Cap
Canaille, Calanque de Figuerolles bei La
Ciotat, Plage du Jonquet südlich von
Les Sablettes, Le Beau-Rouge westlich
von Hyères, Plage des Vieux Salines
östlich von Hyères, Plage du Rossignol
und Plage de Cap-Nègre (Est) beim Cap
Nègre, Plage de Bon Porteau (Ouest)
östlich von Cavalaire-sur-Mer, Plage de
Pampelonne nordöstlich von Rama-
tuelle, Cap de St-Tropez, Théoule-sur-
Mer, Plage de l'Origan westlich von Eze.
Das Nudistenzentrum der Côte d'Azur
befindet sich auf der Ile du Levant: das

Nacktbadedorf Héliopolis. Informationen über FKK-Strände und FKK-Ferien-
zentren geben das Comité Régional de
Tourisme (s. S. 401f.) und der Französische FKK-Verband Fédération Française
de Naturisme, 65, rue de Tocqueville,
75017 Paris, ✆ 1/47 64 32 82, Fax
1/47 64 32 63.

Achtung: Es kommt zwar nicht häufig
vor, aber an Stränden, an denen Nackt-
baden nicht erlaubt ist, können Bußgel-
der bis zu 15 000 FF erhoben werden.

Fotomaterial

Fotoapparate und -zubehör, Filme und
Batterien sind in Frankreich wesentlich
teurer als in Deutschland, da sie dem
Luxussteuersatz unterliegen. In größeren Städten ist das Fotomaterial etwas
günstiger zu bekommen als in Dörfern
und Touristenzentren oder im Anden-
kenlädchen bei Sehenswürdigkeiten.

Geld

Der Umtauschkurs für Bargeld (1 Franc
= 0,28 DM, Stand: Januar 1996) ist in
Frankreich etwas günstiger als in
Deutschland – sofern man keine allzu
hohe Gebühr zahlen muß. Diese kann
bei einigen Banken bis zu 10 % der
Tauschsumme betragen (vorher nachfragen). Wechselstuben sollte man
nach Möglichkeit meiden, da sie oft
eine hohe Provision verlangen.

Größere Summen Bargeld werden
jedoch wohl die wenigsten Reisenden
mitnehmen. Sicherer ist es, Eurocheques oder Reiseschecks einzulösen,
Geld mit der EC-Karte abzuheben oder
mit einer der gängigen Kreditkarten wie
Visa, Euro- bzw. Mastercard zu bezahlen. Kreditkarten werden in den Banken,

größeren Hotels, zahlreichen Restaurants, großen Geschäften, Supermärkten und von den Autovermietern akzeptiert. Das Bezahlen mit ›Plastikgeld‹ ist in Frankreich viel weiter verbreitet als in Deutschland, selbst Autobahngebühren können so problemlos beglichen werden. American-Express- und Diners-Club-Karten sind weniger gebräuchlich als die drei oben genannten Kreditkarten.

Eurocheques werden nach Vorlage des Personalausweises bzw. Reisepasses bis zu einer Summe von maximal 1400 FF akzeptiert. Allerdings schlagen hier die französischen Banken zu: Sie verlangen eine Wechselgebühr von bis zu 10 %. In Wechselstuben von Flughäfen und Bahnhöfen werden sogar bis zu 14 % abgezogen. Damit nicht genug: Die deutsche Heimatbank rechnet noch einmal 1,75 % der ausgestellten Summe, mindestens aber 2,50 DM ab. Nicht alle Hotels, Restaurants und Geschäfte akzeptieren Eurocheques – denn auch den Dienstleistungsbetrieben werden beim Einlösen der Schecks unter Umständen bis zu 10 % abgezogen.

Reiseschecks werden von Banken, Wechselstuben und größeren Hotels eingelöst. 1 % der ausgestellten Summe wird als Tauschgebühr beim Einlösen einbehalten. Günstig ist auch das Geldabheben mit der Eurocheque-Karte. Maximal 1400 FF gibt es pro Gang zum Automaten. Das Konto wird zu Hause unabhängig von der abgehobenen Summe mit 5 DM pro Vorgang zusätzlich belastet. Das Netz der Geldautomaten mit EC-Zeichen ist inzwischen gut ausgebaut.

Keine Gebühren zahlt, wer ein Postsparkonto besitzt. Mit der Ausweiskarte und dem Personalausweis bzw. Reisepaß kann bei allen *PTT-* oder *Poste*-Stellen mit der Aufschrift *change* oder dem deutschen Posthorn-Symbol Geld abgehoben werden – bis zu 1000 DM in Franc pro Tag bzw. 2000 DM im Monat. Geld wechseln kann man bei den Poststellen allerdings nicht.

Gesundheit

Überregionaler Notruf für ärztliche Hilfe bzw. Krankenwagen (SAMU) ✆ 15, Polizei ✆ 17 und Feuerwehr ✆ 18. Adressen von Notärzten und Krankenhäusern in den einzelnen Orten erfährt man über die Apotheken, aus den Zeitungen oder über die Telefonauskunft. Apotheken erkennt man am grünen Neonkreuz. Welche Apotheke *(pharmacie)* Dienst hat, steht ebenfalls in der Zeitung. Nacht- und Wochenenddienste werden wie in Deutschland an der Tür oder im Schaufenster bekanntgegeben. Viele Medikamente und Verbandszeug sind in Frankreich preiswerter als in Deutschland. Außerdem gibt es wesentlich mehr rezeptfreie Arzneien. Wer auf ein Medikament ständig angewiesen ist, sollte es mitnehmen oder sich rechtzeitig nach dem französischen Produktnamen erkundigen. Wie hierzulande finden sich neben Medikamenten Kosmetika, Mückenschutzmittel (wichtig in der Camargue oder bei den Seen entlang der Küste), Kondome, Sonnencremes usw. in den Regalen der Apotheken. Kondome *(préservatifs)* gibt es auch in Drogerien und in Automaten auf der Straße sowie in Restaurant- und Cafétoiletten. Arzneimittelverpackungen sind teilweise mit einer Vignette versehen, die abgezogen und auf den vom Arzt ausgestellten Behandlungsvordruck *(feuille de soins assurance maladie)* geklebt werden muß.

Zwischen Deutschland bzw. Österreich und Frankreich besteht ein Sozialversicherungsabkommen; zwischen der Schweiz und Frankreich nicht. Deutsche und Österreicher sind also auch in Frankreich versichert, Schweizer nicht. Vor Reisebeginn sollten sich deutsche Urlauber einen Auslandskrankenschein von ihrer Krankenkasse (E 111) besorgen, der im Fall einer Erkrankung bei der »Caisse Primaire d'Assurance Maladie« gegen einen Behandlungsschein umgetauscht werden kann. Wer einen Arzt aufsucht, wird erst einmal zur Kasse gebeten, später gibt es das Geld zurück. Auf der Rechnung des Arztes sollte die genaue Diagnose *(diagnostic)* leserlich vermerkt sein. In vielen Fällen wird nicht der Gesamt-, sondern nur ein Teilbetrag von der deutschen Krankenkasse erstattet, so daß der Abschluß einer Auslandskrankenversicherung inkl. Rücktransport mitunter lohnt. Eine Jahresreisekrankenversicherung gibt es bereits ab ca. 15 DM.

Karten

Sehr detailliert sind die Karten von Michelin (»Carte Routière et Touristique«) im Maßstab 1 : 200 000. Die Region Provence/Côte d'Azur wird zum einen durch vier kleinere Blätter abgedeckt: Nr. 80, 81, 83 und 94, zum anderen durch die Gesamtkarte der Region Provence-Côte d'Azur, die ›große Karte‹.

Das »Institut Géographique National« (IGN) gibt umfangreiches Kartenmaterial heraus. Ihr Konkurrenzprodukt zu den Michelin-Karten sind die Blätter der »Série rouge« im Maßstab 1 : 250 000. Das Reisegebiet Provence-Côte d'Azur wird durch die Karte Nr. 115 abgedeckt. Sie ist als Reliefkarte gestaltet, aber bei weitem nicht so detailgetreu wie die Michelin-Karten.

Ebenfalls als Reliefkarte angelegt, aber wesentlich genauer sind die IGN-Karten der »Série verte« im Maßstab 1 : 100 000. Sie werden zu populären Urlaubsregionen (Nationalparks) herausgegeben, so zum Beispiel Nr. 61 Nice, Barcelonnette/Parc National du Mercantour. Weitere Blätter, die die Region Provence/Côte d'Azur und Drôme abdecken, sind: Nr. 52, 54, 59, 60, 66, 67 und 68. Für (Rad-)Wanderer ist die »Série bleue« mit Karten im Maßstab 1 : 25 000 interessant. Sie wird ebenfalls vom IGN veröffentlicht. Das IGN gibt außerdem auch zahlreiche Themenkarten heraus. So finden Kanu- und Kajakfahrer ebenso ihre eigene Karte wie Golfer und Wanderer.

Die »Topo-Guides« der »Fédération Française de Randonnée Pédestre« befassen sich mit bestimmten Wanderetappen, so zum Beispiel den *Grandes Randonnées (GR)*. Diese Fernwanderwege werden genau beschrieben, außerdem sind detaillierte Kartenausschnitte und Tips zu Unterkünften, Restaurants etc. in den kleinen Heftchen zu finden.

Sämtliche Karten sind über gut sortierte deutsche Buchhandlungen zu beziehen.

Kinder

Die meisten Franzosen sind sehr kinderfreundlich, und wenn auch noch nicht überall Einrichtungen für die Kleinen bestehen, so sind die Angestellten von Restaurants, Hotels und anderen touristischen Einrichtungen doch sehr findig und freundlich, was diese Dinge angeht. Kinderbett und Hochstuhl kann man nicht überall voraussetzen, doch nimmt ihre Zahl zu. In den Restaurants werden immer häufiger Kinderteller angeboten. Häufig werden Ermäßigungen gewährt, so bei Unterkünften oder Eintrittspreisen.

An einigen Stränden, auf Campingplätzen oder in Touristenzentren gibt es spezielle Freizeitangebote für Kinder und Jugendliche. Mitunter wird auch ein Babysitterdienst für ganz Kleine angeboten. Acht- bis Vierzehnjährigen, die mehr über das Reiseland Frankreich erfahren möchten, sei Louisa Somervilles Buch »Frankreich für Kinder – Land und Leute kennenlernen« (ars edition) empfohlen.

Lesetips

Für Wissensdurstige

Lothar Baier: Die große Ketzerei. Verfolgung und Ausrottung der Katharer durch Kirche und Wissenschaft, Berlin 1987
Ders.: Firma Frankreich. Eine Betriebsbesichtigung, Berlin 1988
Fernand Braudel (Hrsg.): Die Welt des Mittelmeeres. Zur Geschichte und Geographie kultureller Lebensformen, Frankfurt/Main 1987
Georges Duby: Die Zeit der Kathedralen. Kunst und Gesellschaft 980–1420, Frankfurt/Main 1984
Jean-Henri Fabre: Das offenbare Geheimnis. Aus dem Lebenswerk des Insektenforschers, Frankfurt/Main 1977
Ernst Ulrich Große/Heinz-Helmut Lüger: Frankreich verstehen. Eine Einführung mit Vergleichen zur Bundesrepublik, Darmstadt 1987
Raymond Jean: Portrait des Marquis de Sade. Eine Biographie, München 1990
Jacques Leenhard/Robert Picht (Hrsg.): Esprit/Geist – 100 Schlüsselbegriffe für Deutsche und Franzosen, München 1989

Ingeborg Tetzlaff: Drei Jahrtausende Provence. Vorzeit und Antike, Mittelalter und Neuzeit, Köln 1985
Barbara Tuchmann: Der ferne Spiegel. Das dramatische 14. Jahrhundert, München 1982
Ulrich Wickert: Frankreich – Die wunderbare Illusion, Hamburg 1989
Theodore Zeldin: »Ich liebe das Leben, und das Leben liebt mich«. Was es heißt, Franzose zu sein, Reinbek bei Hamburg 1989

Etwas ›andere‹ Reiseführer

Mary Blume: Côte d'Azur. Geschichte und Geschichten von der Belle Epoque bis zur Gegenwart, München 1993 – amüsante Kulturgeschichte der Côte d'Azur; Affären, Amouren und Skandale gab's en masse
Erika und Klaus Mann: Riviera, München 1989 – vergnüglicher Reiseführer der Kinder von Thomas Mann aus den dreißiger Jahren; bissig, spannend und spaßig zugleich
Heinke Wunderlich: Die Côte d'Azur der Literaten, Zürich 1995 – auf den Spuren der Schriftsteller die Küste rauf und runter; mit praktischen Tips

Schöngeistiges

Medhi Charef: Harki – ... und sie ließen ihre Seele auf der anderen Seite des Mittelmeers, Freiburg 1991 – einfühlsamer Roman über die Probleme algerischer Einwanderer in Frankreich
Alphonse Daudet: Briefe aus meiner Mühle, Stuttgart 1990 – humorvolle Erzählungen aus der Provence des vergangenen Jahrhunderts
Ders.: Tartarin von Tarascon – humoristisch-liebevoller und doch melancholischer Roman rund um die Abenteuer des Edlen von Tarascon

F. Scott Fitzgerald: Zärtlich ist die Nacht, Zürich 1982 – Stationen der ›Lost Generation‹ in den 20er Jahren, auch an der Côte d'Azur

Jean Giono: Die Leidenschaft des Herzens. Geschichten und Charaktere, München 1990 – 13 Porträts sehr eigenwilliger Persönlichkeiten, deren Schicksale mit der Provence verbunden sind

Ders.: Vom wahren Reichtum. Ein Stundenbuch aus der Provence, Zürich 1958 – Erzählungen mit fast mythisch anmutenden Landschaftsbeschreibungen

Ders.: Der Husar auf dem Dach, Köln 1981 – historischer Roman ausgesprochen eindrucksvollen Landschafts- und Naturbeschreibungen der Provence; 1995 verfilmt

Graham Greene: Heirate nie in Monte Carlo, Reinbek bei Hamburg 1959 – vergnüglicher Roman über ein Hochzeitspaar in Monte Carlo

Gisbert Haefs: Das Doppelgrab in der Provence, München 1993 – abenteuerliche Kriminalgeschichte in der Provence, mit einem Augenzwinkern erzählt

Peter Handke: Die Lehre der Sainte-Victoire, Frankfurt/Main 1984 – Handkes Überlegungen zu seiner Poetik und Selbstfindung an Cézannes Montagne Ste-Victoire

Ernest Hemingway: Der Garten Eden, Hamburg 1987 – Hemingways postum veröffentlichte Geschichte einer tragisch verlaufenden Dreiecksbeziehung an der Côte d'Azur

Peter Mayle: Mein Jahr in der Provence, München 1992 – längst Bestseller sind die Romane des Engländers, der seine Wahlheimat, die Provence, liebevoll in heiteren Farben schildert

Jean Mazarin: Puntacavallo, ein sonniger Schnüffler, Freiburg/Breisgau 1991 – witziger Krimi um den Privatdetektiv Frank Puntacavallo an der Côte d'Azur, der hauptsächlich in Nizza und St-Jean-Cap-Ferrat spielt

Patrick Modiano: Sonntage im August, Frankfurt/Main 1989 – spannender Roman, dessen tragische Geschichte eindrucksvoll von der winterlich-trüben Stimmung Nizzas reflektiert wird

Christa Moog: Aus tausend grünen Spiegeln, Reinbek bei Hamburg 1990 – einfühlsam geschriebener Roman über eine junge Frau aus Ostdeutschland, die auf ihrer Suche nach Spuren der Literatin Katherine Mansfield auch an die Mittelmeerküste kommt

Marcel Pagnol: Marcel. Eine Kindheit in der Provence, München 1992 – der Provence-Roman mit unbeschwert-heiteren und authentisch wirkenden Geschichten aus der Provence

Anna Seghers: Transit, Darmstadt 1991 – deutsche Emigrantenschicksale im Marseille des Jahres 1940

Annemarie Selinko: Desirée, München 1978 – spannender historischer Roman über die Tochter eines Seidenhändlers, die sich in Napoleon verliebt und später als Frau Bernadottes den schwedischen Thron besteigt; der Auftakt spielt in Marseille

Patrick Süskind: Das Parfum, Zürich 1985 – eindrucksvolle (Sitten-)Geschichte rund ums Parfüm, verpackt in eine spannende Erzählung, die im 18. Jh. in Paris und in Grasse spielt

Toujours La France, München 1994 – Lesebuch mit Beiträgen französischer Schriftsteller; über die Provence schreiben unter anderen de Beauvoir, Colette, Daudet, Giono, Mayle und Pagnol

Nachtleben

In der Provence spielt sich das Nachtleben hauptsächlich in den großen Städten wie Aix-en-Provence, Arles, Marseille und Orange ab. Hier gibt es etliche Diskotheken und Bars. Das ›richtige‹ Nachtleben läßt sich an der Côte d'Azur genießen. Mindestens eine Disco in jedem größeren Ort, Nachtclubs der gehobenen Klasse und zahlreiche Casinos lassen die Nacht im wahrsten Sinne des Wortes zum Tag werden. In den Discos geht es ähnlich locker zu wie in den deutschen. In den edleren Discos in Nizza, Cannes, Monaco etc. sollte man sich allerdings vergewissern, ob es eine ›Kleiderordnung‹ gibt. Manchmal muß man auch erst den Türsteher passieren, bevor man den Gang zur Tanzfläche antreten darf. Da man in Frankreich generell später ausgeht als hierzulande, ist auch in den Discos erst ab ca. 23 Uhr Betrieb (Eintritt ca. 100 FF, in nobleren Tanzpalästen mehr). Krawatte und Jacket werden in den Spielcasinos erwartet, vorher bleibt der Zutritt zu den Spieltischen verwehrt. Wer keine Krawatte im Reisegepäck hat, sich aber dennoch kurzfristig zu einem Spiel entschließt: Krawatten werden manchmal an den Garderoben der Casinos verliehen.

Öffnungszeiten

Ein Ladenschlußgesetz existiert in Frankreich nicht, daher sind die Ladenöffnungszeiten sehr unterschiedlich. Zahlreiche Geschäfte haben auch an Samstagen oder sogar sonntags geöffnet, sind dafür aber häufig montags morgens oder ganztägig geschlossen. Viele Läden etc. bestehen auf der Einhaltung ihrer Mittagspause – in erster Linie allerdings in den kleineren Orten (von ca. 12–15/16 Uhr). Fast alle großen Supermärkte und Kaufhäuser haben durchgehend geöffnet. Einige Richtwerte:

Banken: Mo–Fr 9–12 und 14–16/16.30 Uhr; vor und nach Feiertagen, an den sogenannten Brückentagen, bleiben die Banken oft geschlossen oder haben nur bis 12 Uhr geöffnet

Geschäfte: viele Läden haben Mo–Sa bis 19, Supermärkte sogar bis 21 Uhr geöffnet; Blumenläden, Bäckereien, Metzgereien und Lebensmittelläden in kleineren Orten haben auch sonntags vormittags geöffnet; viele Geschäfte schließen am Mo

Postämter: Mo–Fr 8–12 und 14–18.30 Uhr, Sa 8–12 Uhr, in größeren Städten meist durchgängig geöffnet

Offices de Tourisme: in größeren Städten 9–18 Uhr, in kleineren manchmal nur vormittags oder von 12–15 Uhr; in ganz kleinen Orten ist das Verkehrsbüro nur während der Saison geöffnet

Museen: in der Regel Mo oder Di geschlossen, sowie an Feiertagen; die unter den jeweiligen Orten angegebenen Öffnungszeiten können nur Richtwerte sein, da sich die Öffnungszeiten der Museen etc. sehr schnell ändern; als Kernöffnungszeiten können in der Saison 10–12 und 14–18 Uhr, in einigen größeren Städten sogar 10–18 Uhr gelten; außerhalb der Hauptreisezeiten sind die Besichtigungszeiten oft sehr unregelmäßig, man sollte sich rechtzeitig im Office de Tourisme erkundigen

Tankstellen: an den Autobahnen 0–24 Uhr, an den Nationalstraßen mitunter auch durchgängig, ansonsten aber sehr unterschiedliche Öffnungszeiten

Wochenmärkte: 8–12/13 Uhr

Polizei

Polizeinotruf: ✆ 17 (Police Secours)

Post

Öffnungszeiten s. o.
Briefmarken *(timbres)* und Telefonkarten kann man nicht nur in den Postämtern bekommen, sondern auch in Briefmarkenautomaten sowie Zigarettenläden und Bistros, die das Schild *tabac* tragen. In den *tabac-* oder *bar-tabac-*Läden – sie ziert ein rhombenförmiges rotes Symbol – gibt es neben Rauchwaren auch Zeitungen und Zeitschriften. Postkarten nach Deutschland sind zwischen sieben und 14 Tagen unterwegs, Briefe etwas kürzer. Wer es besonders eilig hat: Post als Schnellbrief (Stempel *lettre*) aufgeben – ist etwas teurer, aber bedeutend fixer. Die hellgelben Briefkästen besitzen zwei Schlitze zum Einwerfen der Briefe und Karten, wobei die Post ins Ausland immer bei *autres directions* eingeworfen werden muß. Die meisten französischen Postämter sind mit Faxgeräten ausgestattet.

Radio

Deutschsprachige Nachrichten sendet Radio Plus Monte Carlo auf UKW 95,4.

Rauchen

Frankreich, das Land der Vielraucher, hat im November 1992 die bislang restriktivsten Gesetze in Europa zum Thema Rauchen verabschiedet. Rauchen in der Öffentlichkeit ist nur noch dort erlaubt, wo es ausdrücklich gestattet ist. In öffentlichen Gebäuden, Cafés, Restaurants, Hotels, Bahnhöfen, Zügen, Flugplätzen, Flugzeugen der Air France etc. ist es verboten zu rauchen. Im täglichen Leben wird die Regelung nicht so

strikt gehandhabt, Raucherzonen in Restaurants, Bars und Cafés wurden eingerichtet. Allerdings sollte dort, wo ein Rauchverbot besteht, dieses eingehalten werden: Bei Zuwiderhandlung kann eine Strafe von ca. 300–600 FF verhängt werden.

Zigarettenautomaten gibt es kaum. Rauchwaren verkaufen Läden, Bars und Bistros mit *tabac-* oder *bar-tabac-*Zeichen bzw. dem rhombenförmigen roten Symbol. Auch Restaurants, Bistros und Bars führen zum Teil Zigaretten, allerdings nur für konsumierende Gäste.

Reisedokumente

Ein Personalausweis oder Reisepaß genügt. Kinder unter 16 Jahren brauchen einen Kinderausweis oder müssen im Paß eines Elternteils eingetragen sein. Wer mit dem eigenen Auto nach Frankreich fährt, muß Führerschein und Fahrzeugschein vorzeigen können. Die Internationale Grüne Versicherungskarte ist zwar nicht zwingend vorgeschrieben, erleichtert im Fall der Fälle aber vieles.

Reisezeit/Klima

Die Region Provence/Côte d'Azur ist ganzjährig zu bereisen. Jede Jahreszeit bietet etwas Besonderes. Die schönsten Reisezeiten sind für viele Urlauber Frühjahr und Herbst: Die Temperaturen sind noch angenehm, das Klima sehr mild. Unterkünfte sind in der Regel außer am Oster- oder Pfingstwochenende auch ohne Reservierung zu bekommen. Um sich vor dem Mistral zu schützen, der dann besonders heftig blasen kann, packt man am besten dicke Pullover und eine Windjacke ein. So erfrischend der Wind im Sommer ist, so schneidend kann er im Winter und Frühling um die Ohren pfeifen. Die regenreichsten Monate sind Februar und März mit kurzen, heftigen Regenschauern. Nur wenige Besucher wissen, daß in der Provence im Jahresmittel mehr Niederschlag fällt als in der Bretagne ...

Die heißesten Monate sind Juni, Juli und August. Nicht selten wird es bis zu 40 °C warm. In diesen Monaten liegt halb Frankreich an den Stränden der Region. Wer im Sommer reist, sollte daher unbedingt lange im voraus die Unterkunft reservieren. Baden kann man bis weit in den Oktober hinein, eingefleischte Schwimmer steigen auch noch im Dezember bei Nizza ins ›kühle‹ Naß. Am wärmsten ist das Meer im September. Ab der zweiten Septemberhälfte häufen sich starke Gewitter und Regenfälle. Wanderer sollten sich recht-

zeitig nach den Witterungsverhältnissen erkundigen, um nicht in ein Unwetter zu geraten.

Die Winter an der Côte d'Azur sind ausgesprochen mild und viele Nord- und Mitteleuropäer kommen zum Überwintern an die Küste. In Nizza beträgt die Durchschnittstemperatur im Januar noch 8 °C. In den höheren Lagen im Hinterland kommt es in den Wintermonaten zu starkem Schneefall. Gravierende Temperaturschwankungen sind an der Tagesordnung. Selbst im Sommer kann es nachts empfindlich kalt werden.

Wer während der zahlreichen Festivals eine Stadt besucht, sollte sich darauf einstellen, daß die Hotels bereits Monate vorher restlos ausgebucht sind. Rechtzeitiges Reservieren empfiehlt sich. Parkplätze im Zentrum sind während dieser Zeiten kaum zu bekommen.

Durchschnittliche Wassertemperaturen an der Mittelmeerküste (in °C)

Jan	Feb	März	April	Mai	Juni	Juli	Aug	Sept	Okt	Nov	Dez
13	12	13	15	18	20	22	22	21	18	16	14

Durchschnittstemperaturen in Marseille (in °C)

	Tages-temperaturen	Nacht-temperaturen	Sonnen-stunden pro Tag	Regentage	Wasser-temperaturen in °C
Januar	10,0	1,5	2,5	8	12
Februar	11,5	2,1	3,7	6	12
März	15,0	5,1	4,8	7	13
April	17,9	7,6	6,8	6	13
Mai	21,8	11,1	7,5	7	15
Juni	26,1	14,7	7,5	4	18
Juli	28,9	17,1	7,1	2	21
August	28,3	17,0	7,0	4	21
September	25,1	14,7	5,8	6	20
Oktober	19,8	10,4	4,4	8	18
November	14,7	6,0	2,6	8	16
Dezember	10,9	3,0	1,6	10	14

Sprache

Wer des Französischen nicht mächtig ist, findet in dem kleinen Sprachführer aus der Kauderwelsch-Reihe, Gabriele Kalmbach: »Französisch (nicht nur) für Globetrotter«, Bielefeld 1990, einen leicht zu handhabenden Retter aus der Sprachlosigkeit. Ein anderer Helfer in der Not ist der »walk & talk Frankreich« Sprachführer, Thomas Schreiber Verlag, München 1995.

Strom

Wie in Deutschland ist die Stromspannung auch in Frankreich 220 Volt Wechselstrom. Für elektrische Geräte mit Schukostecker (ohne den üblichen Flachstecker) braucht man einen Adapter, am besten einen Eurostecker.

Telefon

Aus jeder Telefonzelle *(cabine)* kann man direkt nach Deutschland telefonieren. Fast alle Zellen sind mit Telefonkarten zu bedienen, lediglich in abgelegenen Ecken auf dem Lande braucht man noch Kleingeld. Bald werden jedoch auch die letzten Zellen umgerüstet sein. Ein blau-weißes Glockenzeichen auf der Tür zeigt an: Hier kann man sich auch zurückrufen lassen. Telefonkarten (*télécartes*, zu je 50 oder 120 Einheiten) gibt es in Postämtern, in Tabakläden, Bars und Bistros (*tabac* und *bar-tabac*) und in Geschäften mit einem Schild mit der Aufschrift »*télécarte en vente ici*«.

Auch im Postamt ist der direkte Anruf aus der Zelle möglich, abgerechnet wird am Schalter. In etlichen Bars und Restaurants gibt es ebenfalls Münzfernsprecher, allerdings liegt der Tarif hier nicht selten 30 % über dem der öffentlichen Telefonzellen.

Am günstigsten telefoniert man in Frankreich zwischen 21.30 und 8 Uhr, Sa ab 14 Uhr bis Mo 8 Uhr sowie an Feiertagen. Die verschiedenen Tarifzonen sind auf den Telefonkarten und in den Zellen angegeben. Zur Zeit (Januar 1996) kostet ein tagsüber geführtes Telefongespräch nach Deutschland etwa 4 FF pro Minute.

Die Bedienungsanleitung für das Telefon, internationale Rufnummern und Notrufnummern hängen in der Regel in den Telefonzellen aus – Vandalismus ist aber auch hier nicht selten.

Telefoniert man von Frankreich ins Ausland, wählt man die 19, wartet den Brummton ab, dann folgen Landesvorwahl (Deutschland 49, Österreich 43, Schweiz 41), Ortsvorwahl ohne 0 und schließlich die Teilnehmernummer.

Bei Gesprächen von Deutschland, Österreich und der Schweiz nach Frankreich wählt man die 00 33 (nach Paris noch zusätzlich die 1) und dann die achtstellige Teilnehmernummer.

Achtung: Ab Herbst 1996 werden die französischen Telefonnummern zehnstellig. Vor die bisherige Teilnehmernummer werden dann einfach zwei Ziffern gesetzt, die für die jeweilige Region stehen. Die Region Provence/ Côte d'Azur erhält die 04, die vor der achtstelligen Nummer gewählt wird.

Bei Telefonaten aus der Provinz nach Paris muß man die 16 und nach dem Brummton die 1 und die achtstellige Nummer wählen. Ab Herbst die 01 für Paris vorwählen. Von Paris in die Provinz eine 16 wählen, dann die Teilnehmernummer.

Nationale Telefonauskunft: ✆ 12. **Internationale Telefonauskunft:** ✆ 19 33 12 und die jeweilige Landesvorwahl.

Tiere

Das Lieblingstier darf mitreisen. Hunde und Katzen müssen allerdings gegen Tollwut geimpft sein. Die Impfung muß mindestens einen Monat und darf nicht länger als zwölf Monate zurückliegen. Ganz kleine Tiere (unter drei Monaten) müssen allerdings noch daheim bleiben.

Trinkgeld

Fast alle Rechnungen in Restaurants und Cafés ziert inzwischen der Schriftzug *service compris* (Bedienung inkl.), doch ein Trinkgeld wird mit Sicherheit niemand ausschlagen. Den Obolus von etwa 5 bis 10 % läßt man einfach auf dem Tellerchen, auf dem die Rechnung gebracht wird oder auf dem Tisch liegen. Taxifahrer, Gepäckträger, Fremdenführer, Zimmermädchen und Platzanweiserinnen in Kinos rechnen ebenfalls mit diesem kleinen Zusatzverdienst (bei Taxifahrten etwa 10–15 % des Fahrpreises).

Unterkünfte

Hotels

Unter den jeweiligen Ortsinformationen S. 322 ff. sind Hotels in vier Komfort- und sechs Preiskategorien (dargestellt durch F, FF, FFF, FFFF, FFFFF, FFFFFF) aufgeführt, die wegen Lage, Komfort, Einrichtung oder Service empfehlenswert sind. Je nach Größe und Attraktivität des Ortes sind mehrere Häuser verschiedener Kategorien aufgelistet. Ist bei einem Ort kein Hotel angegeben bzw. fehlt der Ort ganz, gibt es keine erwähnenswerte Unterkunft.

Die Fremdenverkehrsämter (s. S. 401f.) verschicken auf Anfrage Unterkunftsverzeichnisse. In der Hauptreisezeit, über Ostern und Pfingsten sowie während großer Festivals empfiehlt sich die rechtzeitige Reservierung per Telefon oder Fax; die jeweiligen Nummern sind bei den einzelnen Orten angegeben. Da sich Preise und Kategorisierungen mitunter schnell ändern können, ist es ratsam, den neuesten Stand zu erfragen. Einige Hoteliers vermieten ihre Zimmer im Sommer nur bei einem Mindestaufenthalt von drei Tagen. In einigen Häusern ist die Hotelbuchung zu bestimmten Terminen nur mit Halbpension möglich. Laut einer Verfügung sind die Hoteliers verpflichtet, behindertengerechte Zimmer und Zugänge einzurichten – was jedoch noch nicht überall geschehen ist (s. S. 405).

Jährlich aktualisiert werden die beiden Hotel- und Restaurantführer Guide Michelin und Guide Gault-Millau. Zur Planung der Reiseroute sind sie sehr hilfreich. Die französische Organisation ›Logis de France‹ gibt ebenfalls einen jährlich aktualisierten Hotel- und Restaurantführer heraus. 4050 freie Hotel-Restaurants sind unter diesem Dachverband zusammengeschlossen. Die kleinen und mittleren Familienbetriebe mit Pensionscharakter bieten ein gutes Verhältnis von Preis, Qualität und Komfort. Unter Berücksichtigung von 150 Kriterien werden sie in drei Kategorien eingeteilt. Je nach Abschneiden erhalten sie einen (einfach, aber komfortabel), zwei (gut bürgerlich) oder drei Kamine (sehr komfortabel). Am Kamin (gelber Kamin auf grünem Grund), dem Zeichen der Logis de France, erkennt man die Häuser. Den ausführlichen Katalog erhält man in deutschen Buchhandlungen für 21 DM oder kostenlos bei den Maisons de France in Frankfurt,

Zürich und Wien bzw. direkt bei Logis de France Services, 83, avenue d'Italie, 75013 Paris, ✆ 1/45 84 70 00, Fax 1/45 83 59 66, sowie in Frankreich an Tankstellen, in Buchhandlungen und den Häusern der Logis-de-France-Gruppe (ca. 70 FF).

Fast alle französischen Hotels sind klassifiziert. Ein bis vier Sterne vergibt das »Commissariat Général du Tourisme« für die Ausstattung: * = einfaches Haus, ** = Hotel mit gutem Komfort, *** = sehr komfortables Hotel, **** = Luxushotel, ****L = Luxushotel ersten Ranges. Klassifizierung und Preise müssen gut sichtbar außen am Haus angebracht sein. Hotels ohne Sternchen sind nicht mit schwarzen Schafen gleichzusetzen, sie können durchaus akzeptabel, sauber und ordentlich sein.

Die französischen Hotelpreise beziehen sich in der Regel auf das Zimmer, egal wie viele der vorhandenen Betten genutzt werden. Französische Hotels sind im Durchschnitt günstiger als deutsche. Innerhalb derselben Kategorie können allerdings erhebliche Preisschwankungen auftreten, ein Hotel mit drei Sternen an der Küste wird wesentlich teurer sein als ein Drei-Sterne-Haus im Hinterland. Nach oben sind den Preisen – vor allem an der Côte d'Azur – keine Grenzen gesetzt. Ein besonderes Angebot – »Bon week-end en villes« – bieten die Städte Aix-en-Provence, Arles, Avignon, Draguignan, Gap, Marseille, Menton, Salon-de-Provence und Toulon an: Zwei Übernachtungen zum Preis von einer offerieren etliche Hotels in den jeweiligen Städten. Angebote bei den entsprechenden Verkehrsämtern, Preis bei der Reservierung bestätigen lassen.

Immer mehr Billig-Hotelketten schießen in Frankreich rund um die großen Städte an Autobahnausfahrten, Umgehungsstraßen und in Gewerbegebieten aus dem Boden. Mit absoluten Dumpingpreisen ab 150 FF locken sie ihre Gäste an. Die Hotelketten sind anonym, preisgünstig, sauber, ordentlich und zweckmäßig eingerichtet. Zu ihnen zählen unter anderem Formule 1, Les Relais Bleus, Climat de France, Arcade, Les Balladins, Irsi-Urbis und Cottage Hôtels.

Sehr viel teurer sind die Unterkünfte in Schlössern und Herrenhäusern, die zur Vereinigung ›Relais & Châteaux‹ gehören. Dafür gibt es hier viel mehr Atmosphäre – und wer möchte nicht einmal Schloßherr für eine Nacht sein. Informationen gibt es bei: Relais & Châteaux, Hannoversche Straße 55/56, 29221 Celle, ✆ 0 51 41/21 71 21, Fax 2 71 19, bzw. Relais & Châteaux, 9, avenue Marceau, 75116 Paris, ✆ 1/47 23 41 42, Fax 1/47 23 38 99.

Viele Hotels im Hinterland schließen zwischen November und März, die Hotels an der Küste sind überwiegend ganzjährig geöffnet. Das Frühstück *(le petit déjeuner)* ist selten im Zimmerpreis enthalten.

Privatunterkünfte

Die *Chambres d'hôte* – die französische Bed & Breakfast-Variante – sind sehr beliebt und preisgünstiger als Hotelzimmer. Unterkünfte mit Frühstück in einer französischen Familie variieren in Ausstattung, Komfort und Preis, die Zimmer sind klassifiziert und erhalten einen bis drei Sterne. Von den über 10 300 Gästezimmern bieten etwa 1200 auf Wunsch auch Halbpension an. Die Durchschnittspreise liegen pro Übernachtung inkl. Frühstück für zwei Personen bei 65 DM. »Prestige B & B Accomodation« bietet 220 ›besondere‹ Gästezimmer in

Schlössern, Herrenhäusern und Land-
sitzen. Sie sind ebenfalls über ›Gîtes de
France‹ (s. u.) zu buchen.

Mitunter recht rustikale Ferienwohnungen oder -häuser *(gîtes ruraux)*
kann man auf dem Lande oder in kleinen
Dörfern mieten, an der Küste ist diese
Art der Unterkünfte eher selten. Bei den
Gîtes handelt es sich um kleine Landhäuser oder Wohnungen im Bauernhaus oder in Nebengebäuden auf dem
Bauernhof – doch auch Landsitze und
Mühlen finden sich im Katalog. Man
muß sie für mindestens vier Nächte in
einer Woche buchen, einige Objekte
müssen im Juli/August für mindestens
zwei Wochen gemietet werden.

Gîtes d'enfants wurden auf Bauern-
höfen für alleinreisende Kinder oder
Familien mit Kindern eingerichtet. Die
Kleinen nehmen am täglichen Leben
der Bauernfamilie teil.

Gîtes d'etape bieten Wanderern, Rad-
wanderern und Reitern die Möglichkeit,
in einfachen Hütten preiswert zu übernachten. Schlafsack und Decken müssen
mitgebracht werden. Geschlafen wird
meist im Schlafsaal; eine Kochgelegenheit ist in der Regel vorhanden.

Spezielle Unterkünfte für Angler
(gîtes et logis de pêche) und Winter-
sportler *(gîtes de neige)* hat die Vereinigung Gîtes de France ebenfalls in ihrem
Programm. Gebührenpflichtige Pro-
spekte/Taschenbücher (14–30 DM) zu
den Ferienwohnungen verschickt: Gîtes
de France, Sachsenhäuser Landwehr-
weg 108/p, 60599 Frankfurt a. M.,
℘ 0 69/68 35 99 und 68 43 14, Fax
68 62 36; zu den übrigen Einrichtungen:
Maison de Gîtes de France, 35, rue
Godot-de-Mauroy, 75439 Paris Cédex
09, ℘ 1/49 70 75 75, Fax 1/49 70 75 76.
Über diese Adressen kann auch gebucht
werden. Da die Gîtes sehr beliebt sind,
empfiehlt sich die frühzeitige Buchung.

Ferienwohnungen und -häuser in
jeder Preisklasse vermieten private
Anbieter – auch hier ist den Preisen
nach oben, gerade an der Côte d'Azur,
keine Grenze gesetzt. Frühes Buchen
empfiehlt sich. Die Häuser und Wohnungen werden in allen Tages- und
Wochenzeitungen mit Reiseteil und in
den Reisezeitschriften inseriert. Adressen
von Ferienhausvermittlungen erfährt
man gleichfalls aus Zeitungen und
Reisezeitschriften, beim Regionalen
Fremdenverkehrsamt oder im Magazin
»Tours de France: Provence-Côte
d'Azur« bei der Maison de la France.

Jugendherbergen

Fast 20 Jugendherbergen stehen den
Reisenden in der Region Provence/Côte
d'Azur zur Verfügung. Im Sommer sind
die preiswerten Unterkünfte fast restlos
von Jugendgruppen belegt. Also: frühzeitig buchen, am besten über das elek-
tronische Buchungssystem des Deutschen Jugendherbergsverbandes in
Detmold. Die niedrige Buchungsgebühr
wird nur erhoben, wenn man tatsächlich einen Platz bekommt. Der Computer spuckt direkt aus, ob es noch Vakan-
zen gibt und wie teuer die Übernachtung ist. Die Kosten können bereits zu
Hause in DM beglichen werden; der
Beherbergungsgutschein *(bon d'héber-
gement)* muß aufbewahrt und in Frankreich vorgelegt werden.

Um sich in eine Herberge einzumie-
ten, braucht man einen Internationalen
Jugendherbergsausweis. Für Junioren
kostet er pro Jahr 19 DM, für alle übrigen 32 DM plus einer einmaligen Auf-
nahmegebühr von 2 DM.

Deutscher Jugendherbergsverband
(DJH)
Bismarckstr. 8

32756 Detmold
✆ 0 52 31/74 01-0

Österreichischer Jugendherbergsverband
Schottenring 28
1010 Wien
✆ 01/5 33 53 53

Schweizer Bund für Jugendherbergen
Mutschällenstraße 116
Postfach 80 38
8000 Zürich
✆ 01/4 82 45 61

Fédération Unie des Auberges de Jeunesse
27, rue Pajol
75018 Paris
✆ 1/46 07 00 01

Ein Verzeichnis der französischen Jugendherbergen *(auberges de jeunesse)* gibt die Maison de la France in Frankfurt (s. S. 401) heraus.

Camping

Die Campingplätze sind in vier Kategorien eingeteilt, doch auch Campingplätze, die keinen Stern auf ihr Banner heften können, sind durchaus sauber und ordentlich, oft nur etwas einfacher als die anderen. Die Kommunen betreiben ebenfalls Campingplätze (*camping municipal*), die sehr viel günstiger sind als die der privaten Anbieter. Sie verfügen über den gleichen Standard, sind aber unterschiedlich gut gelegen.

Zahlreiche Bauern im Hinterland der Küste sind bereit, Camper unterzubringen. Die Adressen und Beschreibungen dieser Einrichtungen – *camping à la ferme* – kann man bei der Zentrale von Gîtes de France in Paris anfordern. Die Campingmöglichkeiten auf dem Bauernhof sind meist sehr günstig.

Obwohl die Zahl der Campingplätze (*camping*) in der Region Provence/Côte d'Azur sehr groß ist, sollten vor allem Wohnwagen- und Wohnmobilbesitzer sehr frühzeitig einen Stellplatz buchen. In der Hochsaison tun auch ›einfache‹ Camper, die nur ihr Zelt dabei haben, gut daran, rechtzeitig zu reservieren. Sonst heißt es schnell: *complet*. Viele französische Familien verbringen die langen Sommerferien hervorragend ausgerüstet auf den Campingplätzen. Gerade in der Region Provence/Côte d'Azur ist es wichtig, einen schattigen Platz zu reservieren – sonst brutzelt man in der Mittagshitze ...

Auskünfte erhält man bei: Deutscher Camping Club, Mandlstraße 28, 80802 München, ✆ 0 89/33 40 21; Fédération Française de Camping Caravaning (FFCC), 78, rue de Rivoli, 75004 Paris, ✆ 1/42 72 84 04, oder beim Comité Régional du Tourisme Provence-Alpes-Côte d'Azur in Marseille (s. S. 401).

Urlaubsaktivitäten

Angeln

Das Angeln im Meer, in Flüssen, Gebirgsseen und künstlich angelegten Gewässern ist auch in Frankreich gesetzlich geregelt: Angelscheine und Genehmigungen erhält man bei den örtlichen Angelvereinen bzw. den Pächtern von Flüssen und Seen, in der Präfektur oder im örtlichen Rathaus. Je nach Kategorie darf man entweder ganzjährig oder von Ende März bis Anfang Oktober angeln, das Fischen im Meer ist fast überall ohne Einschränkungen erlaubt. Nähere Informationen erhält man bei den Verbänden: Alpes-de-Haute-Provence, ✆ 92 32 25 40; Alpes-Maritimes, ✆ 93 72 06 04; Bouches-du-Rhône,

✆ 42 26 59 15; Var, ✆ 94 69 05 56; Vaucluse, ✆ 90 86 62 68.

Baden

Über 600 km Küste bieten für jeden
Geschmack etwas. Die Felsküste macht
den größten Teil der Küstenlinie der
Region Provence/Côte d'Azur aus,
Sand- und Kiesstrände nur etwa ein
Viertel. Die feinsten Sandstrände findet
man in der Camargue, sie eignen sich
auch am besten für Kinder zum Spielen
und Plantschen, da sie sehr flach sind.
Die meisten Strandabschnitte der Region sind sehr belebt, an den Stränden
bei Touristenzentren liegt man nicht
selten Handtuch an Handtuch. Doch es
gibt noch kleine Buchten, die relativ
ruhig sind.

Zwischen Hyères und Fréjus reihen
sich ausgezeichnete feinsandige
Strände aneinander, besonders der
Abschnitt zwischen Le Lavandou und
St-Tropez ist hervorzuheben. St-Tropez
besitzt gleich mehrere berühmte
Strände, die den Ruhm des ehemaligen
Fischerstädtchens begründet haben.
Auch bei Cavalière und Antibes/Juan-
les-Pins liegen traumhafte Sandstrände.

Ein Extrapunkt ›Strände‹ unter den jeweiligen Orten (s. S. 322 ff.) vermittelt
detaillierte Informationen zu den jeweiligen Strandabschnitten, so ob sie in
Privatbesitz sind, Sand oder Kies vor-
herrschen, wie überfüllt sie sind etc. An
der Côte d'Azur stößt man auf eine
große Zahl von Privatstränden. Wer
sein Stückchen Strand bezahlt, hat das
nicht eben billig erworbene Recht, die
Liegen, Sonnenschirme, Luftmatratzen
etc. zu benutzen.

Die blaue Europaflagge steht auch
in Frankreich an Stränden, die die
Qualitätsansprüche der europäischen
Stiftung für Umwelterziehung in Bezug
auf Strand, Wasser und Umgebung
erfüllen.

Auch abseits der Küste gibt es Bade-
möglichkeiten: Schwimmen darf man
in den Stauseen von Ste-Croix, Gréoux-
les-Bains und St-André-les-Alpes, den
St-Ferréol-Seen bei Digne, dem Lac de
Serre-Ponçon, den Gewässern zwi-
schen St-Bonnet und Chabottes, dem
Etang de Berre bei Martigues, dem
Etang d'Entressen bei Miramas, dem
Lac de St-Cassien bei Montaroux, dem
Etang de la Bonde im Vallée d'Aigues
und dem See von Valréas.

Bootsferien

Eine noch relativ unbekannte Art des
Reisens auf der Rhône bietet ein
Campingboot: Bis zu sechs Personen
finden auf dem mit einer Plane überdachten und mit Schlafsäcken, WC und
Küche ausgestatteten Boot Platz. Ein
kleines Abenteuer für Zivilisations-
geschädigte. Zu buchen bei:
Au Fil de l'Eau, 1, rue Emile-Zola, 94400
Vitry-sur-Seine, ✆ 1/46 80 60 70, Fax
1/46 81 96 70.

Immer beliebter werden Ferien auf
dem **Hausboot**, sicher auch, weil man
die Boote in fast allen Gebieten führer-
scheinfrei chartern kann. Prospektmate-
rial bekommt man unter anderem bei
folgenden Firmen: Agentur Dörge in
Krefeld, ✆ 0 21 51/60 88 97; France
Voyages Ventelou in Oberhausen,
✆ 02 08/ 67 32 45; Hausboot Böckl in
Düsseldorf, ✆ 02 11/3 67 71 20, München, ✆ 0 89/40 10 10, und Wien,
✆ 02/22/ 4 70 47 08; Hausbootferien
Karin Reinwald in Bergisch Gladbach,
✆ 0 22 07/ 9 68 80; Kuhnle-Tours in
Stuttgart, ✆ 07 11/1 64 82-0; locaboat
plaisance in Freiburg, ✆ 07 61/38 11 56;
Nicols Hausbootferien in Staufen,
✆ 0 76 33/79 98.

Im Sommer werden auf der Rhône zwischen Lyon und Arles von französischen und deutschen Veranstaltern und Bootseignern etwa einwöchige Kreuzfahrten in sogenannten **Kahnhotels** mit Landausflügen nach Avignon, Orange, Nîmes, in die Camargue und an die Ardêche angeboten. Buchungen in den Reisebüros oder direkt bei einem Veranstalter, zum Beispiel: Kuhnle-Tours, Abt. V, Nagelstraße 4, 70182 Stuttgart, ✆ 07 11/1 64 82-0, Fax 1 64 82-60 (Südfrankreich); A. T. H. O. – Navig'inter, 15, rue de la Bourse, 84000 Avignon, ✆ 90 82 06 09, Fax 90 85 38 72 (Sète-Avignon); Péniche Amérique, Loisirs Provence Medit, 36, rue St-Jacques, 13006 Marseille, ✆ 91 53 57 47 (Avignon – Arles – Camargue – Canal du Rhône bis Sète, Etang de Thau); Blue Line Camargue, 24, quai du Canal, 30800 St-Gilles, ✆ 66 87 22 66 (Rhône-Kanal bis Sète, Petit Rhône).

Flugsport

Ob mit einer kleinen Propellermaschine oder einem Segelflugzeug fliegen zu lernen – hier ist beides möglich. Wer den Flugschein schon besitzt, kann sich ebenfalls an einen der Verbände wenden, um die jeweiligen Modalitäten (Flugplätze, Preise, Flugzeugtyp etc.) zu erfragen. Regionale Flugsportverbände: Union Régionale des Aéroclubs du Bassin Méditerranéen, Aérodrome du Castellet, 83330 Le Castellet, ✆ 94 90 70 58; Alpes-de-Haute-Provence Sports Aériens, ✆ 92 32 29 79, Fax 92 32 18 52. Französischer Segelflugverband: Fédération Française de Vol à Voile, 29, rue de Sèvre, 75006 Paris, ✆ 1/45 55 04 78, Fax 1/45 55 70 93.

Anhänger des Ballonsports können beim regionalen Ballonflugclub Auskünfte einholen: Club Régional de Montgolfière, Ulysse Club, Quartier Pendieu, route de la Gare, 13570 Barbentane, ✆ 90 95 53 28, Fax 90 95 54 50.

Die Seealpen sind ein Paradies für Drachen- und Gleitschirmflieger, doch auch an der Küste gibt es etliche Startplätze. Auskünfte über Plätze, Ausrüstung, Schulen und Clubs bzw. Verbände erteilt die Fédération Française de Vol Libre mit Sitz in Nizza, ✆ 93 88 62 89, Fax 93 16 15 62. Zuständiger Verband für die Provence: Ligue de Provence de Vol Libre, plan du Buech, Trescleoux, 05700 Serres, ✆ 92 66 29 04, Fax 92 66 29 04.

Golf

Mehr als 40 Golfanlagen mit neun und 18 Löchern und zahlreiche Golfclubs lassen das Golferherz höherschlagen. Wissenswertes über Plätze, Preise, Aufnahmegebühren und -bedingungen weiß die Ligue de Golf Provence-Alpes-Côte d'Azur, Domaine de Riquetti, 13290 Les Milles, ✆ 42 39 86 83, Fax 42 39 97 48. Auf Golfplätzen der Organisation »France Golf International« können Golfer, auch ohne Mitgliedschaft zu erwerben, jederzeit die Greens benutzen. Für die meisten Plätze kann man auch einen Golfpaß erwerben, der bei den Golfplätzen oder den Offices de Tourisme zu bekommen ist. Der Paß ist für fünf Greenfees gültig.

Informationen bei: France Golf International, 2, rue Linois, 75740 Paris Cédex. Allgemeine Hinweise und Listen von Plätzen, Verbänden und Clubs gibt das jeweilige Comité Régional du Tourisme heraus. Das Institut Géographique National (IGN) vertreibt eine detaillierte Themenkarte zum Golfen, die auch über den deutschen Buchhandel zu beziehen ist. Das Comité Régional du Tourisme Provence-Alpes-Côte d'Azur

(s. S. 401) verschickt auf Anfrage eine Broschüre (»Golf«) mit einer Auswahl der schönsten Plätze der Region.

Höhlentouren

Wer Grotten und Höhlen ›unsicher‹ machen möchte, sollte dies nur unter fachkundiger Leitung tun. In den letzten Jahren haben sich die Todesfälle von Hobbyforschern in den Höhlen der Region erschreckend erhöht. Informationen gibt's entweder bei den touristischen Auskunftsbüros der einzelnen Departements oder den folgenden Organisationen: Ecole Française de Spélologie, ✆ 78 39 43 30; Fédération Française de Spéleologie, ✆ 1/43 57 56 54.

Kanu/Kajak/Rafting

Zu den beliebtesten Stationen der Wildwassersportler zählen die Verdon-Schlucht, der (behäbige) Unterlauf des Var und die Wildwasserbäche der Alpes d'Azur. Darüber hinaus gibt es viele weitere Orte, die für Wildwasserfahrer interessant sind. Geschulte Kanu- und Kajakfahrer betreiben ihre Sportart auch auf dem Meer. Auskünfte und Flußwanderkarten erhält man bei der »Fédération Française de Canoë-Kayak et Disciplines Associées«, 87, quai de la Marne, BP 58, 94340 Joinville-le-Pont, ✆ 1/48 89 39 89. Detailliertes Kartenmaterial für Kajakfahrer und Kanuten gibt auch das Institut Géographique National (IGN) heraus. Diese Themenkarten sind auch über deutsche Buchhandlungen zu beziehen. Das Büchlein »Lacs et Rivières des Alpes-de-Haute-Provence« herausgegeben von ADRI-CIMES, ist sehr zu empfehlen. Alle wichtigen Informationen für Wildwassersportler sind hier – auch in deutscher Sprache – zusammengestellt. Karten und Gebietsbe-

schreibungen runden den kompetenten Führer ab, der in Buchhandlungen oder direkt bei ADRI-CIMES, BP 170, 19, rue Docteur-Honnorat, 04005 Digne-les-Bains Cédex, ✆ 92 31 07 01, Fax 92 32 24 94, zu bekommen ist.

Klettern

Provence/Côte d'Azur: Diese Region ist ein Paradies für Steilwandkletterer. Alle Schwierigkeitsgrade sind vertreten. Bevorzugte Gebiete der Kletterer sind das Tal der Aiguebrun im Lubéron, die Alpilles, die Calanques bei Marseille, die ›Gelbe Wand‹ in Cougourde, die Dentelles de Montmirail, die Gorges du Verdon und die Voralpen von Grasse und Esteron. Die örtlichen Clubs planen Touren, sind bei Vorbereitung, Organisation und der Wahl eines geeigneten Führers behilflich. Auskunft erteilen die Fremdenverkehrsbüros der Departements, das Comité Départemental de la Montagne et de l'Escalade, 3, boulevard du Temps perdu, 04100 Manosque, ✆ 92 72 39 40, und der Club Alpin Français, 14, avenue Mirabeau, 06000 Nizza, ✆ 93 62 59 99, Fax 93 92 09 55.

Ein Buchtip: Timo Marschner hat in seinem achtbändigen Südfrankreich-Werk (die Bände sind auch einzeln zu bekommen, rotpunkt Verlag in Weinstadt) akribisch jede Felsnase eingezeichnet. Er macht Tourenvorschläge und gibt Zugangs- und Absicherungstips sowie wichtige Adressen (Campingplätze, Sportgeschäfte) an. Natürlich ersetzen die Bücher – vor allem bei Neulingen – keinen erfahrenen Führer.

Radfahren

Vor allem im Frühjahr und Herbst flitzen sie durch die Landschaft: die Radfahrer. Die französischen Radler scheinen allerdings immer gerade an einer Etappe der Tour de France beteiligt zu sein, denn sie betreiben auf ihren Mountainbikes *(VTT)* kein genußvolles Fahrradwandern, sondern Hochleistungssport. Doch wer's gemütlicher mag, ist hier auch richtig. Man sollte allerdings bei seiner Planung beachten, daß die Küstenstraßen der Côte d'Azur immer verstopft und deshalb zu meiden sind, man in den Bergregionen Ausdauer und ein Zwölfgangrad braucht und der Mistral vor allem im Frühjahr oft kräftig pfeift – bei Gegenwind kein Vergnügen. Ausgeschilderte Fahrradwege gibt es so gut wie nicht. Man ist also auf gutes Kartenmaterial angewiesen, um ruhige Wege aufzutun. Mit den Karten von Michelin bzw. vom IGN (s. S. 412) werden Radfahrer hervorragend zurechtkommen.

Unterschiedlichste Touren sind möglich: anstrengende, aber außergewöhnliche Klettertouren in den Alpen, flache Wanderungen an Flüssen und an einigen Stellen des Mittelmeers. Um Detailfragen zu klären, wende man sich an die Fédération Française de Cyclotourisme, 8, rue Jean-Marie-Jégo, 75013 Paris, ☏ 1/45 80 30 21. Die Broschüre »Radwandern in Frankreich«, herausgegeben von der Maison de la France (s. S. 401), hilft ebenfalls weiter. Hier finden sich Vorschläge für Touren, Adressen von Pauschal-Radwanderveranstaltern und Verzeichnisse der (wenigen) ausgezeichneten Radwanderwege. Für Radwanderer in der Haute Provence sind besonders die Führer der ADRI-CIMES zu empfehlen, die es allerdings bislang nur für einige wenige Regionen gibt. Die detaillierten Büchlein sind in Buchhandlungen oder direkt bei ADRI-CIMES, BP 170, 19, rue Docteur-Honnorat, 04005 Digne-les-Bains Cédex, ☏ 92 31 07 01, Fax 92 32 24 94, zu bekommen. Die Themen der Führer:

»Mountainbiketouren rund um Digne und Sisteron, an der Durance und in der Verdon-Schlucht« (frz.), »Spezialführer Verdon« (frz.) und »Mountainbikeführer durch den Nationalpark Lubéron« (frz.).

Die Anreise mit dem Rad ist nicht unproblematisch, da noch keine grenzübergreifende Fahrradmitnahme nach Frankreich möglich ist (s. S. 399). Es ist aber möglich, das Rad aufzugeben bzw. Räder am Bahnhof zu leihen. Vorteilhaft ist auch, daß man das Rad nicht an dem Bahnhof zurückgeben muß, wo man es geliehen hat – denn nicht jeder will eine Rundreise machen. Man kann drei Radtypen ausleihen: ›traditionnel‹, ›randonneur‹ (10 Gänge) und ›tout terrain‹ (6-Gang-Mountainbike). Sofern man nicht mit Kreditkarte bezahlt, muß eine Kaution von 1000-1500 FF hinterlegt werden.

In Frankreich kann man Räder in Regionalzügen, die im Fahrplan mit einem Fahrradsymbol versehen sind, befördern sowie in bestimmten Fernzügen sogar kostenlos als Handgepäck.

Reiten

Das beliebteste Reitrevier ist die Camargue, doch auch im Lubéron und in den Alpilles trifft man auf zahlreiche Anhänger des Reitsports. Informationsmaterial gibt's bei den Auskunftsbüros der Departements, den örtlichen Verkehrsämtern, dem französischen Reitsportverband sowie der lokalen Reitervereinigung. Délégation Nationale du Tourisme Equestre, Ile St-Germain, Issy-les-Moulineaux, ☏ 1/45 54 29 54; Association Régionale de Tourisme Equestre de Provence, 28, plage Roger Salengro, 84300 Cavaillon, ☏ 90 78 04 49. Organisierte Reiterferien kann man über die Reisebüros buchen.

Sprachurlaub

Wer die französische Sprache lernen möchte, kann sich an eines der unzähligen Privatinstitute oder an die Sommeruniversität von Toulon wenden: Campus International, Sommeruniversität von Toulon/Var, BP 133, 83957 La Garde Cédex, ✆ 94 21 11 86, Fax 94 21 43 41.

Surfen

An vielen Stränden wird gesurft, und fast jeder Badeort hat eine Surfschule. Und auch im Hinterland kommen Surfer auf ihre Kosten, so auf den Stauseen von Ste-Croix, Quinson, Gréoux-les-Bains und St-André-les-Alpes, dem Lac de Serre-Ponçon, den Gewässern zwischen St-Bonnet und Chabottes in den Hautes-Alpes, dem Lac de St-Cassien, dem Plan d'Eau de Bollène und in Avignon. Beliebte Spots an der Küste liegen bei Stes-Maries-de-la-Mer, Port St-Louis-du-Rhône, Carro, Marseille (Prado und Pointe-Rouge), Les Lecques, Six-Fours-les-Plages (Bonnegrace) und Antibes. Der berühmteste Surfstrand der Küste liegt bei Giens, gegenüber von Hyères-Plage.

Tauchen

Der Französische Tauchsportverband hat seinen Sitz bezeichnenderweise in Marseille, das als eine Hochburg der Taucher gilt – kein Wunder bei den guten Tauchgründen vor der Mittelmeerküste. Tauchschulen gibt es unter anderem in Antibes, Cagnes-sur-Mer, Golfe-Juan, Marseille, Menton, Nizza, St-Raphaël, St-Tropez und Théoule-sur-Mer. An einigen Orten wurden sogar Unterwasserpfade für Tauchsportler angelegt, so zum Beispiel vor der Ile de Port-Cros. Erfahrene Taucher lieben es, in den Wracks der vor der Küste gesunkenen Schiffe zu tauchen, so wird z. B. die ›Dalton‹ vor Marseille immer wieder heimgesucht. Auskunft zu Tauchschulen, -gründen und -einrichtungen erteilt die Fédération Française d'Etudes et de Sports Sous-Marins, 24, quai de Rive-Neuve, 13007 Marseille, ✆ 91 33 99 31.

Wandern

Ein Netz von Fernwanderwegen (*Sentiers de Grande Randonnée*, kurz *GR*) überzieht Frankreich. Sie werden hervorragend gepflegt und sind ausgezeichnet markiert (rot-weiße Kennzeichnung). Die *GR de Pays* (gelb-rot markiert) bezeichnen regionale Wanderwege. Auch sie werden gut gewartet. Entlang der Routen sind in vernünftigen Abständen Hotels oder einfache Wanderhütten (*Gîtes d'etape*, s. S. 421) zu finden. Für die unbewirtschafteten Unterkünfte sollte man Schlafsack und Proviant im Gepäck haben. Und auf gutes Kartenmaterial darf man nie verzichten. Empfehlenswert sind die Wanderführer der Serie »Topo-Guides«, die man in französischen und gut sortierten hiesigen Buchhandlungen erwerben kann. Sie werden vom »Comité national des Sentiers de Grande Randonnée« herausgegeben. Die Fernwanderwege werden genau beschrieben, außerdem sind detaillierte Kartenausschnitte und Tips zu Unterkünften, Restaurants etc. in den kleinen Heftchen zu finden.

Für Wanderungen in der Haute Provence sind besonders die Führer der ADRI-CIMES zu empfehlen. Die detaillierten Büchlein sind in Buchhandlungen oder direkt bei ADRI-CIMES, BP 170, 19, rue Docteur-Honnorat, 04005 Digne-les-Bains Cédex, ✆ 92 31 07 01, Fax 92 32 24 94, zu bekommen. Themen der Führer: »Haut Verdon« (frz.), »Vallée de l'Ubaye« (frz.), »Rund um Névache« (frz.), »Pays de Seyne« (frz.), »Naturpark Lubéron« (frz./dt.), »Rund um Sisteron« (frz.), »Rund um Digne« (frz.), »Verdon-Schlucht und ihre Nachbarschaft« (frz.) und »Rund um Embrun« (frz.). Über die Vielzahl der Wandermöglichkeiten informieren ebenfalls die örtlichen Fremdenverkehrsämter. Die Syndicats d'Initiative bzw. Offices de Tourisme und örtliche Wandervereine bieten auch selbst Touren an. Hierbei handelt es sich in der Regel um hervorragend ausgeschilderte, interessante Wege, die selten mehr als einige Stunden in Anspruch nehmen. Oft werden auch thematisch orientierte Routen angeboten – zu Weinen der Region, Literaten, Malern etc.

Festes Schuhwerk, Regen- und Sonnenschutz, Pullover oder dicke Jacke, Verbandmaterial und Pflaster und genug Wasser sollten bei jeder Wanderung ins Gepäck gehören. Im Hochgebirge und bei einigen Touren im Mittelgebirge ist es notwendig, einen guten Führer zu engagieren. Die jeweiligen Verkehrsämter geben die Adressen des nächsten staatlich geprüften Führers heraus. Wegen der hohen Waldbrandgefahr ist es verboten, Feuer zu entzünden. Dem unachtsamen Wegwerfen von Zigarettenkippen sind ebenfalls viele Wandbrände geschuldet. Also bitte Vorsicht.

Wintersport

Die Region Provence/Côte d'Azur ist ein hervorragendes Wintersportgebiet, sowohl für Langlauf wie für Abfahrtsski oder Tiefschneefahren. Oft werden von einzelnen Veranstaltern und/oder lokalen Verkehrsämtern ein- bis mehrtägige geführte Skiwanderungen angeboten. Übernachtet wird in Schutzhütten. Über die einzelnen Skigebiete und ihr Angebot, gespurte Loipen, über Wintersportorte mit familiärem Charakter oder internationalem Renommee, Skischulen und -wanderungen informiert der Club Alpin Français, 14, avenue Mirabeau, 06000 Nizza, ✆ 93 62 59 99, Fax 93 92 09 55.

Wettervorhersage

Die Wettervorhersage für die französische Provinz: 1/38 65 01 01.

Zeitungen

Weit verbreitet sind die regionalen Zeitungen »Le Mérindol«, »Midi Libre«, »Marseillaise«, »Nice Matin«, »Provençal« und »Var Matin«. Neben dem ausführlichen Lokalteil sind für Urlauber vor allem die Veranstaltungshinweise interessant. In den Zeitungsläden und Buchhandlungen großer Städte sowie der Touristenzentren liegen deutschsprachige Zeitungen und Zeitschriften aus – in der Regel eine beachtliche Palette. Sie erreichen den Süden Frankreichs meist mit ein bis zwei Tagen Verspätung.

Zoll

Am 1. Januar 1993 sind die Zollschranken innerhalb der Europäischen Union gefallen: Waren zum privaten Gebrauch dürfen unbegrenzt mitgeführt werden, und Kontrollen finden kaum noch statt. Überschreitet man allerdings die Richtmengen, so muß man bei einer Kontrolle glaubhaft machen können, daß die Waren ausschließlich zum Privatgebrauch bestimmt sind – sonst müssen sie versteuert werden. Die Richtmengen liegen bei: 800 Zigaretten, 400 Zigarillos, 200 Zigarren, 1 Kilo Tabak, 10 Liter Spirituosen, 20 Liter andere alkoholische Getränke bis 22 %, zudem 90 Liter Wein (davon max. 60 Liter Schaumwein) und 110 Liter Bier. Für Österreicher und Schweizer sowie den Duty-free-Verkauf gelten folgende Mengenbeschränkungen: 50 g Parfüm oder 0,25 l Eau de Toilette, 1 l Spirituosen oder 2 l Likör und 2 l Wein, 200 Zigaretten oder 100 Zigarillos oder 50 Zigarren oder 250 g Tabak.

Abbildungsnachweis

Dirk Althoff (Berlin)   24, 121

Archiv für Kunst und Geschichte (Berlin) 31, 35, 37 (2, Paul Almasy), 40 (Rijksmuseum Kröller-Müller, Otterlo), 41 (Nelson Gall. – Atkins Mus., Kansas City), 107 (Privatbesitz Paris), 217

Michael Jeiter (Morschenich)   90, 102, 119

Achim Käflein (Freiburg)   Hintere Umschlaginnenklappe, 2 (oben), 4 (unten), 5 (2), 6 (oben), 10, 13, 15, 16, 17, 26, 43, 47, 49, 50, 51, 52, 53, 60, 61, 63, 64, 65, 67, 71, 75, 78, 80, 81, 85, 86, 93, 96, 104, 109, 112/113, 120, 129, 138/139, 143, 144, 152, 153, 155, 157, 158, 160/161, 162, 166, 169, 171, 172/173, 174, 176, 178/179, 181, 182/183, 185, 190, 195, 196, 199, 201, 204/205, 209, 212, 213, 219, 232, 239, 241, 242, 258, 271, 283, 308, 312, 316/317

Erika van der Meulen (Köln)   3 (unten), 55, 148, 253, 288/289

Werner Richner (Saarlouis)   Umschlagrückseite, 2 (unten), 3 (oben), 7 (oben), 11, 20/21, 33, 36, 44/45, 56/57, 72/73, 74, 77, 78/79, 87, 134, 136/137, 141, 184, 188, 206, 214, 261, 274/275, 278/279

Martin Thomas (Aachen)   Titelabb., 4 (oben), 6 (unten), 7 (unten), 19, 98, 106, 115, 124, 125, 126/127, 128, 131, 132, 215, 220, 221, 222, 229, 231, 234/235, 245, 252, 256, 259, 266, 272, 280, 284, 291, 296, 298, 299, 304, 306/307, 309, 315, 318

Ullstein Bilderdienst (Berlin)   260

Register

Orts- und Sachregister

Register

435

Verstandisemio Okt 96 in Tegernsee
(letzte Summer)

Titelbild: Roquebrune an der Côte d'Azur
Umschlaginnenklappe: Moustiers-Ste-Marie
Umschlagrückseite: Lavendelernte

Über die Autoren: Dirk Althoff (Provence), Jahrgang 1953, studierte Jura, Germanistik, Geschichte und leitet eine Redaktion für Multimedia- und Internetprojekte in Hamburg. Im DuMont Buchverlag erschien von ihm Richtig Reisen »Languedoc und Roussillon«
Klaus Simon (Côte d'Azur und Marseille) ist Romanist und Historiker, arbeitete mehrere Jahre in Frankreich und bereist die Côte d'Azur seit 20 Jahren. Er publiziert vor allem in GLOBO und der FAZ

Die Deutsche Bibliothek – CIP-Einheitsaufnahme

Althoff, Dirk:
Provence und Côte d'Azur / Dirk Althoff / Klaus Simon;
unter Mitarbeit von Veronika Richter, Hans-Albert Stechl und Susanne Völler
   – Köln: DuMont, 1996
   (Richtig reisen)
   ISBN 3-7701-3082-0
   NE: Simon, Klaus

© 1996 DuMont Buchverlag
Alle Rechte vorbehalten
Satz und Druck: Rasch, Bramsche
Buchbinderische Verarbeitung: Bramscher Buchbinder Betriebe

Printed in Germany   ISBN 3-7701-3082-0

Impressum

440